Die Strassmanns

Wolfgang Paul Strassmann

# Die Strassmanns

## Schicksale einer deutsch-jüdischen Familie über zwei Jahrhunderte

Aus dem Englischen von Evelyn Zegenhagen

Campus Verlag
Frankfurt / New York

Gedruckt mit Unterstützung folgender Institutionen:

Gesellschaft für Geburtshilfe und Gynäkologie in Berlin
Deutsche Gesellschaft für Rechtsmedizin
Charité: Klinik für Frauenheilkunde und Gynäkologie
Ärztekammer Berlin
Ernst-Strassmann-Stiftung in der Friedrich-Ebert-Stiftung

Bibliografische Information der Deutschen Bibliothek
Die Deutsche Bibliothek verzeichnet diese Publikation in der Deutschen Nationalbibliografie.
Detaillierte bibliografische Daten sind im Internet über http://dnb.ddb.de abrufbar.
ISBN-13: 978-3-593-38034-6
ISBN-10: 3-593-38034-X


Umschlaggestaltung: Guido Klütsch, Köln
Umschlagmotive: Li. oben: Antonie Strassmann. Re. oben: Familie Paul Strassmann. Mitte: Strassmanns im Ersten Weltkrieg (von li.: Erwin, Paul, Hellmuth, Gisela). Li. unten: Paul Strassmann. Re. unten: Erwin Strassmann. Alle Bilder aus Privatbesitz des Verfassers.
Druck und Bindung: Druckhaus Beltz, Hemsbach
Gedruckt auf säurefreiem und chlorfrei gebleichtem Papier.
Printed in Germany

Besuchen Sie uns im Internet: www.campus.de

# Inhalt

*Vorwort:*

# Familiengeschichte und Aufarbeitung der Vergangenheit

*Jutta Lange-Quassowski*

In diesem Buch wird uns ein faszinierender Einblick in 200 Jahre einer höchst wechselvollen Familiengeschichte gewährt. Es handelt sich um die Darstellung des rasanten Aufstiegs von Einwanderern zu führenden Mitgliedern der akademischen und gesellschaftlichen Elite in Deutschland und des erzwungenen Endes ihrer erfolgreichen Tätigkeit sowie des anschließenden, wiederum hart erarbeiteten und erfolgreichen Weiterwirkens in einer neuen Gesellschaft, in Amerika.

Dass dieses Buch, englisch geschrieben, ins Deutsche übersetzt, bei uns erscheint, ist ein Brückenschlag. Viele Brückenschläge zeichnen die Familie Strassmann aus. Obwohl zur Aufgabe ihrer Existenz in Deutschland gezwungen, haben die in die USA emigrierten Mitglieder der Familie bald nach dem Krieg alte Kontakte wieder aufgenommen und gepflegt. Zwei Strassmänner, Erwin und Georg, sind dafür vom Bundespräsidenten in den sechziger Jahren mit dem Großen Bundesverdienstkreuz ausgezeichnet worden.

Für die deutschen Leserinnen und Leser stellt sich auch heute noch die Frage, wie wir es schaffen können, uns ein Bild von dem zu machen, was in der Zeit des Nationalsozialismus in Deutschland geschehen ist? Die Verbrechen und ihr Ausmaß sind und bleiben, soviel wir uns auch damit befassen, unvorstellbar, nicht nachvollziehbar. Ebenso wenig die Folgen. Die Menschen, die ermordet wurden, konnten ihr Leben nicht leben. Ihre Leistungen, ihr Beitrag zur Entwicklung der Gesellschaft konnte nicht erbracht werden. Der Verlust, den unser Volk in seiner Fortentwicklung erlitten hat, ist nicht messbar, nicht bezifferbar. Er bleibt eine abstrakte Größe.

Annähern können wir uns dieser Frage durch die Beschäftigung mit Einzelschicksalen. Persönliche Bezüge können exemplarisch ins Bewusstsein holen, welche Verluste unsere Gemeinschaft durch die nationalsozialistische Politik erlitten hat. Eine Familiengeschichte kann uns faszinieren, kann uns zur Identifikation mit Personen veranlassen, kann erreichen, dass wir Sympathie oder Zuneigung für einzelne Personen oder eine ganze Familie empfinden. Und das Schicksal einer Familie kann uns traurig machen und uns den Verlust dieser Familie schmerzlich empfinden lassen.

Seit 25 Jahren leite ich die Ernst-Strassmann-Stiftung in der Friedrich-Ebert-Stiftung, die sich mit dem Themenkomplex »Aufarbeitung der Vergangenheit« befasst. Als ich 1971 Bernd-Peter Lange heiratete und damit in die Familie Hermann und Margarete Lange hineinwuchs, war Ernst Strassmann bereits mehr als ein Jahrzehnt verstorben und hatte keine Nachkommen hinterlassen. Durch die Erzählungen meiner Schwiegereltern jedoch entstand eine so tiefe Bewunderung für Ernst und eine Hochachtung vor ihm, dass ich mir wünschte, ihn gekannt zu haben.

Er hatte die Widerstandsgruppe geleitet, der beide Schwiegereltern angehört hatten und die sich, wenn Ernst in Hamburg war, bei ihnen zu Hause traf. Die Witwe von Ernst bat uns später, nach ihrem Ableben die Ernst-Strassmann-Stiftung ins Leben zu rufen und zu leiten. Ihr und uns war es ein Bedürfnis, einen Beitrag dazu zu leisten, die Demokratie in der Bundesrepublik – gemäß der Stiftungssatzung – dadurch zu festigen, dass wir die bis in die achtziger Jahre hinein weitgehend verdrängte Vergangenheit durch Forschungen bekannt und bewusst werden ließen. Unser Ziel war die Etablierung einer Erinnerungskultur als Bestandteil einer sich herausbildenden demokratischen deutschen Identität.

Wir arbeiteten bereits mehr als ein halbes Jahrzehnt, als sich ein Forscher an uns wandte, der die Widerstandsgruppe untersuchte, die Ernst Strassmann geleitet hatte. Erst jetzt erfuhren wir und unsere Eltern, welch großer, weit verbreiteter Gruppe sie angehört hatten. In der Zeit von 1934 bis 1945 musste aus Sicherheitsgründen nach dem Prinzip »Schotten dicht« und »der Einzelne weiß und kennt so wenig wie möglich« gearbeitet werden. Und nach dem Krieg war über die Widerstandstätigkeit nur noch wenig geredet worden. Denn aus der eigenen Sicht war man nicht erfolgreich gewesen, also lohnte es kaum, darüber noch viele Worte zu verlieren. Im Übrigen wurde die Widerstandstätigkeit in der Bundesrepublik mit Ausnahme des militärischen Widerstandes bis in die achtziger Jahre hinein ebenfalls beschwiegen, ähnlich wie die Verbrechen – wenn auch aus entgegengesetzten Gründen. Denn Widerstand und Exil behielten in der Atmosphäre der Restauration nach dem Krieg lange das Odium des Verrats.

Durch die wissenschaftliche Aufarbeitung erfuhren wir also viel Neues über Ernst Strassmann. 1993 erschien dann das Buch *Liberale im Widerstand. Die Robinsohn-Strassmann-Gruppe 1934–1945* von Horst Sassin. Wissenschaftlich war es eine Neuschreibung der Widerstandsgeschichte, weil bis dahin keine liberale beziehungsweise linksliberale Gruppe im Widerstand bekannt gewesen war.

Die Ernst-Strassmann-Stiftung erhielt dann vor einigen Jahren einen Brief aus den USA von W. Paul Strassmann: »Sehr geehrte Herren, ich bin ein entfernter Vetter von Ernst Strassmann und bin dabei ein Buch zu schreiben über das Schicksal unserer Familie.« Es folgen einige Sätze über wichtige Personen, denen in dem hier vorliegenden Buch einzelne Kapitel gewidmet sind, die uns sofort sehr neugierig gemacht haben. Dann folgt der Satz: »Die meisten von uns wanderten aus. Ich war elf Jahre alt.« Gefunden hatte W. Paul, wie er sich in den USA nennt, den Kontakt zu uns über das Buch von Horst Sassin. Und nun fragte er: »Haben Sie einen Bericht über die Tätigkeit der Strassmann-Stiftung? Anscheinend haben Sie ein Portrait von Ernst Strassmann. Ich wäre Ihnen sehr dankbar für ein Bild und auch für andere Fotos, die ich vielleicht in einem Kapitel über Ernst Strassmann gebrauchen könnte.«

Sehr bald stattete Professor Strassmann uns mit Frau und Enkelin einen Besuch ab, und wir waren beeindruckt von den Menschen sowie von allen Nachrichten, die uns nach und nach über die Familie erreichten.

Die Geschichte dieser Familie über zwei Jahrhunderte hinweg ist bewegend. Jedes Kapitel, das bei mir eintraf, habe ich verschlungen, andere Arbeit liegen lassend. Wie haben Einzelne aus dieser Ärztedynastie das Gesundheitsbefinden vieler Menschen damals verbessert. Die Operationsmethoden haben sie weiterentwickelt und gleichzeitig die Gesundheitspolitik, den Zustand des Krankenhauswesens, die Forschung, die Gesundheitswissenschaft, die Lehre. Gleichzeitig sind großartige Menschen in dieser Familie zu finden, die von ihren Mitmenschen geachtet und geliebt wurden.

Wie dankbar ist der Leser, die Leserin, zu sehen, dass viele von ihnen überlebt haben, weil sie sich früh genug und mutig entschlossen, ihre Existenz in Deutschland aufzugeben, dem drohenden Unheil rechtzeitig auszuweichen, zum Teil, weil sie bereits international so viel Anerkennung und Ruhm genossen, dass sie im Ausland erneut auf eine berufliche Zukunft hoffen durften. Sie hatten das Glück, Amerikaner – noch dazu sehr berühmte – zu finden, die bereit waren, ihnen die Einwanderung zu ermöglichen, durch Ausstellung des so genannten Affidavits, das Unterstützung im Notfall versprach. Vielen anderen blieb solches Glück versagt.

Der Autor selbst klagt in keiner Weise an. Er bringt den Lesern lediglich die Menschen, die er beschreibt, sehr nahe. Vermutlich deshalb tut die vielfältige Schmach, die ihnen aus unserer Mitte heraus angetan wurde, so weh.

Umso erfreulicher ist es, dass W. Paul Strassmann auf einen solchen Fundus an privaten Briefen und Tagebuchaufzeichnungen zurückgreifen konnte. Nach jahrelangen zusätzlichen Recherchen präsentiert er uns eine wertvolle, auf vielen historischen Fakten und wissenschaftlichen Quellen basierende Familiengeschichte, die mit dem persönlichen, gut belegten Erleben in Beziehung gesetzt wird und dadurch Ausschnitte aus der Geschichte ab 1800 lebendig werden lässt. Und da der Autor ein Familienmitglied ist, der die Geschichte selbst schreibt und natürlich nicht nur über schriftliche Dokumente, sondern über in der Familie weitergegebene Erzählungen und tradiertes Wissen verfügt, ist jede einzelne Episode prall voll mit Leben. Dass er dabei in diesem Buch auf viele von ihm im ursprünglichen Manuskript beschriebene Personen verzichten musste, um den Rahmen einer Veröffentlichung nicht zu sprengen, soll der Leser zumindest wissen.

Der Autor selbst ist überaus bescheiden. Er und seine eigene Familie bleiben fast völlig im Hintergrund, obwohl er über seine Ururgroßeltern, Urgroßeltern, Großeltern und Eltern schreibt. An ihrem Beispiel schildert er die Geschichte von großen Assimilationsleistungen, von Erfolgen trotz Zurückweisungen, dann vom totalen Scheitern und danach von erneuten Bemühungen nach der erzwungenen Emigration. Der Autor bleibt dabei stets sachlich und unpathetisch. Aber er schreibt spannend. Er beschränkt sich auf die großen Linien, vor allem die beruflichen Leistungen und Erfolge sowie das gesellschaftliche Engagement. Privat- und Vereinsleben, Hobbys und so weiter bleiben mit wenigen Ausnahmen ausgespart. Trotz eines dezent spürbaren Stolzes auf die Weitsichtigkeit und die Tüchtigkeit der Vorfahren ist deren Darstellung aber keinesfalls unkritisch, sondern eher aus distanzierter Perspektive geschrieben und ohne jede Sentimentalität.

Aufarbeitung der Vergangenheit: Sie hat sehr viele verschiedene Facetten. Die Ernst-Strassmann-Stiftung hat im Laufe ihrer 25-jährigen Tätigkeit alle bisher denkbaren aufgegriffen. Eine Form ist, die Opfer der Vergessenheit zu entreißen. Opfer aber sind nicht nur die Menschen, die ihr Leben lassen mussten oder die gequält wurden. Jeder, der ins Exil flüchten musste, um zu überleben, verdient Würdigung.

Als die Ernst-Strassmann-Stiftung 1981 mit ihrer Arbeit begann, war die gesellschaftliche Auseinandersetzung in der Bundesrepublik bald von dem so genannten Historikerstreit dominiert. Aber nicht nur viele Wissenschaftler, auch große Teile der Gesellschaft wollten endlich nur noch nach vorne blicken und von der belastenden Vergangenheit nichts mehr wissen. Die lokalen Gruppen, die vor Ort begannen, sich der Erforschung der dort verschwiegenen Geschichte zuzuwenden, wurden vielfach als Nestbeschmutzer beschimpft und bekämpft. Auch die Politik wollte in der Regel nichts von der lokalen Verstrickung und Beteiligung an dort stattgefundenen Verbrechen wissen.

Als Bundespräsident Richard von Weizsäcker (CDU) 1985 in seiner viel beachteten Rede zum 8. Mai, 40 Jahre nach Ende des Zweiten Weltkrieges, davon sprach, dass dieser Tag auch für Deutsche ein Tag der Befreiung gewesen sei, ging ein empörter Aufschrei durch viele Gazetten der Bundesrepublik. Als Bundespräsident Roman Herzog (CDU) zehn Jahre später am 50. Jahrestag der Befreiung von Auschwitz den 27. Januar zum Tag des Gedenkens an den von Deutschen verübten Holocaust erklärte, begann ein spürbares Umdenken in der Meinungsbildung der deutschen Öffentlichkeit.

Wieder zehn Jahre später, im Januar 2005, sagte Bundeskanzler Gerhard Schröder (SPD) zu diesem Gedenken, »dass die Erinnerung an Krieg und Völkermord Teil der … nationalen Identität geworden ist«. Bundespräsident Horst

Köhler (CDU) pflichtete ihm bei, als er in Israel vor der Knesset äußerte: »Die Verantwortung für die Shoa ist Teil der deutschen Identität.«

Dass Bundespräsident Horst Köhler für das Engagement der Ernst-Strassmann-Stiftung bei der Aufarbeitung der Vergangenheit deren Leiterin 2004/05 das Bundesverdienstkreuz verliehen hat, ist Ausdruck für einen Wandel in der Einstellung vieler Deutscher. Eine »spezifisch deutsche Identität«, die aus der besonderen Verantwortung erwächst, welche aus der nationalsozialistischen Vergangenheit resultiert, wurde 1988 noch überwiegend abgelehnt. Damals hatte ich den Aufsatz veröffentlicht »Der Beitrag der Gedenkstätten zur Identitätsbildung in der Demokratie« und forderte darin, dass gleichzeitig an demokratische Traditionen angeknüpft werden müsse, die zumindest vereinzelt im Widerstand sichtbar geworden waren.[1] Das fand zu der Zeit eher negative Resonanz.

Heute sind es nicht nur die Verantwortlichen unseres Staates, die, wie der Bundestagspräsident Wolfgang Thierse (SPD) in der Gedenkstunde des Deutschen Bundestages zur Erinnerung an die Opfer des Nationalsozialismus am 60. Jahrestag der Befreiung des Konzentrationslagers Auschwitz, mahnen: »Es geht eben nicht nur um Vergangenheit, es geht nicht um (richtige oder falsche) Schuldzuweisungen, sondern um die aus der beschämenden Erinnerung erwachsende Verantwortung in der Gegenwart und für die Zukunft.« Das Gedenken an Opfer und die Befassung mit Tätern, ihren Taten und teilweise auch mit Beispielen der Menschlichkeit drückt sich mittlerweile in unzähligen lokalen Gedenkstunden aus. Oftmals werden diese begleitet durch die Teilnahme von Schulklassen, die in eigenen Kunstwerken ihr Gedenken unter dem Motto zum Ausdruck bringen: »Wie kann es in einer gesitteten Welt so etwas Abstoßendes geben wie Zwangsarbeit.«[2] Die in den letzten Jahrzehnten gewachsene Erinnerungskultur und damit eine sich herausbildende neue deutsche Identität wird inzwischen auch im Ausland wahrgenommen. In einer Gedenkstunde zum 60. Jahrestag im Landtag von Nordrhein-Westfalen sprach Avi Primor, jahrelang Botschafter Israels in Deutschland von den »präzedenzlosen Verbrechen«, die in deutschem Namen begangen wurden. Er betonte, dass mit der Erinnerung daran in Deutschland zwar sehr spät begonnen worden sei, dass es aber auch »präzedenzlos« sei, wie die Deutschen sich heute der Erinnerung stellen.

Die Ernst-Strassmann-Stiftung hat auch die Veröffentlichung von Briefwechseln unterstützt, die von verfolgten und später ermordeten jüdischen Mitbürgern überliefert sind.[3] Im vorliegenden Buch geht es um einen anderen Aspekt des Erinnerns. Hier geht es darum, wie eine von Polen, aus dem Posener Raum eingewanderte Familie im 19. Jahrhundert innerhalb einer kurzen Zeitspanne aufgrund ihres ungeheuren Fleißes, der hohen Intelligenz und Leistungsbereitschaft ihrer Mitglieder und ihres großen gesellschaftlichen und gesellschaftspolitischen Engagements zu einer prominenten Familie in der Hauptstadt Deutschlands und darüber hinaus wird und wie diese Familie aufgrund einer aberwitzigen Rassenpolitik entrechtet, entwürdigt, vertrieben und Einzelne auch ermordet werden, wenn sie sich nicht rechtzeitig der Herrschaft der nationalsozialistischen Machthaber entziehen oder aber mühsam im Versteck überleben.

Es ist faszinierend zu lesen, wie Heiman im Posener Land Anfang des 19. Jahrhunderts traditionell jüdisch lebt, aber seine Kinder, im Unterschied zu seinen jüdischen Glaubensbrüdern, aufgeschlossen, weitsichtig und zukunftsorientiert erzieht. Dann sind wir hautnah mit Wolfgang bei der Revolution von 1848 dabei und später über viele Jahre, als er die Berliner Stadtpolitik leitete. Und wer bewundert nicht den Mut der Schauspielerin Antonie oder erschrickt über ihre Kompromisslosigkeit? Auch der Widerstandskämpfer Ernst Strassmann, dessen Engagement durch unsere Stiftung bis heute nachwirken kann, lebt in dem Buch auf. Aber nicht nur berühmte Persönlichkeiten begegnen uns, sondern auch tragische, manche trotz aller Schmähungen verwurzelt in ihrem Glauben an das gute Deutschland. Selbst ausgewandert nach Amerika heißt es nach 1937: »Unser Stück deutsche Heimat werden wir immer in unseren vier Wänden bewahren durch unsere Bücher, unsere Möbel …«

Es handelt sich also hier um die Geschichte einer jüdischen Familie in einem Zeitraum von 200 Jahren. Auf Grund der vielen faszinierenden Personen ist das Buch äußerst kurzweilig zu lesen und sehr spannend. Sie waren Mitglieder eines wichtigen Teils der führenden Elite des deutschen Volkes, auf kulturellem, geistigem, wissenschaftlichem und politischem Gebiet, und das über Generationen hinweg. Die oben beschriebene Folie der Aufarbeitung der Vergangenheit, vor der diese Familiengeschichte geschrieben worden ist, ohne das explizit zu benennen, ist ein zusätzlicher Grund, das Buch zu lesen. Ebenso der Geist des Brückenschlages zwischen den verschiedenen Welten, der zu so viel Hoffnung Anlass gibt.

Aber es ist noch etwas, was dieses Buch gerade zum jetzigen Zeitpunkt wertvoll und lesenswert macht. In den letzten zehn Jahren gibt es vielfältige Bemühungen um Wiederaneignung der ausgelöschten, abgebrochenen, verlorenen und verdrängten Geschichte. In Berlin ist die frühere, von Paul Ferdinand gebaute Frauen- und Geburtsklinik 2003 als »Strassmann-Haus« unter Denkmalschutz gestellt worden. Das Gebäude des rechtsmedizinischen Instituts der Freien Universität ist nach Fritz Strassmann benannt worden, ebenso eine 2004 kreierte Medaille. Sie ist zur 100-Jahr-Feier der Deutschen Gesellschaft für Rechtsmedizin gestiftet worden. Fritz Strassmann war ihr erster Vorsitzender. Heutige Fachkollegen, die die verdrängten Professoren Strassmann ebenso wenig gekannt haben wie ich Ernst Strassmann, haben veranlasst, dass Grabsteine gesäubert und Gräber zu Ehrengrabstellen erklärt wurden. Wissenschaftliche Aufsätze über die Leistungen sowohl von Paul Ferdinand als auch von

Fritz werden geschrieben, Vorträge gehalten und Lebenserinnerungen herausgegeben[4]. Und das nach 100 Jahren! Auch Antonie Strassmann wird zumindest als Fliegerin, einem ihrer drei Traumberufe, bereits vielfältig – in Ausstellungen, Büchern und Filmen – wiederentdeckt. Das heißt, noch heute gelten die damaligen Leistungen als vorbildlich und anerkennenswert. Die hier geschilderten Familienmitglieder, Wissenschaftler und Praktiker, verkörpern die besten deutschen Traditionen, was Professionalität, Innovationsbereitschaft und soziales Engagemant angeht. Durch die Beleuchtung dieser Tugenden gewinnt dieses Buch in der heutigen Umbruchsphase unserer Gesellschaft besonders aktuelle Bedeutung.

Deshalb ist es mehr als begrüßenswert, einen Einblick in die faszinierende Familiengeschichte zu erhalten.

Und so wünsche ich Ihnen eine gute Lektüre!

*1. Kapitel*

# Einleitung

## Eine Erinnerung

Als ich an jenem Septembermorgen 2001 auf CNN das New Yorker World Trade Center in Flammen aufgehen und zusammenstürzen sah, erinnerte mich das an ein Erlebnis aus meiner Kindheit. Vom Giebelfenster unseres Berliner Wohnhauses aus hatte ich den Reichstag in Flammen gesehen, seine Glaskuppel glühend und alle Fenster feuerrot. Rauch wirbelte in den Nachthimmel. Es war der 27. Februar 1933, und unser dünnlippiges Kindermädchen, Fräulein Emmy, die wir sonst hassten, hatte uns auf den Dachboden gebracht, um uns diesen Anblick zu zeigen. Sie sagte, dass etwas Wichtiges vor sich ginge. Ich war sechs Jahre alt und gerade in der ersten Klasse, und meine Schwester Renate war acht. Auf dem Arm trug Emmy die schlafende Angelika, zwei Jahre alt. Da oben im gefährlichen Dunkel roch es nach Sägemehl, moderigem Leder und vielleicht nach Gespenstern, alles viel spannender als der brennende Reichstag. Unsere Eltern waren in Schreiberhau im schlesischen Riesengebirge auf Skiurlaub und Fräulein Emmy schrieb ihnen am nächsten Tag eine Postkarte.

Der Reichstagsbrand erlaubte den Nazis, eine politische Partei nach der anderen zu verbieten, bis Adolf Hitler endlich Deutschland als Diktator regieren konnte. Das Reichstagsgebäude blieb als eine rauchgeschwärzte Ruine stehen – auf dem anderen Spreeufer hinter den Hochbahngleisen, die nur ein paar hundert Meter entfernt von unserer Wohnung verliefen. Wir kamen täglich an den verkohlten Überresten vorbei, wenn wir von Kritzingers Schule in der Klopstockstraße nach Hause liefen, drei Kilometer weit, oder wenn wir zum benachbarten Königsplatz gingen, einem Spielplatz mit Schaukeln und Sandkästen. Manchmal spielten wir auch um den Sockel des Bismarckdenkmals herum, genau vor dem Reichstag. Bismarck hatte einen enormen Walrossschnauzbart, genau wie mein Großvater, Paul Strassmann, der in der Schumannstraße, um die Ecke von unserer Wohnung, seine Frauenklinik leitete. Wenn man auf der Luisenstraße ein paar hundert Meter nach Süden lief, kam man auf Berlins Prachtstraße Unter den Linden. Dort hieß unsere Luisenstraße schon Wilhelmstraße, und dort standen die Amtsgebäude des Reichspräsidenten und des

Reichskanzlers und verschiedene Ministerien. Wir wohnten im Zentrum der Ereignisse.

Alle Leute sprachen darüber, wer den Reichstag wohl in Brand gesteckt hatte, und schrieben die Tat den »Kommunistenschweinen« zu; aber als meine Eltern aus dem Urlaub zurückkamen, sagten sie, es seien bestimmt die »Nazischweine« gewesen. Das war verwirrend, denn die Nazis in ihren braunen Uniformen mit den Schultergurten waren doch die neue Regierung, und der Reichstag war ein Regierungsgebäude. Warum sollten sie es dann selbst angesteckt haben? Damals wussten wir Kinder noch nicht viel von politischen Parteien und parlamentarischen Verfahren. Die neue Regierung hatte auch ein neuartiges Symbol, das Hakenkreuz, und ein Mitschüler zeigte mir, wie man es zeichnet, Strich für Strich, so wie wir auch die Buchstaben in der Schule lernten. Das Hakenkreuz zu zeichnen war nicht ganz einfach. Als ich es endlich heraus hatte, konnte ich es auf die Fußwege im Tiergarten und am Königsplatz kratzen. Aber Fräulein Emmy und meine Eltern waren nicht stolz auf meinen Erfolg.

Adolf Hitler stand an der Spitze der neuen Regierung, zusammen mit dem alten Feldmarschall Paul von Hindenburg, der auch einen Walrossschnauzer trug, genauso wie Bismarck und mein Großvater. Hitler trug ein Hakenkreuz auf einer roten Armbinde und ein Eisernes Kreuz – wie alle meine männlichen Verwandten. Aber wenigstens konnte man von ihm sagen, dass sein Schnurrbart viel zu kurz war, um in Suppen einzutauchen. Ich erinnere mich, dass ich Hitler viermal gesehen habe – zweimal stand er mit erhobener Hand in einem offenen Mercedes, auf dessen Kotflügeln kleine Hakenkreuzwimpel wehten, und rauschte vorbei an schwarzuniformierten SS-Männern, die dicht aufgereiht und breitbeinig entlang der Auffahrt zur Kroll-Oper am Königsplatz standen. Das Naziparlament versammelte sich jetzt dort, direkt auf unserem Weg zur Schule. Ein anderes Mal sah ich ihn auf dem schmalen Balkon der Kanzlei in der Wilhelmstraße, und einmal hörte ich ihn, wie er auf den Stufen der Nationalgalerie am Lustgarten eine Rede hielt. Tausende standen da, und diese Rede wurde von Lautsprechern, die hoch an Laternenmasten hingen, übertragen. Aber ich konnte sein heiseres Schreien nicht verstehen. Was hatte er gesagt? Vielleicht war es Österreichisch. Wie konnte ein Mann unser Land führen, der nicht einmal unsere Sprache beherrschte? War er ein Ausländer?

In der Klinik meines Großvaters, gleich um die Ecke, wo mein Vater Erwin Strassmann der neue Oberarzt war, traf ich andere Ausländer, zumeist Amerikaner, die zur ärztlichen Weiterbildung kamen. Ich nahm an, dass mein Großvater anscheinend am meisten wusste. Diese Ausländer redeten mit uns Kindern, als ob wir Erwachsene wären, sprachen uns mit »Sie« anstatt mit »Du« an, und sie hatten keine Ahnung, welche Gegenstände männlich, weiblich oder sächlich waren, verwechselten immerzu »der«, »die« und »das«. Oft empfand ich das als peinlich und antwortete nur sehr einsilbig auf ihre Fragen, was meine Eltern und meinen Großvater natürlich empörte und die allgemeine Peinlichkeit nur noch vergrößerte. Noch bevor ich elf war, hatte ich die deutschen Ausgaben von *Tom Sawyer*, *Huckleberry Finn*, *Uncle Tom's Cabin* (*Onkel Toms Hütte*), *The Last of the Mohicans* (*Der letzte Mohikaner*) und *Ted Scott the Ocean Flier* (*Ted Scott, der Ozeanflieger*) gelesen, und bald wusste ich mehr über ihr Land als sie über meines. Ich wusste Bescheid über Hochhäuser, Indianer, den Mississippi, den Bürgerkrieg, Hollywood, Shirley Temple, einfach alles.

Mein Großvater hatte die Magazine *Time* und *National Geographic* abonniert, und ich verbrachte lange Stunden damit, deren Bilder anzuschauen. Großvater unterrichtete mich leidenschaftlich über Geschichte – über Griechen und Römer, italienische Fürsten und Künstler, Friedrich den Großen – und ganz besonders über die fünf Strassmann-Brüder, die von irgendwoher nach Berlin gekommen und hier unglaublich berühmt und bedeutend geworden waren. Mit ihren langen Bärten und seltsamen Kragen konnte ich mir jedoch nicht vorstellen, wie irgendjemand sie hatte ernst nehmen können; und da sie ohnehin alle schon tot waren, würde ich ja keinem von ihnen jemals begegnen.

Und dann stellte sich heraus, dass sie alle Juden gewesen waren; und ich verstand damals nicht, was das bedeutete. Ich kannte Adam und Eva, David und Goliath, Joseph und seine Brüder, Moses, der sein Volk aus Ägypten durchs Rote Meer geführt hatte, und natürlich Maria und ihre Familie, die auch hin und her nach Ägypten gewandert waren. Bei all dieser Herumwanderei wunderte es mich nicht, dass einige Juden auch nach Deutschland gekommen waren – es war für mich nur überraschend, dass ich von ihnen abstammen sollte. Mein Großvater schien ziemlich stolz darauf zu sein und erklärte mir, dass all das Herumwandern zur Suche nach dem »Gelobten Land« gehörte.

Nachdem Moses jahrelang durch die Wüste Sinai gezogen war und sich endlich dem ersten »Gelobten Land« genähert hatte, hatte er zwei Kundschafter ausgeschickt, die herausfinden sollten, ob das Land wirklich so gut war. Ich erinnere mich nicht an die genauen Worte, mit denen Großvater mir diese Geschichte erzählte, aber die entsprechende Stelle aus der Bibel lautet (Num 13, Verse 17, 20 und 23):

> »Als sie nun Mose aussandte, das Land Kanaan zu erkunden, sprach er zu ihnen: Zieht da hinauf ins Südland und geht auf das Gebirge … Und wie der Boden ist, ob fett oder mager, und ob Bäume da sind oder nicht. Seid mutig und bringt mit von den Früchten des Landes. Es war aber eben die Zeit um die ersten Weintrauben. … Und sie kamen bis an den Bach Eschkol und schnitten dort eine Rebe ab mit Weintrauben und trugen sie zu zweien auf einer Stange, dazu auch Granatäpfel und Feigen.«

Diese Kundschafter und ihre Trauben waren auf dem Wappen der Strassmanns abgebildet, und mein Großvater hatte sie auf Ringen aus Lapislazuli und Siegeln aus Onyx eingraviert. Das große Esszimmer in der Schumannstraße 18, in der

Wohnung meiner Großeltern vorne in der Klinik, hatte ein Buntglasfenster, auf dem die Traubenträger zu sehen waren. Der Urgroßvater meines Großvaters, Schmuhl Molower, der auch als erster den Namen Strassmann angenommen hatte, hatte um 1795 die Idee mit den Traubenträgern. Schmuhl war ein wohlhabender Händler in Rawicz, Polen, gewesen, und er hatte die Kundschafter und ihre Trauben in einer Reliefskulptur über der Eingangstür seines Hauses darstellen lassen. Für ihn und seine Vorfahren war Polen ein Gelobtes Land gewesen, weil es Juden willkommen geheißen hatte, besonders diejenigen, die nach 1600 vor den Kriegen und Pogromen aus Deutschland geflohen waren. Doch die napoleonische Kontinentalsperre und die russischen Zölle bereiteten Schmuhls blühenden Geschäften ein Ende. Seine zwei Söhne, Heiman und Chune, waren arm. Die fünf Brüder, von denen Großvater mir so viel erzählte, waren Enkel von Schmuhl, die im preußischen Berlin um 1840 ein besseres Gelobtes Land suchten.

## Jüdische Ärzte

Schon immer in der Geschichte haben Ärzte und Heiler ihre speziellen Kenntnisse und ihre vermeintlich magischen Fähigkeiten dazu genutzt, Prestige und Macht zu erringen. Ihre heilenden Kräfte ermöglichten Ärzten und Schamanen den direkten Zugang zur gesellschaftlichen Elite, und diesen Zugang nutzten sie, um Projekte zu fördern, die ihren Überzeugungen entsprachen. Mit ihrem Wissen und ihrer Ausstrahlung konnten sie auch die öffentliche Meinung beeinflussen und unter Umständen in neue Richtungen lenken. Versuchten sie jedoch, die Macht an sich zu reißen, gingen sie oftmals zu weit und fielen als Schuldige oder Opfer der Verfolgung anheim. »Die wachsende Macht und das hohe Ansehen der Ärzte … überzeugte gefährlicherweise viele von ihnen – und einen großen Teil der Öffentlichkeit –, dass sie ein tiefes Verständnis über soziale, politische, und philosophische Angelegenheiten hatten.«[1]

Diese allgemeinen Anmerkungen lassen sich auch hinsichtlich des Wirkens jüdischer Ärzte in Deutschland vom 18. bis zum 20. Jahrhundert bestätigen, besonders auch durch die Erfahrungen mehrerer Generationen von Ärzten aus der Strassmann-Familie. Im Mittelalter war überlegenes Wissen um Heilkräfte und Heiltechniken der beste Weg für einen Juden gewesen, innerhalb der dominierenden christlichen Gemeinden zu bestehen. Eine medizinische Laufbahn war respektabler als eine im Handel, war nicht rabbinisch und stand trotzdem im Einklang mit jüdischen Werten und Traditionen. Jüdische Studenten der Medizin besuchten italienische und niederländische Universitäten (vor allem Padua und Leiden), aber als sich die Aufklärung über Europa ausbreitete, begannen auch einige deutsche Universitäten Juden zuzulassen – unter der Voraussetzung, dass sie zum christlichen Glauben konvertierten und sich taufen ließen. Um 1720 wurde an einigen Universitäten die Konversionspflicht erlassen, so in Frankfurt/Oder und Heidelberg. Der Titel »Doktor der Medizin« wurde erstmals 1721 an einen Juden in Frankfurt/Oder verliehen und 1724 an einen zweiten in Halle.[2]

Um 1750 hatte Berlin nur zwei praktizierende jüdische Ärzte. Friedrich der Große war wenig daran interessiert, die Rechte und das Wohlergehen von Juden zu fördern, und schon gar nicht von jüdischen Ärzten. Seiner Meinung nach waren Ärzte üblicherweise mit »fruchtlosen Spekulationen befasst, [aber] kaum über die moralische Seite ihrer Wissenschaft«. An Voltaire schrieb er am 28. April 1759: »... wiewohl ich in die Doktoren der Medizin sowenig Glauben setze wie in die der Theologie, will ich meinen Unglauben doch nicht so weit treiben, dass ich die heilsame Wirkung anzweifle, die eine Diät zeitigen kann. Ich selbst verspüre sie; nie hätte ich die schrecklichen Mattigkeiten, unter denen ich litt, ertragen, wenn ich mich nicht auf eine Diät gesetzt hätte, die allen, die Zutritt zu mir haben, martialisch vorkommt.«[3]

Dennoch schien das Studium der Medizin für Juden der beste Weg zu sein, um Zugang zum deutschen Bildungsbürgertum zu erlangen. Dazu trug auch bei, dass die Zulassung zu Universitäten leichter zu erringen war als die zu Gymnasien und dass das Studium der Medizin bei christlichen Studenten nicht besonders begehrt war. Nur zehn Prozent der christlichen Studenten studierten Medizin, aber mehr als die Hälfte der jungen Juden, und weit mehr als 200 von ihnen hatten um 1800 ihr Medizinstudium abgeschlossen. 1798 praktizierten acht jüdische Ärzte in Berlin, innerhalb von vier Jahren gab es drei weitere.[4] Um 1800 waren schon zwei Prozent aller Ärzte in ganz Deutschland jüdisch.[5]

Die Napoleonische Ära erweiterte die Bildungsmöglichkeiten für Juden sowohl in den annektierten Gebieten als auch in den alliierten Fürstentümern des Rheinbundes. Dann folgten die preußischen Reformen, die diesen Kurs der Emanzipation fortsetzten. Mitte der zwanziger Jahre des 19. Jahrhunderts schlossen jährlich vier bis sechs Juden ihr Medizinstudium an der neuen Berliner Universität ab, etwa die Hälfte von ihnen waren selbst Söhne von Ärzten. Einer von ihnen, der Arzt Dr. N. J. Friedländer, wurde der erste nichtkonvertierte Privatdozent Berlins.[6] Im 19. Jahrhundert stellten Juden kaum fünf Prozent der Studenten an den preußischen Universitäten, aber ein Drittel der Medizinstudenten in Berlin und Breslau. Ihr Zugang zum Medizinstudium war unbeschränkt.[7]

## Revolution und Kaiserreich

Die Revolution von 1848 brachte einen erneuten Wandel. Die Militäraristokratie schrieb den Juden die Schuld an den blutigen Ereignissen zu, vor allem den jüdischen Studenten. Zweifellos hatten jüdische Studenten auf den Barrikaden gekämpft, und das in einem Umfang, der größer war als ihr Anteil an der Bevölkerung. Nichtsdestotrotz – beide Anteile waren winzig.[8] Einer meiner Vorfahren, Wolfgang Strassmann, der Bruder meines Urgroßvaters Heinrich, hatte die Revolution in Berlin mit angeführt. In dieser Revolution, die nur eine konstitutionelle Monarchie angestrebt hatte, hatte er gewagt, eine Republik auszurufen – und war deshalb aus der Stadt verbannt worden. Viele Jahre später kehrte er zurück, um für 23 Jahre, von 1863 bis 1885, der Berliner Stadtverordnetenversammlung anzugehören. Zwölf Jahre lang stand er zudem diesem Gremium vor – das höchste gewählte Amt, das jemals ein Jude in Deutschland innehatte. Gemeinsam mit seinen vier Brüdern war Wolfgang aus Rawicz, nahe der polnisch-schlesischen Grenze, nach Berlin gekommen.

Für die konservative Opposition wurde Wolfgang zur Hauptquelle einer neuen Phobie, des Antisemitismus.[9] Viele Maßnahmen, die von Wolfgang und seinen medizinischen Zeitgenossen und Kollegen von 1848, so Rudolf Virchow und Paul Langerhans, in der Stadtverordnetenversammlung gefördert wurden, betrafen gesundheitliche Aspekte: eine sichere Wasserversorgung, Kanalisation, Bauvorschriften, Lebensmittelkontrolle, öffentliche staatliche Krankenhäuser und eine Vielzahl von Gesundheitsdienstleistungen. Dank ihres hervorragenden medizinischen Rufes war es diesen politisch engagierten Ärzten möglich, jeglicher Kritik an ihren Maßnahmen entgegenzutreten. Es war die Zeit des »politischen Arzttums«, des »Arztes als Anwalt der Armen«. Virchow insistierte – ohne dass er überhaupt Kriege und expandierende Industrien erwähnte – »wie unvermeidlich es ist, die praktische Medizin mit der politischen Gesetzgebung in unmittelbare Beziehung zu setzen«.[10] Wolfgangs Bruder Ferdinand war später mehr als 30 Jahre lang für die Berliner Gesundheitspolitik verantwortlich; für seine Verdienste erhielt er die Ehrenbürgerschaft der Stadt.

Die Hohenzollern und Bismarck hätten im späten 19. Jahrhundert ihren Einfluss in Berlin aggressiver geltend machen können, aber sie gaben sich mit ihrem Machtzuwachs in gesamtstaatlichen, nationalen Belangen zufrieden, vor allem mit ihrer Kontrolle über das kaiserliche Budget und das Militär. Dass die städtischen Belange Berlins von einer bürgerlichen und jüdischen Verwaltung wahrgenommen wurden, empfanden sie nicht als bedrohlich. Juden und die antimilitaristische Fortschrittspartei bestimmten mehrheitlich die Geschicke der Stadtverwaltung, begünstigt durch ein Wahlsystem, das die ärmeren Schichten praktisch entrechtete. Die Wähler, die das Spitzendrittel an Steuern zahlten, konnten indirekt ein Drittel der Abgeordneten wählen, was jedem reichen (und nur männlichen) Wähler zumindest die hundertfache Wahlkraft gab, verglichen mit den Wählern aus den armen Schichten der Bevölkerung, die aufgrund ihrer mageren Steuerzahlungen auch nur wenige Mandate bestimmen konnten. Eine direkte Wahl eins zu eins würde den Sozialisten drei Viertel der Sitze und damit die Macht in der Stadt eingebracht haben. Aber das wollten die Hohenzollern und andere Eliten nicht riskieren; die Juden der Mittelschicht waren ihnen da doch noch angenehmer.

In der Zwischenzeit war in der medizinischen Profession und besonders an den Universitäten das dumpfe Festhalten an den ehrwürdigen Traditionen einer neuen Ära skeptischen Hinterfragens und empirischer Wissensaneignung gewichen. Hatte man zuvor an den Universitäten Medizin nur in Vorlesungen gelehrt und weder Laboratorien noch die Behandlung von Patienten in Krankenhäusern gekannt, so lernte man jetzt durch Experimente, wie der Körper wirklich funktionierte, wie er auf Medikamente reagierte, und Anästhesie und Antiseptika ermöglichten gewaltige Fortschritte in der Chirurgie. Der Anteil der Juden an den deutschen Ärzten erhöhte sich von 1:50 auf 1:6. In Berlin war die Hälfte aller Ärzte jüdisch – und die Hälfte aller jüdischen Ärzte in Deutschland praktizierte in Berlin.[11] Immer noch einer Diskriminierung in den mehr traditionellen Gebieten der Medizin unterliegend, wandten sich viele Juden neuen Fachgebieten zu wie der Augenheilkunde, der Dermatologie, der Psychiatrie, der Urologie, der Gynäkologie und auch der Geburtshilfe. Gerade in letzterem Gebiet praktizierten hauptsächlich immer noch Hebammen. 1904 wurde Fritz Strassmann zum Vorkämpfer der Ausweitung der Rechtsmedizin als eigener Fachrichtung, und mithilfe einer von ihm herausgegebenen Zeitschrift gründete er eine entsprechende nationale Vereinigung. 2004 wurde der 100. Jahrestag dieses Ereignisses dadurch begangen, dass das Gebäude des Instituts für Rechtsmedizin der Berliner Universität in Fritz-Strassmann-Haus umbenannt wurde.

Ihre Bereitschaft zu Innovation und Spezialisierung brachte Juden auch in die aufblühenden Kur- und Badeorte wie Bad Nauheim in Hessen, das auf die Behandlung von Herzerkrankungen spezialisiert war. Deutsche und ausländische Aristokraten, Industrielle und Prominente – die Romanows, die Habsburger, die Roosevelts, die Hearsts – kamen nach Bad Nauheim, um sich von Isidor oder Franz Groedel, August oder Theodor Schott und Sally Schönewald behandeln zu lassen – von jüdischen Medizinern und nicht von irgendeinem anderen Bad Nauheimer Arzt.[12] Generell konzentrierten sich die jüdischen Ärzte doppelt so häufig wie die nichtjüdischen auf bestimmte medizinische Fachrichtungen und waren demzufolge wesentlich fortgeschrittener in den meisten Spezialgebieten der Medizin.

Trotzdem wurden Lehrstühle an Universitäten Juden – auch wenn sie zum Christentum konvertierten – wesentlich seltener angeboten als anderen Bewerbern, selbst als der Anteil der Juden an den Universitäten zunahm. An der Berliner Universität waren 1908 44 von 113 außerordentlichen Dozenten in der Medizin jüdisch, aber unter den 19 ordentliche Professoren befand sich kein einziger Jude. Der erste nichtkonvertierte Jude in Deutschland, der den Titel eines ordentlichen Professors der Gynäkologie erhielt, war Wilhelm Freund in Straßburg 1878.[13] 19 Jahre zuvor hatte Moritz Stern als erster deutscher Jude überhaupt den Titel Ordinarius erhalten – in Göttingen 1859, auf dem Gebiet der Mathematik.[14]

Genauso wichtig wie Berufungen auf Lehrstühle waren die Ernennungen zu Direktoren staatlicher Krankenhäuser. Sehr früh schon hatte Otto Spielberg den Direktorenposten der Universitätsfrauenklinik in Breslau erhalten. Er war zum Christentum konvertiert und erwartete, dass andere Juden, die eine Festanstellung suchten, ihm darin folgen würden. 1906 aber war Paul Strassmann, mein Großvater, als Direktor der Frauenabteilung eines großen neuen Berliner Krankenhauskomplexes, der nach Rudolf Virchow benannt worden war, abgelehnt worden – trotz Konvertierung, seines herausragenden Rufes und der vielen positiven Neuerungen, die er in seinem eigenen kleinen Krankenhaus eingeführt hatte. Er borgte sich eine riesige Summe Geld und erbaute sein eigenes Lehr- und Forschungshospital mit 75 Betten fast gegenüber dem größten öffentlichen Krankenhaus Berlins, der Charité. Zu seinen Patientinnen zählten die Künstlerin Käthe Kollwitz, die Industriellengattin Ellen von Siemens-Helmholtz und Prinzessin Hermine von Schönaich-Carolath, die zweite Frau des deutschen Kaisers. 1923, nun endlich zum Professor ernannt, wurde Paul in den Senat der Berliner Universität gewählt. Sein Klinikgebäude überlebte beide Weltkriege, wurde nach der deutschen Wiedervereinigung saniert und 2003 in einer öffentlichen Zeremonie und mit einer am Haus angebrachten Gedenkplakette zum »Strassmann-Haus« erklärt.

## Der erste verlorene Weltkrieg verändert Illusionen

Für das deutsche Volk, das sich an seine vermeintliche weltweite Überlegenheit in Wissenschaft, Industrie, Kultur und Sozialfürsorge so sehr gewöhnt hatte, waren die Niederlage im Ersten Weltkrieg und die harten Bestimmungen des Versailler Friedensvertrages eine traumatische Erfahrung. Die Bürger jüdischer Abstammung, von denen die meisten assimiliert waren und viele Christen geheiratet hatten, erreichten dennoch scheinbar ihre völlige Emanzipation. Die letzten Hindernisse auf ihrem Weg zur Teilhabe an Politik, Wirtschaft, Wissenschaft und Kunst schienen in der Weimarer Republik zu fallen. Manche Deutsche jedoch sahen die eher kosmopolitisch ausgerichteten Juden als nicht vertrauenswürdige »Elemente«, verantwortlich für Kriegsniederlage und nationale Schande. Jüdische Künstler, Schauspieler und Schriftsteller, die die militärischen Ziele des Kaiserreiches und gesellschaftliche Ungerechtigkeiten verachteten, wurden als degeneriert und schädlich angesehen. Als 1930 die Wirtschaft zusammenbrach und Not und Elend überhand nahmen, fügten sich solche paranoiden Ansichten problemlos in den Kanon der Stimmen, die Adolf Hitler an die Macht brachten.

An der Umsetzung politischer Reformen in der Weimarer Republik waren viele Juden an prominenter Stelle beteiligt. Einige von ihnen, wie die Kommunistin Rosa Luxemburg am einen Ende des Spektrums und der Industrielle und Außenminister Walther Rathenau am anderen, wurden ermordet. Fritz Strassmann führte die Autopsie an beiden Leichen durch und deklarierte beide Tode als Mord. Von Fanatikern aus dem rechten Lager wurden beide Morde als gerechtfertigt befunden.

In den Jahren der Weimarer Republik, von 1919 bis 1932, gab es wenig Diskriminierung der Juden, aber der Berufsstand der Mediziner erlitt finanzielle Einbußen, vielleicht sogar mehr als durch die verheerenden Folgen von Währungsinflation und Weltwirtschaftskrise. Da es leichter war, dem Berufsstand der Ärzte beizutreten als den meisten anderen Berufsständen, kam es zu Überfüllung und ruinösem Wettbewerb. Noch schlimmer wirkte sich das System der gesetzlichen Krankenkassen aus, das Bismarck 1883 eingeführt hatte. Es hatte dazu geführt, dass Medizin »ausschließlich nach billiger Massenbehandlung ging, die der Feind jeder guten ärztlichen Behandlung« war.[15] Zudem wurden die Ärzte von den öffentlichen Kassen, für die sie arbeiteten, schlichtweg wie Angestellte behandelt. Dagegen setzten sich die Ärzte mit der Gründung zweier beruflicher Interessenverbände, des »Verbandes der Ärzte Deutschlands« und des »Deutschen Ärztevereinsbundes«, zur Wehr. 1869 hatten die deutschen Ärzte sich kollektiv und mit der entsprechenden juristischen Absicherung als Gewerbe klassifiziert und nicht als Berufsstand – in der Hoffnung, sich damit der staatlichen Regulierung stärker entziehen zu können. Dieser taktische Schachzug wirkte sich zu Beginn des 20. Jahrhunderts äußerst negativ aus, indem er zu etwa 30 Prozent mehr medizinisch Praktizierenden führte, zu etwa 14.000 Laienärzten (»Kurpfuschern«), die alle oftmals keine medizinische Ausbildung absolviert hatten. Im Ergebnis dessen gab es 1932 eine Vielzahl junger arbeitsloser Ärzte, von denen zehn Prozent sogar zu wenig Geld verdienten, um eine Familie gründen zu können, also weniger als 3.000 Mark jährlich (was 1990 etwa 4.500 Dollar entsprochen hätte).[16]

## Die Nazis übernehmen die Macht

Trotz dieser wirtschaftlichen Zwangslage waren weniger als sieben Prozent der deutschen Ärzte vor Hitlers Machtergreifung der NSDAP beigetreten. Ende 1937 jedoch betrug der Anteil der NSDAP-Mitglieder unter den Ärzten bereits nahezu 50 Prozent und 1945 44,8 Prozent. Offensichtlich sagte den Ärzten die Politik zu, die die Nationalsozialisten ihnen gegenüber einschlugen: die Beibehaltung ihrer Privilegien, die Schwächung des Einflusses der Krankenkassen und die Reduzierung der jüdischen Konkurrenz durch Emigration und Titelaberkennung.[17] In keinem anderen Berufsstand gab es so viele NSDAP-Mitglieder; zwei Drittel aller deutschen Ärzte gehörten der NSDAP oder einer anderen nationalsozialistischen Organisation an. Die meisten der Ärzte, die der NSDAP beitraten, waren jedoch jünger als 40 Jahre, während die älteren eher zögerlich waren. Ärzte über 40 Jahren waren in der NSDAP tatsächlich unterrepräsentiert. Viele Mediziner zogen bei ihren nationalsozialistischen Verbindungen die SS der SA vor, da die SS ihren elitären Erwartungen eher entsprach. Hinzu gesellten sich simpler Opportunismus oder gar Resignation angesichts der gesellschaftlichen Tatsachen.

Diejenigen Ärzte jedoch, die es in der medizinischen Bürokratie des Dritten Reiches zu Führungspositionen brachten, so wie Gerhard Wagner, der Führer des NS-Ärztebundes, und sein Nachfolger, Leonardo Conti, waren nicht nur »fanatische Anhänger … und keine Opportunisten im üblichen Sinne«. Sie standen modernen Krankenhäusern und der »Schulmedizin« ablehnend gegenüber und identifizierten sich sogar mit »Kurpfuschern«, die für sie als Nazis die völkische, ganzheitliche Alternative zur akademischen Medizin darstellten.

Den Bestimmungen der Führung des NS-Ärztebundes konnten die praktizierenden Ärzte weder widersprechen noch konnten sie sich ihnen widersetzen. Trotzdem beklagte sich jene während der gesamten Zeit der Nazidiktatur darüber, dass die Universitäten zu wenig Interesse an dem aufregenden neuen Studienfeld der »Rassenkunde« zeigten und die Medizin zu wenig mit anthropologischen und sozialpolitischen Aspekten vermengten.[18]

Nach 1933 oblag es den nichtjüdischen Ärzten, die eugenischen und antisemitischen Theorien der »Rassenkunde« in praktische Programme umzusetzen. Zu ihnen gehörte Hans Auler, einer von Hitlers Lieblingsärzten, der sich gern darüber ausließ, dass Krebszellen sich im menschlichen Körper genauso schädlich verhielten wie Juden und Kommunisten im »Volkskörper«. Auler drehte Aufklärungs- und Propagandafilme zu diesem Thema, und Hitler schätzte seine Gesellschaft sehr. Die eugenischen Ideen der Nazis basierten auf der Überzeugung, dass Nichtarier eine Plage für Deutschland seien und dass die Nation nur durch die Beseitigung der Juden und Zigeuner geheilt werden könne – und nicht etwa durch ihre religiöse Konversion oder Erziehung. Ein anderer Favorit

Hitlers, der Genetikforscher Fritz Lenz, war in den zwanziger Jahren noch nicht antisemitisch eingestellt gewesen. Nun postulierte er, dass »die Juden sich nicht in Deutsche verwandeln würden, indem sie Bücher über Goethe schrieben«.[19] Vielmehr sei die Ausmerzung dieser zersetzenden Elemente nötig, wenn nicht durch Vertreibung, dann durch physische Vernichtung.[20] Etablierte nichtjüdische Psychiater, Genetiker und Anthropologen wie Heine Fischer, 1927 bis 1942 Direktor des Kaiser-Wilhelm-Institutes für Anthropologie in Berlin, verliehen den wilden Phantasien der Nationalsozialisten Legitimität, indem sie sie mit umfangreichen Datenreihen zu begründen versuchten, und orientierten die medizinische Ethik um von der Sorge für den Einzelnen zur Pflege der »Erbgesundheit« der Nation.[21] Enthusiastisch stürzten sie sich in Forschungsprojekte, mit denen das Wesen des jüdischen Untermenschentums ebenso präzise nachgemessen werden sollte wie der Anteil jüdischer »Bastardisierung«, der für eine Gesellschaft noch tolerabel sei. Wissenschaftliche Arbeiten, deren Autoren Juden waren, durften hingegen seit einem Dekret vom 4. Oktober 1933 nicht mehr veröffentlicht werden, da ihren Autoren nachgesagt wurde, dass sie ihre deutsche Trägerkultur zerstörten und der bloßen Profitmacherei anhingen – ganz im Gegensatz zur kreativen, hingebungsvollen Arbeit arischer Wissenschaftler.

Zwei Millionen Deutsche hatten zumindest ein jüdisches Großelternteil – nach den ersten neuen staatlichen Rassendoktrinen wären sie dadurch schon Ausgestoßene gewesen. Nach Ansicht politischer Taktierer hätte eine solch strenge Auslegung der Rassenvorschriften in der Bevölkerung allerdings zu viel Angst hervorrufen können. Deshalb wurde die rigide Auslegung der Rassengesetze von 1933 im Jahre 1935 auf drei jüdische Großeltern erhöht, womit die ausgegrenzte Bevölkerung unter einer Million Menschen gehalten wurde. Gleichzeitig jedoch wurden die »Hindenburg-Ausnahmen« für die Veteranen des Ersten Weltkrieges und für nahe Angehörige Gefallener nun als »unwissenschaftlich« verworfen. Wenn es jedoch nach Gerhard Wagner, dem Führer der deutschen Ärzteschaft, gegangen wäre, hätten sogar Achteljuden, solche mit einem einzigen jüdischen Urgroßelternteil, »die volle Macht der [Nürnberger] Gesetze zu spüren bekommen«. In einigen deutschen Städten wurden aber Ärzte halb- und vierteljüdischer Herkunft wieder in ihre Ämter eingesetzt, und 1937 praktizierten noch Hunderte von ihnen.[22]

## Grausamkeiten

Erstaunlich viele deutsche Ärzte und Leiter deutscher Universitätslaboratorien waren stolz auf ihre neue Macht und das Privileg, an der »Rassensäuberung«

mitzuarbeiten, um »Fremdrassige« und »Minderwertige« auszusondern. Sie erarbeiteten Methoden, mit denen körperlich und geistig Behinderte identifiziert und an der Fortpflanzung gehindert werden sollten. Bis 1945 führte dies zur Zwangssterilisation von etwa 400.000 Personen.[23] Von der Sterilisierung war es nur ein kleiner Schritt zur Euthanasie behindert geborener Kinder, die als »lebensunwert« angesehen wurden. Und warum sollte man im Rahmen dieser Maßnahmen nicht auch ein paar Experimente durchführen? Carl Schneider, Direktor der Heidelberger Klinik für Psychiatrie und Neurologie, begann 1938 in Zusammenarbeit mit Konrad Zucker, Professor für Psychiatrie, ein wissenschaftliches Forschungsprogramm zur Euthanasie an Kindern. Zwischen 1940 und 1945 weitete sich die Ermordung von Kindern auf 30 Kliniken aus, mehr als 5.000 Kinder fielen ihr zum Opfer.

Im Oktober 1939 übergab Hitler seinem Leibarzt Karl Brandt die Verantwortung für die Durchführung von »Gnadentötungen an unheilbar kranken Personen«, die »Aktion T 4«, die in sechs Tötungszentren in Deutschland und Österreich durchgeführt wurde. Das Programm führte zur Ermordung von 70.000 Menschen, erregte allerdings Unruhe in der Bevölkerung und rief Proteste von Richtern und Geistlichen hervor. Es wurde deshalb im August 1941 eingestellt. Aufgrund solcher Aktivitäten, die im Widerspruch zum Eid des Hippokrates standen, wandten sich herausragende Ärzte wie Ferdinand Sauerbruch, Karsten Jasperson, Werner Kirchert und Katholiken wie Franz Büchner, die zuvor dem Nationalsozialismus wohlwollend gegenübergestanden hatten, vom Regime ab. Sie waren allerdings die Ausnahme. Heimlich und verdeckt wurden die Morde fortgeführt, kaschiert durch Nahrungsentzug und Überdosierungen von Medikamenten, denen noch einmal weitere 130.000 Deutsche und Österreicher zum Opfer fielen.[24]

Ärzte, die für das Euthanasie-Programm verantwortlich waren, wurden in der Folge eingesetzt, um Technologien für den Massenmord an Juden zu entwickeln, letztendlich die Gaskammern, in denen das Hydrogen-Zyanit Zyklon B eingesetzt wurde. Ärzte führten aber auch unmenschliche Experimente anderer Art durch, so tödliche Impfversuche mit biologischen und chemischen Stoffen, Experimente mit Knochentransplantationen, Tests unter extremen Druck- oder Temperaturverhältnissen. Nach dem Krieg wurden sieben der grausamsten Mediziner im Nürnberger Ärzteprozess von 1947 zum Tode verurteilt, neun erhielten Gefängnisstrafen, während Josef Mengele und andere nach Südamerika fliehen konnten. Die meisten Ärzte wurden jedoch aufgrund der Aussagen ihrer Mitbürger innerhalb weniger Jahre nach dem Krieg »entnazifiziert«.[25]

Die Zahl der Ärzte, die sich in Laboratorien und Tötungszentren eines Verbrechens gegen die Menschlichkeit schuldig gemacht hatten, wird auf etwa 350 bis 400 geschätzt. Dies entspricht weniger als einem Prozent der 59.000 Ärzte, die es 1939 in Deutschland gab.[26] Womöglich haben die meisten deutschen Ärzte die Verletzungen der Menschenrechte, die Bestandteil all dieser Experimente waren, nicht gebilligt.[27] Der bleibende Schaden jedoch entstand nicht aus dem unmenschlichen Verhalten der kriminellen Ärzte, sondern dadurch, dass ein ganzer Berufsstand beständiger Überwachung, Angst und intensiver Rassenindoktrination ausgesetzt wurde. Dadurch wurde die ethische Beziehung zwischen Arzt und Patient gestört und geschädigt. Michael Kater umriss dies wie folgt: »Eine etablierte ärztliche Kultur wurde auf der einen Seite von einer entmenschlichten Wissenschaft unterwandert und auf der anderen von Scharlatanerie.« Die in die Irre geführte, verängstigte Mehrheit der deutschen Ärzte arbeitete während des Krieges unter erschöpfendsten Bedingungen, stumpfte aber gegenüber den Grausamkeiten unausweichlich ab und »versagte im Ende dabei, den Quacksalbern Handlungsraum vorzuenthalten«.[28]

## Mitnehmbares Können

Schätzungen besagen, dass mehr als ein Viertel der deutschen Ärzte jüdischer Herkunft, insgesamt mehr als 2.000 Menschen, im Holocaust ums Leben gekommen sind. Obwohl es überall in der Welt an Ärzten mangelte, gelang ihnen die Flucht in eine neue Existenz nicht. Fünf Prozent der jüdischen Ärzte begingen Selbstmord. Etwa zwei Drittel der Ärzte aus Deutschland und Österreich, die als jüdisch klassifiziert waren, fanden eine neue Heimat – in Palästina, Großbritannien, Australien, der Türkei und vor allem den USA, obwohl die Zahl der nach Amerika emigrierten Ärzte immer noch unter 5.000 lag.[29] Die Emigration war ein bitteres Schicksal, aber anders als ihre Landsleute aus der Jurisprudenz, dem Handel und der Industrie verfügten die Ärzte über fachliche Fähigkeiten, die sie überall in die Welt mitnehmen konnten. Im Jahr 1939 waren lediglich 285 jüdische Ärzte in Deutschland medizinisch tätig, 0,3 Prozent der Ärzte aus dem Jahr 1933. Selbst diese galten nicht länger als Ärzte, sondern nur noch als »Krankenbehandler«. Ihnen war lediglich die Behandlung jüdischer Patienten erlaubt, sie durften kein Auto fahren und erhielten keine Genehmigung zum Praktizieren in Bade- und Kurorten.[30]

Zwei Drittel der aus Deutschland emigrierten Ärzte waren jünger als 45 Jahre. In den USA wurden sie von ihren Fachkollegen 1933 zunächst gerne aufgenommen, doch innerhalb weniger Jahre wurde man aufgrund der aufkommenden Konkurrenz zunehmend nervös. Obwohl es in Kleinstädten und ländlichen Gebieten deutlich zu wenig Ärzte gab, wurden die Neuankömmlinge in medizinischen Fachzeitschriften und auf medizinischen Kongressen als inkompetente Quacksalber mit sozialistischen Neigungen abgetan, die ohne gründliche Fachprüfungen und eine fünfjährige Wartefrist auf die US-Staatsbürgerschaft keinesfalls eine Zulassung erhalten sollten. Nur die Bundesstaaten New York und Massachusetts machten die Zulassung von Ärzten nicht vom Erwerb der US-Staatsbürgerschaft abhängig.[31]

Einigen dieser Immigranten erleichterten persönliche Kontakte, die über Jahrzehnte bestanden hatten, die Einreise in die USA. Die Strassmanns zum Beispiel profitierten von einer langjährigen Freundschaft mit Will und Charles Mayo von der berühmten Mayo-Klinik in Minnesota. Die Mayo-Brüder hatten Pauls Innovationen im operativen Bereich sorgfältig studiert und kannten Erwin Strassmanns preisgekrönte Entdeckung des Prozesses des Eisprungs. Deshalb boten sie 1935 Erwin Strassmann eine Stelle in ihrer Klinik in Rochester an, damit er sich von dort aus eine dauerhafte Niederlassung in den USA suchen könnte. Nach zwei Jahren entschied sich Erwin für Houston, Texas, wo er sich an der Gründung des Texas Medical Center beteiligte, heute eines der größten medizinischen Zentren der Welt. Erwins Vetter, Georg Strassmann, emigrierte erst 1938 und wurde Chefpathologe am Metropolitan State Hospital in Waltham, Massachusetts. Beide Strassmanns forschten und publizierten auch in den Folgejahren erfolgreich und kehrten nach 1950 öfter besuchsweise nach Deutschland zurück. In den sechziger Jahren erhielten beide das Bundesverdienstkreuz für ihren Beitrag zur Wiederherstellung der deutsch-amerikanischen Beziehungen.

## Ein Überblick

Von den 16 folgenden Kapiteln dieses Buches befassen sich fünf mit den Jahren 1800 bis 1920 und elf mit den Jahren danach. Ein Kapitel über Rawicz folgt dieser Einleitung und beginnt mit Heimans radikaler Entscheidung, seine Kinder anstatt in den traditionellen hebräischen Cheder auf die deutschsprachigen preußischen Schulen zu schicken – eine Entscheidung, die ihnen den Zugang zu den Universitäten in Breslau oder Berlin ermöglichte. Dem Rawicz-Kapitel folgt ein Kapitel, das sich mit Wolfgangs Aufstieg in der Berliner Politik und Ferdinands in der Stadtverwaltung befasst.

Kapitel 4 und 5 erzählen nicht nur von Paul, sondern auch von dessen Bruder Ernst (1868–1923), einem liebenswürdigen Menschen, aber zwanghaften Glücksspieler, der in seinem Studium versagte und durch Betrug seine Spielschulden zu verdecken versuchte. Ernst wurde enterbt und ohne Rückfahrkarte nach Punta Arenas in Chile geschickt. Jahre später kehrte er als reicher Mann zurück – und verlor erneut all sein Vermögen im Kasino. Kapitel 6 berichtet von der Beteiligung verschiedener Strassmann-Generationen an Kriegen für Preußen bzw. Deutschland zwischen 1859 und 1918.

Antonie Strassmann (1901–1952), der das siebte und elfte Kapitel gewidmet sind, verließ die Schule mit 16 Jahren, um zur Bühne zu gehen. Innerhalb eines Jahrzehnts spielte sie in Berlin und Stuttgart 28 Rollen – von Maria Stuart über Iphigenie, Penthesilea, die Heilige Johanna, Portia und Salome bis hin zu Lady Macbeth. Sie erhielt begeisterte Kritiken und wurde als Star gefeiert. 1930 hatte sich ihr Interesse auf die Sportfliegerei verlagert, und sie überquerte den Atlantik an Bord des Zeppelins, um die gesamte Küste Brasiliens in ihrem Klemm-Sportflugzeug abzufliegen. Nachdem sie 1932 in die USA ausgewandert war, versuchte die Gestapo später vergeblich, sie wegen ihres vermeintlichen Wissens um geheime Patent- und Lizenzverträge zwischen Deutschland und den USA von New York nach Deutschland zu entführen. 2004 wurden Antonies großartige Leistungen in der Ausstellung »Frau und Flug« im Zeppelin-Museum in Friedrichshafen am Bodensee gewürdigt.

Kapitel 8 handelt von Antonies Schwester Gisela, die einen Juristen aus der Schweiz heiratete, Max Gutzwiller. Als Heidelberger Professor widmete dieser sich im Dritten Reich dem Kampf gegen die willkürliche neue Interpretation des Rechts, wonach als Recht angesehen wurde, was der von den Nazis definierten »inneren Seele des deutschen Volkes« diente. Dafür und weil er »mit Juden versippt« war, wurde Max Gutzwiller in jenen Jahren immer wieder bedroht und attackiert.

Im Mittelpunkt des Buches stehen das Leben von Paul Strassmann und sein 75-Betten-Krankenhaus in der Berliner Schumannstraße. 15.000 Babys sind hier zur Welt gekommen – was beweist, dass die zwei Störche im Innenhof der Klinik offensichtlich viel beschäftigt waren. In 27 Jahren wurden 26.000 Patientinnen gynäkologisch betreut und 4.000 Ärzte ausgebildet, zudem suchten Ärzte aus aller Welt Paul Strassmann zur Weiterbildung auf. 1933 denunzierten zwei Klinikärzte, denen Paul am meisten vertraut hatte, die Familie Strassmann als jüdisch – in der Hoffnung, die Klinik so selbst übernehmen zu können. 1935 wurden Paul und Erwin Strassmann, Vater und Sohn, aufgrund ihrer jüdischen Herkunft als untauglich für die weitere Lehrtätigkeit erklärt und aus der Berliner Universität entlassen, wo beide Lehrstühle auf dem Gebiet der Gynäkologie innegehabt hatten. Erwin emigrierte in die USA – Kapitel 13 und 14 –, während Paul gezwungen wurde, seine Klinik zu verkaufen. In den Kapiteln 9, 10 und 12 wird diese Geschichte ausführlicher erzählt.

Die Kapitel 15 und 16 befassen sich mit einigen Strassmanns, die zurückblieben, als der Zweite Weltkrieg ausbrach. Ihre Lebensgeschichten sind exemplarisch für die Tausender anderer dieser Zeit. Elisabeth und ihre Tochter Annemarie versteckten sich auf dem Lande, und Reinhold wurde in Auschwitz ermordet. Ernst Karl Otto leitete eine Widerstandsgruppe, bis er von der Gestapo verhaftet wurde. Als Landsgerichtsrat tätig, anscheinend »arisch« und dem Regime gegenüber vermeintlich loyal, hatte Ernst mit anderen eine geheime

Widerstandsbewegung gegründet, deren Ziel die Wiederherstellung des Rechtsstaats und demokratischer Strukturen war, nachdem ein Aufstand an der Verschwörung beteiligter Wehrmachtsoffiziere die Voraussetzungen dafür geschaffen hätte. Mehrere Putschpläne der Offiziere gelangten jedoch nicht zur Durchführung, und Ernst wurde 1942 verhaftet. Es gelang ihm, die verhörenden Gestapo-Beamten zu überlisten, und so konnte er überleben. Die zu seinen Ehren ins Leben gerufene Ernst-Strassmann-Stiftung unterstützte in den letzten Jahrzehnten um Vergangenheitsaufarbeitung bemühte Forschung und gesellschaftlich engagierte Kunst und Musik.

Das Buch schließt mit Kapitel 17, einem Epilog, der die Nachkriegsreisen der US-Emigranten nach Deutschland schildert. Es beschreibt die seltsame Mischung von Gefühlen, mit der sie diese Reise antraten: Entfremdung, nostalgische Erinnerung, Bitterkeit und ein Bemühen um Verständnis und Versöhnung. Annemarie, die das Dritte Reich versteckt überlebt hatte, erzählte mir, dass sie sich nie wieder in Deutschland wohl fühlen könne, aber dass sie immer noch auf eine seltsame Weise mit ihm verbunden sei, sobald sie die deutsche Sprache höre und vor allem den Berliner Dialekt. Georg, der Pathologe, erkrankte ernsthaft, nachdem er in Berlin erfahren hatte, wie sein Bruder die letzten Monate vor seiner Ermordung in Auschwitz verlebt hatte, und musste den Berlin-Besuch abbrechen. Erst nach Jahrzehnten erfuhr Georgs Adoptivsohn Fred, dass seine leiblichen Eltern einer aristokratischen Familie mit militärischer Tradition angehört hatten, die an Plänen zur Ermordung Adolf Hitlers beteiligt gewesen war.

Über Medizin und Politik hinaus waren die Strassmanns eine auf vielfältige Weise erfolgreich assimilierte jüdische Familie, aber letzten Endes doch gegeißelt von Mitbürgern, die sie nur im antisemitischen Kontext sehen wollten. Im frühen 19. Jahrhundert hatten die Strassmanns versucht, sich durch Bildung und Zuzug nach Berlin von den provinziellen Wirrnissen, dem Dogmatismus und der Armut in der Provinz Posen abzusetzen. In Berlin eröffnete sich ihnen eine neue Welt, eine industrialisierte, expandierende Welt. Ihr schlossen sie sich begeistert an und machten in Wissenschaft, Politik und Verwaltung Karriere. Die nächste Generation, geboren um 1870, war sogar noch ambitionierter als ihre Eltern. Ihren Erfolg genießend, immer auf der Suche nach neuen Möglichkeiten, sich selbst als deutsche Patrioten verstehend, wurden diese Strassmanns von der Katastrophe des Ersten Weltkrieges und von seinen Nachwirkungen schwer getroffen. Auf ihre alten Tage wusste diese Generation nicht, wie sie mit der militärischen Niederlage von 1918 und mit der Zurückweisung durch ihre nichtjüdischen Nachbarn, die der Nationalsozialismus provoziert hatte, umgehen sollte. Die Kinder dieser Generation wiederum, geboren um 1890, sind die letzte Generation, deren Lebensgeschichte in diesem Buch vollständig erfasst wird. Auf vielerlei Weise weltklüger als ihre Eltern, wollten sich auch diese Kinder durch Leistung auszeichnen. Ihre Ausbildung wurde durch die Katastrophe des Ersten Weltkrieges unterbrochen, und bald danach fanden sie eine Welt vor, in der sie viel weniger willkommen waren als einst ihre Eltern oder Großeltern. Als die nationalsozialistischen Fanatiker an die Macht kamen und ihr brutales Regime errichteten, stellte die Emigration nach Übersee die Generation der um 1890 Geborenen vor eine Herausforderung, die so aufregend war wie die ihrer Vorfahren.

Die Strassmanns waren nicht nur politisch engagierte Ärzte. Sie waren auch Eltern, die ihre Kinder inmitten von Gefahren und sich veränderndem Zeitgeist zu leiten und zu lenken versuchten. Über sechs miteinander verbundene Generationen, von 1793 bis 1993, lässt sich verfolgen, wie sich die Ansichten, Ambitionen und Illusionen einer Familie in Bezug auf Karrieren, den sozialen Status, nationale Identität und Philosophie wandelten.

Dieses Buch beleuchtet die Interaktion zwischen Medizin, Politik, Verfolgung und Migration in Deutschland, vor allem in den Jahren 1845 bis 1945, aber auch für jeweils ein halbes Jahrhundert davor und danach. Es beruht auf Briefen, Tagebüchern und 16 Kartons voller Strassmann-Memoiren und -Memorabilia, die in meinen Besitz gelangt sind. Als akademisch vorgebildeter Wirtschaftshistoriker[32] habe ich versucht, in meiner Erzählung mehr darzustellen als nur die bloße Verbindung einer Familie mit medizinischen und politischen Veränderungen im Kontext der Assimilation. Ich habe deutsche Experten und Archive aufgesucht und Hunderte wissenschaftlicher Publikationen zurate gezogen. Wie die Fußnoten zeigen, sind viele wichtige Erkenntnisse erst innerhalb des letzten Jahrzehnts veröffentlicht worden, und so hätte ich dieses Buch unmöglich früher schreiben können.

Ganz zum Schluss des Buches werde ich berichten von meiner eigenen Rückkehr nach Berlin 1952 und von meinem Besuch 1993 in Rawicz, das heute wieder polnisch ist. An den Schluss dieser Einleitung stelle ich unsere Emigration aus Deutschland 1936/37, so wie ich sie damals gesehen habe.

## Emigration

Typischerweise ging unser Vater zuerst allein. Nachdem er am 11. März 1936 in Hamburg den Dampfer »Manhattan« bestiegen hatte, notierte mein Großvater in seinem Tagebuch:

»Frei ist sein Entschluss, den ich weder fördern noch widerraten konnte … Er war Offizier und als Arzt und junger Dozent fleißig und untadelig. Alles gilt nicht mehr: Er zählt nicht zu den deutschen Ärzten … Er soll als ›Volljude‹ an die stetig enger gezogenen Schränkungen gebunden sein.«

Als der Rest unserer kleinen Familie 17 Monate später, im August 1937 folgte, schrieb Großvater: »Adieu, adieu! Geht und findet Euer Glück, fühlt Euch frei und geachtet!«

Für mich war nur schwer zu verstehen, was die längst verstorbenen bärtigen jüdischen Brüder mit meines Vaters Beruf, Patienten zu behandeln und Babys zur Welt zu bringen, zu tun haben sollten. In meiner Klasse am Französischen Gymnasium (neben dem Reichstag an der Spree) gab es vier »vollblütige« jüdische Mitschüler. Ich selbst und drei andere waren nach der neuen nationalsozialistischen Definition »halbjüdisch«. Ich fragte mich, ob irgendeiner von uns wirklich anders war. Rosenthal, der am Fenster saß, war klein und scheu und hatte lange Wimpern. Grünfeld hatte lockiges rotes Haar und war witzig und frech. Der untersetzte Boris war der Sohn des bulgarischen Botschafters und in keiner Weise besonders auffällig. Der vierte war ein schlanker Athlet, an dessen Namen ich mich nicht mehr erinnere. An den Samstagmorgen durften diese vier nicht zur Schule kommen, um Kunst oder Sport zu treiben oder von General Francos Heldenmut gegen die gottlosen Bolschewiken in Spanien zu hören. Da aber keiner von den vieren religiös zu sein schien, nahm ich einfach an, dass sie beneidenswerterweise zu Hause bleiben und spielen durften.

Für mich war das Beste an der Emigration die Hoffnung, dem nächsten deutschen Krieg entgehen zu können. Ein Bruder meines Vaters, Hellmuth Strassmann, und ein Bruder meiner Mutter, Ulrich Wens, waren im Ersten Weltkrieg gefallen. 27 Verwandte aus der Strassmann-Familie hatten in diesem Krieg gekämpft, und neun waren nicht zurückgekommen. Da ich der einzige Bruder meiner Schwestern war, sah ich mich schon als Leiche im Stacheldraht hängen, in einer graugrünen Uniform, irgendwo in Frankreich oder entlang des polnischen Korridors. Meine Mutter würde dann mein Eisernes Kreuz als eine Brosche tragen, verschnörkelt mit winzigen goldenen Eichenblättern, so wie meine beiden Großmütter es taten. Überall standen Photos von Hellmuth und Ulrich, als kleine Jungs und in Uniform mit denselben Eisernen Kreuzen. Da würde ich aber lieber am Leben bleiben.

Auf Landkarten gab es diesen rosafarbigen polnischen Korridor, der das blaue Pommern vom blauen Ostpreußen trennte, und das deutschsprachige Elsass war im französischem Lila, aber rot umzirkelt auf dem anderen Ufer des Rheins. Und beides sollte eine Schande für Deutschland sein. In unserem Mathematikunterricht rechneten wir aus, wie viel Land Deutschland nach dem Krieg verloren hatte und wie groß die ökonomische und militärische Übermacht der Gegner war. Auf keinen Fall wollte ich aber, um die Landkarte zu verändern, von einem wirklichen Granatsplitter getroffen werden oder durch reales Giftgas erblinden. Da war es viel besser, den grauen Atlantik zu überqueren. In Berlin hatten wir bereits Luftschutzübungen hinter uns, und der Dachboden, von dem wir einst den Reichstag hatten brennen sehen, war schon von allem brennbaren Trödel leergeräumt worden. Nachdem die Olympischen Spiele von 1936 vorüber waren, erwarteten wir, dass uns jederzeit französische Bomber angreifen könnten.

So habe ich die Dinge vor langer Zeit gesehen. Das nächste Kapitel berichtet, wie alles begonnen hat, in Rawicz vor 200 Jahren.

*2. Kapitel*

# Der Gelehrte gegen die Orthodoxie: Heiman in Rawicz

Heiman war der erste Strassmann, der mit bedeutenden jüdischen Traditionen brach. Er wurde am 8. Mai 1797 als Sohn eines wohlhabenden Händlers in Rawicz geboren, einer Stadt in Westpolen, die vorübergehend preußisch geworden war und bis heute noch fünfmal ihre Staatszugehörigkeit wechseln sollte. Rawicz war eine saubere Stadt, gelegen inmitten von Roggen- und Kartoffelfeldern, die sich flach einem Wäldchen am östlichen Horizont zustreckten. Im Westen trug eine Hügelkette 99 Windmühlen; eine 100., so ging eine Legende, würde jedes Mal unausweichlich niederbrennen. Im 18. Jahrhundert war Polen die Kornkammer Europas, der Export landwirtschaftlicher Produkte florierte und so auch der Wollhandel: In guten Zeiten gab es 400 Webstühle in Rawicz. Zu den bekanntesten Produkten der Stadt zählte der von Kennern hochgelobte Rawiczer Schnupftabak.

Graf Adam Obracht Przyna Przyjemsky hatte Rawicz (deutsch: Rawitsch) 1638 auf ererbtem Besitz gegründet und die Stadt zu einem profitablen Zentrum der Textilweberei gemacht. Es war die Zeit des Dreißigjährigen Krieges, und Hunderte Menschen waren bereits vor den österreichischen, schwedischen und französischen Armeen geflohen, die im nahegelegenen Deutschland wüteten, und hatten sich auf seinem Gut niedergelassen. Die Umwandlung dieser Ansiedlung in eine Stadt zog noch mehr Flüchtlinge – und künftige Steuerzahler – an. Graf Przyjemsky störte sich nicht an der Religion der Flüchtlinge, und innerhalb von ein oder zwei Jahren hatte er in seiner neuen Stadt eine katholische und eine evangelische Kirche errichtet.

Die jüdischen Händler, die Rawicz etwas später erreicht hatten, wurden 1648 zur Zeit der Chmielnicki-Massaker vertrieben, kehrten in die Stadt zurück, wurden 1674 erneut vertrieben, kamen wieder und durften schließlich endgültig bleiben. 1719 lebten zwölf jüdische Familien in Rawicz, der erste Rabbi wurde 1755 berufen, und 1783 wurde eine Synagoge errichtet. Zu dieser Zeit gab es in Rawicz bereits etwa 200 jüdische Familien.[1] Für sie und auch für die deutschen Siedler war Polnisch eine Fremdsprache. Im 19. Jahrhundert war Rawicz mit 9.000 Einwohnern die drittgrößte Stadt in der Provinz Posen, Juden stellten ein Fünftel der Stadtbewohner. Insgesamt lebten etwa 43.000 Juden in der Provinz, was etwa sechs Prozent ihrer Bevölkerung entsprach.[2]

Im April 1797, einen Monat bevor Heiman geboren wurde, hatte ein preußisches Gesetz alle Juden zu »Schutzjuden« erklärt, zu geschützten Juden mit Privilegien, sofern sie einem »ehrlichen« Lebenserwerb nachgingen und reguläre Nachnamen trugen. Reb Schmuhl Molower jedoch, der wohlhabende Händler, hatte die Änderung seines Namens hinausgezögert, bis er auf der Straße von einem Polizisten angehalten wurde, der ihn harsch aufforderte: »Reb Schmuhl! Such Dir einen deutschen Namen aus!« »Naja«, sagte Schmuhl, »da ich immer unterwegs auf der Straße bin, nenn' mich doch Strassmann.«

Bis zu den Zeiten von Napoleons Invasion und der Kontinentalsperre hatte Schmuhl mit einem Fuhrgeschäft, das Waren über Kalisch zu einem Lagerplatz im weißrussischen Mohilew transportierte, ein Vermögen gemacht. Dem Städtchen Mohilew verdankte er auch seinen ersten Nachnamen: Molower. Schmuhl, seine Söhne Heiman und Chune sowie der Rest der Familie, deren Namen heute verloren sind, lebten in einem Haus in der Judengasse 166, das über einen großen Innenhof verfügte, über Stallungen und Remisen. Der zweite Stock des Hauses mit seinen großen Fenstern war eine elegante *belle étage*. Im Erdgeschoss befand sich zu beiden Seiten der Eingangstür je ein kleines Ladengeschäft und darüber die große Reliefskulptur, die die zwei Kundschafter des Moses zeigte, wie sie aus Kanaan zurückkehrten, mit einer riesigen Weinrebe, die von einer über ihre Schultern gelegten Tragestange hing.

Diese Trauben und ihre Träger symbolisierten für Schmuhl und seine Nachkommen das Versprechen von Reise und Migration in neue Länder. Die Trauben sind das Wappen der Familie Strassmann geblieben. Allerdings war Schmuhls gelobtes Land für ihn eine Enttäuschung, denn sein Geschäft und sein Vermögen erholten sich nie wieder von den Verlusten durch Napoleons antibritische Kontinentalsperre und die hohen russischen Zölle von 1820. Nach Schmuhls Tod um 1825 blieb die Familie arm zurück.

Sein Sohn Chune Strassmann begann im nahegelegenen Dörfchen Borek Landwirtschaft zu betreiben. Er kleidete sich, sprach und arbeitete wie ein polnischer Bauer. Für einen Juden war das zwar selten, doch nicht gänzlich ungewöhnlich. Einmal in der Woche ging Chune nach Rawicz, um auf dem Markt seine Agrarprodukte zu verkaufen und seinem Bruder Heiman Käse und Eier zu bringen. In den Aufzeichnungen von Heimans Sohn Heinrich, meinem Urgroßvater, die meine wichtigste Quelle für diese Informationen sind, liest sich das folgendermaßen:

»[Heiman] war ein großer starker Mann von erheblicher Körperkraft, ein wenig jähzornig und gewaltsam, sehr nachsichtig gegen seine Kinder, aber streng bis zur Grausamkeit gegen Unwahrheiten und schlechte Zeugnisse. Vater hatte einen scharfen Verstand, ein ausgezeichnetes Gedächtnis und war in den hebräischen Wissenschaften ein ganz Gelehrter, selbst auf den Nebengebieten der Kabala und der verpönten apokryphen hebräischen Schriften bewandert. Freund eines guten Bon mots und selbst im Besitze dieser zweischneidigen Gabe, war er besonders bei unseren christlichen Mitbürgern angesehen und sehr beliebt, während gerade unsere Glaubensgenossen in Rawitsch (mit Recht) ihn nicht voll für einen Orthodoxen hielten, aber in gelehrten und weltlichen Sachen seinen Rat einholten und befolgten. Unser Vater war ein stolzer Mann, bei dem nur Bildung und Wissen Wert hatte … und Reichsein war ihm fast identisch mit unwissend sein …«[3]

Entgegen aller lokalen jüdischen Tradition benannte Heiman 1821 seinen ältesten Sohn »Wolfgang« – nach den beiden Deutschen, die er als die größten seiner Zeit betrachtete, Wolfgang Amadeus Mozart und Johann Wolfgang von Goethe, der zu dieser Zeit sogar noch lebte. Heinrich fuhr fort:

»Allerdings hatte unser Vater eigentlich die Freude des Erwerbs nie gekannt. Ein Versuch, als Lotteriekollektor sein Brot zu verdienen, endete mit Verlust, und seine späteren Ämter … waren nur Ehrenämter. … für sich selbst war Vater überaus anspruchslos, ein Glas Bier und Rawitscher Schnupftabak waren sein einziger Luxus … Ebenso wie wegen seiner medizinischen ›Kenntnisse‹ genoß der Vater wegen seiner Wetterkunde gewisses Ansehen, ganz besonders aber waren seine politischen Ansichten in bürgerlichen Kreisen sehr beachtet. Daß er Demokrat war, habe ich schon erwähnt, und er war nicht wenig stolz darauf, als ihn das Vertrauen seiner Mitbürger zum Wahlmann für den ›Vereinigten Landtag‹ machte (1847).«[4]

Seiner Zeit war Heiman schon ungewöhnlich weit voraus – weniger, weil er keiner regelmäßigen Arbeit nachging, als vielmehr in seiner Begeisterung für alle modernen Reformen. Sophia Kemlein schreibt über die Posener Juden des 19. Jahrhunderts:

»Der Alltag der Posener Juden war durch die Erfüllung der Gesetze bestimmt, die in der Thora überliefert und im Talmud erläutert sind; ihre Identität war ausschließlich religiös bestimmt … Dabei wurde das Rabbinat nicht als Beruf aufgefaßt … Bücher in anderen Sprachen als der hebräischen wurden nicht gelesen. … Es war im jüdischen Selbstverständnis auch gar nicht erstrebenswert, sich mit anderen Dingen als der eigenen Religion zu beschäftigen. … Durch die oft langen Abwesenheiten der Männer, die entweder auf Handelsreise waren oder sich – wenn sie es sich leisten konnten – im Lehrhaus oder in der Synagoge aufhielten, übernahmen die Frauen auch die Führung der Geschäfte. … Die Kontakte der Juden zu den Nichtjuden waren … keine Versuche, die Kluft, die durch die Religion, die rechtlichen Unterschiede, die verschiedenen Sprachen, die andersartige Kultur und Lebensweise gegeben war, zu überbrücken.«[5]

## Judith verdiente den Lebensunterhalt für alle

Ein Teil des Einkommens der Familie Strassmann wurde durch die Vermietung der zwei Läden an der Straßenfront des Hauses bestritten. In dem einen Laden bot eine Witwe Gemüse, Dörrobst, saure Gurken und andere Lebensmittel an; im anderen kaufte und verkaufte Schaje Zotenberg Eisenschrott. Schaje wurde auch »Spitzbube« oder »Gauner« genannt, denn seine Waren entstammten zumeist zweifelhaften Quellen. Auch die Strassmann-Jungens verkauften ihm jegliche Art von Metall, das nicht niet- und nagelfest war. Manches davon hatte wohl besitzlos auf der Straße herumgelegen, anderes bestimmt nicht. Schaje wog die angebotenen Waren jedesmal umständlich und peinlichst genau ab, bot aber nie mehr als drei Pfennige. Weder er noch die Witwe zahlten jemals ihre Miete pünktlich. Chune, dem die Hälfte dieser Miete zustand, war darüber sehr erbost, und Diskussionen zwischen den beiden Brüdern führten zu ernsten Verstimmungen zwischen ihnen, ja beinahe sogar zu Hass aufeinander. »Im übrigen war unserem stolzen, gebildeten und sehr angesehenem Vater der Bruder Bauer nicht sehr angenehm, was selbst wir Kinder bemerkten.«[6]

Heimans Frau Judith (1795–1875) verdiente das meiste Geld. Heiman hatte sie geheiratet, als sie 23 war und er erst 21 – für die damalige Zeit eine sehr ungewöhnliche Alterskombination. Wolfgang war ein Jahr nach der Hochzeit zur Welt gekommen. Judith und ihre drei Schwestern waren blond; es ist überliefert, dass sie als große Schönheiten galten. Alle vier unterstützten ihre Familien durch den Verkauf von Textilien, während ihre Ehemänner sich ihren erlernten, aber finanziell völlig ungenügenden Betätigungen hingaben. Der Mädchenname der Schwestern war Guhrauer, vermutlich weil die Familie um 1640 von Guhrau in Schlesien nach Rawicz und Leszno (Lissa) emigriert war. Generationen zuvor hatten sie noch im Rheinland gelebt. Im 19. Jahrhundert behaupteten die Guhrauers, dass aus ihrer Familie 100 Rabbiner hervorgegangen seien, aber das war weit weniger gewiss als ihr tatsächlicher Reichtum. Die Guhrauers besaßen das größte Geschäft der Stadt, in dem sie Leinen, Bänder, Handschuhe und andere Luxusartikel verkauften.

Viermal im Jahr reiste Judith per Pferdewagen einen ganzen Tag lang 50 Kilometer weit zu den großen Messen nach Breslau. Mit geborgtem Geld erwarb sie hier Baumwolltuch, das sie dann in Rawicz weiterverkaufte. Üblicherweise baten ihre Kunden sie zu einem Verkaufsbesuch, aber Stammkunden besuchte sie manchmal auch ungefragt. »Sie … wußte durch ihr sanftes Wesen und ihre Beliebtheit zu Käufen zu bewegen.«[7] In den vierziger Jahren litt auch ihr Geschäft schwer unter den Missernten und der Wirtschaftskrise, die ganz Europa heimsuchte. Judith hatte große Mühen, ihre Schulden zurückzuzahlen und neue Kredite aufzunehmen. Sie verlagerte deshalb ihre Einkommensquelle auf einen Laden in Lissa, in dem sie Ramsch- und Gelegenheitsware veräußerte. 1852 verkaufte sie ihre letzten Bestände, um ihrer einzigen Tochter Berta eine Aussteuer zu verschaffen. »… ich erinnere mich noch heute des gewaltigen Schreckens, der mich beim Anblick des leeren Warenspindes erfaßte«, schrieb Heinrich Jahrzehnte später. »Die Mutter mußte sich nunmehr entschließen, Waren aus den größeren Ladengeschäften in Rawitsch selbst zu entnehmen und im Herumziehen dieselben anzubieten und abzusetzen. Der Verdienst wurde dadurch noch geringer, weil der Kauf aus zweiter Hand geschah, reichte aber doch noch aus, um uns notdürftig durchzubringen.«[8]

Die Strassmanns lebten in den zwei Räumen hinter dem Relief mit den Trauben aus dem Gelobten Land. Im größeren Raum standen das Bett der Eltern und der Küchenherd, im kleineren Raum stand ein Bett, in dem drei der Kinder schliefen – die anderen schliefen auf dem Fußboden. Heiman ging zwar keiner wirklichen Tätigkeit nach, die häuslichen Verpflichtungen und auch die Pflege der erkrankten Kinder beließ er trotzdem völlig in Judiths Verantwortung:

»Kamen wir mit einem Loche in dem Kopfe oder sonst krank nach Hause, so wurde dies vor dem Vater zunächst sorgfältig verheimlicht. War die Verletzung leicht, so gab es manchmal von Vater noch Prügel dazu, besonders wenn die Bekleidung Schaden genommen hatte, beim Anblick einer blutenden Wunde aber fiel unser großer und starker Vater regelmäßig in Ohnmacht, so daß die arme Mutter gleich zwei Kranke zu versorgen hatte. Dabei war der Vater mit Vorliebe als freiwilliger Krankenpfleger in der Gemeinde ehrenamtlich beschäftigt und tat sich etwas auf seine sympathetischen Handlungen von Kopf-, Zahn- und anderen Schmerzen zugute; er hat auch einige lateinische Krankheitsnamen und Symptomenbezeichnung von Ärzten während seiner Krankenpflege gelernt.«[9]

Die Strassmanns waren zu arm, um sich Kuchen oder Kekse leisten zu können, aber wenn der Zirkus in die Stadt kam, waren die Strassmann-Kinder wie alle anderen begeistert von den Kamelen, den Affen und Bären, Akrobaten und Hochseilartisten. Mutter Judith griff dann tief in die Tasche, manchmal zahlten auch Freunde der Eltern den Eintritt. Die größte Attraktion der Stadt war jedoch kostenlos:

»Der Stolz der Stadt war die Promenade, die aus den alten Wällen entstanden war [und] rings um die Stadt herumführte … Die Promenade hat gut chaussierte Spazierwege, von Bäumen eingefaßt, gewährte Überblick über die Stadt, da sie erhöht lag, und an einzelnen Stellen Blumenbeete. Einen Gang um die Promenade machte wohl Jeder täglich, und an Sonn- und Feiertagen bildete sie eine Art ›Corso‹, auf welchem die schöne Welt, die neuen Toiletten und die zu Besuche eingetroffenen, auswärts weilenden Mitglieder der Rawitscher Familien zur Schau gestellt wurden.«[10]

Ein weiteres Vergnügen gab es zur kalten Jahreszeit: Westlich der Stadt, unter einem der Hügel mit den Windmühlen, sammelte sich in jedem Herbst aus ungeklärten Gründen Wasser an, das im Winter zu einer begehrten Eislauffläche gefror. »An Sonn- und Feiertagen tummelte sich Alt und Jung daselbst auf dem Eise, alle Stände, auch die Offiziere der Garnison.« Unter den Schlittschuhläufern waren auch die Töchter von Gefängnisdirektor Müller. Dieser war ein großer, mächtiger Mann mit militärischem Auftreten, einem düsteren Gesicht und einem durchdringenden Blick. Die Leute erzählten sich, dass Müller – anders als die Wächter – sich allein und unbewaffnet zwischen den Gefangenen bewegte, weil er sie mit seinem durchdringenden Blick hypnotisieren konnte, so wie die Schlange das Kaninchen. Heinrich erinnerte sich, wie jedermann Müller ängstlich zu meiden suchte, und selbst den örtlichen »Honoratioren wurde es unbehaglich, wenn derselbe ausnahmsweise einmal beim Schoppen in dem ›ächten Seidel‹ erschien. Die Isolierung des Mannes wäre noch vollständiger gewesen, wenn er nicht mehrere bildschöne Töchter gehabt hätte, die von der gesamten Jugend angeschwärmt wurden.«[11]

## Eine bedeutsame Entscheidung

Trotz seiner Armut und entgegen der jüdischen Tradition entschied sich Heiman, seine Kinder lieber in christlichen als in jüdischen Schulen ausbilden zu lassen. Der »Cheder« von Rawicz, die jüdische Schule am Ort, lehrte das Alphabet und etwas Rechtschreibung, aber keine Grammatik und keine Mathematik. Stattdessen lernten die Schüler die Fünf Bücher Mose und den Talmud. Die Lehrer hatten keine Ausbildung, der Unterricht war unsystematisch und folgte keinerlei Regeln. Heinrich schrieb: »Geprügelt wurde in dem Cheder scharf, denn die Lehrer waren meist übler Laune, da sie materielle Not litten … Im Winter mußten wir Schüler wöchentlich ein Licht und täglich ein Stück Holz mitbringen, die Wärme davon aber genoß der Lehrer und seine Familie erst am Nachmittage, wo kein Unterricht war. Die Schüler froren …«[12] Jüdische Mädchen wurden in Rawicz überhaupt nicht unterrichtet:

»Da kam unser kluger und mutiger Vater zu einem Entschlusse, der in Anbetracht seiner eigenen bisherigen Entwicklung nicht nur geradezu staunenswert, sondern für die sittliche und intellektuelle Ausbildung seiner Kinder von entscheidendstem und glücklichstem Einflusse war, nämlich zu dem Entschlusse, den Bruder Wolfgang [geboren 1821] und die Schwester Bertha [geboren 1824] in christliche Elementarschulen zu schicken.

Wenn man bedenkt, daß mein Vater … doch bisher in der üblichen Weise die hebräischen Wissenschaften getrieben hatte und darin für eine Autorität galt, in der jüdischen Gemeinde selbst als Prediger, Vorbeter, Schächter und ›Circumciseur‹ … eine Stellung einnahm, … und daß er mit dem gedachten Schritte nicht nur seine soziale Stellung in der Gemeinde, sondern auch den Erwerb des Lebensunterhaltes in Rawitsch selbst aufs Spiel setzte, … so wird man, sage ich, diesen Schritt als einen geradezu heroischen bezeichnen müssen. So etwas war in Rawitsch noch nicht dagewesen.

Als ich erwachsen war, habe ich öfter mit dem seligen Vater über sein damals unerhörtes Vorgehen gesprochen und Folgendes von ihm darüber gehört: Als kluger und voraussehender Mann, der auch politische Zeitungen las, sich am Biertisch (damals für einen Juden ganz ungewöhnlich) mit den christlichen Mitbürgern freundschaftlich unterhielt und über Religion, Wissenschaft, städtische und staatliche Angelegenheiten in lange Diskussionen einließ, hatte er sich bald die Überzeugung verschafft, daß der einseitige Unterricht der jüdischen Kinder diesen später nur zwei Berufe offenließ:

entweder Rabbiner und Schriftgelehrter zu werden oder mit dem Packen zum Schacher auf das umliegende Land zu gehen … Mein Vater aber wollte für seine Kinder etwas Besseres und erkannte bald, daß dieses Bessere nur auf dem Wege einer geeigneten Schulbildung zu erreichen wäre.«[13]

Sowohl die evangelische als auch die katholische Grundschule von Rawicz weigerten sich, Wolfgang und Bertha aufzunehmen – es gab dafür keinen Präzedenzfall. Aber es gab noch eine dritte Grundschule, die dem örtlichen Lehrerseminar, einer Präparandenanstalt für Landschullehrer, angeschlossen war. Dessen Direktor, Herr Hippauf, war zwar als antijüdisch verschrien, nahm aber Wolfgang bedingungslos auf. Für Bertha fand sich ein Schulplatz in dem Dörfchen Scyrakawo, eine Stunde Fußweg entfernt.

Später führte die preußische Regierung eine Pflichtausbildung ein, die Wert auf deutsche Sprache und Mathematik legte. Rabbiner und orthodoxe jüdische Gemeindeälteste widersetzten sich jedoch dieser Einmischung in ihre jahrhundertealte Tradition, denn die Einführung dieser neuen Pflichtfächer bedeutete, dass man für Schulgebäude und Lehrer zu zahlen hatte, die man zudem nicht mehr kontrollieren konnte. Letztendlich mussten die jüdischen Grundschulen aber klein beigeben und weltliche Fächer unterrichten. Die Lehrer hatten staatliche Prüfungen abzulegen und waren gezwungen, in Deutsch zu unterrichten und nicht in Jiddisch oder Hebräisch. Das galt selbst für den Religionsunterricht. Und natürlich waren alle Lehrbücher jetzt in deutscher Sprache geschrieben. Die meisten Lehrer an den Cheders bestanden ihre Examen nicht, zumal Religion jetzt nur noch höchstens ein Viertel des Lehrstoffes ausmachte. Da die jüdischen Familien oftmals das Geld für neue Schulgebäude und Lehrer nicht aufbringen konnten, mussten viele Kinder schließlich auf die christlichen Schulen gehen, wurden durch Privatlehrer unterrichtet oder illegal zu Hause behalten. Noch 1833 hatten im Distrikt Posen, der südlichen Hälfte der Provinz Posen, 26,3 Prozent der jüdischen Kinder keine Schulausbildung – die meisten von ihnen waren Mädchen. Von den anderen besuchten 14,3 Prozent christliche Schulen.[14] So gesehen war Heiman seiner Zeit weit voraus gewesen mit seiner Begeisterung für einen Bildungsweg, der bei anderen Juden zunächst Anstoß erregt hatte. Heinrich berichtete:

»… meine beiden Geschwister … lernten fleißig und waren bald, da sie beide hervorragend begabt und ein vorzügliches Gedächtnis hatten, die besten Schüler. … Von antisemitischen Anfechtungen hatten weder der Bruder noch die Schwester in den christlichen Schulen zu leiden, im Gegenteil wurden sie als weiße Raben von ihren Mitschülern angestaunt und bewundert und von den Lehrern ob ihres Fleißes und guten Betragens bevorzugt.«[15]

Samuel Strassmann (geboren 1826) folgte Wolfgang wenig später auf die Schule von Herrn Hippauf. Beide Brüder studierten zusätzlich Latein und waren erfolgreich genug, um zum Gymnasium in Lissa zugelassen zu werden, Wolfgang

1835 und Samuel 1840. Das Gymnasium von Lissa, einer Stadt 30 Kilometer nördlich von Rawicz, war eines von dreien in der Provinz Posen und hatte 1830 370 Schüler. Die Hälfte von ihnen war polnisch, 44 Prozent waren deutsch und nur fünf Prozent waren jüdisch. Ein Jahrzehnt später sollte ein Drittel der Schüler jüdisch sein.[16]

Bernhard Strassmann (geboren 1831) war ein kränkliches Kind und besuchte bereits die neue und bessere israelitische Elementarschule für Jungen und Mädchen, die jetzt bis zur dritten Klasse führte und den alten Cheder ersetzt hatte. Rektor Kohn, der ambitionierte Schulleiter, stellte gut ausgebildete junge Lehrer ein, und so konnte die Schule außer in der Lateinausbildung allen Standards für staatliche Schulen entsprechen. Bald würde sie bis zur sechsten Klasse führen. Bernhards Lebensweg sollte jedoch davon geprägt werden, dass er bei der Herstellung seines eigenen Spielzeugs großes handwerkliches Geschick zeigte: Heiman beschloss, ihn zum Maurermeister ausbilden zu lassen.

»... man wird doch anerkennen müssen, wie energisch und radikal unser Vater vorging. Er gewann einen christlichen Maurermeister, bei dem Bruder Bernhard in die Lehre ging. Man denke sich das Staunen und Entsetzen unserer Glaubensgenossen in Rawitsch, einen jüdischen Knaben in Schurzfell, Kalk und Mauersteine auf schwankendem Gerüst bis zur Höhe des Daches tragen und mit Kelle und Hammer hantieren zu sehen. Das war in der Tat noch nicht dagewesen. Wohl gab es anfangs Hänseleien und Scherereien seitens der (christlichen) Gesellen, da Bernhard aber wacker seine Schuldigkeit tat und einen vernünftigen, vorurteilsfreien Lehrherrn hatte, nebenbei auch sehr gefällig und gutmütig war, wurde er nach der üblichen Zeit zum Gesellen gemacht. Der Kursus der Bauschule wurde gleichzeitig beendet, und Bernhard begab sich nach Berlin, um sich auf der dortigen Bau-Akademie weiter auszubilden.«[17]

In Berlin schloss sich Bernhard seinen älteren Brüdern, Wolfgang und Samuel, an, die gerade ihre Medizinstudien abschlossen. Er schrieb sich an der Berliner Bauakademie ein, arbeitete auf Baustellen und wurde schließlich Maurermeister.

Das fünfte Kind, Heinrich (1834–1905), galt als zu kränklich, um die Schule besuchen zu können, deshalb unterrichtete Heiman ihn fünf Jahre lang zu Hause. Danach wurde auch Heinrich in die Schule von Rektor Kohn aufgenommen. Der frühreife Zwölfjährige teilte hier die Schulbank mit Anfängern, die halb so alt waren wie er. Wie seine zwei ältesten Brüder sollte Heinrich das Gymnasium in Lissa besuchen, deshalb waren zusätzliche Unterrichtsstunden in Geometrie, Griechisch und Latein erforderlich. Diesen Unterricht erhielt Heinrich vom evangelischen Gefängnispfarrer Schück in dessen Amtsräumen in der Strafanstalt. Manchmal konnte man durch die Fenster die Schreie der zu Prügelstrafen verurteilten Gefangenen hören, die im Gefängnishof ausgepeitscht wurden. Pfarrer Schück nahm keine Bezahlung für seinen Unterricht und verwöhnte seinen Schüler mit Kaffee und Keksen:

»Durch die täglichen Besuche verlor sich allmählich das kindliche Grauen vor dem schrecklichen Hause, und schließlich störte mich das Schreien der Geprügelten … bei dem Herumtollen mit den Müller'schen Töchtern im Garten gar nicht mehr. Mit vierzehn kam ich in die Quarta des Lissaer Gymnasiums …«[18]

Von 1851 bis 1855, in seinen letzten vier Jahren am Gymnasium, teilte Heinrich sein Bett und seine Armut mit einem Neuankömmling aus Rawicz – seinem jüngsten Bruder Ferdinand (1838–1931). Sie konnten sich nur zwei Mahlzeiten am Tag leisten, niemals Fleisch, und nur ein einziges Buch: ein Lehrbuch für die französische Sprache. Mit Nachhilfeunterricht und dem Verfassen von Aufsätzen für andere Studenten (auf Deutsch und auf Lateinisch) konnten sich Heinrich und Ferdinand wenigstens etwas Geld verdienen. Heinrich erinnerte sich später:

»Ich will aufrichtig gestehen, daß die fortgesetzte Täuschung der Lehrer, die diese auch wohl merkten, mein Gewissen gar nicht beunruhigte. Wenn man hungert, wird das Gewissen weit, und es geschieht manches, was ein Schüler in gesicherter Position von sich abweisen würde. … Nun, ich machte ein recht gutes Abiturientenexamen, allerdings in einem geborgten Anzug.«[19]

## Rawicz im Aufruhr

In der Zwischenzeit war die Revolution von 1848 gekommen und gegangen. Innerhalb eines Monats waren König Louis Philippe in Paris und Fürst Metternich in Wien gestürzt, was König Friedrich Wilhelm IV. in Berlin bewogen hatte, einer Verfassung mit gewissen bürgerlichen Freiheiten zuzustimmen. Später sollte Friedrich Wilhelm diese Verfassung jedoch wieder aufheben. Missernten und Bankrotte hatten Ende der vierziger Jahre überall in Europa die Menschen empfänglich gemacht für die Idee, ihre Herrscher abzusetzen, und für ein halbes Jahr geriet auch der preußische König in Panik.

Kaum hatte die Kunde von alledem Rawicz erreicht, da traten fast alle Männer der Stadt einem demokratischen Klub bei, und voller Begeisterung wurde Heiman einer ihrer Anführer. Schließlich hatte er ja, beschäftigungslos wie er war, genügend Zeit für tägliche Exerzierübungen und abendliche Versammlungen in der Bierhalle. Heinrich erinnert sich:

»Man kann sich denken, welch gewaltigen Eindruck auf uns die bis dahin nie gehörten Worte wie Vaterland, Freiheit, Gleichheit, Judenemanzipation, Nationalversammlung, Bürgerbewaffnung u.s.w. machten. Noch größer wurde der Eindruck, als der Präsident des Klubs an drei hintereinander folgenden Abenden sein politisches Programm vom Manuskripte ablas. Der gute Mann, es war ein Feldmesser Heinemann, ging sehr radikal vor, machte die weitgehendsten Vorschläge zur Umbildung des Staates, zur Beglückung der Bevölkerung und vor allem zur Hebung der geliebten Vaterstadt Rawitsch. So …

waren wir doch fest davon überzeugt, daß nun dieser Mann … den Staat retten könnte und sahen ihn im Geiste schon an der Spitze der Gewalten.«[20]

Die Soldaten der preußischen Militärkaserne wurden aus Rawicz abgezogen und an strategisch wichtigeren Orten stationiert – nur im Zuchthaus verblieb ein kleines Kommando. Die Polen waren in Aufruhr und sahen Russen, Preußen und Juden zugleich als feindliche Eindringlinge. Möglicherweise aufgestachelt durch den polnischen Adel, hatten sich nach den Missernten von 1846 in vielen Städten polnische Bauern gegen die jüdischen Händler erhoben und gegen die Preußen rebelliert, die die Ordnung wiederherzustellen versuchten. Deshalb erhofften sich die Juden nun Schutz von den Deutschen, aber auch wirtschaftlichen und politischen Fortschritt, vor allem wenn die Bestrebungen für eine konstitutionelle Demokratie von Erfolg gekrönt sein sollten. Sich einer Rebellion gegen den Zaren in den russisch besetzten Teilen Polens anzuschließen, erwogen die Posener Juden nicht. Von den Polen wurden sie deshalb der Undankbarkeit für all die Rechte und Privilegien bezichtigt, die sie über Jahrhunderte genossen hatten. Daraufhin traten die Juden demonstrativ dem »Klub für den Schutz deutscher Interessen in Polen« bei; in Lissa trugen sie patriotische schwarz-rot-goldene Kokarden und attackierten Polen, die ihre rot-weißen Kokarden nicht schnell genug abnahmen.[21]

Mit den Musketen, die die Garnison zurückgelassen hatte, und mit Besenstielen organisierten die Rawiczer Bürger eine »Bürgerwehr« und übten sich dilettantisch im Exerzieren:

»Auch unser Vater erschien eines Tages mit dem schweren ›Kuhfuß‹, so nannte man derzeit das schwere Infanteriegewehr wegen seines schwarzen plumpen Kolbens, in der Wohnung. Man kann sich die Freude unserer drei Jüngsten bei dem Anblick dieses neuen, vielversprechenden Spielzeugs denken. Sobald die Eltern die Wohnung verließen, wurde das Gewehr aus der Ecke geholt, wir machten die vom Zusehen (beim Exerzieren unserer Garnison) wohlbekannten Griffe, schulterten und präsentierten, und das Haus erdröhnte von Kommandorufen und dem wuchtigen Aufstoßen der schweren Waffe …

Die Mutter kam in dieser ganzen Zeit nicht aus der Angst heraus; tagsüber zitterte sie auf ihren Geschäftswegen um die Kinder, die sie im Geiste schon verbrannt und verstümmelt sah, abends oft um den etwas hitzigen Vater, der auf Wache war – die Polen konnten ja gerade diese Nacht die Stadt angreifen –, und oft fuhr sie vor Schrecken noch zusammen, wenn der betrunkene Maurer Heinze seinem Freiheitsdrange dadurch Ausdruck gab, daß er in der Stille der Nacht mit seinem wüsten Ruf ›Garibaldi‹ die dunklen Straßen auf- und ablief. … Das Gefecht, welches die polnische Insurrection beendete, [fand] einige Meilen von Rawitsch bei Xions statt. … Die Patrouillengänge wurden daher meist zu ausgedehnten Bierreisen benutzt …

Die Bewegung verrauschte auch in Rawitsch, wie überall, und die Wogen glätteten sich, die heimlich grollende und sich vorher zurückhaltende kleine Partei der ›Königstreuen‹ kam wieder obenauf. Die Bürgerwehr wurde aufgelöst, der demokratische Klub geschlossen, und Rawitsch nahm wieder das vormalige Aussehen eines sehr stillen Provinzstädtchens an. Trauernd trugen wir das Gewehr auf das Rathaus zur Ablieferung – aber unsere gute Mutter atmete wieder auf. Der Vater war zur Bürgerstunde wieder im Bett, und wir Jungens spielten nicht mehr ›mit Schießgewehr‹.«[22]

## Umzug nach Berlin

Heiman und Judith feierten ihren goldenen Hochzeitstag 1870 in Lissa, wo Judith fünf Jahre später auch starb. Sie wurde auf dem Jüdischen Friedhof von Lissa beigesetzt, wo seit beinahe 200 Jahren Mitglieder der Familie Guhrauer ihre letzte Ruhestätte gefunden hatten. Alle fünf Söhne kamen zur Beerdigung ihrer Mutter, und Heinrich schrieb später:

»Unsere Mutter hatte keinen Feind, und als wir sie zu Grabe trugen, folgten Alt und Jung, Christen und Juden, Polen und Deutsche ihrem Sarge. Sie starb, wie sie gelebt, ruhig und in Frieden, nachdem sie segnend ihre arbeitsamen Hände auf unsere Häupter gelegt, mit erstarrenden Händen hebräische Sterbegebete lallend, ohne Kampf und Schmerz.«[23]

Als Witwer war Heiman in das nahegelegene Haus seiner Tochter Berta und ihres Ehemannes Louis Meyer gezogen, und er lebte noch sechs weitere Jahre bis zum 17. November 1881. Am 28. November 1878 schrieb er, nun 82 Jahre alt, seinem Sohn Heinrich nach Berlin:

»Geliebter Sohn, Tochter, und Kinderleben,

Über euere so überaus sehr großen Anhänglichkeit zu euerem alten Papa, welche mir die Bertha aus euerem Brief an ihr, vorgelesen hatte, bin ich … sehr gerührt worden [Es folgen fünf schwer zu entziffernde Zeilen mit zwei Sätzen; erwähnt wird ›unser großer Lehrer M.‹].

Macht euch meines gar keinen Kummer. Noch bin ich Gottlob nur physisch schwach. Die Ursache ist nur dies wahre und einzige. Indem euere Gottselige Mutter mich mit die geringste nur anstrengende Arbeit verschont hatte, dem zufolge ich außer Stande bin, ihrer nur einen Augenblick zu vergessen.

Ihr werdet euch nun zu richten wissen, daß selbst die delikatesten Angelegenheiten unserer Familie, mir nicht verborgen bleiben. Für meinen Lebensabend sehnt sich mein Herz euch auch einmal unberufen zusammen zu sehen, in Berlin. Es drängt mich mein Inneres an Euch etwas zu sagen, und weiß nicht was. Da aber im Winter gar keine Rede davon sein kann, will und muß ich es der Zukunft und auch der Zeit überlassen, und hoffe daß Er, der Weltlenker, mir die Gnade schenken werde, mich noch bis zur gewünschten Zeit leben zu lassen. Bleibt mir nur recht gesund und lebt froh. Das ist der Wunsch eueres Euch sehr liebenden

Vaters Heiman Strassmann«

Der Wunsch, an seinem Lebensabend mit seinen Söhnen wieder vereint zu sein, wurde ihm erfüllt, und ein letztes Mal in seinem Leben zog Heiman um, im Frühjahr 1879. Sein Sohn Heinrich erinnerte sich später, dass Heiman ein starker Mann gewesen war, größer sogar noch als sein Sohn Ferdinand, bei weitem der größte der nächsten Generation. Heinrich hatte den Vater niemals ernsthaft krank gesehen. Einen Monat, bevor Heiman im November 1881 im Alter von 84 Jahren verstarb, begannen seine Gelenke von Arteriosklerose anzuschwellen, und das Laufen fiel ihm schwer. Heinrich schrieb: »Er starb, während ich ihm die Zeitung vorlas, ohne Kampf und Schmerz … « Heiman wurde auf dem Jüdischen Friedhof in Berlin-Weißensee im Familiengrab beigesetzt. Auf einer großen Granitplatte steht in gotischen Buchstaben sein Name, »Heimann Strassmann«, und darunter der Vermerk »geboren in Rawicz, 8. Mai 1797, verstorben am 17. November 1881«. Über der Inschrift befinden sich zwölf verwitterte Zeilen in hebräischen Buchstaben.

*3. Kapitel*

# Von der Revolution 1848 zu den Reformen in Berlin nach 1863: Wolfgang und Ferdinand

Während der Revolution von 1848 waren sowohl Wolfgang als auch Samuel Strassmann Anführer der Studentenschaft an der Hochschule für Medizin gewesen. Wolfgang und Samuel forderten verfassungsmäßig garantierte Rechte und eine Republik anstatt der Hohenzollern-Monarchie. Gestützt auf ihren »Medicinischen Club« versuchten die Studenten, auch das bis dato übliche System von Ausbildung und Prüfungen zu reformieren, wodurch sie zu einer Bedrohung für die traditionell elitäre Struktur der Universität wurden. Eine Gruppe junger Ärzte, die 1844 die »Gesellschaft für Wissenschaftliche Medicin« gegründet hatten, teilte ihre Ansichten und schloss sich den revolutionären Forderungen an. Sie forderten, dass in der Medizin all die Hypothesen und Lehrsätze abgeschafft würden, die nicht auf wissenschaftlicher Beobachtung beruhten.[1] Männer wie der junge Rudolf Virchow (1821–1902) standen aufgrund ihrer politischen Betätigung unter ständiger Beobachtung und verließen schließlich Berlin. Der gleichaltrige Wolfgang (1821–1885) wurde nach sechs Wochen Gefängnisaufenthalt 1848 sogar aus der Stadt verbannt. Samuel blieb verschont – er war der Hauslehrer des jungen Grafen Lucchesini, und dessen Vater war der Hofmarschall von Prinz Karl, dem Bruder des Königs. Am Schluss erzählt dieses Kapitel, wie der jüngste Bruder, Ferdinand, Berliner Ehrenbürger wurde.

Heinrich erinnerte sich später, dass Wolfgang 1848 »bildschön« gewesen war, mit wogenden blonden Haaren, einem feinen Teint, einer stark gewölbten Stirn und einer griechischen Nase. Üblicherweise trug er eine Samtjacke und eine patriotische schwarz-rot-goldene Schärpe. Er war von »frischem, einnehmendem Wesen, von idealem Schwung, dichterischer Anlage und gutmütigem Humor«.[2] Wolfgang hatte in Breslau Philosophie studiert, wechselte aber gegen 1845 nach Berlin und zur Medizin über. Als die Revolution ausbrach, war er im letzten Semester. Sein revolutionäres Engagement, das er mit Gefängnis und Exil bezahlte, führte dazu, dass er sein Abschlussexamen erst mit sechs Jahren Verspätung ablegen konnte.

Soziale Missstände, Arbeitslosigkeit und das wirtschaftliche Elend in Berlin und anderswo in Europa waren die Ursachen, die zur Revolution von 1848 führten. 1846 hatte die Getreide- und Kartoffelernte nur ein Viertel des erwarteten Betrags erbracht, und die Preise waren um mehr als 50 Prozent gestiegen. Am 21. April 1847 gab es spontane Proteste auf den Berliner Märkten, die damit endeten, dass Bäckereien und Restaurants geplündert und die Fenster vornehmer Wohnhäuser eingeschlagen wurden. Das Militär intervenierte, 300 Menschen wurden verhaftet. Friedrich Wilhelm IV. berief einen neuen preußischen Vereinigten Landtag ein, der eine Verfassung entwerfen sollte, entließ ihn aber schon zwei Monate später mit der Bemerkung, dass »ich es nun und nimmermehr zugeben werde, daß sich zwischen unserem Herrn Gott im Himmel und dieses Land ein beschriebenes Blatt, gleichsam als eine zweite Vorsehung, eindränge«.[3]

Doch die Versammlungen in Biergärten, die öffentlichen Proteste und Petitionen gingen weiter. Die Menschen forderten eine Verfassung, die ihnen die Redefreiheit garantierte, die Presse- und Versammlungsfreiheit, unabhängige Richter, das Recht auf ein Geschworenengericht, auf Waffenbesitz und gleiche Rechte unabhängig von Besitzstand oder Religion. Nach dem siegreichen Verlauf der Pariser Revolution im Februar 1848 wurden die Auseinandersetzungen gewalttätiger, und Anfang März wurden Demonstranten von der Kavallerie mit gezücktem Säbel attackiert. Viele wurden verwundet, einige getötet.

Als die Spannungen zunahmen und aus Wien die Nachricht von Metternichs Entlassung eintraf, rang sich der preußische König zögernd zu der Ansicht durch, dass Zugeständnisse nötig seien. Königliche Erlasse wurden veröffentlicht, die die Zensur lockerten und Verfassungen in den deutschen Staaten befürworteten. Im Vorgefühl ihres Sieges versammelten sich am Samstag, dem 18. März 1848, mehr als 10.000 Menschen auf dem Schlossplatz südlich des Stadtschlosses, um dem König zuzujubeln, der sich auf einem Balkon zeigte. Nervös gemacht durch die brodelnde Menge, setzten die Offiziere des Heeres ihre Truppen in Marsch. Das plötzliche Erscheinen der Soldaten ließ die Stimmung der Massen von Jubel in Angst und Empörung umschlagen. Als die Militärs anordneten, sofort den Platz vor dem Schloss zu räumen, fielen zwei Schüsse – vermutlich versehentlich. Die Menschen flüchteten und begannen auf den zum Schloss führenden Straßen Barrikaden zu errichten. Innerhalb einer Stunde wurde geschossen, und der Kampf begann. Nach der Einschätzung des Historikers Hajo Holborn betrug die Zahl der aktiven Kämpfer wohl kaum mehr als einige Tausend, da kaum Waffen zur Verfügung gestanden hätten. Den größten Anteil der Kämpfer auf den Barrikaden stellten die Zunftgesellen, gefolgt von Händlern und Studenten. Die Erhebung war allgemein, aber planlos.[4]

Wolfgang Strassmann führte eine Gruppe Studenten auf der großen Barrikade in der Königsstraße an, die östlich des Schlossplatzes lag, genau gegenüber der Kurfürstenbrücke. Als das Militär die Barrikade stürmte, flohen Wolfgang und acht seiner Kameraden in das Haus von Major Meno Burg an der Ecke der Poststraße, eine Querstraße von der Spree entfernt. Meno Burg (1789–1853) war als erster Jude Offizier in der preußischen Armee geworden und als Protégé von Prinz August 1847 zum Major befördert worden. Ungetauft, glaubte Burg fest an die grundsätzliche Güte der Menschen und hoffte, dass durch den Kontakt mit verantwortungsvollen ehrenhaften Juden die christliche Welt ihrer Vorurteile entsagen würde.[5] Am 18. März 1848 war Major Burg, Offizier der Artillerie, nicht zu Hause. Preußische Soldaten folgten Wolfgang und seinen Freunden in das Haus von Burg, wie Heinrich beschreibt:

»Wolfgang gelang es …, die oberste Etage zu erreichen, wo ein Dienstmädchen, wahrscheinlich gerührt durch den Anblick des pulvergeschwärzten, schönen jungen Mannes, ihn in ihrem eigen Bett versteckte und so dem Tode entzog. Der nachstürmenden Soldateska sagte das tapfere Kind, hier wohne nur der Major Burg, worauf dieselbe abzog. W. hat mir oft erzählt, daß es die schrecklichste Stunde seines Lebens gewesen, lautlos unter der Decke liegend und das Knallen der Musketen und die Todesschreie seiner Kameraden anhören zu müssen und dabei zu denken, daß die nächste Minute auch ihm eine tödliche Kugel bringen könnte.«[6]

Die Beschreibung der Vorgänge in der Königstraße variiert entsprechend dem politischen Standpunkt der Beobachter. Die Version von Prinz Hohenlohe-Ingelfingen war, dass es in der schmalen Königstraße, wo eine Barrikade auf die andere folgte, einen lebhaften Widerstand gegeben habe. Barrikaden und benachbarte Häuser seien zunächst von Artillerie beschossen und dann gestürmt worden. Hohenlohe-Ingelfingen schildert die Rebellen als in keiner Weise heroisch, sondern als feige, besonders im Handgefecht. Beobachter mit anderer politischer Ausrichtung betonen dagegen das wütende und brutale Auftreten der Soldaten, die in die Häuser eingebrochen waren.[7]

Am Sonntagmorgen, nach 14 Stunden Kampf, waren 240 Zivilisten sowie 20 Soldaten und Polizisten tot. Die Monarchie hatte gesiegt, aber der König wurde vorsichtig. Er verabschiedete eine versöhnliche Proklamation an seine »lieben Berliner«. Seine Truppen in der Königstraße hätten sich zuerst nur verteidigt und seien dann gezwungen gewesen, ihre Angreifer zu verfolgen. Sobald das Volk die Barrikaden beseitige, ließe er, der König, sofort alle Truppen aus Berlin entfernen.

Die Barrikaden wurden nicht abgeräumt, aber der König zog die Truppen doch aus Berlin ab und erklärte sich bereit, die schwarz-rot-goldene Schärpe der Revolution zu tragen und sich barhäuptig vor den ermordeten Bürgern zu verneigen. In einer makabren Prozession wurden deren Leichen in den Innenhof des Schlosses gebracht und dort aufgebahrt. Am Dienstagmorgen schritten der König und die Königin die Reihe der Toten ab, doch ihre Verehrung war nur vorgetäuscht. Am Mittwoch führte Alexander von Humboldt den langen Leichenzug an, der die Opfer zu ihren letzten Ruheplätzen führte.

Unter den 240 Leichen befanden sich auch die acht, die im Haus von Major Burg gefunden worden waren. Gerüchte machten die Runde, dass diese acht in

Burgs Haus gelockt worden waren, um dort Opfer eines militärischen Racheaktes zu werden. Freunde und Verwandte der Ermordeten wollten sich an den Hausbewohnern rächen, das Haus stürmen und zerstören. Wolfgang widersprach ihnen jedoch und erklärte, dass Major Burg und die anderen Hausbewohner unschuldig seien. Er entwarf ein entsprechendes Plakat, das am Haus angebracht wurde, und organisierte eine bewaffnete Wache aus Studenten, um die Hausbewohner zu schützen.

## Ein vergeudeter Sieg

Da die Armee sich außerhalb der Stadt befand, bildeten die Revolutionäre eine Bürgerwehr und stellten den königlichen Palast unter ihren Schutz. Der König sandte Prinz Wilhelm, seinen notorisch autokratischen Bruder, der später der erste Hohenzollern-Kaiser werden sollte, nach London und versuchte sich an das Leben als konstitutioneller Monarch zu gewöhnen. Die Herzlichkeit, mit der seine Untertanen seine Zugeständnisse aufnahmen, begeisterte ihn. Die Preußische Generalversammlung wurde wieder einberufen und entwarf eine Verfassung, die dem König wesentliche Privilegien beließ.

Wolfgang war über diese Entwicklung sehr enttäuscht:

> »Wolfgang stürzte sich mit dem ganzen Enthusiasmus seiner idealen Natur in das revolutionäre Treiben, er spielte eine große Rolle in den Vereinen und Versammlungen durch Rede und Schrift, trug Waffen und bezog fleißig die Wachen. … Eines schönen Tages erklärte W. von dem Balkon des Kranzler'schen Hauses der versammelten Volksmenge, daß die Hohenzollern des Thrones nicht mehr würdig seien und rief unter tosendem Beifall die Republik aus.«[8]

Noch am selben Tag wurde Wolfgang verhaftet und blieb sechs Wochen lang inhaftiert. Nach seiner Entlassung wurde er aus der Stadt verbannt. Gerade entwickelte sich ein militärischer Konflikt um die holsteinischen Herzogtümer, die der neu gewählte dänische König aufgrund dynastischer Ansprüche unter seine Herrschaft zu bringen gedachte. Obwohl Schleswig-Holstein überwiegend deutschsprachig war, war es mit dem dänischen Königshaus für beinahe vier Jahrhunderte lose assoziiert gewesen. Wolfgang zögerte keinen Augenblick, sich als Volontär-Assistent den deutschen Truppen in drei Feldzügen gegen Dänemark anzuschließen, um die Herzogtümer zu »befreien«. In jenen Tagen galt nationalistische Euphorie als demokratisch, war sie doch ein Kampf gegen den dynastischen Absolutismus und gegen die Klassensysteme des Feudalismus. Um die nationalistische Stimmung zu befriedigen, entsandte Preußen eine Armee, schloss aber schon 1850 einen für die Dänen sehr vorteilhaften Friedensvertrag. Die schleswig-holsteinische Armee, einschließlich Wolfgang, kämpfte noch einige Wochen weiter, bis sie am 24./25. Juli bei Idstadt endgültig geschlagen wurde. In jener letzten verlorenen Schlacht wurde Wolfgang, inzwischen zum Leutnant befördert, für »besonderen persönlichen Mut« ausgezeichnet.

Inzwischen endete nach einem Versuch der Nationalversammlung, die Verfassung zu ändern, die Revolution. Die Nationalversammlung hatte durchzusetzen versucht, dass der König nicht mehr als von »Gottes Gnaden« regierend betrachtet wurde, und wollte ihm auch die alleinige Kontrolle über die Armee entziehen. Das war zu viel für Friedrich Wilhelm, der am 10. November 1848 General Friedrich von Wrangel befahl, mit 13.000 Mann zurück nach Berlin zu marschieren. Wrangel tat das mit dem Ausspruch: »Die Truppen sind gut, die Schwerter haarscharf geschliffen, die Kugeln im Lauf. Aber nicht gegen Euch Berliner! Sondern zu eurem Schutze, zum Schutz der wahren Freiheit, die der König gegeben, und zur Aufrechterhaltung des Gesetzes.«[9]

Wolfgang verblieb in Norddeutschland und praktizierte Medizin unter der ärmeren Bevölkerung, ohne eine Zulassung zu haben. Bis 1854 kehrte er nicht nach Berlin zurück. Erst dann wurde ihm erlaubt, sein Studium der Medizin abzuschließen und seine Prüfung zu machen – unter der strikten Auflage, dass er jeden Abend die Stadt verließ und in Potsdam übernachtete.

## Einkommensquellen

1855 konnte Wolfgang endlich das Preußische Staatsexamen in Medizin mit der Note »sehr gut« ablegen. Im Krieg hatte er seine chirurgischen Grundkenntnisse aus dem Studium umfassend ausbauen können, aber er war auch hervorragend in Anatomie und Laboratoriumsarbeit. Dieses Können zahlte sich für ihn mit einem kleinen Extraeinkommen aus: Einige Mitstudenten, die Gewebeproben zu analysieren hatten, schmuggelten diese bei »Nacht und Nebel« in die Mittelstraße 20, wo Wolfgang wohnte, und holten sich die Ergebnisse eine Nacht später ab. Wolfgang verlangte 17 Mark, einen Friedrichsdor, für diese Dienstleistung – das war mehr als sein Bruder Bernhard, der Maurermeister, in einer Woche verdiente. Laut seinem Bruder Heinrich hatte Wolfgang immer noch einen »unzerstörbaren Optimismus« und eine »große Begeisterung« für die Medizin, aber aufgrund seiner revolutionären Vergangenheit war es ihm verboten, in Berlin als Arzt tätig zu werden, obwohl es ihm überall sonst in Preußen erlaubt war.

Haupteinkommensquelle der Brüder Mitte der fünfziger Jahre war die Herausgabe medizinischer Fachzeitschriften. Eine Schwägerin der Guhrauers hatte Eduard Aber (1810–1899) geheiratet, der 1840 die Buchhandlung Hirschwald Unter den Linden erworben hatte, ein 1816 von einem weiteren Guhrauer-

Verwandten gegründetes Geschäft. In diesem Buchladen wurden seit 1848 die *Graevelschen Notizen für praktische Aertzte über die neuesten Beobachtungen in der Medizin mit besonderer Berücksichtigung der Krankheitsbehandlung* veröffentlicht, abgekürzt *GNfPA*. Graevel hatte die Reihe unter der Leitung von A. Hirschwald begonnen, nun erschien sie unter Samuel Strassmanns Namen für ein jährliches Honorar von 500 Talern.

Wolfgang, ein hervorragender Stilist, war in die Herausgabe der Reihe intensiv eingebunden. Er besprach die Neuerscheinungen des vergangenen Jahres aus allen medizinischen Fachrichtungen und schrieb einleitende Essays für jedes Fachgebiet – die verschiedenen medizinischen Disziplinen, die Physik, die Chemie und die allgemeinen Naturwissenschaften. Samuel hatte die gigantische Aufgabe, alle Fachaufsätze und -artikel des Vorjahres zusammenzustellen. Sobald Heinrich in Berlin eingetroffen war, wurde auch er einbezogen: Er half bei der Klassifizierung der Publikationen und der Erstellung von Bibliographien. Die *GNfPA* waren ein hervorragend aufgebautes Kompendium des medizinischen Fortschritts ihrer Zeit und verkauften sich auch im Ausland ausgezeichnet, vor allem in Russland.

Die Arbeit mit Julius Sittenfeld, dem bekannten Herausgeber medizinischer Fachbücher, erneuerte den Kontakt der Strassmanns mit dem jungen Professor Rudolf Virchow, der das *Archiv für Pathologische Anatomie und Physiologie* herausgab und an einem sechsbändigen medizinischen Handbuch arbeitete. Virchow war ein Student von Johannes Müller gewesen, dem früheren Rektor der Berliner Universität, und 1856 Professor für Pathologische Anatomie an der Berliner Universität geworden. Nach sechs Jahren Exil hatte Müller ihn zurückgerufen. Virchow leistete Bedeutendes in verschiedenen Bereichen der Medizin und Anthropologie, aber am bekanntesten wurde er durch die Begründung der Zellularpathologie – und für seine progressiven politischen Ansichten und Projekte. 1848 war er wie Wolfgang und Samuel ein Anhänger der Republik, musste aber nach Würzburg fliehen, wo er sich mit Genehmigung des bayerischen Königs aufhalten durfte. 1861 gründete er die Fortschrittspartei, gehörte für 42 Jahre ununterbrochen der Stadtverordnetenversammlung an, wurde in den preußischen Landtag gewählt und war von 1880 bis 1893 Mitglied des Reichstages.

## Tägliche Routine

Nach dem Frühstück hielt Samuel üblicherweise ein kurze Bürosprechstunde ab und ging dann in das Krankenhaus. Wolfgang begann an den *GNfPA* zu arbeiten, und Heinrich ging zur Universität, die nur vier Querstraßen entfernt lag.

Nach dem Mittagessen, das die drei Brüder gemeinsam einnahmen, arbeiteten sie auch gemeinsam an ihren verlegerischen Projekten. Am späten Nachmittag unternahmen Wolfgang und Heinrich lange Spaziergänge durch den Tiergarten, bei denen sie medizinische Fachfragen besprachen oder die Revolution von 1848, die Feldzüge in Holstein oder Literatur – Goethes *Faust* und Shakespeares Königsdramen waren ihre Lieblingswerke.

Nach dem Abendessen gingen alle vier Brüder – Wolfgang, Samuel, Heinrich und Bernhard – in das Restaurant Hasteli Unter den Linden, das nur eine Straße entfernt lag: Wolfgang und Samuel spielten Billard, während sich »Lüttjen« – wie Bernard genannt wurde – und Heinrich einen Krug Bier teilten, rauchten und Zeitung lasen. An Sonntagen waren die zwei älteren Brüder oft bei Eduard Aber zum Abendessen eingeladen, während »Lüttjen« Heinrich auf einen Stadtspaziergang mitnahm und ihm die Architektur der bedeutendsten Gebäude erläuterte. In einem kleinen Café in der Luisenstraße teilten sie sich für 15 Pfennige eine heiße Schokolade und gingen dann in den Tiergarten hinüber, um im Biergarten einem Militärorchester zuzuhören. Bei diesen Ausgaben machte »Lüttjens« Wochenverdienst von 15 Mark ihn zu einem richtigen Krösus.

Um jene Zeit brach in Berlin eine Choleraepidemie aus, und Wolfgang meldete sich freiwillig als Arzt für den Dienst in einem östlichen Bezirk der Stadt, nahe des Schlesischen Bahnhofs, wo sie alle einst per Zug aus Posen angekommen waren. Diese Tätigkeit machte Wolfgang endlich zu einem Bürger Berlins, seine Verbannung durch die preußische Polizei wurde aber nie offiziell aufgehoben. Wolfgang mietete Räume in der im Osten gelegenen Breslauer Straße und zog dort mit »Lüttjen« ein. Heinrich berichtete:

»W. erwarb sich bald neben seiner amtlichen Tätigkeit eine ausgedehnte Privatpraxis, anfangs freilich nur bei den armen Leuten. Später aber wurde diese Praxis eine fast universelle in der ganzen Gegend, da Bruder W. nicht nur ein befähigter und sehr eifriger Arzt war (auch Honoraria nie einforderte) … Am meisten aber verschaffte ihm seine Tüchtigkeit als Chirurg und Geburtshelfer Ruf und Beschäftigung. Er war Tag und Nacht unermüdlich auf dem Posten, wurde eine allgemein beliebte und anerkannte Persönlichkeit des Viertels und erwarb sich … durch Hebung dieses armen und vernachlässigten Stadtviertels, durch Gründung eines Bezirksvereins und der Stralauer Bank … wesentliche Verdienste …«[10]

Diese Aktivitäten begannen, nachdem Wolfgang sich mit Herrmann Schulze-Delitzsch (1808–1883) verbündet hatte, einem anderen Revolutionär von 1848, Mitbegründer der Fortschrittspartei, gewähltes Mitglied des preußischen Landtags und später des Reichstags. Schulze-Delitzsch war fest davon überzeugt, dass eine wahrhaft demokratische Verfassung nur dann von den Massen der Handwerker und Arbeiter ausgehen könnte, wenn es diesen wirtschaftlich gut ging, besonders durch Selbsthilfe. Er begründete deshalb eine deutschlandweite

Bewegung für Einkaufs- und Finanzierungsgenossenschaften, lehnte aber außer der Rechtsgültigkeit jegliche staatliche Unterstützung für sie ab. Notwendig seien eine freie Wirtschaft, die nationale Einheit und das universelle und allgemeine Wahlrecht.[11]

1862, mit 41 Jahren, heiratete Wolfgang Louise Cohen aus Hannover. Heinrich beschreibt sie als »nicht mehr ganz jung [sie war 27!], von guter Bildung und energischem Charakter, eine vorzügliche Gattin und Hausfrau, dabei von einer ganz ungewöhnlichen Einfachheit und Anspruchslosigkeit in der Lebenshaltung … [Sie] fügte sich in unser inniges Familienverhältnis auf das glücklichste ein. … ihre gereiften Ansichten und ihre Lebensklugheit hatten auf uns Jüngere … einen sehr günstigen Einfluß.« Auf nüchterne und praktische Weise dämpfte sie »die ideale, aber doch etwas verschwommene und burschikose Auffassung des Lebens«, die die Brüder, unter ihnen auch Wolfgang, der immer noch »der älteste [und] meist geliebte« war, teilten.[12] Wolfgang und Louise lebten in der Holzmarktstraße 53, nahe der Jannowitzbrücke und dem Schlesischen Bahnhof.

## Der versöhnliche Progressive »löst den Antisemitismus aus«

1863 wurde Wolfgang in seinem Stadtbezirk in die Berliner Stadtverordnetenversammlung gewählt. Zwölf Jahre später wurde er Stadtverordnetenvorsteher, Vorsitzender der Stadtverordnetenversammlung. Elf Jahre lang wurde er Jahr für Jahr in dieses Amt wiedergewählt, bis zu seinem Tod 1885. In Preußen, das immer noch eine halbfeudale Verfassung hatte, gab es keinen gewählten politischen Posten mit größerer Macht; und nur wenige gewählte Beamte wurden so blindwütig von konservativen Monarchisten angegriffen wie Wolfgang Strassmann. Besonders erbitterte Angriffe kamen vom kaiserlichen Hofprediger Adolf Stoecker und seiner politisch rechten Bewegung. In seiner Todesanzeige für Wolfgang Strassmann schrieb das konservative *Deutsche Tageblatt* am 7. Dezember 1885, dass Wolfgang sich in

»… der Stadt Verdienste erworben hat, die jeder, der ihn in dieser Tätigkeit kennengelernt hat, wohl zu würdigen wissen wird. Wir erkennen das unumwunden an, dürfen dabei aber nicht vergessen, daß gerade Herr Dr. Strassmann es gewesen ist, der durch seine Angriffe gegen die Synoden und seine Haltung gegen die christliche Kirche überhaupt die antisemitische Bewegung hier in Fluß gebracht hat. Dies ist auch der Grund gewesen, weshalb ihm ein großer Teil der Bürgerschaft – bei aller Anerkennung seiner Bestrebungen auf dem Wohlthätigkeitsgebiete, die ihm auch von seinen Gegnern in vollem Maße gezollt wurde – bei seinem Wirken als Vorsteher der Stadtverordnetenversammlung, wie als Mitglied des preußischen Landtages, dem er seit fast 10 Jahren angehörte, mit besonderer Schärfe entgegentrat.«

## Wie war es dazu gekommen?

Bis 1847, ein Jahr vor der Revolution von 1848, war die Öffentlichkeit von den Versammlungen der Stadtverordneten ausgeschlossen gewesen, und der Innenminister hätte jederzeit Neuwahlen der Stadtverordneten anberaumen können. Der Polizeipräsident, der nicht der Stadtverordnetenversammlung unterstand, konnte jederzeit ohne deren Genehmigung Maßnahmen anberaumen und durchführen. »Zwischen der Stadt Berlin und der preußischen Regierung – erst unter Bismarck und dann unter dem Kaiser – gab es eine Art Guerillakrieg.«[13] Während dieser Jahre überwachte die Polizei alle Aktivitäten Wolfgangs und legte eine Akte über ihn an.

Die Mitglieder der Stadtverordnetenversammlung wurden ebenso wie die des preußischen Landtags nicht direkt in allgemeiner und geheimer Wahl gewählt. Entsprechend der 1850 erlassenen Verfassung bestimmten die Wähler Wahlmänner, die dann die letztendliche Entscheidung trafen. Dieser Prozess war äußerst ungerecht, denn er basierte auf dem Dreiklassenwahlrecht. Die Klasse der Reichen, die ein Drittel der Steuern aufbrachte, bestimmte ein Drittel der Wahlmänner; die umfangreichere Mittelklasse, die ein weiteres Drittel der Steuern erbrachte, wählte das zweite Drittel der Wahlmänner, und die große Masse der armen Steuerzahler das dritte Drittel. Alle Frauen und die Männer, die zu arm waren, Steuern zu zahlen, oder zu arm, um ein Haus zu besitzen, waren vom Wahlrecht ausgeschlossen. Die Grenzen zwischen den drei Wahlklassen variierten je nach der Höhe des Einkommens und der Steuerzahlungen von Stadtbezirk zu Stadtbezirk, was das Wahlrecht sehr verkomplizierte. »Eine kurze und klare Erklärung des Wahlsystems [ist] unmöglich«, so der Historiker Gerhard Masur.[14] Um weiterhin sicherzustellen, dass sich keine radikalen Parteigänger einschlichen, hatte die Hälfte aller Mitglieder der Stadtverordnetenversammlung eigenen Grundbesitz in Berlin nachzuweisen.

Da die Juden, die etwa vier Prozent der Stadtbevölkerung stellten, vermögend genug waren, um mehr als ein Drittel der Steuern aufzubringen, errangen sie mühelos ein Drittel der Wahlmännerstimmen und waren deshalb in der Stadtverordnetenversammlung umfassend repräsentiert. Eine solche Entwicklung hatten die Schöpfer dieser reaktionären Verfassung nicht vorausgesehen. Die Juden favorisierten überwiegend die Fortschrittspartei, so wurde die Partei durch das herrschende Wahlsystem begünstigt. Auf dem Land war die Fortschrittspartei weniger stark und demzufolge auch schwach im preußischen Parlament vertreten, in den Stadtversammlungen aber war sie stark, und alle Mitglieder waren stolz auf ihre Rolle in der Verwaltung von modernen deutschen Städten.[15] Der Historiker Hans Herzfeld schreibt, dass Berlin »schon in den achtziger Jahren den Ruf einer der am besten verwalteten modernen Großstädte« hatte.[16]

## Die Stadtverordnetenversammlung

1881 hatte sich Berlin von der Provinz Brandenburg gelöst, um sich dem Einfluss der Junker auf die städtischen Belange zu entziehen. Für das Aufstellen von Denkmälern, die Wahl von Straßennamen und die Errichtung bestimmter Gebäude blieb jedoch noch immer die königliche Genehmigung erforderlich. Zwischen 1863 und 1885, während der 23 Jahre, in denen Wolfgang Strassmann der Stadtverordnetenversammlung angehörte, wurden zahlreiche Projekte zur Stadtverbesserung begonnen, vor allem während der letzten elf Jahre, in denen er Vorsteher war. Sein Vorgänger in diesem Amt war von 1863 bis 1874 Heinrich Kochhann (1805–1890) gewesen, ein Bäcker und Revolutionär von 1848, dem die Bildungsreform besonders am Herzen gelegen hatte.

Rudolf Virchow war ein weiterer Abgeordneter mit revolutionärer Vergangenheit und bei weitem der aktivste Befürworter fortschrittlicher Ambitionen. Wie Wolfgang war er 1821 geboren, aber er hatte sein Medizinstudium bereits 1843 abgeschlossen, elf Jahre früher als Wolfgang. Während der Bekämpfung einer Typhus-Epidemie unter bitterarmen Webern in Schlesien war er zu einem Mann mit radikal demokratischen und revolutionären Ansichten geworden. Nach seiner Rückkehr aus dem Exil, in das er durch die Revolution 1848 gezwungen worden war, erwuchs Virchow zum wichtigsten Gegenspieler Bismarcks in der Preußischen Generalversammlung, im Reichstag und in der Berliner Stadtverordnetenversammlung. Als er 1863 im preußischen Landtag die Wahrheitsliebe des Kanzlers Bismarck infrage stellte, forderte ihn dieser sogar zu einem Pistolenduell heraus, das allerdings vom Kriegsminister, Graf Albrecht von Roon, verhindert wurde. Virchow setzte alle seine Kräfte ein, um anstelle des alten autoritären Staates, der bigotten Kirchen, der unzulänglichen Schulen und der allmächtigen Polizei eine vollkommene und unbeschränkte Demokratie zu errichten.

Gemeinsam mit Wolfgang arbeitete Virchow an der Einführung einer regelmäßigen Müllabfuhr, der Fleischkontrolle und von Hygienebestimmungen für Mietshäuser. Beide forderten die Bereitstellung von Trinkwasser in Wohnungen, die Errichtung neuer Parks und Krankenhäuser und die Gesundheitsüberwachung durch Ärzte in den Schulen. 1873 erwarb die Stadt das Englische Wasserwerk in Stralau, zudem errichtete sie neue Wasserwerke in Tegel und am Müggelsee. Vermieter beschwerten sich über die hohen Kosten für die Installation von Wasser- und Abwasserleitungen in Wohnhäusern, doch Virchow und Wolfgang setzten sich durch. 1869 begannen sie ein Projekt, das in punkto Kanalisation und Abwasserbehandlung seiner Zeit weit voraus war. Die Berliner Abwässer wurden gesammelt und auf rings um die Stadt angelegte Felder geleitet, wo sie an der offenen Luft austrockneten. Diese »Rieselfelder« waren Wolfgangs und Virchows Lieblingsprojekt, sie kosteten über 70 Millionen Mark und wurden vor allem von Arbeits- und Obdachlosen errichtet. Viele Beamte und Steuerzahler sahen die Rieselfelder als ein außerordentlich extravagantes Unternehmen an, aber sauberes Trinkwasser und eine sorgfältige Abfall- und Abwasserentsorgung waren der einzige Weg, um Epidemien zu vermeiden.

Virchow war leidenschaftlich davon überzeugt, dass »am Anfang der Seuchen ... Armut, Hunger, Unsauberkeit und Unhygiene des Lebens [stehen]«. Für ihn waren eine radikal fortschrittliche Politik und eine bessere Allgemeingesundheit untrennbar miteinander verbunden:[17]

> »Ich will nicht sprechen von der Cholera, den Pocken und anderen schlimmen Seuchen, welche der gesteigerte Verkehr oder die Kriegsnot uns brachten. Mir liegt nur daran, wieder einmal in Erinnerung zu bringen, wie unvermeidlich es ist, die praktische Medizin mit der politischen Gesetzgebung in unmittelbare Beziehung zu setzen. ... [Wir] wissen, wie gefährlich es ist, in der Beurteilung der Verhältnisse des Volkslebens über die wissenschaftlichen Grundsätze einfach hinwegzugehen oder sie oberflächlich zu beurteilen.«[18]

Stadtverordnetenversammlungen wurden üblicherweise in den späten Nachmittagsstunden von Wolfgang ohne jegliche Zeremonie eröffnet. Der Rat traf sich unter den Neorenaissance-Kandelabern der erlesen getäfelten und ausgestatteten Räume des neuen »Roten Rathauses«, das 1870 von Herrmann Friedrich Waesemann aus roten Backsteinen im toskanischen Stil errichtet worden war. Neben den Stadtverordneten waren üblicherweise der Bürgermeister und die Dienst habenden Magistratsbeamten anwesend, die an einem eigenen »Magistratstisch« saßen. Der Vorsteher erklärte die Versammlung für eröffnet und berichtete über Anfragen und Anliegen, die sich seit der letzten Sitzung aus eingesandten Briefen oder aus Dokumenten ergeben hatten. Danach wurden Vorschläge für Neuberufungen besprochen, für die die Zustimmung der Versammlung erforderlich war. Darauf folgten die Wahlen für Ausschüsse und Kommissionen. Dies war vor allem in der Januarsitzung, die das Jahr eröffnete, ein Schwerpunkt. 1875, in Wolfgangs erstem Jahr als Stadtvorsteher, umfasste die Tagesordnung unter anderem die Umwandlung einer privaten Schule in eine kommunale Schule, die Sanierung von Bohlwerken im Landwehrkanal, die Einrichtung eines Wochenmarktes, eine Vielzahl von Plänen zur Errichtung von öffentlichen Gebäuden, den Bau eines öffentlichen Bürgersteiges und einer »Bedürfnisanstalt« nahe der Potsdamerbrücke, den Erwerb zahlreicher Grundstücke aus Privathand, um sie einer städtischen Nutzung zuzuführen, und eine Vielzahl verfahrenstechnischer Angelegenheiten.[19] All das hielt Wolfgang so in Atem, dass er in diesem Jahr seine Praxis als Arzt aufgab.

Im Januar 1877 hieß Stadtvorsteher Strassmann die alten und neuen Abgeordneten der Stadtverordnetenversammlung willkommen. Er verlas einen Brief von Kronprinz Friedrich, in dem dieser die Hoffnung äußerte, dass »es bei klarer Erkenntnis der wirklichen Ursachen unserer wirthschaftlichen Schäden gelingen wird, Handel und Gewerbe in unserem Vaterlande durch fleißige Arbeit zu neuer Blüthe und dauerndem Gedeihen zu führen«.[20] Strassmann erbat drei Hochrufe auf Seine Majestät, den König und Kaiser, auf den Kronprinzen und die Dynastie. »Hoch! – Hoch! – Hoch!« Seit seiner Ausrufung der Republik 1848 Unter den Linden hatte er doch deutlich an Takt gewonnen.

Nächster Punkt der Tagesordnung war die Zusammenfassung des Rechenschaftsberichts für das vergangene Jahr, 1876, durch Wolfgang. Es hatte 79 Versammlungen gegeben, auf denen 2.257 Maßnahmen besprochen worden waren. 239 waren noch nicht abgeschlossen, vor allem Fragen von Berufungen und Geldanlagen. Wie es zu Beginn jedes Jahres üblich war, dankte Wolfgang den Stadtverordneten und stellte seine Position zur Wiederwahl. Dr. Tappert, der älteste Stadtverordnete, dankte ihm im Namen aller Kollegen, und Strassmann erhielt rauschenden Beifall für seine Arbeit. Anschließend wurde er mit 89 zu zwei Stimmen bei einer Enthaltung wiedergewählt.[21]

1878 erfolgte seine Wiederwahl mit 77 zu einer Gegenstimme bei drei Enthaltungen. Wolfgang nahm die Wiederwahl an und sagte, dass es »auch beim besten Willen nicht immer möglich ist, sofort das Richtige zu treffen, überall von Mißverständnis und Irrthum sich frei zu halten. Aber, meine Herren, was ich aus Irrthum und Mißverständnis versehte, das verbessern Sie durch Ihre Nachsicht und das freundliche Wohlwollen, welches mir von allen Seiten in so reichem Maße entgegengebracht wird.«[22] Dieses Ritual sollte sich noch siebenmal wiederholen, jeden Januar bis in Wolfgangs Todesjahr 1885.

## Erfolge

Zu den größeren Projekten jener Jahre gehörte die Errichtung von Parks und öffentlichen Bädern in der Stadt, die der Verbesserung der Gesundheit der ärmeren Bevölkerungsschichten dienen sollten. 1868 wurden die alten Stadtmauern abgetragen – nur das Brandenburger Tor blieb erhalten. In Friedrichshain entstand 1874 das erste städtische Hospital, mit 600 Betten in acht Gebäuden. Aus Angst vor Ansteckung wurden Patienten mit Cholera, Syphilis, Typhus und Pocken hier jedoch nicht aufgenommen. 1875 übernahm die Stadt die Reinigung von Straßen und Brücken, einschließlich der notwendigen Reparaturen von Bürgersteigen und des Straßenpflasters. Ebenso kamen die vorhandenen Gaslaternen in städtische Verantwortung und wurden seit dem Jahr 1882 nach und nach durch elektrische Straßenbeleuchtung ersetzt. Bereits 1879 begannen die ersten elektrischen Straßenbahnen der Welt die bis dahin von Pferden gezogenen Wagen abzulösen. Fünf neue S-Bahn-Stationen wurden den vier vorhandenen, vor 1860 gebauten hinzugefügt; die Ringbahn, die sie alle in einem großen Kreis zusammenschloss, wurde 1877 fertiggestellt. 1881 sah die Einführung der Fleischinspektion; im gleichen Jahr entstand in Lichtenberg ein großes zentrales Schlachthaus, das 53 Gebäude umfasste. Anfangs versuchten die Metzger noch, sich den nun eingeführten strengen Kontrollen auf Trichinose zu widersetzen. Am Alexanderplatz entstand 1884 eine zentrale Markthalle für den Verkauf landwirtschaftlicher Produkte. Beinahe ein Viertel des städtischen Budgets wurde jedoch für die Verbesserung der Bildung ausgegeben. Allein zwischen 1861 und 1881 wurde die Zahl der Gemeindeschulen mehr als verfünffacht. Seit die Stadtverordnetenversammlung 1870 den Privatunterricht aufgehoben hatte, war die Nachfrage nach Schulen enorm gestiegen. Die Notwendigkeit zu arbeiten und sich den eigenen Lebensunterhalt zu verdienen, hielt viele Kinder jedoch vom Schulbesuch fern.

All diese städtischen Erfolge der Fortschrittspartei wurden von den Konservativen mit gemischten Gefühlen aufgenommen. Sie sahen in ihnen das Werk der Feinde Bismarcks und der Hohenzollern, mit dem sie versuchten, die Monarchie per Verfassung einzuschränken, ja vielleicht sogar die Menschenrechte einzuführen und Kirche und Staat zu trennen. Da diese verfassungsmäßigen Fortschritte tatsächlich auf breite Zustimmung stießen und die Verbesserungen in der Stadtentwicklung nicht bestritten werden konnten, mussten sich die reaktionären Kritiker nach anderen Angriffsflächen umsehen, um die Zustimmung der Massen zu finden. Sie fanden sie vor allem in zwei Bereichen: in der Verdrängung der Manufakturen durch die Fabriken und in der Erschütterung traditioneller Werte durch die umfassende Kommerzialisierung. Beide Entwicklungen ließen sich ganz einfach mit versteckten Angriffen gegen die Juden verbinden, unter dem neuen Deckmantel eines »Antisemitismus«. Der Journalist Wilhelm Marr hatte das Wort »Antisemitismus« 1873 geprägt, um zu verdeutlichen, dass das Hauptproblem im jüdischen Kapitalismus und im jüdischen politischen Liberalismus bestehe und nicht in der jüdischen Religion. Prominente Schriftsteller und Historiker wie Heinrich von Treitschke schlossen sich Marrs Ansichten an. Allerdings erreichten sie nicht viel, denn Bismarck fand ihre Ideologie für seine politischen Ambitionen nicht besonders hilfreich. Doch Wolfgang Strassmann, der Vorsteher der Berliner Stadtverordnetenversammlung, der erste Jude in diesem Amt, war ein ideales Ziel für antisemitische Anfeindungen.[23]

Auf dem einzigen Foto, das von Wolfgang aus seiner Lebensmitte überliefert ist, sieht es aus, als hebe er gerade zu sprechen an. Seine Stirn ist hoch, sein leuchtendweißes Haar ist flott zurückgekämmt, das prägnante Kinn glatt rasiert. Eine Zeitung beschrieb ihn wie folgt: »Mannhaft und treu, fest und besonnen, hat er unter schwierigen Verhältnissen durch seinen humanen und versöhnlichen Sinn das einträchtige Zusammenwirken aller Organe der städtischen Verwaltung zu beleben und zu erhalten gewußt. Seine umfassende Einsicht, seine

Gerechtigkeit und Unparteilichkeit sicherten die Erfolge seiner Geschäftsführung ...«[24]

Neben seinem Amt in der Stadtverordnetenversammlung war Wolfgang auch Mitglied des preußischen Landtags, Gründer und Direktor der »Genossenschaftsbank des Stralauer Stadtviertels«, Gründer und Vorsitzender des »Berliner Vereins gegen Verarmung« und Vorsitzender des »Deutschen Vereins für Armenpflege und Wohltätigkeit«. Alle diese Posten waren Ehrenämter. Wolfgang sah seine Aktivitäten und die Politik der Fortschrittspartei nicht nur als uneigennützig, sondern als Weg, um die armen Bevölkerungsmassen vom Sozialismus fernzuhalten. Die Konservativen beeindruckte diese Ansicht jedoch nicht, waren all diese Beweggründe doch nur weltlicher und nicht christlich-frommer Natur. Mitte der siebziger Jahre begannen sie eine mit rassistischen Untertönen versetzte Kampagne gegen Wolfgang. Trotz seines berühmten gutmütigen Charakters und seiner sprichwörtlichen Ausgeglichenheit war Wolfgang schließlich so aufgebracht, dass er Adolf Stoeckers Schmähungen eine unfaire Hetzkampagne nannte.

## Attacken

Der kaiserliche Hofprediger antwortete ihm auf einer Massenversammlung in der »Bockbrauerei« 1883:

»Man sagt, wir hetzen ... wer hat, so frage ich in diese Versammlung hinein, wer hat in Berlin gehetzt? [Ruf: die Juden!] ... Ich weiß wohl, daß die liberale Presse, die Juden wie die Judengenossen, uns als Judenhetzer ausschreien, mich voran. Aber ich bin glücklich darüber [Bravo, bravo], daß ich hier in Berlin habe den Anfang machen dürfen, um dem jüdischen Übergewicht ein Halt zuzurufen [Donnernder anhaltender Beifall] ...

Meine Herren, ein Wort des Dr. Strassmann hat das Steinchen ins Rollen gebracht; dies Wort wird als Felsblock weiterrollen und, wie ich hoffe, Herrn Strassmann mit seinem ganzen Stadtverordnetenvorsteheramt zermalmen [Lebhaftes Bravo!]. Die antijüdische Bewegung läßt nicht nach ... nein sie rollt um die ganze Erde ... Meine Herren, überall, wo das Übergewicht der Juden unerträglich wird, erhebt sich das Volk und sucht das Joch abzuschütteln [Sehr richtig!].

Wir bieten den Juden den Kampf an bis zum völligen Siege [Bravo!], und wir wollen nicht eher ruhen, als bis sie hier in Berlin von ihrem hohen Postament, auf das sie sich gestellt haben, heruntergestürzt sind in den Staub, wohin sie gehören [Lebhafter Beifall] ... Meine Herren, wir wollen eine Hohenzollernstadt sein und freuen uns dessen von ganzem Herzen, aber wir wollen verhindern, daß Berlin – wozu alle Aussicht ist – eine Judenstadt werde!«[25]

Stoecker verfasste eine Bittschrift gegen die »jüdische Bedrohung«, in der er gesetzliche Beschränkungen für Juden forderte und die von 250.000 Berlinern unterzeichnet wurde.[26] 1880 gelang Wolfgang die Wiederwahl in seinem Stadtbezirk nicht mehr. Dafür wurde er in einem anderen Stadtbezirk, wo sich eine Vakanz ergeben hatte, wiedergewählt. Am 6. Januar 1881 wurde er mit 97 zu 16 Stimmen erneut Vorsteher der Stadtverordnetenversammlung.[27] Virchow kommentierte dies mit außerordentlicher Voraussicht:

»Unsere Zeit, die in ihrem wissenschaftlichen Gefühl so sicher und siegesfroh ist, übersieht ebenso leicht wie die frühere die Stärke der mystischen Regungen, welche von einzelnen Abenteurern in die Volksseele getragen werden. Noch steht sie ratlos vor den Rätseln des Antisemitismus, von dem niemand weiß, was er eigentlich in dieser Zeit der Rechtsgleichheit will ... Der menschliche Geist ist nur zu sehr geneigt, den mühseligen Weg des ordnungsmäßigen Denkens zu verlassen und sich in träumerisches Sinnen zu versenken ... Man muß es eben lernen und sich daran gewöhnen, das Unbekannte von dem Bekannten aus zu erklären, aber nicht umgekehrt, das Dunkle und Unbekannte, gleichsam als wäre es eine neue Wahrheit, zum Ausgangspunkt phantastischer Schlußfolgerungen zu wählen.«[28]

Die Stadtverordnetenversammlung blieb dem Hofprediger gegenüber feindlich gesinnt und weigerte sich, jegliche Taufe, Hochzeit oder Beisetzung in der Hohenzollern-Familie zur Kenntnis zu nehmen, bei der Stoecker amtieren könnte. Die Politik, familiäre Ereignisse am Hof zu ignorieren, hatte 1863 als Reaktion auf Bismarcks Einschränkung der Pressefreiheit begonnen. Doch selbst wenn den Kritikern ein Maulkorb angelegt wurde: In den Wahlen für den neuen Reichstag stimmten 1871 nur 21 Berliner für Bismarck. Kronprinz Friedrich war eher liberal eingestellt, ignorierte diese Dispute und besuchte ein Wohltätigkeitskonzert für die Opfer einer schlesischen Flutkatastrophe in der neuen Synagoge in der Oranienburger Straße, wo er den Antisemitismus zur »Schmach des Jahrhunderts« erklärte, an dessen Treiben sich unbegreiflicherweise auch Vertreter gebildeter Stände beteiligten. Stoecker schrieb seiner Frau, dass aufgrund dieser Bemerkung des Kronprinzen die Juden und die Fortschrittlichen »sehr übermütig« geworden wären. Friedrichs Mutter, die Kaiserin Augusta, ließ hingegen verlauten, dass die Bemerkung ihres Sohnes sie glücklich gemacht habe und ihren eigenen guten Einfluss bewiese. Sie fügte hinzu, dass sie nicht geneigt wäre, sich über die »jüdische Sache zu echauffieren«.[29]

Die Behauptung Stoeckers und seiner Verbündeten, dass Wolfgang als offener Feind der christlichen Glaubenslehre die Kirche angegriffen hätte, war falsch. Der Vorsteher der Stadtverordneten unterstützte einfach nicht, was nach seiner Ansicht mittelalterlichem Aberglauben oder Intoleranz ähnelte. Deshalb war Wolfgang gegen den Ausschluss von Juden aus öffentlichen Ämtern oder dem Lehrdienst an öffentlichen Schulen. Doch selbst diese mäßige Opposition gegen die rein christliche Dominanz war für Stoecker und seine Anhänger »jüdische Intoleranz«. Es ärgerte sie, wenn aufgrund von Jom Kippur oder anderen jüdischen Feiertagen keine Stadtverordnetenversammlungen stattfanden. Im Lauf der Jahre gewann Stoecker an Einfluss: 1877 errang er die Kontrolle über die »Innere Mission« der evangelischen Kirche, 1878 gründete er die Christlich-Soziale Arbeiterpartei. 1881 erklärte er, dass man die soziale Revolution durch gesunde soziale Reformen auf christlicher Grundlage bekämpfen müsse: »Ich will eine Kultur, die deutsch und christlich ist. Deshalb kämpfe ich gegen die jüdische Obergewalt.«[30]

Die wichtigste Reform, für die sich Wolfgang wie Virchow und viele andere Mitglieder der Fortschrittspartei einsetzte, war die Trennung von Kirche und Staat. Solch eine Trennung lief jedoch der Doktrin vom »christlichen Staat« unter einem gesalbten König zuwider, an die Friedrich Wilhelm IV. einst inbrünstig geglaubt hatte und für die Stoecker jetzt unter dem neuen Kaiser eintrat. In dieser Doktrin war kein Platz für Juden, die lehrten und als Beamte oder Richter christlichen Untertanen Anweisungen erteilten. Ironischerweise wurde diese Doktrin am nachdrücklichsten von Friedrich Julius Stahl (1802–1861) vertreten, einem konvertierten Juden, Begründer der Preußischen Konservativen Partei. Stoeckers Christlich-Soziale Arbeiterpartei war ein letzter deutscher Versuch, Antisemitismus zumindest teilweise religiös zu begründen.

## Ein plötzliches Ende

Nach dreitägiger Krankheit verstarb Wolfgang am Sonntag, dem 6. Dezember 1885, im Alter von 64 Jahren. Bis zu seinem Tode hatte er im armen Osten der Stadt gelebt, in der Wallnertheaterstraße nahe der Jannowitzbrücke. Zwei Tage später fanden sich die Stadtverordneten zu einer Sitzung zusammen, und der älteste Verordnete, Dr. Schultz, verlas einen Nachruf, während dem alle Stadtverordneten und Besucher Wolfgang stehend die letzte Ehre erwiesen. Dr. Schultz lobte vor allem Wolfgangs Wirken für die Beseitigung der Armut, indem er sich für die Schaffung neuer Arbeitsplätze eingesetzt hatte und nicht nur für die Unterstützung der Armen durch Wohlfahrt. Davon hatten Tausende Familien profitiert. Dr. Schultz schloss seinen Nachruf mit folgenden Worten:

> »Was er uns als Vorsteher war, meine Herren, werden Sie … wissen, und Sie werden wissen, daß der hohe Grad von nicht bloß wissenschaftlicher, sondern auch sittlicher Bildung, die in ihm wohnte, allein es war, der ihn befähigte, diese Stelle in der Weise auszufüllen, wie er es gethan hat. … Ich habe eine ganze Reihe von Stadtverordneten-Vorstehern an mir vorübergehen sehen, da ich seit 1848 dieser Versammlung anzugehören die Ehre habe … ich habe keinen kennengelernt, der in der Weise wie Strassmann die Sache objektiv behandelte. … so möchte ich hinzufügen, daß Sie bei der bevorstehenden Wahl die größte Vorsicht üben, damit nicht durch eine verfehlte Wahl ein Nagel geschlagen wird in den Sarg unserer Selbstverwaltung; ein auf diesem Gebiet gemachter Mißgriff kann sich schwer rächen an unserer Verwaltung.«

Danach ergriff ein weiterer Abgeordneter, Dr. Horwitz, das Wort und bat um einen Brief der Versammlung an Wolfgangs Witwe Luise, denn »in dem treuen, innigen Freundschaftsverhältnisse zu dieser seiner Genossin, hat [Wolfgang Strassmann] die Kraft und die Ausdauer zu seiner fast übermenschlichen Thätigkeit gefunden«.[31] In diesem Brief an Luise heißt es:

»In langjähriger Gemeinschaft haben wir die hervorragenden Eigenschaften, die Tugenden unseres verehrten Vorstehers kennen und würdigen gelernt. Wie er bei seinem, immer auf das Ganze und Allgemeine gerichteten Sinn jederzeit ein lebendiges Verständnis und eine glücklich gestaltende Hand für das unmittelbare Bedürfniß der nächsten Gegenwart besaß; wie er die Festigkeit der Überzeugung mit jener Milde zu vereinen wußte, die auch dem gegnerischen Standpunkte gerecht wurde; wie sein innerer Wahrheitsdrang selbst in erregten Momenten seiner Unparteilichkeit keinen Abbruch that.«[32]

Der Nachruf in der *Deutschen Illustrierten Zeitung* erwähnte Wolfgangs bescheidene Herkunft, aber mit keinem Wort, dass er Jude gewesen war. War dies zu unbedeutend oder war es zu kontrovers?

»Einer der besten Männer Berlins, der sich mit ganzer Kraft dem Dienst der Selbstverwaltung der Reichshauptstadt hingab, der für sich einen wesentlichen Anteil an den großen Schöpfungen in Anspruch nehmen kann, die während der letzten zwölf Jahre im städtischen Gemeinwesen Berlins vollbracht worden sind und welche den Stolz der Bewohner, die Bewunderung der Fremden erregen – ist am 6. December in Wolfgang Strassmann dahingegangen.

Seit dreiundzwanzig Jahren Mitglied und seit elf Jahren Vorsteher der Stadtverordnetenversammlung, hat er während dieses ganzen Zeitraums die reichen Kräfte seines Wissens und Könnens der stetigen Entwicklung unseres großen städtischen Gemeinwesens mit rastlosem Eifer, in selbstloser, aufopfernder Hingebung gewidmet. …

Aus den kleinsten und engsten Verhältnissen hervorgegangen, im täglichen Kampf um seine Existenz, fast ohne äußere Hilfsmittel hat er seine jugendliche Entwicklung sofort den höchsten Zielen der Menschheit zugewandt. … kein Mißerfolg, keine Entbehrung haben ihn erschüttert. In wenigen Jahren erwarb er teils als praktischer Arzt inmitten der ärmsten Bevölkerung, teils durch wissenschaftliche Arbeiten so viel Mittel, daß er nicht nur selbst leben, sondern auch seine Brüder, einen nach dem andern, zu geachteten Stellungen heranbilden konnte.«[33]

Die *Vossische Zeitung* widmete am 8. Dezember 1885 Wolfgang Strassmann einen Artikel, in dem sie die Versuche des Hofpredigers Stoecker und seiner Mitstreiter beschrieb, Strassmann in antisemitische Auseinandersetzungen zu verwickeln, und wie dieser es verstanden hatte, solche Anfechtungen zu umgehen. Dadurch seien die Konservativen, die ihn zunächst angegriffen hatten, letzten Endes gezwungen gewesen, mit ihm bei der Umsetzung seiner weitsichtigen Pläne für die Gestaltung Berlins zusammenzuarbeiten.

Im Roten Rathaus fand eine Gedenkfeier statt, über die die Presse ausführlich berichtete. Sie war vom Bürgermeister ausgerichtet worden, und die Stadtverwaltung übernahm die Kosten. 1.000 Persönlichkeiten des öffentlichen Lebens waren eingeladen. Die kaiserliche Familie sowie die Minister Bismarck und Moltke waren benachrichtigt worden, nahmen aber nicht teil. Der Chor der Nikolaikirche sang im Saal, in dem Berliner aller Stände versammelt waren. Die Kaiserin und der Kronprinz sandten Kondolenzschreiben und die städtischen Behörden blieben am Tag der Beisetzung geschlossen, um den Beamten die Teilnahme an der Beerdigung zu ermöglichen. Seit dem Tod des Komponisten Giacomo Meyerbeer (1791–1864) war kein Jude mehr in Berlin unter solchen Ehren beigesetzt worden. Rudolf Virchow bedauerte in seinem Nachruf, dass weder Wolfgang Strassmann noch der Stadtverordnetenversammlung die bösartigen Angriffe erspart geblieben waren. Wolfgang sei wegen seiner Religion attackiert worden, und die Stadtverordnetenversammlung habe sich deshalb unter seiner Führung einer Krise gegenübergesehen wie nie zuvor in ihrer Geschichte.

Die lange Beerdigungsprozession begann am Roten Rathaus und umfasste nahezu alle Mitarbeiter der Stadtverwaltung, die Abgeordneten der Preußischen Generalversammlung und des Reichstags, führende Kaufleute und andere Persönlichkeiten von Bedeutung, darunter den Adjutanten des kaiserlichen Kronprinzen. Alle Flaggen waren auf halbmast. Wolfgang wurde auf dem Jüdischen Friedhof in der Schönhauser Allee beigesetzt, unter einer hohen, kannelierten Säule aus schlichtem schwarzem Granit auf einem einfachen Podest. Die Inschrift in goldenen Buchstaben lautet lediglich »Dr. med. Wolfgang Strassmann, Stadtverordnetenvorsteher« und gibt Datum und Ort von Geburt und Tod an. Darunter befinden sich die entsprechenden Angaben für seine Frau Louise, geborene Cohen, geboren 1835 und verstorben 1889.

Am Roten Rathaus wurden eine Gedenkplakette und eine Büste von Wolfgang angebracht, und nach 1890 wurde sein Porträt der Galerie der elf anderen Stadtverordnetenvorsteher hinzugefügt, die sich entlang des Großen Treppenhauses hinzog. Unter den Nationalsozialisten wurde es jedoch entfernt und vermutlich verbrannt.

Der Ehe von Wolfgang und Louise entstammten zwei Kinder, Wolf und Henrietta (»Henni«), die in ihren zwanziger Jahren waren, als ihre Eltern 1885 und 1889 verstarben. Wolf wurde Mathematiklehrer, heiratete nie und starb mit 35 Jahren an Tuberkulose. Henni war eine bekannte Malerin und Autorin, eine tapfere Frau, beliebt in der Familie und verheiratet mit Karl Lehmann, einem Rechtsprofessor an der Rostocker Universität. 1894 wurde ihnen ihr Sohn Karl geboren, der Professor für Archäologie wurde. Nachdem die Nazis an die Macht gekommen waren, ging Karl nach Italien und arbeitete dort für zwei Jahre ohne Bezahlung. 1935 bekam er eine Stelle als Professor am Institute of Fine Arts der New York University. Wolfgang wäre auf diesen Enkel stolz gewesen, aber sehr bedrückt über den Selbstmord seiner Tochter Henni im Naziberlin des Jahres 1937.

**1** Die Aufnahme von 1913 zeigt acht Ärzte aus drei Generationen Strassmanns. Auf den Gemälden von links: Wolfgang (1821–1885), Heinrich (1834–1905) und Samuel (1826-1879). Sitzend: Links Ferdinand, zum Zeitpunkt der Aufnahme 75 Jahre alt; rechts Fritz, 55 Jahre. Stehend von links: Erwin (18), Paul (47) und Georg (23).

**2** Paul Ferdinand und Hedwig Strassmann vor dem Reichstag um 1930 mit Moki, Mieke und Hexe.

**3** Die Bibliothek in der nach Wolfgang Strassmann (1821-1885) benannten Straße.

**4** Die Frauenklinik von Paul Strassmann in Berlin 1926.

**5** Das Rathaus von Rawicz.

**5a** Botschafter bringen Moses eine riesige Rebe aus dem Gelobten Land. Dieses Motiv befand sich als Relief am Haus von Heiman Strassmann in Rawicz und war das Wappen der Familie.

**6** Kirche in Rawicz, erbaut 1639.

**7** Die Woderynskis aus Rawicz helfen Hans und Eva Maria Reis bei Ihrer Suche nach den Wurzeln der Strassmanns.

**8** Die vier älteren Strassmann-Brüder in Berlin um 1857:
Maurermeister Bernhard (hinten links)
und die drei Ärzte Samuel, Heinrich und
Wolfgang (von links).

**9–12** Die vier Strassmann-Ärzte in den Bismarck-Jahren. Oben: Links Samuel 1875 im Alter von 49, rechts Wolfgang 1880 im Alter von 59 Jahren. Unten: Links Ferdinand 1885 im alter von 47, rechts Heinrich 1871 im Alter von 37 Jahren.

**13** Ferdinand Strassmanns Ehrenbürger-Porträt hängt heute im Roten Rathaus in Berlin.

**14** Heinrich mit 30 Jahren. Er war Assistenzart im Feldlazarett der 6. Infanterie-Division im Dänischen Krieg, 1864.

## Ferdinand, der Ehrenbürger

Zum Schluss dieses Kapitels sollen einige Worte dem jüngsten Bruder Wolfgangs, Ferdinand (1838–1931), gewidmet werden. Ferdinand war ein revolutionärer Gesundheitspraktiker und hatte, was taktvolle Politik betraf, viel von seinem Bruder Wolfgang gelernt. Denn schließlich hatte der Berliner Bürgermeister Georg Reicke noch im Jahr 1905 behauptet, dass »die Stadt nicht verpflichtet ist, jeden Einwohner in einem Krankenhaus zu verpflegen, der den Wunsch nach Krankenhausbehandlung hat oder für den der Arzt diesen Wunsch ausspricht«. Mit Unterstützung der Stadtverordneten kämpfte Ferdinand 30 Jahre lang erfolgreich gegen solche unbarmherzigen Auffassungen und wurde 1915 zum Dank zum 53. Ehrenbürger der Stadt ernannt.

Wie seine Brüder ging Ferdinand, genannt Nante, von Rawicz auf das Gymnasium in Lissa, wo er 1851 bis 1855 Bett und Armut mit seinem Bruder Heinrich teilte. Drei Jahre später folgte Nante den anderen nach Berlin, um ebenfalls Medizin zu studieren, aber seine Brüder meinten, dass drei Strassmann-Ärzte genug für Berlin seien und Ferdinand stattdessen in das Papiergeschäft von Joseph Bender Levy eintreten solle, dem Schwiegervater Samuels und später auch Heinrichs. Das mache ihn reich und unabhängig. Ferdinand befolgte diesen Rat sechs Monate lang, war aber dabei so unglücklich, dass die Brüder ihm doch erlaubten zu studieren. Obwohl er mittellos war, beteiligte er sich rege am Studentenleben der »Westfalen«, genauso wie sein Bruder Heinrich. 1863 wurde Ferdinand schließlich Arzt und war bald darauf mit der Bekämpfung einer Choleraepidemie und danach als leitender Arzt eines Barackenlazaretts im Krieg gegen Frankreich 1870 sehr in Anspruch genommen.

Er folgte Wolfgang in die Stadtpolitik, zunächst 1884 in der Schuldeputation und ab 1889 als unbesoldeter Stadtrat für Medizin. Als einziger medizinischer Experte im Magistrat wurde er schnell unentbehrlich und gab deshalb seine eigene Praxis auf, obwohl der Magistrat ihn bis 1911 nicht bezahlte. Unter seiner Leitung wurden neue Krankenhäuser, Nervenheilanstalten und Heimstätten für Genesende gebaut sowie das Desinfektionswesen und das Sanitätswesen im Allgemeinen gefördert.

Als Ferdinand 1915 zum Ehrenbürger ernannt wurde, bedankte er sich während der Zeremonie mit den Worten, dass seine Ehrung ihm die Freundschaft und den guten Willen zugleich von Reichen und Armen, Alten und Jungen, Liberalen und Konservativen, und besonders von Christen und Juden zeige. Das sei ihm Ansporn, sich noch mehr für die Belange Berlins zu engagieren. Sein einziger Wunsch sei, »daß die Harmonie und das Verständnis, die bis jetzt die Arbeit gefördert hatten, noch weiter existieren würden, als ein Segen für die Gemeinschaft«.[34]

## Die Strassmannstraße

Eigentlich müsste der Name Strassmannstraße sowohl für Wolfgang als auch für Ferdinand gelten. Zwischen 1938 und 1945 hieß die Straße in Berlin-Friedrichshain Ermelerstraße. Als Strassmannstraße sah ich sie wieder an einem sonnigen Juninachmittag, als die Kommunisten noch an der Herrschaft waren. Es war nett hier, eine Wohnstraße zwischen einem Schlachthaus und einem Friedhof, gerade einmal fünf Querstraßen lang, mit frisch gepflanzten Bäumen und einem Straßencafé. Später sah ich die Straße unter dem Kapitalismus aufblühen, mit 20 neuen Läden, Kneipen und Restaurants, darunter sogar ein »Strassmann Bistrot«. Der stämmige Eigentümer Reinhard Klamm war erstaunt, einem echten Abkömmling der Strassmanns zu begegnen, aber auch dies konnte seiner Gaststätte auch auf Dauer nicht das Überleben sichern. Der Stolz der Straße war immer noch eine alte fünfstöckige Bibliothek, erbaut im holländischen Stil mit einem hohen Giebel und einem Muster aus weißen und roten Ziegelsteinen, wie sie auch beim Bau des Roten Rathauses verwendet worden waren. Im Korridor dieses Rathauses sah ich später ein Porträt von Ferdinand in der Galerie der Berliner Ehrenbürger.

*4. Kapitel*

# Medizinische Erfolge und Enttäuschungen: Paul und seine Geschwister

Die fünf Rawiczer Strassmann-Brüder heirateten um 1860 reiche jüdische Frauen und hatten 13 Kinder – sechs Söhne und sieben Töchter –, die sie weltlich erzogen, indem sie Goethe mehr Wert beimaßen als Moses. Nicht alle diese Kinder waren begabt, und einige von ihnen wurden vom Leben schwer geprüft. Medizinhistoriker schreiben immer noch über Paul und Fritz Strassmann, und zwei Berliner Gebäude wurden ihnen 2003 und 2004 gewidmet. Paul war der älteste Sohn von Heinrich und Louise Levy und Fritz der älteste Sohn von Samuel und Flora Levy. Die zwei Frauen waren Schwestern, die Töchter von Therese und Joseph Bender Levy, einem wohlhabenden Papierproduzenten aus Birnbaum in Posen.

Paul und Fritz sind die beiden Familienmitglieder, an denen sich ein Thema dieses Buches, die Geschichte einer zunichte gemachten Migration von einem gelobten Land in das andere, am besten veranschaulichen lässt. Vor ihnen waren zwei Generationen von Rawicz nach Berlin gekommen, und nach ihnen gingen zwei Generationen in die USA, nach Lateinamerika, Australien, England und in die Schweiz. In Berlin geboren und in Berlin begraben, lebten Paul und Fritz zu einer Zeit, die sie an die Schnittstelle der Migrationserfahrungen der früheren und der späteren Generationen setzte. Als Großvater Heiman starb, war Fritz 23 und Paul 15 – alt genug, um schon etwas von den Erinnerungen des alten Mannes an das jüdische Leben in Rawicz erfahren zu haben. Ihre Väter und Onkel hatten ihnen von den Anfängen ihrer medizinischen Laufbahnen im revolutionären Berlin erzählt, und in der Tat war es Paul gewesen der seinen Vater Heinrich gebeten hatte, seine Memoiren aufzuschreiben. Als Paul sich seinem 70. Lebensjahr näherte, waren seine drei verbliebenen Kinder (der Sohn Hellmuth war 1916 in Frankreich gefallen) bereits in die Schweiz und die USA emigriert. Sein Schwager, seine Schwägerin und deren Kinder waren nach Australien gegangen und hatten ihren Familiennamen von Rosenberg in Rodgers geändert. Paul verfolgte aufmerksam, wie seine nächsten Verwandten sich an ihre neuen Umgebungen anpassten und wie seine acht Enkelkinder neue nationale Identitäten annahmen. Er lebte nicht lange genug, um eine Schwester nach Südamerika emigrieren zu sehen, während die andere in Theresienstadt starb. Fritz war noch am Leben, als einer seiner Söhne, dessen Frau und ein

Enkelsohn nach Amerika emigrierten. Er erlebte nicht mehr, dass sein zweiter Sohn in Auschwitz ermordet wurde.

## Studentenjahre

Paul Ferdinand Strassmann wurde am 23. Oktober 1866 geboren. Er ging während der siebziger Jahre zur Schule, als die Familie in der Oranienburger Straße wohnte, im Berlin des späten 19. Jahrhunderts eine der elegantesten Straßen, in der viele Juden lebten. Zwischen 1859 und 1866 war hier von dem gefeierten Architekten Eduard Knoblauch eine gewaltige Synagoge gebaut worden, die von einer orientalisch anmutenden Kuppel gekrönt war. Etwa sechs Querstraßen weiter nach Osten, zwischen der Linienstraße und der Münzstraße, befand sich das »Scheunenviertel«, wo arme jüdische Einwanderer sich eine Art osteuropäischen Stetls geschaffen hatten. Südlich davon, an der Fischerbrücke und einer kleinen Insel, auf der Berlin einst begonnen hatte und wo jetzt das Schloss des Kaisers stand, hatten Joseph Bender Levy und seine Frau Therese ihr großes Wohnhaus und ihr Lagerhaus. Sein Leben lang erinnerte sich Paul daran, wie er hier als Kind unter einem Rosskastanienbaum gespielt hatte, der sich über die Spree neigte. Jedes Mal, wenn er später an diesem Baum vorbeikam, erwähnte er es in seinem Tagebuch. Der knorrige alte Baum stand immer noch, als ihn Philip Franck 1909 und Otto Nagel 1942 malten. Ich selbst habe ihn noch vor wenigen Jahren mit meinen Enkelkindern fotografiert.

Heinrich unterrichtete und überwachte Paul und dessen jüngeren Bruder Ernst streng, wie man auf der vorletzten Seite des Entwurfs seiner Erinnerungen nachlesen kann:

> »… die Pflichten des Familienvaters und die des Berufes füllten nunmehr mein Leben aus, namentlich die ersteren, da der Unterricht meiner Knaben meine knappe Zeit ganz in Anspruch nahm. Ich habe mich dieser Nachhülfe meiner Söhne [Paul und Ernst] bis zu ihrem Eintritt in die Ober-III selbst auf Kosten meiner ärztlichen Tätigkeit vollständig gewidmet. Ob das besonders zweckmäßig war, lasse ich dahingestellt, aber es steckte in mir nun mal ein Stück Schulmeister, und aus meiner eigenen Schulzeit her war die feste Meinung geblieben, die Gymnasialzeit müsse aufs gründlichste ausgenützt und unter Vermeidung von unnützem Aufenthalt zurückgelegt werden. Ich gestehe offen, daß es auch Ehrgeiz war, der mich dabei leitete, aber es war nicht der Ehrgeiz für meine eigene Person, sondern wir alle Brüder hielten es für unsere heilige Pflicht zur Ehre unseres Namens besondere Anstrengungen zu machen und unsere Kinder zu solchen Anstrengungen anzuhalten.«[1]

Auf dem Friedrichs-Gymnasium legte Paul mit 17 Jahren seine schriftlichen Abiturprüfungen als Klassenbester ab. Er war so gut, dass ihm die mündlichen Prüfungen erlassen wurden. 41 Jahre später, zum 75. Jahrestag der Gründung des Friedrichs-Gymnasiums am 5. Oktober 1925, dichtete Paul ein humoriges und liebevolles Gedicht mit 18 fünfzeiligen Strophen. In ihm gedachte er seiner Lehrer und Mitschüler und der Unterrichtsfächer, aber auch der *Ilias*, der *Odyssee*, Horaz', Schillers, Humboldts, der Musik, der Physik und des Sportunterrichts. Hier sind zwei der Verse:

»Ihr Name stammt vom alten Fritz:
Ein Vorbild, Messieurs, potz Blitz!
Wer je die Lehr' vergessen,
Das Deutschland hoch in Ehren bleib',
Den soll der Teufel fressen!

Gar minniglich die neuen ›Sprak‹
Man dorten laut Gramatik pflag.
Doch in Paris und London
Gabst Du Dir noch so große Müh' –
Hat man kein Wort verstanden!«

Paul studierte Medizin und wurde innerhalb von fünf Jahren als Arzt zugelassen. Mit 23 war er bereit, sich in Gynäkologie und Geburtshilfe zu spezialisieren, so wie sein Vater es zwei Jahrzehnte zuvor gewollt hatte. Im April 1884 begann er sein Studium an der Friedrich-Wilhelm-Universität von Berlin und schloss sich einer überwiegend nichtjüdischen Burschenschaft, der »Arminia«, an. Ein Jahr später wechselte er nach Heidelberg, wo er am 27. Februar 1886 das Physikum, seine erste große Zwischenprüfung, ablegte. Er hatte genügend Zeit, in einem Chor zu singen und sich mit Freunden auf Wanderungen, beim Sonnen auf der Wiese und beim Flötenspiel die Zeit zu vertreiben. Er focht vier große Säbelduelle gegen konkurrierende Burschenschaften 1884 und 1885 und ritzte diese Erfolge stolz in den Zinndeckel seines reichverzierten Bierkrugs.

Paul setzte 1886 seine Studien in Berlin fort und legte im Februar 1888 eine vorläufige Prüfung ab, das »tentamen medicum et rigorosum«. Inzwischen war er »Ko-Assistent« von Geheimrat Ernst von Bergmann an der chirurgischen Klinik der Charité geworden und assistierte für drei Monate als »Hauspraktikant« von Professor Robert Olshausen (1835–1915) an der Universitäts-frauenklinik. Ernst von Bergmann wurde bekannt für seine Einführung von Dampf als Sterilisator für chirurgische Instrumente. Für ein Jahr nach Heidelberg zurückgekehrt, legte Paul am 15. März 1889 sein Staatsexamen in Medizin ab. Zehn Tage später verteidigte er erfolgreich seine Dissertation *Zur Lehre von der mehrfachen Schwangerschaft* und erhielt seinen Doktortitel am 25. April 1889. Für die Verteidigung hatte der Kandidat drei Freunde als »Opponenten« zu benennen, und Paul wählte seinen Bruder Ernst, seinen besten Freund Siegmund Ginsberg und Dr. Arthur Levin, der bereits Arzt war. In seiner 119 Seiten langen Dissertation analysierte Paul die Krankenakten von 476 Frauen, die Zwillinge zur Welt gebracht hatten, und von 12 Frauen, die Drillinge geboren hatten. 20 dieser Mütter waren aufgrund von Infektionen bei der Geburt verstorben, aber Paul stellte fest, dass Mehrfachgeburten trotzdem kein erhöhtes Risiko darstellten und deshalb nur in Ausnahmefällen künstlich eingeleitet werden sollten.

## Zwei Jahre in Gießen

Ende 1889 zog Paul nach Gießen und wurde für zwei Jahre Assistent von Professor D. N. Löhlein an der Großherzoglichen Universitätsfrauenklinik. Löhlein war sehr zufrieden mit seinem Assistenten und schrieb ihm eine sehr positiv ausfallende Beurteilung, als der junge Mann zurück an die Frauenpoliklinik der Charité in Berlin ging. Er bescheinigte ihm, dass Paul vom ersten bis zum letzten Tag immer fröhlich und begeistert gewesen sei und sich trotz der oft sehr schwierigen Fälle ganz und gar seinen Pflichten gewidmet habe. Beim Operieren habe sich Paul durch Sicherheit und Geschick ausgezeichnet.[2]

Im Kasino der Klinik war Paul der Regisseur von Theater- und Musikaufführungen, zudem spielte er sehr gut Klavier. Nach zwei sehr kollegialen Jahren schied Paul »nicht leicht aus der Freunde Kreis, aus dem Hause, in dem er gearbeitet und das er hatte mit als erster betreten, nicht leicht aus Gießen, dem kleinen Städtchen mit seinem Universitätchen, so klein und doch so imposant!«

Besonders hart war es für ihn, Hedwig Rosenberg zurückzulassen, mit der er sich am 23. Februar 1891 verlobt hatte. Hedwig war eine stadtbekannte Schönheit, 22 Jahre alt, und Paul war 24. Sie war die Tochter von Justizrat Dr. Anton Rosenberg, einem Juristen in zweiter Generation, und von Julie Homberger, deren Vater Heinrich eine Baumwoll- und Leinenweberei in Gießen geerbt hatte.

Auf diese Jahre zurückblickend, schrieb Hedwig: »Kein Mädchen hatte eine glücklichere und anregendere Jugend erleben können als ich in diesen friedlichen Zeiten in einer kleinen Universitätsstadt.« Im Ballsaal des Gießener Klubs tanzten die Töchter von Professoren, Bankiers, Anwälten und Ärzten mit Studenten, jungen Beamten, Angehörigen der gehobenen Berufe und Offizieren. Ihr Leben lang erinnerte sich Hedwig, wie oft sie mit Ernst Ludwig, dem Kronprinzen des Großherzogtums Hessen-Darmstadt, getanzt hatte, der zu dieser Zeit Student gewesen war. Als sie 1941/42 ihre Memoiren *The Strassmanns* schrieb, erstellte Hedwig eine Liste mit all den berühmten Namen jener Jahre, und sie erwähnte mehrere Damen, die sie gern als Schwiegertochter gesehen hätten. Doch Paul Ferdinand Strassmann aus Berlin hatte ihr Herz gewonnen. 1937, auf den Tag 46 Jahre nach der Verlobung, notierte Paul in seinem Tagebuch:

»Das Band zwischen uns hat gehalten und ist immer stärker geworden. Wir verliebten uns schnell ineinander, aber ich bin überzeugt, dass der Entschluß sich von Beginn auf gegenseitige Bewertungen von Charakter, auf gemeinsame Werte und Ideale für das Leben gründete. Dieses Gefühl hat sich sowohl durch unser gemeinsames Leben bestätigt, durch unser Heim, die Erziehung der Kinder, durch unsere religiösen, moralischen und bürgerlichen Standpunkte als auch durch unsere intellektuellen Interessen und den Sport.«

## Ehe und Konversion

Paul und Hedwig heirateten im April 1893, nachdem Paul von einer Studienreise nach England, die er 1891/92 unternommen hatte, zurückgekehrt war und eine Stelle seiner Wahl gefunden hatte. Nach seinen zwei Jahren in Gießen hätte die Annahme einer Stellung in einer anderen kleinen Stadt Pauls Chancen für einen größeren Karrieresprung erheblich beeinträchtigt. Die traditionelle Studienreise nach Großbritannien und Irland war deshalb nicht nur beruflich wertvoll gewesen, sondern auch ein Mittel, sich alle Optionen offen zu halten. Die Strategie funktionierte. Zwei Monate, nachdem er im November 1892 aus London zurückgekehrt war, erhielt Paul das Angebot, erster Assistent von Professor Adolf Gusserow (1836–1906) zu werden, der die Zweite geburtshilflich-gynäkologische Universitätspoliklinik von Berlin an der Charité begründet hatte und leitete. Gusserow war ein gebürtiger Berliner, Sohn eines Arztes und ein Freund Heinrichs. Für Gusserow war eine gründliche Ausbildung in Geburtshilfe für die öffentliche Wohlfahrt von größerer Wichtigkeit als die Gynäkologie. Unter dieser Priorität bildete er auch Hebammen aus. Zwischen 1882 und 1892 war Gusserow dreimal der Vorsitzende der Berliner Gesellschaft für Geburtshilfe und Gynäkologie und gab die Zeitschrift *Archiv für Gynäkologie* heraus. Praktische Fähigkeiten schätzte Gusserow mehr als jeden theoretischen Intellektualismus.

Im April 1893 verlebten Paul und Hedwig ihre Flitterwochen in Italien, und exakt neun Monate später, am 21. Januar 1894, wurde Hellmuth geboren. Für Paul war er immer »unser Kind des sonnigen Lugano«. Erwin folgte im Juli 1895, Gisela im Oktober 1896 und Antonie im April 1901.

Ostern 1895, als Paul und Hedwig Ferien in Hessen machten, baten sie Pastor Füllmann aus Grünberg, einem Dorf 20 Kilometer östlich von Gießen, sie zu taufen. Die Zeremonie fand am 23. April statt, um fünf Uhr nachmittags, und Hellmuth, damals gerade 15 Monate alt, war auch dabei. Hedwig war im sechsten Monat mit Erwin schwanger. Erst im Februar 1999, als ich eine beglaubigte Kopie des Taufzertifikates fand, erfuhr ich den Ort und das Datum der Taufe. Beide Familien Strassmann und Rosenberg waren seit Jahrzehnten weltlich orientiert, aber der offizielle Religionswechsel bedeutete, dass von nun an die Kirchensteuer an die Evangelisch-Lutherische Kirche abgeführt wurde und nicht mehr an die jüdische Glaubensgemeinschaft. Paul und Hedwig gehörten zu den etwa 30.000 deutschen Juden, die sich im 19. Jahrhundert taufen ließen – das waren etwa fünf bis sechs Prozent der jüdischen Bevölkerung, die 1875 etwa 530.000 Personen betragen hatte.[3] Sicherlich waren einige dieser Religionswechsel unaufrichtig und opportunistisch, aber ich bin sicher, dass der meiner Großeltern nicht dazu gehörte. Sie selbst haben ihre Taufe nie als bedeutenden Wendepunkt im Leben verstanden. Für sie war es ein natürlicher und frommer Schritt auf einer Assimilationsreise, die sie aus Rawicz, wo Pauls Vorfahren herstammten, und Ortenburg, dem hessischen Heimatdorf der Rosenbergs, zu einem Leben im tonangebenden Bürgertum geführt hatte. Meine Großeltern besuchten die Kirche regelmäßig und beklagten die Verfolgung engagierter, offenherziger Pastoren wie Martin Niemöller im Dritten Reich. Die Briefe meiner Großmutter sind voller Anrufungen von Gottes Wille und voller Dank für seinen Segen. Niemals habe ich in ihrer Veranlagung auch nur den geringsten Hinweis auf Zynismus gefunden, und ich bin überzeugt, dass meine Großeltern ihr Christentum ernster nahmen als die große Mehrheit der christlich geborenen Deutschen. Der Ehemann ihrer Tochter Gisela, Max Gutzwiller, schrieb in seinen Erinnerungen: »Hedwig Strassmann, geborene Rosenberg, [war] wie ihr Gatte eine frohe, tätige, aber auch grundgescheite Natur und außerdem in tiefer evangelischer Gläubigkeit verwurzelt.« Vermutlich hatte Hedwig den christlichen Glauben bereits während ihrer Gießener Kindheit für sich entdeckt, und wahrscheinlich hatte sie die Initiative für die Taufe übernommen.

1897 schenkte Hedwig ihrem »geliebten Paul« eine Bibel in der Übersetzung Martin Luthers und wählte zwei Verse aus dem fünften Buch Mose als Widmung:

»Denk vielmehr an den Herrn, deinen Gott: Er war es, der dir die Kraft gab …« (Dtn 8,18)

»… du sollst vor dem Herrn, deinem Gott, fröhlich sein und dich freuen über alles, was deine Hände geschaffen haben« (Dtn 12,18).

Einen Vers aus der Offenbarung des Johannes bestimmten Hedwig und Paul für ihr eigenes Grab in Berlin:

»Selig die Toten, die im Herrn sterben, von jetzt an; ja, spricht der Geist, sie sollen ausruhen von ihren Mühen, denn ihre Werke begleiten sie« (Offb 14,13).

## Ernst muss auswandern

Im Jahr 1904 steigerten die Probleme mit Paul Ferdinands Bruder Ernst (1868–1923) zu einer echten Krise. Ernst war nie ein guter Schüler gewesen, wie sich sein Vater Heinrich in seinen Memoiren erinnerte:

»Ein solches Resultat [wie Pauls ausgezeichneten Abiturerfolg im 17. Jahr] habe ich trotz der gleichen Nachhilfe, Überwachung und Anspornens bei meinem zweiten Sohne nicht erreichen können. Ernst machte das Examen erst im 19. Lebensjahre schlecht und recht und studierte wie Paul Medizin, hat es aber trotz 16-semestrigen Aufenthaltes auf mehreren deutschen Universitäten zu keinem Examen gebracht.«[4]

Da der älteste Sohn, Paul, sich so hervorragend entwickelt hatte, war es umso enttäuschender, dass Ernst ein solcher Versager war. Ernst mochte Sprachen, Literatur und Geschichte – doch für seine Mutter Louise waren das nutzlose Kenntnisse, und für seinen Vater waren sie für das Leben unzulänglich, obwohl er sich in seiner Jugend selbst in ihnen ausgezeichnet hatte. Und Louises Brüder Berthold und Julius mit ihren Vorlieben für Sport und Musik anstatt für Bildung und Geschäft waren für Ernst auch nur schlechte Vorbilder.

Nach acht Jahren an der Universität, als Ernst auf die 30 zuging, wurde ihm mitgeteilt, dass er seine Studien nun zu beenden habe. Ein unbedeutender Posten in der Verwaltung einer Bank, die Freunden gehörte, wurde für ihn arrangiert. Endlich war er auf einem Gebiet tätig, das seiner Mutter wichtig war: im Geschäftsleben. Die einzige Fotografie, die ich von Ernst besitze, zeigt ihn in den neunziger Jahren, in sehr formaler Haltung mit seinen Eltern, den Schwestern und dem Bruder. Er trägt gestreifte Hosen, einen Gehrock, einen weißen Binder, und seine Hände liegen steif auf den Schenkeln. Ernst lächelt direkt in die Kamera, während alle anderen wie befohlen stolz nach rechts schauen – bis auf die taubstumme Helene, die in ihrer eigenen stillen Welt verloren scheint. Ernst erscheint eher plump, er trägt einen kleinen Schnurrbart und ist ohne Zweifel der freundlichste in der Gruppe, wirkt aber gezwungen und unsicher. Ob er seinen Versuch, durch Glücksspiel ein Vermögen zu gewinnen, als letzte Chance gesehen hat, sich selbst zu beweisen? Frühe Wetten hatten zu immer höheren Einsätzen geführt, und dann kam die Sucht. Es gibt keine Unterlagen darüber, wie er seine Verluste gutzumachen versuchte – vielleicht durch Unterschlagungen? – und wie dies aufgedeckt wurde.

Zwei Briefe vom 14. und 24. Juli 1904, von Paul an Hedwig gerichtet, belegen, dass in der Familie über Ernst diskutiert wurde. Paul verteidigte seinen niedergeschlagenen Bruder Ernst noch gegen den Zorn der Mutter, während Heinrich bereits Vorkehrungen traf, die Schulden seines Sohnes zu regeln und dessen Ausreise vorzubereiten.

Pauls erster Brief vom 14. Juli 1904 reflektiert die Stimmung, die in der Familie zu dieser Zeit herrschte:

»Ich mache mir jetzt keine großen Gedanken mehr über die Aussprache mit Mutter. Es wäre ja viel bequemer und nützlicher, wenn ich recht gegen E. spräche, keine Milderungen durchsetzte und mir Vorteile verschaffte – wie Nichtbezahlen der für die Klinik entliehenen Gelder oder Einwirkung auf strenge Fassung des Testaments – es wäre ja auch bequemer gewesen, wenn ich mich um Friedas Angelegenheiten [seine Schwester, später in diesem Kapitel beschrieben] nicht bekümmert hätte. Da sollte doch Mutter eine Ahnung von haben! Sie würde das vielleicht nicht unbegreiflich finden! Ich werde jetzt einmal antelephonieren.«

In seinen Erinnerungen schreibt Gerhard Masur (ein Historiker und Sohn von Ernsts und Pauls Schwester, Frieda):

»Der zweite Sohn, Ernst, war in mancher Beziehung begabt und gewinnend, er besaß Charme, ein ausgezeichnetes Gedächtnis und eine besondere Begabung für Sprachen. Auch er wollte, oder sollte, Mediziner werden, hat sein Studium aber nie abgeschlossen. Stattdessen wandte er sich dem Bankwesen zu; aber es zeigte sich bald, dass er sich nicht mit dem Leben eines Bürgers um 1890 zufrieden geben würde. Er begann zu spielen, verlor große Summen, deckte seine Schulden durch Unterschlagungen, und wurde schließlich aus der Bank hinausgeworfen. Die Strafverfolgung konnte nur dadurch vermieden werden, dass sich seine Eltern bereit erklärten, alle finanziellen Schäden zu ersetzen. Er wurde dann, wie es am Ende des 19. Jahrhunderts üblich war, nach Südamerika verschickt, zuerst nach Brasilien, wo er erneut in Konflikt mit dem Gesetze kam, und schließlich nach Punta Arenas, dem südlichsten Hafen Chiles. Die Bedingungen, unter denen sich seine Eltern dazu verstanden hatten, seine Fehltritte zu vertuschen, waren zwei: erstens, dass er nie nach Deutschland, geschweige denn Berlin, zurückkehren dürfe, zum anderen, daß er in ihrem Testament auf den ›Pflichtteil‹ gesetzt würde.«[5]

Da ich mehr wissen wollte, rief ich Masur im Juni 1975 an. Er erzählte mir:

»Ach, du hast gehört, dass Ernst das schwarze Schaf der Familie war. Eigentlich war er ja vielfältig begabt. Nicht in Medizin, aber in Geschichte und Sprachen, glaube ich. Aber er hatte dieses Problem mit den Karten und dem Spielen, ja leider auch mit dem Betrügen am Spieltisch. Als er nach Südamerika verschifft wurde, hoffte man, ihn nie wiederzusehen. Er war ein schweres Kreuz für seine Eltern. Einmal verkaufte er sein Schiffsticket und seine Ausrüstung schon in Hamburg, kam zurück und versprach sich zu bessern. Beim nächsten Mal musste er nach Punta Arenas, Chile – ich weiß nicht mehr, wie lange. Ich glaube, er kam 1911 zurück und verstarb 1923. Ich weiß nicht, ob [Heinrich, Louise und deren Kinder] eine glückliche Familie waren oder nicht. Ich glaube schon. Sehr bourgeois wie die Treibels in Theodor Fontanes Roman *Jenny Treibel*. Vor 1914 galt die Veruntreuung von Familienkapital zum Zweck der Vertuschung von finanziellen Machenschaften als eine Sünde gegen den Heiligen Geist. Vor allem seine Mutter, die frühere Louise Levy, konnte ihm seinen Verstoß gegen die Normen der bürgerlichen Gesellschaft nie vergeben. Vor uns Kindern wurde sein Name nie erwähnt. Aber ich erinnere mich noch, wie über ihn geflüstert wurde. Wer weiß schon, warum es manchmal ein schwarzes Schaf gibt?«

Als erstes Exil war die deutsche Kolonie im afrikanischen Kamerun vorgesehen worden, und Ernst wurde als Missionsarzt ausgestattet. Schon in Hamburg allerdings verkaufte Ernst seine Fahrkarte und seine Ausrüstung, kam reuig nach Hause und versprach sich zu bessern. Doch trotz der besten Absichten überwältigte ihn die Sucht erneut, es gab neue Schulden und neue Drohungen. Wieder zahlten Louise und Heinrich, um einen Skandal zu vermeiden, doch ein weiterer Strafaufschub war nun nicht mehr möglich. Heinrich und Paul eskortieren den unberechenbaren Sohn und Bruder die Gangway eines Frachters hinauf, der nach Punta Arenas in Chile fahren sollte.

Etwa acht Jahre später jedoch kam er wieder, wie Napoleon von Elba. Ernsts unerwartete Rückkehr aus Punta Arenas als reicher Mann verblüffte jeden. Er hatte nicht nur seine Fahrkarte für die Rückfahrt bezahlt, sondern auch noch ein beträchtliches Vermögen angehäuft. Heinrich war in der Zwischenzeit verstorben, aber Louise war noch am Leben, 68 Jahre alt. Mein Vater, der zu dieser Zeit etwa 17 war, erinnerte sich an die freigiebigen Geschenke, die Onkel Ernst jedermann machte: Broschen, Ohrringe, Zigarettenetuis, Anstecknadeln, Manschettenknöpfe – alles aus Gold. Onkel Ernst war der legendäre Onkel, der reich und triumphierend aus Amerika zurückkehrte. Jeder habe ihn verkannt, sagte er. Er behauptete, er sei ein erfolgreicher Wollhändler gewesen. Nach allem aber, was ich weiß, war er ein Spieler gewesen, gerissen genug, um sogar die südamerikanischen Abzocker auszutricksen. Für die Berliner Ganoven jedoch war er nicht gerissen genug. Sie warteten auf ihn auf den Rennstrecken, in den Kasinos und an den Roulettetischen. Ernst blieb ein Verlierer, der schnell seines neuen Vermögens erleichtert wurde. Bald war er wieder tief verschuldet und musste seine goldenen Geschenke zurückborgen, um seine Schulden zu bezahlen. Es sei nur vorübergehend, sagte er. Aber es war für immer.

Von da an gibt es nur noch wenige Erwähnungen von Ernst in den Dokumenten, die in meinen Besitz gekommen sind. Einmal erscheint er in einem Brief, den sein Neffe Hellmuth an seine Eltern schrieb, aus den Kasernen des 5. Gardeinfanterieregiments in Spandau, drei Monate vor Ausbruch des Ersten Weltkrieges. In einer Nachschrift erwähnt Hellmuth, dass Onkel Ernst am vorigen Donnerstag bei einer alten Witwe zum Bridgespiel eingeladen gewesen sei. Ernst hatte Hellmuth verraten: »Wenn du ihr die Zehe wimmelst, hat sie schon gewonnen.«

Ernst hatte allerdings ein Vermögen, das er nicht verspielen konnte: seine Sprachkenntnisse. So verbrachte er den Rest seines Lebens damit, Spanisch zu unterrichten. Er lebte in einem armen Viertel von Berlin und war mit einer Frau namens Helene verheiratet, die aus mir unbekannten Gründen von der Familie nicht akzeptiert wurde. Ende der dreißiger Jahre benötigte Ernsts Frau, damals bereits seine Witwe, dringend Geld und wandte sich mit der Bitte um Unterstützung an Paul und seine Schwestern. Diese zahlten ihr ein paar Hundert Mark und erklärten sich später bereit, ihr eine bescheidene monatliche Unterstützung zukommen zu lassen.

Ernst starb 1923. Er wurde auf dem Waldfriedhof von Stahnsdorf am südwestlichen Berliner Stadtrand beigesetzt. Seine Mutter Louise war dort bereits 1915 beerdigt worden, und Ernsts Sarg wurde nun direkt neben ihrem beigesetzt. Am 25. August 1936 schrieb Paul in sein Tagebuch: »Ernst, meines Bruders Geburtstag. Das Geschick hat ihm weniger gute Gaben in die Wiege gelegt. Friede seiner Asche!« Am 10. Mai 1938 besuchten Paul und Hedwig sein Grab:

> »Der Waldfriedhof ist ungewöhnlich geschmackvoll … Besuche Ernst's Grabstätte, der mit der Mutter unter einem Stein ruht. Er war von anderer Art, als ich, mir gab das Schicksal alle guten Gaben in die Wiege, er war das Sorgenkind der Eltern. Was können wir beide ( – jeder Mensch) uns am Verdienst um unseren Lebenslauf anrechnen?«

Im Juni 2003 besuchte ich den Stahnsdorfer Waldfriedhof, auf dem viele berühmte Persönlichkeiten beigesetzt sind: der Maler Lovis Corinth, der Schriftsteller Theodor Fontane, der Architekt Walter Gropius, der Komponist Engelbert Humperdinck, die Verleger Gustav Langenscheidt und Louis Ferdinand Ullstein, der Industrielle Werner von Siemens, mein Großonkel Fritz Strassmann und seine Frau Rose und der Zeichner Heinrich Zille, der für Berlin das darstellt, was Daumier für Paris ist. Auf dem weitläufigen Gelände konnte ich niemanden finden, der wusste, wo sich das Grab von Louise und Ernst befindet.

## Frieda und Helene:
## Die eine musikalisch begabt, die andere taub

Nach Ernst wurden der Familie von Heinrich und Louise noch zwei Töchter geboren: Frieda (1869–1945) und Helene (1872–1942), beide im November. Helene war eine schöne Frau, künstlerisch begabt, aber taub – eine Behinderung, die für Heinrich und Louise ebenso herzzerreißend war wie der missratene Charakter von ihrem Bruder Ernst. Sie fürchteten, dass Helenes Taubheit auf ihre Kinder und Enkel vererbt werde.

Helene wurde zu Hause unterrichtet und lernte, von den Lippen abzulesen und die Zeichensprache zu benutzen. Sie lernte sogar, ein wenig zu sprechen, dazu Zeichnen, Malen und akademische Wissenschaften. Zwei Jahrzehnte lang widmete sich Louise völlig ihrer tauben Tochter, ließ sie niemals allein, reiste überallhin mit ihr und akzeptierte keinerlei Einladung, die nicht auch Helene einschloss. Folgt man der Meinung von Friedas Sohn, Gerhard Masur, dann warf diese ausschließliche Beschäftigung mit Helene einen dunklen Schatten über die anderen Kinder der Familie, die drei, vier und sechs Jahre alt waren, als Helene zur Welt kam. Warum hatte ihre Mutter immer nur Zeit für Helene?

Frieda, die als einfach, aber willensstark galt, konzentrierte sich laut Gerhard Masur mit der Zeit mit mehr Engagement als Talent auf die Literatur, vor allem auf Goethe. Masur war überzeugt, dass seine Mutter als Geschäftsfrau eine erfolgreiche Karriere hätte machen können – was für eine Frau in den gutbürgerlichen Kreisen, in denen die Strassmanns nun verkehrten, immer noch unpassend schien, auch wenn es weit entfernt war von Großmutter Judith und ihren Gängen von Tür zu Tür einst in Rawicz. Nach einem Jahr an von Westhovens Mädchenpensionat in Meiningen kehrte Frieda nach Berlin zurück und besuchte mit Inbrunst Vorlesungen, Konzerte und Ausstellungen. Sie spielte Schumann, Mendelssohn und Mozart auf dem Klavier – vielleicht als eine Art persönliches Markenzeichen, mit dem sie sich gegenüber ihrer tauben Rivalin auszeichnen wollte. Das Klavierspiel war Friedas ganzer Stolz. Aber eines Tages traf während einer Wanderung auf dem Lande ein Blitz Friedas rechten Arm, beinahe wie ein Akt der Vergeltung, und ihr leidenschaftliches Verhältnis mit der Musik war danach fast gänzlich beendet. Von da an konnte sie nur noch kurze Stücke spielen.[6]

Als Frieda 23 Jahre alt wurde, im Juni 1893, heiratete sie zwei Monate nach Pauls Hochzeit Emil Masur (1861–1933), einen 32-jährigen jüdischen Rechtsanwalt aus Bernstadt in Schlesien. Emil war das jüngste von 13 Kindern. Unter seinen Geschwistern waren ein Kohlegroßhändler und ein Bankier, die für sein Studium der Rechte an den Universitäten von Breslau, Tübingen und Leipzig aufkamen. Als Emil Frieda das erste Mal auf einem Abendempfang in Berlin traf, war er von ihrem Stolz und ihrem Selbstbewusstsein beeindruckt – zwei Charakterzügen, die ihm fehlten. Sein Sohn Gerhard beschreibt ihn als

> »... dem Judentum auch nach seinem Übertritt zum Christentum näher als meine Mutter. Doch war diese Verbindung mehr rituell als religiös. Er kannte jiddische Worte, liebte jüdische Speisen und hatte den jüdischen Humor, der so unverkennbar ist und den man doch kaum definieren kann. ... Vater war ein weicher, um nicht zu sagen, sentimentaler Mensch mit einem eingewurzelten Gefühl für das, was Gut und Recht ist. ... Ich weiß, daß er zuweilen gegen die Vorschriften des Gesetzes gehandelt hat, wenn es darum ging, Menschen vor Not oder Unglück zu bewahren.«[7]

Als Anwalt betreute er große Firmen und Versicherungsgesellschaften. Auch verwaltete er Nachlässe und die Vermögen geschiedener Klienten.

Die Hochzeit von Frieda und Emil wurde in einem eleganten Hotel Unter den Linden auf das prachtvollste gefeiert. Das Essen war auserlesen, ein Orchester spielte, und ein Theaterstück in zwei Akten mit nahezu 600 Versen wurde aufgeführt. Bruder Paul hatte es verfasst und machte sich darin über die Braut, den Bräutigam, ihre Freunde, ihren Geschmack und das Bildungsbürgertum lustig. Paul wusste, wie sehr seine Schwester sowohl Goethe verehrte als auch Erich Schmidt, einen Kenner der Goethe-Forschung. Deshalb schrieb er ein Gedicht, das er auf der Hochzeit vortrug:

»Heute spricht jeder nur von Goethe
Unaufhörlich früh und spöte
Jeder, daß er nicht erröte,
Hängt 10 Bilder auf von Goethe.
Bei Mondenschein und Abendröte
Sucht man Verse vor von Goethe.
Mancher 1.000 Mark wohl böte,
Hätt ein Schnupftuch er von Goethe!
Tararabumdara.

Frieda schon als kleine Kröte
Recitirt 6 Bände Goethe …
Der Emil ist im Tête à tête,
Ganz entschieden nicht bei Goethe,
Dennoch wenn auch scheinbar blöde,
Liebt das Küssen er wie Goethe.
Seine Braut, zuerst so spröde,
Denkt nicht mehr so viel an Goethe.
Tararabumdara.«

Als Ehepaar entfremdeten sich Frieda und Emil genauso wie es zuvor Louise und Heinrich widerfahren war. Zusätzlich waren sie aber von finanziellen Sorgen geplagt. Friedas Mitgift betrug 112.000 Mark (1990 entsprach das einem Wert von einer halben Million Dollar), aber sie brachte auch eine Aussteuer von handgeschnitzten Möbeln, Samtvorhängen, Porzellan, Kristall und Silberbesteck für 24 Personen mit in die Ehe. Emil konnte mit Geld nicht umgehen und verlor große Summen, als er beim Bankrott eines seiner Brüder zu Hilfe eilte. Er stellte Frieda ein so geringes wöchentliches Wirtschaftsgeld aus ihrer eigenen Mitgift zur Verfügung, dass sie ihre Juwelen und das Silberbesteck versetzen musste. Während sich Frieda für wohltätige Zwecke engagierte, verbrachte ihr Mann die Abende dinierend und Karten spielend in einem Herrenclub. Um 1900 traten Emil und Frieda zum evangelischen Glauben über, und alle Kinder – Paula, Heinrich, Charlotte, Gerhard und Elisabeth – wurden getauft. Im April 1933 erließen die nationalsozialistischen Machthaber eine Verfügung, die konvertierten Juden die Betreibung einer Rechtsanwaltspraxis verbot. Wenige Tage später, am 19. April 1933, verstarb Emil Masur nach einem Herzinfarkt.

Helenes Ehemann, Max Keiler, war 1861 geboren und somit elf Jahre älter als sie. Er war genau wie sie taub. Von ihm weiß ich nur, dass er in Schwerenz (Swasedz), einem Vorort von Posen, geboren worden war und dass er 1924 im Familiengrab der Strassmanns auf dem Jüdischen Friedhof in Berlin-Weißensee beigesetzt wurde. Danach lebte Helene mit Betty Leonhard zusammen, einer

Nichte ihrer Mutter. Betty und andere Levys hatten ihren Namen in Leonhard geändert.

## Heinrichs letzte Tage

Heinrich kam voller Schmerzen eines Abends im September 1905 in die Wohnung seines Sohnes Paul am Alexander-Ufer. Es verblieben ihm noch drei Tage, bevor er in das Krankenhaus musste. Paul schrieb:

»Ich verdanke es meiner guten Frau, daß ich noch einmal wie in jungen Jahren das Zimmer auch nachts mit ihm teilen konnte. Voller Humor beschäftigte er sich mit den beiden kleinen Mädchen [Gisela acht, Antonie vier Jahre alt] und überhörte Hellmuth und Erwin [elf und zehn] die Schularbeiten. Er ging dann in die Klinik des Prof. Klemperer, Altonaer Straße, wo er durch innere Mittel zunächst Besserung fand. Sein letzter schriftlicher Gruß bestellte meinen Besuch ab, da es ihm besser ginge. Leider war aber die Besserung keine anhaltende. Zeichen des Darmverschlusses machten chirurgische Hilfe dringlich. So mußte er denn am 23. September zum dritten Male den schweren Entschluß einer Operation fassen. Seinem Wunsche entsprechend überführte ich ihn nach der v. Bergmann'schen Klinik. Auf seinem Tische war ein Zettel zurückgeblieben mit einem Citate aus Leopardi:

*›derweilen mir die Jugend vergeht*
*die einzige Blume auf dürrem Lebensbeet.‹*

Am Montag, den 25. September, dem Geburtstage unserer guten Mutter, für Vater der erste Feiertag des Jahres, früh um 8 Uhr schlossen sich – mit einem Blicke auf die kargen Blumen des Daches der Klinik und darüber hinweg in ewige Fernen – seine treuen Augen für immer. Er schlief ruhig und schmerzlos in meinen Armen ein.
Seinem Wunsche gemäß wurde die Ursache seines letzten Leidens wissenschaftlich festgestellt. Wir betrachten es als eine Gnade des Schicksals, daß ihm die bösartige Natur seiner Erkrankung nicht mehr zum Bewußtsein gekommen ist. ... An der Seite seines Vaters [auf dem Friedhof Weißensee] senkten wir ihn zur ewigen Ruhe!«[8]

Louise überlebte Heinrich um ein Jahrzehnt und verstarb 1915. Anders als ihr Mann, aber wie ihre vier Kinder hatte sie den evangelischen Glauben angenommen und wurde deshalb nicht in Berlin-Weißensee beerdigt, sondern, wie bereits erwähnt, weit entfernt von Heinrich auf dem Stahnsdorfer Waldfriedhof bei Berlin. Gerhard Masur erinnerte sich an seine Großmutter als eine attraktive, immer gepflegte grauhaarige Dame mit lebhaften schwarzen Augen und Brüsseler Spitzen über ihrer Bluse. Jeden Sonntag war er mit seiner Schwester zu einem ausgedehnten Frühstück in die Wohnung der Großmutter eingeladen, im Hansaviertel, Flotowstraße 11, und nie verließ er die Wohnung ohne ein Geschenk. Gerhard begleitete seine Großmutter sogar auf Reisen, einmal im Winter nach Schlesien zum Schlittenfahren. Immer wurde eine Reisebegleitung für diese Reisen engagiert, die sich um alle Details und Planungen zu kümmern hatte. 1973 schrieb Gerhard: »Daß sie eine harte, geldstolze Frau war, hörte ich nur von meinem Vater. Mich behandelte sie immer mit großer Liebe.«

## Frühe Erfolge in der Medizin

Acht Jahre lang arbeitete Paul Strassmann an der geburtshilflich-gynäkologischen Universitätspoliklinik der Charité als Assistent und Oberarzt. Während dieser Zeit vollendete er auch seine Habilitation und konnte somit Privatdozent werden. 1897 schloss er die Habilitation mit einem Vortrag über »Das Phänomen der extrauterinen Schwangerschaft« ab. Zusätzlich veröffentlichte er während dieser Jahre etwa 30 Artikel in Fachzeitschriften.

1900 eröffnete er in der Luisenstraße 45 in Berlin seine eigene Poliklinik, und zwei Jahre später erweiterte er sie mit einer größeren Klinik in der Oranienburger Straße 57, nur ein paar Straßen entfernt. Im späten 19. Jahrhundert hatten sich Anästhesie- und Antisepsispraktiken wesentlich verbessert und ermöglichten nun Operationen, die nicht mehr in Privathäusern durchgeführt werden konnten, wie es bislang in den besser situierten Kreisen üblich gewesen war. So hatte sich ein Markt für kleinere Privatkrankenhäuser aufgetan, denn Angehörige der gut betuchten Schichten bevorzugten es, unter sich zu bleiben, anstatt sich die Krankenzimmer der öffentlichen Krankenhäuser mit ärmeren Patientinnen zu teilen. Diesen privaten Krankenhäusern wurden oft kleine Ambulanzen angeschlossen – ein Weg, angemessene praktische Erfahrungen zu sammeln und zu vertiefen.

Neben Krankenzimmern erster und zweiter Klasse für wohlhabende Patientinnen hatte Pauls Klinik auch zwei große Krankenzimmer mit jeweils 15 Betten für Patientinnen dritter Klasse. Sie hatten täglich 2,50 Mark zu zahlen, sofern dies von ihrer Versicherung übernommen wurde. Anderenfalls zahlten sie nichts. 1903 versorgte die Strassmann-Klinik 324 Patienten. 90 Prozent der Patientinnen wurden geheilt, drei Prozent – neun Frauen – starben, die anderen erzielten keine sichtbare Verbesserung ihres Zustandes oder blieben bis zum nächsten Jahr im Hospital.

Zwischen 1900 und 1909, dem Jahr, in dem er seine größere Privatfrauenklinik in der Schumannstraße 18 eröffnete, veröffentlichte Paul 56 weitere Artikel, Aufsätze und Bücher, etwa alle zwei Monate eine Publikation. Nicht alle seiner Arbeiten waren fachbezogen. So schrieb er auch einen Nachruf auf seinen 1906 verstorbenen früheren Gießener Chef Dr. Löhlein, eine Untersuchung zu Louise Bourgeois als Hebamme Maria de Medicis um 1605 und eine Analyse der Auswirkungen sportlicher Betätigung auf die Gesundheit von Frauen. Bereits 1903 berichtete Paul auf einem Treffen der Deutschen Gesellschaft für Gynäkologie in Würzburg über eine Operation bei doppeltem Uterus und doppelter Scheide. 1907 widmete er einen größeren Artikel im *Zentralblatt für Gynäkologie* demselben Thema. Er beschrieb diese Kondition an mehreren seiner Patientinnen, zitierte Literatur, führte phylogenetische Betrachtungen sowie die Resultate von Studien an Präparaten des Pathologischen Instituts der Charité an und stellte eine neue vaginale Operationsmethode vor, mit der die zwei Uterushälften vereint werden könnten:

»Es steht zu erwarten, daß das Organ, dem wir seine natürliche Gestalt geben, seiner natürlichen Funktion, zu der es vorher, wenn auch vergebliche Anläufe gemacht hatte, nachkommen wird und die operativen Mühen durch die Geburt eines lebenden Kindes lohnen wird …«[9]

Bereits 1882 hatte Carl Schröder (1838–1887) die ersten Schritte in Richtung einer solchen Operation unternommen, was Paul auch anerkannte. Die Idee der Rekonstruktion eines doppelten Uterus war jedoch Pauls eigene und blieb deshalb auch über Jahrzehnte mit seinem Namen verbunden. 1926 berichtete er im *Zentralblatt*, dass »die vereinigenden Operationen bei Spaltbildungen des Uterus und ebenso bei doppelkammerigen Organen … immer noch nicht Allgemeingut der Operateure geworden« seien. Allmählich jedoch setzte sich Pauls Technik durch; heute ist sie aus keinem operativen Lehrbuch mehr wegzudenken.

Auf dem Gebiet der Geburtshilfe entdeckte Paul das so genannte »Telegraphensignal«, das eine sich lösende Gebärmutterschleimhaut aussendet. In einer Vorlesung über die Behandlung in der Nachgeburtszeit, die er am 12. Januar 1906 vor der Berliner Gesellschaft für Geburtshilfe und Gynäkologie hielt, sagte er:

»Wenn man also den Fundus uteri drückt oder anklopft – ihn zu finden, dürfte keine Schwierigkeiten bieten –, so bemerkt die die Nabelschnur haltende Hand eine Fluktuationswelle in der Nabelvene, die dadurch zustande kommt, daß der äußere Druck durch die dünnen Scheidewände zwischen mütterlichen und fötalen Blutgefäßen fortgeleitet wird. Ist die Placenta gelöst – wie gewöhnlich sehr bald nach der Geburt –, so findet sich dieses Zeichen nicht mehr, und wenn man auf den Uterus leicht drückt, ist an der Nabelvene nichts zu bemerken. Dieses Zeichen läßt selten im Stich.«[10]

Pauls bekanntestes Buch für Ärzte war *Arznei- und Diätverordnungen für die gynäkologische Praxis*. Es erschien 1911 zum ersten Mal und erlebte in den nächsten 20 Jahren sechs Neuauflagen. Aufgebaut wie ein Wörterbuch, beschreibt es die üblichen diagnostischen und therapeutischen Methoden und enthält Referenzen zu Symptomen, klinischen Indikationen, generellen Regeln, Prinzipien und Erfahrungen. Auf jeder Seite fand sich ein »goldenes Wort«, das sich ethischen und psychologischen Aspekten der Medizin zuwandte.

Die *Gesundheitspflege des Weibes* war Pauls bekanntestes Buch für medizinische Laien. 1912 schrieb er im Vorwort:

»Wissenschaftliche Forschung und ärztliche Arbeit den außerhalb stehenden Kreisen darzustellen, halte ich nach zwei Richtungen hin für ersprießlich und notwendig. Einmal, um der Freude und Pflicht willen zu belehren … Zu zweit um unserer eigenen Tätigkeit und Ziele willen: Heilkunde und Behandlung, und sicherlich auch Geburtshilfe, wird und soll kein Laie aus diesem Buche erlernen. Aber vor den festen Grundlagen, der ernsten Arbeit und Verantwortung ärztlichen Handelns und Behandelns soll Ehrfurcht erwachsen.«

1904 wurde Paul Sekretär der Berliner Gesellschaft für Geburtshilfe und Gynäkologie – auf diesem Posten verblieb er bis 1922. 1925 und 1926 wurde er zum Vorsitzenden der Gesellschaft und zu ihrem »immerwährenden« Mitglied gewählt. Während all dieser Jahre bereicherte er die Versammlungen mit Vorträgen und Kommentaren. 1906 erhielt er vom Bildungsminister und der Berliner Universität den Titel Titularprofessor, allerdings ohne formelle Lehrverpflichtung. 1919 wurde er außerordentlicher Professor. Von 1923 bis 1925 wurde er in den Senat der Universität gewählt. Zudem verlieh ihm der Schah von Persien den Orden des »Löwen der Sonne«, eine weitere Auszeichnung kam vom türkischen Sultan, und von der Universität von Birmingham in England wurde er 1911 zum Ehrendoktor ernannt:

»In der Person dieses herausragenden Chirurgen, Dr. Strassmann, erkennen wir einen weiteren Vertreter einer großen und befreundeten Nation an … den Verfasser vieler Monographien zu verschiedenen Themen in seiner Fachrichtung, und einen exzellenten Operationsarzt … ein leuchtendes Vorbild, von bewiesener Fähigkeit in seiner Disziplin der Medizin …«

Meine Großmutter Hedwig erinnerte sich 1941:

»Vaters ärztliches Wirken begann zu der Zeit, als in Literatur und bildender Kunst das ›Junge Deutschland‹ seinen Aufstieg nahm. Da er bald sehr bekannt wurde, vor allem als Geburtshelfer, wandten sich die jungen Rebellen oftmals an ihn. Sie wußten auch, daß ein Bild oder ein anderes Kunstwerk aus ihrer Hand ihm mehr bedeutete als Geld. Auf der Basis dieser medizinischen Hilfeleistung wurden wir deshalb befreundet mit Corinth, Leistikow, Pfannschmidt, Zickendraht, dem Bildhauer Jaray und vielen anderen. Die erste Hilfe, die Vater in diesem Kreis leistete, war wohl bei Gerhart Hauptmann im Juni 1900. Hauptmann war damals 38. ›Rautendelein‹ [wie seine Frau nach einer von Hauptmanns fiktiven literarischen Figuren genannt wurde] erwartete damals im schlesischen Agnetendorf ihr Baby ›Benvenuto‹, und sie waren noch nicht verheiratet. Sie war in einem Bauernhaus untergebracht, er wohnte über einem Kuhstall. Ein zweiter Junge kam einige Jahre später in Hauptmanns pompöser Villa ›Wiesenstein‹ auf die Welt, leider war er eine Frühgeburt und verstarb nach wenigen Stunden. Zu Neujahr 1908 und 1909 besuchten wir die Hauptmanns mit Hellmuth und Erwin.«[11]

*5. Kapitel*

# Die goldenen Jahre der Frauenklinik und der Gerichtsmedizin: 1909–1933

Die Familie Strassmann verbrachte ihren Urlaub üblicherweise gemeinsam an der Ostsee oder in den Alpen, schwimmend, bergsteigend, oder skifahrend. Im Sommer 1904 hatte Paul nach einigen Urlaubstagen Hedwig und die Kinder – damals drei, sieben, neun und zehn Jahre alt – in Gießen zurücklassen müssen, um nach Berlin zurückzukehren. Er nutzte die Gelegenheit, um Hedwig einen Brief zu schreiben, in dem er sein Leben im im Alter von 37 Jahren zusammenfasste:

»Ich saß sehr zufrieden auf dem Balkon und dachte noch einmal rückwärts, wie gut ich es doch habe. Ein treues, liebes Weib, klug und zärtlich, vier wohlgewachsene Kinder und den Glanz der Sorglosigkeit und schöner Natur! Fast könnte einem vor der Götter Neid grauen! Aber du weißt, daß ich frei bin von abergläubischen Anwandlungen! Die wenn auch kurzen Freuden unseres Wiedersehens sind fast so schön, wie das Aufwachen mitten in der Nacht, wenn man sich sagt, man kann ja ruhig noch weiter schlafen. … Ich denke immer noch wie Antonie mit mir reisen wollte und weinte, als es fort ging! Wie Hellmuth … als Hans im Glücke seinen Vater zuerst begrüßen konnte! Wie Erwinus … mir am Arme hing und die gute Gisela mit einem Blicke ihre ganze Hingabe ausdrückt, zu der kein Wort notwendig ist. Dann aber weiß ich wohl, wieviel ich Dir zu verdanken habe, daß die Kinder so geworden sind, wie sie sind! … Ich bin ja oft nicht so, wie ich sein möchte. Das sind die überstachelten Nerven eines Abkömmlings jener Rasse, die mehr denken und kämpfen müssen, um dasselbe zu werden, wie andere. Diese Nerven werden auch allmählich vernünftiger werden, ich ruhiger und von geringeren Ansprüchen an die Ewigkeit als bisher! Mögen meine Kinder erreichen, was sie erstreben! Ich will mir vornehmen, das Schifflein in ruhigeres Fahrwasser zu steuern. Und wenn des Lebens Mai nicht alles brachte, so soll ein schöner Hochsommer beginnen, der uns vielleicht ebenso viel Freude macht. Ich danke Dir für das viele Schöne in den letzten Tagen und bin in aufrichtiger Liebe und mit vielen Grüssen und Küssen für unsere Brut Dein treuer Paul«

Was fehlte Paul in all seiner Seligkeit? Sein Renommee war auf dem Höhepunkt, Geld gab es reichlich, auf seinem Weg zur Berühmtheit konnte nur noch sein Cousin Fritz, der Professor der forensischen Medizin, mit ihm mithalten. Was also fehlte ihm? Die besten deutschen Ärzte jener Jahre sahen sich selbst nicht nur als Heiler, sondern als Wissenschaftler und Lehrer, also als Universitätsprofessoren. Und diese Rolle war unausweichlich mit der Leitung eines staatlichen Krankenhauses verbunden. Um Professor und Klinikchef zu werden, musste man den Respekt seiner Kollegen erworben haben und das Wohlwollen der preußischen Regierung, des Kaisers, seiner Minister, der Stadtverordneten und der Universitätsverwaltung. Paul Ferdinand war sicher, dass er sich mit seiner Leistung diesen Respekt erworben hatte, aber dass seine höheren Verpflichtungen noch unbefriedigend waren.

## Boshafte Vergleiche

Paul war jetzt 37, und in diesem Alter waren Kollegen, die nicht mehr Verdienste aufweisen konnten als er, bereits volle Professoren (Ordinarien). In den sechziger Jahren des 19. Jahrhunderts hatten seine Mentoren Robert Olshausen und Adolf Gusserow innerhalb von weniger als zwei Jahren nach ihrer Habilitationsvorlesung den Titel eines Ordinarius erhalten, und nun lag seine Habilitation schon sieben Jahre zurück, und er hatte noch nicht einmal den niedrigeren Rang eines Extraordinarius erreicht. Ernst Bumm, 46 Jahre alt, hatte gerade die Stelle an der Zweiten Universitätsklinik der Charité übernommen, die durch die Emeritierung von Gusserow frei geworden war. Bumm hatte sechs Jahre von seiner Habilitation bis zum Extraordinarius benötigt und drei weitere bis zum Ordinarius. Bumm hatte Karl Franz als seinen Mitarbeiter aus Halle mit an die Charité gebracht und dafür gesorgt, dass dieser Chirurg, nun 34 Jahre alt, innerhalb von kaum vier Jahren nach seiner Habilitation zum Extraordinarius ernannt werden würde. Franz ging bald darauf an die Universitätskrankenhäuser in Jena und Kiel, und als Bumm an die Erste Universitätsklinik von Berlin ging, übernahm Franz seinen Platz an der Zweiten.

Am 3. August 1904 schrieb Paul an Hedwig, die zu dieser Zeit noch in Gießen in Urlaub war. Er äußerte seine Verärgerung über die Art und Weise, wie manche Karrieren übermäßig gefördert, während andere behindert wurden:

»Heute war ich zur Universitaetsfeier. Es sprach Frh. v. RICHTHOFEN, der bisherige Rector. … Der neue RECTOR ist HERTWIG. Da ich etwas zu spät kam, sprach ich keinen der ›HOHEN HERREN‹ mehr. Aber ich hätte auch nicht mehr erfahren, als ich schon wußte. Nämlich daß [Karl] FRANZ den Ruf nach Jena hat! Dem Verdienste seine Krone! Ich bin wirklich neidlos, wenn ein jüngerer, DER MEHR LEISTET, allen anderen, wenn auch noch so verdienten vorgezogen wird! Aber dieser! Was wird Olshausen sagen, der mit seinen Vorschlägen sitzen bleibt! Gewiß wird F[ranz] ein ordentlicher Mensch, wohl auch ein guter Operateur, sein. Aber sonst nicht einen neuen Gedanken, nicht ein einziges erkennbares Vorwärtskommen in seinen Arbeiten! Aber wer weiß: Wem Gott ein Amt gibt, dem gibt er Verstand! … nach den … Satzungen darf jetzt kein Dozent mehr in Baden – außer den Ordinarien – eine Poliklinik oder ähnl. aufmachen! Wie die Dinge liegen, muß man sich wohl darauf gefaßt machen, daß Blumreich jetzt aufrückt, und demnächst als Professor erscheint. ... Ich sollte mich wirklich um die verflixte Streberei nicht mehr kümmern.«

Karrieren in der Medizin wurden neben den persönlichen Verdiensten durch eine Vielzahl von Vorurteilen beeinflusst, und Antisemitismus war eindeutig eines davon. Wie bereits im ersten Kapitel angeführt, waren 1908 in Berlin 39 Prozent der 113 außerordentlichen Professoren jüdisch, aber kein einziger von den 19 ordinierten Professoren. Eine Zeitschrift, die sich dem Kampf gegen den Antisemitismus widmete, fragte: »Soll es wirklich wahr sein, daß sich unter so vielen unbezahlten jüdischen Dozenten nicht ein einziger als Ordinarius qualifiziert?« Dabei spezialisierten sich jüdische Ärzte viel häufiger als nichtjüdische, trugen also wesentlich zum Fortschritt der Medizin bei. Laut dem Historiker John M. Efron war die Verlockung, neue Forschungsfelder zu begründen, besonders interessant für Juden, da sie sich davon eine Belohnung für ihre wissenschaftlichen Entdeckungen erwarteten. Viele jüdische Spezialisten sahen sich nicht als akademische Theoretiker, sondern als praktische Facharbeiter.[1] In Berlin war Eduard A. Martin der Pionier auf dem Feld der Gynäkologie und Geburtshilfe gewesen. Ihm waren seine Schützlinge Olshausen, Löhlein und Gusserow gefolgt. Sie alle hatten die Karrieren von Heinrich Strassmann und seinem Sohn Paul gefördert und nach Kräften unterstützt. Der Antisemitismus war noch nicht zu einer monolithischen Erscheinung geworden, die alle und jeden erfasste.

Paul Strassmann kannte die herausragenden deutschen Gynäkologen und Geburtshelfer gut, und er pflegte ihre berufliche Entwicklung mit seiner eigenen zu vergleichen. Das brachte ihn zu der Ansicht, dass ihm in seinem Alter mehr gewährt worden sein sollte, aber bis zu diesem Zeitpunkt hatte er weder seine Religion noch seine Herkunft als hinderlich empfunden. Er war überzeugt, dass höchstens persönliche Animositäten oder der Neid der anderen auf seinen Erfolg die Ursache sein könnte – nichts, das man nicht überwinden könnte. Er war sicher, dass seine Chance bald kommen würde.

## Die große Enttäuschung

Pauls Chance kam tatsächlich 1906, als er den Titel eines Titularprofessors erhielt und die Stadt plante, eine dritte Universitätsfrauenklinik innerhalb des gewaltigen Rudolf-Virchow-Krankenhauses zu errichten, das nördlich des Berlin-Spandau-Kanals errichtet worden war. Rudolf Virchow war 1902 im Alter von 80 Jahren verstorben, und die Stadt war stolz darauf gewesen, das neue Krankenhaus nach dem Mann zu benennen, der sich mehr als jeder andere für Hygiene und öffentliche Gesundheit in der Stadt eingesetzt hatte. Virchow hatte mit dem Stadtverordnetenvorsteher Wolfgang Strassmann zwischen 1863 und 1885 zusammengearbeitet und mit dem obersten Gesundheitsbeauftragten der Stadt, Ferdinand Strassmann, seit 1889. Diese Kontakte sollten eigentlich auch bei Pauls Bemühungen um den Posten des Direktors der neuen Klinik hilfreich sein. Er bewarb sich und reichte diverse Beurteilungen und Empfehlungsschreiben ein.

In seinem Empfehlungsschreiben lobte Professor Schaper vom Krankenhaus der Charité, dass Paul Strassmann »sich in allen Gebieten hervorragend [gezeigt] und mit seiner Vorsicht und seinem Pflichtgefühl das völlige Vertrauen seiner Vorgesetzten« gewonnen habe. Paul selbst versicherte am Schluss seiner Bewerbung: »Sollte ich die Ehre haben, gewählt zu werden, werde ich bestrebt sein, alle meine Pflichten mit ganzer Kraft getreulich zu erfüllen.«

Zu Pauls großer Enttäuschung jedoch stellte sich die Berliner Stadtverwaltung gegen ihn und wählte statt seiner Dr. A. Koblanck, einen Mann, an den man sich heute kaum noch erinnert. Die 1994 verfasste Geschichte der Gesellschaft für Geburtshilfe und Gynäkologie enthält ein ganzes Kapitel zu Paul Strassmann und weitere 18 Verweise auf ihn, Koblanck wird jedoch nur einmal erwähnt.[2] Als Sachverständiger des Berliner Magistrats für Gesundheitsfragen hätte Onkel Ferdinand Strassmann vielleicht wenigstens die jüdischen Mitglieder der Stadtverordnetenversammlung beeinflussen können, die Paul am stärksten abgeneigt waren; aber Ferdinand zog es vor, nicht in diese Entscheidung einbezogen zu werden. Als preußischer Beamter, so sagte er, hätte er alles zu vermeiden, was wie Vetternwirtschaft aussehen könnte. Und außerdem habe er sich immer der Stimme enthalten, wenn ein Jude, getauft oder nicht, für irgendeine Position in Erwägung gezogen worden sei.

Heute, ein ganzes Jahrhundert später, ist nicht auszumachen, warum Paul übergangen worden ist. Vielleicht hatten andere Bewerber ihre beruflichen Kontakte besser gepflegt. Vielleicht waren einige potenzielle Förderer ihm gegenüber wegen seines Judentums oder – schlimmer noch – wegen seiner Konversion feindlich eingestellt. Jedes Zeugnis, das wir von Paul besitzen, beschreibt ihn als freundlich und verträglich, arbeitsam und brillant, allerdings war Paul selbst zu der Überzeugung gekommen, er sei reizbar und autoritär. Diese und andere Umstände mögen einzeln oder in Kombination zu der Entscheidung gegen Paul beigetragen haben. Vielleicht haben aber auch ganz zufällige Gründe von völlig untergeordneter Bedeutung den Ausschlag dafür gegeben, dass Mitbewerber wie Koblanck ihre Karriere schneller vorantreiben konnten.

1906 jedenfalls sandte Paul Koblanck sofort ein Glückwunschtelegramm, obwohl er innerlich sehr enttäuscht über die Entscheidung war und erwog, in die USA auszuwandern. Mit einer Vorauszahlung aus seiner Erbschaft wäre dies zweifellos möglich und mit 40 Jahren für einen solchen Entschluss noch nicht zu spät gewesen. Nachdem Paul sich jedoch beruhigt hatte, zog er es vor, mit einem Vorschuss seiner Mutter seine eigene Frauenklinik zu bauen und sie zur besten in Berlin zu machen. Er besaß ja bereits die Erfahrung aus dem Betrieb der kleineren Kliniken in der Luisenstraße und der Oranienburger Straße. Innerhalb von drei Jahren wurde 1909 die neue Frauenklinik eröffnet. In den ersten zehn Jahren der Existenz der Klinik wurden hier von Paul Strassmann genauso viele wissenschaftliche Entdeckungen gemacht wie in der Universitätsfrauenklinik der Charité unter Karl Franz und in der Artilleriestraße unter Ernst Bumm. Koblanck verstarb 1915, und Paul wurde angeboten, sich erneut für die Position am Virchow-Krankenhaus zu bewerben. Er lehnte ab. Hedwig erzählte mir 1949, dass sie nicht noch einmal durch den Stress der Bewerbung hatte gehen wollen und gesagt hatte: »Päpchen, ich gestatte das nicht!« So, sagte sie mir später, sei es den Nazis wenigstens nicht möglich gewesen, ihnen schon gleich 1933 die Tür ins Gesicht zu schlagen.

## Die neue Klinik

Nachdem ein älteres Gebäude in der Schumannstraße 18 abgerissen worden war, engagierte Paul Ferdinand den Architekten Max Fraenkel. Fraenkel entwarf ein fünfstöckiges Klinikgebäude mit einer 20 Meter breiten Fassade, an der sich horizontale und vertikale Jugendstilelemente elegant miteinander verbanden. Roh behauener Granit umgab den Eingang und die gewölbten Fensterbögen im Erdgeschoss. Darüber befanden (und befinden) sich drei Skulpturen von Sandor Jaray: eine stillende Mutter, die zärtlich ihr trinkendes Baby anschaut, eine genesende Frau, die von einer Krankenschwester gestützt wird, und ein athletisch gebauter, ein Buch lesender Wissenschaftler, für den Paul persönlich Modell gestanden hatte. Unter dem elegant gewölbten Dachgesims war die Jahreszahl 1909 in den Stein gehauen. Oberhalb der Einfahrt befand sich ein Wappen, in dem sich der Buchstabe S um ein P wand wie die Schlange um den Äskulapstab, das traditionelle Symbol der Medizin. Während der kommunistischen Herrschaft, 50 Jahre später, wurde das »PS« am Eingang abgetragen, das »PS«, das den Eingang von der Hofseite her zierte, blieb jedoch erhalten. Die Gedenkplakette von 2003, die an Paul Strassmanns Wirken erinnert, wurde unter der Skulptur der Mutter mit dem Baby angebracht.

Die Krankenzimmer, Operationssäle, Büros und Laboratorien befanden sich zum größten Teil hinter dem Innenhof und in einem Seitenflügel, die Wohnräume der Familie dagegen im ersten und zweiten Stock des Vorderhauses. Das auf Stahlträgern ruhende Gebäude hatte vier Treppenhäuser, einen Aufzug, weitläufige Korridore und etwa 2.000 Quadratmeter nutzbare Krankenhausfläche.

Im Innenhof befand sich ein formaler Garten mit Bänken und exotischen Pflanzen, in den schließlich auch ein Käfig mit zwei Störchen kam, den vermeintlichen Lieferanten der Babys. 1913 wurde die überlebensgroße gletscherweiße Marmorstatue einer anmutigen Nackten mit niedergeschlagenem Gesichtsausdruck aufgestellt. Eine schwere Kette wand sich um ihren Körper und lief von ihren Füßen zu einem Baumstumpf, ihre Hände waren gefesselt. Ihr Schöpfer, der Bildhauer Reinhold Boeltzig, hatte sie »Die Sünderin« getauft, aber Paul – weniger vorurteilsvoll – nannte sie »Die Gefesselte«. 1936 bis 1938, als Paul und Hedwig in Dahlem lebten, stand die Statue im Garten ihres dortigen Hauses. Nach dem Krieg wurde sie von Paul Meyer, der der erste Oberarzt in der Schumannstraße gewesen war, auf dem Gelände des Auguste-Viktoria-Krankenhauses aufgestellt.

Die Schumannstraße war nicht nach dem Komponisten benannt, sondern nach einem Seifensieder, der in den zwanziger Jahren des 19. Jahrhunderts in dieser Gegend nahe seiner Fabrik eine Reihe dreistöckiger Häuser errichtet hatte. Schon 1710 waren hier der Komplex der Charité und 1790 eine Tierklinik errichtet worden, Kasernen und Exerzierplätze folgten wenig später. Ab 1830 entwickelte sich so die neue Friedrich-Wilhelm-Stadt als ein Stadtviertel für Offiziere, Seifensieder, Doktoren, Studenten und Beamte. Die meisten Häuser waren im nüchternen Biedermeierstil Karl Friedrich Schinkels gebaut. Später kamen Vergnügungsstätten und Kneipen hinzu, und für eine Weile wurde die Friedrich-Wilhelm-Stadt zum Quartier Latin von Berlin. Auch Karl Marx hatte als Student hier gelebt.

## Operationen

Im ersten vollen Jahr des Bestehens der Klinik kamen 1.044 Patientinnen, die durchschnittlich 18,5 Tage in der Klinik blieben. Obwohl 20 der Patientinnen starben, errang die Klinik einen Ruf im Kampf gegen die Sterblichkeit: »Bei Strassmann stirbt man nicht« wurde zum geflügelten Wort in Berlin. Paul war nicht nur medizinisch, sondern auch verwaltungsmäßig sehr begabt, und er war sein eigener Geschäftsführer. Gestützt auf seine Erfahrungen aus der Oranienburger Straße gelang es ihm nicht nur, die Klinik profitabel, sondern auch klinisch und wissenschaftlich herausragend zu führen. Das Haus verfügte über ein chemisches, ein bakteriologisches und ein pathologisches Labor, über eine Röntgen- und eine Bestrahlungsabteilung ebenso wie über eine für Physiotherapie. Zwischen 1909 und 1936 wurden in der Klinik 15.000 Babys zur Welt gebracht und 25.984 Patientinnen gynäkologisch behandelt, zumeist durch Operationen. In der Ambulanz wurden bis zu 6.000 Frauen jährlich betreut. Innerhalb eines Vierteljahrhunderts hatte Paul 56 Ärzte angestellt sowie 99 Volontärärzte und 344 Famuli ausgebildet. In diesen 25 Jahren hatten 2.183 Studenten Teile ihrer Ausbildung bei ihm absolviert und 1.331 Ärzte hatten postgraduale Kurse in Gynäkologie und Geburtshilfe belegt. Zurückschauend schrieb einer dieser Ärzte, dass Paul Ferdinands Klinik »von der Bevölkerung der Innenstadt und des Berliner Nordens ebenso geschätzt [wurde] wie von den Frauen ausländischer Industrieller und Diplomaten, ja selbst des vormaligen Kaiserhauses. ... Im Gästebuch der Klinik fand man die Eintragungen der berühmtesten Gynäkologen und Chirurgen der damaligen Welt, wie zum Beispiel der Brüder Mayo aus Rochester/USA, die alle in die Strassmannsche Klinik kamen, um die operativen Methoden des Chefs zu studieren und zu bewundern.«[3]

Für den Weihnachtsabend 1909 hatte Paul sich eine besondere Überraschung ausgedacht. Junge Mütter, Patientinnen der Klinik, wurden in den größten Raum der Klinik gebracht, falls nötig in Rollstühlen. Ihre älteren Kinder und ihre Ehemänner wurden als Besucher ebenfalls dorthin geleitet und versammelten sich um eine hoch aufragende Fichte, die mit Lametta, Baumschmuck und brennenden Kerzen festlich dekoriert war. Paul sprach ein kurzes Willkommen, und dann wurden Weihnachtslieder gesungen. Eine Krankenschwester mit tiefer Stimme verteilte als Weihnachtsmann Äpfel und Nüsse. Pauls Tochter Antonie, damals acht Jahre alt, erschien als Engel, der zusätzliche Geschenke an die kleineren unter den Kindern verteilte. Einige ältere Kinder sagten Gedichte auf, wofür sie ebenfalls Geschenke erhielten. Dann wurden die Fenster weit geöffnet, um den Chor zu hören, der unten im Hof Weihnachtslieder sang. Eine der Patientinnen schrieb über diese Feier in einem Brief an die *Deutsche Tageszeitung:*

»Wenn man sich auch nicht wünschen wird, wieder einmal ein Weihnachtsfest als Kranke hier zu verleben, so wird es auch später gewiß niemals vorbeigehen, ohne daß man an so viel Menschenliebe denken muß, die bestrebt ist, selbst im Krankenhause den Weihnachtszauber auszugießen über scheinbar Verlassene.«

Bis 1935 wiederholten sich solche Weihnachtsfeiern jedes Jahr im Haus in der Schumannstraße.

## Der Erste Weltkrieg

Fünf Jahre nach der Eröffnung der Klinik begann der Erste Weltkrieg, und Paul wurde als leitender Chirurg zur zweiten chirurgischen Abteilung des Reservefeldlazaretts auf dem Tempelhofer Feld einberufen. Als die Verwundeten von den Schlachtfeldern an den Masurischen Seen in Ostpreußen und an der Marne in Frankreich zurückgebracht wurden, versorgte er sie oftmals bis spät in die

Nacht und wurde dafür mit dem Eisernen Kreuz ausgezeichnet. Trotzdem fand er noch Zeit, seine Klinik zu leiten, die Forschung zu überwachen und eine umfangreiche zweibändige Neuausgabe seines Buches *Gesundheitspflege des Weibes* zu veröffentlichen. Das Vorwort der Ausgabe von 1915 verströmt Patriotismus:

»Wer könnte heute zur Feder greifen, da des deutschen Landes Schicksal mit dem Schwert entschieden wird, ohne dies erste, große Ziel vor Augen zu haben.

Mit den unerschütterlichen Mauern seiner stets sich neu füllenden Kriegerreihen schirmt das deutsche Heer die friedliche Entwicklung des heimischen Herdes. Mütter, mutige wackere Frauen, haben uns die beste Waffe der Verteidigung geliefert: die Heldensöhne zum Kampf gegen eine Welt von Neidern!

… Gesund denkenden Frauen, Müttern, die in ihrer Kinderschar ihren Reichtum, keine Last erblicken – die ihres Leibes Fruchtbarkeit als höchstes Gut einschätzen – sei dieses Werk gewidmet. Ihr Mütter des vergangenen Jahrhunderts wart eine der Wurzeln des deutschen Sieges. Ihr Töchter, gedenket dies!«

Der Tod von Pauls Sohn Hellmuth, der mit 22 Jahren am 5. November 1916 nahe Tilloy an der Somme in Frankreich fiel, trübte den patriotischen Enthusiasmus – ein Schmerz, den Millionen anderer deutscher Familien zu jener Zeit auf ähnliche Weise erfuhren. Hellmuth war Infanterieleutnant gewesen und Kompaniekommandant beim Fünften Preußischen Garderegiment. Zu seinem Gedächtnis wurde am Klinikeingang eine Marmorstatue errichtet. Das 1918 erschienene Vorwort der Ausgabe von *Gesundheitspflege des Weibes* hatte jetzt einen gemäßigten Unterton. Paul widmete es den Frauen, den arbeitenden, leidenden, geduldig ausharrenden Frauen, die inzwischen die Männer in so vielen Bereichen ersetzt hatten:

»[Diese Publikation] trotz Krieg ist ein erfreulicher Beweis, wie unsere Frauenwelt die Gesundheitslehren verständnisvoll verfolgt. Möge die deutsche Frau zum Segen des Landes und zum eigenen Glück bald wieder an der Seite des Mannes wirken.«

Paul Ferdinand erwartete nun ungeduldig das Ende des Krieges und die glückliche Heimkehr seines anderen Sohnes Erwin. Der letzte von insgesamt neun Angehörigen der Familie Strassmann, die im Ersten Weltkrieg fielen, war Pauls Cousin Martin Levy, der Sohn des Bruders seiner Mutter, Julius Levy. In seine Kopie von Erich Maria Remarques *Im Westen nichts Neues* schrieb Paul: »Anfang November 1918 fiel mein Vetter Martin Levy. Der Onkel Julius erhielt die Todesnachricht zugleich mit der Anfrage, ob er dem Sohn den Zuschuß zum Leutnant geben könne! Dann kam der 9. November!« An jenem Tag dankte der Kaiser ab. Zwei Tage später ergab sich Deutschland.

Trotz des Schmerzes über Hellmuths Tod waren die Jahre der Weimarer Republik die besten der Klinik. Am 31. August 1921 wurde Paul Ferdinand Strassmann endlich zum außerordentlichen Professor an der Berliner Universität ernannt, und zwei Jahre später war er der erste nichtbeamtete außerordentliche Professor, der als Fakultätsmitglied in den Senat der Universität gewählt wurde.

Zu seinem 60. Geburtstag im Jahr 1926 widmete ihm die *Monatsschrift für Geburtshilfe und Gynäkologie*[4] eine Festschrift von 188 Seiten. In der Einleitung schrieb Paul Meyer:

»Ihre Begeisterung für die Lehrtätigkeit übertrug sich auch auf Ihre Schüler …; trotzdem Ihr Kolleg, der ›Klinik‹ gleichkommend, kein Zwangskolleg war und keine Praktikantenscheine erteilt werden durften, ist es stets gut besucht, die Studierenden wissen, was die Klinik Strassmann ihnen zu geben vermag. … Und noch eines ist es, das wir Ihnen zu verdanken haben: strengste Gewissenhaftigkeit, Selbstkritik und Pflichttreue im ärztlichen Handeln. … Lernen können wir vor allem den unverwüstlichen Optimismus von Ihnen.«[5]

## Das Umfeld

Max Gutzwiller hat in seinem 1942 erschienen *Büchlein mit dem Denkmal*, in dem er Pauls und Hedwig Strassmanns Tochter Gisela ein Denkmal setzte, die Atmosphäre in der Klinik in den zwanziger und frühen dreißiger Jahren festgehalten:

»Wer die Strassmannsche Frauenklinik an der Schumannstraße betrat, ganz nahe der Luisenstraße – wo auf dem gegenüberliegenden Trottoir das riesige Grundstück des Charité-Krankenhauses begann –, kaum hundert Schritte vom Deutschen Theater und den Kammerspielen entfernt, der mußte von dieser bekannten Stätte ärztlicher Bemühung sofort einen sehr bestimmt umrissenen Eindruck gewinnen. Durch einen breiten Torbogen, den das Denkmal des im Kriege gefallenen Sohnes und ihm gegenüber in einer Wandvertiefung eine große Bronzebüste Gerhard Hauptmanns zierten, gelangte man in das pergolageschmückte Viereck eines Gartenhofes. Dieser verband die drei Haupttrakte, barg zu Zeiten ein Storchenpaar mit richtigen roten Schnäbeln und echt philosophischem Gleichmut und diente außerdem den ständigen Begleitern des Chefs, zwei bis drei braunen Dackelhunden, als Tummelplatz und Echohalle.

Inmitten jenes Durchgangs stiegen die Habitués des Hauses … nach flüchtiger Begrüßung des Pförtners, eines alten Berliner Originals, rechts die Stufen zur Privatwohnung hervor, welche das erste und zweite Stockwerk einnahm. Treppen, Vorräume und Korridore, Arbeits- und Wohnzimmer waren überall mit Kunstwerken bedeckt: Ölbildern, Aquarellen und Radierungen, Bronzen, Glasgemälden und Schränken, kostbarem Kristall und Porzellan, Denkmünzen und Nippsachen; worunter, neben einzelnen Stücken von Anton von Werner, Lovis Corinth und Leistikow, von Philipp Franck und [Lesser] Ury eine eigentliche Sammlung von Stilleben, Blumenstücken, Landschaften und behaglichen Intérieurs holländischer Meister des großen 17. und 18. Jahrhunderts hervorstach.

Fast täglich, nach der Vorlesung von zwölf bis eins im eigenen Hörsaal ebener Erde, unternahm mein späterer Schwiegervater als liebste Erholung Gänge zu benachbarten

Kunsthändlern und Galerien. ... Nach [dem Mittagsmahl] – in dem großen Eßzimmer mit den vielen Fenstern gegen die Straße zu, erfüllt von einer Atmosphäre wohlhabender, fast mittelalterlich geschlossener Kultur und Behaglichkeit – zog man sich, während es im Winter manchmal schon dunkelte, zu einem Mittagsschlafe in die oberen Gemächer zurück, und um halbfünf begann dann die Sprechstunde, die oft bis halbneun dauerte. Sie fand in einem äußerst geräumigen sog. Berliner Zimmer statt, das auf den Hof ging; im Hintergrunde führte eine verschwiegene Türe direkt in die eigentliche Klinik. Es war bis an die hohe Decke hinauf mit Zeitschriftenserien, Büchern, medizinisch-geschichtlichen Folianten, Akten und den dicken Lederbänden der jährlichen Krankengeschichten erfüllt, und zeichnete sich außerdem durch eine Wendeltreppe aus, auf der man unmittelbar zum Schlafzimmer ins zweite Stockwerk gelangte. Der große, leicht dämmerige Raum empfing uns bisweilen nach dem kalten Abendimbiß, den wir meist in dem kleinen Wohnzimmer oben einnahmen, zu einer familiären abendlichen Plauderstunde. [Der Raum] lebt, mit einem enormen ›Christus [und Nikodemus]‹ und einem herrlichen Madonnenbild, in meiner Erinnerung fort als eine Stätte profundesten Schaffens und schwerster persönlicher Entscheidungen, die dort, nach der Untersuchung im angrenzenden hellen Instrumentenzimmer, durch eindringliche Überlegung gefunden werden mußten.

Der Geheime Sanitätsrat und außerordentliche Professor an der Universität Berlin, Dr. med. Paul Strassmann, besaß alle Eigenschaften eines wahrhaft großen Arztes. Von hoher Gestalt, die ein weicher, sehr breitrandiger Filzhut italienischer Provenienz krönte, massivem Körperbau, kräftigen Armen und höchst feinnervigen Händen und Fingern, war er, mit seinen feurigen, von buschigen Brauen überdachten Augen und seinem tiefen Glauben an die große Zweckmäßigkeit der Natur, eine Verkörperung echtester Lebensbejahung. Am Krankenbett verfügte er darum über ungewöhnliche Gnaden aufrichtender Beeinflussung und stärkster Überzeugungskraft. Was er in seinem Nachruf auf den berühmten Berliner Fachkollegen Ernst Bumm geschrieben hatte, traf auch auf ihn zu: ›Zu der Gottesgabe künstlerischen Empfindens war ihm ein frischer, froher und gesunder Zug gegeben.‹ Alles an ihm war ungebrochen, gerade, unkompliziert und im besten Sinne natür-lich [sic]. Wie er, keusch bis zur Prüderie, sich ernsthaft entrüsten konnte, wenn er in Auftreten oder Kleidung die erwartete Zurückhaltung vermißte, so verehrte er überhaupt in der Frau die Trägerin edelster Gemütsregungen und die eigentliche Verkörperung menschlicher Fruchtbarkeit. Ein glänzender Operateur von raschestem Entschluß, auch angesichts völlig unerwarteter Situationen, verband er mit konstruktiver – vor allem vaginaler – Technik die vorsichtige Vigilanz und eine bis zum Äußersten reichende Beachtung aller prophylaktischen Maßnahmen, wie Händebereitschaft, Neoantiseptik und Sicherung des Verlaufs, an denen er selbst unablässig weiterarbeitete. Für Assistenzärzte und Schwestern, Studierende und Patientinnen war er durch und durch Lehrer. Das trat überall hervor, selbst in den Krankensälen, wo an den Wänden von ihm ausgewählte Worte Glauben, Mut und Zuversicht stärken sollten.«

Die Wand des Entbindungszimmers schmückte der Spruch »Natura Artis Magistra«. Ein anderer, im Vorlesungszimmer zwischen großen Porträts von Pauls Onkeln Samuel und Wolfgang platziert, lautete »Nur wer zu tun versucht, was nie zuvor getan wurde, tut soviel er kann.« Die Patientinnen konnten aber auch auf Sprüche schauen wie »Hoffnung und Mut, bald wird es gut«.

Max Gutzwiller fährt fort:

»[Paul Ferdinand Strassmann sah es als] seine eigentliche Aufgabe ... an, die Fortschritte der wissenschaftlichen Forschung ... in den Dienst eines hohen ärztlichen Humanismus zu stellen. Durch seine Vorlesungen über den hippokratischen Eid und über die sittlichen Pflichten des Arztes (›über all jenes Grundlegende, wovon bei einer rein wissenschaftlich-technischen Ausbildung leider nie die Rede ist‹), durch die jahrelange Organisation von ärztlichen Fortbildungskursen, durch seine weitgehend unentgeltliche Behandlung bedürftiger Wöchnerinnen und durch zahllose Ermahnungen in der Sprechstunde und am Krankenbett gab er in dieser Richtung selbst das gute Beispiel. Hundertmal um seine Nachtruhe gebracht, durch die allmorgendlichen Operationen und Visiten, die ermüdenden nachmittäglichen Sprechstunden und eine riesige Korrespondenz schon weit über den Durchschnitt angestrengt, las, diktierte, veröffentlichte und dozierte er unablässig. Das Verzeichnis seiner Schriften, unter denen sich auch Abhandlungen über die sportliche Betätigung der Frau, über die Deutung des Märchens vom Froschkönig, über Goethe und Benvenuto Cellini befinden, enthält über zweihundert Nummern. Selbst während seiner vielen, oft sehr kurzen Erholungsreisen, die ihn in den hohen Norden, nach Spanien und den Balearen, nach England und in die Vereinigten Staaten, vor Allem aber immer wieder nach Italien und der Schweiz führten – wo er noch mit fünfundsechzig Jahren einen berühmten Viertausender bezwang – ließ er sich fortgesetzt über einzelne Patientinnen unterrichten und brach eventuell, rasch und ohne Zögern, sein Fernbleiben vorzeitig ab. Vielleicht das Beste an ihm aber war die großartige und treffsichere Einfachheit, mit der er konstitutionelle Zusammenhänge, Ursachen und Wirkungen, soziale und psychologische Voraussetzungen in Diagnose, klinischer und persönlicher Behandlung erkannte, unterschied und berücksichtigte; auch hier allem Unnatürlichen und Gekünstelten abhold.«[6]

Ein besonders festlicher Akt war die Feier von Pauls 60. Geburtstag am 23. Oktober 1926, die bis in die letzte Kleinigkeit von seinem Sohn Erwin arrangiert wurde. Sie begann um 11.30 Uhr morgens mit einer Präsentation der bereits erwähnten Festschrift der *Monatsschrift für Geburtshilfe und Gynäkologie.* Nach dieser Präsentation folgten 16 Ansprachen: von früheren Studenten und Assistenten, von gegenwärtigen Ärzten an der Klinik, von der Vereinigung der Ärztinnen, von Kollegen aus anderen Krankenhäusern, vom Klub der ägyptischen, bulgarischen, persischen und russischen Studenten an der Universität, von der Freimaurerloge »Zur siegreichen Wahrheit«, der Burschenschaft »Arminia«, von früheren Klassengefährten aus dem Friedrichs-Gymnasium, von der Berliner Sportvereinigung und anderen.

Am Ende dieser Ansprachen dankte Paul allen mit einem Gedicht, das er speziell für diesen Anlass verfasst hatte:

»Freundinnen und Freunden
zugeeignet in erinnerungsvoller Dankbarkeit:

Stunden fliehen,
Jahre ziehen,
Schnell verblaßt des Lebens Traum.

Wie verwebet,
was belebet
Andrer Kraft, – du spürst es kaum.
Doch an Tagen
Wo du fragen
mußt: – ›Wer warst denn du?‹
Wirst du staunen,
Denn es raunen
Dir geheime Stimmen zu:
›Danke ihnen,
Denen dienen
Hieß dich Herz und Pflicht und Sinn!
Was gesponnen
Neu gewonnen
Du dem Ganzen – das nimm hin!
Hast gewaltet
Warst geschaltet
In des Lebens ewiges Feld.
Die mit fühlten,
Treu dir hielten, –
Sind dein Inhalt, – deine Welt!‹«

## Wissenschaftliche Arbeit

In der Geburtshilfe blieben die Lehrmeinung und die Praxis von Paul Ferdinand vorwiegend konservativ. Er sah Schwangerschaft und Geburt als natürliche physiologische Prozesse an, die man zwar sorgfältig beobachten, in die man aber nicht routinemäßig eingreifen sollte. Schon in den dreißiger Jahren wurden in seiner Klinik Mutter und Kind im gleichen Raum untergebracht – ganz im Gegensatz zur üblichen Routine der Zeit. Paul führte Lysoform zur Desinfektion der Hände ein und fand neue Wege für die Verwendung von Borsäure. Er interessierte sich für medizinische Aspekte des Sports und für die Geschichte der Medizin. Paul Strassmanns Bibliographie umfasst fünf Bücher, Beiträge zu Lehrbüchern (darunter zu Franz von Winckels *Handbuch der Geburtshilfe*) und Artikel zu Themen aus der Chirurgie, der Urologie und der Hygiene. Paul Strassmann wurde als Redner zu nationalen und internationalen medizinischen Kongressen in den USA, Großbritannien, der Schweiz, Russland, Italien, Schweden und Österreich eingeladen.

Zu Paul Ferdinands Beiträgen in der Gynäkologie und Geburtshilfe gehören mehrere neue Operationsmethoden: wiederherstellende chirurgische Operationen, der Ersatz von Teilen der Harnblase, die Öffnung eines verschlossenen

Gebärmutterhalses und die Wiederherstellung von Eierstöcken. Von besonderer Bedeutung waren seine operativen Korrekturen angeborener Fehlbildungen des weiblichen Genitaltraktes: Metroplastik bei Uterus septus, bicornis und duplex. Sein älterer Kollege August Martin fand im Schlusswort der Festschrift zum 60. Geburtstag anerkennende Worte für Pauls Wirken: »Ihr Name wird in der Geschichte unseres Faches weitgehend mit dem Bestreben fortleben, kongenital mißgestaltete Organe befruchtungsfähig zu formen ...«[7]

In jenen Jahren, in der sich in der Gynäkologie das abdominale Operieren immer stärker durchsetzte, trat Paul für die Beibehaltung und Verbesserung des vaginalen Operierens ein. Bei jeder einzelnen Operation fragte er, ob sie nicht vaginal durchgeführt werden könne, war doch die vaginale Operationsmethode der beste Weg, um Infektionen zu vermeiden. Neben Hysterektomien operierte Paul auch vaginal, um die Retroflexio uteri zu beheben und Gebärmutterkrebs zu entfernen. In der Handhabung von Skalpell, Scheren, Klammern und Nadeln kombinierte er Kühnheit und Geschwindigkeit mit einer perfekten Kontrolle, die ein besonderes Gespür für jede physiologische Situation zeigte. Doch trotz seiner Geschwindigkeit war er immer außerordentlich vorsichtig. Basierend auf langjähriger Erfahrung und einem sicheren Wissen um den Verlauf von Nervenbahnen, Arterien und Muskeln, bewegten sich seine Hände mit großer Eleganz und Sicherheit. Sein Sohn Erwin berichtete:

»Er liebte es, mit großen fibrotischen Uteri per Hemisection und Morcellement zu kämpfen. Seine Resultate waren excellent. Sein Ruhm als gynäkologischer Chirurg begründete sich vor allem auf den Ruf, daß er in fast jedem Falle ohne eine Inzision operieren konnte.«[8]

Paul Ferdinand lehrte seine Studenten, dass sie eine kranke Person behandelten und nicht nur ein krankes Organ. Er versprühte einen unerschöpflichen Optimismus und bestand auf kompromissloser Gründlichkeit. Alles wurde getan, um das Leben einer Patientin zu retten, und sollten die Bemühungen trotzdem vergeblich sein, dann erwartete er von seinen Ärzten, dass sie am Bett ihrer Patientin blieben und ihre Hand hielten.

1935, im letzten vollen Jahr ihres Bestehens, hatte die Klinik 76 Betten und 51 Angestellte. Die hohe Zahl von Angestellten im Vergleich zur Zahl der Betten belegt, dass die Klinik auf Leistung ausgerichtet war und nicht auf Profit. Zwischen dem 1. Januar und dem 31. Dezember 1935 gab es 26 Patientinnen erster Klasse, 109 Patientinnen zweiter Klasse und 1.395 Patientinnen dritter Klasse. 39 Patientinnen der letzten Gruppe hatten für ihre Behandlung nicht zu zahlen. Gebühren wurden ohnehin nicht für künftige Investitionen erhoben, sondern um die tatsächlichen Ausgaben zu decken, Personalentlassungen zu vermeiden und um Geldmittel für die Aufnahme bedürftiger Frauen zur Verfügung zu haben. In einem Bericht an das Innenministerium fasste Erwin am 20. Dezember 1935 zusammen:

»Diese Klinik ist kein Privatkrankenhaus wie andere, sondern ein Betrieb in der Art einer kleinen Universitätsklinik, ausgestattet für alle wissenschaftlichen Aufgaben, die beim Studium von Frauenkrankheiten und Schwangerschaften auftreten. Nur der Direktor und seine Angestellten, aber keine anderen Ärzte, können die Klinik in diesem Sinne für ihre Patienten nutzen.«

Für die Behandlung der Ehefrauen von Malern, Bildhauern, Musikern und Dichtern erhob Paul Ferdinand keine Gebühren, da er ein Gemälde oder ein Konzert für eine angemessene Bezahlung hielt. Manchmal hatte er nicht nur die Ehefrau zu behandeln, sondern musste sich auch um den sichtlich angeschlagenen Ehemann kümmern. So war es im Fall von Lovis Corinth, den er einmal eine ganze Nacht lang zu trösten hatte. Gegenüber von Pauls Schreibtisch hing ein Bild, das Corinth ihm am 30. April 1920 gewidmet hatte: ein sehr verstört wirkendes Selbstporträt. Käthe Kollwitz schenkte ihm eine Kopie ihres Holzschnittes »Die Mütter« mit der Widmung »Herrn Professor Paul Strassmann, dem Hüter und Förderer jungen Lebens, in Dankbarkeit«. Wenn er Künstler besuchte, aus deren Ateliers er wählen durfte, was ihm gefiel, ging er manchmal in Hinterzimmer und Schränke und kam mit völlig unerwarteten Funden zurück. So kamen wir in den Besitz einer düsteren Radierung von Käthe Kollwitz, die den Tod zeigt, der einer Mutter ihr Baby aus den Armen zu reißen versucht. Das Bild trägt Käthe Kollwitz' Signatur und den Vermerk »unvollendete Arbeit«.

## Drei Mütter

Von den Tausenden Patientinnen, die während dieser Jahre die Strassmannsche Klinik aufsuchten, will ich nur drei herausgreifen, die Ehefrau eines Anwalts, die Ehefrau eines Arztes und die Ehefrau eines Prinzen. Die Unterlagen, die Ausgaben und Finanzierung der Klinik betreffen, sind zum größten Teil verloren, aber ich besitze noch die Rechnung, die für die Entbindung des Kindes von Martha Stockfisch, der Ehefrau eines Rechtsanwalts aus Schulzendorf nordwestlich von Berlin, erstellt wurde. Dies ist die einzige Rechnung, die ich besitze – und nur dieser Umstand macht Martha Stockfisch zu etwas Besonderem. Ansonsten verlief die Entbindung ganz glatt, sechs Stunden mit den üblichen kleineren Aufregungen und Zwischenfällen. Wie damals üblich, verblieb Martha insgesamt zwölf Tage in der Klinik. Im Februar 1926 wurden ihr dafür 416,60 Mark in Rechnung gestellt, die einzelnen Posten wie folgt:

| | |
|---|---|
| Arzthonorar | 200,00 Mark |
| 12 Tage Klinikaufenthalt zu je 12 Mark | 144,00 Mark |
| 11 Tage Versorgung des Kindes zu je 1 Mark | 11,00 Mark |

| | |
|---|---|
| Gebühr für Entbindungsraum | 40,00 Mark |
| Wäsche | 5,60 Mark |
| Medikamente, Verbandsmaterial, Laboratorium | 15,80 Mark |
| Telefonate | 0,20 Mark |
| Insgesamt | 416,60 Mark |

Nach Einspruch von Dr. Stockfisch reduzierte Paul Ferdinand sein Honorar um 50 Mark auf 150 Mark – was genau jener Summe entsprach, die von Martha Stockfisch bei Aufnahme in die Klinik hinterlegt worden war. Die noch fehlenden 266 Mark wurden im September 1926 bezahlt. Die Enkelin jenes Babys, das im Winter 1926 geboren worden war, händigte die Klinikrechnung einem meiner Freunde aus, Dr. Matthias David, der eine Fotokopie für mich anfertigte – und so kam ich in den Besitz einer Rechnung, die mein Großvater vor fast 80 Jahren ausgestellt hat.

## Die zweite Mutter: Prinzessin Hermine und die Hohenzollern

Die Prinzessin, von der ich berichten möchte, war Hermine von Schönaich-Carolath (geborene von Reuss, 1887–1947). Ihre fünf Kinder wurden alle von Paul Ferdinand entbunden, die ersten vier auf dem Schloss der Familie in Saabor, Schlesien, und das letzte, Henriette, in der Berliner Klinik am 25. November 1918, kurz nachdem der Waffenstillstand in Kraft getreten war. Ihr Ehemann, Prinz von Schönaich-Carolath, der Diplomat in Bukarest gewesen war, war zu jener Zeit für drei Wochen Hausgast der Strassmanns, bevor er nach Schlesien zurückkehrte. Er verstarb 1920 an Tuberkulose. Hermine war eine lebhafte, aber recht kleine brünette Frau, zu jener Zeit 33 Jahre alt, ambitioniert, sehr unterhaltsam und nach dem Tod ihres Gatten entschlossen, sich ein neues Leben aufzubauen.

Im April 1921 schrieb einer von Hermines Söhnen an den im Exil befindlichen und eben verwitweten deutschen Kaiser in Doorn in den Niederlanden. Er erklärte ihm seine bedingungslose Loyalität und Hingabe. Der Kaiser, inzwischen 63 Jahre alt und einsam, lud Hermine und ihren Sohn zu sich nach Doorn – die erste offizielle Einladung dieser Art, die er aussprach. Schon vor dem Krieg war er Hermine einige Male bei offiziellen Anlässen begegnet, und jetzt, im Sommer 1922, verlobte er sich mit ihr. Am 3. November 1922 wurden beide getraut. Viktoria Luise, die Tochter des Kaisers, die mit 30 nur fünf Jahre jünger war als Hermine, teilte mit, dass sie und zwei ihrer Brüder »äußerst bestürzt« über die Hochzeit seien. Alle drei weigerten sich, der Trauung beizuwohnen. Hermine jedoch schrieb: »Ich habe mich zu diesem Schritt entschieden, weil ich niemals halbe Sachen mache, und weil wir zudem auch geistig gut zusammenpassen. … Ich werde mein Äußerstes geben, damit der Kaiser niemals den gemeinsamen Weg, den wir von jetzt an einschlagen, bedauert.«[9] Mit ihrer Ermunterung begann der Kaiser seine Memoiren zu schreiben, in denen er sich und sein Lebenswerk rechtfertigte, und ebenso schrieb er Bücher über Korfu und das antike Mesopotamien. Das Personal in Doorn, selbst des Kaisers Adjudant, General von Dommes, redete Hermine nun mit »Eure Majestät« an.

Hermine verließ Doorn ziemlich häufig, um ihr Schloss in Saabor aufzusuchen oder nach Berlin zu kommen, wo sie im alten Hohenzollernpalais Unter den Linden residierte. Gelegentlich besuchte sie auch die Strassmanns oder lud diese zu sich ein. Einmal begleitete sie Paul und Hedwig auf einer Reise nach Griechenland. Im Anschluss schenkte sie ihnen einen Band mit künstlerischen Fotografien, Walter Heges *Akropolis*, 1920 im Berliner Kunstverlag erschienen. Das Buch trug eine persönliche Widmung: »In Erinnerung an unsere wunderschöne gemeinsame Reise nach Griechenland«, unterschrieben und gestempelt mit einem »H« unter einer Kaiserkrone. Hedwig und Paul erwiderten den Besuch und fuhren nach Doorn. 1941 erinnerte sich Hedwig, dass »die Großherzigkeit dieser Frau eine Freundschaft begründete, die ebenso vielfältig war wie die Stimmungen des Abendhimmels, bis die Sonne am Ende des Lebens versinkt«. Während der gesamten dreißiger Jahre hielt Hermine den Kontakt zu den Strassmanns aufrecht und besuchte sie in Dahlem. Als Paul verstarb, sandten sie und der Kronprinz zwei große Blumenbouquets und drückten ihr Mitleid in sehr persönlich gehaltenen Beileidsschreiben aus. 1938, nach den Pogromen der »Reichskristallnacht«, äußerte der Kaiser, dass er zum ersten Male beschämt sei, ein Deutscher zu sein. Als er im Juni 1941 starb, kehrte Hermine nach Saabor in Schlesien zurück, wo sie mit dem Einmarsch der russischen Truppen erleben musste, wie all ihr Eigentum – und große Teile Schlesiens – an die Russen fielen. Unter ständiger Beobachtung lebte sie dann in einem Haus am Stadtrand von Frankfurt/Oder, bis sie im Alter von 60 Jahren im August 1947 an einem Herzanfall starb.

## Die dritte Mutter: eine Ilse Strassmann

Eine Ilse Strassmann war meine Mutter, und die andere Ilse, geborene Marwitz, heiratete 1922 im Alter von 27 Jahren den 32-jährigen Georg Strassmann (1890–1972). Wie sein Vater Fritz Strassmann (1858–1940) war auch Georg Pathologe und Professor für Gerichtsmedizin. Er unterrichtete in Breslau. Der Sohn von Georg und Ilse, damals Friedrich, heute Fred, hat mir gestattet, aus dem Tagebuch seiner Mutter zu zitieren. 1923, als ein Jahr Ehe vergangen und

Ilse immer noch nicht schwanger war, wurde sie sehr deprimiert und trug sich sogar mit Selbstmordgedanken. So schrieb sie am 4. Juni:

»All meine Freude ist dahin, und die Tränen überkommen mich wieder und wieder. Ich fühle mich so ohne Leben und Hoffnung. Und Georgs ganze Liebe hilft mir nicht. Die Welt ist so stumpfsinnig und monoton. ... Jedes kleine Kind, das ich sehe, durchstößt mein Herz wie ein Dolch. Ich kann es nicht fassen, daß es mir niemals gestattet sein soll, solch ein Kleines mein eigen Fleisch und Blut zu nennen. Ist das nicht meine Berufung, Mutter zu sein? Warum wird dieser Ruf mir nicht erfüllt? Was habe ich nur verbrochen, um solch eine schreckliche Strafe erleiden zu müssen? Ich habe doch nie etwas anderes getan als zu lieben ... Mein Leben ist sinnlos, überflüssig. ... Manchmal kommen mir schreckliche Gedanken. Doch nein, ich liebe meinen Mann viel zu sehr, um ihn zu verlassen. Alles, worum ich bitte, ist Kraft und Mut, um mich dem Leben zu stellen und ihn wieder glücklich zu machen.«

Vier Jahre später entschloss sich Ilse schließlich, Georgs Onkel, Paul, aufzusuchen. Vielleicht könnten ja eine Untersuchung durch ihn und eine korrigierende Operation ihren Kinderwunsch erfüllen. Am 21. Januar 1927 wurde die Operation dann durchgeführt, und eine Woche später notierte Ilse in ihrem Tagebuch:

»Man gab mir ein großartiges Zimmer. Onkel Paul persönlich brachte mich nach oben. Georg blieb bis nach dem Mittagessen und kam schon am Nachmittag zurück. Meine Schwiegermutter schickte mir einen bezaubernden kleinen Kaktusgarten. Am Abend habe ich Morphium bekommen und schlief traumhaft. Ich fürchtete nichts, warum sollte ich? Onkel Paul ist solch ein fabelhafter Chirurg, und es ist eine harmlose Operation unter Vollnarkose. Um acht Uhr am nächsten Morgen wurde ich geweckt und machte mich fertig, erhielt eine weitere Spritze und dann brachte man mich hinauf. In einem Vorzimmer wartete ich auf die Dinge, die da kommen sollten. Schließlich erschien Onkel Paul, sagte, daß ich nichts zu fürchten hätte, und hielt mir eine Maske vor das Gesicht. ... Was als nächstes geschah, weiß ich nicht. ... Ich öffnete meine Augen und war zurück im Bett in meinem Zimmer, neben mir eine private Krankenschwester. ... Es gab nichts zu essen, nur einen Schluck Tee von Zeit zu Zeit. ... Georg sandte mir einen Korb voller Hyazinthen, Alpenveilchen und Maiglöckchen. Mutter schickte mir einen Samtbademantel und Erwin kam mich besuchen. Ich fühlte mich so frisch, als ob gar nichts geschehen wäre.«

Doch die Operation blieb erfolglos und Ilse blieb kinderlos. Zwei Jahre später entschloss sich Paul Ferdinand, eine Adoption zu arrangieren. Anfang 1929 erschien eine ledige 21 Jahre alte Baronin aus Schlesien in der Klinik, wie im letzten Kapitel näher erzählt wird. Vermutlich war sie eine Freundin der bereits erwähnten Hermine von Schönaich-Carolath. Die Baronin war schwanger und bat um eine Entbindung unter falschem Namen, es sollte sogar der Anschein erwecken werden, dass sie lediglich erkrankt sei. Paul entschied sich, ihre Geschichte zu decken, und am 19. Juli 1929 kam ein 3.880 Gramm schweres Baby zur Welt. Ilse und Georg sahen das Baby, drei Wochen alt, zum ersten Mal im August und eine Adoption wurde arrangiert.

Das Baby erhielt den Namen Friedrich Werner Paul Strassmann, nach Georgs Vater, seinem verstorbenen Bruder und dem hilfreichen Onkel und Klinikdirektor. Erst am 13. Oktober konnten Ilse und Georg das Baby aus der Klinik mit nach Hause nach Breslau nehmen. Um die Probleme mit den Behörden zu umgehen, hatte man in den Adoptionspapieren vermerkt, dass sowohl die leibliche Mutter als auch die Adoptiveltern alle Berliner seien, wo sie doch in der Tat alle Schlesier waren. Der Name des Vaters wurde nicht angegeben, und Ilse und Georg mussten versprechen, sich nie nach der Identität der biologischen Eltern zu erkundigen. Ihnen wurde nur mitgeteilt, dass einer oder beide von ihnen adeliger Herkunft seien und der Vater hochmusikalisch. Und das war alles.

Zurück in Breslau, schrieb Ilse am 17. Oktober 1929:

»Seit vier Tagen, seit Sonntag, den 13. Oktober, haben wir unseren lieben kleinen Jungen, Friedrich Werner Paul, hier mit uns. Fünf Tage habe ich mit ihm in Onkel Pauls Klinik in der Schumannstraße verbracht und man hat mich in Säuglingspflege unterrichtet. … Als ich meinen Süßen das erste Mal in die Arme nahm, hat er mich zur Begrüßung gleich naßgemacht. Ich empfand das als ein gutes Omen für unsere Freundschaft. …

Es war sehr schwer, die Klinik zu verlassen, denn die Schwestern hatten den Kleinen so liebgewonnen, daß sie alle kamen, um ihm Lebewohl zu sagen. Sie hatten ihn tüchtig verwöhnt, jede kam am Morgen in seinen Raum und spielte und sprach mit ihm. … Am Sonntag, dem 13. Oktober, um 17.45 Uhr bestiegen wir in Berlin-Friedrichstraße den Schnellzug nach Breslau. Schwester Amalie und Großmutter Strassmann begleiteten uns zum Zug.«

Neun Jahre später, im Oktober 1938, emigrierten Ilse, Georg und Friedrich in die USA, denn Georg durfte seinen Beruf als Rechtsmediziner in Deutschland nicht länger ausüben. Sie befürchteten zudem, dass ihr »arischer« Sohn ihnen weggenommen werden könnte, wie es in ähnlichen Fällen schon geschehen war. Ihre Verwandte Antonie, die schon viele Jahre vor ihnen emigriert war, traf sie in New York am Hafen und hatte ihnen auch eine Wohnung am Waverly Place in Manhattan gemietet. Nahezu 50 Jahre später sollte Fred erfahren, dass seine biologischen Eltern 1930 geheiratet hatten, und in der Nähe von Frankfurt sollte er seine drei jüngeren Brüder und eine Schwester kennen lernen, die ihn mit rührender Freude aufnahmen.

## Erste Eindrücke von Amerika

Im Herbst 1927 unternahmen Paul Ferdinand und Hedwig eine neunwöchige Reise in die Vereinigten Staaten. Sie verließen Cuxhaven am 30. August und reisten erster Klasse an Bord des Dampfers »Reliance«, der am 8. September in

New York ankam. Für die Zeit ihres Aufenthalts hatten sie im Voraus Treffen in Asheville, North Carolina, organisiert, zudem in St. Louis, Kansas City, Rochester in Minnesota, Chicago und New York City. Am 8. September, nachdem Freunde sie im New Yorker Waldorf Astoria Hotel untergebracht hatten, erinnerte Paul sich in seinem Tagebuch:

»... auf einmal glänzen durch den Dunst die Wolkenkratzer. ... Der Photograph ... nimmt uns beide. Schon sind wir an dem Liberty-Monument. Wie ein unbekanntes, nur geahntes Gebilde mit babylonischen Türmen richten sich die Wolkenkratzer auf. Die große Brücke nach Brooklyn. Ich knipse, wechsele den Film aus und nehme in der Erregung denselben Film noch einmal.

Mit einem Schlage kommt die Erkenntnis, daß gegen derartige Kraft und Macht von einer kleinen Nation nach 2 ½ [Jahren] Krieges nichts mehr auszurichten war. Ich erwartete 20 bis 30 Wolkenkratzer. Stattdessen ist ein Wald von solchen. ...

... Über dem Broadway mit dem Lichterwirbel ... Berlin ein Diminutio! Ich falle überwältigt und gedenkend des Wahnes von 1917 mit der Kriegserklärung an diese Gewalten ins Bett.«

Am nächsten Morgen erschien Mrs. Röchling, eine Frau in ihren Mittfünzigern, mit einem Strauß Lilien zum Frühstück. Paul hatte sie in Berlin operiert, bevor sie in die USA ausgereist war, und gerade an diesem Morgen hatte sie eine Fotografie von ihm und Hedwig – als Passagiere auf der »Reliance« – in der Zeitung gesehen. Mrs. Röchling lebte mit ihrer Tochter zusammen, verdiente sich jetzt ihren Lebensunterhalt als Köchin und hatte sich den Morgen freigenommen, um Paul zu besuchen.

Später traf Paul Dr. Arthur Stein vom Lennox Hill Hospital, der um 1907 aus Frankfurt in die USA ausgewandert war, da er sich nicht länger mit der deutschen Pflichtversicherung für Ärzte herumschlagen wollte. Jetzt hatte Dr. Stein eben das Harlem Hospital verlassen, weil er sich weigerte, afroamerikanische Assistenten anzunehmen.

Neben anderen Sehenswürdigkeiten besuchte Paul in New York auch das Mount Sinai Hospital und fand es erstaunlich hübsch und sauber. Es roch nicht nach Äther oder Chloroform, und es gab keinerlei Schmuck an den Wänden, keine Gemälde, wie es auch keine in den Restaurants oder im Hotel gegeben hatte. Man erzählte ihm, dass arme Patienten kostenlos behandelt würden, da es keine Sozialversicherung gebe. Die amerikanischen Kapitalisten seien dagegen.

Acht Wochen später waren Paul und Hedwig immer noch von dem weiten Land und seiner Gastfreundschaft begeistert. Am 23. Oktober, seinem 61. Geburtstag, schrieb Paul aus dem Blackstone Hotel in Chicago: Wo immer er war, hatte er Hunderte »How are you?« mit Hunderten »Okay, I'm so glad to see you« beantwortet. Er hatte die Viehhöfe in Kansas City gesehen und einen Schönheitswettbewerb in St. Louis. Auf einem großen Empfang in Chicago, auf dem es alkoholfreies Bier gegeben hatte, waren die Gäste mit einer zauberhaften Aufführung von Arien aus der *Zauberflöte* unterhalten worden, mit der besten

Königin der Nacht, die Paul in 40 Jahren gehört hatte. Er und Hedwig bewunderten vieles in Amerika, darunter die hochstehenden Schuhputzstände, in denen der Kunde bequem sitzen konnte, ohne dass sich der Schuhputzer bücken musste: »Immer wieder imponiert uns der praktische Geist der Amerikaner.« Von New York reisten sie am 27. Oktober mit dem Dampfschiff »Hamburg« zurück.

## Blick zurück und Blick nach vorn

1930 veröffentlichte Paul Ferdinand ein illustriertes Buch *Aus der Medizin des Rinascimento.*[10] An den Anfang seines Buches stellte er Leben und Zeit des Benvenuto Cellini (1500–1571), des womöglich bekanntesten Metallschöpfers der Renaissance, dessen Skulpturen, Münzen, Ornamente, Juwelenfassungen und Vasen vor allem in Florenz, Rom und Paris entstanden waren. 1803 hatte Goethe Cellinis Autobiographie ins Deutsche übersetzt, einschließlich zahlreicher blutiger Details über Krankheiten, Verwundungen, Behandlungen und Ärzte. In einem großformatigen Buch von 58 Seiten mit 22 künstlerisch wertvollen Fotografien setzte Paul diese Details in den Kontext ihrer Zeit und erklärte ihre Bedeutung. Das Buch legt dar, wie nach nahezu 2.000 Jahren blinden Glaubens an die Lehrmeinungen von Aristoteles und Galen um 1500 endlich eine neue Ära wissenschaftlicher Neugier und wissenschaftlichen Experimentierens begonnen hatte, in der sich Kunst und Wissenschaft gegenseitig bestärkten, wie sie es später auch in den Werken von Goethe taten. Paul schätzte die weise Toleranz der Renaissance in Bezug auf Themen, die später für tabu erklärt wurden:

»Über manches zu sprechen mag vielleicht für Benvenuto Cellini leichter gewesen sein als zu unserer Zeit! … Auf dem noch brach liegenden Felde strebten *die ersten Keime wissenschaftlicher Heilkunde* aus Geistesnacht zum Lichte … Was die Buchdruckerkunst für die Zeit des Rinascimento bedeutete, das bedeutet uns die Maschine, die jetzt auch geistiges und künstlerisches, selbst medizinisches Gebiet ergriffen hat! … Die Lufteroberung ist der große Abschluß der Maschine und für unser Zeitalter bezeichnend … Der Erdball ist eine Einheit geworden, die Völker rücken sich näher. Es wird sicherlich eine neue Befreiung und Betätigung des Menschen hervorgehen, geistig, wirtschaftlich und auch körperlich. Neue Formen der Lebensführung zeigen sich. Eine kosmische Welle rollt heran, sie ist uns nahe, wir fühlen sie in uns.

Aber die nächste Erhebung der allgemeinen Medizin und der ärztlichen Kunst, das wage ich hier auszusprechen und zu prophezeien, wird ausgehen von dem neuen Einblick in die organische Welt auf Grund ihrer *chemischen* Zusammensetzung, der gesunden und kranken Säfte, und der Erkenntnis der *chemischen und physikalischen Zusammenhänge der Organe als Einheit!*«[11]

Paul würden sicherlich Methoden und Details unserer gegenwärtigen Erkenntnisse bei der molekularen Analyse von Genen, Synapsen und Neurotransmittern überraschen, nicht aber die grundsätzliche Richtung der Forschung.

## Fritz Strassmann, Pionier der forensischen Medizin

Über Fritz Strassmann (1858–1940), Cousin von Paul, kann ich weniger Informationen vermitteln, aber das soll in keiner Weise besagen, dass Fritz weniger bedeutend gewesen sei – als ob man »Bedeutung« überhaupt quantitativ erfassen könnte.

1879 bestand Fritz unter der Betreuung von Rudolf Virchow sein Examen in pathologischer Anatomie an der Berliner Universität. »Auch er wurde mein Gönner«, schrieb Fritz, »zum Teil wohl bestimmt durch die politische Gesinnungsgemeinschaft mit meinem Vater [Samuel] und meinem Onkel, die schon alle seine Schüler waren. Onkel Ferdinand hat bei Virchow seine Dissertation gemacht.«[12]

Fritz war untersetzt und stämmig mit ungepflegtem braunem Haar und einem stoppeligen Schnurrbart. Er trug eine starke Brille, wie sie einem Professor anstand. Besorgt, dass das unappetitliche Sezieren von Leichen seinen Sohn ganz gegen die Medizin einnehmen könnte, hatte sein Vater Samuel darauf bestanden, dass Fritz erst gegen Ende seines Studiums mit dem Sezierunterricht beginnen sollte. Stattdessen wurden die forensische Medizin und die Sektion von Leichen zum bestimmenden Interesse des jungen Mannes. Vor allem ging es Fritz um die Ausweitung der Anwendung medizinischer Erkenntnisse auf Rechtsfälle, um das Studium des Verhaltens von Zellen, um so die Zeit- und Tatumstände von Verletzungen und vorzeitigen Todesfällen zu bestimmen, und um die Verwendung von Blut-, Sperma- und Haarproben, um Täter zu überführen. Fritz untersuchte aber auch die physiologischen Effekte von Alkohol, Chloroform und anderen Gasen, von Sprengstoff und von Verkehrsunfällen und die Verhandlungsfähigkeit von Angeklagten, die vor Gericht gestellt werden sollten.

Fritz schrieb seine Dissertation und akademische Einführungsvorlesung unter Professor Carl Liman zum Thema »Die Erscheinung von Leichen im Wasser«.[13] Liman hatte 1875 unter großen Kontroversen die forensische Medizin in Preußen begründet. Nach Limans Tod 1891 hatte Fritz Strassmann dessen Stelle als Leiter des 1886 gegründeten »Berliner Gerichtlich-Medizinischen Instituts« übernommen, das 1894 von zwei Räumen auf ein ganzes Gebäude vergrößert wurde. Ebenso weitete Fritz das Aufgabengebiet des Institutes aus: Er machte die forensische Medizin zu einem anerkannten Fachgebiet der

Medizin, einem separaten Studienfach, das in den medizinischen Lehrplan aufgenommen wurde, das über eine eigene Vereinigung und eine von ihm herausgegebene Zeitschrift verfügte, die *Zeitschrift für die gesamte Gerichtliche Medizin*. 1894 wurde Fritz Titularprofessor und 1920 voller Professor (Ordinarius) an der Berliner Universität, schließlich wurde er auch in den Senat der Universität gewählt. Sein Desinteresse an einer formellen Konversion zum Christentum (wie sein Bruder Walter und sein Cousin Paul sie vollzogen hatten) wurde niemals als Grund für seine verzögerte Beförderung genannt, aber vermutlich war dies der Fall. Als seine Frau Rose 1890, nach dem Tode ihres Vaters Gustav Borchardt, eines Arztes, der sein Leben lang ein gläubiger Jude und aktiv in der jüdischen Gemeinde geblieben war, die gemeinsamen Söhne taufen lassen wollte, erhob Fritz keinerlei Einwände.

Neben seinen Forschungen in der forensischen Medizin, der Lehre an der Universität und der Gutachtertätigkeit betrieb Fritz auch eine rege besuchte Arztpraxis unter den Arbeitern im Norden der Stadt. »Jeden Morgen, ... wenn ich die Tür zu meinem Wartezimmer öffnete«, erinnerte er sich, »fand ich dort etwa fünfzig Leute sitzen. Von einer sorgfältigen Untersuchung und Beratung konnte keine Rede sein. Nur mit einer gewissen Routine konnte man die Mengen bewältigen. Immerhin verdanke ich [diesem Jahr] einen Einblick in soziale Verhältnisse, die mir sonst fremd geblieben wären.«[14] Seine Arbeit wurde durch die neue staatliche Krankenversicherung finanziert, die auch dafür verantwortlich war, dass Fritz mit seiner Familie im Lauf seiner ärztlichen Tätigkeit fünfmal innerhalb Berlins umziehen musste. Die längste Zeit, von 1895 bis 1926, lebten sie im Siegmundshof 18, einer kurzen Straße zwischen dem westlichen Ende des Tiergartens und der Spree. Danach lebten sie für 14 Jahre, bis 1940, in einer eleganten Villa in der Ahrenshooper Zeile 35 im grünen Zehlendorf.

Fritz Strassmann verfasste mehr als 100 Publikationen, darunter ein Lehrbuch, das Russische und Italienische übersetzt wurde. 1928 schrieb die *Deutsche Medizinische Wochenschrift*, dass Fritz Strassmanns Artikel, abgesehen von ihrem faktischen Inhalt, aufgrund ihres klaren, vollendeten, prägnanten Stils immer ein großes Vergnügen bereiteten und beständig neue Herausforderungen bei der Lösung praktischer Probleme aufzeigten. Fritz Strassmann sei seinen Kollegen ein leuchtendes Beispiel für unbestechlichen Gerechtigkeitssinn, Pflichtgefühl und eine absolute Neutralität als Sachverständiger.[15] Fritz war Ehrenmitglied diverser nationaler und internationaler forensischer Organisationen, aber am meisten schätzte er seine Ehrendoktorwürde, die ihm die Universität von Edinburgh 1913 verliehen hatte. Es ärgerte ihn, dass nach deutscher Tradition immer der ranghöchste medizinische Offizier der Armee zum Chef einer medizinischen Auslandsdelegation ernannt wurde; er fand, dass dadurch das peinliche militaristische Image Deutschlands im Ausland nur noch verstärkt werde. Dieser Militarismus war mit Deutschlands Niederlage im Ersten Weltkrieg nicht untergegangen.

Autopsien, die Fritz durchführte, bewiesen, dass 1919 reaktionäre Offiziere die Revolutionäre Karl Liebknecht und Rosa Luxemburg aus nächster Nähe ermordet hatten. Seinen Schlussbericht über diese Autopsien betitelte er ironisch »Erschießen auf der Flucht«. Fritz stellte auch fest, wie Walther Rathenau, der deutsche Außenminister, 1922 aus einem vorüberfahrenden Auto heraus erschossen worden war.

Sein Leben lang folgte Fritz Strassmann seiner persönlichen Verpflichtung kompromissloser Objektivität. Er missbilligte die Sensationsgier der Zeitungen, die damit ihre ansonsten liberale Verlagspolitik in Verruf brachten. Er war der Ansicht, dass die Zeitungen in der Berichterstattung über Ereignisse, die nicht wissenschaftlich oder juristisch belegt werden könnten, Zurückhaltung üben sollten.

In seinen Lebenserinnerungen gibt es keinerlei Hinweise auf Judentum, Christentum, Assimilation, Antisemitismus oder politische Ideologien. Im Herbst 1933, als die Nazis schon an der Macht waren, beendete Fritz, nun 75 Jahre alt und kränkelnd, seine Memoiren mit den folgenden Sätzen:

»Die Welt der Ideale und Prinzipien, in der ich aufwuchs und zu der ich als Erwachsener treu hielt, die Welt des humanen Liberalismus, liegt nun zertrümmert um mich, doch glaube ich zuversichtlich, nicht für alle Zeiten. Ich bin der Meinung des alten Attinghausen, der sagte: ›Meine Zeit ist schon begraben, glücklich sind die, die nicht in der neuen Zeit leben müssen.‹«

Fritz war glücklich zu wissen, dass sein Sohn Georg, der sich auch der forensischen Medizin zugewandt hatte, mit Frau und adoptiertem Kind Nazideutschland hatte verlassen können und 1938 in den USA eine neue Heimat fand. Das Gegenteil blieb Fritz erspart: Er starb 1940 und hat nicht mehr erfahren müssen, dass sein anderer Sohn, Reinhold, 1944 in Auschwitz ermordet wurde. Über Reinholds Schicksal wird im 15. Kapitel berichtet.

Aus Anlass des 100. Jahrestages der Gründung der »Deutschen Gesellschaft für Rechtsmedizin« durch Fritz Strassmann im Jahre 1904 wird seit 2004 die »Fritz-Strassmann-Medaille« vergeben. Die Medaille wird jedes Jahr für herausragende Leistungen auf dem Gebiet der forensischen Medizin verliehen. Das Gebäude des Instituts für Rechtsmedizin der Freien Universität zu Berlin wurde in »Fritz-Strassmann-Haus« umbenannt.

*6. Kapitel*

# Offiziere in mehreren Kriegen

In den letzten zwei Jahrhunderten waren Preußen und dann Deutschland an sechs großen Kriegen beteiligt, und jedes Mal waren auch Strassmanns dabei, oft als Armeeoffiziere und oftmals im Zweifel über die Rechtschaffenheit der Auseinandersetzung. Heinrich erinnerte sich an den Ausbruch des Krieges gegen Dänemark 1864 auf diese Weise:

»Gegen Ende des Jahres 1863 war die schleswig-holsteinische Frage aufgerollt worden und bewegte die Gemüter. Im Bezirksverein und in öffentlichen Versammlungen, an denen wir uns … lebhaft beteiligten, wurde heiß diskutiert, und wir von der liberalen Richtung hegten starkes Mißtrauen gegen das Ministerium Bismarck und wollten daher von einem Kriege durch Preußen nichts wissen. Als ich nach einer solchen Versammlung am 18. Dezember 1863 mit schwerem Kopf nach Hause kam, fand ich auf meinem Tisch die Einberufungsordre als Assistenzarzt des leichten Feldlazaretts der 6. Infanterie-Division. Am nächsten Morgen wurden die vorgeschriebenen militärischen Meldungen gemacht, und unmittelbar darauf die mir von 1859 wohlbekannten Wagen im Traindepot gepackt.«[1]

Schon fünf Jahre zuvor hatte Heinrich seinen Beitrag zu den militärischen Bestrebungen Deutschlands geleistet. Im Juni 1859 hatte Napoleon III. seine Armee nach Norditalien entsandt und mit den Siegen von Magenta und Solferino den Österreichern die Lombardei abgenommen. Dies war der Höhepunkt seiner Herrschaft. Aufgrund von Befürchtungen, dass weitere österreichische Niederlagen die Franzosen zu einem Vordringen in das Rheinland ermutigen würden, wurde die preußische Armee mobilisiert. Da offensichtlich war, dass medizinisches Personal fehlte, wurde um freiwillige Meldungen gebeten.

1859 hatten gerade die Sommerferien an den Universitäten begonnen. Da Heinrich ohnehin nichts Besseres zu tun hatte, meldete er sich freiwillig für die offensichtlich so gerechte Sache Preußens. Er wurde angenommen und bekam Geld, um Pferd und Ausrüstung für sich sowie Uniformen für sich und seinen Burschen zu kaufen. Heinrich borgte sich Wolfgangs alte Uniform und ersetzte die holsteinischen Insignien durch preußische. Diese hatte er ebenso wie einen Helm und einen furchterregenden Säbel in einem Antiquitätenladen erworben. »Von Luxus und Schneidigkeit war an dieser meiner Ausrüstung nichts zu bemerken«, schrieb er. »Damals aber nahm man das nicht so genau.«[2]

Mit 40 weiteren jungen Ärzten, von denen nur wenige bereits ihr Staatsexamen abgelegt hatten und die nie zuvor – so wie jetzt beim Militär – Hunderte von Mark ihr Eigen genannt hatten, wurde Heinrich zum Hauptfeldlazarett Nr. V in Posen abkommandiert. Er erinnert sich:

»Es war eine lustige Zeit, im Königsrock auf dem Gaul die Straßen Posens unsicher zu machen oder mit dem Schleppsäbel auf dem Trottoir zu rasseln, von unteren Militärs gegrüßt zu werden, einen uniformierten Burschen zur persönlichen Bedienung zu haben, war für den simplen bisherigen Studenten etwas Neues, Großartiges, wahrhaft Überwältigendes.

Für mich kam noch hinzu, daß dieses meine erste Reise seit meinem Abgange zur Universität war und daß ich damit Gelegenheit hatte, meine Eltern in Rawitsch und meine Schwester in Posen wiederzusehen. Natürlich ergriff ich diese Gelegenheit mit Freuden, und ich weiß heute nicht, wer stolzer war, meine Eltern oder ich, als ich – es war ein Sonntag und die Leute strömten aus der Kirche – zwischen Vater und Mutter über den belebten Marktplatz zur Meldung bei dem Major des in Rawitsch stehenden Bataillons ging.«

So vergingen Juli und August. Dann schlossen Kaiser Franz Joseph und Napoleon III. den Friedensvertrag von Villa Franca, der den Habsburgern Venetien, die Toskana und Modena überließ, aber nicht die Lombardei. Die preußische Armee wurde demobilisiert und Heinrich kehrte nach Berlin zurück, wo er seine Uniform an einen Trödelladen verkaufte und in seinen Studentenalltag zurückzukehren versuchte: »Da aber … das Herrenleben, das ich in Posen geführt hatte, den angeborenen Arbeits- und Erwerbstrieb sehr beeinträchtigt, wurde auch der September noch durchgebummelt; erst im Oktober setzte das regelmäßige und stramme Arbeiten für das Staatsexamen ein.«

## Gefecht in Dänemark

Als sich 1863 die vermeintliche dänische Krise entwickelte, blieb Heinrich kaum eine Woche Zeit, um sich für seine Abreise mit dem 20. Regiment der 6. brandenburgischen Infanteriedivision vorzubereiten.

»… man kann sich denken, wie ich mich tummeln mußte, um fertig zu werden. Der Dienst im Traindepot und der Poliklinik, der Abschied bei meinen Patienten und der ausgedehnten Verwandtschaft und Freundschaft, die Ausrüstung für mich, den Burschen und mein Pferd und sonstige Ordnung meiner Verhältnisse für eine längere Abwesenheit hielten mich bis tief hinein in die Nacht vom 22./23. in Atem, so daß ich mich der melancholischen Betrachtung über die Störung, die die Einberufung für die ärztliche Praxis brachte, nicht viel hingeben konnte. Übrigens glaubten die Meisten von uns, daß es sich nur um eine Demonstration wie 1859 handeln würde, und nicht um einen ernsthaften Krieg.

… Es fügte sich, daß ich auch ein hübsches Halbblutpferd von einem hiesigen Privatier erwerben konnte, der froh war, den teuren Pensionär nicht über den Winter durchfüttern zu müssen, der Preis betrug 600 Mark.

Am 24. in aller Frühe entführte ein Extrazug das Lazarett nebst Train und Krankenträgercompagnie nach Hagenow. … es waren im Ganzen: 12 Ärzte, 2 Offiziere, 2 Apotheker, ein Lazarett-Inspektor, ein Rendant, 2 Revieraufseher, Krankenwärter mehrere, eine Köchin und 1 Waschfrau. Dazu kamen die Fahrer der Wagen, die Burschen und die Krankenträgercompagnie. Es war also ein stattlicher Haufen von langer Ausdehnung, der meist wegen der vielen Pferde in den Dörfern einquartiert wurde.

… Am Morgen des 2. Februar setzte sich unser Lazarett auf Eckernförde hin in Marsch. Die dortige Rast benutzte ich zu Briefen an die Eltern und meinen Bruder Ferdinand, während meine gewitzigten Kameraden sich leibliche Stärkung leisteten. An eine kriegerische Affaire dachte niemand. Da plötzlich erschien die bekannte Estafette mit einer Depesche an den Chef, die 3 Kreuze auf derselben besagten große Eile. … Auf also, und mit marsch, marsch! Mein Gaul war natürlich voraus; er kannte überhaupt nur Schritt und Galopp (letzteres von Berlin stets vom Brandenburger Tor bis zum Hippodrom).

Wir hatten schon vorher leichte Detonationen in großen Intervallen gehört, aber niemand dachte daran, daß das scharfe Kanonenschüsse sein könnten. … Während wir nun trabten, wurden die Detonationen häufiger und stärker, es war nicht mehr zu verkennen, die Kanonen sprachen. … Ja, das ist der Krieg, jetzt gilts, seine Schuldigkeit zu tun! Das ist ein großes Erlebnis nach 50 Jahren Frieden. Wir sahen uns bereits im Geiste als Helden, ebenso gefeiert und geehrt wie die Kämpfer der Befreiungskriege von 1813/15 mit dem Kreuz auf der Brust. In dieser Stimmung wurde geritten so schnell, wie die Gäule konnten … Absitzen, Wagen öffnen, Transport- und Verbandmittel vorbereiten.

›Zum Donnerwetter, was wollen Sie hier! Wollen Sie vielleicht, daß die Verwundeten hier nochmals verletzt werden. Sehen Sie nicht, daß die Batterie von den Dänen beschossen wird? 500 Schritt zurück in des Teufels Namen!‹ – In demselben Moment durchschlug eine Kartätschenkugel das bereits aufgeklappte Verdeck eines großen Trainwagens.

Wir gingen also 500 Schritt zurück, die Burschen mit den Pferden noch weiter, während die Krankenträger an unsere Tirailleurlinie vorgingen.

Bald darauf wurde mir von den Trägern der erste Verwundete auf die Bahre gebracht, ein Leutnant der Artillerie (Kipping), eine Kugel war ihm quer durch den Kopf gegangen. Er war tot, die Schießtabelle fest in der erstarrten Hand haltend. Noch gestern waren wir zusammen beim fröhlichen Trunk gewesen, heute durch den Kopf geschossen, ›morgen in das kühle Grab‹. – Tiefergriffen betrachtete ich den Toten. So also sah der Krieg aus, er forderte blühende Menschenleben. Ich konnte mich der Wehmut nur erwehren, indem ich mich anderen Verwundeten zuwandte, die jetzt reichlich eintrafen. Es war ein kalter Wintertag, aber trotzdem arbeiteten wir im Schweiße unseres Angesichts, bis die blutigrot untergehende Sonne dem Gefecht ein Ende setzte. … Signal zum Rückzug, Abmarsch auf dem Wege, den wir gekommen …

[Nach dem Gefecht von Düppel] ritten wir an einem der nächsten Tage nach den Schanzen, es waren aber nur noch Trümmer derselben. Wie erratische Blöcke lagen die Betonstücke umher …, daneben große und tiefe Gruben an den Stellen, wo die Sprenggeschosse eingeschlagen. Natürlich wurde auch nach Gegenständen zur Erinnerung gesucht, Kugeln, Granatdeckeln usw., aber die Ausbeute war nur gering, da schon aufgeräumt war. Als ich in die Kasematte einer der weniger demolierten kleineren Schanzen hinunterstieg, sah ich in einem Winkel einen Stiefel, ich zog ihn hervor und, o Graus, in dem Stiefel steckten die Röhrenknochen eines menschlichen Unterschenkels und das Skelett der dazugehörigen Fußknochen, die Weichteile waren zum Teil verwest, zum Teil vertrocknet. Meine Bewunderung für artilleristische Leistungen verkehrte sich bei diesem Anblick in Entsetzen, und ich verließ die Ruhmesstätte unserer Waffen mit Betrachtungen, die wenig zu dem Rock paßten, den ich trug.

... Im Oktober wurde ich entlassen und war noch einmal beim Einzuge der siegreichen Truppen durch das Brandenburger Tor in Uniform.«[3]

10.000 Soldaten zu Fuß und zu Pferde defilierten Unter den Linden bis zum Stadtschloss. General Friedrich von Wrangel und Prinz Friedrich Karl ritten an der Spitze, gefolgt von Regimentern, die sich nach Ruppin, der Uckermark, Prenzlau, dem Oderbruch und anderen Orten und Regionen in Brandenburg benannten. Auf seiner Uniform trug Heinrich den »Roten Adler von Brandenburg mit Schwertern«, eine hohe Auszeichnung für persönliche Tapferkeit.

An den Kriegen von 1866 und 1870, die Preußens Vorrangstellung innerhalb der deutschen Staaten etablierten und es Bismarck gestatteten, im Januar 1871 in Versailles Wilhelm I. als deutschen Kaiser auszurufen, nahm Heinrich nicht teil. Er hatte sich 1866 eine Ohrinfektion zugezogen, die zum Verlust des Gehörs in einem Ohr geführt hatte und ihn damit wehrdienstuntauglich machte. So war ihm lediglich die Pflege jener Verwundeten übertragen, die von den Schlachtfeldern Böhmens und Frankreichs kommend in vermögende Berliner Häuser einquartiert worden waren. Als eine Choleraepidemie in Berlin ausbrach, meldete sich Heinrich freiwillig zum Dienst in den Berliner Armenvierteln.

## Eine zum Untergang verurteilte Generation

Nach gut 40 Jahren Friedens, aber fortgesetzter Militarisierung fühlte sich Deutschland bereit, jeder Allianz europäischer Staaten die Stirn zu bieten. Die Generation junger Männer, die im letzten Jahrzehnt des 19. Jahrhunderts geboren war, schien verurteilt zu einem Leben voll militärischer Auseinandersetzungen und ökonomischer Umwälzungen.

Ein Vertreter dieser Generation war Hellmuth Strassmann, geboren am 21. Januar 1894, neun Monate, nachdem Paul Ferdinand und Hedwig ihre Flitterwochen in Italien verbracht hatten. 18 Monate später kam Erwin zur Welt, am 14. Juli 1895. 1894 war das Reichstagsgebäude, Werk des Architekten Wallot, mit großem Pomp eingeweiht worden, als Kaiser Wilhelm den letzten Stein in das Bauwerk eingefügt hatte. Der renommierteste Architekt Berlins, Ludwig

Hoffmann, war vom Ergebnis allerdings nicht so begeistert. Es sehe aus, sagte er, »wie ein Luxustrauerwagen«. Im selben Jahr hatte Gerhart Hauptmanns Drama *Die Weber* den Rahmen von Privataufführungen verlassen und war erstmals am Deutschen Theater gezeigt worden – obwohl doch seine öffentliche Aufführung polizeilich verboten war, da es nach Auffassung der herrschenden politischen Kreise durch seine einseitige und vorurteilsvolle Propaganda den Klassenhass fördere. 1895 widmete der deutsche Kaiser die Kaiser-Wilhelm-Gedächtnis-Kirche am eleganten Kurfürstendamm der Erinnerung an den 25. Jahrestag des Sieges seines Großvaters über Napoleon III. Dass sich die Sozialdemokraten bei diesem feierlichen Anlass nicht besonders respektvoll zeigten, bot einen guten Vorwand, noch im selben Jahr einige ihrer Organisationen aufzulösen, ihre Versammlungen zu verbieten, ihre Publikationen zu konfiszieren und deren Herausgeber zu verhaften. Zur gleichen Zeit verdienten ein Fünftel der Berlinerinnen sich ihren Lebensunterhalt als Köchinnen und Zimmermädchen, und Max Sladanowsky führte seine Erfindung der bewegten Bilder im Wintergarten-Theater vor – Hauptdarsteller in seinem Film war ein boxendes Känguruh.[4]

1902, als Hellmuth acht Jahre alt war und Erwin sieben, zogen die Strassmanns vom Platz vor dem Neuen Tor 3 zum nahegelegenen Alexanderufer 1. Hier wohnten sie am baumbestandenen Ufer des Humboldthafens, oberhalb der Mündung des Berlin-Spandau-Kanals in die Spree. Schleppkähne zogen Ketten von Lastprahmen durch das Gewühl oder löschten am Ufer ihre Ladung, wo die Säcke und Fässer auf Pferdewagen umgeladen wurden. Quer über den Hafen führte die Alsenbrücke vom Alexanderufer zum weißgetünchten Lehrter Bahnhof. Von dieser Station aus würden die Strassmanns in den Urlaub aufbrechen, in Kriege und schließlich in die Emigration. Gleich westlich des Lehrter Bahnhofs stand ein seltsames rundes Gebäude in barocker Anmutung, das Kolonial-Museum, das in einem gigantischen, 115 Meter langen Panoramagemälde die Ankunft eines Dampfers des Norddeutschen Lloyd in New York zeigte, wie er inmitten von Schleppkähnen und Frachtern an der Freiheitsstatue vorbei in den beeindruckenden Hafen von Manhattan einfuhr. 1928 wurde das Panorama-Gebäude abgetragen. Die Spree umschlang all diese Gebäude in einem großen Bogen, dem so genannten Spreebogen, dessen sanfte Rundungen geradezu zu architektonischen Visionen einluden.

Am Fuß des Spreebogens lag der Königsplatz, früher preußischer Exerzierplatz, später englischer Landschaftspark. In seiner Mitte ragte die 50 Meter hohe Siegessäule auf, die von vergoldeten Kanonen umgeben war, Beutegut aus dem Deutsch-Französischen Krieg von 1870/71. Die Berliner nannten die Säule nur den »Spargel«. Unter dem goldenen Siegesengel schauten die vornehmen Standbilder von Bismarck, Feldmarschall von Moltke und Kriegsminister von Roon missbilligend auf die Menge. 1938 fanden sie einen Kilometer weiter westlich im

Tiergarten ihren neuen Stellplatz, als wären sie peinlich berührt von Hitlers Nähe oder müssten sich vor ihm verbergen. Professor Paul Ferdinand Strassmann hingegen ließ im Tiergarten verbotenerweise seine Dackel von der Leine – und gab vor, dass diese sich gerade losgerissen hätten, schließlich schleiften sie ja ihre Leinen noch hinter sich her.

## Zwei Klassenbeste

Auf Fotografien schaut Hellmuth ernst in die Kamera, mit blauen, von Hedwig geerbten Augen, sein Haar blond und lockig, seine Größe durchschnittlich. Schon als Baby hatte ihn sein Vater in Bleistiftskizzen festgehalten, später folgten Fotografien, die ihn in Kleinkinderkleidern und mit langen blonden Locken zeigen. Danach folgten Aufnahmen in Matrosenanzügen und Lederhosen – Schnappschüsse von Urlaubstagen in den Alpen, an der Ostsee oder von Festen unter dem Weihnachtsbaum. Dabei schaut Hellmuth nie so in die Kamera, wie es sein selbstgewähltes Lebensmotto vermuten lassen könnte: »Stets der erste zu sein und vorzustreben den andern«. Hellmuth arbeitete hart und ausdauernd, er war ausgezeichnet im Sport und übertraf in den Prüfungen all seine Klassenkameraden am Friedrichsgymnasium, was ihm nach preußischer Sitte im Klassenzimmer den ersten Platz in der ersten Reihe einbrachte. Wie sein Vater 28 Jahre vor ihm, im Jahr 1884, schloss Hellmuth im Frühjahr 1912 das Gymnasium als Klassenbester ab, als *primus omnium.* Einer seiner Lehrer beschrieb ihn als »unstörbar bescheiden und immer freundlich«.

Nach Aussagen seiner Mutter war Erwin als kleines Kind scheu gewesen und wurde später ein schelmischer Angeber, der mit Antonie spaßte und herumalberte. Obwohl er weniger strebsam war als sein Vater und sein Bruder, legte auch Erwin in der Schule Jahr für Jahr die besten Prüfungen ab. Im Herbst 1913 schloss er ebenfalls das Friedrichs-Gymnasium als *primus omnium* ab.

Nach Abschluss des Gymnasiums schrieb sich Hellmuth in der Technischen Universität in Berlin-Charlottenburg ein, um Maschinenbau zu studieren. Die Praktika absolvierte er in der Firma Borsig, dem führenden Hersteller von Dampfmaschinen. Er wurde Mitglied der Burschenschaft »Arminia«, der auch sein Vater angehört hatte, und absolvierte seinen einjährigen Militärdienst bei der 5. Kaiserlichen Preußischen Garde, einem Infanterieregiment, das in Spandau, westlich von Berlin, stationiert war.

Da Hellmuths Regiment ab August 1914 am Feldzug gegen Belgien teilnahm, konnte er sein Praktikum bei Borsig nicht abschließen. Einen Monat später schon wurde er nach Polen verlegt, und 1916 war er zurück an der Westfront, um an der ersten Schlacht an der Somme teilzunehmen.

Nachdem Erwin 1913, ein Jahr nach seinem Bruder, das Friedrichsgymnasium abgeschlossen hatte, begann er an der Berliner Universität Medizin zu studieren. Als im Juni 1914 in Sarajevo das Attentat auf den österreichischen Erzherzog Franz Ferdinand verübt wurde, hatte er gerade zwei Semester absolviert. 19 Jahre alt, meldete er sich wie fast alle Studenten sofort freiwillig für den Krieg. Doch die 5. Kaiserliche Garde, in der schon sein Bruder diente, lehnte ihn aufgrund seiner Herzgeräusche ab.

Erwin diente dann als Medizinordonanz beim Roten Kreuz auf den Zügen, die die Verwundeten von der belgischen Front zurückbrachten. Von Zeit zu Zeit stoppten diese Züge, damit die Verwundeten, die nicht länger atmeten und stöhnten, aus den Zügen geladen und neben den Gleisen abgelegt werden konnten. Dort wurden sie später abgeholt und auf Militärfriedhöfen beigesetzt. Diese Tätigkeit war ungeheuer quälend; und Ausgangsscheine für Wochenendausflüge in das feindliche Brüssel boten Erwin bei weitem keinen Trost.

## Ein Gefecht

Im November 1914 berichtete Hellmuth seinen Duellbrüdern von der Arminia über einen Vorstoß und einen Rückzug an der Front:

»Am 23. November brachen wir um ½ 3 Uhr morgens nach Norden auf. … Die ersten drei bis vier Stunden kamen wir unbehelligt vorwärts. Nun aber ging die Chaussee durch einen 6 Kilometer tiefen Wald. Hier hatte die Vorhut nicht weiter vordringen können, da sibirische Schützen den Wald besetzt hielten. … Ab und zu fiel ein Schuß, der einen aus unseren Reihen niederstreckte. … Vor uns war eine große Lichtung, durch die ein Bahndamm sich langzog. Dieser sollte von zwei Regimentern und Maschinengewehren besetzt sein, wie unsere Gefangenen aussagten. Doch das mußte uns gleich sein. Nur hier war Rettung möglich. Bei beginnender Dämmerung stürmten wir weiter vor; ich ging zehn Schritte vor der Front mit Säbel und Revolver. Jeden Moment erwartete ich auf einen Drahtverhau oder eine Mine zu stoßen oder daß die Maschinengewehre ›fegen‹ würden. Als ich auf 30 Meter an den Damm heran war … setzten wir alle uns unter ohrenbetäubendem Lärm in Sturmschritt und rüber über den Graben den Bahndamm hinauf. Hinter dem Bahndamm sammelten wir uns und warteten eine Stunde. Bis ein Uhr nachts kamen wir durch zwei große Dörfer, in denen jedes Mal alle Gehöfte durchsucht wurden, so fingen wir etwa 200 Russen, die friedlich schliefen. … Jetzt waren wir schon 22 Stunden auf den Beinen und doch stand die Hauptaufgabe des Tages uns noch bevor. Sechs Kilometer vor uns lag die Stadt Brzeziny, die in russischen Händen war. … Der Weg nach Brzeziny betrug sechs Kilometer. Wir legten aber auf Umwegen 18 Kilometer zurück, einmal, um von der Seite an die Stadt heranzukommen, von der man uns nicht erwartete, dann aber, weil wir uns möglichst nicht sehen lassen wollten. Das ist uns 12.000 Mann wirklich gelungen, kein Reiter, keine Patrouille witterte unsere Ankunft. … Um 3 ½ Uhr – die beste, weil unerwartetste Zeit – standen wir vor der Stadt. …

Darauf wurde ein Schützenring um das Städtchen gebildet, der sich konzentrisch beim Vorgehen zusammenzog, keine Maus sollte entschlüpfen. …

Im ganzen fanden wir in Brzeziny 200 Kossaken, 250 Infanteristen und einen Korpsgeneralstab. … Da ich 25 Stunden auf dem Marsch oder im Gefecht gewesen, war ich froh, mich zur wohlverdienten Ruhe angezogen – denn es konnte ja immer wieder losgehen – auf das Ledersofa legen zu können. 20 Minuten hatte ich gelegen, da wurde ich geweckt: ›Regimentsbefehl, die Kompagnie wird alarmiert und tritt sofort an.‹ Die Russen hatten die Bresche schon wieder geschlossen und saßen uns auf den Fersen. So mußten wir denn mit umgekehrter Front gegen heute Nacht den Russen an den Kragen. … 6.000 Gefangene haben wir noch gemacht und vom Abend bis zum nächsten Morgen zogen unsere schon aufgegebenen Geschütze und Bagagen in die Stadt ein. Keine Kanone, kein Wagen ist dem Feind in die Hände gefallen. Dieser Rückzug war die hervorragendste Leistung, an der ich im Kriege beteiligt war.«[5]

Für dieses gelungene Manöver erhielt General Karl Litzmann den Ehrentitel »der Löwe von Brzeziny« und vom Kaiser die höchste militärische Auszeichnung verliehen, den Pour le Mérite. Litzmann war 1914 schon 64 Jahre alt und hatte bereits im Deutsch-Französischen Krieg von 1870/71 ein Eisernes Kreuz erhalten. Auf seine alten Tage wurde Litzmann das älteste Mitglied der NSDAP. Zu seinem Tod 1936 im Alter von 87 Jahren sandte Innenminister Wilhelm Frick ein Beileidstelegramm: »Als Führer deutscher Soldaten im Weltkrieg und als Kämpfer für Adolf Hitler hat unser alter Parteigenosse General Litzmann dem deutschen Volke leidenschaftlich gedient und ist in seiner schlichten Treue ein Vorbild für viele geworden.« Dieses Telegramm wurde auch im Journal des Bundes der Fünften Gardisten, *Die weißen Teufel*, erschienen im November 1936 in Berlin, abgedruckt.

Während des Zweiten Weltkrieges benannten die Nazis die polnische Stadt Lodz in Litzmannstadt um. Etwa ein Drittel der Einwohner dieser Stadt – 22.000 Menschen – waren jüdischer Abstammung, weniger als in Warschau, doch mehr als in Berlin. Diese Juden leisteten in der Stadt Zwangsarbeit zu Hungerlöhnen oder wurden nach Chełmno und Auschwitz deportiert. Als die sowjetische Armee 1944 die Stadt befreite, waren nur noch 887 Juden im Ghetto am Leben. Die Polen benannten Litzmannstadt dann wieder in Łódż um (die polnische Version des einstmals deutschen Namens Lodz).

## Eine Kugel setzt allem ein Ende

Am 1. Juli 1916 begann die britisch-französische Armee die Schlacht an der Somme mit einem Angriff nordöstlich von Amiens, der die Festung Verdun entlasten sollte, die weiter südlich unter heftigem Beschuss stand. In fünf Monaten kämpften entlang der Somme auf beiden Seiten drei Millionen Männer;

mehr als ein Drittel von ihnen wurde getötet, verwundet oder gefangen genommen. Am Ende konnten die Alliierten die Frontlinien gerade einmal sieben Meilen nach Osten verlegen und eroberten 200 Quadratmeilen des zuvor von den Deutschen besetzten französischen Territoriums. Die Briten erklärten, dass ihr wichtigster Gewinn in den für künftige Gefechte gewonnenen Erfahrungen bestand: Sie wussten nun, wie die Deutschen kämpften, und hatten zudem in der Schlacht erstmals Panzer eingesetzt. Die Alliierten hatten 750.000 Mann verloren, die Deutschen 500.0000, weitere 80.000 Deutsche waren in Gefangenschaft geraten.

Genau im Zentrum der alliierten Front, an der Straße von Albert nach Bapaume, waren eine Division der British Midlands und eine australische Division stationiert. Das Kampftagebuch des Bundes Fünfter Gardisten hält für den 5. November 1916 fest:

»Großkampftag. Schon nachts belegt engl. Artillerie die Stellung und das Hintergelände mit starkem Feuer. … 9.30 greifen Australier in 3 dicht aufeinander folgenden Wellen an. Kolonnen folgen dahinter. Unsere M.G.s haben starke Verluste, so daß die Abwehr der Feuerkraft den Füsilieren zufällt. Die Australier stürmen. Es gelingt ihnen bei der 10. mit 150 Mann, bei der 11. mit 40 Mann einzudringen. Auch M.G.s bringen sie in Stellung. … Da die 11. schwere Verluste hat, wird allmählich die ganze 9. nach vorn gezogen. Ihr tapferer, vielfach bewährter Führer, Lt. d. Res. Strassmann fällt. … Während der Nacht wird ein Verbindungsgraben um das Australiernest herum begonnen. Schwere Verluste beim Feind. F. [Feind] hat 79 Tote …, 111 Verwundete, darunter 10 später Gestorbene.«

Zehn Tage später, am 16. November, kam Erwin Strassmann, Offizier der Fliegertruppe, nach Beugny und traf Hellmuths Kameraden, die ihm vom Tod seines Bruders berichteten. Er schrieb seinen Eltern:

»Als vor Hellmuths Abschnitt die englischen Schützen aus dem Graben sprangen, bekamen sie solches Feuer, daß sie auf offenem Felde Stellung nehmen mußten. Dort eröffneten sie ein unregelmäßiges Schützenfeuer.

Hellmuth stand während der ganzen Zeit an der Grabenwand und sah hinüber nach der Brustwehr. Da erhielt er einen Infanteriekopfschuß unterhalb des Stahlhelms durch das Haupt. Er sank wortlos in die Arme seines Befehlsempfängers und hatte so den kürzesten, bestmöglichen Soldatentod. Man brachte ihn aus der Stellung, überführte ihn nach Beugny und beerdigte ihn dort auf einem deutschen Soldatenfriedhof. … Quält Euch nicht zu sehr! … Diese Myriaden von Kreuzen im Feindesland sind es, welche das Fundament bilden für Frieden und Zukunft unseres Volkes. … Heute auf dem Friedhof mußte ich lächeln mitten in all den Empfindungen. Hellmuth liegt als erster in der ersten Reihe. Selbst hier bleibt er seinem Prinzip treu: ›Stets der erste zu sein und vorzustreben den anderen.‹«

Während ich dies niederschreibe, erinnere ich mich an eine Episode in Erich Maria Remarques *Im Westen nichts Neues,* wo Paul, der gerade auf Urlaub ist, Kemmerichs Mutter mit der Lüge tröstet, dass ihr Sohn einen schnellen, schmerzlosen Tod hatte: »Ich sage ihr, daß er einen Schuß im Herzen erhalten hat und gleich tot war… Sie stöhnt und weint lange. Ich sollte erzählen, wie es war, und ich erfinde eine Geschichte, an die ich jetzt beinahe selbst glaube.«

Erwin teilte die Ansichten seines Bruders über den Krieg nur bedingt. In dem bereits erwähnten Brief an seine Eltern am 16. November schrieb er:

»Heute im Ballon schwebte ich über Hellmuths Grab, über den Stellungen, wo er fiel, wo dauernd Kameraden fallen, und über dem Feind. Wenn das alles ein Blick umfassen kann, ist man sich seiner Pflicht doppelt bewußt. Es ist das wohl jetzt der beste Posten für mich. Hier, im dauernden Donner der Schlachten, ist es ein leiser Trost, ihn draußen zu wissen, wo keine Granate mehr stört, denn unaufhörlich geht das Morden weiter. … Hier draußen, wo Leben und Tod eine Gemeinschaft bilden, wird keine trennende Schranke mehr empfunden. Wenn ihr sehen würdet, was da für Reihen von Gräbern ausgehoben werden, was an Menschen da täglich hineingelegt wird … Ich wünschte, Ihr hättet heute die letzten Kerle des 5. Garderegiments gesehen, die abends in die Gräben gehen. Es sind so heilige, stille Jungen; aus ihren Augen leuchtet ruhevolle, weltferne Unendlichkeit. Sie gehen und besuchen noch einmal ihre gefallenen Kameraden. Es ist ihnen eine Erholung, bei den einzelnen Kreuzen stehen zu bleiben und von dem, der da unten liegt, zu sprechen. Der Gedanke, bald bei ihnen zu sein, gibt ihnen ein stilles Glück; denn sie sehnen sich nach Schlaf. Wir aber müssen wachen! Darum Augen auf!! Blick geradeaus, daß wir nicht in Anfechtung fallen.«[6]

An dem Tag, als Erwin diesen Brief schrieb, am 16. November, wurde die australische Stellung endlich ausgehoben, während eiskalter Regen den Boden in Schlamm verwandelte. Der Tagesbericht der deutschen Truppe hielt fest: »Graben jetzt sinnlos.« Die Briten, auf der anderen Seite des schlammigen Niemandslandes, berichteten ähnlich: »König Schlamm hat einen Waffenstillstand befohlen.« Innerhalb eines Monats hatte die Fünfte 141 Mann verloren, darunter sechs Offiziere.

Am ersten Adventssonntag 1916 antwortete Erwin auf einen Brief seiner Mutter betreffs des Todes von Hellmuth. Er bewunderte die Haltung seiner Mutter, schrieb aber auch:

»Wie ist es möglich, daß die Menschheit solch einem Wahnsinn unterliegt, sich gegenseitig zu Tausenden zu ermorden? Und das geht schon seit Monaten, Jahren! … Als ich [Hellmuth] den Tag verließ, hatte ich eine schreckliche Ahnung und fühlte, daß die Sonne verschwunden war, und die Welt war dunkel und kalt.«

In einem früheren Brief hatte Erwin über ein Gespräch berichtet, das er mit seinem Bruder Hellmuth an der Front geführt hatte. Er gab die Ansichten seines Bruders hinsichtlich des Todes durch einen Schuss oder einen Granatsplitter wider:

»Ein solches Ende ist noch nicht das Schlechteste. Denn sieh mal, mein bisheriges Leben war ungetrübt und voller Freuden. Es war ein ständiger Aufstieg, das Erlebnis des Krieges ist jetzt der Höhepunkt; von da an kann es nur noch abwärts gehen. Zwar weiß ich bestimmt, daß ich etwas leisten werde, ganz gleich, was ich nach dem Kriege mache.

Aber mehr als ich jetzt im Felde bin und leiste, wird es nie werden; man wird kümmerlich von seinen Erinnerungen leben und sich wie ein Fisch auf dem Trockenen vorkommen.«

Über Hellmuths Todesanzeige in den Berliner Zeitungen prangte sein Eisernes Kreuz. Unter den Namen der trauernden Familienmitglieder fand sich die Versicherung: »Mögen alle, die ihn liebten, nicht trauern, sondern zuversichtlich mit uns hoffen, daß dieses Opfer für unser Vaterland zu einem Segen wird.«

Die Fünfte Kaiserliche Preußische Garde kam am 11. Dezember 1918 nach Berlin zurück, genau einen Monat nach dem Waffenstillstand, und hielt ihren Einmarsch durch das Brandenburger Tor. Die *Deutsche Abend-Zeitung* berichtete am nächsten Tag, dass viele der vorbeimarschierenden Offiziere den Orden Pour le Mérite getragen hatten. In Schlachten hatte die Fünfte 4.085 Mann verloren, darunter 79 Offiziere. Innerhalb eines Monats standen die überlebenden Offiziere an der Spitze der Straßenkämpfe gegen die marxistischen Spartakisten in Berlin.

Als Paul Ferdinand seine Klinik verkaufen und nach Dahlem ziehen musste, zog auch Hellmuths Standbild mit um. Es fand seinen Platz unter Palmen im Wintergarten des neuen Hauses. Seinen letzten Standort fand es dann auf dem Familiengrab der Strassmanns in Wannsee, nahe der Andreas-Kirche. Hellmuths ernste Kriegeraugen schauten über die Friedhofsmauer auf Wohnungen auf der anderen Seite der Lindenstraße. Die dortigen Bewohner beklagten sich aber, diesem militaristischen, anachronistischen Anblick ausgesetzt zu sein. Da Hellmuths Grab zu einem Ehrengrab erklärt worden war, konnte das Standbild allerdings nicht einfach entfernt werden, und man musste nach einer anderen Lösung suchen. Eine tiefe Grube wurde ausgehoben und Hellmuths Statue darin so versenkt, dass sein Kopf mit dem Stahlhelm nicht länger über die Mauer herausschaute. Als ich 1998 das letzte Mal auf dem Friedhof war, habe ich ihn genauso vorgefunden.

## Gefechtsbeobachter in Ballons

Nachdem sich seine Herzgeräusche als unbedeutend herausgestellt hatten, wurde Erwin Soldat in der neuen Fliegertruppe. Von Ende 1915 bis 1918 stieg er als Artilleriebeobachter 487-mal auf, hing in winzigen Körben unter riesigen Ballons und spähte französische und britische Schützengräben aus, um deren genaue Position an die deutsche Artillerie zu melden. Bereits 1915 wurden 80 Ballone mit einem Volumen von 1.000 Kubikmetern Gas an der Front eingesetzt. Die Ballone erreichten eine Steighöhe von 1.200 bis 1.800 Metern. Aus dieser Höhe konnten sie einen Umkreis von nahezu 100 Kilometern überwachen und die Zielgenauigkeit der Artilleriegeschütze in einem Umkreis von sechs Kilometern korrigieren. Die Verbindung zu den Artillerieeinheiten erfolgte per Brieftauben oder durch ein Endloskabel, das vom Ballon herunter hing. Die Mannschaften für die Fesselballone wurden zunächst in Jüterbog und später in Naumur ausgebildet. Die Ballone erwiesen sich in der Steuerung der Artilleriegeschütze als so wirkungsvoll, dass sie bald das bevorzugte Angriffsobjekt feindlicher Flieger wurden. Die Besatzungen mussten deshalb mit immer besseren Fallschirmen ausgestattet werden..[7]

Erwin hatte Glück; er musste seinen Fallschirm nie benutzen. 1917 wurde er zum Oberleutnant befördert, und er erhielt das Eiserne Kreuz Erster und Zweiter Klasse. Aber wie schon aus Erwins Zeilen über den Tod seines Bruders Hellmuth ersichtlich wurde, war seine Kriegsbegeisterung geringer als die seines Bruders. Angesichts einer bevorstehenden französischen Offensive an der Aisne schrieb Erwin im April 1917:

»›Der Mai ist gekommen‹,
Wie sängen wir es froh;
Doch uns wird er nicht frommen,
Bald liegen wir in Sarg und Stroh.«

Ein Brief, den Erwin am 9. Juni 1918 nach Hause schrieb, belegt, dass die frühen deutschen Erfolge in der zweiten Schlacht an der Marne seinem Optimismus wieder Auftrieb gaben. Diese Schlacht war im Frühjahr 1918 General Ludendorffs dritter und letzter Versuch gewesen, die Franzosen und Briten zurückzuschlagen, bevor Millionen amerikanischer Soldaten als Verstärkung eintreffen würden.

»Die am Angriffstag zu benützenden Aufstiegsplätze (3 km von der Linie) wurden vorbereitet. Ein neues Leitungsnetz ausgebaut, jeder Ballon mit reichlich Brieftauben ausgestattet. Unsere Photographen gingen in die vorderste Linie und nahmen von allen Seiten, allen überhöhten Geländepunkten Rundbilder des feindlichen Abschnittes auf. Diese Aufnahmen gingen in Hunderten von Exemplaren an Führung und Truppe, so daß jede Kompanie nicht nur nach der Karte, sondern nach dem Bilde eingewiesen werden konnte. … Am 26.5. abends rückten alle Stäbe in die vorderen Gefechtsstände, die Truppen rückten ein und, ehe man sich's versah, war die Schlacht im Rollen. 1 ½ Uhr nachts stiegen die Ballone auf ihren vorderen Plätzen auf. Noch war es still an der Front. Um 2 Uhr setzte schlagartig die Artillerie ein. So viele Batterien sind eingesetzt, daß bis 15 km hinter der feindlichen Front alle Wegekreuze, Ortschaften, Lager, Aufstiegplätze, Batteriestellungen und Gräben mit lähmendem Gas- und Brisanzfeuer überschüttet werden. … Der letzte Ausläufer unserer … Vorbereitung ist das Ziel Paris, das in ruhigem Tempo alle paar Minuten eine ›Praline‹ erhält. Kurz nach ½ 5 Uhr – es wird gerade hell, stürzen unsere Infanteriewellen aus den Ausgangsstellungen vor, indes unsere Artillerie in unverminderter Stärke weiterfeuert. Nun marschiert ihr Feuer ebenfalls mit weiter vor. Die vordersten Linien werden überrannt. Es kommt kaum zu Kämpfen. Bald ist die feindliche Artilleriezone mit sämtlichen Geschützen und Mannschaften in unserer Hand. … Die Front ist durchbrochen …

Unsere Ballone folgen der Infanterie auf wenige Kilometer. Dadurch werden die Divisionen und Stäbe dauernd auf dem Laufenden gehalten. … Feindlicher Widerstand, der irgendwo auftritt, wird daher mit dem Ballonbeobachtern sofort beseitigt. … Das Wetter war während des ganzen Vormarsches sehr günstig, die Ballone hingen von morgens bis abends am Himmel und ernteten reichen Dank. Der Feind bemerkte allerdings ebenfalls die störende Tätigkeit der Ballonbeobachter und hetzte seine Flieger dauernd auf sie. Es wurden infolgedessen eine Reihe von unseren Ballonen abgeschossen; bis auf einige Fälle rettete der Fallschirm das Leben der Korbinsassen. Wo ein Ballon abgeschossen war, war mit Hilfe von Gaskolonnen nach wenigen Stunden ein neuer am Himmel. Wie schneidig manche Ballone vormarschierten, sieht man daraus, daß sie sogar von feindlicher Infanterie Maschinengewehr-Feuer bekamen.«

## Die Niederlage

Die deutsche Armee konnte tatsächlich im schnellsten Vorstoß des gesamten Krieges 60 Kilometer weit vorrücken und nahm 50.000 Gefangene. Am 30. Mai erreichten die Deutschen zum ersten Mal seit 1914 wieder die Marne und besetzten Château Thierry. Doch hier und in Reims wurde ihr Vorstoß zum Halten gebracht. Am 18. Juli setzte Marschall Ferdinand Fochs Armee zum Gegenangriff an. In ihrem ersten großen Kampfeinsatz gelang es amerikanischen Truppen, den Deutschen Château Thierry zu entreißen. Inzwischen war eine Million amerikanischer Soldaten in Frankreich eingetroffen und überrannte die Deutschen auf gesamter Länge zwischen Cantigny und St. Mihiel – Positionen, die einst für uneinnehmbar gehalten worden waren. Es dauerte nur zwei Wochen, bis die Deutschen hinter die Aisne zurückgeworfen wurden, von wo aus sie aufgebrochen waren. Erich Ludendorffs Armee konnte nicht mehr zurückschlagen. Der Krieg war verloren. Am 9. November dankte der Kaiser ab, zwei Tage später wurde der Waffenstillstand unterschrieben.

In Deutschland waren inzwischen revolutionäre Unruhen ausgebrochen, und so überließen die Generäle Paul von Hindenburg und Wilhelm Gröner den frisch aufgestellten Soldatenräten die Organisation des Rückzugs der deutschen Truppen. Üblicherweise gehörten diesen Soldatenräten nur Mannschaftsdienstgrade an, doch die Soldaten von Erwins Balloneinheit wählten ihn, einen Offizier, als ihren Vertreter. Die gleiche Ehre wurde Ernst Strassmann zuteil, dem späteren Leiter der Widerstandsgruppe gegen den Nationalsozialismus (vgl. das 16. Kapitel).

Erwin sorgte dafür, dass während des Rückzugs durch Westfalen und andere deutsche Länder seine Männer in Gasthäusern untergebracht waren, und nicht wie die Angehörigen anderer Regimenter in Ställen. Bis an das Ende seines Lebens vergaß er nie das eine Dorf, in dem eine Bäckerstochter ihm zärtlichen Trost für den verlorenen Krieg angeboten hatte.

Am 20. Dezember 1918 traf Erwins Ballonbataillon wieder in Berlin ein. Seine Entlassungspapiere wurden nicht mehr von seinen vorgesetzten Offizieren unterzeichnet, sondern von den Männern, die jetzt die Verantwortung trugen, von den Mitgliedern des Soldatenrates in Reinickendorf. Inzwischen hatten Matrosen der kaiserlichen Marine das Stadtschloss besetzt und hielten den Stadtkommandanten gefangen. Später nahmen die revolutionären Truppen das Telegrafenamt sowie die Zeitungsverlage unter ihre Kontrolle. Die spartakistische Revolution, von den Kommunisten unter Führung von Karl Liebknecht und Rosa Luxemburg begonnen, sollte der Wahl einer verfassungsgebenden Versammlung Ende Januar 1919 zuvorkommen. Am 5. Januar 1919 riefen die Kommunisten einen Generalstreik aus, um eine »Diktatur des Proletariats« zu etablieren – anstelle der provisorischen sozialistischen Regierung unter Friedrich Ebert.

Nahe der Klinik in der Schumannstraße stellten Soldaten Maschinengewehre auf und errichteten Stacheldrahtverhaue, die jedoch nicht dem Schutz des Krankenhauses und des Theaters dienen sollten, sondern dem der Garnision auf der anderen Straßenseite. Erwin nahm seinen Stahlhelm, seine Uniform, seine Pistole und schloss sich der Freiwilligenkompanie »Oranien« der Reinhard-Brigade an – Reinhard war Major in Hellmuths Fünfter Infanteriegarde gewesen. Erwin sollte sich immer daran erinnern, wie er in eisiger Kälte am Belle-Alliance-Platz – später Waterloo-Platz – in das Feuer hineinritt, während um ihn herum in den Straßenbahnen Menschen in Frack, Abendkleidern und Pelzmänteln auf dem Weg in Oper und Theater waren. Unter den Aufführungen, denen sie zustrebten, war auch Beethovens *Egmont*.

Nach einer Woche wurde die Rebellion durch gut 4.000 von der Front heimkehrende Soldaten niedergeschlagen, die dem von Gustav Noske geführten Freikorps zuströmten. Noske, ein Zivilist, war der provisorische sozialdemokratische Verteidigungsminister. Am 15. Januar wurde Rosa Luxemburg verhaftet, erschlagen und in den Landwehrkanal geworfen. Im Tiergarten wurde Karl Liebknecht, der sich ergeben hatte, hinterrücks erschossen. Auf diese Weise begann die Weimarer Republik.

In diesem Januar schrieb Erwin, nun bereits 23, folgende Zeilen in ein Gästebuch:

»Durch Hungersnot und Übermacht
hat uns der Feind bezwungen;
wir hätten öfters sein' gelacht,
wenn wir den Sieg errungen.

Und jetzt, enttäuscht und wahnsinnsnah
rast unser Volk in sich.
Wo wäre noch ein Hoffen da,
seit auch der letzte Stern verblich.

Nun kehr ich wieder bei Euch ein,
der Krieg hat uns erschüttert.
Jedoch der Freundschaft Felsgestein,
den hat kein Sturm und keine Flut verwittert.«

*7. Kapitel*

# Die Bühne und der Himmel: Antonie – I

Wer immer Antonie begegnete, fühlte sich bezaubert. Antonies Geheimnis war, dass sie sich auf ihren jeweiligen Begleiter – sei es ein Liebhaber, ein Verwandter oder ein Freund – voller Leidenschaft und Intensität einließ. Sie gab sich ihrer augenblicklichen Aufgabe völlig hin, immer fair, immer begeistert, niemals oberflächlich, niemals intellektualistisch. In den zwanziger Jahren war sie für ihre Schauspielkunst, ihre sportlichen Erfolge und ihre Fliegerei berühmt geworden. Sie war temperamentvoll und konnte mit einem ironischen Zungenschlag schelten, doch meist reagierte sie lieber schlagfertig und geistreich-witzig, ohne jemals nachtragend zu sein. Sie war engagiert, aber nicht bis zur Rücksichtslosigkeit. Ihre Gesellschaft war ein Vergnügen.

Wie kann man Antonie in die Familiengeschichte der Strassmanns, in die Geschichte der zunichte gemachten Assimilation, einfügen? Vielleicht beweist Antonie durch ihre wieder und wieder erfolgreiche Anpassung ja das genaue Gegenteil. Sie fügte sich zunächst in die exklusive Welt der Theaterleute ein, dann in die internationalen Fliegerkreise mit ihren gefeierten neuen Stars und schließlich in die sehr speziellen Verhandlungsmethoden der Geschäftswelt. Nicht zu vergessen, dass sie sich von einer flachsenden Berliner Berühmtheit in eine kosmopolitische New Yorkerin wandelte – und beide Persönlichkeiten waren von Grund auf wirklich, waschecht, wie der Berliner sagen würde. Hätte nur sie das vollbringen können, als die außergewöhnliche Frau, die sie war? Oder gemahnt uns ihr Fall, nicht vorschnelle Schlüsse zu ziehen, selbst wenn es so scheint, als ob eine verschworene Gemeinschaft Außenseiter mit ihrem Assimilationswunsch zurückzuweisen versucht? Lassen wir Antonies Leben für sich selber sprechen.

## Auf die Bühne

Antonie Strassmann wurde am 14. April 1901 geboren, als das jüngste der vier Kinder von Paul Ferdinand und Hedwig Strassmann. Dass eine Strassmann-Tochter eine Theaterlaufbahn einschlagen würde, war nicht verwunderlich, schließlich lag das beste Theater Berlins, Max Reinhardts Deutsches Theater, nur wenige Schritte nach Osten von der elterlichen Wohnung entfernt, und das Lessing-Theater unter Viktor Baranowsky nur einen Straßenzug nach Westen. Während des Krieges, im Jahr 1915, hatte Antonie *Judith und Holofernes* von Friedrich Hebbel gesehen. Später erinnerte sie sich an diese erste Begegnung mit Paul Wegener:

»Seit diesem Abend konnte ich ihn nicht vergessen. Ich hatte nur einen Wunsch, Schauspielerin zu werden und wenigstens einmal in meinem Leben an der Seite Paul Wegeners die Rolle Judith zu spielen. Meine Eltern erklärten, ich sei verrückt. Wenn ich nur das Wort ›Theater‹ aussprach, stürzte eine Flut harter Worte auf mich nieder, die mich vollkommen entwaffnete. Ich riß mich jedoch los, begann Stunden zu nehmen und trat einige Zeit später in einem Berliner Theater zum ersten Mal auf.«[1]

Gerade 16 Jahre alt, fühlte sich Antonie vom Unterricht am Gymnasium gelangweilt und war sicher, dass drei weitere Schuljahre ihre Bühnenkarriere auf fatalste Weise verzögern würden. Die Schauspielerin Maria Frei, die Antonie einst als Judith bewundert hatte, war eine Freundin der Familie, und so schrieb Antonie ihr und fragte, an wen sie sich am Deutschen Theater wenden sollte, um Ratschläge für eine Ausbildung zur Schauspielerin zu erhalten. So kam es zu einem Gespräch mit dem Schauspieler Eduard von Winterstein.

Eduard von Winterstein, Jahrgang 1871, war jetzt 46. Max Reinhardt hatte den berühmten Schauspieler als Lehrer an die Schauspielschule, die er 1905 für sein Theater gegründet hatte, geholt. Von Winterstein spielte viele Rollen, berühmt wurde er für seinen Jago, neben Paul Wegener als Othello. Üblicherweise begannen die Schauspielstunden um 16 Uhr und sollten zwei Stunden dauern. An von Wintersteins spielfreien Abenden konnten sie aber auch fünf und sechs Stunden lang sein. Von Winterstein war der Ansicht, dass seine Schüler lernen sollten, »eine Rolle, eine Szene, eine Rede nicht mehr oder weniger gut zu rezitieren, sondern zu ›erleben‹. Denn einzig und allein das ›Erleben‹ ist der Kern jeglicher Schauspielkunst, und zwar soll er wirklich erleben, sich nicht nur einreden und einbilden, er erlebe etwas. Er soll nicht zornig tun, sondern zornig sein. Das Zornigtun strengt nur die Stimme an, das Zornigsein aber das Herz. … auf das Herz, nicht auf die Stimme kommt es an.«[2]

In einem Brief vom 5. Dezember 1917 berichtete Antonie ihrem Bruder Erwin, der zu dieser Zeit in Frankreich im Felde stand, über die Begegnung mit von Winterstein. Antonie hatte den »Ruf zu den Waffen« der Johanna von Orleans aus Schillers Theaterstück rezitiert sowie das recht melodramatische Gebet der Judith zu Gott aus dem dritten Akt von *Judith und Holofernes.*

Als sie geendet hatte, kam von Winterstein auf sie zu und sagte: »Ich bin so froh, daß ich Sie gehört habe und weiß jetzt, daß ich Sie nur ermutigen kann.« Nach 20-minütiger Erörterung stimmte er zu, dass es bei einer Verzögerung ihrer schauspielerischen Ausbildung um weitere drei Schuljahre – bis zum Abschluss ihres Abiturs im 19. Lebensjahr – tatsächlich zu spät für eine Bühnenkarriere sein könnte. Antonie sagte von Winterstein, dass sie drei weitere Schuljahre ohnehin nicht ertragen könnte. Ihrem Bruder Erwin schrieb sie am nächsten Tag, am 5. Dezember 1917:

»Erwin, es hängt mein Lebensglück davon ab. … Deshalb darf keiner den Anderen hindern auf seinem Lebensweg. Ich glaube es ist zuviel verlangt, wenn ich Dich bitte mich zu unterstützen. Was ich jetzt wünsche ist nur: Ostern Abschluß der Schule und rhetorischen Unterricht. Ich bitte Dich, Erwin, mach es mir nicht noch schwerer. Es tat mir innerlich weh genug, den Eltern dies mitteilen zu müssen.

Verzeih' daß der Brief so konfus ist, aber bei meiner inneren Aufregung ist das ja wohl verständlich. Ich hoffe, Du verstehst mich trotzdem. – Nicht Deine Hilfe will ich, nur steh mir auch nicht entgegen und mache es mir nicht noch schwerer. Du weißt, daß der Vater sich sehr auf Dich stützen wird. Du weißt aber auch eben sehr gut, daß ich nicht zurückzuhalten bin. … Ich habe viel auf's Spiel gesetzt und kann und will noch mehr wagen.«

Es überrascht nicht, dass Paul diesen Plänen gar nichts abgewinnen konnte. Er drohte Antonie, alles in seiner Macht Stehende zu tun, um sie zu stoppen. Da sie noch nicht einmal 17 sei, habe sie sich seinem Willen zu fügen. Als sie ihm zu sagen wagte, dass es schließlich ihr Leben sei und nicht seines, »wurde er sehr aufgeregt und sagte, ich müßte so leben, wie sie wollten und war absolut dagegen«, wie Antonie ihrem Bruder Erwin am 13. Dezember 1917 schrieb. Antonie vermutete, dass Pauls Widerstand so massiv war, weil er ohnehin wusste, dass es vergebens war. Sie war froh, dass Paul ihr zumindest die Theaterbesuche nicht verbat. »Schließlich lerne ich da am meisten.«

Einen Tag zuvor, am 12. Dezember 1917, hatte Paul in der Tat an Erwin geschrieben:

»Überraschung: Antonies Plan, sich dramatisch auszubilden, ihr Besuch bei v. Winterstein und Berthold Geld. Ihrer Energie alle Anerkennung! Aber – keinem meiner Kinder hätte ich die Bühnenlaufbahn als Lebensziel gewünscht, und nun will eine Tochter sich dem zuwenden. Sie hat uns ein Gedicht vordeklamiert, dann die heilige Johanna und Judith, mit Gefühl, aber mit einer Stimme, die nie ganz richtig war. Nun will sie die Schule aufgeben. Freilich zur Zeit kann sie dort nichts. Aber das kann schon Ostern anders sein! … Ich betrachte den Schauspieler Beruf als nicht würdig … Ich habe kein Veto eingelegt, aber auch klipp und klar gesagt, daß dieser Weg weder Muttchens noch meinen Wünschen entspricht. Soll ich da mit 16 Jahren die Wege zu ebenen? Gegen Deklamations-Unterricht habe ich nichts einzuwenden. Aber das ist ja nur der erste Schritt! – Nun sprich Dich dazu einmal offen aus. Du bist ja alt genug, um zu wissen, was jene Bretter bedeuten!

Wie wenig Frauen haben dabei noch den Vollberuf als glückliche Frau und Mütter erfüllen können!«

Da Erwin jedoch Antonie unterstützte, gab Paul auf. Antonie berichtete Erwin, dass Paul seine Frau angefahren hatte: »Du hast Antonie angemuntert, Du kannst sie jetzt abmuntern!« Doch Hedwig erwiderte einfach, dass es in ihrer Familie nicht Tradition sei, Märtyrer hervorzubringen. So erhielt Antonie als Weihnachtsgeschenk ein Kofferset und Gutscheine für zwölf Lektionen Schauspielunterricht am Deutschen Theater. Antonies Schlussfolgerung: »Also vorläufig liegen die Dinge ziemlich glatt, fast zu glatt!« Dann erinnerte sie sich, wie sie von Winterstein vorgetragen hatte:

»Als ich bei Winterstein stand und ihn kommen hörte, da wurde mir in einer Sekunde noch einmal etwas klar, die Folgen sowohl wie die Ursache! Als ich aber da mich so auf mich selbst angewiesen fühlte, empfand, daß jetzt vieles, fast alles ganz allein von mir abhing, da fühlte ich zum ersten Mal: Ich lebe! Und dies Bewußtsein machte mich so stark und froh, daß ich zu jedem Kampf mich selig fühlte! … Es ist so schön, so jung, so voll Lebensmut zu sein!«

## Eine Karriere beginnt

Etwa ein Jahr später hatte Antonie ihre erste wirkliche Bühnenrolle: den Puck im *Sommernachtstraum*. Das war Max Reinhardts Lieblingsstück, denn seiner Meinung nach verkörperte es alle Facetten des Theaters. Später, 1919, erhielt Antonie einen Vertrag am Theater in Stolp, Pommern, für die *Fledermaus* – obwohl sie keine Gesangsausbildung absolviert hatte. Ihre nächste Rolle war in Berlin-Steglitz, in Moretos *Donna Diana*, einem Stück über eine Prinzessin, die sich der Liebe zunächst verweigert und schließlich doch hingibt, beinahe so wie in *Viel Lärm um nichts*. Ein Kritiker meinte, dass der funkelnde Dialog nach mehr Freiheit von den irdischen Sorgen rief, als Antonie sie ausstrahlen konnte. Der *Berliner Tageblatt*-Kritiker schrieb: »Noch jung, schon reif, mit einem tragischen Organ, das dem Lustspiel fern ist. Sie fesselt durch sicher Artistisches und vielseitig Gekonntes.«

Ihren ersten großen Erfolg hatte Antonie in Magdeburg, als Maria Stuart in Schillers gleichnamigem Stück. Die Vorstellungen begannen am 5. Mai 1920, und Goethes *Iphigenie auf Tauris* folgte im Repertoire. Die Kritiker waren begeistert: »Antonie Strassmanns Stimme wurde einer zutiefst menschlichen Iphigenie völlig gerecht, einer Iphigenie, die Griechenland mit ihrer Seele suchte und doch noch eine jungfräuliche Priesterin war. Sie schien durch die transzendentalen Verse Goethes von allen irdischen Sorgen frei zu sein, eine Künstlerin, die eigene Lebenserfahrung und intensive Studien dazu befähigt hatten, den geistigen Gehalt dieser Verse völlig zu erfassen. Nicht verwunderlich, daß ihre Mitakteure von ihrem selbstbewußten und perfekten Ausdruck mitgerissen wurden.«

Antonie war jetzt 19 Jahre alt, und sie sah ihre große Chance kommen, sich in Magdeburg für die Rolle der Judith zu bewerben, an der Seite Paul Wegeners, der inzwischen 46 geworden war. Sie erhielt die Rolle. Die erste Aufführung fand am Dienstag, dem 4. Januar 1921, statt. Proben hatte es vor Weihnachten kaum gegeben.

## Eine Karriere beinahe zu Ende

Während jener Magdeburger Monate verliebte sich Antonie in den Tenor der städtischen Oper, der sie abwies, als er erfuhr, dass sie nicht mehr jungfräulich war. Am Samstag, dem 12. Januar 1921, ging Antonie tiefverzweifelt in den Stadtpark und richtete eine Waffe gegen sich selbst. Ich weiß nicht, woher sie die Pistole hatte. Die Kugel traf eine Rippe und blieb dann in Antonies Rücken stecken, wo sie für den Rest ihres Lebens verblieb. Zum Glück waren weder das Herz noch die Lunge getroffen. Einem städtischen Wachmann im Park war die verzweifelte junge Frau aufgefallen, und als er den Schuss hörte, rief er eine Ambulanz. Ein alter Mann, der zufällig in der Nähe war, blieb bei Antonie, bis der Krankenwagen eintraf und sie ins Krankenhaus brachte. Antonie hatte ihren Eltern ein Testament auf ihrem Zimmer hinterlassen, von dem ich leider keine Kopie besitze.

Paul und Hedwig sowie Antonies Schwester Gisela, eine ausgebildete Krankenschwester, eilten sofort von Berlin herbei. Am 13. Januar schrieb Paul an Erwin, der an der Universität in Freiburg war:

»Diesmal führt uns keine Theateraufführung hierher, Antonie liegt leider im Krankenhaus, Befinden zufriedenstellend. Sie hat Hand an sich gelegt … Morgen Röntgen! Wir fuhren in größter Sorge her und hofften auf nichts. … Wir trafen 6.10 Frau E[ilman] an der Bahn; sie erleichterte uns etwas das Herz, indem sie uns Mitteilung von Verletzung und günstigen Aussichten des Arztes machte. … Der Arzt sagt, A. hätte die Tat begangen, da sie nicht überwinden könne, daß sie jemandem eine Lüge gesagt habe. Jetzt erst haben wir ja auch erfahren, was Dir nicht unbekannt war. Daher – die Überanstrengung des Wegnerschen Gastspieles – eine ›unglückliche‹ Liebe …

Für mich ist sie jetzt mein krankes Kind. … Ich hoffe nur, Dir am Donnerstag mehr ausführlich zu schreiben. Es ist anders gekommen, Ereignis und Leiden, körperlich und seelisch, stehen jetzt im Vordergrund. Wir sind wenigstens nicht ohne Hoffnung.

Aber tief schmerzlich bewegt, wenn das die Laufbahn der Künstlerin und Tochter herbeigeführt hat. Dein Kommen ist nicht erwünscht oder erforderlich. Du erhältst täglich Brief, im Notfall Telegramm.

## Neuanfang

Nachdem Antonie in Berlin wieder zu Kräften gekommen war, bemühte sie sich um neue Engagements. Ein Vertrag mit dem Stuttgarter Staatstheater schien vielversprechend, die Entscheidung sollte Anfang Mai fallen. Antonie war jetzt 20 Jahre alt, sie wollte immer noch ihre Schauspielkarriere verfolgen, war sich aber nicht sicher, wie sie ihre Familie dafür gewinnen könne. Am 26. April 1921 schrieb sie ihren Eltern aus Baden-Baden:

»... noch bin ich ohne Nachricht von Stuttgart, u. die Tage vergehen unter langem Hoffen. Morgen wird nun so allmählich der 5. Tag seit Stuttgart u. so in 5–6 Tagen versprach man mir die Nachricht. Von morgen ab wird also eine gesteigerte Unruhe einsetzen!

... Euch gegenüber bewegen mich viele Gedanken. Aber es ist schwer, sie schriftlich auszusprechen – ein pater peccavi ist immer schwer, und besonders, da ich nicht ins Elternhaus zurückkehre, sondern meinen Weg weitergehe. ... obwohl es mir natürlich schmerzlich ist, Euer Vertrauen in so mancherlei Beziehungen verloren zu haben! Das ist bitter – vor allem für Euch und schwer aber auch für mich; glaubt doch nicht, daß ich so ohne weiteres ohne Euer Vertrauen fertig würde. Ich habe das Bewußtsein und die Hoffnung, mich einmal zu hohem Menschen- und Künstlertum aufzuschwingen, aber es wird ein Ringen. Nicht auf dem Weg edler Philosophie, Ethik und innerer ruhiger Entwicklung wachse ich zu dem, was mein Ziel ist, sondern durch menschliche und künstlerische Nöte, durch tiefe Erlebnisse, glückliche und unglückliche, gelange ich zum Ziel.

Bleibt mir, trotz allem Bitteren, was ich Euch angetan und mir, u. womit ich Euch schlecht lohnte, was Ihr an mir getan, mit Eurer Liebe nahe, daß ich Euch und Eure Liebe wie schon diesmal – gleich Peer Gynt – mir wiederfinde und die gleiche bleibe.

Es ist uns nun einmal nicht gegeben, daß mir die sorgende Hand der Eltern die drohenden Fährnisse des Lebens aus dem Weg räumt; ich muß es selber tun, u. bin dessen froh. ... An meinem Arbeiten daran soll es nicht fehlen. Und hat ich es verloren, so will ich Euer Vertrauen zugleich damit wieder gewinnen!«

Schließlich traf das Telegramm mit der guten Nachricht aus Stuttgart ein, und noch vor Jahresende trat Antonie in kleineren Rollen in Goethes *Götz von Berlichingen* und Schillers *Jungfrau von Orleans* auf. Im nächsten Jahr folgten Rollen im *Faust*, Teil I und II. Dann spielte Antonie die Amazone Penthesilea in Kleists gleichnamigem Stück und die Lady Macbeth. Ein Kritiker schrieb: »Vor allen anderen sollte Fräulein Strassmann als Lady Macbeth hervorgehoben werden, mit allem Dämonischem in ihrem Charakter, besonders in der furchtbaren Erhabenheit der Wahnsinnsszene. Durch die Nacht streifend, eine Lampe in den weit ausgestreckten Armen haltend, war sie schrecklich und mythologisch zugleich.«

## Der Erste Willy

In Stuttgart begann Antonie auch eine Romanze mit einem gutaussehenden Gardinenhersteller, Willy Joseph. Am 25. Januar 1923, kaum zwei Wochen nach der Hochzeit von Antonies Bruder Erwin, heirateten Joseph und Antonie in Berlin. Willy war 30, ein Kriegsveteran, und Antonie 21.

Erwin war der erste, dem Antonie von ihrer Verlobung berichtete, wie aus einer schnell gekritzelten Mitteilung an ihn vom November 1922 hervorgeht:

»Mein lieber Freund und Bruder!

Zum Zeichen unserer alten innigen Freundschaft Dir als erstem die Mitteilung – daß ich mich verlobt habe! Ja, mein Kleiner, so geht das im Leben! Meinem Beruf, der Öffentlichkeit, allem … sag ich Lebewohl!

Ich liebe Willy so von ganzem Herzen, daß ich alles mögliche erwogen habe, wohl fast seit Juni – denn alles, was in einer Ehe in späteren Jahren mich stören könnte, mußte ihm zuliebe von vornherein ausgeschaltet sein! Nur das Bewußtsein, daß nur wahre Gemeinsamkeit zum ganzen Menschen macht, daß wir zusammen bauen können, eine Welt für uns …

Was ich aufgebe, weiß ich. Ich weiß aber auch wofür und für wen! Mein Glück erfüllt mich so, daß ich nur lächeln kann und immer denke, ob es nun Wirklichkeit ist! O diese innere Ruhe! Die Tatsache an sich ändert an uns nichts – nur ist das Beisammensein plötzlich ein Ewigkeitswerk!

Bitte bereite die Eltern auf die Möglichkeiten vor, verschweige eher den Brief und seinen Inhalt!«

Doch das kleine Paradies in Stuttgart, Kanonenweg Nr. 4, fand seine Erfüllung nicht: Antonie, jetzt 22, war beunruhigt, dass sie nicht schwanger wurde. Ilse, die Frau Erwins, war schon wenige Monate nach der Eheschließung schwanger geworden. Zwar kam Ilses Kind im Sommer 1923 tot zur Welt, doch ein weiteres folgte bereits im November 1924. Antonies Schwester Gisela hatte ihr zweites Kind im September 1923 zur Welt gebracht. Paul Ferdinand bestand darauf, Willys Zeugungsfähigkeit im Labor zu überprüfen, und musste sich entschuldigen, als sich herausstellte, daß Willy voll zeugungsfähig war. Antonie, die unbedingt Kinder haben wollte, aber von ihrer Ehe schon frustriert war, hatte mir einmal gesagt:

»Ich hatte nichts dagegen, Socken zu stopfen, Obst einzukochen und abzuwaschen. Man konnte ja abends immer noch ausgehen. Aber im April 1925 fuhren wir nach Amerika, und nur seine Geschäfte und die Gardinenstoffe interessierten Willy. Ich mußte ihn quasi nach Chicago und Washington und zu den Niagara-Fällen schleppen. Auf dem Rückweg, in London, scherte er sich nur um Wimbledon und Einkaufsläden, kein Buckingham-Palast, kein Westminster Abbey, kein Tower. Paris war dann wirklich das Ende unserer Ehe. Alles, was er sehen wollte, waren die Champs Élysées und die Nachtklubs. Ich mußte allein nach Versailles, in den Louvre und nach Notre Dame. Das war der Moment, wo ich wußte, daß man auf so etwas keine Ehe aufbauen kann.

Ich traf ihn, als er auf dem Höhepunkt seines Lebens war – ein Kavallerie-Offizier, Anwalt, Fabrikbesitzer, belesen und gutaussehend. Ich dachte, er würde sich noch weiter entwickeln, aber er war damit am Ende, mit sich selbst zufrieden, und das hat mir auf lange Sicht nicht gereicht.«

Willy schlug vor, dass Antonie zurück an die Bühne gehen solle, da er jetzt mehr zu reisen hätte als je zuvor. Antonie ließ ihn wissen, dass sie für ihn die Bühne schon einmal aufgegeben hätte und dies kein zweites Mal tun würde, wenn er sie jetzt bäte, zurückzugehen.

Willy stimmte zu. Doch als Antonie als Jungfrau von Orleans Erfolge feierte, wurde er eifersüchtig und bestand darauf, dass sie die Welt des Theaters endgültig verlassen sollte. 1949 konnte sie mir die Szene vorspielen, die dann folgte:

»Willy: ›Dann hast Du wohl nichts dagegen, wenn ich mit deinem Vater über eine Scheidung spreche?‹
Antonie: ›Nein, überhaupt nicht. Ich glaube, das wäre ziemlich klug von Dir.‹«

Willy begann zu weinen, aber Antonie ließ sich nicht beirren. Sie arrangierte die Scheidung, ging an die Bühne zurück und war bald darauf mit Kronprinz Wilhelm von Hohenzollern liiert.

## Der nächste Willy

Gerhard Masur erinnert sich, dass über Antonies »Kronprinzenjahr« in allen Skandalblättern geklatscht wurde. Der Prinz schickte ihr selbst verfasste Gedichte. Eines davon hieß »Der Tag« und begann mit einer innigen Widmung an das Zimmer in dem kleinen Haus, von dem es inspiriert worden war. Die erste der sieben Strophen lautete:

»Erwache nicht! Gedanken stehn bereit,
wie gierige Hunde dich zu überfallen,
wenn du dich regst. Sie sind um dich gereiht;
Haß gegen dich blitzt auf in ihnen allen.«

Schon nach einem Jahr gab Antonie den Kronprinzen zugunsten eines neuen Liebhabers auf, des Schauspielers Rudolf Forster (1890–1968). An Forster erinnert man sich heute vor allem wegen seines Mackie Messers in der Verfilmung von Brechts *Dreigroschenoper*. Fred Hildenbrandt, der Kritiker des *Berliner Tageblatts*, schrieb über eine Aufführung, in der er Forster als König von Frankreich in Shaws *Heilige Johanna* gesehen hatte:

»... zu Berlin erwies sich Rudolf Forster endgültig als einer der größten deutschen Schauspieler, die unsere Generation besaß ... [Später] kam ich sofort dahinter, warum dieser Schauspieler ... auf Frauen eine unheimliche berückende Wirkung ausübte. Er

**21** Fritz Strassmann (1858–1940) um 1925. Nicht zuletzt durch seinen Einfluss wurde die gerichtliche Medizin als eigenständige wissenschaftliche Disziplin anerkannt.

**22** Georg Strassmann (1890–1972) um 1925. Wie sein Vater war Georg Gerichtsmediziner und lehrte bis 1935 an der Universität Breslau. 1938 wanderte er in die USA aus.

**23** Familie Paul Strassman 1907. Von links: Hellmuth (13), Antonie (6), Hedwig (38), Paul (41), Erwin (12) und Gisela (11).

**24** In einem Schützengraben an der Somme, wo Hellmuth Strassmann stationiert war, 1916.

**25** Denkmal für Hellmuth Strassmann auf dem Friedhof Wannsee. Es stand ursprünglich am Eingang der Strassmann-Frauenklinik in der Schumannstraße 18.

**26** Hellmuth bei seinem letzten Heimaturlaub in Berlin, 1916.

**27-30** Diese Skizzen fertigte Erwin 1917 in den Regionen der Somme und Aisne in Frankreich, wo er als Fesselballonbeobachter stationiert war.

**31** Vier Strassmanns im Krieg 1915. Von links: Erwin, Paul, Hellmuth und Gisela.

**32** Leutnant Erwin Strassmann im Korb eines Fesselballons in Marle, Frankreich, 1917.

**33** Erwin Strassmann als Ballonbeobachter im Ersten Weltkrieg.

**34** Gisela Gutzwiller, geborene Strassmann, am 27. März 1942 in Locarno, kurz vor ihrem Tod.

**35** Max Gutzwiller, Giselas Ehemann, um 1940.

**36** Neujahrskonzert in Fribourg, 1940. Von links: Marianne, Hellmy, Martin, Ruth und Ursula.

**37** Antonie Strassmann

**38** Antonie in ihrer ersten wichtigen Rolle als Maria Stuart in Schillers Theaterstück1920 in Magdeburg.

**39** Paul Wegener war Antonies Partner in verschiedenen Theaterstücken, angefangen mit Hebbels *Judith und Holofernes* 1921 bis zu Strindbergs *Der Vater* 1930.

**40** Eine Aufnahme im Winter 1925. Hinten von links: Erwin, Antonie und ihr Mann, Willy Joseph. Vorn: Ilse mit Renate, Hedwig und Paul Strassmann.

**41** Antonie steigt aus der Do-X, Müggelsee 1932.

**42** Ein Empfang für die Do-X-Besatzung anlässlich der ersten Landung auf dem Berliner Müggelsee 1932. Von links: Flugkapitän Christiansen, Antonie Strassmann, Dr. Dornier und Ministerialrat Mühlig-Hofmann.

**43** Antonie mit Fritz Lohse. Antonie notierte: »Mit Fritz Lohse während der National Air Races in Chicago mit dem von mir geflogenen ›Bird‹.«

**44** Das Dornier Do X Flugschiff im Anflug auf New York.

**45** Antonie bei ihrer Ankunft mit der »Hindenburg« am 20. Mai 1936.

**46** Antonie (ganz rechts) 1937 am Strand von Marthas Vinyard mit Robert L. Hague. Er war Vize-Präsident von Standard Oil.

**47** Antonie 1948 als Leiterin der East Coast Hearing Aid Division der Zenith Radio Corporation im Empire State Building an ihrem Schreibtisch.

**48** Im Zweiten Weltkrieg zeigte Antonie Frauen im Delahanty Institute, New York, wie man mit Werkzeugmaschinen umgeht (1942).

war keineswegs das, was man bestrickend nennt oder was man als charmant bezeichnet, er war nicht sprühend, nicht geistreich, nicht temperamentvoll, nicht draufgängerisch, er war nicht einmal besonders höflich, gar nicht liebenswürdig. Er gab sich gar nicht. Er blieb gleichmäßig still, ernst und aufmerksam, zugleich immer etwas abwesend und grüblerisch, er war zerstreut und doch hellwach. Und außerordentlich männlich.«[3]

Bis an sein Lebensende sandte der Kronprinz von Zeit zu Zeit Briefe und Fotografien an Antonie. Er bedauerte, dass er Antonie während ihres letzten Besuchs in Deutschland 1936 nicht hatte sehen können. Antonie erzählte mir, dass er stets »charmant und aufrichtig« gewesen sei. Wilhelm sandte ihr auch seine Memoiren, mit einer handgeschriebenen Widmung: »Jugend und Schönheit vergehen, Leidenschaft erlischt, aber wahre tiefe Freundschaft überwindet alle Würfelfälle des Schicksals.«

Irgendwann einmal hatte Wilhelm ein Hakenkreuz angesteckt und versucht, sich bei den Nazis lieb Kind zu machen. Doch sie vertrauten ihm nicht, und so ging er schließlich seine eigenen Wege. In einem Brief vom 25. Mai 1937 schrieb er ihr, die Metaphern vermischend: »In jeder Beziehung ist nun mal die hervorstechendste Eigenschaft unseres Jahrhunderts, Leben und Tod. Frohes und Bitteres marschieren mit so verblüffender Tuchfühlung blitzschnell nebeneinander, daß in dieser Zwickmühle manchem kleinen Mann der Hut hoch geht!« Antonie nannte ihn immer ihren »kleinen Willy aus Potsdam«, ohne jeden Beiklang von Groll oder Verstimmung.

## Die Bühne in Berlin verändert sich

Mitte der zwanziger Jahre schufen einige expressionistische deutsche Bühnenautoren immer noch grell überzogene Theaterstücke, um die Zuschauer zu fesseln, doch es entwickelte sich bereits eine neue Bewegung für realistische Objektivität, die Neue Sachlichkeit. Bald darauf driftete das Interesse des Publikums jedoch zu seichter Unterhaltung und Revuen. Einige Dramatiker, wie Bertolt Brecht, schlossen sich diesem Geschmackswechsel nicht an, andere wie Georg Kaiser, Paul Kornfeld, Walter Hasenclever und Carl Zuckmayer begannen, leichte Komödien zu schreiben.

Doch weder das experimentelle Protesttheater noch die seichten Komödien waren nach Antonies Geschmack. Ihre Stärke war die Darstellung der eher exotischen, aber ausgesprochen starken Frauenfiguren der klassischen Dramen, so wie Desdemona. Unter den Rollen, die sie ab 1926 spielte, waren zwei am Berliner Staatstheater unter Jessner: die Salomé in Hebbels *Herodes und Marianne* und Sittah, die Schwester des Sultans, in Lessings *Nathan der Weise*. Sie spielte die Hippolyta, die Königin der Amazonen aus dem *Sommernachtstraum* am Bülowplatz und die Heilige Johanna in Schillers *Jungfrau von Orleans* am Schiller-Theater. Sie trat in zwei Filmen auf, einigen Hörstücken und in Stücken von Heinrich von Kleist, Georg Kaiser, Hermann Sudermann, Carl Sternheim, George Bernard Shaw und in mehreren Shakespeare-Dramen.

## Auf Tour

1928 schloss sich Antonie Paul Wegeners Ensemble an. Zwei Jahre lang tourte sie mit ihm durch Deutschland und Osteuropa. Reportern sagte sie im April 1928:

»Wegener ist … ein Freund, wie ich selten einem zweiten begegnete. Er ist gut, sanftmütig und geistreich und gibt seiner Umgebung mit einer staunenswerten Großmut Ratschläge, Geld und Seele. Er ist ein großer Schauspieler, doch verdunkelt der Mensch in ihm den Künstler. Auf den Tourneen, wenn die Zeit mit öder Langsamkeit dahinschleicht und der Weg nie ein Ende zu nehmen scheint, erzählt er uns, heitert uns auf, daß wir lachen müssen, als wären wir toll.

Man muß das Leben mit Intensität leben, man muß es in allen Poren spüren, man muß sich über alle Freuden freuen, muß über alle Dummheiten lachen und man muß sich unterhalten, unterhalten bis zur Unendlichkeit.«

Paul Wegener, der während dieses Interviews anwesend war, meinte:

»Sehen Sie diese Frau an … sie ist nicht nur eine vorzügliche Schauspielerin, sondern auch eine der ersten Fliegerinnen, auf die Deutschland heute stolz ist. Sie ist eine herrliche Frau, eine treue Kameradin und eine fröhliche Partnerin. Antonie Strassmann wird für mich immer das Ideal der energischen, sportliebenden und arbeitenden Frau bleiben.«[4]

Bis zuletzt blieben alle Kritiker hingerissen und voll Bewunderung für Antonies schauspielerische Leistungen; zumindest belegen das die Kritiken, die in ihrem Sammelalbum erhalten geblieben sind. Ein Berliner Kenner lobte 1926 Antonies »edle Gestalt, Spiel und Sprache« als Hippolyta, Königin der Amazonen, und einem anderen zufolge war sie »eine höchst mondäne Amazonendame, modern wie eine Tennismeisterin«.

In Strindbergs *Vater* wird ein autoritärer, brillanter Kavallerieoffizier zu einem von der Zukunft besessenen Wissenschaftler. Er widersetzt sich seiner Frau, die die Tochter als Malerin ausbilden lassen will. Stattdessen möchte er, dass sie bei entfernten Freunden einzieht und eine Ausbildung als Lehrerin beginnt. Der Konflikt eskaliert, bis seine Frau Laura seine Annahme, dass er der Vater der Tochter sei, ins Lächerliche zieht und ihn am Boden zerstört.

Ein Bonner Kritiker befand, dass Antonie als Laura »ganz Strindbergisches Weib [war]. Schlange, die wild ist und gefährlich, aber glatt, nicht zu greifen. Sie muß siegen, diese Katze. Mutterliebe klingt hier wie ein Triumphschrei.« In Frankfurt schrieb ein anderer: »Frl. Strassmann gibt die Laura im besten Rasierklingen-Stil. Eine schlanke, beherrschte Erscheinung, scharf, tödlich scharf der Kopf, mörderisch das langsam gewandte Profil, kalt der Blick, schneidend das Wort, lauernd erprüfend die Wirkung, ein über die Bretter gleitender Satan.« Ein Kritiker in Aachen gab zu, dass er sich nach der Vorführung nur mit Mühe beruhigen konnte: »Solche Stunden mit Strindberg – und Wegener! Aber auch mit dieser Laura! … Ist diese Laura noch ein Menschenweib, mit Seele, Frauentum und Würde?«

Antonies Bühnenlaufbahn endete im Winter 1930 – zum einen, da aufgrund der wirtschaftlich schlechten Lage viele Berliner Theater schlossen, zum anderen, weil Antonies Interesse an der Fliegerei übermächtig geworden war und sie im März 1930 in die USA gebracht hatte. Doch gehen wir zurück in das Jahr 1925, als dieses Interesse begann.

## Sport: Medaillen und Rekorde

Eigentlich war Antonie am Sport sogar noch früher interessiert gewesen als am Theater. In ihren Interviews hat Antonie dieses Interesse immer auf die Familienurlaube am Meer und in den Bergen zurückgeführt, auf Schwimmen und Klettern, Eislaufen und Skifahren. Nach der Trennung und Scheidung von Willy Joseph wurde der Sport zu Antonies großer Leidenschaft. Sie trainierte besessen, um das »Deutsche Turn- und Sportabzeichen« zunächst in Bronze und dann in Silber zu erringen. Um sich zu qualifizieren, schwamm sie im Sommer 1927 die 200 Meter in vier Minuten 58 Sekunden, sprang 1,15 Meter hoch, lief 100 Meter in 15 Sekunden, stieß eine Fünf-Kilogramm-Kugel 6,63 Meter und radelte 20 Kilometer in 43 Minuten und 42 Sekunden, Letzteres ein Weltrekord. Sechs Jahre später, mit 32 Jahren, waren ihre Leistungen ähnlich gut: So fuhr sie die 20 Kilometer in 48 Minuten und 43 Sekunden. Radfahren war ihr Lieblingssport, und sie trainierte mit Walter Rütt auf der Fahrrad-Rennstrecke im Grunewald in Berlin. Kein Sechstagerennen der Männer habe in Berlin stattgefunden, behauptet Antonie, ohne dass sie treu und enthusiastisch unter den begeisterten Zuschauern gesessen habe. Ich besitze einige uralte Filmaufnahmen von der jungen Antonie, auf denen man sie in einem leeren Stadium hochspringend, kugelstoßend und laufend sieht, ihr zerzaustes Haar weht im Wind.

## Hinauf in die Wolken

Erwin und ein Verwandter hatten Antonie auf ihren ersten Flug mitgenommen: in einem Korb, der unter einem gelben Leinwandballon hing, in der Dämmerung eines Maimorgens des Jahres 1925. Erwin, der während des Krieges Artilleriebeobachter in einer Balloneinheit gewesen war, hatte Ballonfahren zu seinem Hobby gemacht. Die drei verließen Bitterfeld, etwa 100 Kilometer südlich von Berlin gelegen, und fuhren per Ballon 300 Kilometer nach Westen, wo sie nach 14 Stunden in Marburg landeten. Drei Jahre später beschrieb Antonie das magische Gefühl, »hoch über der Landschaft an einem festlichen Sonntag zu segeln und weit unten die Kirchglocken zu hören. Sonst ist alles still, kein Geräusch, nicht mal Wind«.

In den nächsten zwei Jahren verbrachte Antonie ihre Wochenenden mit Ballonfahrten und schloss auf diese Weise vielfältige Freundschaften mit Fliegern. Einer von ihnen, C. H. Edzard von der Firma Junkers, ein Weltrekordinhaber, lud sie ab und an zu Flügen in seinem zerbrechlichen Zweisitzer ein. Manchmal flogen beide nachts auf die friesischen Inseln und warfen dort Postsäcke ab. So begann Antonies langjährige Verbindung mit der Firma Junkers. Antonie sagte, dass diese Flüge in ihr nicht nur die Freude am Fliegen wachriefen, sondern einen regelrechten Durst danach. »Einen Ballon kann man nicht kontrollieren, aber ein Flugzeug kann man beherrschen und dorthin steuern, wo man will.« Im September 1927 schrieb sich Antonie zur Ausbildung an der Flugschule Bornemann in Staaken ein, ein paar Kilometer westlich von Berlin.

Zu jener Zeit spielte sie die Königin Hippolyta im *Sommernachtstraum* im Berliner Theater am Bülowplatz. Die Aufführung dauerte drei Stunden, und Antonie war nie vor Mitternacht daheim in der Schumannstraße. Jeden Morgen stand sie um fünf Uhr auf und fuhr nach Staaken, um dort für fünf Stunden Fluglektionen und theoretischen Unterricht zu nehmen. Am Rande des Staakener Flugplatzes stand neben einem schlichten Hangar ein kleines Backsteingebäude mit einem riesigen Schild: »Lernt Fliegen!« Im Inneren gab es einen Raum mit einem langen Tisch, auf dem sich Landkarten, Flugzeugmodelle und Instrumente befanden. In einem kleineren Raum daneben standen Etagenbetten, in denen sich die Piloten vor einem Alleinflug ausruhen oder bei Bedarf auch ausnüchtern konnten. Flugschüler lernten nicht nur die Theorie des Fliegens, sondern auch, wie man Motoren und mechanische Vorrichtungen auseinander nahm und wieder zusammensetzte. Nach 98 Flügen mit ihrem Fluglehrer absolvierte Antonie am 13. Oktober 1927 ihren ersten Alleinflug.

»Nachmittags herrschte auch richtiges ›Alleinflieger‹-Wetter, d. h. eine märchenhafte Windstille. …

Einige Sekunden hatte ich ganz starkes, langsames Herzklopfen – aber im Augenblick, als ich das Startsignal bekam, war ich vollkommen ruhig. Und als sich die Maschine vom Boden hob, war ich nur noch unsagbar glücklich im Bewußtsein, nun endlich wirklich selber und allein zu fliegen. – Ich kurvte oder – richtiger gesagt – ›schob‹ vorsichtig um den Platz herum und bemerkte mit ganz neuen Blicken lauter alte Dinge. Zuerst huschte der Schatten der Schwanzsteuerung über das eine Tragdeck, dann entdeckte ich Menschen unter mir! Wenn die gewußt hätten, daß da oben eine Frau zum ersten Mal allein durch die Gegend flog, wären sie bestimmt fluchtartig davongelaufen! Dann dachte ich an meine Eltern, die in Amerika weilten und von den neuesten Unternehmungen ihrer Tochter keine Ahnung hatten! Unter mir flammten die Lampen in den Filmateliers der Staakener Zeppelinhalle – ein rascher Blick noch über Spandau, die Heerstraße und die Havel – und die erste ›Platzrunde‹ war beendet.

Nun wendete ich meine ganze Aufmerksamkeit dem Schwierigsten, der bevorstehenden Landung, zu! Ich wußte, mit wieviel Erwartung, Sorge, Interesse und Neugier stets so ein erster Alleinflug von allen am Start Stehenden verfolgt wird! Also vor allem: Ruhe bewahren! Noch einmal sagte ich mir, daß der glückliche Genuß des ersten Alleinflugs n i e wiederkehrt – dann nahm ich das Gas weg, ›drückte‹ – und wenige Augenblicke später hatte ich die Maschine heil und einigermaßen sanft und ordentlich an den Boden gebracht.

Die Glückwünsche nimmt man in stolzer Freude rasch entgegen, und sofort steigen die weiteren drei bis vier Flüge des nunmehr ›alten‹ Alleinfliegers.«[5]

Als Antonie ihren Flugschein erhielt, bestätigte ihr die Schule, dass ihr Reaktionsvermögen in der Luft ungewöhnlich schnell und akkurat war, ihr Theorieverständnis besonders gut und dass sie an den Reparaturstunden mit größtem Interesse und größter Energie teilgenommen hatte. Jedermann in der Schule hatte ihren freundlichen und hilfsbereiten Charakter schätzen gelernt, und man hatte sie für die Kunstflugausbildung vorgeschlagen.

## Akrobatik in der Luft

Im Sommer 1928 ging Antonie nach Würzburg an die Kunstflugschule. »Ich hatte kein Interesse am Kunstfliegen«, erzählte sie Charles Renshaw vom *American Weekly* zwei Jahrzehnte später. »Aber wir hatten in jenen Tagen so wenig Instrumente, daß ich entschied, ich müßte wissen, was zu tun wäre, falls mein Flugzeug jemals aus einem Nebel auf dem Rücken herausgeflogen käme.«

»Das Erlernen des Kunstflugs beginnt damit, daß man alle Figuren einmal mit dem Lehrer am Doppelsteuer mitfliegt, und gleich selber probiert. Macht man sich anschließend alle Steuerbewegungen und Lagen theoretisch, am besten anhand eines Modells, klar, gibt es eigentlich keine Zweifel mehr. Das Ausschlaggebende ist aber bei der Ausführung das feine Gefühl. Wie überhaupt Fliegen keine Angelegenheit des Verstandes, sondern reine Gefühlssache ist.

Nachdem ich mich durch ein paar Schulflüge und häufige Starts und Landungen mit dem mir neuen Typ des Flamingo vertraut gemacht hatte, kletterte ich also eines Morgens um 6 Uhr mutterseelenallein in das strahlende Blau, das sich über dem schönen

Würzburg wölbte. Als sich der Höhenmesser den 1.000 näherte, begann in mir ein sekundenlanger Vorkampf zwischen Schneid und Lust einerseits, und dem kleinen Eckchen Feigheit, das sich, ehrlich gestanden, wohl bei uns allen in gewissen Momenten bemerkbar macht. Es ging k. o. und sofort ›drückte‹ ich die Maschine auf mehr Fahrt. Der Geschwindigkeitsmesser begann zu klettern. 120, 130, 145, 155 – dann zog ich langsam am Höhensteuer – die Maschine stieg sanft aber stetig – weiter – immer weiter herum – verharrte einen Moment auf dem Rücken – ich zog noch mehr durch – sah die Erde wiederkehren – nahm das Gas weg und ließ im Steuer sanft nach – der erste ›looping‹ war geglückt. Und bei der ganzen Sache hatte ich trotz eisernster Konzentration das Gefühl eines Freudensprunges durch die Luft! – Ich ließ sofort den zweiten folgen, und gleich noch einige ›rollings‹. Mit Steilkurven rechts und links beendete ich meinen ersten Kunst-Alleinflug.

Vor dem Aufstieg zu meinem ersten Kunst-Alleinflug wurde ich von den Kameraden sorgfältig in die Gurte geschnallt. ... Der ausgebildete Fallschirmpilot klärte mich nochmals über die Technik des Absprungs auf. Das alles macht beim ersten Mal einen so merkwürdigen Eindruck, daß man während des Flugs ganz stark unter der Suggestion steht: nun *müsse* man abspringen. Kameraden, denen ich dies nachher erzählte, bestätigten meine Erfahrung von sich aus.

Eigenartig ist überhaupt die Umstellung des Körpers. Er gewöhnt sich unheimlich schnell an alle Lagen, wie: Kopf nach unten, rapides Drehen in sämtlichen Richtungen, an raschen Höhenverlust usw. ... Schließlich macht ein geruhiger Platzflug ohne ein paar kleine Kunstsprünge gar keinen Spaß mehr. Hat man aber seine Nase erst einmal in die Kunstfliegerei gesteckt, und viel mehr kann ich meine Tätigkeit trotz des Examens wirklich noch nicht nennen, so bekommt man überhaupt erst einen Begriff von der ausgeglichenen Kunst eines Udet oder Fieseler!«[6]

## Asse und Joker

1930 wurde Ernst Udet Antonies neuer Liebhaber. »Erni« gab ihr auch einen von seinen warmen Pilotenoveralls, den Antonie viele Jahre lang trug. Ernst Udet (1896–1941) war ein herausragender Kunstflieger, der gern als fliegender Clown auftrat, mit Zylinder, Perücke und falschem Bart als »fliegender Professor« ausstaffiert. Udet war ein Flieger-Ass, der Pilot mit der höchsten Zahl von Abschüssen unter den überlebenden Piloten des Ersten Weltkriegs. Auf seinem Kriegskonto standen 62 Abschüsse; der im Krieg gefallene »Rote Baron«, Manfred von Richthofen, hatte 80 gehabt. Udet war Deutschlands populärster Flieger, er lehrte Kunstflug und spielte an der Seite von Leni Riefenstahl in den Abenteuerfilmen von Arnold Fanck. Ernst Heinkel schrieb über ihn: »Udet war ein Freund jeder guten Flasche Wein und jeder guten Flasche Cognac. ... Und seine Anziehungskraft auf Frauen entsprach dem merkwürdigen Reiz seiner ganzen Persönlichkeit, wenngleich die Legenden, die darüber erzählt wurden, die Wirklichkeit weit übertrieben.«[7]

Für Fluganfängerinnen wie Antonie oder Elly Beinhorn hatte Udet immer einen lässigen Ratschlag parat: »Na, Kleine, hast du dir da nicht etwas viel vorgenommen mit deinem Kunstflugprogramm? ... Ich habe dein Programm drinnen bei der Flugleitung gesehen. Paß auf, daß du nicht auf den Pinsel fällst. Das hat das Publikum zwar gern – aber für einen selbst ist es doch eine unangenehme Angelegenheit! ... Bleib ruhig noch eine Weile da oben in deinen himmlischen Höhen ... aber wenn du mal ganz sicher bist, dann herunter und über die Köpfe der Leute weg – sie wollen dein dummes Gesicht sehen, wenn du auf dem Rücken über ihnen dahinbraust!«[8]

Anders als die meisten Deutschen hielt Udet Frauen für die Fliegerei genauso geeignet wie Männer. Seiner Meinung nach hatten sie die gleichen ruhigen Nerven, das gleiche technische Verständnis und notwendige Feingefühl. In einem gemeinsamen Interview mit Antonie beteuerte Udet, dass sie sogar in besserer körperlicher Verfassung sei als er selbst. Er bezweifelte, dass er gegenwärtig noch eine fliegerärztliche Untersuchung bestehe. Mit Nachdruck wies er darauf hin, dass die Fliegerei bereits viel sicherer als das Autofahren geworden sei, dass die Zunahme bürokratischer Kontrolle ihr aber viel vom Spaß nehme.[9]

Von den Nazis war Udet anfangs nicht sonderlich beeindruckt: ein »komischer Lärm im Hintergrund.« Aber Herrmann Göring, der mit ihm in Richthofens Geschwader geflogen war und nach 1933 Luftfahrtminister wurde, drängte ihn, er sollte Direktor seines Technischen Amts werden. Udet erwiderte, er wisse nichts über große Flugzeuge und Massenproduktion: »Das ist mir unheimlich und liegt mir nicht.« Göring bestand jedoch darauf: »Für das ... bekommst du soviel Leute wie du willst. Wir brauchen vor allen Dingen vor der Welt auch deinen Namen.« Also gab Udet nach. Ernst Heinkel gegenüber äußerte er: »Man muss um der Fliegerei willen auch mal mit dem Teufel paktieren ... Man darf sich von ihm nur nicht fressen lassen.«[10] Er bezeichnete Göring als einen »laurigen Hund«, der sich als eisernen Mann darstelle.[11]

Im Jahr 1938 nahm Hitler an, dass von britischer und französischer Seite keine Einwände gegen einen möglichen Einmarsch in Österreich und dem Sudetenland erhoben würden, da seine neue Luftwaffe sich als wirkungsvolles Einschüchterungsinstrument erwies. Mit noch mehr Flugzeugen in seinem Besitz, so spekulierte Hitler, würden ihm auch bei einem Feldzug gegen Polen und Russland keine Hindernisse in den Weg gelegt werden. Deshalb forderte er eine immer umfassendere Flugzeugproduktion, egal zu welchem Preis. Im Generalstab in Berlin und im Technischen Amt des Reichsluftfahrtministeriums war man sich bewusst, dass Hitlers Wunsch nicht zu erfüllen war. Aber niemand wagte es, Hitler dies auch so zu sagen. Lediglich im Bereich der vergleichsweise langsamen und in ihrer Reichweite begrenzten Kampfflugzeuge könnte man Hitlers Vorgaben entsprechen; an den Bau viermotoriger Bomber war gar nicht zu denken. Die Junkers Ju 88 blieb deshalb der Standardbomber der deutschen

Luftwaffe, die Messerschmitt Me 109 das Standardkampfflugzeug. Technische Innovation wurden nicht vorgesehen, nahm man doch noch 1940 an, dass der Krieg sehr bald vorüber sein würde.

Aus diesem Grunde war der Luftkrieg gegen England schon im Vorfeld verloren – und nicht nur wegen der überlegenen Leistungen der britischen Spitfires und ihrer Piloten, der britischen Entwicklung des Radars und der Entschlüsselung des deutschen »Enigma«-Geheimcodes durch englische Wissenschaftler. Die Reichweite der deutschen Bomber war zu begrenzt, um die Häfen der britischen Westküste und die im Norden gelegenen Flugzeugfabriken zu erreichen. Die Traglast der deutschen Bomber war zudem gering, und von den in ihrer Reichweite eingeschränkten deutschen Kampfflugzeugen konnten sie auf diesen langen Strecken nicht begleitet und geschützt werden. Schon 1940 produzierten die Briten 9.924 Flugzeuge – 23 Prozent mehr als die Deutschen. Die deutsche Luftwaffe konnte sich nicht mehr von den Verlusten an Piloten und Flugzeugen erholen, die sie während der Schlacht über England erlitt.[12]

Deutschland unternahm verzweifelte Bemühungen, leistungsstärkere Flugzeuge, darunter die viermotorige Heinkel He 177, zu bauen. Doch viele von ihnen stürzten ab und verbrannten. Im Feldzug gegen Russland 1941 versagte die deutsche Luftwaffe völlig, nicht einmal die Lieferung von Ersatzteilen konnte effizient organisiert werden. Im Reichsluftfahrtministerium beschlossen Generalfeldmarschall Hermann Göring und Feldmarschall Erhard Milch, Udet zum Verantwortlichen für dieses Debakel zu erklären. Ernst Heinkel berichtet in seinen Memoiren, dass Udet schon im Oktober 1940 blass und verwirrt ausgesehen hätte und einem Zusammenbruch nahe schien. Er hatte zu Heinkel gesagt: »Warum musste das mit der 177 passieren? Alles geht gegen mich. Der ›Eiserne‹ [Göring] ist einfach in den Urlaub gefahren. Er lässt mich mit Milch allein. Milch vertritt ihn jetzt beim Führer. Und er wird dafür sorgen, dass dem Führer jeder Fehler, den ich jemals begangen habe, aufgetischt wird. … Ich komme gegen das alles nicht mehr an. … ich komme gegen die Personalböen nicht mehr an …« [13]

In der Nacht des 17. November 1941 erschoss sich Udet in seinem Schlafzimmer. Er war erst 45 Jahre alt. In den Zeitungen erschienen Meldungen, dass Udet in treuer Pflichterfüllung für das Vaterland bei einem Probeflug tödlich abgestürzt wäre. Bella Fromm Welles, die frühere Berliner Gesellschaftsreporterin und langjährige Freundin Antonies, befand sich gerade in deren New Yorker Büro, als jemand anrief und Antonie die Nachricht mitteilte. Antonie wurde blass. »Die haben ihn ausradiert«, sagte sie mit Tränen in den Augen. »Der hasste die Nazis genau so wie ich. Er war nur ein Pilot. Sonst nichts.« Udet wurde später das Vorbild für Carl Zuckmayers *Des Teufels General.* 1930 lag das alles jedoch noch in weiter Zukunft.

## Kreuz und quer durch Amerika

Am 29. März 1930 traf Antonie an Bord des Dampfers »Albert Ballin« in Amerika ein, um eine Verkaufsausstellung deutscher Flugzeuge zu begleiten, die vom Kaufhaus Gimbel in New York City und der Nationalen Flugzeugmodellbauliga von Amerika vorbereitet und vom Reichsverkehrsministerium und dem Reichsverband der Deutschen Luftfahrtindustrie unterstützt worden war.

Baron König von Warthausen folgte Antonie am 9. April auf der »St. Louis«, um sie bei der Ausstellung von 24 großen maßstabgerechten Modellflugzeugen, 29 Miniaturmodellen, einem originalen Leichtflugzeug, einem originalen Segelflugzeug und einem Ballon zu unterstützen. Der Baron war eine weitere Berühmtheit, war er doch gerade in einem winzigen Leichtflugzeug um die Welt geflogen und dafür mit dem Hindenburg-Preis geehrt worden, der höchsten jährlich vergebenen Luftsportauszeichnung Deutschlands. Seinen improvisierten Flug über mehr als 30.000 Kilometer hatte der gerade erst 21-jährige Warthausen 1928/29 in einem Klemm-Leichtflugzeug mit nicht mehr als 20 PS absolviert und die beiden großen Ozeane an Bord eines Schiffes überquert.

Zeitungsmeldungen und -fotografien berichteten von der Ankunft der beiden berühmten Flieger, und Gimbel ließ verkünden, dass für zehn Tage jeden Mittag die beiden Deutschen Führungen durch die Ausstellung der Flugzeuge und Modelle, die im sechsten Stock des Kaufhauses aufgebaut war, abhalten würden. Bei der feierlichen Eröffnung der Ausstellung waren Amelia Earhart, Eddie Rickenbacker, das Flieger-Ass aus dem Ersten Weltkrieg, Clarence Chamberlin, der als zweiter den Atlantik überflogen hatte, und Frank Hawks, der gerade im Segelflugzeug Amerika überflogen hatte, anwesend.

»Eine Fliegerin, Schauspielerin, Schriftstellerin und Rennfahrerin: Deutsche Frau sagt, sie hat für alles Zeit«, titelte die *New York Telegram* am nächsten Morgen. Ein Reporter schrieb: »Von schlankem, geraden Wuchs, ist eine besondere Frische um diese dunkeläugige, vielseitig begabte junge Frau. Ihre Stimme ist dunkel und reich mit der warmen rauchigen Qualität einer Ethel Barrymore.« Ein anderer Journalist schrieb über die Dankbarkeit, die er für »das rare Glück [fühlte], eine wahre Persönlichkeit getroffen zu haben, ihre intensive Art zu sehen und ihre ausdrucksvollen Gesten, die Art, in der sie über ihre Pläne berichtet und ihre Eindrücke beschreibt«, und er konnte ihr »für ihren 29. Geburtstag heute nichts besseres wünschen als daß sie immer so bleiben sollte, wie sie ist«. Ein Reporter in Milwaukee war fasziniert von dem »lebenssprühenden dunkelhaarigen Mädchen, von dem man sich kaum vorstellen kann, daß es jemals älter werden könnte«.

Von New York aus reiste die Ausstellung weiter in die Gimbel-Filialen in Philadelphia, Baltimore, Boston, Washington, Pittsburgh, Chicago, Milwaukee, Detroit, Cleveland, Columbus und Akron. Antonie und der Baron flogen in ihren eigenen Flugzeugen die meisten Städte an und wurden dort von den Bürgermeistern und den städtischen Repräsentanten begrüßt. Antonie wusste genau, wie man ihnen schmeicheln konnte. Sie versicherte ihnen: »Im Frauenfliegen ist Amerika allen anderen Nationen weit voraus.« In den Vereinigten Staaten hatten bereits 203 Frauen eine Fluglizenz, in Deutschland nur 18. Antonie war nicht der Ansicht, dass Fliegerinnen sich ihre eigene Organisation schaffen sollten: »Wir Frauen sind so viel stärker, wenn wir mit den Männern gemeinsam wirken, Männer sind so wunderbare Kameraden.«

Während dieser Monate war Antonie in ständiger Begleitung eines weißen Kanarienvogels, dessen Name »Okay« war. Okay war ein Geschenk ihres Vaters.

»Sie wundern sich über diesen Namen? Das ist der erste amerikanische Ausdruck, den ich gelernt habe, also habe ich meinen Kanarienvogel so genannt. In Chicago ist er unheimlich schmutzig geworden! Er hüpfte herum auf der Dachpappe draußen am Hotel, und als er zurückkam, war er über und über mit Kohlenstaub bedeckt. … Als Soloflieger ist Okay nicht besonders berühmt, aber er fängt an zu zwitschern, sobald ich das Cockpit öffne. Okay ist weiter herumgekommen als der größte Adler, der je seine Flügel gespreizt hat. Er reist in seinem eigenen kleinen geflochtenen Käfig mit mir, also richtig mit Stil. Inzwischen hat er bereits 150 Flugstunden beisammen – genug für eine Transportfliegerlizenz.«

Baron von Warthausen war ebenfalls in Begleitung eines Maskottchens, einer weißen Siamkatze namens Tamina. »Ich bin so unglücklich«, scherzte Antonie. »Wir sind solch gute Freunde und können niemals gemeinsam fliegen. Er muß seine Katze mitnehmen und ich meinen Kanarienvogel, und dann würde die Katze den Vogel fressen. Ist das nicht eine furchtbare Situation?«

In Akron, Ohio, wurden die Flugzeuge im Juni ein letztes Mal ausgestellt, und dann war es Antonies Aufgabe, sie für den Rückversand nach Deutschland zu verpacken. Danach nutzte sie die Gelegenheit, um ein Prall-Luftschiff zu fliegen und Segelfliegen zu lernen. Amerikaner glaubten immer, dass jeder Deutsche ein Könner im Segelflug sei, meinte sie, und fühlte sich also gezwungen, es auch zum ersten Mal zu versuchen.

## Wettflüge und Turniere

Nach der Modellflugzeugausstellung blieb Antonie noch für ein Jahr in den USA. Sie besuchte Flugzeugwerke, knüpfte Geschäftsbeziehungen an und flog auf Flugtagen. Besonders bemerkenswert war ihre Teilnahme an den National Air Races in Chicago im August 1930 und an den All-American Air Races in Miami im Januar 1931.

Am Flugtag in Chicago hatte auch Amelia Earhart teilgenommen, die Präsidentin der amerikanischen Fliegerinnenvereinigung »Ninety-Nines«, die 1932 allein den Atlantik überqueren sollte, aber auch Eleanor Smith, die einen Höhenweltrekord aufgestellt hatte und vermutlich die beste Fliegerin ihrer Zeit war, weiter Blanche Noyes, Ruth Nichols, Betty Lund und Louise Thaden, die 1929 die erste nationale Frauenflugrally gewonnen hatte. Sie alle flogen in einem Wettbewerb mit »toter Latte«, einem Manöver, bei dem das Flugzeug mit vor der Landung abgestelltem Motor im Gleitflug zielgelandet werden musste. Während ihrer Amerikarundreise wurde Antonie nicht müde, in Artikeln und Vorträgen darauf hinzuweisen, dass sie Berlin und vor allem den Genuss eines guten Berliner Bieres vermisste. Zurück in Berlin am 7. Oktober 1931 hielt sie in Berlin einen Vortrag vor dem Aero-Club von Deutschland. Unter den Zuhörern waren unter anderen ihre Eltern, ihr Bruder Erwin, Ernst Udet, Elly Beinhorn, Hugo Eckener, Ernst Heinkel, Erhard Milch, zu dieser Zeit Direktor der Lufthansa, sowie weitere Industrielle, Politiker, Flieger und andere in- und ausländische Gäste. Die *Berliner Zeitung* schrieb:

»Gestern plauderte nun Antonie Strassmann im Aero-Club von Deutschland … Sie … machte die anwesenden deutschen Flugzeugkonstrukteure wild vor Neid, die aufmerksam lauschenden Motorenkonstrukteure trübsinnig, erweckte in den deutschen Sportfliegern die Sehnsucht nach dem Land der immer noch unbegrenzten sportlichen Möglichkeiten. Selten dürfte ein Redner im Aero-Club ein so aufmerksames Auditorium gehabt haben wie Frau Strassmann gestern abend, da sie dies alles in reizendem Ton, flott, unterhaltsam, anregend, amüsant vortrug, belehrend, warnend, ermunternd von ihrem Fliegerleben in den USA referierte. Fabelhaft alles beobachtet und verarbeitet. Frau Antonie durchreiste aufmerksam Amerika. Donnernder Applaus am Schluß. Wohlverdient, mehr vielleicht noch als das.«

Unter anderem hatte Antonie ausgeführt:

»›Was haben Sie nun eigentlich so lange da drüben gemacht?‹, ist die Frage, die ich wohl so täglich fünfzigmal beantworten soll. Na, das läßt sich mit einem Wort ja nicht so sagen. Als ich mit meinem Kanarienvogel in der einen Hand und dem Grammophon in der anderen in New York an Land ging, wußte ich bloß, daß ich auf meinen zwei Füßen stehen muß, keinen allzu schlechten Eindruck machen wollte und im übrigen wie Columbus Amerika entdecken, d.h. für mich entdecken und, bescheiden ausgedrückt, erobern wollte.

Das Husch-Husch von der Pier ins feudalste Hotel, aufs Empire State Building, rasch zu Ford nach Detroit, vorher noch schnell einen halben Tag am Niagara … und zurück auf den Dampfer mit dem fertigen Manuskript ›Ich und Amerika‹, das wollte ich ja nicht wissen. … ich habe den Strom des Lebens nicht an mir vorbeirauschen lassen, sondern mich mitten hineingesetzt. Das hat nicht nur den Vorteil, daß man zwangsläufig viel schneller die Sprache beherrschen lernt, sondern daß man sich mit den Eigenheiten und Gewohnheiten, also mit der Mentalität eines Landes und eines Volkes vertraut macht. … Die Großzügigkeit der Amerikaner ermöglichte mir nicht nur das Fliegen 28 verschiedener Typen, Zeppeline und Segelflugzeuge, Teilnahme an Flugveranstaltungen,

Rennen und Touren, … sondern auch aktive Vortragstätigkeiten in Rundfunk und Klubs im Interesse der Fliegerei, und eingehendes Studium von Flugzeug- und Motorenfabriken. Dadurch stand ich übrigens auch einige Zeit unter Spionageverdacht. … Chicago als Stadt ist unbeschreiblich faszinierend, voller Leben; und in seiner ganzen Atmosphäre erinnert es an Berlin.«[14]

Drei Wochen später hielt Ernst Udet im Aero-Club einen Vortrag über seinen jüngsten Flug nach Afrika. Antonie berichtete über dieses Ereignis in der *Berliner Zeitung* vom 28. Oktober 1931:

»Ein noch nie dagewesener Erfolg eines Vortrags! … Man wußte nicht, was man mehr bewundern sollte: den kühnen Flug, die meisterhafte Beherrschung der Kamera, die die Natur in absoluter Schönheit erfaßt hatte, oder die humorvoll bescheidenen erklärenden Begleitworte Udets. Wenn es ernst wurde, und den Zuschauern vor all der Wildheit, der Gefahr und der Schönheit fast unheimlich wurde, verfiel Udet in sächsischen Dialekt. … Ein großer Flieger, das Auge eines Künstlers und einer Kamera, ein humorvoller Redner haben sich … in Ernst Udet zusammengefunden …«

Für Antonie war die Wahl zwischen einem Verbleiben im krisengeplagten Deutschland und der Rückkehr in die USA einfach. Sie schrieb ihrer Mutter, dass diese sich nicht über das Ende der Affäre mit Rudolf Forster zu grämen bräuchte. Einige Journalisten wie Fred Hildenbrandt sahen Forster als eine unglaublich positive Persönlichkeit, »die so ganz lautlos für sich wirkte, als Mensch und Erscheinung rein und klar und ohne Narben und Scharte«.[15] Aber Antonie sah ihn in einem anderen Licht, wie sie ihrer Mutter am 25. Februar 1932 schrieb:

»Er ist schwach und feige. … Forster ist in sich ein ganz ungeheuerliches Gemisch von Vornehmheit und Verfeinerung einerseits, und Hang zum Letzten, Ordinären andererseits. Sein Verhältnis zu Frauen ist ein ganz eigenartiges, und die Dauer unserer Freundschaft umso verwunderlicher, da ich alles Andere als sein Typ bin. – So ist er unter anderem sehr befreundet mit der Valetti gewesen, vor Jahren mit der Lyda Wegener, sein körperliches Manko einerseits löst sich aus in einer fast Gemeines-Liebe der Erotik. Ich habe das durch all die Jahre gewußt, und glaube eben aus diesem Grund, daß er innerlich an niemand so hängt wie an mir, weil ich nie etwas von ihm gewollt habe, und auch nie, bei aller Liebe, ungesunde oder niedere Instinkte in ihm wachgerufen hätte. … Forster ist im Grunde geizig, und ein viel zu großer Egoist, um viel an anderen Menschen zu hängen. … Wenn es an seinen geistigen oder körperlichen Lebensnerv geht, geht dieser Mann über Leichen! … Und frei gekommen bin ich von Forster durch U[det]! Ich weiß, Du bist ihm nicht grün. Aber in meinem Leben hat er eine größere Bedeutung gehabt, als er selber ahnte: Ich bin vor Schmutz und Abgrund, in die ich mich vielleicht durch Forster hätte hineinreißen lassen können, bewahrt geblieben. Meine neuen Interessen damals, Luft, Fliegerei etc. haben mich davor bewahrt! … Beide betrachte ich unsentimental heute nur von dem Standpunkt, welche Aufgabe sie in meinem Leben erfüllen sollten. Nur das ich Forster ungleich mehr verdanke, wenn auch nicht durch seine Schuld und Verdienst, und weil ich ihn wirklich geliebt habe. Heute ist für mich nur noch das Schöne übrig, und ich bin letzten Endes die, die mehr davon hatte und hat, obwohl oder gerade weil ich so ungleich mehr gegeben und gelitten habe! – Er ist eine fleischfressende Orchidee, und Orchideen sind die einzigen geilen Blumen!«

## Auswanderung: Noch freiwillig

Noch vor Jahresende 1931 erhielt Antonie ihr Visum und ihre Quotennummer, um legal in die Vereinigten Staaten zu emigrieren. Sie nahm das erste Schiff, das nach Neujahr 1932 segelte, die »New York« der Hamburg-Amerika-Linie, und kam am 8. Januar in New York an. Von Associated Press verbreitet, erschien ihr Foto in den Zeitungen von New York, Washington, Chicago, Dallas, Wilmington, Louisville, Columbus, South Bend und anderen Städten: »Deutsche Fliegerin, Pionierin der Lüfte, siedelt jetzt in die USA über.« Manchmal wurde sie als die »führende deutsche Fliegerin« bezeichnet, oder als ausländische Quotenpassagierin, die sich in den USA niederlassen werde, nachdem sie in Lake Placid ein Flugzeug mit anmontierten Skiern geflogen hätte.

Bereits im Frühjahr des Vorjahres, im Mai 1931, hatte Antonie dem *Milwaukee Sentinel* anvertraut, dass sie in die USA zurückkommen würde, um zu bleiben. Sie sagte, dass sie bereits bei ihrem ersten Besuch in den USA 1925 »… diesen Anreiz gespürt hatte und wusste, wie viele Chancen Amerika mir bot. … Daheim in Deutschland war ich verzweifelt. Die Deutschen sind nicht so stolz auf ihre Leistungen, so wie die Menschen hier. … Jeder, der hier versucht, erfolgreich zu sein, bekommt Unterstützung von allen Seiten. In Europa machen sie jedem das Leben zur Hölle, der versucht voranzukommen. ›Warum machst Du das alles?‹, fragen sie, ›Warum lebst Du nicht einfach in Ruhe?‹ Ich arbeite, weil ich es will – und ich habe hier in einer Stunde mehr Ideen als in Deutschland in einer ganzen Woche.« Jetzt, 1932, erzählte sie Evelyn Seeley vom *New York World Telegram* in ihrem Hotel, dem St. Moritz, einer der größten Vorzüge Amerikas, des ultimativen Gelobten Landes, sei es, dass die Leute einen nicht anstarrten, wenn man lächelte. Die Deutschen seien einfach zu grimmig:

»Ob ich Amerikanerin werde? Darauf können Sie sich verlassen! Amerika hat mir die Augen geöffnet, wie das Leben sein kann. … Wenn Sie hier leben, wissen Sie ja gar nicht, wie gut Sie es haben. Sie sagen, Amerika wäre keine Demokratie, aber mir kommt es wie eine vor. Sie beschweren sich, daß Sie keine Freiheit hätten, aber, ach! wie frei Sie sind! … Deutschland ist nicht nur finanziell am Ende, sondern auch geistig. Deutschland ist gänzlich am Ende. Mein Volk hat seit 1914 keine Atempause gehabt. Es ist wieder und wieder durch die Fleischmühle gegangen. Alle Reserven – finanziell oder geistig – sind aufgebraucht. Jeden Tag gibt es zwanzig Selbstmorde in Berlin – unter Alten und Jungen, Eltern und Kindern, Leuten, die einfach nicht mehr länger kämpfen können.«

Ihre Pläne für die Zukunft waren vielfältig: Sie wollte Junkers und Siemens in Patentverhandlungen in den USA vertreten, Fluglehrerin in Cleveland werden, die zwölfmotorige Do-X über den Atlantik zurück nach Deutschland fliegen helfen und aus Lake Placid über den Wintersport berichten. Dem *New York Herold* erzählte sie gleich nach ihrer Ankunft am 9. Januar: »Als reguläre Immigrantin muß ich mich nicht länger um die Verlängerung meines Besuchervisums bemühen und habe fünf Jahre Zeit, mir meine Pläne gründlich zu überlegen.« Die Errichtung der Naziherrschaft in Deutschland innerhalb eines Jahres erleichterte ihr die Entscheidung noch mehr.

Doch zunächst gab es vom 4. bis 15. Februar 1932 die dritten Olympischen Winterspiele in Lake Placid. Zwei Wochen vor der Eröffnung berichtete Antonie von dort über Rekordtemperaturen, fast 20 Grad Celsius, blauen Himmel, keine Spur von Eis und Schnee. Es sah ziemlich schlecht aus für ihren Plan, Kunstflüge mit einem Flugzeug auf Skiern auszuführen. Nach Auskunft des Wetteramtes von Albany war dieser Winter der wärmste seit 147 Jahren, und zum ersten Mal war der Hudson nicht zugefroren. Mit Lastwagen musste Schnee aus Kanada herangebracht werden. Nur die neue Arena für Eiskunstlauf und Eishockey erwies sich als zuverlässig. Dort gewann Sonja Henie ihre Goldmedaille im Eiskunstlauf für Norwegen, unter anderem gegen zwei elfjährige Mädchen aus Großbritannien. Sonja hatte bereits 1928 die Goldmedaille errungen und würde dies 1936 erneut wiederholen.

## Do-X: Zwölf Motoren und 53 Tonnen

Das gewaltige Flugboot von Dornier, die Do-X, war nach langem und problematischem Flug im Vorjahr in New York gelandet. Es war die Westküste Europas und Afrikas hinuntergeflogen bis Dakar, dann über den Atlantik zu den Kapverdischen Inseln und nach Pernambuco in Brasilien. Mit einer Besatzung von 14 Mann und einer Unzahl technischer Probleme war es dann die Ostküste Südamerikas entlang nach Buenos Aires geflogen und an der Küste zurück bis nach Venezuela, dann nach Westindien und in eine Vielzahl von Städten an der Ostküste der USA. Nach einer ausgedehnten Überholung, die die Kapazität der Motoren noch einmal um 600 PS steigerte, begann am18. Mai 1932 der Rückflug über den Atlantik. Am 24. Mai kam das Flugzeug auf dem Berliner Müggelsee an. Flugschiffe wie Claudius Dorniers spektakuläre, riesige Do-X waren ja tatsächlich fliegende Schiffe mit einem Rumpf, stark und tragend genug, um auf dem Wasser zu starten und zu landen.

Antonie überredete den deutschen Konsul und Friedrich Christiansen, den Kommandanten der Do-X, einen inzwischen 52-jährigen Helden des Ersten

Weltkrieges, sie als »Hilfspilot und Zahlmeisterassistent« anzuheuern. »Kinder, ich hab mich ja sooo gefreut!«, schrieb sie auf einer Postkarte an Freunde, und das begeisterte Echo in amerikanischen Zeitungen war genau das, was die deutschen Unternehmer wollten. Amelia Earhart begann ihren zweiten Atlantikflug einen Tag später, am 19. Mai, aber sie flog solo und nonstop nach Irland.

Das 53 Tonnen schwere Flugzeug aus Aluminium konnte nur Treibstoff für maximal 2.400 Kilometer bei einer durchschnittlichen Fluggeschwindigkeit von 160 Stundenkilometern und einer durchschnittlichen Flughöhe von zehn Metern mit sich führen. Höher zu steigen, war zwar möglich, hätte aber zu viel Treibstoff gekostet. Die zwölf amerikanischen Curtiss-Motoren der Do-X erzeugten 8.000 PS und verbrauchten 1.700 Liter Benzin pro Stunde. Oben auf den Tragflächen saßen vorn sechs Motoren, die das Flugschiff zogen, und hinten sechs Motoren, deren Propeller es schoben. Die Tanks fassten etwa 27.000 Liter, genug für 16 Stunden Flugzeit. So musste die Do-X zum Tanken in Neufundland, den Azoren, in Vigo/Spanien und nahe des britischen Southampton zwischenlanden. Um Benzin zu sparen und die Azoren überhaupt zu erreichen, landete die Do-X auf dem ruhigen, mondbeschienenen Ozean und kreuzte auf dem Wasser die letzten zehn Kilometer bis Horta. Die Do-X führte über den Atlantik Grußschreiben mit an den Reichspräsidenten Hindenburg und an den Berliner Oberbürgermeister Heinrich Sahm.

Als Journalistin führte Antonie natürlich ein Tagebuch:

»Donnerstag, den 18. Mai … Mondlicht. 3.30 Uhr Anker gelichtet. Ein Motor nach dem anderen läuft: 10, 11, 12. … Das Schiff liegt ruhig wie ein Brett. Keine Vibration … An Bord alles munter und vergnügt – Appetit allerseits erschütternd gut.

Kalt trotz der Sonne. Flughöhe wieder drei Meter. … Ich habe ›einen Kleinen rumgepennt‹.

Sonnabend, 21. Mai. … Hinter dem Maschinenraum krieche ich durch eine kleine Tür zum Funkraum. Kiel, der Bordfunker, sitzt mit dem Kopfhörer über seinem blonden Hamburger Jungenskopf. … Kiel drückt auf Knöpfe, dreht an Schaltern. Ich sehe Nadeln schwingen, Lichtchen aufflammen. … Er schaltet um und nimmt Telegramme auf. Wetterberichte aus Hamburg, aus New York. … An Bord ist alles vergnügt. Die Rekord-Startzeit ist immer wieder Gesprächsstoff. Ich gebe meiner Freude Ausdruck, indem ich jedem eine Banane zugestehe. Ich glaube die Jungens halten mich für furchtbar geizig. … Es ist zweifellos leichter für den Magen, geringe Mengen bei wenig Ruhe zu verarbeiten, als große Mengen quellenden Weißbrotes. Als Medizinfrau muß ich schon den vorübergehenden Ruf der Knauserigkeit einstecken: wir wollen alle gesund in Deutschland landen. …

Montag, 23. Mai. Spanien liegt hinter uns. Um 10:45 Uhr starteten wir. Quer über den Golf von Biscaya geht es auf Englands Südküste zu. Es herrscht Nordsturm, 70 Kilometer pro Stunde. Die Biscaya tobt sich unter uns aus. Ich bin heilfroh, in der ›Do-X‹ ruhig darüber hinweg zu fliegen, wenn ich die Dampfer auf die Wellen klettern und in den Tälern verschwinden sehe. … 6:30 hatten wir unsere Ankunft in Calshot, der Seeflug-Station der Royal Air Force angekündigt. … Beim Bojenmanöver geht einer unserer Besatzung im hohem Bogen ins Wasser. … Am 24. Mai fliegen wir dicht an der

Küste. … Das nächste Feuerschiff muß Terschelling sein. Deutschlands erster Gruß. Alle Augen sind darauf gerichtet, alle Herzen schlagen höher … Wir sind daheim – in Deutschland!«

Auf ihrer letzten Etappe überflog Do-X die Straße von Dover, dann entlang der Küste nach Hamburg und von dort zwei Stunden elbe- und havelaufwärts nach Berlin. Wie sie später schrieb, dachte sich Antonie beim Herunterschauen:

»Ja, ich kenne doch von Brandenburg ab jeden Winkel um Berlin herum. Fahrland. Da drüben liegt Werder. Kinder da müssen doch jetzt die Bäume blühen! Wir fliegen genau über Cäcilienhof, Nikolskoe. Der obligate Pflaumenkuchen mit Schlagsahne fällt mir ein. Pichelsdorf. Grüner Aal und Gurkensalat mit Pilsener Bier. Drüben die Kaiser-Wilhelm-Gedächtniskirche. Und schon sind wir über dem Großen Stern. Was meine Schutzleute wohl da unten denken? Eine Ehrenrunde um die Siegessäule umschließt gleichzeitig mein Elternhaus. Meine Schumannstraße. Ich sehe die Ärzte in weißen Kitteln aus der Klinik herausstürzen. Hier ist die Rampe vom Reichstag, wo ich als Kind auf Rollschuhen runtergelaufen bin. Das Haus, in dem ich geboren bin – da können einem schon mal die Tränen kommen. Das ich jemals so nach Berlin kommen darf! Eine Runde um den Müggelsee, dann die gewohnte glatte Landung.«

Die südliche Hälfte des Müggelsees war für die Landung der Do-X von jeglichem Bootsverkehr freigehalten worden. Auf der anderen Hälfte des Sees tummelten sich dafür Hunderte von Booten und am Ufer drängten sich Tausende von Zuschauern, die der Landung des gewaltigen Flugschiffes entgegenfieberten. Für Deutschland war die Landung der Do-X ein Triumph wie einst Lindberghs in Paris.

Wir – mein Vater, meine ältere Schwester Renate und ich selbst, damals fünf Jahre alt – standen auch in der Menge, aber in meiner Erinnerung sehe ich eigentlich nur noch die verschwommenen Schwarzweiß-Filmaufnahmen, die damals gemacht wurden und die ich heute als Videoband besitze. Man sieht die Do-X sich aus der Ferne nähern, über dem See kreisen und dann aufsetzen und langsam dem Ufer näher kommen, während sie von all diesen kleinen Booten umgeben ist.

## Tollwütige Politik

Goebbels' *Angriff* brandmarkte Antonie als Jüdin und fragte in einer fetten Schlagzeile: »Wer hat Antonie eingeladen?« Antonie dachte immer, dass eine andere bekannte Fliegerin, Thea Rasche, Goebbels dazu angespornt habe. Aber vielleicht war es auch der Flugkapitän der Do-X, Horst Merz, der schon seit 1922 ein getreuer Gefolgsmann der Nationalsozialisten gewesen war.[16] Weiterhin berichteten die Zeitungen am Tag der Landung der Do-X über eine

Schießerei zwischen Nazis und Kommunisten, bei der ein Nazi getötet worden war und in der es zahlreiche Verwundete auf beiden Seiten gegeben hatte. Die Zeiten waren unruhig: Innerhalb einer Woche nach der Landung der Do-X trat Reichskanzler Heinrich Brüning unter Druck zurück und Hindenburg berief per Erlass den rechtslastigen Franz von Papen zu Brünings Nachfolger, während der Reichstag aufgelöst wurde. Für Juni 1932 wurden Neuwahlen angesetzt. 38 Nazis, 30 Kommunisten und 18 andere wurden in Straßenkämpfen in diesem Monat getötet.[17]

Der Flugzeughersteller Ernst Heinkel erinnerte sich, dass im Sommer 1932 Antonie, »eine außerordentlich intelligente und sympathische Frau«, zu Gast in seinen Produktionsstätten in Warnemünde war, als sich plötzlich Göring, damals noch ein Privatmann, zu einer Werksbesichtigung anmeldete und zum Kaffee kam. Antonie und Göring kannten sich als Flieger, als Freunde von Freunden. Mit Göring kam seine Verlobte, Emmy Sonnemann, die zusammen mit Antonie am Stuttgarter Landestheater aufgetreten war. Antonie lief auf Emmy zu und umarmte sie herzlich, während sie zu Göring hinüberrief: »Mensch, Göring, wie kommst du zu so einer prächtigen Frau? Die ist doch viel zu gut für dich.«

Während der Werksbesichtigung erklärte Göring mehrfach: »Wenn ich demnächst Luftfahrtminister werde ...« Und zu Emmy sagte er: »Emmy, du siehst hier ein Werk, das einmal das größte Flugzeugwerk Europas werden wird, wenn ich demnächst Luftfahrtminister bin.«[18]

In Nachkriegsbriefen fragte Heinkel Antonie: »Denkst Du noch an die herrlichen Zeiten 1932/1933? ... die erleben wir in Deutschland nicht wieder.« Antonie antwortete ihm am 25. Mai 1947: »Die Wochen die wir alle in Deinem gastfreien Haus verbringen durften, sind mir unvergessen. Was waren das für fidele, harmlose, und fröhliche Zeiten.«

## Die südamerikanische Reise

Antonies letzter großer Flug führte sie über 3.000 Kilometer und mehr als zwei Monate entlang der Ostküste Südamerikas, von Pernambuco (Recife) nach Buenos Aires. In Bahia, Victoria, Rio de Janeiro, São Paulo, Montevideo und Buenos Aires absolvierte sie größere Zwischenlandungen. Antonie flog in ihrem Leichtflugzeug mit offenem Cockpit, einer Klemm-Hirth, die sie von der Klemm-Fabrik in Böblingen bei Stuttgart nach Friedrichshafen am Bodensee geflogen hatte. Dort hatte Hugo Eckener (1868–1954), der imposante Chef der Zeppelin-Werke, der sogar einmal als Reichspräsident designiert gewesen war, ihr gestattet, das in Einzelteile zerlegte Flugzeug an Bord des »Grafen Zeppelin« zu nehmen und mit diesem vom 12. bis 15. September 1932 den Südatlantik zu überqueren.

Bei der Ankunft in Pernambuco wusste niemand außer Antonie, wie das Flugzeug wieder zusammengesetzt werden musste. So baute sie die Klemm allein wieder zusammen, auf dem winzigen Feld, auf dem der Zeppelin gelandet war und das – wie sich später herausstellte – zu klein für den Start des Flugzeugs war. Antonie stellte 15 Brasilianer an, die das Flugzeug auf ihren Schultern beinahe 20 Kilometer weit durch den Dschungel zu einem Flughafen trugen. Die brasilianischen Zeitungen waren von Antonie genauso begeistert wie die amerikanischen: »Antonie Strassmann ist ein schöne Frau von eher dunklem Typ«, schrieb eine von ihnen. »Sie strahlt Energie und Freundschaft aus. Ihre zutiefst liebenswürdige Art zu reden beeindruckte uns, und die Bescheidenheit, mit der sie von ihrem intensiven Leben als Fliegerin sprach.«[19]

Antonie brauchte eine Woche, um von Pernambuco nach Rio de Janeiro zu fliegen. Dort wurde sie von Repräsentanten der Stadt, Journalisten und Vertretern der deutschen Kolonie in Brasilien empfangen. Sie bedankte sich bei der brasilianischen Luftpost, die ihr erlaubt hatte, während des Flugs ihre Einrichtungen zu benutzen. Im *Diario de Pernambuco* sprach sie am 15. Oktober 1932 über die Begeisterung, die sie für Brasilien empfand:

»Land voll Sonne und Licht! Brasilien ist einfach bezaubernd. Ich habe niemals ein Panorama gesehen, das so endlos und bedeutsam war und so voller natürlicher Schönheit. Alle Söhne dieses gesegneten Landes, und vor allem alle seine Töchter, sollten Brasilien aus der Luft sehen, durch die Fenster eines Flugzeugs. … Ich habe Teile des Staates Rio überflogen und bin sogar noch mehr begeistert darüber, was ich gesehen habe. Aller Dank gebührt meinem Flugzeug, das absolut perfekt ist und hoch in der Luft all meinen Befehlen gehorcht.«

Klemm, der Konstrukteur des Flugzeugs und Inhaber der Firma Klemm, bedankte sich bei Antonie mit einer silbernen Servierplatte, auf der die Reiseroute eingraviert wurde. Ob ihr Brasilien-Flug dazu beitrug, dass Klemm mehr Flugzeuge in Südamerika verkaufen konnte, habe ich nie in Erfahrung bringen können. Antonie fragte 1947 in einem Brief an Heinkel, wo Hanns Klemm jetzt sei: »… das ist einer der wenigen, von denen ich nichts gehört habe. Erinnerst Du Dich noch an seinen berühmten Ausspruch ›da isch dem Dannäuser sei' Venusberg der reinsche Dreck dagege‹.« Heinkel antwortete am 6. Juli 1950: »Klemm lebt noch und ist immer noch der verrückte Kerl wie früher.«

Bei ihrer Ankunft in Berlin fand Antonie einen neu gewählten Reichstag vor, in dem jetzt weniger, aber dafür umso rabiatere Nazis vertreten waren. Die Nationalsozialisten waren immer noch die stärkste politische Partei, und Göring war Reichstagspräsident. Kurt von Schleicher, der neuer Reichskanzler, war zu schwach, um der NSDAP die Stirn zu bieten. Antonies Entscheidung, nach den Vereinigten Staaten zu emigrieren, schien sinnvoller denn je.

# Anhang: Antonies Theater Rollen, 1920–1930

| Autor | Drama | Rolle | Ort und Jahr |
|---|---|---|---|
| Friedrich Schiller | Maria Stuart | Maria | Magdeburg 1920 |
| Johann Wolfgang Goethe | Iphigenie auf Tauris | Iphigenie | Magdeburg 1920 |
| Friedrich Hebbel | Die Judith und Holofernes | Judith | Magdeburg 1921 |
| Gerrit Engelke | Die Kugel | verschiedene Rollen | Magdeburg 1921 |
| Agustin Moreto y Cabaña | Donna Diana | Diana | Berlin 1921 |
| Johann Wolfgang Goethe | Götz von Berlichingen | Helfensteinerin | Stuttgart 1921 |
| Friedrich Schiller | Die Jungfrau von Orleans | Königin Isabeau | Stuttgart 1921 |
| Heinrich von Kleist | Penthesilea | Penthesilea | Stuttgart 1922 |
| Johann Wolfgang Goethe | Faust I | der böse Geist | Stuttgart 1922 |
| Johann Wolfgang Goethe | Faust II | fünf Rollen | Stuttgart 1922 |
| William Shakespeare | Macbeth | Lady Macbeth | Stuttgart 1922 |
| Georg Kaiser | Zweimal Oliver | Kollege | Berlin 1926 |
| Friedrich Hebbel | Herodes und Marianne | Salomé | Berlin 1926 |
| Gotthold Ephraim Lessing | Nathan der Weise | Sittah | Berlin 1926 |
| William Shakespeare | Ein Sommernachtstraum | Hippolyta | Berlin 1927 |
| Friedrich Schiller | Die Jungfrau von Orleans | Johanna | Berlin 1927 |
| Hermann Sudermann | Stein unter Steinen | Lore | Berlin 1927 |
| Heinrich von Kleist | Käthchen von Heilbronn | Kunigunde | Berlin 1927 |
| Theodoor van de Velde | Die Ehe | Ehefrau | Film, 1929 |
| Leo Walter Stein | Scheidungsreise | Trude | Berlin 1929 |
| George Bernhard Shaw | Die Heilige Johanna | Johanna | Stolp 1929 |
| Gotthold Ephraim Lessing | Minna von Barnhelm | Minna | Stolp 1929 |
| William Shakespeare | Kaufmann von Venedig | Portia | Stolp 1929 |
| Carl Sternheim | Der Snob | Sybill | Frankfurt 1929 |
| Sacha Guitry | Jacqueline | Mme. Villeroye | Tour 1928, 1930 |
| Leonid N. Andrejew | Der Gedanke | Tatjana | Tour 1928, 1930 |
| August Strindberg | Gespenstersonate | Alice | Berlin, Tour 1930 |
| August Strindberg | Der Vater | Laura | Berlin, Tour 1930 |
| Friedrich Schiller | Kabale und Liebe | Lady Milford | Chicago 1930 |

*8. Kapitel*

# Zenit in Heidelberg und bitteres Ende: Gisela und Max

Die Universität Heidelberg war Pauls Alma Mater gewesen, und in Heidelberg war die Verfolgung durch die Nazis besonders ausgeprägt. Dies ist von Bedeutung für die Lebensgeschichte von Gisela, dem dritten Kind von Hedwig und Paul Ferdinand Strassmann, das am 23. Oktober 1896 zur Welt gekommen war. Neben Gesprächen, die ich nach dem Krieg mit fünf meiner Vettern und Kusinen geführt habe, basiert dieses Kapitel vor allem auf den Memoiren von Giselas Ehemann, dem Juristen Max Gutzwiller (1889–1989), ganz besonders auf dem von ihm verfassten *Büchlein mit dem Denkmal* (169 Seiten), das er innerhalb von drei Monaten nach Giselas Tod am 15. April 1942 geschrieben hatte.[1]

## Eine Nachkriegsromanze

Als der Erste Weltkrieg ausbrach, war Gisela 17 und hatte ihr Abitur noch nicht abgelegt. Den Überlieferungen nach war sie ein eher gedankenvolles, stilles Kind, immerzu ernsthaft und bewusst, wie Hellmuth es gewesen war, und nicht unruhig-spontan und schelmisch wie Erwin und Antonie. Gisela wurde Krankenschwester und arbeitete in verschiedenen Militärkrankenhäusern, vor allem im Raum Berlin. Erst 1919 konnte sie ihre schulische Ausbildung wieder aufnehmen und konzentrierte sich dann besonders auf griechische Philosophie, die sie bei Ernst Hoffmann am Mommsen-Gymnasium studierte.

Max Gutzwiller, ein Anwalt aus Basel, war 1919 zum Rechtsattaché an der Schweizer Botschaft in Berlin berufen worden. In seinen Erinnerungen beschreibt er seine erste Begegnung mit Gisela auf einem Empfang: Ein innerer Glanz sei von ihr ausgegangen, während sie auf ein Fenster zuschritt. Ihr Kleid hatte ein golddurchwirktes Brokatmieder, das so zurückhaltend und zeitlos wirkte, dass Max überzeugt war, nur jemand mit einem besonderen Maß an persönlicher Kultur könnte so etwas tragen. Von nun an ging Max auf alle Empfänge und Exkursionen, von denen er annahm, dass er Gisela dort finden könnte. Bald besuchten sie gemeinsam Museen, Konzerte und Vorträge. Und

Max versuchte, ebenfalls bei Dr. Hoffmann Griechischstunden zu nehmen: »Ihr Lehrer fragte mich allerdings mit Verwunderung, ob ich ihm denn zumuten wolle, gleichzeitig mit mir zu buchstabieren und mit Gisela zu philosophieren.« So blieb es bei getrennten Griechischstunden für Max und Gisela.

Die Schweizer Botschaft am Königsplatz nahe dem Spreebogen war nur einen Steinwurf von der Strassmannschen Klinik entfernt. Eines Nachmittags konnte Gisela ihren Vater überzeugen, Max in die Schumannstraße 18 zu einem Konzert zu Ehren Beethovens einzuladen. Ein bekannter weißbärtiger Violinist spielte die Kreutzersonate wenig überzeugend und mit theatralischen Gesten. Gisela gefiel dies überhaupt nicht, und sie war überzeugt, dass ihr Bruder Erwin dies viel besser vorgetragen haben würde.

Ende April 1921 erfuhr Gisela, dass Max im Mai nach Bern versetzt werden würde. Beide trafen sich im Rembrandtsaal des Kaiser-Friedrich-Museums, wo Max seine Geliebte recht unvermittelt fragte: »Wie wäre es, wenn wir uns verlobten?« Gisela stimmte zu, doch sehr romantisch war die Verlobung kaum, wog doch die Last der Verantwortung schwer. Max schrieb später, dass es ihm erschien, als würde die bedeutungsvollste Aufgabe seines Lebens vor ihm liegen. Schwindelnd vor Glück, aber auch vor der Schwierigkeit, die Zukunft zu meistern, ging er in die Botschaft zurück. Seine mütterliche Freundin Ethe aus Bonn glaubte ihn ermahnen zu müssen, dass sein Charakter schweren Schaden nehmen könnte, wenn er unter dem Vorwand einer plötzlichen Abreise seine wunderbare Beziehung zu Gisela, die doch weit mehr war als nur ein galantes Abenteuer, willkürlich beenden würde. Andererseits aber war die Ehe mit einer Angehörigen einer Großmacht für einen Schweizer Berufsdiplomaten schlichtweg unmöglich. Deshalb beschlossen Max und Gisela, ihre Verlobung zunächst geheim zu halten.

In der Zwischenzeit dachte auch Gisela über ihre Zukunft nach und stellte fest, dass sie an einer akademischen Karriere mit den ständigen zeitaufwändigen Examensvorbereitungen nicht interessiert war. Sie brauchte Aktivität in ihrem Leben und Raum zum Atmen. Gisela schrieb: »Und so stehe ich mit meinen fabelhaften geistigen Anlagen und dem Wissenshunger einerseits und der heidnischen Freude und dem Bedürfnis nach einem … gepflegten Dasein andererseits, immer zwischen dem Entschluß, mich der wissenschaftlichen Arbeit … zu ergeben, oder Scheuerfrau, Haustochter, Sportwesen oder dergleichen zu werden …«

Gisela diskutierte das Problem mit Dr. Hoffmann, ihrem Griechischlehrer, der lachte und sagte: »Sie müssen am besten einen jungen Professor heiraten, der keinen Pfennig Geld hat; dann haben Sie auch im Haus tüchtig zu arbeiten, wie Sie es gerne haben!«

Im Rechtsbureau des schweizerischen Auswärtigen Amtes wurde Max von seinen alten Kollegen wieder willkommen geheißen, die sein neues gesellschaftliches Selbstbewusstsein anerkennend zur Kenntnis nahmen. Vielleicht, so scherzten einige, hatte er ja auch nur einen guten neuen Schneider. Noch bevor ein Monat vergangen war, bot ihm die Universität in Freiburg, Schweiz, eine Professur für römisches Recht an. Max sollte der Nachfolger von Professor Peter Tuor werden, einem Graubündner, der zehn Jahre zuvor Max' Lehrer gewesen war und jetzt einen Ruf an die Universität Genf erhalten hatte. Max hatte nie zuvor in seinem Leben eine Vorlesung gehalten, er hatte nie etwas veröffentlicht, doch er galt als brillant. Schon Samstag nacht nahm er den Zug nach Berlin, um mit Gisela seine Optionen zu diskutieren.

Gisela erwartete ihn am Sonntagmorgen am Anhalter Bahnhof. Sie hörte seinen Ausführungen zu, stellte einige Fragen und fragte dann vorsichtig, ob es denn nun nicht an der Zeit sei, den Eltern von der Verlobung zu berichten. Max stimmte zu, ging ans Telefon und sprach mit Hedwig, die eine kurze Notiz für Paul schrieb: »Lieber Paul, Eben hat sich Dr. Gutzwiller gemeldet! Sobald er kommt, gebe ich nochmals Bescheid. Grund leicht zu verstehen. Deine Hedwig.« Ihr Leben lang sollte Gisela diese Notiz in ihrer Ausgehtasche behalten.

Als Ausländer, Katholik und nicht einmal Arzt war Max Gutzwiller sicher nicht der erhoffte ideale Schwiegersohn für Paul und Hedwig. Paul erschien im Operationskittel zum Gespräch und hielt Max einen längeren Vortrag über die praktische Lebensgestaltung in jeder Ehe. Er bestand darauf, dass Max nun auch mit seinen Eltern sprechen müsse. Hedwig versicherte, dass Max und Gisela ihr uneingeschränktes Vertrauen besäßen. Max blieb bis zum Abendessen und nahm dann den Nachtzug zurück in die Schweiz. Gisela schrieb am 7. Juni 1921:

> »Rührend ist es zu sehen, wie meine Eltern befreit und nahezu dankbar sind, daß sie wissen, um was es für uns geht, und wie sie voll des herzlichsten Wollens und Wünschens und einer – wie Du, Lieber, ja vielleicht bemerkt hast, – großen Zuneigung für Dich, sowie voll des Verstehens für Deine Eltern sind.«

## Ein endgültiger Übertritt

Für Mutter Emilie (Meyer) Gutzwiller waren die Hochzeitspläne ein schwerer Schlag. Emilie war tief im katholischen Glauben verwurzelt und bekleidete innerhalb der katholischen Kirche wichtige Positionen, so als Zentralpräsidentin des schweizerischen katholischen Frauenbundes. Ihrem ältesten Sohn war sie sehr zugetan. So fiel es ihr schwer zu akzeptieren, dass das Eindringen einer Ausländerin und noch dazu Protestantin ihre schönsten Hoffnungen zunichte machte. Max' feste Entschlossenheit zur Heirat traf sie tief. Doch nachdem sie Gisela und Erwin in Freiburg im Breisgau kennen gelernt hatte, schrieb sie an

Max in Bern: »Deine Gisela hat mein Herz gewonnen.« Allerdings müsste Gisela zum Katholizismus konvertieren. Und in der Zwischenzeit wurde Vater Carl Gutzwiller erst einmal gar nicht informiert.

Entgegen aller Erwartung war Carl jedoch über die Nachricht von der Verlobung zwischen Max und Gisela nicht aufgebracht. Seiner Meinung nach war jeder, der vom Judentum zum Protestantismus konvertiert war, nun auch bereit für den nächsten Schritt, nämlich Katholik zu werden. Im Sommer 1921 wurden Paul Ferdinand und Hedwig Strassmann zu einem Familientreffen nach Basel eingeladen. Max berichtet, dass sein Vater, »der einen sicheren Instinkt für menschlichen Wert besaß, erklärte …, diese Gegen-Eltern seien patente Leute«.[2] Ein festliches Essen wurde arrangiert, und auf den Tischkarten für Gisela und Max stand bereits »Bräutigam« und »Braut«.

In den zurückliegenden zwei Jahren hatten Gisela und Max wenig über religiöse Themen gesprochen. Für Max war Gisela die Verkörperung reinster Gesinnung und unbedingter Sittlichkeit. Ihr familiäres Umfeld, ihre klassische Ausbildung, ihr evangelisches Glaubensbekenntnis und die Erfahrungen ihres Kriegsdienstes als Krankenschwester hatten sie nachdrücklich für ein menschlich höheres Leben vorbereitet, was – so schrieb Max nach ihrem Tod – sie nicht zu einer typischen Katholikin werden ließ, aber wesentlich dazu beitrug, dass ihre »gegenseitige Bemühung und ein gemeinsamer Sinn für Alles wahrhaft Wesentliche am christlichen Bekenntnis … unser religiöses Leben zweifellos vertieft …« hatten.[3] Moralisches Versagen verfolgte sie trotz ihrer üblicherweise liebenswürdigen Art mit unerbittlicher Strenge, ja mit regelrechtem Abscheu, der jeden, der damit konfrontiert wurde, zutiefst erstaunt zurückließ.

## Ehe und Übersiedlung in die Schweiz

Nach ihrer Rückkehr nach Berlin im Herbst 1921 schloss Gisela, die nun 25 Jahre alt war, ihren katholischen Religionsunterricht ab und bereitete sich auf die Hochzeit am 29. Dezember und die nachfolgende Übersiedlung in die Schweiz vor. Alle drei Vorhaben erforderten Unmengen an Papieren und Dokumenten, die notariell beglaubigt werden mussten. Sogar Export- und Importgenehmigungen wurden benötigt. Ein preußischer Beamter warnte Gisela davor, welche Probleme ihr der Verlust ihrer deutschen Staatsbürgerschaft bereiten könnte. Doch sie schrieb Max:

»… wie wird die Trennung jedes Mal wieder härter! Ich gehöre ja schon so absolut zu Dir und lebe nur noch in Dir, daß ich alles Andere gar nicht mehr verstehe. Warum bin ich noch hier, anstatt bei Dir, warum tue ich noch Dinge, die mit Dir nichts zu tun haben, warum gehe ich Wege, auf denen Du nicht neben mir gehst und esse an Tischen, an denen Du nicht sitzest? Warum soll ich des Abends einschlafen, wenn ich Dir nicht ›Gute Nacht‹ und viele liebe zärtliche Worte sagen kann und wie wir uns unseres Naheseins freuen dürfen? Und warum erwache ich des Morgens, wenn mein erster Gedanke, Dich bei mir zu sehen und zu grüßen, ein leerer Wunsch bleiben soll? … jeder Stunde, jedem Erlebnis meines Lebens, sei's Freud, sei's Leid, bin ich dankbar für das Samenkorn, das sie in mich gelegt haben und das jetzt zur Reife wächst – alles für Dich, nur ein Weg zu uns beiden …

Ich freue mich, daß Du froh in der Arbeit bist. Warte nur! Wenn wir erst zusammen sind, will ich Dir alles Nebensächliche aus dem Weg räumen, und Du sollst ungeteilt Deinem Werk, unserem Werk leben! Wie soll Dein Leben schön werden!«[4]

## Erste Freiburger Station

Das schweizerische Freiburg war 1922 ein Städtchen mit 20.000 Einwohnern und die Hauptstadt des gleichnamigen Kantons. Mitten durch Stadt und Kanton floß die Sarine (oder Saane), die auch die Sprachgrenze zwischen der deutschsprachigen Schweiz auf dem Ostufer und der französischsprachigen Schweiz auf dem Westufer bildet.

Herzog Berchtold IV. von Zähringen hatte Freiburg 1157 als Felsenfestung über einer engen Windung der Sarine gegründet, in strategisch günstiger Lage, um eine mittelalterliche Handelsstraße zu kontrollieren. 1481 schloss sich der Kanton Freiburg der Schweizer Konföderation an. Unter dem Einfluss des holländischen Jesuitenpaters Peter Canisius (1521–1597) und anderer führte Freiburg jedoch nicht die Reformation ein, sondern wurde zur katholischen Hauptstadt der Schweiz. Freiburg wurde Bischofssitz und beherbergte in seinen Mauern Kirchen, Klöster und Schulen der Zisterzienser, Kapuziner, Franziskaner und Jesuiten. Eine katholische Universität wurde am 1. Oktober 1889 gegründet, dem Tag, als Max Gutzwiller in Basel zur Welt kam.

Freiburgs mittelalterliche Stadtmauern und Wachtürme, seine romanischen und gotischen Kirchen, Klöster und Brunnen, seine Patrizierhäuser, verwinkelten Gassen und romantischen Plätze wirkten unter dem heftigen Schnee wie verzaubert, als Gisela und Max am 7. Januar 1922 eintrafen. Gisela hatte sich schon heimisch gefühlt, als sie vom vorbeifahrenden Zug aus die tief verschneiten tannenbestandenen Berge gesehen hatte, deren Täler sich steil zur Sarine hinuntersenkten. Ein Pferdeschlitten brachte sie zuerst zu ihrem Hotel, wo sie ihr Gepäck deponierten, und dann weiter zu ihrer noch leeren Wohnung in einem Haus an der Avenue Moléson, von dessen Fenstern aus man die Gipfel des Kaiseregg, des Körblifluh, des Moléson und weit im Hintergrund den Mont Blanc sah. Sie hatten kein Telefon.

Während Mobiliar und Haushaltsgüter angeliefert und eingeräumt wurden, lebten Gisela und Max fünf Tage lang im Hotel. Dann gab es einen glücklichen Eintrag in Giselas Tagebuch. »Vierzehn Tage verheiratet! Wir sind schon weit; es wird fein! Erstes Abendessen bei uns und zum ersten Male schlafen wir zu Hause.«[5]

Nach Max' Zeugnis 20 Jahre später war Gisela eine bewusst wirtschaftende und sparsame Hausfrau. Sie kaufte sich fast nie neue Kleider oder neuen Schmuck, und Max musste sie jedes Mal dazu überreden. Getreu dem Vorbild ihrer Mutter sah sie alle Zeit, die Max in seinem Arbeitszimmer verbrachte, als heilig und unverletzlich an. Wann immer aber er über den langsamen Fortgang seiner Arbeit frustriert war, fand sie etwas, das ihn ermutigte und ablenkte.

1942 schrieb Max, dass er und Gisela sich in 20 Jahren gemeinsamen Lebens nicht ein einziges Mal gelangweilt hätten, alle ihre gemeinsamen Reisen seien immer Flitterwochen geblieben, vielleicht später weniger feurig, aber dafür umso intensiver. Gottfried Keller zitierend, erinnerte er sich an die simple Freude, den Anblick ihrer Gesten und ihres Gesichtes zu genießen, ihre feinen, erwartungsvollen Augen zu sehen und ihre sanfte Stimme zu hören. Gisela sah Kunst nicht mit der historischen Pedanterie, die Max an sich zu erkennen glaubte, sondern nur in Bezug auf ihre Wahrhaftigkeit und emotionale Wirkung. Ihre Lieblingsmaler waren Giotto, Mantegna, Peter Vischer, Dürer und Altdorfer. Beide lasen wieder und wieder gemeinsam die alte und neue klassische Literatur, nicht nur die deutsche wie Goethe, Schiller, Lessing, Mörike, Rilke, Stefan George, Gerhart Hauptmann und Thomas Mann, sondern auch Balzac, Stendhal, Shakespeare, Ibsen, Strindberg und die großen russischen Dichter. Gisela spielte gut genug Klavier, um mit Stücken von Schubert, Brahms und Beethoven Besucher zu unterhalten, doch sie entschuldigte sich jedes Mal wortreich vor Beginn ihrer Darbietung. Beethovens Klaviersonate Nr. 12 op. 26 war ihr Lieblingsstück.

## Akademische Anfänge

Als neues Fakultätsmitglied im Alter von 32 Jahren wurde Max sowohl von seinen Kollegen als auch von anderen Studenten manchmal selbst für einen Studenten gehalten. »Setzen Sie sich, junger Mann«, wies ihn ein einflussreicher Professor bestimmt an, als Max sein Büro betrat, um sich vorzustellen. Ein anderes Mal fragte ihn ein Student im Korridor vor dem Prüfungszimmer: »Nun, sind die bei erträglicher Laune?«, und war dann sehr verblüfft, als er während der Prüfung feststellte, dass Max einer von »denen« war.

Jeden Nachmittag, wenn Max durch die engen Gassen von der Universität nach Hause eilte und dann die Stufen in sein Arbeitszimmer hinaufkam, fand er frische Blumen auf seinem Schreibtisch vor. Gisela versuchte nicht, sich in Max' juristische Fachprobleme hineinzuarbeiten. Ihr erschien Max, wenn er an seinem Schreibtisch grübelte, wie ein großer schwerer Hund, und das Büffeln über den Büchern nannte sie »an seinem Knochen kauen«. Doch jeder neue Artikel wurde gefeiert. Rückblickend wunderte sich Max 1942, woher er in jenen frühen Jahren die Zeit für zusätzliche Publikationen genommen hatte, neben seinen Vorlesungen zum römischen Recht in zwei Sprachen und zusätzlichen Kursen in internationalem Privatrecht und angelsächsischem Bürgerrecht.

Während der vier Jahre in Freiburg gebar Gisela vier Kinder. Hellmut kam am 28. September 1922 zur Welt und wurde nach Giselas ältestem Bruder benannt, der im Krieg gefallen war. Ursula wurde beinahe ein Jahr später geboren und die Zwillinge Marianne und Martin im Oktober 1925. Alle wurden im kleinen Baseler Krankenhaus von Dr. Karl Meyer entbunden, Emilie Gutzwillers jüngerem Bruder, der einige Zeit als Assistenzarzt an der Strassmann-Klinik in Berlin zugebracht hatte. Bei den ersten zwei Kindern wurden ihre täglichen Fortschritte in einem Büchlein festgehalten. Das Buch für Marianne und Martin enthält jedoch nur einen Eintrag auf der ersten Seite, ein Zitat von Goethe über Zwillinge.

## Heidelberg – ein Traum?

Im Dezember 1925 besuchte Max Heidelberg. Der verschrobene alte Professor Otto Gradenwitz lud ihn in sein Büro und begann ihn über Spezialfälle des griechisch-römischen Rechts und der justinianischen Digesten auszufragen. Sehr bald geriet das Gespräch zu einem hitzigen Schlagabtausch, und schließlich stand Max mit einem empörten Ausruf vom Tisch auf. Er wusste zwar, dass aufgrund der Emeritierung von Professor Friedrich Endenmann eine Lehrstelle für römisches Recht zu besetzen war, war aber sicher, dass er mit diesem Ausbruch alle seine Chancen verspielt hatte. Der weißbärtige Gradenwitz änderte jedoch plötzlich seinen Ton, stand auf, streckte die Hand aus und sagte: »Patschhand, Herr Kollege! Sie sind ein Charakter!« Als sie anschließend beide zur Tür hinausgingen, fragte Gradenwitz Max, was dieser von seinem Mantel hielte. »Offen gesagt, ein bisschen schäbig für einen Heidelberger Professor«, sagte Max, und Gradenwitz nickte befriedigt. Er war interessiert an einem völlig aufrichtigen Kollegen und nicht an einem Speichellecker, und Max würde sich im Lauf seiner Karriere als grundehrlich erweisen, das war hiermit klar.

Zum Weihnachtstag kam die Bestätigung aus Heidelberg, dass Max den Lehrstuhl für Römisches und Deutsches Bürgerliches Recht in Heidelberg erhalten hatte.

Als Ende März 1926 der Zug in Heidelberg eintraf, brachte er Gisela und Max in eine Stadt, die ihnen wie die idyllische Antwort auf all ihre Träume erschien. Heidelberg war ein Traum, gefeiert in der deutschen Literatur, und Gisela aus den Erinnerungen ihres Vaters an seine Studentenzeit in den achtziger Jahren vertraut geworden. Erinnerungsstücke aus der Heidelberger Zeit des Vaters schmückten das Haus in der Schumannstraße, vor allem der Arminius-Bierkrug, den sein Vater Heinrich an Paul weitergereicht hatte, mit einem Zinnadler auf dem Griff und einem prächtigen schwarz-rot-goldenen Wappen auf dem Deckel sowie Kerben, die zur Erinnerung an sechs gewonnene Säbelduelle eingeritzt worden waren. Max erinnerte sich immer an Giselas unbeschreibliche Freude über seine Berufung, erfüllte sich doch der geheimste Wunsch ihres Vaters, »einmal an der geliebten Stätte seiner Studentenzeit als akademischer Lehrer zu wirken, wenigstens in seinen Kindern«.

## Die führende deutsche Universität

Die Universität Heidelberg, offiziell Ruperto Carola, galt lange als die klassische deutsche Universität, als älteste und schönste, an der es nicht nur Korpsstudenten gab, die sich mit Säbeln duellierten und zum Wein sentimentale Lieder über ihre unglücklichen Liebesromanzen sangen, sondern auch Dozenten, die gebildeter, anspruchsvoller und doch zugänglicher waren als die aller anderen deutschen Universitäten. Die Heidelberger Universität war tatsächlich die älteste des Landes, 1386 von Kurfürst Ruprecht I. von der Pfalz mit 39 Dozenten und 450 Studenten gegründet, die aus den älteren, aber zerstrittenen Universitäten von Paris und Prag übernommen worden waren. Sein Neffe und Nachfolger, Ruprecht II., kam im Februar 1390 auf den Thron und vertrieb schon acht Monate später die Juden aus Heidelberg, die von seinem Onkel noch eine Generation früher willkommen geheißen worden waren. Die konfiszierte Synagoge und die beschlagnahmten jüdischen Häuser wurden die ersten Gebäude der Ruperto Carola.

Als der Erste Weltkrieg begann, waren etwa 2.700 Studenten in Heidelberg eingeschrieben. Viele von ihnen wurden zum Krieg eingezogen oder meldeten sich freiwillig. 480 Studenten und 14 Dozenten fielen im Ersten Weltkrieg. Nach dem Krieg schwankte die Studentenzahl in Heidelberg zwischen 2.000 und 4.000, ein Fünftel der Studenten war weiblich. Als Max Gutzwiller an die Juristische Fakultät berufen wurde, gab es dort bereits herausragende Wissenschaftler: Gerhard Anschütz (Verfassungsrecht), Karl Heinsheimer (Zivilprozessrecht), Otto Gradenwitz (Römisches Recht), Richard Thoma (Öffentliches Recht), Alexander Graf zu Dohna (Strafrecht) und Gustav Radbruch (Rechtsphilosophie und Strafrecht) sowie Heinrich Mitteis (Rechtsgeschichte). Ende 1934 unterrichtete keiner von ihnen mehr.

Es war eine besondere Freude für Max und Gisela, dass Ernst Hoffmann, ihr früherer Griechischlehrer, jetzt als Professor Philosophie und Pädagogik an der Universität Heidelberg unterrichtete. Ernst und seine Frau Dorothea hatten keine Kinder und wohnten an der Ziegelhäuser Landstraße. 1880 in Berlin geboren, hatte Ernst in Berlin, Heidelberg und Göttingen studiert. Von 1907 bis 1922 hatte er am Mommsen-Gymnasium in Berlin-Charlottenburg unterrichtet und an seiner Geschichte der griechischen Philosophie gearbeitet. Die Veröffentlichung erwies sich als so brillant, dass Ernst 1922 mit 42 Jahren an die Universität Heidelberg berufen wurde. Während des gemeinsamen Jahrzehnts in Heidelberg sahen Max und Gisela die Hoffmanns häufig.

Als sich die Gutzwillers zum ersten Mal in größerer Runde an der Universität vorstellten, schaute ein alter Professor der Medizin auf Gisela und flüsterte dann Max zu: »Wenn alle Neuberufenen solche Frauen mitbrächten?«

Die Heidelberger Universität hatte einen ganz besonderen Ruf, der dem von Oxford in England oder Princeton in den Vereinigten Staaten entsprach. Heidelberg war kein Wunderland und keine Eliteanstalt, sondern eine Arche Noah, deren Mission es war, all die wunderbaren Schöpfungen des menschlichen Geistes zu bewahren. Max' Kollege Gustav Radbruch, der Anfang der zwanziger Jahre unter den Sozialdemokraten Justizminister gewesen war, nannte dies den ›Heidelberger Geist‹ und meinte, dass an keiner anderen deutschen Universität die hellsten Geister, darunter auch kluge und gebildete Frauen, in so beständigem und regem intellektuellem Austausch miteinander gestanden hätten.[6]

Max erinnerte sich:

»Überall spürte man Bewegung und die entsprechende Aufnahmebereitschaft, Elastizität und Vielseitigkeit; aber auch selbstverständliche Phantasie, eine künstlerisch anmutende Weite und ein allgemeines ›artiges‹ Wesen. In dem sonntäglichen Zirkel von Marianne Weber an der Ziegelhäuserlandstraße – vor einem großen Springbrunnen inmitten alter Bäume und dem Schlosse eben gegenüber – lauschte ein ganzes Konzil von interessierten Männern und Frauen dem Berichte eines Meisters, um nachher der von ihm erhobenen Fragestellung in ernsthaftem Für und Wider auf den Leib zu rücken. Unter den Laubkronen des an der Berglehne sanft ansteigenden v. Baeyerschen Gartens führten junge Leute ein Shakespearsches Lustspiel auf; bei dem Ägyptologen Hermann Ranke wohnte man der Vorlesung antiker Dichtungen bei; im ›philosophischen Verein‹ sprach ein angehender Jünger der Weltweisheit über die Problemlage in der zeitgenössischen Geschichtswissenschaft; am Friesenberg in den Gewölben eines ehemaligen Refektoriums gab das Ehepaar Radbruch Ricarda Huch zu Ehren ein Hauskonzert, und beim

Empfang unter der ausgedehnten ›Dachlichkeit‹ des Chemikers Friedrich Bergius, nach den Festspielen im Schloßhof, traf man gleichzeitig Gerhart Hauptmann und Thomas Mann, Rudolf Binding und Friedrich Gundolf. …

Was wir in den zehn Heidelberger Jahren – dem unbestrittenen Zenith unseres gemeinsamen Lebens – an jugendlich spontaner Arbeit, unablässig strömender Bereicherung und immer wieder tief genossenem Glücksempfinden erfahren haben, läßt sich … nur ganz obenhin beschreiben. … Unbestreitbar ist …, daß Giselas nunmehr gänzlich erfülltes Wesen und der Zauber ihrer dreißig Jahre viel zu diesem Erfolge beitrugen. … Bei [gesellschaftlichen] Anlässen konnte sie ihre Tischnachbarn, wenn diese in einem bescheidenen Einleitungsgespräch das geistige Terrain zu sondieren suchten, durch ihre energisch weiterführenden Antworten oder durch eine unmerkliche Vertiefung des zögernd Begonnenen in ein komisch wirkendes Staunen versetzen. Besonders dann, wenn sich der Partner die Unterhaltungsaufgabe leicht machte und seiner Dame unüberlegte Behauptungen servierte. Es geschah oft, daß solche Kavaliere den ganzen Abend nicht von ihrer Seite wichen.«[7]

Am 19. Dezember 1928 brachte Gisela ihr fünftes Kind, ihre Tochter Ruth, zur Welt, und wieder ging in der kleinen Privatklinik in der Zähringerstraße alles glatt. Gisela freute sich darauf, ein weiteres Baby aufzuziehen. Ein Bekannter hatte ihr einmal bedeutet, welche gesellschaftlichen Gelegenheiten eine Frau durch die häusliche Säuglingspflege versäume, doch Gisela hatte ihm geantwortet, dass sie sich nichts Besseres vorstellen könne: »Was könnte es für mich auf Erden Schöneres geben als der unerschöpfliche Reichtum dieser goldenen Kinder?«[8] Für Gisela war jeder Tag in Heidelberg ein Sonntag.

## Max bei der Arbeit

Während der Heidelberger Jahre hielt Max wöchentlich acht Vorlesungen, üblicherweise zwischen sechs und acht Uhr abends. Im Sommer 1927 wurde er Dekan der Juristischen Fakultät, eine Position, die immer nur für ein Jahr vergeben wurde. Es war üblich, dass die neun Seniormitglieder der Fakultät einstimmig für alle wichtigen Entscheidungen votierten; und die Harmonisierung neun so unterschiedlicher Temperamente erforderte vom Dekan große Menschenkenntnis. Immer, wenn es Spannungen gab, erinnerte Max deshalb seine Kollegen absichtsvoll an ihre hohen Pflichten und die hehren Prinzipien ihrer unsterblichen Vorgänger, deren Porträts hoch über ihren Köpfen im Besprechungszimmer hingen. Im Herbst 1933 sollte Max für ein Jahr Rektor der Universität werden. Doch da waren die Nazis schon an der Macht, und man bedeutete ihm, dass der Rektorposten für einen Schweizer, der aus seiner Herkunft keinen Hehl machte und auch noch mit einer Frau mit bedauerlicherweise jüdischen Vorfahren verheiratet war, unangebracht wäre.

Als Max noch Dekan war, hatte Gisela es stolz genossen, beim zeremoniellen Einzug der Fakultäten in den Festsaal in der dritten Reihe gehen zu dürfen, während das Orchester Brahms' »Gaudeamus Igitur« intonierte. Später fragte sich Max, ob ihre Freude eine Vorentschädigung für die bitteren Jahre war, die ihnen noch bevorstanden.[9]

Für Paul belebte die neue Verbundenheit mit Heidelberg, die ihm durch Gisela und Max ermöglicht wurde, die glücklichen Erinnerungen an seine Studentenjahre. Im Oktober 1931 verfasste er ein sieben Strophen langes Gedicht für Max und Gisela, in dem er seine Gefühle für Heidelberg beschrieb. Die dritte Strophe lautet:

»Du badisch Land am Königstuhl
bist deutscher Lande Krone,
Und Heidelberg der Diamant,
Wollt' Gott, daß ich hier wohne!«

## Die Nazis übernehmen Heidelberg

Obwohl bis 1933 nicht mehr als ein Drittel der Heidelberger Studenten in geheimen Wahlen für die NSDAP gestimmt hatten oder ihr beigetreten waren, behaupteten die Nazis, schon 1931 die größte Anhängerschaft unter den Heidelberger Studenten gehabt zu haben.[10] Nur ein einziger der 59 ordentlichen Professoren war ein offener Anhänger der Nazis und ein Antisemit: der Physiker und Nobelpreisträger Philipp Lenard. Im August 1933 führten die Nazis das autoritäre Führerprinzip an der Universität ein und übertrugen dem Rektor alle Macht. Von jetzt an kam dem akademischen Senat nur noch eine beratende Funktion zu.

Bis zum Jahr 1937 waren 40 Prozent der Professoren des Jahres 1932 aus politischen oder rassischen Gründen entlassen worden oder hatten gekündigt. Einige der verbleibenden Professoren traten der NSDAP bei und hielten von nun an Reden, in denen sie Hitler priesen und die Juden verdammten. Die Anzahl der Stundenten sank von 3.687 im Sommer 1933 auf 1.815 im Winter 1937/38. Ebenso sank die Zahl der Professoren von 59 auf 32. Dagegen stieg die Zahl der Universitätsmitarbeiter ohne akademische Qualifikation von 34 auf 49. »Arischen« Professoren fiel das Überleben an den Fakultäten relativ leicht: Solange man schwieg, brauchte man sich nicht eindeutig zum Nationalsozialismus zu bekennen oder diesen aktiv zu unterstützen.[11]

In jeder Fakultät mit Ausnahme der juristischen war die Ablehnung der Weimarer Republik – ob nationalistisch oder autoritär – überwältigend. Nur die Juristische Fakultät war eher unentschieden: Neun Dozenten sprachen sich für die Weimarer Republik aus, neun dagegen, drei waren unentschieden. Der Wirtschaftswissenschaftler Alfred Weber, Bruder des Soziologen Max Weber, sollte sich später fragen, ob der so genannte Heidelberger Geist eigentlich nur eine Maskerade war – wie hatte man sich denn so lange in romantischen Heldenträumen wiegen können, wo doch ein ganz anderer Heldentyp schon an die Tür klopfte?[12]

Der damalige Rektor, der Historiker Willy Andreas, hatte 1933 bei der Einführung des Führerprinzips unbeirrt erklärt, dass er das bislang übliche akademische Procedere bevorzugen würde. Mutig schrieb er ein 15 Seiten langes Memorandum an den badischen Erziehungsminister, in dem er nachwies, dass das neue Führerprinzip an den Universitäten keine Anwendung finden könne, da Wissenschaft auf dem freien Meinungsaustausch unter Gleichrangigen basiere und eine Bürokratisierung der Universitäten die Kreativität ersticke. Als Ergebnis wurde ihm sein Gehalt stark gekürzt, als er im Oktober 1933 seine Position als Rektor verließ, doch er wurde nicht aus der Universität entlassen.[13]

Der 43-jährige Wilhelm Groh, ein Spezialist für Arbeitsrecht, wurde ab Herbst 1933 der neue Rektor (und »Führer« der Universität) und bewarb sich 1934 um seine Wiederwahl. Aus diesem Anlass erschien er in seiner braunen SA-Uniform vor dem Lehrkörper der Universität und schrie: »Keine alberne Geheimnistuerei mehr! Deutsche Männer stimmen offen ab!« Natürlich war Groh auch der einzige Kandidat. Viele Fakultätsangehörige händigten ihm wie befohlen ihre Wahlzettel ungefaltet mit der einen Hand aus und erboten ihm mit der anderen den Nazigruß. Max Gutzwiller blickte Groh nur feindselig in die Augen, grüßte nicht und überreichte seinen Wahlzettel gefaltet, den Namen eines Anderen eingetragen. Der Philosoph Karl Jaspers hatte versucht, Max von dieser Geste abzubringen, aber Max hatte ihn gefragt, wie anders er denn seine Verachtung von einem Rechtsgelehrten zum anderen ausdrücken könne? Das Ergebnis war, dass sein Gehalt, wie das weiterer Oppositioneller, gekürzt wurde.

Sobald er von seiner Gehaltskürzung Kenntnis erhielt, rief Max den Rektor an und fragte, ob Deutschland noch eine rechtsstaatliche Regierung habe. »Soll das etwa Kritik sein?«, fragte Groh. »Sie sind Jurist, Sie sollten wissen, was ich meine«, antwortete Max. Zwei Stunden später hatte der Dekan der Juristischen Fakultät von dem Vorfall Kenntnis erhalten und rief Max an, um ihm zu sagen, dass er wohl seinen Verstand verloren habe.[14]

In Grohs Augen war jeder Dozent entweder ein Freund oder ein Feind des Nationalsozialismus, und er bedauerte sehr, dass »die Zahl verläßlicher Kämpfer« auf seiner Seite »recht klein« war. Mit »eisernem Besen« würde man die Universität ausfegen, und unberührbare »Inseln der Seligkeit« würden nicht länger geduldet.[15]

Eigentlich aber war der eiserne Besen gar nicht nötig, denn die meisten der verbliebenen Fakultätsmitglieder hatten kaum Probleme damit, das zu vollziehen, was man heute einen Paradigmenwechsel nennt. Ein Professor, Eugen Fehrle, zum Beispiel sagte, dass sein Verhältnis zu Hitler eine Sache des Herzens sei, Ausdruck der deutschen Seele, die geführt, aber nicht regiert werden wolle. Hitler sei wie ein Arzt, der den Abszess aufschneiden müsse, um tödliche Vergiftung durch Eiter zu vermeiden, und das Hakenkreuz wie ein leuchtender Stern, der den Weg zur Hoffnung aufzeige. Der Jurist Heinz Hildebrandt sah den Nationalsozialismus als von den höchsten Idealen geleitet und von einem heroischen Blickwinkel aus erhellt. Der Militärhistoriker Paul Schmitthenner, ein späterer Rektor, sah die Weimarer Republik als eine Welt des Wahnsinns, des Verbrechens und der Schande, in der ein Deutschland heroischen Stolzes sich in ein Deutschland der Subordination gewandelt habe, das wie ein Kadaver stinke. Der Historiker Christian Jansen stellte 1992 in einer Studie fest, dass von einigen der Heidelberger Professoren praktisch jedes nationalsozialistische Klischee übernommen worden war.[16]

Der einzige Professor, der während des Dritten Reiches aus dieser Masse hervorstach und den Nationalsozialismus offen zurückwies, war der konservative Geograph Alfred Hettner, Herausgeber einer Fachzeitschrift. Er machte sich über den neuen Glauben an Wunder und transzendente Ideen lustig und lehnte die verwaschenen holistischen Gedanken der Nazis ab. Als man ihn beschuldigte, die »junge Generation« zu ignorieren, fragte er seine Kritiker, was sie denn, neben ihrer Jugend, als Referenz für ihr Expertentum vorzuweisen hätten. Als seine Forschungsmethoden als »liberal« gebrandmarkt wurden, bat er seine Gegenspieler, ihm die Überlegenheit jeglichen anderen Vorgehens in der Praxis zu beweisen. Hettner wurde für seine Äußerungen nie zur Verantwortung gezogen. Er bewies aber, dass die meisten seiner Kollegen mit ihrem Schweigen, ihrem Opportunismus und ihrer Doppelzüngigkeit es den Nazis zu einfach gemacht hatten.[17]

## Wie Gisela und Max den Nationalsozialismus sahen

Gisela und Max verstanden den Nationalsozialismus zunächst als verfehlte proletarische Kopie der französischen bürgerlichen Revolution. Lange Jahrzehnte nüchterner, abstrakter Ideen, die das traditionelle Denken ablösten, hatten den Boden bereitet für die Ereignisse von 1789, die eine Emanzipation darstellten. Abstrakte Lehrsätze hatten in der Physik und Astronomie die Wirkprinzipien des Weltalls erklärt, und wie Descartes es vorausgesehen hatte, würden auch die Philosophen versuchen, das menschliche Verhalten mit verständlichen Theorien zu erklären. Ihre hochgesteckten intellektuellen Überlegungen schufen die Grundlagen für die Revolution von 1789.

Im Gegensatz dazu, schrieb Max, kamen der »Aufstand« von 1933 – wenn er denn überhaupt so genannt werden könne – und seine Ideologie aus »hunderte[n] von dunstig schwelenden Köpfen, die ihre geistigen Pubertätserlebnisse für politische Visionen hielten«, die tatsächlich auf nichts weiter basierten als einem guten »Dutzend geschickt aufgemutzter Schlagworte«. Die Grundlagen des Nationalsozialismus waren lahm und verschwommen und auf die »primitivsten Masseninstinkte« ausgerichtet. Für Phrasen wie »verseuchte Plutokratie«, »Korruptionssumpf der Systemwirtschaft«, »volksmarkzerfressende Judencanaille« oder »internationaler Asphaltintellektualismus« konnte man einfach keinen Respekt aufbringen. Max fand die Weise, in der die Nazis ihren Anspruch auf überlegene Männlichkeit, ewige Jugend und gottgegebene Kreativität der Deutschen priesen, absolut lächerlich, zumal sie zugleich den Rest der Menschheit als unterlegene Untermenschen beschimpften, die »sich freiwillig unter der Aegide des deutschen Herrenvolkes zusammenschließen [sollten], um endlich einer menschenwürdigen Zukunft entgegenzuleben«.[18]

Auf dem Höhepunkt deutscher Militärmacht, während der großen Erfolge deutscher Truppen Mitte 1942 in Ägypten und im Kaukasus, erklärte Max den Aufstieg der Nazis zur Macht folgendermaßen:

»Zunächst die kompromißlose Frechheit der Führergruppe, eines geschlossenen Ordens von Landsknechten, die nichts zu verlieren hatten und mit sicherer Witterung auf die Ratlosigkeit einer Regierung von Parteisekretären, Rechtsanwälten, Oberlehrern und Professoren vertrauten, wie sie ja in Deutschland … aufgerichtet worden war. Sodann aber, daß die neue Partei alle zurückgesetzten, gescheiterten und durch die allgemeine soziale Not verbitterten Existenzen um ihre Fahne zu scharen verstand, die … zu einem Sammelpunkte allen Ressentiments geworden war: der Antikommunisten, Antiultramontanen und Antisemiten; der Anhänger eines freien Geldes und einer ›natürlichen‹ Sittlichkeit; der Rassen- und Agrarreformer; der Alldeutschen, Folkloristen und Vorkämpfer der Frakturschrift; der Gegner einer Volksregierung und der geheimen Liebhaber des gestürzten Kaiserhauses, der Verfechter eines völkischen Christentums und einer germanischen Runenreligion. Und da schon in den Jahren 1927 bis 1929 kleinere Detachemente jener schmutzigbraunen Sturmabteilungen mit trefflich organisiertem Getöse und gut verteilten Attentaten auf Leben und Gut dem sicherheitsbedürftigen Bürgertum einen unbestimmten Schrecken einjagten, hielt es eine bedenkenlose Industrie für ratsam, sich rechtzeitig durch Gewährung von Unterstützung aller Art gegebenenfalls eine wohlwollende Neutralität zu erkaufen.

Natürlich hätte auch dieses noch lange nicht genügt, um zu jener lückenlosen Besitznahme der staatlichen Macht und zur Unterdrückung allen Widerstandes, ja jeder irgendwie gearteten kritischen oder warnenden Äußerung zu führen. In dem Maße jedoch, mit dem die Möglichkeit eines bevorstehenden Sieges der ›Bewegung‹ zunahm, schlossen sich nun auch mehr und mehr jene weitverbreiteten Schichten der Streber und Erfolgsanbeter, der halben und ganzen Feiglinge, der klüglich Vorsichtigen und gleichgültig Überlegenen, endlich der gutgläubig Hoffnungsvollen an: sie wollten entweder bei der Verteilung der Beute dabei sein, wenigstens auf der rechten Seite stehen, ihren heilsamen Einfluß geltend machen …«[19]

## Antisemitismus

Unter all den Fakultätsangehörigen von 1932 hatten sich 20 als praktizierende Juden bezeichnet. 15 weitere waren konvertierte Juden. Insgesamt machten beide Gruppen 15 Prozent des Heidelberger Lehrkörpers aus. Von diesen 35 Männern hatten elf, also beinahe ein Drittel, mit den Ideen der Weimarer Republik sympathisiert, nur zwei von ihnen hatten sich mit der konservativen Opposition identifiziert und waren autoritär, aber nicht nationalsozialistisch eingestellt.

Obwohl Nationalismus und Konservatismus im Heidelberg der zwanziger Jahre weit verbreitet waren, war der rassische Antisemitismus zumindest noch nicht zügellos. 1919 hatten 50 Mitglieder des Lehrkörpers, darunter zehn Professoren, eine Deklaration unterzeichnet, in der sie den gehässigen Kampf gegen die Juden anprangerten, denen die Schuld für das militärische, politische und wirtschaftliche Unglück Deutschlands angelastet wurde, und gegen diese einseitigen Generalisierungen protestiert.[20] Als die Deutsche Liga für Menschenrechte 1930 eine ähnliche Petition herausgab, fand sich nur ein einziger Akademiker, der Theologe Martin Dibelius, zur Unterschrift bereit. Trotzdem gab es bis zur Machtübernahme der Nazis abgesehen von den antisemitischen Ausfällen Philipp Lenards nahezu keine schriftlichen Belege für Antisemitismus im Lehrkörper der Heidelberger Universität.

Wie alle Deutschen 1933, so mussten auch die Dozenten der Universität Fragebögen über Religion und rassische Zugehörigkeit der Eltern und Großeltern ausfüllen. Die Angehörigen der Medizinischen Fakultät äußerten ihre Bedenken über die Befragung am 5. April 1933 in einem Brief an den deutschen Erziehungsminister, in dem sie darauf hinwiesen, dass nicht vergessen werden dürfe, dass deutsche Juden an vielen wissenschaftlichen Leistungen beteiligt gewesen seien und bedeutende medizinische Persönlichkeiten hervorgebracht haben. Als Ärzte fühlten sie sich verpflichtet, ihre Befürchtungen darüber auszudrücken, dass von Verantwortungsbewusstsein geprägte innere Überzeugungen nun Gefahr liefen, durch bloße Gefühle und Gewalt verdrängt zu werden.[21]

1933 hatte Max eine Berufung an den Lehrstuhl für türkisches Zivilrecht an der neuen Universität von Istanbul angeboten bekommen. Gisela war jedoch der Meinung, dass dies unüberwindliche Schulprobleme für die Kinder mit sich bringe. Max lehnte daraufhin das Angebot ab. Im selben Jahr begleitete Gisela ihn mit Freunden auf eine Studienreise nach Griechenland. Die Erfüllung dieses lebenslangen Traums begann in Venedig, von wo aus man ein Schiff nach

Korfu nahm. Von dort ging es per Auto nach Olympia und weiter durch das Gebirge nach Sparta. Per Schiff fuhr man dann über die Ägäis nach Smyrna, Ephesus, Pergamon und Troja, überquerte den Hellespont und beschloss die Tour in Athen und Delphi. Überall stand Gisela vor Statuen und Tempeln, mit deren Abbildern sie seit Jahrzehnten vertraut war. Zwischen Olivenbäumen und Zypressen fand sie am Quell des Ilissos tiefbeglückt den Ort, an dem das Gespräch zwischen Sokrates und Phaidros stattgefunden haben musste, wenn man Plato folgt. Die letzte Eintragung in ihrem griechischen Reisetagebuch lautet: »Wer dies erlebt hat, kann niemals mehr völlig unglücklich werden.«

## Maßnahmen gegen Max Gutzwiller

Max Gutzwiller war für die Nazis ein besonderer Fall. Als Schweizer war er nicht nur ein Ausländer, sondern durch seine Ehe mit Gisela auch noch »jüdisch versippt« – wie sieben andere Professoren. Obwohl es noch keine gesetzlichen Regelungen für den Umgang mit »Mischehen« gab, durfte Max keine Prüfungen mehr abnehmen. Er schrieb:

»Gegen Ende des Jahres 1934 begannen die vorsichtigeren Kollegen einer Begegnung mit mir auszuweichen. Im Dozentenzimmer herrschte schon ein gedrücktes Schweigen. Andererseits kam es bisweilen, wenn die Zumutungen zu bunt wurden, zu heftigen Ausfällen. …

Während sich Gisela zunächst, wie ich selbst, mit einem gewissen Gleichmut in das Unvermeidliche schickte, umsomehr als wir immer noch von einem schönen Kreise unentwegter Freunde umgeben waren, brachte ihr die Entfernung mehrerer naher Verwandter aus dem Lehramt die ersten Wunden bei. Andere, wie etwa das wegen drohender Beleidigungen angezeigte Fernbleiben von allen Veranstaltungen der Universität, folgten nach. Bald legten sich auch die vielerlei Schwierigkeiten, in die mein Schwiegervater bei der Leitung seiner Klinik geriet … schwer auf ihr Gemüt. …

Es muß offen ausgesprochen werden, daß die mit den abgefeimtesten Mitteln von Monat zu Monat gesteigerte Erniedrigung der ›nichtarischen‹ Mitbürger Ehen wie die unsrige einer schweren Belastungsprobe aussetzten. Je entschiedener sich nämlich die Abwehr dieser feigen Schurkerei beim ›nicht betroffenen‹ Teile äußerte, umso empfindlicher legte sich solch ungekannte Erregung auf das ohnehin zu tiefst verwundete Gemüt des Lebenskameraden. Wir haben auch diese Zumutung bestanden, die in einer nochmals vergrößerten Tiefe eine eheliche Gemeinschaft aus uns machte …«[22]

Unter seinen Kollegen bemerkte Max, dass nicht wenige von ihnen durch das aggressive Verhalten der Studenten eingeschüchtert wurden, die jeden, der sie nicht unterstützte, als »verstockt, senil und ewig vorgestrig« beschimpften und stigmatisierten. Ein Kollege aus der Juristischen Fakultät sagte Max offen, er finde es ganz einfach unerträglich, »nicht mehr zur herrschenden Klasse zu zählen«, der sie zeitlebens angehört hatten. Es bedurfte besonderen Mutes, um sich dem schamlosen Anspruch der Naziideologie, dass sie der einzige Träger des wahren Patriotismus sei, zu widersetzen. Endlose Propagandareden und abgeschmackte Phrasen vergifteten die Atmosphäre, und die zaghaften Warnungen der wenigen, die über die rapide sinkenden akademischen Standards klagten, kamen nach Max' Meinung viel zu spät. Die Loyalität gegenüber der Universität wandelte sich in Verachtung und Korruption. Die zahllosen Pressevorwürfe mussten schweigend hingenommen werden. Selbst berechtigte Einwände zogen eine zügellose Verfolgung nach sich.

»Den um die ›nationale Revolution‹ verdienten studentischen ›Kämpfern‹ durften bei den akademischen Prüfungen allerlei Erleichterungen gewährt werden, und die Wahlen in die leitenden Stellungen erfolgten unter einem unerträglichen Drucke. Die dergestalt Erkorenen – mehrheitlich Kräfte, die bisher, ihrer Unzulänglichkeit wegen, im Schatten gestanden hatten und sich nun als verkannte Genies vorkommen konnten – benützten, vor Ahndung sicher, eine früher ungekannte Machtfülle zu ihrem persönlichen Nutzen. Wer in den Vorlesungen eine gerechte Beurteilung der geschichtlichen Verhältnisse anstrebte, war zuerst des dankbaren Beifalls der anständigen Mehrheit sicher, wurde aber gerade darum in den Kartotheken der Partei als heimlicher ›Saboteur‹ übel gebrandmarkt und manövrierte sich in eine hoffnungslose Sackgasse hinein. In den praktischen Übungen pflegte man den Dozenten vorher ausgedachte Fragen höchst verfänglichen Charakters vorzulegen und verwertete die Antworten später zur öffentlichen ›Anprangerung‹. Bei den Feierlichkeiten der Hochschule hüllten sich immer mehr auch die Professoren in das schützende Mimikri der offiziellen Parteiuniform, sodaß sich innerhalb dieser Kadettenanstalt die vereinzelten Talarträger wie Verkörperungen einer überlebten Epoche ausnahmen.«[23]

Am 21. Mai 1935 postierten sich SA-Männer vor dem Eingang zu Max' Hörsaal und hinderten jeden am Eintritt. Sie behaupteten, dass Max' herabsetzende Kommentare über den Nationalsozialismus »untragbar« geworden seien. Dies war der Beginn eines anhaltenden Boykotts, der auch seine jüdischen Kollegen Walter Jellinek, Ernst Levy und vier weitere betraf.

Max nahm sofort einen Zug nach Berlin. Dort wurde mithilfe des schweizerischen Gesandten Paul Dinichert ein Treffen im Kultusministerium arrangiert. Ein Mitarbeiter in SS-Uniform versicherte ihm, dass »lokale Aktionen« nicht die Billigung der Regierung fänden, ein Sachverhalt, der Max später auch vom Dekan der Juristischen Fakultät schriftlich bestätigt wurde. Doch trotz dieser schriftlichen Stellungnahmen unterstützte ihn Rektor Groh nicht, denn er hasste Max und scheute die Konfrontation mit den studentischen Parteiorganen.

Die Schweizer Presse berichtete über Max' Boykottierung und fragte, warum es überhaupt zu solchen Vorfällen komme und warum die Studenten nicht bestraft worden seien. Rektor Wilhelm Groh erwiderte am 23. Oktober 1935, dass sich im Sommersemester Studenten geweigert hätten, Vorlesungen von jüdischen Professoren zu besuchen oder von Professoren wie Max Gutzwiller, die den Nationalsozialismus ablehnten. Die Anführer der Studenten hätten ihren Kommilitonen klar gemacht, dass solche Professoren als Lehrer nicht länger in Frage kommen könnten. Für ihn habe keine Möglichkeit bestanden, ihr berechtigtes Streben zu verbieten. Seine Aufgabe sei es lediglich gewesen, Störungen des ordentlichen akademischen Ablaufs an der Universität Einhalt zu gebieten. Dies sei geschehen, und das Verhalten der Studenten habe keinerlei Vorwand geboten, sie disziplinarisch zu maßregeln.[24]

Die Kultusminister Badens und des Reichs stimmten mit dem Führer der Heidelberger Universität überein, dass es nun an der Zeit sei, in der juristischen Fakultät für Ordnung zu sorgen: Jellinek und Levy sollten entlassen werden, Gutzwiller als Schweizer sollte eingeschüchtert und an eine andere Universität versetzt werden, wo er von vorn anfangen könnte. Max zog es allerdings vor, in sein Heimatland zu »emigrieren«. Diese Entscheidung brachte »eine völlig unwahrscheinliche Folge von zahllosen Eingaben, Berichten, Reisen nach Berlin und Karlsruhe, Verwahrungen und Szenen. Bis in den Spätsommer 1936 hinein habe ich [den Kampf] geführt mit einem Aufwande von Intelligenz und Zähigkeit, wie sie im Dienste einer höheren Sache angemessener gewesen wären.« Das letzte Dokument, mit dem Max aus seinen Pflichten entlassen wurde, seine Entpflichtungsurkunde, musste von Adolf Hitler selbst unterzeichnet werden. Am 9. Juni 1936 schrieb ihm der Führer: »Ich spreche Ihnen für Ihre akademische Wirksamkeit und dem Reiche geleisteten Dienste meinen Dank aus.«

Rektor Groh händigte Max die Urkunde ohne ein einziges Wort des Dankes aus. Er schrieb lediglich: »Im Auftrag des Ministers übersende ich Ihnen das Dokument vom 9. Juni, das Sie von allen Ihren offiziellen Pflichten an der juristischen Fakultät entbindet.« Ohne diese Urkunde wären das Haus der Gutzwillers in Heidelberg, ihre Versicherungspolicen und ihr anderer Besitz unter die Bestimmungen der »Reichsfluchtsteuer« gefallen und zumindest teilweise konfisziert worden. Die Urkunde traf am 3. Juli 1936 ein, doch schon im April hatte sich die Familie in St. Gallen niedergelassen, gerade rechtzeitig zum Beginn des neuen Schuljahres.[25]

## Heidelberg und der Holocaust

Zwei Heidelberger Professoren waren tief verwickelt in die Forschungen zur Ermordung von als geisteskrank angesehenen Kindern in einem Euthanasieprogramm, das bereits 1938 begann. Diese beiden waren Carl Schneider, der Direktor der Klinik für Psychiatrie und Neurologie, und Konrad Zucker, Professor für Psychiatrie. Ihre Forschungen setzten sie bis 1943 fort. So wurde Heidelberg eines der führenden Trainingszentren für den »wissenschaftlichen« Kindermord, der an mindestens 30 Tötungszentren über mehrere Jahre erfolgte.[26] Ein zweites Trainingszentrum befand sich in Brandenburg-Görden.

1933 waren ungefähr 1.100 Einwohner Heidelbergs jüdischen Glaubens, was 1,3 Prozent der Heidelberger Bevölkerung von 84.600 Menschen entsprach. Nach den Rassegesetzen der Nazis fielen 600 weitere Heidelberger in die Kategorie »Jude«. Von diesen insgesamt 1.700 Menschen überlebten nur 23 in Heidelberg. 14 begingen Selbstmord und 879 – das entspricht 51,8 Prozent – emigrierten. Die verbleibenden 780 (46 Prozent) fielen zumeist dem Holocaust zum Opfer, auch wenn ihre Spur sich nicht im Einzelnen nachverfolgen lässt. Am 22. Oktober 1940 fand die größte Deportation von Heidelberger Juden statt: 309 von ihnen wurden in das Konzentrationslager Gurs in den westlichen Ausläufern der französischen Pyrenäen verschleppt. Um vier Uhr morgens stürmten SS und Gestapo in die Wohnungen der zur Deportation vorgesehenen Juden und befahlen ihnen, ihr Gepäck vorzubereiten – pro Person nicht mehr als 25 Kilogramm. Die Opfer wurden dann auf Lastwagen verladen und zum Bahnhof gefahren. Von dort dauerte die Fahrt in den verplombten Güterwagen vier Tage und führte über Mülhausen, Dijon, Lyon, Avignon und Toulouse nach Gurs. In jenem Oktober wurden weitere 7.000 Juden aus Südwestdeutschland nach Gurs deportiert.

Internationale Flüchtlingskommissionen hatten Zutritt zu dem Lager, in dem etwa 15.000 Inhaftierte untergebracht waren, und so gelang es einigen der aus Heidelberg deportierten Juden, Affidavits für die Emigration nach Großbritannien, der Schweiz oder den USA zu bekommen. Einige der älteren Inhaftierten und die meisten Kinder konnten so ebenfalls freikommen und fanden eine neue Bleibe in Vichy-Frankreich. Wohl 86 der 309 Heidelberger Deportierten fielen den schlechten hygienischen Bedingungen und den Krankheiten, die im Lager grassierten, zum Opfer. Mit 6.000 anderen Juden wurden schließlich mehr als 100 Heidelberger von Gurs über das Durchgangslager Drancy nach Auschwitz und anderen polnischen Vernichtungslagern verbracht und dort ermordet.[27]

In Heidelberg waren einige sehr kleine Kinder und einige kranke alte Juden von dem Transport 1940 ausgenommen worden. Zwischen 1942 und 1944 wurden sie direkt nach Auschwitz deportiert. 65 weitere waren jetzt untergetaucht und lebten in Verstecken; 42 von ihnen konnten von der Gestapo mit Hilfe von Denunzianten aufgespürt werden. Nur 23 Juden überlebten, wie bereits erwähnt. 15 »rassisch Vermischte« oder »Mischlinge« wurden noch im Februar 1945 nach Theresienstadt deportiert, dort aber drei Monate später bei Kriegsende befreit.[28]

## Rückkehr in die Schweiz

1936 hatte Gisela noch sechs Jahre zu leben – zwei in St. Gallen und vier in Freiburg. Die beiden Jungs, Hellmy and Martin, besuchten das Kantonalgymnasium in Trogen, Appenzell, unweit von St. Gallen, und so zog die ganze Familie im Frühjahr 1936 dorthin um. Sowohl Gisela als auch Max waren erleichtert, in die Schweiz zurückgekehrt zu sein: »[Es] wehte uns wieder jener unverkrampfte Geist schlichter Sachlichkeit und natürlicher Frische entgegen.«[29] Ihnen war bewusst, dass es in der Schweiz auch Nazis gab, unter einem Gauleiter, der über jüdische und kommunistische Konspirationen tobte und an der Spitze von Marschformationen schritt, die Hakenkreuzfahnen mit sich führten und Lieder von einem besseren Deutschland brüllten. Die verschreckten Konservativen versuchten Vorteile zu erfinden, die die Beteiligung örtlicher Nazis an der Macht mit sich bringen könnte. Zunächst einmal war jedoch der Unterschied zum Heidelberg der Nazis immens und erfrischend.

Allen fünf Gutzwiller-Kindern fiel es in der Schule leicht, sofort den Schweizer Dialekt zu sprechen, hatte ihr Vater sich doch immer in diesem mit ihnen unterhalten, zudem hatten sie häufig Urlaub in den Schweizer Alpen gemacht. Selbst Gisela war schon daran gewöhnt und konnte sich leicht anpassen.

Für Gisela, das zartfühlendste der Strassmann-Kinder, brachte die mutwillige Zerstörung des Lebenswerkes ihres Vaters auch ein Ende all ihrer Hoffnungen auf Deutschland. Das stürzte sie in eine tiefe Depression. Alles wurde noch verschlimmert durch den Umstand, dass Max kein Verständnis für Paul Ferdinands Sehnen hatte, irgendeinen Hoffnungsstrahl zu finden, irgendeine besänftigende Erklärung, die sein eigenes tragisches Schicksal mit den vermeintlich patriotischen Seiten des Nationalsozialismus versöhnen könnte. Für Max, den von Grund auf demokratischen Schweizer Juristen, der mit den Idealen der klassischen Antike und der französischen Aufklärung aufgewachsen war, waren die Bemühungen des alten Mannes, im Nationalsozialismus versöhnliche Werte zu finden, lächerlich. Jahrzehnte später, als ich Max um Rat fragte, was ich mit den Tagebüchern von Paul tun sollte, sagte er mir, dass diese doch sowieso sinnlos seien, denn Paul sei ja »so falsch gewickelt« gewesen.

So gut er konnte, versuchte Max Giselas Schmerz zu lindern, indem er mit ihr an die vertrauten Urlaubsorte fuhr – im Januar 1937 zum Wintersport nach Samedan und im April an den Comer See. Als er jedoch Ende April zurück nach Freiburg ging, an die Universität, die er zehn Jahre zuvor verlassen hatte, blieb Gisela allein zurück. Jede Woche von dienstags bis freitags hing sie ihren traurigen Gedanken nach, sobald die Kinder in der Schule oder im Bett waren. Schließlich erlitt sie einen Nervenzusammenbruch.

Um sie aufzuheitern, begann Max ein neues Haus in Freiburg zu planen. Für 100.000 Schweizer Franken, die er aus einer Erbschaft erhalten hatte, erwarb er ein Baugrundstück, das Gisela ausgewählt hatte. Aber es half nichts. Ein böser Ischiasanfall verschlechterte ihren Zustand. Ihr Dackel Moki – ein Namensvetter des Berliner Dackels – war bereits am 13. Juli 1937 gestorben und konnte Gisela auch nicht mehr amüsieren. Moki war seit 1932 bei den Gutzwillers gewesen, hatte manchmal zu viel gebellt, manchmal zu hoffnungsvoll gebettelt und manchmal auch dann nicht aufgehört in der Erde zu buddeln, wenn man es ihm wiederholt befohlen hatte. Moki hatte die Kinder zur Schule begleitet und war dann allein wieder nach Hause gekommen. Von nun an würde kein Vorbeikommender mehr in Schweizerdeutsch kommentieren, wie possierlich Moki war: »Nai bischt du aber en härzige!« oder »Lueg doch, Mamme, das nuggisch Daggely!« Zumindest hat Max diese Aussprüche in einem Gedenkbüchlein für Moki überliefert. (Seit mehr als einem Jahrhundert hat es in fünf Zweigen der Familie Strassmann Dachshunde namens Moki gegeben, einen gibt es momentan in Michigan.)

Aufgrund von Giselas Krankheit wurden Ende Juli 1937 die fünf Kinder zu den Großeltern nach Berlin-Dahlem geschickt, und Max übernahm den Haushalt in St. Gallen. Da die Dienstboten beurlaubt waren, lernte er nun, wie man Frühstück zubereitet und sogar Kaffee macht. Mittagstisch und Abendessen wurden zweimal am Tag von der Pension Rotmonten angeliefert, in der die Gutzwillers einst gelebt hatten, als sie nach St. Gallen gekommen waren. Max und Gisela waren jetzt ständig beisammen, und sie nahmen ihre Gewohnheit des Lesens im Freien wieder auf, so wie in den alten Tagen. Max fasste das fünf Jahre später so zusammen: »Der Himmel zeigte unausgesetzt ein strahlendes Gesicht, und die Genesung war diesmal, von wenigen späteren Rückschlägen abgesehen, eine endgültige.«[30]

Am 11. März 1938 schenkte Max Gisela ein Buch, das ein weltweiter Bestseller geworden war: *Vom Winde verweht*. An jenem Tag erfolgte der »Anschluss« Österreichs durch den Einmarsch deutscher Truppen. Max hatte gerade an einem Vortrag für eine Konferenz der Juristischen Gesellschaft in Wien gearbeitet. In dieser Gesellschaft gab es viele Juden, und die geplante Konferenz war nun selbst vom Winde verweht.

Etwas später nahm Max an einem Kongress der Internationalen Juristischen Vereinigung in Amsterdam teil. Hier, auf neutralem Territorium, hatte er zum ersten Mal Gelegenheit zu einem umfassenden Schlagabtausch mit den Nationalsozialisten. Die deutsche Delegation hatte den Ausschluss eines jüdischen Delegierten aus einem der wichtigen Komitees des Kongresses angestrebt und wollte das Recht auf die Diskriminierung von Juden in eine internationale Resolution einbringen. Max konnte beide Ansinnen zurückschlagen, empfand aber die britische Unterstützung für seine Ansichten als lax – seiner Meinung nach hatten »die Engländer keine Ahnung von der drohenden Katastrophe«. Der britische Delegierte erzählte ihm im Vertrauen, dass er mit dem früheren Außenminister, Lord John Simon, darin übereinstimme, dass ihn, solange kein Haar eines einzigen Engländers gekrümmt werde, Herrn Hitlers Bewegung nicht im geringsten interessierte.[31]

Dies war die Zeit, als die letzten Farbanstriche im neuen Haus in Freiburg, Praz de Riaux 4, erfolgten. Das Haus stand auf einem Hügel am südlichen Stadtrand. Hinter den Alpenkämmen in der Ferne konnte man den Moléson sehen und in der Tiefe dahinter die mächtige Eiskuppe des Mont Blanc. Beide Jungs waren jetzt wieder in Trogen im Gymnasium, und Gisela stand jeden Morgen um sieben Uhr auf, um mit den Mädchen zu frühstücken. Danach ging sie auf den Markt, um Lebensmittel einzukaufen. Ihr Gärtchen war ihre größte Freude: Sie säte, pflanzte und wässerte ihre Blumen und Kräuter, Dill und Borretsch, Salbei und Lavendel. An den Nachmittagen überwachte sie den Musikunterricht ihrer Töchter, und nach dem Abendessen gingen Max und sie, so oft es das Wetter erlaubte, auf einen Spaziergang durch die Wiesen hinter dem Haus. Nach dem Nachtgebet, das sie mit den Kindern sprach, verbrachte sie ihre Abende mit Lesen, dem Schreiben nach Berlin und Trogen, dem Ausbessern von Wäsche und der Führung des Haushaltsbuches. An Sonntagnachmittagen musizierte die Familie üblicherweise gemeinsam im Familienkreis: Duette, Trios und Quartette, in der Besetzung Cello, Violine, Klavier und Flöte. Vier Jahre später sollte Max schreiben: »Sie war ... der unbestrittene Mittelpunkt unsers familiären Kreises, regelte den Verkehrston, zeigte ihren mütterlichen Stolz und war schlechthin glücklich.«[32]

## Katastrophen

Anfang Juni 1940 waren Polen, Dänemark, Norwegen und die Niederlande in den Händen der deutschen Divisionen; die überrannte britische Armee wartete bei Dünkirchen auf ihre Evakuierung; und anders als 1916 hatte eine deutsche Armee die Somme überquert und marschierte nun auf Paris zu. Gisela schrieb am 3. Juni 1940 an Erwin in Texas: »... daß ich längst den Wunsch habe, Euch einmal wieder zu schreiben, brauche ich wohl nicht zu sagen – und ebensowenig, was alles an Ereignissen und Stimmungen mich nie dazu kommen ließ!«

Sie erzählte Erwin auch vom Ergehen ihrer Kinder und von Max, der zu dieser Zeit über einer Reihe von Veröffentlichungen saß und für die Vorbereitung der Eröffnung eines neuen Universitätsgebäudes verantwortlich war: »Die Vorlesungstätigkeit ist z. Zt. natürlich wenig befriedigend, wie überhaupt die

Juristen z. Zt. schlimm dran sind; es gehört viel Energie dazu; Max hat sich schon oft eine andere Wissenschaft gewünscht!«

Weiter berichtete Gisela, dass eine Tante aus Basel bei ihnen lebe. Sie hatte »sich selbst evakuiert«, da Basel, das direkt an der Grenze lag, durch den Krieg zu sehr in Mitleidenschaft gezogen war. Mehr noch sorgte sich Gisela jedoch um Gertrud Nothmann, früher Gertrud Bernard, die um 1915 Erwins Geliebte gewesen war. Gertrud war aus Deutschland nach Den Haag geflohen und wartete dort verzweifelt auf die Dokumente, die ihr die Ausreise in die USA ermöglichen würden. Nach der Besetzung der Niederlande waren ihre Chancen für die Emigration viel geringer geworden. Gisela versprach Erwin, sich nach Gertrud zu erkundigen.

40 Tage später schrieb Max einen Brief an Erwin, in dem er ihm auf zwei eng beschriebenen Seiten über seine vergeblichen Bemühungen berichtete, ihr Erbe aus Deutschland in das Ausland zu transferieren. Am 13. Juli 1940 war Frankreich gefallen, Hitler hatte sich in Paris an Napoleons Grab fotografieren lassen, und die »Operation Seelöwe«, die Invasion Großbritanniens, stand kurz bevor. Das Semester an der Universität Freiburg war gerade zu Ende gegangen.

»... insofern ich nämlich unsere Erziehung der Kinder auch auf Leistung abzustellen suche, um dadurch ein Gegengewicht für das zu schaffen, was auch wir natürlich hin und wieder in bestimmter Richtung zu schlucken bekommen. ... Ich sah am Sonntag meinen Bruder Ernst, der im Auto aus Südfrankreich gekommen war (sehr mitgenommen von Allem): les coupables, das sind natürlich die Freimaurer, Juden und Advokaten, was offenbar alles dasselbe bedeutet.

Du hast recht: Die letzten Monate waren für uns zum Krankwerden. Immer hoffte man noch: eine Offenbarung, ein Wunder, ein Blitz ins deutsche Hauptquartier. Das Schicksal Frankreichs ging uns fast näher als unser eigenes, denn mit ihm brach ja alles zusammen, was uns Kultur bedeutete. Übrigens Basel unterscheidet sich wohl in nichts von einer Stadt an der französisch-deutschen Grenze. Überall gemauerte Barrikaden, Stacheldraht usw. Mitten durch den Garten meiner Schwester Lolotte gehen Tankabwehren in Beton und Eisen. Mein Bruder Ernst betrachtete sie mit Kennerblick: ›Nützt gar nichts. Sie sind zu hoch. Ein 70 To. Tank knickt das alles wie Zündhölzer.‹ Ein Dorf bei Basel, Haltingen, wo wir als Kinder stets am Sonntag hinpilgerten, ist von der Maginot-Linie aus völlig in Asche geschossen. 4 Kilometer von Basel. Die Nächte müssen fürchterlich gewesen sein.«

Am 7. Januar 1942 wurde Gisela von dem Gynäkologen Dr. König in Bern untersucht, der auch eine Gewebeprobe entnahm. Max wurde gebeten, allein zur Besprechung der Diagnose zu kommen, und der Arzt sagte ihm, dass Gisela an Krebs leide. Der Befund aus der Pathologie war positiv. Es habe keinen Zweck, einen Krebs in diesem Stadium noch durch Bestrahlung heilen zu wollen. Der Arzt erläuterte Max mit grausamer Ausführlichkeit, welche Phasen des Verfalls Gisela durchleben würde. »Oft habe ich mir vorgestellt«, schrieb Max später, »was den Mann veranlaßt haben konnte, so unmenschlich mit mir zu verfahren. Ich bin zu dem primitiven Schlusse gekommen, daß er mir mit der Sicherheit seiner Diagnose imponieren wollte.« Sie einigten sich darauf, Gisela nichts zu sagen.

In jenen Tagen hatten Krankenhauszimmer noch kein Radio oder Fernsehen, und so kann man Giselas Freude verstehen, als sie während langer stiller Krankenhaustage einen früheren Patienten hörte, der auf dem Stationsklavier ein Konzert gab. Sie schrieb Max: »... nach so langer Zeit wieder Musik zu hören, ist etwas ganz Besonderes. Natürlich weinte ich zuerst; aber dann fühlte ich tief den Frieden, einen himmlischen Frieden, den sie für uns geben kann!«

In diesen Wochen saß Max stundenlang an seinem Schreibtisch, ohne arbeiten zu können. Eine bleierne Müdigkeit überkam ihn, sobald er seinen Pflichten im Haus und mit den Kindern nachgekommen war. Er fuhr dann nach Bern, hörte die Ansichten der Ärzte und saß an Giselas Krankenbett, wo er seinen Kummer verbarg. Morgens aufzuwachen war am schlimmsten, wusste er doch, dass ihn ein neuer Tag mit denselben Sorgen erwartete. Er betete intensiv. Er versuchte sich damit zu trösten, dass die noch verbleibenden Wochen mit Gisela die vorausgegangenen Jahre an Bedeutung weit übertreffen könnten.

## Dämmerung

Am 18. März 1942 nahmen Gisela und Max den Zug nach Locarno und bezogen für zwei Wochen Quartier im Park Hotel. Südlich der Alpen blühten bereits die Mandelbäume, und bunte Schmetterlinge flatterten um die Kamelien. Gisela und Max wanderten über frühlingsgrüne Wiesen, zu uralten Weilern und hinunter zum Hafen für einen Bootsausflug nach Ascona. Einige Touristen hielten sie sicher für ein spätes Liebespaar.

Gisela erhielt ihre letzte Kommunion im April in der Clinica Santa Agnese in Locarno. Am Nachmittag des 14. April saß Max neben ihr und las Passagen aus der *Nachfolge Christi* vor, während Gisela schmerzstillende und schlaffördernde Medikamente injiziert wurden. Später, als sie wieder wach wurde, sagte sie: »Laßt es Euch Allen gut gehen, mein Liebling!« Sie erwachte noch ein weiteres Mal, als eine Schwester ihre Temperatur nahm, aber Max nicht sagen wollte, wie hoch sie war. Ein Arzt kam vorbei und ging dann wieder. Gisela lächelte Max an, bevor sie wieder einschlief.

Am nächsten Morgen, dem 15. April, wurde Max um sieben Uhr früh in das Krankenhaus gerufen. Die Oberschwester wartete auf ihn am Eingang. »Aber sie lebt doch noch?«, fragte er. Die Krankenschwester schüttelte den Kopf.

Max ging in Giselas Krankenzimmer und schaute auf ihr Gesicht. Es war »... nicht mehr das vertraute Antlitz; denn das Leben ist aus ihm gewichen. Es durchzuckt mich wie ein vernichtender Blitz der Erkenntnis, daß etwas Endgültiges eingetreten ist, und daß dieses Endgültige über alles Vorgestellte hinaus furchtbar ist. … [Am Bett] herrscht eine entsetzliche Stille. Dort herrscht eine neue Gegenwart; eine Gegenwart, die unser so liebgewonnenes, so natürliches, so durchaus unentbehrliches Zusammensein zur Vergangenheit stempelt. … Wie sollte ich denn mein Leben ausfüllen, wenn nicht im Verein mit ihr: um sie besorgt, von ihr begleitet und behütet, durch sie erhoben, entzückt, bereichert?«

Zurückgekehrt nach Freiburg, suchte Max mit Tochter Ursula ein Grab auf dem Friedhof aus. Sie wählten eines, über das sich ein Kastanienbaum neigte. Der blumengeschmückte Sarg wurde im Esszimmer aufgestellt. Die Kinder saßen zur Totenwache um ihn herum, schauten Familienfotos an und beteten. Das Begräbnis fand am 18. April in der St.-Peters-Kirche statt, die selten so überfüllt war wie diesmal. Nicht viele Menschen folgten dem Sarg auf den Friedhof. Ruth überreichte jedem Trauernden eine rote Rose, die in das Grab geworfen wurde.

Zu dieser Zeit hatten die meisten von Giselas Verwandten Europa bereits verlassen und waren in die USA, nach Lateinamerika oder Australien ausgewandert. Der Krieg war an seinem tiefsten Punkt angelangt, die entscheidenden Schlachten von Midway, Stalingrad und El Alamein waren noch Monate entfernt. Hedwig, Antonie und Erwin erfuhren in Amerika von Giselas Tod durch einen schwarzumrandeten Trauerbrief, der via Lissabon per Luftpost angekommen war. Wir alle erhielten eine Kopie des *Büchleins mit dem Denkmal* und eine Fotografie von Giselas Grabstein. Über ihrem Namen »Gisela Gutzwiller, geborene Strassmann« steht ein Wort aus dem Johannesevangelium: »Die Wahrheit wird Euch freimachen« (Joh 8,32).

*9. Kapitel*

# Verfolgung in der Schumannstraße: 1933–1936

Der Verlust der Strassmannschen Frauenklinik auf der Höhe ihres Ruhmes und die Zerstreuung von Familie und Kollegen in alle Welt werden in diesem Kapitel vorrangig aus der Sicht des Gründers und Direktors der Klinik, Paul Strassmann, und seiner Frau Hedwig, geborene Rosenberg, dargestellt. Als die Nationalsozialisten die Macht in Deutschland übernahmen, wurde Paul als Jude klassifiziert, sein Recht, eine Klinik zu leiten, wurde bestritten und er war gezwungen, seinen Beruf aufzugeben.

## Fragebögen und Erlasse

In Berlin wurde Julius Lippert, der wichtigste Vertreter der Nazis in der Stadtverordnetenversammlung, von Hermann Göring, dem preußischen Innenminister, am 15. März 1933 zum neuen Staatskommissar berufen. Jetzt hatte Lippert genug Macht, um die Stadt von »Marxisten, Korruption und Juden« zu »säubern«. Am 17. März ordnete er die Entlassung aller jüdischen Ärzte aus den öffentlichen Krankenhäusern an. Nichtjüdische Ärzte, die einen Treueeid auf Hitler schworen, waren willige Nachfolger.

Wie andere Deutsche, so beugten sich auch Ärzte bereitwillig den Forderungen der Nazis. Eifrig füllten sie Fragebögen zu ihrer »rassischen Abstammung« aus, die sie sich gegenseitig zusandten. Im April 1933 sandte Dr. Beckmann von der Ärztekammer für Berlin jedem Arzt einen Fragebogen von einer Seite Länge zu, der sich nach dem »Stamm« der Eltern und Großeltern erkundigte, nach Religion, Militärdienst und Auszeichnungen. Ein zweiter Fragebogen von derselben Länge kam im Mai 1933 von einem Dr. Claus vom Großberliner Ärztebund. Er warnte »mit kollegialer Hochachtung«, dass falsche oder unvollständige Angaben zum Verlust aller ärztlichen Privilegien und Lizenzen führten. Ein dritter Fragebogen wurde von der staatlichen Krankenkasse geschickt und musste innerhalb einer Woche ausgefüllt und zurückgesandt werden. Dieser Bogen fragte nicht nach Volkszugehörigkeit oder Rasse, sondern in einer speziellen Rubrik »Konfession (auch Wechsel)« nach Religion und Religionswechsel. Eine vierte, ähnliche Anfrage kam von der Berliner Universität.

Neue Erlasse legten fest, dass »nichtarische« Ärzte ihre Leistungen nicht von staatlichen Krankenkassen erstattet bekommen würden und dass sie auch andere Ärzte nicht anstellen dürften, die aus solchen Kassen bezahlt werden. Paul und Erwin bewarben sich um eine Ausnahmegenehmigung. Fünf Monate später erhielten sie eine Ablehnung. Im Mai 1934 hatten sie innerhalb einer Woche nachzuweisen, dass sich unter ihren Ärzten keine Angestellten befanden, die von den Krankenkassen bezahlt wurden. Der Brief mit der entsprechenden Aufforderung trug wieder die lapidare Unterschrift: »Mit kollegialer Hochachtung«.

## Fakten und Zahlen

Entsprechend der letzten Volkszählung aus den Jahren vor der Nazidiktatur gab es 1925 nur 564.400 gläubige Juden in Deutschland, die anhand ihrer Religion klassifiziert wurden. Das entsprach nur 0,9 Prozent der deutschen Bevölkerung von insgesamt 62,7 Millionen. 172.700 dieser Juden (30,6 Prozent) lebten in Berlin – das waren 4,3 Prozent der Berliner Bevölkerung, die insgesamt 4,4 Millionen Menschen umfasste. Selbst in den eleganten Stadtbezirken des Berliner Westens wie Charlottenburg und Wilmersdorf stellten Juden nur neun beziehungsweise 13 Prozent der Einwohner. Laut 1910 erhobenen Daten waren etwa 15,8 Prozent der Juden aus dem Ausland gekommen, vor allem aus Polen und Galizien, also aus damals russischen und österreichischen Provinzen. Weitere 27,5 Prozent kamen aus den einstigen Ostprovinzen des Deutschen Reiches wie Westpreußen und Posen. Letzteres war ja auch das Zuhause der Strassmanns und Levys im 18. Jahrhundert gewesen.[1]

Allerdings gab es einige, die die aus dem Jahr 1925 überlieferte Zahl von 172.700 Berliner Juden für zu niedrig hielten und behaupteten, dass viele Juden ihre Religion verleugneten oder illegal in Berlin lebten. Hubert Pollack, Leiter des statistischen Büros der jüdischen Gemeinde in Berlin, schloss 1931 nach einer gründlichen Untersuchung, dass die 1925 angegebene Zahl auf maximal 179.000 angehoben werden müsse – das bedeutete lediglich eine Unterschätzung um 3,3 Prozent. Im Mai 1939 ließ ein Nazipapier verlauten, dass die Anzahl der aufgrund ihrer »Rasse« definierten Juden um 4,8 Prozent höher liege als die der anhand ihrer Religion Definierten.

Obwohl die Juden prozentual also nur gering vertreten waren, waren sie verdächtig erfolgreich. 1933 waren ein Viertel der Berliner Gymnasiasten jüdischer Herkunft. Zwölf Prozent der Universitätsdozenten waren ihrer Konfession nach Juden, weitere sieben Prozent waren zum Christentum konvertiert. Alle galten jetzt als »nichtarisch«. 1933 stellten Juden 48 Prozent der Berliner Anwälte. 52 Prozent aller Berliner Ärzte waren jüdisch, in Deutschland insgesamt waren es 13 Prozent.

Innerhalb von fünf Jahren, zwischen 1934 und 1939, fiel die Zahl der Berliner Gynäkologen und Geburtshelfer um 89 – von 235 auf 146. Dies entsprach einem Verlust von 37,9 Prozent.[2] Da sich im gleichen Zeitraum die Zahl »arischer« Fachärzte erhöhte, kann man annehmen, dass um die 100 jüdische Gynäkologen und Geburtshelfer in die Emigration getrieben wurden. Verlässliche Daten existieren leider nicht.

Bis zum Frühjahr 1939 war mehr als die Hälfte der Juden aus allen Teilen Deutschlands emigriert. Etwa 130.000 (einschließlich österreichischer Juden) emigrierten in die USA. 170.000 deutsche Juden wurden in Konzentrationslagern umgebracht, darunter 30 Prozent der Berliner Juden. Bis 1939 sank die jüdische Bevölkerung Berlins um mehr als die Hälfte auf 78.700. Während etwa 20.000 dieser Juden noch emigrieren konnten, wurden mehr als 50.000 in die Vernichtungslager verschleppt. Bei Kriegsende gab es noch etwa 4.700 Juden in Berlin, die das »Dritte Reich« in den »privilegierten« Mischehen überlebt hatten, und etwa 1.400, die im Untergrund überlebt hatten.[3]

Beim fabrikmäßigen Mord in den Konzentrationslagern spielten Ärzte eine besonders wichtige Rolle. Kurz nachdem Hitler an die Macht gekommen war, schon am 14. Juli 1933, war das Erbgesundheitsgesetz in Kraft getreten. Unter Leitung des Reichsärzteführers Gerhard Wagner wurde Ärzten die Verantwortung für die Sterilisation von etwa 200.000 bis 350.000 körperlich und geistig Behinderten übertragen. Unter anderem wurde diesen Ärzten gesagt, dass diese Sterilisierungen hervorragende Möglichkeiten böten, neue Anwendungsgebiete für Radium und Röntgenstrahlen zu finden. Professor Rudolf Ramm, ein einflussreicher Arzt an der Berliner Universität beschrieb Ärzte als »biologische Soldaten«, die die Pflicht hätten, »unsere Blutlinien reinzuhalten«, aber nicht die Pflicht, Patienten unabhängig von ihrem Beitrag zur Gesellschaft am Leben zu erhalten. Reichsärzteführer Wagner war der erste gewesen, dem Hitler 1935 vertraulich mitgeteilt hatte, dass nun die Zeit gekommen sei, von der Sterilisierung zur Ermordung unerwünschten, »lebensunwerten Lebens« überzugehen. Das erste Opfer dieser Politik war ein blinder Junge aus Leipzig, dem ein Bein und ein Unterarm fehlten. Weitere Kinder folgten, und unter dem Vorwand der Bedürfnisse der Kriegsführung begann man ab September 1939 auch mit der Ermordung Erwachsener. Die Ärzte, die unter strengster Geheimhaltung an der Organisation dieses »Euthanansie-Programms« beteiligt waren, wurden zwei Jahre später dem Programm zur Massenvernichtung der Juden zugeteilt. Zu dieser Zeit waren bereits 45 Prozent der deutschen Ärzte der NSDAP beigetreten – ein Prozentsatz, der höher lag als in den meisten anderen Berufsgruppen. Hitlers biomedizinische Visionen für Deutschland schmeichelten den Ärzten, und die Ausrottung der jüdischen Konkurrenz erwies sich als ein einträglicher Vorteil.[4]

## Paul begreift nur langsam

1933 jedoch erschienen diese Verbrechen der späteren Jahre sowohl Juden als auch anderen Deutschen, selbst Nazis, noch undenkbar. Paul Ferdinand mit seinem naiven Patriotismus konnte den massiven Druck, aufzugeben und das Land zu verlassen, nicht begreifen. Er war Deutschland, Preußen, Berlin treu ergeben, er war stolz auf seinen medizinischen Beruf und fühlte mit seinen Patienten. Wer könnte daran zweifeln, dass er freudig all seinen Pflichten nachkommen würde? Paul war ein eher autoritärer, vaterlandsbegeisterter Optimist, der auf Harmonie hoffte und nicht auf Böses. Anfang der dreißiger Jahre konnte er beim besten Willen das Übel nicht voraussehen, das Hitler, Goebbels, Streicher, Himmler und Co. bedeuteten. Sollte die neue Regierung sich doch selbst mit ihren Fehlern übernehmen – das war schon geschehen in der Weltgeschichte, und es würde nicht von Bestand sein. Pauls Fehlurteile entsprangen einer Veranlagung, die zu fröhlich und zu menschlich war, um Übles zu spüren. Er konnte sich einfach nicht vorstellen, dass seine führenden deutschen Landsleute sich einmal so furchtbar verhalten würden.

So blieb Paul trotz allem, das um ihn herum geschah – einschließlich des fehlgeschlagenen Versuchs seines Angestellten Dr. Martin Jung, die Klinik zu übernehmen – von Mitte 1933 bis Mitte 1935 unrealistisch optimistisch. In dieser Zeit war General Paul von Hindenburg, der alte Kriegsheld, immer noch Reichspräsident, die kleinbürgerlich-radikale SA unter Ernst Röhm beunruhigte Hitlers Regime noch von links (bis sie im Lauf des Röhm-Putsches im Sommer 1934 blutig ausgeschaltet wurde), während auf der anderen Seite die Wehrmachtsgeneräle dafür zu bürgen schienen, dass sie sich einer zu unanständigen Aktivität widersetzen würden. Vielleicht würde sich der Wind ja drehen, und die Nazis würden sensibler und konstruktiver werden? Hatten sie nicht bereits bezüglich der Verordnung nachgegeben, die bereits Menschen mit nur einem jüdischen Großelternteil zu Juden abstempelte?

## Martin Jungs missglückte Klinikübernahme

Dr. Martin Jung, der von 1924 bis 1932 Oberarzt an Pauls Klinik gewesen war und 1926 einen Beitrag zu dessen Festschrift[5] verfasst hatte, denunzierte im Juni 1933 die Familie Strassmann als jüdisch. Eines Morgens erschien Jung mit einem Hakenkreuzabzeichen in der Klinik. Als Paul sein Büro betrat, war Jung bereits da. Er blieb einfach sitzen und las demonstrativ im *Völkischen Beobachter*. Seit dem 1. Januar 1933 war Martin Jung nicht mehr Oberarzt der Klinik, sondern nur noch Arzt. Erwin, der nach zwei Jahren Abwesenheit zu Forschungszwecken mit dem Titel eines außerordentlichen Universitätsprofessors an die Klinik zurückgekommen war, hatte die eindeutig höheren Qualifikationen. Paul hatte Erwin deshalb zum Oberarzt gemacht. Jung war wütend und nahm fälschlicherweilse an, dass Paul private Beziehungen genutzt hatte, um den Professorentitel für Erwin zu erschleichen, und dass Paul keinen Finger für ihn gerührt hätte. Er kalkulierte, wenn er die Strassmanns als Juden anzeigte, würden die Nazis vielleicht ihm die Leitung der Klinik übertragen.

Jung schritt in dem Moment zur Tat, als neue gesetzliche Regelungen die Behandlung krankenkassenversicherter Patienten in »nichtarischen« Kliniken zu verbieten begannen. Am 24. Juni 1933 hatte Erwin an Ilse geschrieben, die mit den Kindern in ihrer Heimatstadt Bad Nauheim auf Sommerurlaub weilte, dass ohne die Patienten der Krankenkasse die Klinik wahrscheinlich nicht überlebensfähig sei. Entweder müsse man schließen – oder Jung die Klinik übernehmen lassen. Trotzdem entschied Paul, Jung gehen zu lassen. »Die Eltern sind ruhig, obwohl das Ende der Klinik in Sicht steht.«

Zu dieser Zeit weilte gerade eine Gruppe amerikanischer Ärzte in der Klinik, und Erwin schrieb, dass alles wie in den guten alten Tage zu sein schien, vielleicht zum allerletzten Mal. Paul hatte in Anwesenheit der amerikanischen Ärzte drei komplizierte Operationen durchgeführt, eine Vorlesung gehalten und ein Festessen mit 40 Gästen, vielen Ansprachen und Trinksprüchen gegeben. Erwin schrieb am 27. Juni 1933:

> »Wir schämten uns zuzugeben, daß wir schon tot waren, drei Tage lang mit Schließung bedroht. Unsere Reaktion ist unterwegs augenblicklich durch Antonie [die ihren alten Fliegerbekannten Herrmann Göring informierte]. Ein Treffen ist arrangiert. Heute sahen Antonie und ich einen Film, gestern Schach mit Vater, Sonntag Karten … Wie in allen schicksalsvollen Tagen sind wir ruhig. Aber die Angestellten scheinen angstvoll … Was ist das Leben wert ohne Respekt? Nichts.«

Angesicht der drohenden Insolvenz und der politischen Erpressungen blieb keine andere Wahl, als allen 58 Schwestern, Arbeitern und Ärzten zum 1. August 1933 zu kündigen. Die amerikanischen Gäste luden Paul und Erwin zu einem Abschiedsessen in das Hotel Adlon, und dort wurde das Problem der

Schließung der Klinik endlich zur Sprache gebracht. Will Mayo fragte in einem Brief: »Kann ich irgend etwas für Sie tun?«

Am 30. Juni 1933 schrieb Erwin, dass Antonie sich für eine halbe Stunde mit Göring getroffen hatte. Später schickte sie ihm die *Kriegsbriefe gefallener Studenten*,[6] unter denen sich auch Briefe von Hellmuth und Erwin befanden. Erwin schrieb an Ilse:

»Er [Göring] ist bis ins letzte über Vater, mich, Klinik informiert. … [Antonie] bekam natürlich keine endgültige Zusage. Er hat sich jedoch alles notiert und nimmt die Angelegenheit in die Hand. Mehr kann nicht geschehen.«

Am 5. Juli 1933 sandte Erwin Ilse ein Telegramm: »SCHRANKEN RUNTER ENTLASSUNGEN ABGESAGT.« Das Personal der Klinik war erleichtert und berichtete nun nahezu täglich über Exzesse Jungs, die es vorher nicht gewagt hatte zu melden.

Wenige Tage später sahen Erwin und Antonie ein Theaterstück, in dem Emmy Sonnemann auftrat, Antonies langjährige Freundin und jetzt Görings Verlobte: Björnstjerne Björnsons *Wenn der junge Wein blüht*. Nach der Vorstellung trafen sie Emmy, die ihnen berichtete, wie sehr die Strassmannschen »Kampfbriefe« (aus dem Ersten Weltkrieg), die Göring ihr gezeigt hatte, sie zum Weinen gerührt hatten. Doch Erwin schrieb: »Hauptsache jetzt für mich – Englisch lernen.«

Nach dem Krieg, am 4. Dezember 1946, erhielt Erwin einen Brief von Martin Jung:

»Sehr geehrter Herr Professor:

… Als ehemaliges Mitglied der SS bin ich noch in einem britischen Konzentrationslager und kann meine Familie nicht unterstützen. Man verwendet mich hier als Arzt ohne Bezahlung.

Deshalb wende ich mich an Sie, Herr Professor, in Erinnerung an Ihren Herrn Vater, dem wie Ihnen Unrecht erfuhr, aber dem das letzte bitterste Schicksal, das wir jetzt erleben, erspart blieb, und bitte Sie respektvoll, uns ein Care Paket zu schicken und mir ein Paar gestreifte Hosen, die ich für eine Stellung bei der Besatzung gebrauchen könnte.«

Mitte Januar 1947 antwortete Erwin:

»Dear Sir:

Sie sprechen von dem ›Zusammenbruch einer Idee, die sich als falsch erwies‹. Es war Ihre SS, die ganze Dörfer und Städte vernichtete und mehr als sechs Millionen unschuldige Menschen ermordete – alles im Zeichen Ihrer ›Idee‹.

Was Sie und Ihre Familie jetzt erleben …, kann man mit der andauernden systematischen Degradierung, die mein Vater hat erleiden müssen, gar nicht vergleichen. So lange die SS eine hochverehrte Organisation war, waren Sie wahrscheinlich stolz. Ich weiß nicht, ob Sie in Norwegen in der schwarzen Uniform Dinge tun mußten, die Ihnen Ihr

Gewissen als Arzt hätte verbieten sollen. Aber Sie trugen die Uniform. Sie sind deshalb verantwortlich und schuldig und müssen die Folgen tragen.«

## Zwei vermeintlich ruhige Jahre

Bis Sommer 1935 schien nochmals Ruhe einzukehren. Um den 25. Jahrestag der Gründung der Klinik am 4. Juli 1934 zu begehen, wurde der Eingang zum Innenhof mit Hunderten tiefblauer Kornblumen geschmückt, die zu einer »25« verwoben waren. Um 9.15 Uhr versammelte sich die Belegschaft im großen Saal der Klinik, und Dr. Zimmer spielte »Gelobt sei der Herr« auf dem Harmonium. Erwin überreichte seinem Vater das Geschenk der Belegschaft: ein Kaffeeservice aus Porzellan mit Alpenblütendekor. In seiner Dankesrede würdigte Paul Ferdinand 25 Jahre der Geburtshilfe, des Heilens und Forschens. Er betonte den Beitrag aller Schwestern und Mitarbeiter und überreichte zweien von ihnen, die 25 Jahre lang an seiner Seite gearbeitet hatten, goldene Ringe.

Das Gästebuch der Klinik füllte sich mit Gedichten, Fotografien, Zeichnungen und Dankesbekundungen – nicht nur in Deutsch und anderen europäischen Sprachen, sondern auch in Arabisch, Hindi und Chinesisch. Es enthielt Gedichte, die mehr als 100 Verse umfassten und sich über fünf Seiten erstreckten. Ein Gedicht war von einem 74-jährigen Vater, Julius Zielenziger, für seine 42-jährige Frau Charlotte, geborene Neugebauer, und deren Baby von 4,5 Kilogramm verfasst worden:

»74 zähle ich, ich spreche Euch das Wahre,
Mein Frauchen ist erst 42 Jahre.
Aber glücklich sind wir immer so geblieben
Weil wir uns herzlich gut sind und sehr lieben.
Dies verdanken wir Herrn Geheimrat Strassmann,
Ein Mann, der mehr wie alles kann.«

Paul schätzte die Lage so falsch ein, dass er sich sicher genug fühlte, eine zweite Reise nach Amerika zu unternehmen – nicht um zu emigrieren, sondern nur um einen Vortrag zu halten. Seit 1930 war er Ehrenmitglied der Amerikanischen Gesellschaft für Gynäkologie und Geburtshilfe, und jetzt hatte er eine Einladung, in Philadelphia auf einer Tagung der angeschlossenen Interstate Post Graduate Medical Association von Nordamerika einen Vortrag zu halten. Der preußische Minister für Wissenschaft, Kunst und Erziehung bezeichnete Pauls Reise als »dringend wünschenswert für Wissenschaft und Vaterland«.

## Die Verfolgung wird wieder aufgenommen

Im Juni 1935 setzte die vehemente Judenverfolgung erneut ein, und im September wurden auf dem Nürnberger Parteitag drastische antisemitische Verordnungen verkündet. Im Oktober 1935 wurde Paul vom Rektor der Friedrich-Wilhelms-Universität informiert, dass er mit sofortiger Wirkung von der Dozententätigkeit freigestellt sei, da er in einem Fragebogen aus dem Jahr 1933 erklärt hatte, dass »vier Großeltern jüdischer Abstammung und Mitglieder der jüdischen religiösen Gemeinde waren«. Daraufhin wurden Paul wie auch Erwin am 31. Dezember 1935 »auf der Grundlage des Paragraphen 2 des Reichsbürgergesetzes in Verbindung mit dem Paragraphen 4 der 1. Verordnung zum Reichsbürgergesetz vom 14.11.1935« ihre Lehrberechtigungen an der Berliner Universität entzogen. Beide verloren ihre Titel als nichtbeamtete außerordentliche Professoren.

Dies war die Zeit, als Dr. Gerhart Zimmer, der seit mehr als einem Jahrzehnt als Arzt an der Klinik tätig gewesen war und 1926 ebenfalls einen Beitrag zu Pauls Festschrift verfasst hatte, einen neuen Kollegen, Dr. B. Schürmann und dessen Frau, warnte, Einladungen der »semitischen« Strassmanns zu akzeptieren. Als diese trotz seiner Warnung zu den Strassmanns gingen, denunzierte Zimmer sie bei Goebbels. Obwohl Zimmer in den nächsten Jahren sein Verhalten änderte und versuchte, sich mit den Strassmanns solidarisch zu erklären, sagte mein Vater Erwin oft, dass diese Niedertracht seinen Entschluss zu emigrieren nur bekräftigt habe. Er bat seinen Vater, in dieser Frage Will Mayo in Rochester zurate zu ziehen. Verhandlungen zum Zweck der Vermietung oder des Verkaufs der Berliner Klinik begannen.

Paul Ferdinand sah seiner Verfolgung mit ruhiger Verzweiflung entgegen. Eine Freundin, Ellen von Siemens-Helmholtz, überzeugte ihn, ein Tagebuch zu schreiben. Er begann es mit diesen Worten:

»Am Sonntag, dem 8. März 1936, dem Heldengedenktage, war das Standbildwerk unseres am 8. März 1916 gefallenen Sohnes Hellmuth im Eingang der Klinik, seines Elternhauses, wieder grün geschmückt. Um den Helm schlang sich ein Lorbeerkranz. Gegenüber brannten zwei große Kerzen. Zwischen [denen] schauten die großen Augen des Dichters Gerhart Hauptmann aus dem funkelgrünen Marmor (von Klimsch) auf das bleiche Antlitz des Kriegers, als ob sie noch um Deutung fragen, warum dieses Leben hingegeben werden mußte. Die Farben des alten und neuen Reiches zu zeigen ist uns nicht erlaubt.

Du fandest wozu Du ausgesandt
Den Weg zur Höh' für Dein Vaterland.

So steht es am Sockel [aus einem Gedicht von Paul, ›Drei Kreuze‹]. Und wir suchen Trost in diesen Worten für uns, die wir als Deutsche nicht mehr angesehen werden.

Draußen hallt es und weht es von der gestern durch den Rundfunk überallhin – auch uns im Hörsaale Versammelten – verkündigten Aufwerfung des Versailler Vertrages durch Wiederbesetzung der ›entmilitarisierten‹ Zone im Westen.

Wir Eltern, Erwin, der Bruder des Gefallenen, mit seiner Frau fühlen wie in keinem Jahr bisher die Gewalt dieser Stunde. Es steht der Abschied bevor, auch der zweite Sohn wird hinausziehen, weg von Frau und Kindern, fort von den alten Eltern, Aufgeben das Erbe des väterlichen Werkens.

Frei ist sein Entschluß, den ich weder fördern noch widerraten konnte. Er ist 40 Jahr, Deutsch erzogen, ordentlich aufgewachsen, war Offizier und als Arzt und junger Dozent fleißig und untadelig.

Alles gilt nicht mehr. Er zählt nicht zu den deutschen Ärzten mehr, er mußte wie ich die Sprechstundenhilfe oder das Kindermädchen nach dem Gesetz zum Schutz von ›Blut und Ehre‹ wegschicken. Die Universität hat ihm die Lehrbefugnis abgesprochen. Er soll als ›Volljude‹ an die stetig enger zugezogenen Schränkungen gebunden sein. Alle Vereine haben uns gegenüber die befohlene Einstellung eingenommen (Burschenschaft, Turnerschaft, Ärzteverein; der Aeroklub, dem er als Luftschiffer angehörte, hat sich aufgelöst, ›von seinen Mitgliedern selbst aufgefordert‹.)

Und ich sehe den biblischen ›70‹ ins Gesicht. Um die Klinik flattern schon die Gespenster; er selbst und wohlmeinende Verwandte, die Kinder selbst und die Freunde sähen es als eine Gnade an, wenn ich sie an den Staat verkaufen könnte! Vorbesprechungen sind im Gange, seit Erwin den festen Entschluß kundgab, nach USA zu gehen.«

Paul und Hedwig fühlten sich isoliert, und am 12. März schrieb er:

»... Stiller Abend! Ja, die jungen Mediziner und Assistenten verkehren nicht mehr beim nichtarischen Chef. Ich verdenke es ihnen nicht. Ihre Vorschriften lauten so und ihre Zukunft wollen sie nicht belasten.«

Sein Eintrag vom 14. März 1936:

»Ohne Teilnahme am geistigen Leben des Faches fühle ich mich als handwerkender Schlachtenbummler. Aber es ist mir sogar die Teilnahme an ärztlicher Fortbildung – aktiv und passiv – untersagt.«

Bis September 1938 war es Juden noch erlaubt, »arische« Patienten zu behandeln. Unter dem 15. März 1936 steht im Tagebuch:

»Heute Tag der Wehrmacht: Wie freue ich mich über unser Gelingen. 27 aus meiner Familie (mit Vettern) zogen ins Feld 1914/18. Ein Drittel kamen nicht zurück! Nicht irre werden! Das waren Glückliche ...«

Drei Tage später, am 18. März, schrieb Paul:

»Das Verhältnis zu den Kollegen ist sehr geändert. ›Arier‹ dürfen uns nicht mehr consultieren, ›jüdische Ärzte‹ halten zusammen. Wir Nichtarier stehen zwischen beiden. ... Es ist eine ›neue Ethik‹ jetzt. Kollege und Kollege ist zweierlei. ... Was hilft es sich aufzubäumen? Ich denke an E. M. [mir unbekannt, der Autor] ... an Fr. Renter, die im Gefängnis schmachtete! ›To suffer slings and arrows of outrageous fortune, or to take arms against a sea of troubles, and by opposing, end them?‹ – Nur der erste Weg steht mir offen. ›In deinen Händen ist die Macht. Wer einem Sieger widerspricht der widerspricht mit Nachbedacht!‹ Es wäre vergeblich und nützte dem großen Ganzen nicht.«

Auch ein Zitat aus der Bergpredigt findet sich in Pauls Tagebuch: »Selig sind, die um der Gerechtigkeit willen verfolgt werden; denn ihrer ist das Himmelreich« (Mt 5,10). An einigen Stellen äußerte er sich über die neue Ideologie, die in Deutschland herrschte, so am 11. April 1936:

»Das Wort ›Rasse‹ ist in das deutsche Volk geschleudert, es ist der ›neue Glaube‹ und hat gar gewaltige Kraft. Es ist berechtigt, aber auch beschränkend. Die ›jüdische Rasse‹ – nur um diese handelt es sich – mündet seit einem Jahrhundert als ein Nebenstrom von vielfach zu unterscheidender Gestalt in den Hauptstrom des Volkes. Ganz gewiß nicht zu seiner Zerstörung, wohl wellenwerfend, aber auch mehrend und sich der allgemeinen Strömung gut anpassend.

Leicht konnte auch diese Beimischung ertragen werden. Denn sie waren Deutsche, sie opferten sich im Kriege, wie jeder andere, sie fühlten deutsch und arbeiteten für ihr Vaterland. Sie waren ehrgeizig gewiß, aber sie suchten auch im Volke aufzugehen und viele – wie auch unsere Familie – zeigten durch die Taufe, wohin sie sich gehörig fühlten.

Die ›nicht-arische Großmutter‹ karikiert das schwere Unglück – nichts kann schildern, wie es im Herzen derer aussieht, die sich ihrer unverschuldeten Abstammung wegen plötzlich ausgeschaltet sehen. Viele von diesen – Juden, wie nichtarische Christen – würden mit wehenden Fahnen mitgegangen sein. Zugegeben, daß der politische Wunsch nach einem ›einheitlichen Volke‹ so eine ungeheure Stoßkraft erhielt – es fragt sich, ob der Gegenstoß, der die Auslandsdeutschen (in Österreich, Schweiz, Baltikum und so weiter) traf, den Nutzen, den man erhoffte, vernichtete.

Zuchthaus und Gefängnis für ›Rassenschande‹ heißt aber doch eine Beschränkung erzwingen, zumal bei Mischlingen oder 25%igen, die auf einige Zeit wohl möglich ist, dann aber nicht aufrecht bleiben wird … Der Marsch in die Höhe sieht uns als in Trümmern! Gott steh uns bei und gewähre uns den Blick in eine hoffnungsvolle Zeit!«

## Die Verhandlungen beginnen

Zwei Wochen nach Erwins Abreise, am 24. März, traf sich Paul mit Dr. Kuhnert, dem Verwaltungsdirektor der Charité, um die Möglichkeit der Verpachtung seiner Klinik an diese zu überprüfen. Angesichts von Erwins Entschluss zu emigrieren, angesichts des Abgeschnittenseins von kollegialen Kontakten und des Verlustes seiner sozialversicherten Patienten hatte Paul diese Möglichkeit bereits informell eruiert. Seine Klinik war als Institution für Lehre und Forschung immer mit der Charité verbunden gewesen, und der Verlust dieser Aufgabe erschien ihm untragbar. Da aus der Zeit vor März 1936 keine Tagebucheinträge existieren und auch kaum Briefe überliefert sind, lässt sich nicht im Detail nachvollziehen, wie sich Pauls Pläne entwickelten. Zunächst dachte er wohl nur daran, die Klinik zu verpachten, nicht zu verkaufen, um sich so vielleicht die Möglichkeit offen zu halten, die Arbeit wieder aufzunehmen, sobald sich die politischen Verhältnisse ändern sollten. Nach dem Treffen mit Kuhnert diktierte Paul eine vier Seiten lange Gedächtnisnotiz:

»... K. empfing mich sehr freundlich. ... Ich sagte ihm, [daß] wir etwas vorsichtig sein sollten, denn bei der Aufgabe der Klinik in irgendeiner Form, müsste sich E[rwin] andere Möglichkeiten bedenken. E[rwin] sei augenblicklich beurlaubt bis zum 1. Mai 1936, um seine Schwester Antonie in New York zu besuchen, ... um sich zu informieren. Dr. K.: Ihr Sohn kann ja dann nach der Rückkehr sehen, wie alles geht.

Dann erwähnte ich, daß B.-K. versäumt habe, mein Pachtungsangebot von RMark 22.000 [55.000 Dollar in der Kaufkraft von 1990] p.a. an die Charité weiter zu geben. ... Ich setzte ihm auseinander, daß RMark 22.000 berechnet waren nach dem Mietwert des Hauses (ca. 19.800). Unsere Wohnung steuerliche Schätzung von 4.800 Mark (Friedensmiete) veranschlagt. Er fragte, ob man diese Zimmer als Krankenzimmer einrichten könnte, ich bestätigte und wir rechneten aus, daß dann die Bettenzahl um etwa 20 sich erhöhen würde, im Ganzen also dann 95 bis 100 Betten. Er hatte an etwas mehr gedacht.

Ich fragte, ob weiterhin Interesse von der Charité bestünde, worauf er sagte, ›wir sind natürlich scharf darauf‹. ... Er: ›ob wir ein Vorkaufsrecht einräumten, denn die Charité hat auch Interesse, was sie einmal hat zu behalten.‹ Ich sagte, ich würde kein Vorkaufsrecht, aber ein Kaufrecht, nach Ablauf der Pacht abmachen. K. meinte, es ist uns natürlich nur daran gelegen, falls andere Absichten zum Kauf haben, dies vorher zu wissen. Ich sagte, daß dieser Fall wohl nicht eintreten würde, da ich mit der Übernahme des Hauses seitens meiner alten Lehrstätte und in der Angliederung an die Charité eine Anerkennung meines Lebenswerkes erblicken würde. Ich nannte keinen Kaufpreis, sondern nur die Einschätzung bei der Gründung betrug 631.0000 ... [Ich würde] das Inventar, so weit erwünscht, zu mäßigen Preisen abgeben. K.: Ihre Betten sind doch gut. Ich bestätigte.

Ich ... sagte, nach der ganzen Einrichtung wäre sie wohl, wenn nicht als Frauenklinik, dann als chirurgische Klinik geeignet. Hierauf K.: Sauerbruch hat Interesse für das Haus. ... Wir ergingen uns beide in Lobeserhebungen über diesen großzügigen Mann. Ich sagte, daß wir, S. und ich, uns näher getreten seien. Das schien er zu wissen. Er fragte nach der Belegung des Hauses, über die ich die Angaben von 1935 machte. Er fragte, ob er mir jemanden von der Finanzkommission schicken könne, dem ich Unterlagen geben würde. Bejaht. ... Der Hinweis auf Sauerbruch dürfte dem Abschluß förderlich sein (durch das Schwergewicht seiner Stellung). Es liegt also für mich keine Notwendigkeit vor, irgendwelche besonderen Angebote in nächster Zeit zu machen.«

## Ein charismatischer Kollege

Ferdinand Sauerbruch, Direktor der Chirurgischen Klinik und des Onkologischen Institutes der Charité, war vermutlich der berühmteste Chirurg Europas, ein Mann, dem sein Können zu einem nahezu majestätischen Ansehen verholfen hatte. Er war berühmt geworden durch seine neuen Operationsmethoden am Brustkorb – an der Speiseröhre, am Herzen und vor allem der Lunge. Dank eines von ihm gefundenen einfachen, sicheren Weges, die Atmung des Patienten aufrechtzuerhalten, während der Brustkorb weit geöffnet war und die Lungen dem Luftdruck ausgesetzt wurden, konnte Sauerbruch diese neuen Operationsmethoden riskieren.

Sauerbruch war einer der 960 prominenten deutschen Professoren gewesen, die im Herbst 1933 dem Hitlerregime Unterstützung geschworen hatten. Obwohl er Ehrungen und Auszeichnungen durch das Naziregime angenommen hatte, beschwerte er sich bald über dessen Einmischung in medizinische Belange. Auf einer Tagung von Wissenschaftlern und Ärzten 1934 bestand er auf der Autonomie der Universitäten und sagte, dass keine Notwendigkeit bestehe, die Wissenschaft von Außenseitern zu säubern. Wissenschaft war immer selbst am revolutionärsten und habe sich schon immer aus eigener Kraft von Fehlern und Irrtümern zu befreien gewusst. 1936 mahnte er seine Kollegen, sich an bewährte Konzepte und Werte zu halten, da die Geschichte uns gelehrt habe, dass auf die Preisgabe exakter wissenschaftlicher Methodik allzu oft Chaos und Mystizismus gefolgt seien. Als die Programme zur Tötung geistig Behinderter als »lebensunwertes Leben« begonnen wurden, wandelte sich seine Skepsis gegenüber den Nazis in passive Feindschaft, und er schloss sich lose Paul-Gerhard Braune, Claus von Stauffenberg, Dietrich Bonhoeffer, General Ludwig Beck und Hans von Dohnanyi an, die Hitlers Regime feindlich gegenüberstanden. In der ersten Stadtverwaltung von Berlin, die die Sowjets im Mai 1945 einsetzten, war Sauerbruch vertreten.[7]

## Inspektion

Am 7. April 1936 inspizierte eine Ärztegruppe der Charité, zu der Direktor Kuhnert, Professor Sauerbruch, Professor Hans Auler, Dr. Erwin Gohrbandt[8] und einige andere gehörten, Pauls Klinik. Paul hatte sich nun entschlossen, die Klinik zu verkaufen, anstatt sie nur zu verpachten.

An diesem Morgen im April 1936 trugen alle Vertreter der Charité formale dunkle Anzüge. Nur Sauerbruch erschien in einem blutbespritzten Ärztekittel – wie Paul hatte er den ganzen Morgen lang operiert. Sauerbruch sah nicht nur die Kundschafter aus dem gelobten Land im Buntglasfenster des Eßzimmers, sondern auch das Familienmotto: »Ehre ohne Arbeit ist unnütz«.

Er sagte: »Er stimmt, ihr Familienspruch. Aber beides ist richtig. Das heißt, Arbeit ohne Ehre ist auch unnütz. Ein Skandal, daß man Sie hier nicht weiter arbeiten läßt. So ein vollkommener, vielseitiger Betrieb! Sie kennen meine Einstellung. Ich kann Sie gut verstehen. Wenn Sie einen Arbeitsplatz zu behalten wünschen, steht er Ihnen selbstverständlich zur Verfügung.«

In sein Tagebuch schrieb Paul: »Sauerbruch ist ein warmherziger Mann, der erste, der die richtigen Hilfsworte findet … Somit ist für ihn also die Übernahme des Hauses beschlossene Sache! Und wenn es dann unabänderlich sein muß – von diesem Mann wohl auch am besten! Es wird den Ruhm der Klinik noch steigern! Aber den Arbeitsplatz werde ich nicht annehmen.«

Drei Monate später, am 13. Juli, bot Direktor Kuhnert von der Charité Paul tatsächlich an, alle drei Strassmann-Grundstücke – Schumannstraße 17 und 18 und Luisenstraße 49 – zu erwerben und in ein Zentrum für Krebsforschung und Krebsbehandlung umzuwandeln.

## Medizinische Ereignisse

Während seiner letzten sieben Monate an der Klinik operierte Paul so oft als möglich und hoffte, dass seine Assistenten auf diese Weise mehr lernten, als wenn sie sich auf eigene Faust durchschlagen müssten. Eisern kontrollierte er die Anwendung der Anästhesie, sodass es in seiner ganzen Laufbahn nicht ein einziges Mal zu einem Versagen oder einer Überdosierung der Narkose gekommen war. Solange Puls, Atmung, Hautfarbe und Pupillen kontinuierlich überwacht wurden, brauchte man nichts zu befürchten. Bei den weniger schweren Fällen verließ sich Paul mehr und mehr auf Dr. Emil Häfeli, der 1934 aus Basel gekommen war und Frau, Kinder und Praxis für lange Zeit zurückgelassen hatte. Häfeli war Major der Reserve in der Schweizer Luftwaffe. Paul war glücklich, daß es in diesem Frühjahr und Sommer 1936 all seinen Patientinnen gut erging und dass Häfeli sich immer besser entwickelte. Am 29. März vertraute er seinem Tagebuch an: »Nur ganz selten gibt es noch eine Komplikation … Auch der Krebstod ist sehr selten, weil ich Radium verwende …« Trotzdem wurde er noch häufig von seiner Morgentoilette abberufen, um eine Operation zu übernehmen, die Häfeli oder seinem Kollegen Dr. Schürmann zu schwierig erschien. Trotz all seiner Besessenheit mit operativer Perfektion war Paul der festen Ansicht, dass die erste Pflicht des Arztes nicht die Hingabe an die Wissenschaft sei, sondern die Liebe, die man anderen Menschen erweisen solle. »Die erste Regel ist, daß wir im Patienten eine verwundete Seele sehen, die nach Trost und Liebe hungert.«

Paul schrieb, dass er seine wichtigsten Entscheidungen immer hatte in Eile treffen müssen. Anstrengend am Operieren seien nicht die technischen Anforderungen, sondern die Notwendigkeit, schnell entschieden zu handeln. Allerdings könne man gerade in der Geburtshilfe seinen Zeitplan kaum jemals festlegen. Am 31. März 1936 notierte er:

»Und doch möchte ich keinen anderen Zweig der Medizin gewählt haben: der verantwortungsvollste und dankbarste! Noch jetzt begeistert mich diese Arbeit und nimmer höre ich auf zu staunen!!«

Um als Geburtshelfer erfolgreich zu sein, brauchte ein Mann wie Paul eine Frau wie Hedwig, die dieses irreguläre, hektische Leben tolerierte. Paul war überzeugt, er könne sein Operieren oder zumindest die Anleitung von Assistenten bis zu seinem Ende beibehalten, das »hoffentlich ohne Schmerz und nicht zu spät« kommen würde.

Wie jedes Jahr, lieferte Förster Berthold aus der Schorfheide auch Anfang April 1936 zwei Störche für den Innenhof der Klinik. Manchmal fragten ihn Besucher, warum denn der Storch immer auf einem Bein stehe, und Paul antwortete: »Das ist doch klar – wenn er sein anderes Bein auch noch hochziehen würde, würde er ganz schön unsanft zu Boden plumpsen, nicht wahr?« Etwa 50 Babys wurden hier jeden Monat geboren.

Anfang Juni 1936 wurde eine Patientin von außerhalb eingeliefert, die eine Frühgeburt gehabt hatte, deren Nachgeburt aber noch nicht ausgestoßen war. Eine komplizierte Operation war nötig, und ihr Ehemann wies Paul an, »zu tun, was immer nötig wäre«. Er war selbst Arzt und Mitglied der NSDAP. Die Operation glückte. Ein anderer Nazi erzählte Paul, dass er seinem Vorgesetzten, der auch ein Nazi war, selbstbewusst mitgeteilt hatte, dass seine Frau ihr Baby in Strassmanns Klinik zur Welt bringen würde und die Antwort erhalten hatte: »Gut, dann hast du das Beste gewählt.« Einer Patientin, die befürchtete, dass eine weitere Geburt in Pauls Klinik angesichts der beruflichen Position ihres Mannes Schwierigkeiten verursachen könnte, riet Paul, in Anbetracht der Zwangslage ihres Mannes vielleicht doch woanders zu entbinden.

## Meilensteine

Das 15.000. Baby der Klinik wurde an einem heißen Sommertag geboren: am 20. Juni 1936. Es war ein Junge, das erste Kind einer 35-jährigen Mutter, das bereits nach einer Stunde Wehen auf die Welt kam. Seit 24 Stunden hatte allerdings eine andere junge Mutter in den Wehen gelegen, und ihr Baby kam nur durch einen drastischen Eingriff auf die Welt. Deshalb wurden beide Mütter und beide Babys geehrt, genauso wie es im August 1928 mit den Babys 10.000 und 10.001 geschehen war. Um das Ereignis zu feiern, wurde allen Patientinnen, Schwestern, Ärzten und Angestellten Kuchen, Schlagsahne, Schokolade und Zitronensorbet serviert – in jener Zeit durchaus nicht alltägliche Leckereien. Und um Storch Bubis Hals hing ein Schild mit der Aufschrift »15.000!« Aber eigentlich hätte es »15.001!« heißen müssen!

Im September 1936 entband Paul eine Frau unter örtlicher Betäubung per Kaiserschnitt von ihrem ersten Baby. Sie war 46 Jahre alt und lachte in froher Erwartung des ersten Schreis ihres Babys. Während der Operation verlor die Frau nahezu kein Blut; es war Pauls dritter Kaiserschnitt in dieser Woche. Paul diktierte einen Artikel über die Ausführung eines Kaiserschnittes durch eine Blinddarmnarbe. Doch als der September kam und ging, fragte sich Paul bei jeder Entbindung, ob dies seine letzte Patientin und seine letzte Operation sein würde. Das Operieren fiel ihm immer noch leicht, manchmal operierte er dreimal am Tag.

## Die Olympischen Spiele von 1936

Als eine von Antonies Freundinnen, die Asbest-Erbin Sunny Manville aus den USA nach Berlin kam, lud sie Paul und Hedwig zur Eröffnungsveranstaltung der Olympischen Spiele am Samstag, dem 1. August 1936 ein. Um ein Uhr mittags waren er und Hedwig in der S-Bahn, auf dem Weg zum Reichssportfeld. An diesem Abend vermerkte er in seinem Tagebuch:

»[Ich] bewundere die Anlage und die Ordnung – es geht alles wie am militärischen Schnürchen. Nach 3 Uhr wird keiner mehr eingelassen. Um 2 Uhr sitzen wir auf der Bank 22, Treppe 5, Plätze 36, 37, gut bedacht vor dem Regen, der aber nur leise tröpfelt. Ohne Beton wären diese Bauten in so kurzer Zeit undenkbar. Es steht an Stelle des alten Stadions, in das ich 1910 bei der Einweihung unter Wilhelm II. mit der Burschenschafter-Gruppe einmarschierte … Statt der Kraniche zieht der ›Hindenburg‹ in silbrigem Geschwader über das unendliche Stadion. Schnell ist es 3, Musik spielt, übrigens auch während der Feier, doch sehr verhalten. Der Bauer ›Louis‹ mit dem Ölzweig von Olympia wird hineingeführt. Ordner und Beamte tragen Uniformen, wie einst das Garde du Corps in den blauen Interimsröcken mit weißen Hosen und weißen Mützen. 4 Uhr betritt der Führer mit großer Suite durch das Marathontor die Treppe zum Stadium herab. Wenig Militär, viel Comité in schwarzem Rock, mit goldenen Ketten. An den Seiten seiner Loge die Olympia-Fahne und das Hakenkreuz mit den 4 goldenen ›Adlern‹. Ringsum in weiten stets geschweiften Bogen die Fahnen der 50 Nationen. Unter Glockengeläut marschieren sie ein. Voran Griechenland, dann alphabetisch bis zu den Vereinigten Staaten, zuletzt Deutschland in blendendem Weiß. Es sind die beiden stärksten Gruppen … Der Schweizer schwingt seine Fahne hoch und fängt sie. Viele marschieren mit dem Deutschen Gruß, andere schultern die Strohhüte – die Frauen sehr kleidsam. Der Fackelläufer von Olympia durch 7 Länder (über 3.000 Kilometer), jeder einen Kilometer, durcheilt die Hälfte des braunen Runds und entzündet das olympische Feuer. … Adolf Hitler erklärt die Olympiade für eröffnet. Unter Artillerieschüssen steigen die Brieftauben nach ihren Ländern auf, die Olympische Hymne wird von Strauß dirigiert. … Der olympische Eid, bei dem sich die gewaltige Menschenmasse erhebt, kurz und bündig und treffend. Hallelujah von Händel (ich sang es in der Schule und 1886 in der

Stadtkirche beim Heidelberger Jubiläum!!) Es ist 6 Uhr. Der Eindruck überaus großartig. Es ist ein deutscher Triumph. Ave Caesar, moritutus te saluto. Auch der rückflutende Verkehr gut geordnet. Ein wogendes Heer der Nationen, verlockt von seiner Spiele Pracht – und morgen, und morgen! Erbarmungslos und eisenbeschlagen rollt das Rad über uns. Weh Dir, daß Du ein Enkel bist!!«

## Die letzten Verhandlungen

Abgesehen von der Olympiade, fanden Anfang August auch die letzten Verhandlungen zum Verkauf der Klinik statt. Paul bestand darauf, dass sich die Charité verpflichten solle, alle seine Angestellten zu übernehmen oder sie generös abzufinden.

Am Mittag des 7. August 1936 fuhren Paul, Hedwig und ihr Bruder Ernst Rosenberg aus Gießen zur Schatzkammer des Finanzministeriums. Ernst hatte als Rechtsanwalt den Verkaufsvertrag aufgesetzt. Im Raum 53 mit seinen großen romantischen Gemälden, die einst den Palast des Kaisers geschmückt hatten, trafen sie Ministerialrat von Krücke, den Prokuristen Guloff, zwei Anwälte namens Zimmermann und Schultz – letzterer war der einzige, der ein Hakenkreuz trug. Paul trug eine kleine Nachbildung seines Eisernen Kreuzes im Knopfloch. Er las die Verträge sorgfältig durch, und während er unterzeichnete, sagte er: »Meine Klinik war zu Deutschlands Wohl bestimmt, und dafür habe ich gearbeitet. Es freut mich, daß das Grundstück auch weiterhin, wenn auch in anderer Richtung dafür wirken wird.«

In dieser Nacht vertraute er seinem Tagebuch an:

»Seltsam, wie nun mit einigen Tintenzügen alles, alles vorbei ist!! Gewiß, ich hatte es anders gewünscht, nachdem aber die Abgabe nicht mehr aufzuhalten war, ist es immer noch die beste Lösung, daß der preußische Fiskus die 3 Grundstücke übernimmt. So bleibt die medizinische Tradition bewahrt, es mündet in die große Stätte des Krankenhauses, an dem ich 1892–1900 tätig war. Und wenn auch nur 4% auf die Hypotheken gezinst werden, die Zweidrittel der Kaufsumme bilden, Sicheres konnten wir nicht dafür eintauschen und den Kindern hinterlassen. Mancher wird sagen, Strassmann hat Glück, war wieder schlau, hat rechtzeitig den Kopf aus der Schlinge gezogen, usw. Aber es kommt keine innere Befriedigung, kein Dankgefühl auf. … Hedwig war währenddessen im Garten des Ministeriums. Beklommen küssen wir uns. … Sauerbruch war sicher ein Motor und hat den schnellen Gang eingeschaltet. Ich glaube, ich habe die Fortuna – wenn man diese Vorgänge so nennen darf – noch an der Stirnlocke erwischt. Die Zukunft wird's erweisen.«

Die Klinik war gut ausgelastet, und vier Entbindungen und vier Operationen pro Tag waren keine Seltenheit. Paul stellte fest, dass vermögende Patientinnen oftmals die billigere zweite Klasse wählten – in der Hoffnung, dass sie vielleicht doch ein Einzelzimmer haben würden und trotzdem an den Arztgebühren sparen könnten. Die Sozialversicherung, die seine Leistungen als jüdischer Arzt nicht mehr bezahlten wollte, schuldete ihm bereits Tausende von Mark, und er musste für Löhne und Gehälter seiner Angestellten mit seinen persönlichen Ersparnissen aufkommen. Sein Einkommen deckte nur die Hälfte der notwendigen Ausgaben. Er entsann sich, dass ihm 1933 eine seiner Oberschwestern, Amalie Mücke, all ihre Ersparnisse angeboten hatte, falls er sie jemals benötigen sollte. Aber das würde er nie akzeptieren. Für Mobiliar und Einrichtung der Klinik bot ihm die Charité gerade einmal 30.000 Mark, unter dem Vorwand, dass das meiste davon ohnehin für das geplante Onkologische Institut nicht brauchbar sei. Dies war der erste Schritt, mit dem ein Feilschen um den Preis beginnen sollte, aber dafür hatte Paul keine Zeit. Er schrieb am 5. Oktober: »Zum Feilschen bin ich nicht geeignet.« Deshalb akzeptierte er. Die Bibliothek, die noch auf seinen Vater Heinrich zurückging, enthielt Dutzende Bände aus dem 16. Jahrhundert und zwei aus dem Jahre 1493. Dafür nur weitere 30.000 Mark zu bieten, war absurd, doch am Ende sollte Paul von der Charité sogar nur 3.500 Mark für die Bücher erhalten.

Von Sauerbruch kam ein kurzer Brief: Er wollte Bubi, den letzten Storch, behalten. Doch Paul gab ihn an einen Fischer, der in einem Dorf nahe Berlin wohnte. Schlorchi, der andere Storch, war bereits an Förster Berthold zurückgegeben worden. Paul am 27. Oktober 1936:

> »Mit [Bubi] schwindet ein Symbol. … Ich zeigte das Tierchen jedem Besucher, und wenn ich ihn auf dem Hofe gesehen hatte, ging ich frohen Sinnes an die Arbeit! Forstmeister Berthold, dem ich Frau und Kind gerettet hatte, besorgte ihn, als ich einmal den Wunsch nach einem Storch geäußert hatte. Hauswart Fuchs machte Haus, Teich und Gatter für ihn. Er war unser Glücksvogel.«

## Mehr Entscheidungen

Im Juli 1936 notierte Paul: »Die nie abreißende geburtshilfliche Spannung – und dann die Anfragen und Entscheidungen in Kassensachen, dann alle die, so hier Auskunft und Hoffnung suchten – damit ist mehr als je in früheren Jahren, alle Kraft beansprucht. Wie konnte ich sonst so wacker Probleme wälzen, Vorträge, Kurse halten, leiten! Wie glücklich war ich, wenn ein noch so kleiner, wissenschaftlicher Fund die Feuerprobe des Zentralblattes oder ähnliches bestanden hatte …«

Die staatliche Krankenversicherung erlaubte es den Patienten nicht mehr, Pauls »jüdische Einrichtung« aufzusuchen. Dr. Schürmann erzählte ihm, dass er eine junge Frau, die zuvor in der Strassmann-Klinik entbunden hatte, an eine benachbarte Klinik habe abweisen müssen. Von dort war sie zu früh mit Fieber entlassen worden und kurz darauf an einer Embolie verstorben.

Das letzte Baby, das in der Klinik zur Welt kam, wurde am 22. Oktober von Pastor Johannes Küßner getauft, einen Tag vor Pauls 70. Geburtstag. 29 Gäste waren bei der Taufe anwesend. Küßner sprach einfach und kurz und nahm Bezug auf die 15.000 Babys, die bei Strassmann zur Welt gekommen waren: »Ich segne Dich, und Du sollst ein Segen sein.«

Seit dem 8. Oktober gab es jedoch neue Sorgen: Pauls taubstumme Schwester, Helene Keiler, hatte in Dresden einen Selbstmordversuch unternommen, indem sie sich ihre Kehle und ihre Handgelenke durchschnitten hatte. Als Paul sie im Krankenhaus besuchte, gestand sie ihm, dass Verzweiflung über die religiöse und politische Verfolgung sie zu diesem Schritt getrieben hatten. Ein Arzt aus Dresden hatte bereits die Wunden versorgt, doch es war zu spät gewesen, um den rechten Arm völlig wiederherstellen zu können. Paul verlegte sie in ein Zimmer erster Klasse mit einer eigenen Krankenschwester. Helene überlebte sechs weitere Jahre voller Elend und Angst, um am 19. November 1942 in Theresienstadt ums Leben zu kommen. Paul schrieb: »Ein tragisches Opfer … Gut, daß meine treue Hedwig mir zur Seite steht.« Er und Hedwig, so sagte Paul, seien wie das antike Paar Philemon and Baucis, denen Zeus aufgrund ihrer Barmherzigkeit einen letzten Wunsch erfüllt hatte: Selbst in ihrem Tode blieben sie zusammen, als Baum und als Efeu, der sich um diesen wand.

Allerdings hatte Reichsärzteführer Gerhard Wagner im *Deutschen Ärzteblatt* gerade eine deutliche Warnung geäußert: All denen, die annahmen, dass die Nürnberger Gesetze die Judenfrage schon vollständig gelöst hätten, erklärte er: »Der Kampf geht weiter.« Ab dem 1. Oktober wurde Juden der Apothekerberuf verboten. Paul warnte Erwin davor, zum 70. Geburtstag des Vaters zurück nach Berlin zu kommen und schilderte ihm die Situation, ohne Pass in Deutschland leben zu müssen und keine Chance zu haben, nochmals nach Amerika zu kommen. Eine jüdische oder »nichtarische« Klinik nach der anderen wurde verkauft, obwohl Juden noch für weitere zwei Jahre ihre Lizenzen als Ärzte behalten durften.

In einem nächsten Brief an Erwin erläuterte Paul ihm im Detail, wie das Inventar der Klinik aufgeteilt werden würde. Aus dem Labor würde er selbst das beste Mikroskop behalten und vielleicht noch eine Zentrifuge und einige besonders interessante Präparate. Die anderen Sammlungen von Wert würden an Erwin gehen. Das Inventar des Kreiß- und des Operationssaales würde den Vertretern der Charité überlassen werden, die darum kämpfen könnten wie Hyänen um das Fell des Löwen.

## Dreifache Geburtstagsfeier

Hedwigs 67. Geburtstag kam am 30. September, kein runder Geburtstag, aber doch Grund zum Feiern. Für Paul war Hedwig »das beste, frommste, und ergebenste Wesen«, und er schenkte ihr eine Halskette und eine Brosche mit der Inschrift »Hedwig Strassmann, meiner geliebten Frau und besten Hilfe am Werke der Frauenklinik, P. Strassmann, 1909–1936«. In seinem Tagebuch fragte er sich: »Wer hätte es mehr verdient als sie! Die Geliebte, Treue, Frohdenkende.« Blumen, Briefe, Bücher und andere Geschenke waren auf dem Gabentisch ausgebreitet. Am Abend trafen sich Paul und Hedwig mit Gerhart Hauptmann und dessen Frau im Deutschen Theater und sahen gemeinsam dessen Stück *Hamlet in Wittenberg*. Paul war begeistert: »Ein würdiger Schluß für den hohen Festtag! Und des Dichters Wort gießt über unser Leid den Glanz der Ewigkeit.« Am nächsten Tag trafen Paul und Hedwig die Hauptmanns noch einmal, bevor diese nach Dresden abreisten.

Der Doppelgeburtstag von Gisela und Paul begann am Freitag, dem 23. Oktober, schon um 8.30 Uhr morgens. Geschenke und Briefe von Familie und Freunden waren auf zwei rosengeschmückten Tischen im Musikzimmer ausgelegt. Erwin, Direktor Kuhnert, Ferdinand Sauerbruch und die Brüder Mayo hatten Telegramme geschickt, doch niemand mit einer offiziellen Funktion wie Walter Stöckel, jetzt der führende Universitätsfrauenarzt und Herausgeber des *Zentralblatts für Gynäkologie*. Ihre Majestät Hermine von Hohenzollern, die jetzige Frau des Kaisers, der in Holland im Exil war, sandte einen mitfühlenden Brief und Albert Schweitzers Buch über Johann Sebastian Bach. Hedwig schenkte ihm ein Toledaner Petschaft mit dem Wappen der Strassmanns: den Kundschaftern, die die Trauben aus dem gelobten Land brachten. Von meinen Eltern erhielt Paul ein teures Kurzwellenradio und von mir eine Zeichnung des Schiffshebewerks Niederfinow nördlich von Berlin. Um zehn Uhr morgens versammelten sich mehr als 100 Gäste im großen Saal der Klinik. Ilse beschrieb das Ereignis in einem Brief an Erwin:

»Herr Fuchs [der Pförtner] hatte einen großen Kranz aus Tannenzweigen geflochten und ihn mit siebzig Kerzen geschmückt. Sah sehr hübsch aus. Ein Trio – Flöte, Geige und Klavier – spielte zu lange und Schwester Ulla Meyers Finger trafen einige saure Noten (ein Stamitz-Stück). Zimmer las dann seine Rede ganz gut, aber ohne viel Wärme, ziemlich passend, nach Meinung aller. Pfarrer Anton war das Gegenteil und las ein von ihm verfaßtes Gedicht über Päpchens Leben, was unseren Vater wegen einiger Themen etwas nervös machte, aber unnötigerweise, denn sie wurden vermieden. Die Schwestern Hedwig Schulz, Dorothea Gladow und Meyer sangen dann Mendelssohns ›Erhebe deine Augen‹. Ein Stummfilm, ›Unsere Klinik‹, folgte, gemacht von H. Pfannkuch und Dr. Zimmer (!) mit Geschick, Humor, und viel Anstrengung – wirklich reizend und für uns alle eine wertvolle Erinnerung. Während der Film beinahe ¾ Stunde lief, spielte Fräulein Gladow eine Begleitung auf dem Klavier im Dunkeln, sehr musikalisch, fließend von einer Melodie zur anderen. Nie hätten wir gedacht, daß sie soviel Talent hätte. Die Vorführung endete mit einer komischen ›Max und Moritz‹-Parodie, die von den Schwestern Hedwig und Ulla gesungen wurde, begleitet von Fräulein Gladow.«

Paul war überzeugt, dass Zimmers Ansprache zur Abwechslung einmal dankbare Anerkennung und Gespür für die schmerzlichen Umstände gezeigt hatte. Er fand Pastor Antons Anmerkungen zu wirklichkeitsfremd und »trommelfellzerschmetternd«. Der Film war seiner Meinung nach »witzig und hatte alles von meinen morgendlichen Turnübungen bis hin zu Schürmann und den Nachtschwestern beim Rauchen der verbotenen Zigaretten«.

Nach nahezu zwei Stunden war alles vorüber. Paul dankte den Gästen und blies die 70 Kerzen aus. Er hatte Theaterkarten für jeden Angestellten und erinnerte daran, dass dies auch sein Geschenk anlässlich der Eröffnung der Klinik vor 27 Jahren, im Jahr 1909, gewesen sei – Karten für *Götz von Berlichingen*. Danach lud er alle in den großen Speisesaal der Familie ein, zu einem Riesenbüffet, das Kempinski bereitgestellt hatte. Ganz demokratisch setzte sich Paul zwischen Frau Fuchs, die Frau des Pförtners, und Frau Schnalle vom Fischmarkt. Meine Mutter, Ilse, unterhielt sich angeregt mit Dr. Häfeli, der Paul einen Nussbaum geschenkt und ein liebenswertes Gedicht für ihn verfasst hatte. Sie verabscheute Zimmer, seit er die Schürmanns bei Goebbels denunziert hatte, und war jetzt verwundert, wer Zimmer als Redner gewählt hatte. Eine alte Freundin Pauls, Friedel Marie Kuhlmann, die einst mit Hellmuth befreundet gewesen war, erschien als weißbärtiger Bauer verkleidet und amüsierte die Gäste, als sie Paul eine gewaltige Mistgabel überreichte, damit dieser in der Dahlemer Vorstadt auch schön kompostieren könne. Friedel trug ein langes Gedicht in Berliner Dialekt vor; hier sind nur zwei Strophen:

»Und weil nu Dein Jeburtstag ist,
So bring ick Dir 'ne Fuhre Mist
For Deinen neuen Jarten an.
Da draußen steht mein Ochsjespann.
.......
Und dat Du mir nu nich verjißt
Nimm diese Forke for Deen'n Mist
Mit dem Jeburtstagswunsch entjejen:
›Wo Mess is, da is Jottes Segen.‹«

Drei alte Kneipenfreunde Pauls aus den Tagen am Friedrichsgymnasium, Anton, Knaut und Prager, waren auch unter den Gästen. Lautstark forderten sie Bier, boten aber jetzt an, dafür selbst zu zahlen – anders als in den Jugendtagen. Vetter Walter Strassmann scherzte, er sei so tief bewegt gewesen, dass er sogar 15 Minuten lang »keenen Appetit nich hatte«. Antonie, die gerade aus Amerika gekommen war, fiel die Aufgabe zu, mit dramatischem Unterton all die Briefe und Telegramme vorzutragen, die von berühmten Freunden und Bekannten eingetroffen waren, von Gerhart Hauptmann, den Brüdern Mayo, Ferdinand Sauerbruch, von Malern und vielen anderen. Hauptmann, der inzwischen 74 war, hatte schon im Juni Paul und Hedwig eingeladen, ihn in Agnetendorf zu besuchen. In einem Brief schrieb er: »Wir freuen uns herzlich über das Wohlergehen Ihrer Töchter und des festen Schrittes mit dem Ihr Sohn seinen Weg schreitet. Gott ist mein Zeuge, daß ich eine aufopferungsfähigere und wahrhaftigere deutsche Familie wie die Ihre nicht erlebt habe!«

Selbst zwei Stunden nach Ende der Feier war der Saal immer noch mit Gästen gefüllt. Ich erinnere mich noch an die Enge, eingezwängt zwischen Dutzenden von Gästen, die alle redeten, und überall waren Blumensträuße. Es war ganz wichtig, sich in das Gästebuch einzutragen, und noch heute erinnere ich mich an die Peinlichkeit, in all der Verwirrung meinen Namen falsch geschrieben zu haben: »Woflgang«. Meine Mutter Ilse erzählte mir später, dass ich sie gefragt hatte: »Wirst Du zu Deinem siebzigsten Geburtstag auch so viele Gäste einladen?« Sie tröstete mich mit der Bemerkung, dass es bis dahin ja noch einige Jahre Zeit sei. In einem Brief an Erwin zählte sie all die Freunde und Bekannten auf, die bis zum Kaffee am Nachmittag geblieben waren, und wie sie ihm alle Grüße ausgerichtet hätten. Ilse war sich bewusst, dass sie viele dieser Freunde zum letzten Mal in ihrem Leben sehen würde. Sie schloss ihren Brief mit einer allgemeinen und doch persönlichen Beobachtung:

»Die Schulfrage soll bis Ostern entschieden sein. Jüdische Kinder müssen die oberen Klassen verlassen, aber die Zukunft derer mit gemischten Vorfahren ist noch nicht entschieden. Diese Fragen stören mich nicht mehr. ... Jede Nacht begleitet mich Dein Brief wie ein kostbarer Edelstein. Die Zeit unserer Trennung ist jetzt in ihrer abnehmenden Phase.«

An diesem Abend notierte Paul in seinem Tagebuch:

»Ein vollgelungener Tag, ein Schlußakkord. Und Geben war seliger denn Nehmen. Man soll schon deswegen die Feste feiern und sich nicht ›in aller Stille zurückziehen‹. Dieser Tag bleibt allen unvergessen, und der düstere Hintergrund hob die leuchtend bunten Bilder noch mehr hervor. Nur der arme Junge fehlt in den USA. ... Ohne bittere Gefühle legen wir uns. Und der Traumgeist erhält die Bilder lebendig.«

## Letzte Arbeitstage

Drei Tage später, am 26. Oktober, vollführte Paul seine letzte Operation in der Klinik. Es war die Frau eines Kollegen, und alles ging gut. »Sie kommt leicht davon.« Als ihr Ehemann Paul fragte: »Konnte Ihr Sohn denn nicht die Klinik halten?«, antwortete Paul: »Er war Offizier und ist jetzt nicht mehr Reichsbürger. Er hatte keine Zukunft mehr hier!«

Die letzten drei Patientinnen, die sich in das Gästebuch eintrugen, waren Elsa, Elise und Else. Elsa Niegisch verfasste am 30. Oktober ein Gedicht, das mit den Versen endete: »... denn Herr Geheimrat hat kunstvoll vollbracht, was ihm noch keiner nachgemacht.« Elise Honwald schrieb im November: »Dies dicke Buch zeigt soviel Liebe und Dankbarkeit und doch heißt es jetzt auch für Sie, ›des Lebens ungemischte Freude ward keinem Sterblichen zuteil‹.« Und am 6. November äußerte Else Heinrich ihre Dankbarkeit, durch die große Kunst des Herrn Geheimrat und Professor geheilt worden zu sein: »Möge ihm all seine Liebe, die er den leidenden Menschen geschenkt hat, vergolten werden durch einen gesunden, glücklichen Lebensabend!« Die Steißgeburt einer Frau Rundlandt, die Dr. Häfeli vollführte, machte diese zur allerletzten Patientin der Klinik, sie wurde am 8. November um 9.30 Uhr entlassen. In das Gästebuch trug sie sich nicht ein.

Die letzte Seite des Gästebuches trug den Titel »Die letzten Getreuen« und enthielt die Namen und Adressen von 39 Männern und Frauen. Zuerst hatte Gerhart Zimmer unterschrieben, dann Emil Häfeli, Fritz Ade, Günther Brehster, Alfred Schick, Marianne Rudeloff, Amalie Frieda Mücke, Ilse Dürselen, Dorothea Gladow, Geraldine Effenberger, Maria Mummert und 20 weitere.

## Verkauf und Lebewohl

Eine Mitteilung wurde an der Eingangstür der Klinik angebracht: »Die Frauenklinik wird endgültig am 10. XI. geschlossen.« Dutzende Male täglich lief die Familie an dieser Notiz vorbei, auf dem Weg zu ihrer Wohnung im Klinikgebäude. Die Klinik im hinteren Hausteil war geschlossen, tot ohne die Lichter in den Fenstern und die klappernden Geräusche aus der Küche. Moki stand vor den Türen und bellte, aber niemand ließ ihn hinein.

Paul saß an seinem Schreibtisch und schrieb persönlich 600 Dankeskarten als Antwort auf jeden einzelnen Glückwunsch, der ihn erreicht hatte. Im Nebenzimmer wurde der alte Bechstein-Flügel gestimmt. Dieses alte Gießener Hochzeitsgeschenk sollte mit nach Dahlem und später sogar nach Amerika umziehen.

Am 10. November 1936 fand die Übergabe der Klinik statt. Paul führte Dr. Kuhnert, Professor Adam und Professor Auler für zwei Stunden durch das Gebäude, die Bauzeichnungen in der Hand. In Pauls Arbeitszimmer wurden die Papiere dann endgültig unterzeichnet, inmitten all der Bücher, Gemälde und Andenken. Am Abend vertraute Paul seinem Tagebuch an:

»... Ich hatte früh einen Band Schiller (Wallenstein) und die große Lutherbibel in Pergament hingelegt. Wir benötigten eine Unterlage und so unterzeichneten wir – ich zuerst

– auf der Bibel! Hedwig trug Schwarz mit Hellmuths E.K., 1. Klasse. Heute vor 20 Jahren erfuhren wir durch v. Ratwitz seinen Tod.

Oberin Marianne & Dr. Häfeli hatten Tränen in den Augen.

Dann sagte ich laut und aufrecht: ›Die Frauenklinik ist aufgelöst. Es blühe und erstehe im Rahmen der Charité das neue medizinische Institut – wie das alte – zum Wohle des deutschen Volkes und unseres Vaterlandes, wozu Gott seinen Segen geben möge.‹

Und nun war auch dieser Augenblick überwunden! Händeschütteln und mit viel Ergriffenheit bei allen Beteiligten. Hedwig gab mir einen Kuß vor Allen. Dann begann die prosaische Auszahlung.«

Während der folgenden Woche hallten die leeren Räume von den Geräuschen wider wie Grabgewölbe. Moki bellte den Geräuschen nach. Hellmuths Denkmal wurde verpackt und nach Dahlem gebracht. Am 11. November schrieb Paul in sein Tagebuch: »Es bleibt doch ungeheuerlich, daß wir in unseren alten Tagen als treue Staatsbürger weichen müssen!«

Der endgültige Exodus fand eine Woche später statt. Am frühen Morgen kamen die Möbelträger, bauten ihre Kisten zusammen und begannen die Möbel in dicke Decken zu hüllen. Immer noch trafen Patientinnen ein und mussten an andere Kliniken verwiesen werden. Dr. Gerhart Zimmer kam, um sich zu verabschieden, und endlich konnte ihm Paul reinen Wein einschenken, wie sehr Zimmers Bösartigkeit den Schürmanns gegenüber Erwins Ausreisepläne beschleunigt hatte. »Wie unsere Pläne dadurch reiften!«

»Um mich herum grauenhafte Wüste«, schrieb Paul am 19. November 1936, dem letzten Tag in der alten Wohnung. »Endlich Abschied von der treuesten Hilfe. Oberin Marianne seit 34 Jahren mir zur Seite! Da verwächst man miteinander. … Nächst Hedwig stand sie mir am nächsten.

Erwin … hat ja eine größere Bürde als wir … zum letzten Mal verbellt Moki das Viereck Albrecht – Marienstraße! Wir sehen die Leuchtreklame und das Deutsche Theater und rüsten zur letzten Nacht im Haus Schumannstraße 18.

Ich kann nicht mehr schreiben.«

Am nächsten Morgen um acht Uhr früh erschienen die letzten Möbelträger. Als alle Zimmer ausgeräumt waren, ging Paul noch einmal durch das Haus und schloss die Türen ab. Im Korridor standen die Oberschwester und weitere Angestellte, darunter Frau Stalinski, die Wäscherin. Alle weinten. In der allerletzten Minute erschien Bernd Rosemeyer, der Rennfahrer, und fragte nach einem alten Automobilgemälde, das einst Hellmuth gehört hatte. Paul bewahrte seine Haltung und sagte nur: »Segnet, die euch fluchen!« In die Taxe trug er drei Gemälde, die Jacob van Ruisdael, Adrian Brouwer und (fälschlicherweise) Rembrandt zugeschrieben waren. Hedwig trug Schrillpifex, den Kanarienvogel. Während der langen Fahrt nach Dahlem sprachen sie nicht. Es war ein grauer Novembertag.

*10. Kapitel*

# Unzertrennlich trotz seiner Auswanderung: Erwin und Ilse

Wie sein Vater absolvierte auch Erwin ein Intermezzo medizinischer Studien in Baden im Südwesten Deutschlands – jedoch nicht in Heidelberg, sondern 1921/22 an der Universität von Freiburg im Breisgau. Seine Ausbildung führte ihn an das 1883 gegründete Pathologische Institut der Universität, das seit 1906 unter Professor Ludwig Aschoff (1866–1942) berühmt geworden war. Fast während des gesamten Ersten Weltkrieges war Aschoff der führende Pathologe der deutschen Armee gewesen, obwohl er selbst dem Krieg ablehnend gegenübergestanden hatte. Sein Armeedienst brachte ihn sowohl an die Ost- als auch an die Westfront.[1]

Erwin erinnerte sich 1961, dass Aschoff ihn eines Tages zu sich ins Büro gerufen und gesagt hatte:

»Strassmann, Sie wollen Gynäkologe werden. Sie wissen, daß jeder, der an meine Abteilung angebunden ist, eine Arbeit zu schreiben hat. Ich möchte, daß Sie herausfinden, warum das Graafsche Follikel platzt. Jedermann hält das Platzen des Follikels für normal, weil alle denken, daß die Follikel Zysten sind, die einfach nur eine bestimmte Größe erreichen müssen, und dann wird ihr innerer Druck zu groß und sie platzen. Wenn das das ganze Geheimnis des Eisprungs ist, wie kommt es dann, daß pathologische Zysten so groß wie eine Faust, ein Männerkopf und sogar noch größer werden können – und meist ohne zu platzen? Der Eierstock ist die einzige Drüse im menschlichen Körper, die Sekrete produziert, ohne ein dauerhaftes System zu deren Ableitung zu haben – anders als die Hoden, die Speicheldrüsen, die Nieren usw. Falls es hier eine endokrine Stimulation gibt, muß es einen bestimmten mechanischen Prozeß geben, der die Hormone in die Lage versetzt, ihre Aufgabe zu erfüllen. Ich kann Ihnen nicht sagen, was das ist und wie man es findet. Das ist Ihr Job. Nun gehen Sie an die Arbeit, und halten Sie mich auf dem Laufenden. Viel Glück.«

Erwin untersuchte mehr als 18.000 Gewebeschnitte menschlicher und tierischer Eierstöcke und konnte nach zwölf Jahren nachweisen, dass sich, um den Weg zu bahnen, ein »Theca interna-Keil« bildet, der in allen Säugetieren dem Graafschen Follikel vorangeht. Konische Scheiden-Schichten treten dann auf, wenn der Follikel zur Oberfläche des Eierstocks aufsteigt, wo er unregelmäßig heranwächst und einen Kegel bildet, der sich als Keil in die nächstgelegene Oberfläche des Eierstocks hineinbohrt. Der sich ausdehnende Follikel folgt dieser Spur des geringsten Widerstandes. Schließlich wölbt sich der Follikel stark aus dem

Eierstock heraus, und seine Wand ist auf das äußerste gespannt. Der Follikel ist nun bereit zu springen, platzt und lässt sanft das Ei heraus. Die Frage, warum der Follikel platzt, erklärt sich vor allem aus der Art und Weise, wie der Follikel an die Oberfläche des Eierstocks gelangt. Das Platzen ist nicht von Zufälligkeiten abhängig, sondern ein im Werden und Wachsen sorgsam angelegter und gesicherter Vorgang. Die Reifung des Eies im Follikel selbst konnte Erwin in seiner Forschung außer Betracht lassen. Der »Theca Keil« (Scheidenkeil) war Erwins bedeutendste Entdeckung; er verfasste 15 Publikationen zu ihr, und sie brachte ihm eine Berufung auf eine Professur in Berlin 1932 ein sowie 1940 den Foundation Prize der Amerikanischen Gesellschaft der Geburtshelfer und Gynäkologen.[2]

Neben all seiner Arbeit stand Erwin auch noch der Vereinigung der Freiburger Medizinstudenten vor. Und wie sein Vater in Heidelberg und sein Bruder in Berlin wurde er Mitglied der »Arminia«.

## Ilse Wens aus Bad Nauheim

An einem Oktobermorgen 1921 wurde eine hoch gewachsene, elegante, aber sehr zurückhaltende Frau durch die Räume von Aschoffs Institut in Freiburg geführt. Es war Ilse Wens aus Bad Nauheim, Hessen, die als technische Laborantin eingestellt worden war. Dr. Walter Koch, ein Verwandter von Ilses Mutter und Aschoffs Kodirektor, hatte die Stellung vermittelt. Ilse hatte viele Jahre Klavier studiert, jedoch schien es für sie keine Möglichkeit zu geben, eine Karriere als Konzertpianistin zu verfolgen. So wäre ihr nur die Alternative geblieben, Anfänger zu unterrichten, doch dazu fühlte sie sich nicht berufen.

Wenn man einer Familienlegende Glauben schenken darf, dann hatte sich Erwin an diesem ersten Morgen Ilse genähert und ihr gesagt: »Fräulein Wens, willkommen im Pathologischen Institut. Wir möchten, daß Sie sich hier wie zu Hause fühlen. Falls Sie irgendetwas benötigen, lassen Sie es mich wissen.« Erstaunt fragte Ilse eine Sekretärin, wer denn dieser forsche junge Mann gewesen sei. »Das ist Strassmann«, wurde ihr gesagt, »nur ein Student aus Berlin. Er ist gestern angekommen.« 70 Jahre später, am 4. Dezember 1991, erinnerte sich meine Mutter an jene Tage:

»Ja, er war sofort an mir interessiert, und ich habe sehr lange gebraucht, um herauszufinden, wie viele kleine Freundinnen er zu jener Zeit noch hatte. Doch zum Glück bin ich nie eifersüchtig gewesen. In Aschoffs Institut gab es jeden Mittwoch einen Kulturabend, und irgend jemand mußte etwas vorführen, singen, spielen, deklamieren – was immer. Erwin schlug vor, daß wir ein Duett spielen sollten, Violine und Klavier. Er wollte es absolut perfekt haben, und so mußten wir eine Menge üben. Auf diese Weise konnte er mich natürlich auch oft sehen. Aber ich erinnere mich nicht mehr, was wir damals spielten, irgend etwas Leichtes, Beschwingtes, natürlich, vielleicht Kreisler.«

Die beiden heirateten in Ilses Heimatstadt Bad Nauheim am 7. Januar 1923. Ilse war die Tochter von Ferdinand Wens aus Bielefeld und Käthe Luise, geborene Schwarze, aus Diepholz bei Bremen. Ferdinand und Käthe entstammten beide sehr musikalischen Familien. Ferdinand war 1903 im Alter von 36 Jahren nach Bad Nauheim gezogen. Er litt an einer Herzerkrankung, und Bad Nauheim war gerade für seine Kurerfolge bei Herzerkrankungen berühmt geworden. Seitdem hatte er sich auf die Behandlung von kardiovaskulären Erkrankungen spezialisiert. Neben Ilse hatten sie noch einen älteren und einen jüngeren Sohn. Der ältere, Ulrich, begann 1914 Handel zu studieren, war jedoch schon 1915 im Alter von 20 Jahren in Tschermysch-Kolki an der russischen Front gefallen. Der jüngere Sohn Gerhard (1900–1997) hatte sich wie sein Vater während seines Studiums in Tübingen auf kardiovaskuläre Medizin spezialisiert. Als Ferdinand 1929 mit 62 Jahren starb, übernahm Gerhard dessen Praxis.

## Medizin, Juden und Bad Nauheim

Das Dörfchen Nauheim war 1835 zum Kurort Bad Nauheim geworden, als einige seiner mineralischen Quellen nicht nur zur Gewinnung von Mineralsalzen verwendet wurden, sondern unter der Leitung von Dr. Friedrich Bode zur Behandlung von Rheumatismus. Internationalen Ruf erreichte der junge Kurort, als sich der jüdische Arzt Isidor Mayer Grödel (1850–1921) 1875 in Nauheim niederließ und zahlreiche wissenschaftliche Arbeiten über seine erfolgreiche Behandlung von in- und ausländischen Unternehmern und Aristokraten verfasste. Heiße Mineralbäder unter ärztlicher Aufsicht, so Grödel, seien die beste Therapie für schwache Herzen, da Wassertemperatur und -druck sowie Kohlendioxidbläschen die Kapillaren günstig beeinflussten.

1920 wurde Grödel Ehrenbürger der Stadt Nauheim. Sein getaufter Sohn, Franz Grödel (1881–1951) wurde allgemein als der herausragendste Arzt in der Geschichte der Stadt Bad Nauheim angesehen.[3] Zu Franz' internationalen Patienten zählten Lilian Gish, William Randolph Hearst und die Roosevelts. Er schrieb mehr als 300 medizinische Aufsätze, hielt eine Professur in Frankfurt und gründete mit einem Kapital von einer Million Dollar, das ihm die Witwe eines amerikanischen Patienten überlassen hatte, das Kerckhoff-Forschungsinstitut für kardiovaskuläre Krankheiten. Einer seiner Patienten, der deutsch-amerikanische Industrielle Oberlaender, reiste um 1934 sogar nach Berlin, um sich für Grödels »Arisierung« einzusetzen. Es war vergeblich.

Als Franz Grödel 1933 besuchsweise in die USA reiste, bat er Gerhard Wens, den Bruder meiner Mutter, die Leitung seines Sanatoriums zu übernehmen. Gerhard ersuchte zunächst um eine offizielle Genehmigung aus Berlin, die er auch erhielt. In seiner Schulzeit war Emil Grünewald, der Sohn des koscheren Nauheimer Metzgers, Gerhards bester Freund gewesen; später war dessen Familie nach Marokko, Palästina, Südafrika und den USA ausgewandert. Nun war Gerhard besorgt, dass er ein zu großes Risiko eingehen könnte, wenn er geschäftliche Beziehungen mit anderen (konvertierten) Juden unterhielt; schließlich hatte er ja schon einen »nichtarischen« Schwager. Doch das Sanatorium wurde ohnehin 1936 geschlossen, da Franz in den USA blieb. Seine Bad Nauheimer Ärztekollegen hatten zudem gefordert, dass Franz Grödel auch die Leitung des Kerckhoff-Instituts, des bedeutendsten wissenschaftlichen Zentrums Bad Nauheims, aufgeben sollte, »da eine von einem Nichtarier geführte Institution keinen passenden Rahmen mehr für unsere Versammlungen abgeben kann«.

Frances, die Schwester von Franz, hatte 1935 aus Verzweiflung über die Nazis Selbstmord begangen. Franz schrieb: »Von den Gesichtern einiger verräterischer Kollegen, die mir jahrelang Freundschaft vorgetäuscht und sich an meinem Tisch fettgegessen hatten, waren die Masken gefallen. Nur sehr wenige, die ich bis dahin unterschätzt hatte, blieben auf meiner Seite.«[4] Franz siedelte schließlich endgültig in die USA über, er kehrte nicht mehr nach Nauheim zurück. Er ließ sich in Warm Springs, Georgia, nieder, wo er bis zu dessen Tod 1945 gelegentlich auch als Arzt für Präsident Franklin D. Roosevelt tätig war.

Insgesamt hatten in den zwanziger Jahren Juden bedeutende Rollen im öffentlichen Leben der Stadt Bad Nauheim gespielt. Sally Schönewald (1871–1939) war über viele Jahre der Vorsitzende der Bad Nauheimer Ärztevereinigung gewesen. Emil Rosenthal (1872–1937), ein Geschäftsmann, und Arthur Stahl (1869–1929), ein Anwalt, hatten der Stadt viele Jahre lang gedient, vor allem in der Ratsversammlung. Nur wenige der Nauheimer Juden waren strenggläubig, verschiedene von ihnen waren konvertiert, und kaum eines der jüdischen Geschäft blieb am Samstag, dem Sabbat geschlossen. Und so wurde in den frühen zwanziger Jahren die Ehe mit einem jüdischen Partner, ob konvertiert oder nicht, als durchaus akzeptabel gesehen.

Nach Flitterwochen im verschneiten Harz ließen sich Erwin und Ilse in Berlin nieder, in zwei Räumen der Schumannstraße 18, in denen vor dem Krieg Strassmann-Kinder gelebt hatten. Nach einem kurzen Aufenthalt in Wannsee zogen sie in die Nähe der Frauenklinik, in die Luisenstraße 47. 1923 hatte Ilse eine Frühgeburt, dann kam im November 1924 Renate (die »Wiedergeborene«) zur Welt, Wolfgang Paul folgte im Juli 1926 und Angelika im April 1930.

Erwin spezialisierte sich vier Jahre lang als Gynäkologe und Geburtshelfer, zunächst 1923/24 mit Ernst Bumm[5] und von 1924 bis 1926 in der Klinik seines Vaters.

## Erwins erste Reise nach Amerika

Im Winter 1929 schickte Paul seinen Sohn Erwin, der inzwischen 34 Jahre alt war, auf eine medizinische Studienreise in die USA, so wie er sie selbst 1891 nach England und 1927 in die USA absolviert hatte. Erwin kam am 21. Januar mit der »Albert Ballin« der Hamburg-Amerika-Linie in New York an. Er verbrachte zehn Tage in New York, dann reiste er für zwei Wochen nach Philadelphia, Baltimore, Washington und Chicago. Zwei Wochen in der Mayo-Klinik in Rochester, Minnesota, folgten. Auf dem Weg zurück nach New York besuchte er noch Detroit, Cleveland, Buffalo und Boston, bevor er am 23. März auf der »Deutschland« zurück nach Europa fuhr.

Seinen ersten Brief nach Hause schrieb Erwin am 28. Januar 1929, eine Woche nach der Landung in New York:

»Wer nicht hier war, kann es nicht begreifen, und selbst dann kaum. Es ist nicht nur ein neuer, junger Kontinent. Es ist ein neues Jahrhundert, eine Wahrheit gewordene Utopia! – Wir armen Deutschen! Gute Anlagen, schlechte Möglichkeiten.«

Aus Rochester schrieb Erwin, dass Amerikaner anscheinend langsamer altern. Er war tief begeistert von Charles Mayo, der an diesem Morgen sechs schwere Operationen durchgeführt hatte und dabei schon 64 Jahre alt war. Beide Brüder Mayo luden Erwin zu Abschiedsessen ein. Am 1. März 1929 schrieb Erwin seiner Frau:

»Vielfach im Lande sagte man: ›Was wollen Sie denn bloß 14 Tage in Rochester?‹ Ich habe … mit Herzklopfen erkannt, was zwei wahrhaftige große Männer zu verwirklichen im Stande sind. Dabei ist die Bescheidenheit und fast Unscheinbarkeit dieser Brüder Mayo unerhört und hat etwas Rührendes. Ich wüßte dem nichts an die Seite zu setzen. Im Gegensatz selbst zu Männern wie Bumm und Aschoff verschwinden diese Leute vollständig hinter ihrem Werk und nicht ein Wort oder eine Miene verrät die Persönlichkeit. 100% Sachlichkeit, echteste Männer von unfaßlicher Größe. … Ich wünschte, wir hätten Haus und Garten wie alle jungen Ärzte hier. Amerika ist für die Amerikaner ein Paradies. Gelobtes Land.«

In einem Brief an Ilse vom 6. März 1929 zeigte sich Erwin beeindruckt von dem höheren Status, der Frauen in den USA zugestanden wurde:

»Das ist hier etwas, was Dich glücklich machen würde, die allgemeine Hochachtung aller Stände vor der Frau. Das wünschte ich, hätten wir drüben auch! Es ist ein Grund dafür, daß sich die Frauen hier selbst ganz anders verpflichtet fühlen. … Reine Luft. Reine Atmosphäre. Das ist eines der Fundamente, die diesen jungen Staat tragen und die jeden, der hierher kommt, schnell überzeugen. … Auch kein Poussieren in den Kliniken, Schwestern und Ärzte höflich und freundlich. … Ein starker ethischer Zug geht durch das ganze Land. Vertrauen im Geschäftlichen, Ehrlichkeit, offener, aber sachlicher Wettbewerb. Kein Niederziehen des Gegners, sondern möglichst Bessermachen. Ich hörte kein abfälliges Wort eines über den anderen, nur freundliches. Vielleicht war es nicht immer echt. Aber gerade die Form ist anzuerkennen. … Beherrschung und Leistung sind die Triebfedern. Das macht mir den Fortgang aus diesem Lande schwer; es ist etwas Faszinierendes um diese gesunden äußeren und inneren Bedingungen. – Der führende Kontinent! Leider! Aber nicht ohne Berechtigung.«

## Berufung an die Universität

Im Dezember 1932 wurde Erwin als außerordentlicher Professor an die Universität von Berlin berufen. In der Geschichte der Berliner Universität war dies erst der zweite Fall, in dem Vater und Sohn einen Lehrstuhl an derselben Fakultät innehatten. Professor Walter Stöckel hatte Erwin gewarnt, dass er nur dann eine Berufung an die Universität erhalten werde, wenn seine Forschungsergebnisse so überragend seien, dass es keine Möglichkeit mehr gäbe, ihn zu umgehen. Erwin musste den Widerstand alter Feinde von Paul überwinden und diejenigen überzeugen, die prinzipiell gegen eine Berufung von Vater und Sohn im gleichen Lehrgebiet waren.

So war Erwin daran gegangen, seine 18.000 Gewebeschnitte der Eierstöcke von Rindern, Fleischfressern, Nagetieren und Menschen anzufertigen. Er arbeitete mit einer Assistentin, Erika von Möllendorff, der Tochter des Freiburger Anatomieprofessors W. von Möllendorff, und entdeckte – wie am Anfang des Kapitels beschrieben – den Scheidenkeil.

Am 17. Dezember 1932 hielt Erwin seine Antrittsvorlesung im großen Hörsaal der Universität Unter den Linden. Zu dieser Zeit hatte er sein Interesse schon auf ein völlig neues Forschungsgebiet gerichtet, auf die elektrokardiographische Untersuchung von Föten, die vor ihm noch niemand versucht hatte.[6] Studenten, Freunde und Verwandte saßen im Publikum, und nach der Vorlesung gab es einen Sektempfang. 44 Tage später kamen die Nazis an die Macht, aber Erwin war überzeugt, dass er seine Schäfchen ins Trockene gebracht hatte.

## Die Nazis kommen näher

Als gleich 1933 eine antisemitische Regelung nach der anderen erlassen wurde, war Erwin genauso überrascht wie die meisten Deutschen. Ende Juni war Ilse mit den Kindern auf Urlaub in Bad Nauheim, wo sie von Dr. Jungs Versuch, die Leitung der Klinik zu übernehmen, und von deren drohender Schließung erfuhr. Am 28. Juni 1933 schrieb sie an Erwin:

»Man hatte wirklich geglaubt, es seien nun alle Kränkungen und Verletzungen erschöpft und nun kommt noch der bitterste Schlag. … Ich habe nur das eine feste Gefühl: wie das Leben auch mit Dir, mit uns, umgeht, Du wirst es trotzdem meistern, auf irgendeine Art wirst Du Dich mit zäher Energie durchsetzen. Träfe Gerhard [Ilses Bruder] solch ein Schlag, wäre meine Sorge viel größer, denn er hat nicht diese Kampfnatur, wie Du und Päpchen [Paul].

Ich kann mir nicht denken, daß diese Verordnung bestehen bleibt. … Ich kann nicht glauben, daß eine derartig himmelschreiende Ungerechtigkeit bestehen bleibt. … Mit größter Unruhe denke ich heute an Jung's Abschied. Werdet Ihr beide Euch in der Gewalt haben? Er ist nicht ein Wort der Würdigung wert und hätte schon einen Tritt in seinen Arischen verdient.«

Erwin antwortete ihr am 7. Juli:

»Daß ich Dich gerade in diesen Strudel reißen mußte u. die Kinder, drückt mich natürlich tief. Eine Schranke baut sich auf unverdient. Plötzlich gehört man nicht mehr dazu, wo man hingehört. Es ist gleich schwer fortzugehen u. dazubleiben. Wohin wird sich die Wagschale senken? Lieber arm u. ungeachtet, als äußerlich sorglos u. zurückgesetzt in der Geltung. Jedes Zusammensein mit Menschen ist eine Qual. … Man weiß nicht, was schlimmer ist, das heimliche Mitleid oder das heimliche Abrücken. Und dann das ständige Mißtrauen! Es ist eine Atmosphäre, in der ein im Grunde fröhlicher, verwöhnter Mensch nicht atmen kann. Hier hilft nur die Erinnerung an den Krieg, wo man sich mit allem beherrschen lernte. Da war es die äußere Gefahr, hier ist es die innere Kränkung, die auf die Dauer mehr zermürbt, damals war man jung u. ohne Verantwortung auf sich gestellt, jetzt ist man über die Lebensmitte hinaus u. trägt Sorge für fünf Menschen, denen man Leben und Zukunft schön u. glücklich machen will. … Man lernt am besten lieben, wenn man leiden muß.«

Worauf Ilse ihm am 10. Juli 1933 schrieb:

»Ich bin gefaßt und werde annehmen, was immer geschieht. Ich sehe es als meine Aufgabe an, Dich zu stärken und Dir beizustehen. … Wie glücklich wir jetzt hätten sein können! Aber ich fürchte mich nicht und werde mich sicher geborgen bei Dir fühlen.«

Anläßlich seines 38. Geburtstages am 12. Juli 1933 versicherte Ilse, das letzte Jahr »brachte auch viel Leid, doppelt bitter durch die gänzliche Schuldlosigkeit. Aber auch dieses Leid brachte etwas Gutes: Das war die klare Erkenntnis, wie ich sie noch nie so stark empfunden habe, daß ich unlöslich und gerade in schweren Zeiten doppelt fest mit Dir verbunden bin. Darin liegt ein großes Glück, das Bewußtsein sein Leben richtig gestaltet zu haben.«

Zwei Jahre später, am 24. Juni 1935, als Ilse wieder in Bad Nauheim auf Urlaub weilte, schrieb Erwin ihr einen Brief, in dem er seine Besorgnis über die politische Atmosphäre äußerte, die in Deutschland herrschte: »Deswegen sieht man nüchtern und klar, daß man langsam eine grundlegende Veränderung ins Auge fassen muß. Da den letzten bekanntlich die Hunde beißen, muß man sich rechtzeitig umsehen. Und auf die Dauer ist das hier eben nichts.« Antonie, die geschäftlich wieder auf dem Weg zurück nach New York war, sollte für ihn dort die beruflichen Möglichkeiten erkunden: »In der Zwischenzeit, erst einmal Informationen, wie man sich vorbereiten kann.« Was all diese Sorgen noch verschlimmerte, so schrieb er Ilse, seien die ständigen heftigen Auseinandersetzungen mit seinem Vater, die Verwaltung der Klinik und sogar die Planung von Urlaubszeiten betreffend.

Ilse äußerte am 3. Juli 1935 Verständnis: »Ärgerlich der neue Krach mit Päpchen. Setz Dich darüber weg und sage Dir, daß man alte Menschen nicht mehr ändern kann. Denk an sein glückliches Gesicht, als Du auf sein Wohl trankest.«

Wie gut sich Erwin in diesen Jahren mit den anderen Mitarbeitern der Klinik stand, zeigt am besten ein Brief, den ihm sein Kollege Dr. Häfeli Anfang 1936 schrieb:

»Recht stolz & eingebildet möchte ich Ihnen nämlich für den soeben verflossenen Monat die trotz aller Hindernisse erstaunliche Summe von 80 Geburten melden! Unsere geburtshilfliche Sprechstunde ist konstant überfüllt, so daß der Kindersegen für den kommenden Monat anzuhalten droht! Unsere geburtshilfliche Abteilung ist zu meiner vollsten Befriedigung & zum größten Ärger von Schürmann derart überfüllt, daß wir mit der systematischen Eroberung der Stat. II bereits begonnen haben. ... Auf der Abteilung hat sich sonst nicht viel geändert, als daß Schwester Ruth mit dem Motto: ›15mal kann man, 20mal soll man!‹ in den Ehehimmel eingegangen & im Kreißsaal durch ein blondes, kleines, aber anscheinend tüchtiges Noli me tangere ersetzt worden ist. Um jedoch nicht mißverstanden zu werden möchte ich gleich betonen, daß ich in letzter Zeit tief Um- & Einkehr gehalten & angesichts einer vielleicht baldigen Abreise mit der Wiederherstellung meines guten Rufes tüchtig begonnen habe. ... – Wie mir Ihre verehrte Schwester, Frau Antonie, mitteilte, sind Sie also geradezu im Begriffe ein waschechter Amerikaner zu werden ... Daß ich mich darüber recht ärgere, müssen Sie verstehen und damit stehe ich nicht allein, denn ein bestimmter Bruchteil des höherbusigen Berlins fühlt bestimmt mit mir. ... So richtig mit unseren Berlinern im poliklinischen Betrieb umzugehen versteht im Grunde genommen eben niemand so gut wie Strassmann jun. Daß Herr Geheimrat [Paul Strassmann] wohl konstant nach Ihnen geseufzt hat, angesichts unserer Ungeschicklichkeiten, weiß ich bestimmt. Natürlich hat Herr Geheimrat, bei seiner bekannt vorsichtigen Einstellung, wesentlich mehr zu arbeiten.«

Inzwischen jedoch wurden in Berlin auf dem Kurfürstendamm, am Wannsee und im Hansaviertel, wo Erwins und Ilses Kinder die Kritzinger Schule besuchten, Juden belästigt. Am 29. Juli 1935 schrieb Ilse von Bad Nauheim an Erwin nach Berlin:

»Was mag passiert sein? Ich bin in größter Aufregung, weil ich in voller Ungewißheit bin. Die einzige Zeitung hier ist die BZ und da fand ich nichts besonderes. Ich hörte nur von Gerhard, daß wegen der Judenfrage [etwas los ist]. Bitte schick mir umgehend die Zeitung, die mich etwas ins Bild setzt. In solchen Tagen empfindet man die Abgeschiedenheit hier quälend. Und wie schön war alles! Fast muß man sich fürchten, irgendwelche Tage froh und fröhlich zu verbringen.«

## Die Entscheidung

Offizielle Anfragen der Strassmanns, die ihren »Reichsbürger«-Status in Nazideutschland klären sollten, blieben von den Behörden unbeantwortet. Deshalb fasste Erwin zu Weihnachten 1935, das sie mit der Familie Wens in Bad Nauheim begingen, den Entschluss zur Emigration. Wie könnte er in einem Land bleiben, daß ihm letztendlich verbieten würde, seinen Beruf zu praktizieren? Er wäre am liebsten in die Schweiz emigriert, wo Freunde und Verwandte wie die Gutzwillers lebten, wo die Landschaft unvergleichlich war und auch die Sprache kein Problem darstellte. Aber die Schweizer waren nicht sehr entgegenkommend, und deshalb fiel die Wahl auf die USA, ein Land, das sowohl Erwin als auch seine Eltern bei ihren früheren Besuchen begeistert hatte und wo sich Antonie bereits niedergelassen hatte. »Wir empfanden es als ein freundliches Land, ein Land mit Zukunft«, erinnerte sich Ilse 1973.

Am 29. Dezember 1935 nahm Erwin den Nachtzug von Bad Nauheim nach Berlin und frühstückte am nächsten Morgen mit seinen Eltern. Alle Entscheidungen waren jetzt gefällt. Am Abend dieses Tages schrieb Erwin seiner Ilse:

»Bei dem Balkonfrühstück mit den Eltern merkte ich gleich, daß sie den inneren Schritt und Entschluß zur Klinikverpachtung – voraussichtlich zum 1. April – vollzogen hatten. Es war entschieden eine gewisse, wenn auch tragische Ruhe über sie gekommen. Sie sind in Gedanken bereits bei den Einzelheiten, Wohnungsplänen, Möbelfragen, etc. Schon ist ihnen, wie mir, der Reichsbürgersache-Ausgang nicht mehr so wichtig. …

Die Waffen eines aussichtslosen Kampfes sind niedergelegt. Die Festung wurde bis zuletzt verteidigt. Noch können wir einen ehrenvollen Rückzug antreten. Die Eltern finden einen Frieden, der bitter erkauft und doch würdig ist. Klug ist, wer stets zur rechten Stunde kommt, doch klüger, wer zu gehen versteht, wenn es frommt.

Ist unser Schicksal auch hart, so ist es doch nicht ohne Größe. An uns liegt es, uns dem gewachsen zu zeigen. Wie alles Leid ein größerer Lehrer ist, als jede Freude, so können wir an ihm erstarken und wachsen. … So gehen wir denn in das neue Jahr gefaßten Herzens und ruhigen Gemütes. Möge uns auch eine Zeit lang der Ozean trennen, fester denn je sind wir zusammen geschweißt. … Den reichen Lohn der Liebe ernten wir jetzt, da es nicht nur das Schönste, sondern auch das Einzige ist, was wir wirklich besitzen. Gebe uns der Himmel Gesundheit, bis alle diese Stürme vorüber sind. Darum bitten wir um die Jahreswende.«

Der Tag in Berlin war für Erwin sehr geschäftig verlaufen. Dr. Schürmann hatte ihn um Hilfe gebeten, »mit einer schwierigen Operation, die er beinahe verbockt hätte«. Erwin hatte auch »eine überraschende Anzahl von Privatpatienten« vorgefunden, die um Termine gebeten hatten. Kaum hatte er Zeit zu einem Friseurbesuch gehabt, bevor er sich zum Abendessen wieder zu seinen Eltern begab. Hedwigs Bruder Ernst Rosenberg, der Rechtsanwalt, und seine Frau waren auch zugegen. Sie sprachen darüber, ihren Kindern nach Australien in die Emigration zu folgen.

Dann kam ein Brief von Ilse aus Bad Nauheim, geschrieben am Silvestertag:

»Ein neues Jahr beginnt, vielleicht das entscheidendste in unserem Leben, so sind meine Wünsche für Dich, mein Liebster, von doppelter Herzlichkeit und Innigkeit. Wir haben das felsenfeste Vertrauen, daß wir zusammengehören für alle Zeiten, da kann uns selbst eine vorübergehende Trennung nichts anhaben. Du wirst Dir eine neue Existenz schaffen, das ist mein felsenfestes Vertrauen, und ich werde mir größte Mühe geben, mich in den ganz veränderten Verhältnissen zurechtzufinden. Wir müssen uns immer wieder sagen, wie glücklich wir daran sind, daß wir von äußerer Not bewahrt bleiben. Dich werden die ganz neuen Lebensbedingungen ablenken, mir werden die Kinder helfen. Das heißt, im Moment, stören sie mich unentwegt, denn sie müssen auch ihre Brieflein schreiben und das paßt ihnen nicht.«

Am 2. Januar antwortete sie auf Erwins Brief vom 30. Dezember:

»Du kannst wirklich so gut in Worte kleiden, was man denkt und empfindet und man fühlt sich dann doppelt verbunden in allem, was das Schicksal uns auferlegt. Der Schlußstrich kommt jetzt etwas plötzlich. Es ist aber besser so, wie ein langsames Auflösen. Da ist von Herzen zu wünschen, daß die Eltern diesen tiefen Schmerz überstehen und es noch fertig bringen unter den gänzlich veränderten Bedingungen weiter zu leben. …

Im Posthof [gleich neben dem Haus der Wens', wo Ilse und die Kinder lebten] wohnt ein Kind, das sagte zu Erika [einer Freundin der Wens-Kinder]: Mit Renate würde ich nicht spielen, die ist eine Halbjüdin. Renate [elf Jahre alt] kam daraufhin empört zu mir und da war der Zeitpunkt gekommen, sie über alles aufzuklären. Richtig verstehen kann sie es nicht, denn sie betonte immer wieder: Aber wir sind doch alle evangelisch. Dann fragte sie voll Sorge: Macht Vati sich darüber Gedanken? Und du auch? Einen kleinen Schock hat es ihr doch versetzt und getröstet fühlte sie sich darin, daß es Reis und Friedländers genau so geht. Ich merke doch sehr stark, wie sich im kleinen Ort ein jeder kennt und wie da doch getrennt wird: Das ist ein Jude und das ist keiner. Du wirst verstehen, wie viel mir das zu denken gibt, wenn ich mit Berlin vergleiche, wo die Leute vielleicht genau so denken, es aber nicht so an einen heran dringt. … Man muß sich klar machen, was solch eine Kinderseele durchmacht.«

Aufgrund dieses Zwischenfalls entschied sich Ilse, die ein oder zwei Jahre der Trennung von Erwin nicht in Bad Nauheim, sondern in Berlin zu verbringen. Das bedeutete allerdings, dass man die teure Wohnung in der Luisenstraße mieten müsste. Ihre Mutter, Käthe Wens, sagte zu, mit ihr nach Berlin zu gehen, einer Stadt, die ihnen beiden nicht besonders viel bedeutete. In den mehr als zehn Jahren, die Ilse in Berlin verbracht hatte, hatte sie sich nie an den Lärm und das Chaos der Großstadt gewöhnt, und an den Haushalt in der Schumannstraße mit dem ständigen Kommen und Gehen und den Partys und intellektuellen Gesprächen, die sie sich provinziell und unkultiviert fühlen ließen. »Ich habe mich dort nicht wohl gefühlt«, sagte sie mir einmal. »Jeder hat sich über so vieles aufgeregt – aus Gründen, die ich nicht nachvollziehen konnte.« Sie hatte gelernt, dass man sie umso mehr respektierte, je weniger sie sagte. Sie erinnerte sich sogar an die nahezu ehrfürchtige Art und Weise, in der Paul mit ihr sprach, der sie »Ilschen« nannte. Sie und Erwin nannten einander »Patzi« – ein Kosewort, das in Freiburg geprägt worden war. Woher das Wort stammte, weiß ich nicht. Vermutlich war es der Diminutiv von Spatz, einem gebräuchlichen Kosewort. Briefe begannen oftmals mit »Mein geliebtes Patzilein«.

Ihre Entscheidung zu emigrieren, wurde sicherlich rational auch dadurch verstärkt, dass Erwin nicht begeistert war, die väterliche Klinik weiterzuführen. Er war der Meinung, dass die Medizin jetzt ein Stadium erreicht habe, in dem sie nie wieder Erfindungen und Entdeckungen hervorbringen könne wie noch in der Generation seines Vaters. Für die Pioniergeneration, der sein Vater angehört hatte, hatten neuartige Methoden in Anästhesie und Antisepsis Jahrzehnte voller chirurgischer Innovationen ermöglicht. Erwin bezweifelte auch, dass er so viele vermögende Patientinnen wie sein Vater anziehen und ihnen genügend Leistungen erster Klasse in Rechnung stellen könnte, um jährlich Hunderte armer Frauen in der dritten Klasse zu finanzieren. Wäre er erfolgreich, hielte jeder die Sache für abgekartet, während sein Scheitern ohne Zweifel für ihn nachteilige Vergleiche hervorrufen würde. »Er ist nicht aus dem gleichen Holz geschnitzt wie der alte Herr«, könnten die Leute sagen, oder, mit einem alten Sprichwort: »Eifere nie einer Legende nach.« In Rochester sollte Erwin erfahren, dass Charles W. Mayo, der etwa im selben Alter war, die gleichen Zweifel bezüglich der Übernahme der Klinik der Brüder Mayo hatte, von denen der eine, Dr. Charlie, sein Vater war. Wenn Erwin nach Amerika ginge, würde er so wie Millionen vor ihm eine Chance haben, sein Können eigenständig zu beweisen. Schon seit seinem ersten Amerikabesuch 1929 war ihm die Emigration als eine verlockende Option erschienen. Er war fasziniert von den offenen, fairen und freundlichen Beziehungen zwischen Menschen mit unterschiedlichen Verantwortungsbereichen. Er hatte nie gesehen, dass amerikanische Ärzte ihre Schwestern oder Assistenten angeschrien hatten, so wie sein Vater und andere es jeden Tag in Berlin taten.

## Vorbereitung auf die Emigration: Ein Brief an die Mayos

Innerhalb eines Monats nach Verabschiedung der Nürnberger Gesetze im September 1935 schrieb Paul Ferdinand Strassmann seinen Freunden in Minnesota, den Mayos, und fragte nach eventuellen Beschäftigungsmöglichkeiten für Erwin. Die Mayos hatten ihm bereits 1933 ihre Hilfe angeboten. Da Paul Briefzensur befürchtete, hatte er sein Schreiben Antonie anvertraut. Die Antwort sollte ebenso an Antonie gehen, an ihre Suite im Hotel St. Regis in New York.

William J. Mayo, 74 und inzwischen in Rente, schrieb Antonie an 16. Oktober 1935:

»Mein Bruder und ich sind sehr betrübt von den Umständen zu hören, von denen Ihr Vater uns berichtet hat. ... Ich werde die Angelegenheit mit Dr. L. B. Wilson besprechen, dem Direktor der [Mayo-]Stiftung in Rochester, in der Hoffnung, daß wir eine Möglichkeit finden, Ihrem Bruder zu ermöglichen, als ein Fellow der Stiftung hierherzukommen. Das Stipendium ist nicht hoch, aber es würde zumindest für Ihren Bruder selbst genügen und ihm Luft zum Atmen lassen, während er sich hier einrichten und Pläne für die Zukunft schmieden könnte. ... Mein Bruder schließt sich meinem ehrlichen Mitgefühl für Ihren Vater und seine Familie an und für die Schwierigkeiten, die sie durchleben. Wir versichern Ihnen, daß wir alles in unserer Macht Stehende tun werden, um unsere Freunde zu unterstützen, und wir werden größte Befriedigung darin finden, Ihnen zu helfen.«

Dr. Louis B. Wilson war ein Pathologe, der schon seit 31 Jahren für die Mayos arbeitete. Wilson hatte in Rochester das erste Archiv für die pathologische Sammlung der Mayos aufgebaut, hatte sie mit der medizinischen Fotografie vertraut gemacht, mit dem Einfrieren von Zellen für die Analyse von Frischgewebe, mit den allgemeinen Grundlagen pathologischer Forschung und mit Tierversuchen. Während des Ersten Weltkrieges war Wilson der stellvertretende Direktor der Abteilung für Laboratorien und Infektionskrankheiten im Rahmen der Amerikanischen Expeditionstruppen in Europa gewesen, die knapp 100 Einrichtungen in Übersee umfasst hatte.[7]

Trotz der Wünsche der Brüder Mayo weigerte sich Wilson 1935, sich weiter mit Erwins Fall zu befassen. Am 23. Oktober schrieb er an Antonie, dass Erwin weder als Hochschulabsolvent angenommen werden könnte, da er beruflich viel zu weit fortgeschritten sei, und auch nicht als Mitglied des Lehrkörpers, da er als solcher nur dann akzeptiert würde, wenn er später garantiert an seine heimische Universität zurückkehren würde. Mehr noch, es gab an der Klinik keine freien Stellen; und selbst wenn es sie gäbe, könnten nur Ärzte, die bereits für mindestens ein Jahr in den USA gewesen wären, eine Lizenz in Minnesota erhalten. »Es wäre praktisch unmöglich für uns, Ihnen zu helfen«, schrieb er, und jede Hilfe, die man anbieten könnte, »würde mit größter Wahrscheinlichkeit in ein oder zwei Jahren zu noch größeren Komplikationen führen«.

Als Antonie diesen Brief zwei Tage später erhielt, antwortete sie sofort und sandte eine Kopie ihrer Antwort an Will Mayo. Sie dankte Wilson für seine umfassenden Bemühungen und bat ihn um Verständnis, dass sie seinen Brief nicht als endgültiges »Nein« akzeptieren könnte. Antonie betonte, wie viel ein Jahr an der Mayo-Klinik für Erwin und für seine Begeisterung, Amerikaner zu werden, bedeuten würde:

»Mein Bruder wäre vermutlich bereits nach seinem ersten Besuch 1928 [sic, eigentlich 1929] in diesem Land geblieben, und es ist nicht nur die dringende Notwendigkeit, eine friedliche Zukunft für seine Familie zu sichern, die ihn in die Vereinigten Staaten emigrieren läßt, sondern in sehr großem Maße auch Verehrung und eine warme, aufrichtige

Zuneigung für die Vereinigten Staaten. Dies sind dieselben Gründe, die mich vor mehr als vier Jahren hierher kommen ließen.«

Als sie Erwin diese schlechte Nachricht überbringen sollte, sorgte sich Antonie ebenfalls bereits über die Postzensur. Deshalb gab sie vor, über einen gemeinsamen Freund zu schreiben und über dessen Wunsch zu emigrieren:

»Von Dr. Wilson kam ein ablehnender Brief, ärgerlich in Ton und Inhalt. Ich antwortete ihm sofort und korrigierte seine falschen Annahmen und schickte eine Kopie mit einem anderen Brief an Dr. Will Mayo. Wenn der das geringste Ehrgefühl hat, kann er diese Vorgänge nicht hinnehmen, denn bis jetzt war er doch absolut hilfsbereit. Ich glaube, Dr. Wilson dachte, ich wäre eine dumme Gans, die leise verschwinden würde.

Also sag Deinem Freund, daß er zu jeder Zeit kommen kann und bei Mutter L. [Johanna Lewin] wohnen kann und sich auf etwas Taschengeld von mir verlassen kann. ... Versichere Deinem Freund, daß ich in New York bleiben werde, bis alles arrangiert ist. ... Wenn Du Deinem Freund rätst, sogar ohne R. [Rochester] auszuwandern, ›come hell or high water‹, das wäre auch möglich, mit all seinen hiesigen Beziehungen, aber dann muß er sich auf ein hartes Jahr gefaßt machen! Das wichtigste ist, daß sein Englisch so gut sein muß, daß er kein Versagen in einem Examen riskiert. ... Außerdem soll er seine Nerven nicht verlieren, denn obwohl Eile angemessen ist, muß man doch Schritt für Schritt gehen.

Ich bedaure, Deinem Freund solche Enttäuschung zu schicken, aber wie gesagt, kein Grund, die Hoffnung zu verlieren! Die Hauptsache: Ich habe sofort stark reagiert! Wart's ab!« (28. Oktober 1935)

Antonie schrieb Will Mayo, sie sei »sehr peinlich berührt, [ihn] mit ihren Sorgen« erneut zu belästigen, aber sie habe ihren Eltern bereits ein Telegramm geschickt, »ANTWORT SEHR POSITIV. EINZELHEITEN PER BRIEF«, und diese hätten schon geantwortet: »SO ERLEICHTERT. DANK AUS TIEFSTEM HERZEN«. Ob Dr. Mayo glaube, dass ihr Brief an Wilson jetzt nachdrücklich genug sei? »Ich bitte Sie, lieber Dr. Mayo, mir zu glauben, daß... es nichts anderes ist als mein dringender Wunsch, meiner Mutter ihre Sorgen zu nehmen, der mich dazu bringt, Ihre kostbare Zeit und Ihre freundschaftlichen Gefühle meinen Eltern gegenüber nochmals in Anspruch zu nehmen.«

Dr. Williams Antwort, dass er und Dr. Charlie, obwohl in Rente, immer noch »einen gewissen Einfluß« im Medical Graduation Comitee besäßen, war fraglos untertrieben. Zu dieser Zeit war die Mayo-Klinik bereits nominell von der Familie unabhängig, und seit 1932 hatten weder Will noch Charlie jemals wieder ein Treffen des Vorstandes besucht. Doch noch immer galt auch der kleinste Wunsch der Mayos als heilig.

Nicht überzeugt, aber zur Kooperation gezwungen, teilte Dr. Wilson Antonie im November mit, dass Erwin für ein Jahr als »Beobachter der amerikanischen Methoden in Diagnostik und Behandlung« nach Rochester kommen könne und von der Mayo-Klinik ein Honorar von 840 Dollar, zu zahlen in zwölf Monatsraten von je 70 Dollar, erhalten würde. Während dieser Zeit dürfe er keinerlei ärztliche Tätigkeit wahrnehmen, da er keine Lizenz dafür erhalten werde. Wilson betonte, die Einstellung von Ausländern vor ihrer Ankunft in den USA sei illegal. Er wiederholte, dass es »keine Möglichkeit gibt, daß Ihr Bruder schließlich eine einträgliche Position in Rochester erhalten könnte«. Stattdessen schlug er alternativ 14 Bundesstaaten und den District of Columbia vor, denn hier musste man nicht zuerst ein Jahr Aufenthalt in den USA nachweisen, bevor man eine Zulassung als Arzt erhielt. Nach seiner Ankunft in Rochester im Juni 1936 wurden Erwin Strassmann und Louis Wilson gute Freunde.

## Abschied

Am 9. März, zwei Tage vor seiner Abreise in die USA, trafen sich Erwin, seine Eltern und Ilse zu einem letzten gemeinsamen Abendessen in der Schumannstraße 18. Erwin überreichte seinem Vater Kopien seiner Veröffentlichungen und teilte mit, dass er einen kompletten Satz chirurgischer Instrumente eingepackt habe. Alles wurde ein letztes Mal besprochen. An jenem Abend notierte Paul in seinem Tagebuch:

»Schluß mit der Depression. Jetzt ›alle Segel in die Höh‹. Er schafft es. Wir Alten haben gelebt. Erwin vollzieht, was ich aus Vaterlandsliebe vor 30 Jahren unterlassen habe! Operieren werde ich morgen früh nicht und bitte die Nachtschwester, daß ich nur in dringendsten Fällen gerufen werde!«

Am nächsten Morgen traf man sich am Lehrter Bahnhof, gegenüber vom Humboldt-Hafen am Alexanderufer, wo die Familie vor 30 Jahren gelebt hatte. Paul und Hedwig kamen um 10.30 Uhr an. Sie erinnerten sich an jenen Tag des Jahres 1914, als Hellmuth von hier aus an die Front aufgebrochen war. Erwin, Ilse und ihre drei Kinder trafen etwas später ein, wenige Minuten vor dem Zug, der Paul wie ein großer silberfarbener Drachen erschien. Es blieben nur noch einige letzte Minuten, um Fotografien und gute Wünsche auszutauschen. Ilse begleitete Erwin nach Hamburg, beide winkten Lebewohl, als der Zug den Bahnhof verließ. Danach gingen Renate, Angelika und Wolfgang mit ihren Großeltern in den Tiergarten, vorbei an den Standbildern, die wegen eines Feiertages mit großen Kränzen dekoriert waren. Viele Kränze trugen Hakenkreuze, aber es gab auch einen Kranz ohne Hakenkreuz – vom Kaiser, der im Exil lebte. Einige Denkmäler waren nur mit Veilchen geschmückt, die Vorüberkommende abgelegt hatten.

Erwin und Ilse dinierten an jenem Abend an Bord des Dampfschiffes »Manhattan« im Hafen von Hamburg mit Willy Küper und seiner Frau, ihren ältesten Freunden aus Freiburg. Voller Spaß inspizierten die vier das Schiff, Deck für

Deck, dann Erwins Kabine, die luxuriösen Salons, die Rettungsboote. Der Abschied wurde ihnen leichter gemacht als befürchtet, denn plötzlich schrillten Glocken, und Lautsprecher verkündeten, dass in wenigen Minuten die Gangways entfernt werden. Nervös sagte man sich schnell Lebewohl, gab sich Abschiedsküsse, vergaß in der Verwirrung die so lange sorgfältig geplanten letzten Worte. Ein letztes Winken und ein letztes verschmitztes Grimassenschneiden von Erwin an der Schiffsreling blieben für jene weit unten an der Pier.

Tatsächlich aber verließ das Schiff den Hafen nicht vor 4.30 Uhr am nächsten Morgen, als Ilse im Haus der Küpers bereits Schlaf gefunden hatte. Als sie am Tag darauf in die Luisenstraße 47 zurückkehrte, fand sie das Zimmer übersät mit Blumen und einen letzten Gruß von Erwin: »Mein liebes Herzchen, mein Leben ohne Dich ist nichts, mit Dir alles. Die örtliche Trennung fühlen wir nur als stärkste Bindung.« – »Wegen des großen Blumenbeetes bist Du mir hoffentlich nicht böse«, schrieb ihr Erwin von Bord des Dampfers. »Ich konnte nicht anders, als noch einmal alles, was mich bewegt, in diese Form zu bringen, Es ist so schön, Dich zu haben. Ein Reichtum, der alles Schwere aufwiegt.« Und:

»Wir hatten uns beim Abschied etwas ins Boxhorn jagen lassen. Wenn auch der Gangway zur Cabin Class entfernt wurde, blieb doch noch der zur Touristen-Klasse. … die Hauptmasse der Besucher ergoss sich erst später aus dem Schiff. Trotzdem war es gut so, schnell und schmerzlos. … Jetzt sind wir in der Nordsee. Das Schiff vibriert, aber die See ist ruhig. Keine Schwankungen at all. Man freut sich aufs Luncheon. Einstweilen sitze ich allein am Tisch, um hoffentlich in Southampton nice English speaking people als Partner zu kriegen.«

Ilses erster Brief vom 15. März 1936 zeigte, dass sie ähnlich über den Abschied dachte:

»Vielleicht war es wirklich ganz gut, daß unser Abschied so schnell sein mußte, wie viele Dinge bewegten uns in diesem Augenblick! Möchten sich alle hoffnungsfrohen Wünsche erfüllen! – … Liebevoll betreut von [den Küpers], fuhren wir nach Altona. Stolz zeigten sie mir die Kinder, das Haus, ja selbst durch den Garten mußte ich noch gehen. Ich mußte mich an allem freuen, kümmerlich war ich mit dem Herzen dabei. … Gegen ¾ 1 Uhr hörten wir in kurzen Abständen 2x ein dumpfes Tuten. W[illy] sagte: Das ist er. Da habe ich empfunden in des Wortes klarster Bedeutung, was es heißt: das Glück schwimmt mir fort. Mein Patzichen, jetzt weiß ich ja erst, wie lieb ich Dich habe. Und ich glaube, ich habe Dir das nie genug gezeigt. …

In Berlin angekommen, ging ich zuerst zu Muttchen [Erwins Mutter], um ihr – von allem zu erzählen. Dann kam ich in unsere Wohnung. Gut, daß ich allein war, denn der letzte Gruß von Dir überwältigte mich restlos. Alle Deine Liebe sprach aus diesem Blumenbeet zu mir, ich war beglückt und fühlte doch doppelt die grenzenlose Einsamkeit. Wie leer ist doch die Wohnung, wie gräßlich ordentlich Dein Schreibtisch. …

Unsere drei Kleinen geben sich große Mühe artig zu tun. Ich belauschte sie bei folgendem Gespräch: ›Angeli, Du mußt jetzt sehr artig sein.‹ ›Warum?‹ ›… wenn der

Dampfer untergeht, dann haben wir keinen Vati mehr, der für uns sorgt, dann muß die arme Mutti Waschfrau werden u. Brot verdienen.«

»Jetzt sind wir wenige Stunden von New York«, schrieb Erwin sechs Tage später am 18. März:

»Die Überfahrt war glatt. Der Ozean ruhig, viel Sonne. … während des Tages Ping-Pong, Gymnastik, Schwimmen. Ich habe auch viel Englisch geschrieben und besonders aus Tonfilmen Aussprache gelernt. Im Ganzen schien und war die Überfahrt sehr flott und kurz. … Politisch waren wir durch falsche Gerüchte einen Tag etwas in Unruhe; es löste sich aber in Wohlgefallen auf. Der kritische Punkt scheint überwunden.

Ich bin gespannt, was Antonie zu erzählen hat, wo ich untergebracht werde etc. Ich schreibe dann sobald als möglich. Wie wirst Du denn mit allem solo fertig? Ist Mutter [Wens] im Anmarsch? Bevor mein Zimmer verändert wird, lass es doch von Dürselen [Strassmanns Röntgenspezialistin und Photographin an der Klinik], ebenso wie die beiden anderen großen Räume photographieren. Man möchte doch irgendwie die Dinge festhalten. Vor allem achte auf Deine Gesundheit und lass Dich in geschäftlichen Dingen nicht besch---. Stroh- und andere Witwen werden mit Vorliebe ausgenutzt und ins Boxhorn gejagt. Grüß die Eltern und küss die Kinder!!

Auf ins neue Land!«

*11. Kapitel*

# Spannende Jahre in New York: Antonie – II

## Die Fliegerei: Einst Sport, jetzt Geschäft

Antonie hatte die Fliegerei 1932 zugunsten einer Geschäftskarriere aufgegeben. Sie verhandelte jetzt Patent- und Technologieverträge zwischen amerikanischen und deutschen Flugzeugproduzenten und wohnte im St. Regis Hotel auf Manhattans Fifth Avenue. Zwei- bis dreimal jährlich überquerte sie auf Geschäftsreisen den Atlantik. Auf beiden Seiten des Ozeans versuchte sie, so gut sie konnte, Familie und Freunden gegen die Naziverfolgung zu helfen und sie bei der Emigration zu unterstützen. Ihre Einbürgerung 1937 erleichterte dies wesentlich. Zudem hatte sie eine langjährige romantische Affäre mit Robert L. Hague, dem Präsidenten von Standard Oils Tankerflotte. Leider verstarb Robert, bevor seine Scheidung rechtskräftig werden konnte.[1]

Schon 1930 hatte Antonie einige Geschäftserfahrung gewonnen, als sie den Absatz deutscher Flugzeuge in Amerika durch eine Modellausstellung zu steigern versuchte. 1932 hatte sie in Südamerika für die Firma Klemm deren Sporteindecker vorgeführt. Nun wurde das Arrangieren von Verträgen, die den Verkauf von Lizenzen, Patenten, Technologien, Teilen und Maschinen für die Flugzeugindustrie zum Inhalt hatten, ihre vorrangige Beschäftigung; sie schrieb sich sogar an einer Wirtschaftshochschule ein. Die strengen deutschen Außenhandelsbestimmungen erschwerten den Handel zwischen beiden Staaten, deshalb mussten oftmals Tauschhandelsverträge ausgearbeitet werden, um die schlimmsten Beschränkungen zu umgehen. Unter Antonies amerikanischen Kunden waren Bendix, Budd, Fleetwing, Glenn L. Martin, General Tire und Goodyear. In diese Firmen brachte sie die Repräsentanten deutscher Firmen wie Klemm, Focke-Wulf, Messerschmitt, der Bayerischen Flugzeugwerke, Siemens und vor allem Junkers. Einige dieser Firmenvertreter waren alte Freunde von ihr, mit denen sie bereits 1927 in Staaken fliegen gelernt hatte oder mit denen sie 1932 an Bord der Do-X gewesen war. Antonie hielt in jenen Jahren aber auch Vorträge vor der Gesellschaft der amerikanischen Automobilingenieure, an der New Yorker Universität, vor dem Men in Finance-Club und anderen Organisationen. Ohne Zweifel kamen diese Vorträge ihrer Geschäftstätigkeit zugute.[2]

Zu Beginn der dreißiger Jahre verfügten in Deutschland nur Junkers und Heinkel über eine Produktionstechnologie, die der amerikanischen Fließbandtechnologie vergleichbar war. Preis und Qualität der deutschen luftgekühlten Motoren waren ein besonderes Problem. Einige ausländische Käufer deutscher Flugzeuge bestanden sogar darauf, dass diese nur mit amerikanischen Motoren ausgeliefert werden sollten. Wie anscheinend bei den Motoren, so waren die Amerikaner Anfang der dreißiger Jahre auch bei der Entwicklung verstellbarer Propeller, bei einziehbaren Fahrwerken, Landeklappen und Luftdrucksystemen führend.

## Eine Erinnerung – lange unerklärt

Bis 1939 kam Antonie etwa alle drei bis vier Monate selbst nach Europa, und bis Oktober 1936 lebte sie bei ihren Aufenthalten in Berlin in ihrer alten Bleibe in der Schumannstraße 18. Ich erinnere mich noch an diesen Raum voller exotischer Souvenirs, mit einer silberbeschlagenen Fußstütze aus Elefantenhaut, einem großen gelben Strohpferd mit Reiter aus Mexiko, einer gewaltigen Popeye-der-Seemann-Figur, Pilotenhelmen und -brillen, Aschenbechern mit aufmontierten Flugzeugen und vielen silbernen Trophäen. Hier zeigte Antonie uns Kindern auch, wie man mit fünf Tischtennisbällen jongliert. Uns gelang es kaum, zwei Bälle in der Luft zu halten, aber zu lachen gab es dabei eine Menge. Antonies Zimmer inspirierte Träume von einem exotischen Leben hinter Meeren, in Wüsten und Dschungeln. Tante Tony, wie wir Kinder Antonie nannten, kam niemals nach Berlin, ohne meine ältere Schwester und mich zum Café Kranzler Unter den Linden mitzunehmen. Dort aßen wir riesige Eisbecher, die wir ansonsten fast nie bekamen. Der Weg zu Kranzlers war nicht weit, aber es gab unheimlich viel zu sehen und zu erzählen.

Im März 1933 konnten wir Kinder es kaum erwarten, Tante Tony ein aufregendes neues Schaufenster zu zeigen, in dem große Spielzeugsoldaten mit Sprühflaschen in der Hand für ein Insektenvertilgungsmittel namens »Flit« warben und um echte Hühnereier herum marschierten. Der Laden bafand sich in der Luisenstraße, beinahe da, wo die Marschall-Brücke über die Spree führte. Was für eine Freude, als unter dem gleißenden Licht im Schaufenster, gleich neben den Spielzeugsoldaten, endlich die Osterküken ausgeschlüpft waren! Seit Tagen hatten wir die Eier beobachtet, und jetzt lagen die Eierschalen da und kleine Küken stolperten herum. Eine Menschenmenge hatte sich angesammelt und beobachtete das Treiben im Schaufenster.

Schließlich sagte meine Schwester: »Tante Tony, weißt Du, daß der Reichstag gebrannt hat? Wir haben es von unserem Giebelfenster aus gesehen! Die

Leute sagen, es waren die Kommunisten!« Ich hatte aber etwas anderes gehört, und da ich sechs Jahre alt war, wollte ich es besser wissen als meine Schwester. »Nein«, sagte ich, »es waren die Nazischweine selber.« Alles, was wir Kinder über die Nazis wussten, war, dass sie in braunen Uniformen unter Hakenkreuzfahnen herummarschierten und dass etwas seltsam Obskures um sie war. Wie Tante Tony reagierte, blieb mir mein Leben lang unvergesslich. Sie zerrte uns plötzlich am Arm, zog uns aus der Menge und schimpfte laut: »Ja, es ist unglaublich, wie diese Schweine die Straßen verdrecken! Seht Euch das an!«

Die Straße sah ein bißchen schäbig, aber völlig sauber aus, kein Stückchen Papier, keine Bananenschale entlang der Straßenbahngleise oder im Rinnstein. Vielleicht waren ja gar keine grölenden Marschkolonnen der Braunhemden hier entlanggekommen. Oder sie hatten keinen Dreck hinterlassen? Was meinte Tante Tony nur? Wir verstanden einfach nicht, warum Tante Tony so aufgeregt war, und sie erklärte es uns nicht. Viele Jahre später erinnerten wir uns alle an diese Episode, und nun verstanden wir sie.

## Doppelspionage

1936 überquerte Antonie den Atlantik fünfmal, zweimal an Bord der »Hindenburg«. Doch nachdem sie im Oktober 1936 in Bremerhaven an Bord der »Europa« gegangen war, um in die USA zurückzukehren, stürmten vier Agenten der Gestapo in ihre Kabine, durchsuchten sie, die Kabine und ihr Gepäck. Einige Dokumente wurden beschlagnahmt. Die Abreise des Schiffes verzögerte sich dadurch um Stunden. Einen Monat später wurden ihr die beschlagnahmten Papiere durch die Hamburg-Amerika-Linie (HAPAG) wieder zugestellt, auf Befehl der deutschen Regierung ohne jegliche Erklärung.

Am 30. Okober 1936, noch von Bord der »Europa«, schrieb Antonie ihren Eltern. Sie wollte ihnen über die Ereignisse um die Abfahrt in Bremerhaven nur mündlich berichten und sagte:

»Ich bin von gestern auf heute 100 Jahre reifer geworden! Es war ein merkwürdiger, unvergeßlicher Abschied gestern in B'hafen! Geliebte Eltern – findet den Frieden und den Sinn Eures Lebens, nachdem Vaters großes Werk beendet ist und Eure Kinder auf eigenen Füßen, in der Harmonie zwischen Euch! Und Vater soll sich nicht an die toten, veralteten Möbel seines Elternhauses hängen, sondern an die weise Güte und die Liebe, die ihm Muttchen in den letzten 43 Jahren entgegengebracht hat!«

Die Wendung »veraltete Möbel …« stand in Antonie's Wortschatz für die nutzlosen Bestrebungen der deutschen Juden des 19. Jahrhunderts, in einer Nation Akzeptanz zu erlangen, die von beschränkten Fanatikern regiert war.

Man musste ja annehmen, dass Briefe von der Gestapo geöffnet und gelesen wurden.

Antonie informierte das FBI über den Zwischenfall in Bremerhaven, und zwei Agenten wurden zu ihrem Schutz abgestellt, während andere sich des Falls annahmen. Der britische MI-5 schickte ebenfalls Beweise für deutsche Bestrebungen, Kenntnis von amerikanischen Geheimcodes, Landkarten und Verteidigungsanlagen zu erlangen, vor allem vom Panamakanal. Das FBI ermittelte und entdeckte in der Tat ein umfassendes Netzwerk von Naziagenten entlang der US-Ostküste. Auf einer Reihe von Militärstützpunkten, auf Schiffswerften der Marine und bei Flugzeugherstellern wie Seversky und Curtiss waren Agenten angeworben worden. Über Kuriere, die auf deutschen Schiffen tätig waren, berichteten diese Agenten an die Abwehr unter Admiral Wilhelm Canaris. Ihr unmittelbarer Vorgesetzter war Dr. Erich Pfeiffer, Leiter der Marine-Nachrichten-Stelle in Bremen, der die Nazispionageringe in Nord- und Südamerika führte.

Der New Yorker Kopf des Spionageringes war Dr. Ignatz T. Griebl, ein Chirurg und Geburtshelfer in Yorkville, einem deutschsprachigen Teil von Manhattan, der seine Praxis in 56 East 87th Street, New York, hatte. Als er durch das FBI verhaftet wurde, plauderte er alles aus, einschließlich der Pläne betreffs Antonie. Zwei New Yorker Gestapo-Agenten, Karl Herrmann und Fritz Ewald Rossberg, letzterer Mechaniker bei der Silverton Process Company, hatten den Auftrag bekommen, Antonie nach Deutschland zu entführen, wo sie verhört und für ihren »Verrat« bestraft werden sollte.

Griebl war 1925 in die USA emigriert, 1930 US-Bürger geworden und der Gründer und Präsident der nazifreundlichen »Freunde des Neuen Deutschland«, die später in den »Deutsch-Amerikanischen Bund« umbenannt wurden. Griebl berichtete an Pfeiffer in Bremen und war für alle Spionageaktivitäten verantwortlich. Nur das New Yorker Gestapo-Büro unterstand ihm nicht. Dieses wurde von Karl Herrmann geleitet, einem Kellner im Restaurant »Longchamps«, 59th Street/Ecke Madison Avenue. Trotzdem blieb Griebl weiterhin ein wichtiger Agent, der im Juni 1937 sogar nach Berlin reiste, um sich persönlich seine Instruktionen von Pfeiffer und Canaris abzuholen. Griebls Gehalt wurde auf ein Bankkonto in Deutschland eingezahlt. Zudem war ihm reiche Belohnung aus konfisziertem jüdischen Eigentum in Gießen versprochen worden. Sobald das FBI Griebl jedoch wieder laufen ließ, warnte er die Nazis und verließ mit der »Bremen« im Mai 1938 auf schnellstem Wege das Land, ohne auch nur sein Gepäck mitzunehmen. Das FBI nahm die Verfolgung auf, sogar mit einem Wasserflugzeug, aber der Kapitän der »Bremen«, Ahrens, weigerte sich, Griebl auszuliefern. In Wien eröffnete Griebl dann eine Arztpraxis, und die Verbannung jüdischer Ärzte nach dem »Anschluss« Österreichs eröffnete ihm lukrative Geschäftsmöglichkeiten.

Die Schiffe des Norddeutschen Lloyd und der HAPAG wimmelten von Nazispionen und Geheimpolizisten, die auf diese Weise zivile und militärische Geheimnisse zu erfahren hofften, aber auch die Passagiere – vor allem die eigenen Landsleute – überwachten. Auch jemand wie Valerie Claire »Sunny« (Mrs. Thomas) Manville, eine Frau in ihren Siebzigern, war in den Augen der deutschen Agenten verdächtig. Sunny, eine Dame der feinen Gesellschaft, hatte nach dem Tod ihres Mannes 1925 dessen aus dem Asbestgeschäft gewonnenes Vermögen geerbt, und jetzt vergab sie auf ihren Reisen über den Atlantik verschwenderische Geschenke und großzügige Einladungen an Stewards und Friseusen. Verwirrt von dieser Großzügigkeit gegenüber einigen ihrer eigenen Spione und Kuriere, fragten sich deutsche Agenten, ob Sunny und Antonie vielleicht versuchten, ihre Gefährten als Doppelagenten zu rekrutieren. Antonie war mit Sunny eng befreundet, und dass sie ohnehin in den internationalen Austausch von Flugzeugtechnologie eingebunden war, schien die ideale Voraussetzung für Doppelspionage zu sein.

Um seine Aktion gegen die deutschen Spione vorzubereiten, benutzte das FBI Lügendetektoren und bot einigen Agenten an, im Austausch gegen Strafmilderung gegen die anderen Angeklagten auszusagen. Nachdem das Verfahren begonnen hatte, reisten der Anwalt der Verteidigung, George C. Dix, zwei US-Staatsanwälte und der FBI-Agent J. T. McLaughlin nach Berlin, um Ignatz Griebl zu befragen, der nun behauptete, selbst nach Deutschland entführt worden zu sein. McLaughlin berichtete, Griebl habe ihm in Berlin inoffiziell anvertraut: »Sie verstehen, daß, wenn ich das nicht sage und nicht meine Aussagen gegenüber dem FBI widerrufe, mir hier etwas zustoßen würde. … Für mich war Selbsterhaltung immer mein oberstes Ziel.« In einer 17.000 Worte langen Aussage bezweifelte Griebl die Glaubwürdigkeit seines Hauptanklägers Leon G. Turrou, da dieser radikal und ein Jude sei. Dabei war Turrou, der für diesen Fall verantwortliche FBI-Agent, durchaus kein Jude. Turrou verließ das FBI später und schrieb ein Buch über den Fall.[3]

Am 20. Juni 1938 wurden 18 Personen vor einer Federal Grand Jury angeklagt, vor allem wegen Verschwörung zum Diebstahl militärischer Geheimnisse. Die Verhandlung dauerte anderthalb Monate und führte am 2. Dezember zu Schuldsprüchen für alle Angeklagten, jedoch befanden sich nur vier von ihnen tatsächlich in Polizeigewahrsam. Der zuständige Richter, John C. Knox, hatte bereits im Ersten Weltkrieg Gerichtsverfahren gegen Spione vorgesessen. Nun führte er im Gerichtssaal aus:

»In einigen Ländern erfahren Spione eine sehr spezielle Behandlung und werden sofort erschossen. Einige Monate später teilt man ihren Tod der Öffentlichkeit mit, und das ist alles, was wir über diese Fälle hören. Ich bin mir bewußt, daß sicherlich in diesem Gerichtssaal ausländische Spione anwesend waren und genau registrierten, was an jedem einzelnen Tag vor sich ging. Ich glaube sogar, ich könnte sie in der Menge erkennen. [Ich möchte], daß andere Nationen wissen, daß Amerika allen eine faire und menschliche Verhandlung bietet, unabhängig von der Nationalität und dem zur Last gelegten Verbrechen.[4]«

Die Strafen fielen eher milde aus: Johanna Hoffmann – vier Jahre, Otto Voss – sechs Jahre, Erich Glaser – zwei Jahre und Günther Rumrich (ein US-Bürger) zwei Jahre. Im darauf folgenden Jahr wurde allen Beteiligten, deutschen Spionen und Naziagenten, in einem melodramatischen Hollywoodfilm Unsterblichkeit verliehen: in Anatole Litvaks *Confessions of a Nazi Spy*. Die Hauptrolle, den furchtlosen Ermittler, spielt Edward G. Robinson, an seiner Seite treten Paul Lukas, Henry O'Neill, Sig Ruman, George Sanders und James Stephenson auf.

Antonie selbst vermutete, dass ihre geplante Entführung nicht nur politische Hintergründe hatte. Sie dachte, eine persönliche Rivalin, die deutsche Fliegerin Thea Rasche, ein NSDAP-Mitglied, habe dahinter gesteckt. Da Thea vor Antonie eine Affäre mit Ernst Udet hatte, war sie eine erbitterte Feindin. Antonie glaubte, dass Thea Rasche ihr schon 1932 mit einem Artikel in Goebbels' Zeitung *Der Angriff* unter dem Titel »Wer hat Antonie eingeladen?« die Nazis »auf den Hals gejagt [hatte], aber dann viel schlimmer durch eine gemeine Denunziation im Jahre 1936 die Gestapo auf die Europa geschickt [hatte], ... dann die Jagd, die die Gestapo hier 38 auf mich zu machen versuchte«. So schrieb sie in einem Brief an den Industriellen Ernst Heinkel am 25. Mai 1947 und fügte hinzu: »Sollte ich [ihr] aber mal begegnen, so schlage ich dem Mistvieh rechts und links derart um die Ohren, daß sie sich ne Weile nicht zeigen kann.« Dass Thea Rasche sich Ende der dreißiger Jahre zunehmend vom Nationalsozialismus abwandte und sogar ihre fliegerische Karriere deshalb aufgab, wusste Antonie nicht oder es war ihr gleichgültig.[5]

## Geschäfte wie gehabt

Unmittelbar nach Antonies Rückkehr nach New York an Bord der »Europa« im Oktober 1936 kamen zwei Vertreter der Junkers-Motorenwerke in New York an, darunter von Brauchitsch, der Direktor. Ihrer Mutter schrieb Antonie Anfang Dezember, dass von Brauchitsch sie sehr unfreundlich empfangen und ihr einfach einen Brief quer über den Tisch zugeworfen habe. Darauf behandelte sie ihn so eiskalt, dass er sich zu einer Entschuldigung gezwungen fühlte: »... und als er sich dafür entschuldigte, habe ich die Entschuldigung nicht einmal angenommen, sondern glatt überhört! – 2 Tage später wollte er dann wieder gut machen mit all der grinsenden Freundlichkeit, lud mich mit der Frau zum Lunch ein etc. Ich war dienstlich korrekt, aber absolut vereist – fragte auch nicht nach den Kindern!« Die Brauchitschs wurden zunehmend schmeichelnder, und so hatte Antonie ungefähr eine Woche später keine andere Wahl, als ihnen zu vergeben und sie zur Weihnachtsfeier einzuladen.

In der Zwischenzeit waren zwei weitere Geschäftsleute aus dem Junkers-Flugzeugwerk angekommen. Nach Weihnachten nahm Antonie sie alle mit nach Washington, D. C., um sie den Senatoren, dem stellvertretenden Generalstaatsanwalt und sogar einem Sohn von Präsident Roosevelt vorzustellen. Diese Beziehungen Antonies waren für die Exportförderungsprojekte von großem Vorteil, erleichterten sie es den Firmenvertretern doch, die für den Export notwendigen Genehmigungen zu erhalten. Am Silvesterabend fuhr Antonie mit den Junkers-Vertretern im Zug zurück nach New York. Unterwegs wurde ihr ein Telegramm von Senator Robert R. Reynolds, dem Vorsitzenden des Komitees für Militärangelegenheiten, zugestellt:

»Es war himmlisch, Sie heute getroffen zu haben. Ich rufe Sie heute Abend an. Ich hoffe, Sie haben eine angenehme Rückreise in die Metropolis. Möge im neuen Jahr jeder Tag Ihnen reichlichst Sonnenschein bringen.«

Die Junkers-Vertreter schienen sehr verblüfft, schrieb Antonie nach Hause. Sie nahm ihre Gäste um Mitternacht zum Times Square mit, danach ins »Maxl's«, ein deutsches Restaurant in Yorkville, wo sie bis fünf Uhr morgens durchfeierten. Dann schlief Antonie bis um zehn und führte ihre Gäste anschließend durch die Stadt, zur Freiheitsstatue, zum Empire State Building und zur Brooklyn Bridge. Am nächsten Tag übersetzte und schrieb sie neun Empfehlungsbriefe für die Junkers-Vertreter und arrangierte einen Reiseplan für sie, der Flugzeugwerke in Pennsylvania, Maryland, Kansas und Kalifornien einschloss. Zwischendrin rief auch Senator Reynolds mehrere Male aus Washington an.

## Robert L. Hague, die Romanze der dreißiger Jahre

Antonie hatte Robert L. Hague (1880–1939) 1933 auf einer Party an Bord eines Ozeandampfers getroffen. Robert reiste mit einem Gefolge von etwa 20 Leuten, darunter einige Künstler aus dem Showbusiness, und er hatte eigens eine Kabine als seine private Bar gebucht. Als Vizepräsident der Standard Oil Company und Präsident ihrer Tankerflotte war Hague daran interessiert, seine Öltanker für deutsche Reichsmark bauen zu lassen, die nun nicht mehr in Dollars konvertierbar waren. Antonie erzählte mir, dass eines dieser Geschäfte einen Wert von 27 Millionen Dollar gehabt hatte (1990 wären dies 270 Millionen Dollar gewesen).

Hague hatte 1894 mit 14 Jahren die Schule verlassen und in San Francisco seine immer mit der Schifffahrt verbundene Karriere begonnen. Während des Ersten Weltkrieges, als er in seinen Dreißigern war, arbeitete er für das Nationale Transportkomitee, für das er die Fahrpläne koordinierte. Später arbeitete er für Standard Oil, wo er Schritt für Schritt die Karriereleiter erklomm, bis zum Chef der Tankerflotte von Standard Oil, der größten der Welt. Schon ohne die Besatzungen dieser Tanker hatte Hague ungefähr 250 Angestellte. Als überzeugter Demokrat vertrat Bob Hague die Standard Oil während Roosevelts Präsidentschaft in Washington. Er liebte das Theater, sammelte Uhren und segelte. Sein Segelboot war mehr als 20 Meter lang, hatte Kabinen für vier Passagiere und die Crew. Antonie lernte, wie man es von der Long Island Bucht nach Martha's Vineyard, eine Erholungsinsel der Reichen und Vornehmen, segelt.

Bob Hague war ziemlich vermögend und ein Gönner des Theaters, der Bühnenshows finanzierte und den »Lambs Club« unterstützte, eine wohltätige Einrichtung für Bühnenkünstler. Mit jährlichen Spenden zwischen 25.000 und 50.000 Dollar hielt er diesen Klub am Leben, und jedes Jahr finanzierte er den Lambs-Gambol-Wohlfahrtsball für Schauspieler im Waldorf Astoria Hotel. Theater, Musik und Showbusiness waren seine Leidenschaft. In den dreißiger Jahren war Bob Hague mit Mary Lewis (1901–1942), einer Sopranistin der Metropolitan Opera, verheiratet. Mary war in Dallas geboren und hatte mit acht Jahren zum ersten Mal im Chor ihrer Methodistenkirche gesungen. Nach Verträgen mit den »Greenwich Village Follies« und den »Ziegfeld Follies« in New York hatte sie 1923 ihr großes Operndebüt in Wien in Gounods *Faust*. Danach tourte sie durch Europa und kam 1926 an die Metropolitan Opera, wo sie als Mimi in *La Boheme* debütierte. 1927 hatte sie den Bass Michael Bohnen geheiratet, doch die Ehe hielt nur wenige Jahre. Mitte der dreißiger Jahre gab sie immer noch Konzerte, aber sie war eine Alkoholikerin geworden. Antonie erwähnte Mary nie bei ihrem Namen, sondern nannte sie in ihren Briefen immer nur »Madam« oder »sie«. Zum Beispiel am 5. März 1935:

»Am 14. kommt ›sie‹ zurück. Was dann erfolgt, ist mir schleierhaft, da ich aber gar nichts dazu tun kann, regt es mich nicht weiter auf! Ich sehe meine Freunde und gehe meiner Arbeit nach, und habe seinetwegen ja bisher noch nichts vernachlässigt oder aufgegeben, wie sonst immer, sondern eigentlich nur in jeder Beziehung dazugewonnen! Für ihn wird es schwerer werden! – So werde ich auch keinesfalls den Sommer in New York bleiben …«

Mutter Hedwig machte sich natürlich Sorgen, dass Mary Lewis ihre Nebenbuhlerin attackieren oder gar erschießen könnte, aber Antonie versicherte ihr, es bestehe kein Grund zur Sorge. Mary hatte begonnen, ihren Ehemann jeden Tag zum Mittagessen zu treffen und blieb dann den ganzen Nachmittag in seinem Büro. Sie hatte mit dem Trinken aufgehört und machte ihrem Mann keine Szenen mehr. Antonie schrieb Bob, er sei frei zu tun, was immer er wolle, und habe keinerlei Verpflichtungen ihr gegenüber. Mutter Hedwig gestand sie, dass sie nicht sicher sei, was sie so sehr an Bob fesselte. Selbst wenn er für längere Zeit abwesend sei, spüre sie nicht das geringste Interesse, mit irgendjemand zu flirten. Hätte sie in den zwanziger Jahren den Kronprinz über Wochen nicht gesehen, wäre dies damals das Ende der Beziehung gewesen. Bob jedoch, schrieb sie, »kommt mir in Persönlichkeit, Vitalität, Großzügigkeit und Charakter am nächsten, und das ist beinahe wichtiger als die reine Leidenschaft«. Im Herbst 1935 vertraute sie ihrer Mutter an:

»Was es ist, weiß ich nicht, Mutt, aber dieser Mann fasciniert mich so sehr! Außerdem ist er wirklich um mich besorgt, und seine (Bei-)Hilfe unendlich wesentlich! Wenn dieser Mann sagt: I love you more than anybody in the world, dann meint er das, das weiß ich! Er arbeitet bloß so irrsinnig! – … Mein Herz ist bei Bob, der … mir durch seinen Einfluß natürlich beruflich und auch für Erwin hier unendlich wertvoll ist!! Er bot mir sogar eine Stellung bei der Standard Oil an, was ich aber, da ich es noch nicht brauche, erst mal abgelehnt habe! Dir gestehe ich, daß ich diesmal wirklich etwas den Verstand walten lasse! Dazu steht auch zuviel auf dem Spiel! Und ich habe keine Eile, Gott sei Dank!«

Anfang März 1937 erzählte Bob Hague Antonie, dass er sich um eine Scheidung von Mary bemühte, ohne noch länger auf ihre Zustimmung zu warten. Alles ging glatt voran, und Antonie entschloss sich, ihn nicht zu drängeln. Sie befürchtete, dass Hague sich nicht sicher über seine Gefühle ihr gegenüber war. Vermutlich hatte er von Senator Reynolds' Anweisung gehört, ihn sofort zu informieren, wenn Antonie anrief, selbst wenn er sich in einer Senatssitzung befand. Manchmal machte Antonie davon Gebrauch. Einmal fuhr sie in ihrem Auto nach Philadelphia, um Reynolds reden zu hören, und fuhr am nächsten Morgen mit ihm gemeinsam nach Washington. Sie schrieb ihrer Mutter, dass Reynolds eine Art Rhett Butler aus *Vom Winde verweht* sei, unglaublich charmant. Reynolds hoffte, 1940 als Präsidentschaftskandidat der Demokraten nominiert zu werden, in der Annahme, Roosevelt werde sich nicht für eine dritte Amtszeit bewerben. Als bekannt wurde, dass Roosevelt sich doch zur Wiederwahl stellen würde, entschloss sich Reynolds, für das Amt des Vizepräsidenten zu kandidieren. Auf keinen Fall, so erklärte er Antonie, könne er deshalb seinen durch eine Scheidung bereits angeschlagenen Ruf durch die Ehe mit einer früheren Ausländerin noch weiter ruinieren. »Wäre es nicht typisch für mich, wieder so einen zu wählen?«, schrieb Antonie nach Berlin.

Antonie mag zwar, was die Auswirkungen ihrer Arbeit betraf, auch nicht sehr weitsichtig gewesen sein, doch im Rückblick erging es ihr besser als Senator Reynolds, Mitglied des Senatskomitees für Auslandsbeziehungen und Vorsitzenden des Komitees für Militärangelegenheiten. 1934 war Reynolds ein starker Befürworter des Marine-Schiffsbauprogramms gewesen, doch schon 1935 hatte er sich, wenn auch erfolglos, dafür eingesetzt, dass die Vereinigten Staaten sich nicht den Protokollen des Internationalen Gerichtshofs in Den Haag unterwerfen sollten. Reynolds war einer von den nur zwölf Demokraten, die im Oktober 1939 gegen die Aufhebung des Waffenembargos auftraten, mit der die Alliierten unterstützt werden sollten. Zu jener Zeit gingen Reynolds und Antonie jedoch schon getrennte Wege. Am 22. Mai 1939 schrieb Antonie an Erwin, dass Reynolds sich einen Dreck um seine früheren isolationistischen Ansichten schere, ja sich sogar für sie schämte, »aber er tut das alles nur, um 1940 Vizepräsident zu werden«.

Eigentlich hatte Reynolds nie eine richtige Chance gegen Bob Hague gehabt. Wie Antonie ihrer Mutter im März 1937 schrieb: »... als Persönlichkeit kann keiner an [Bob Hague] heran.« Am 1. April 1937 berichtete sie nach Hause: »Madam hat sich nach Europa begeben, und das erleichtert die Situation.« Nach der Scheidung, so vermutete Antonie, würde Bob ein Jahr verstreichen lassen müssen, »bevor er wieder daran glauben könne, daß ein Zusammenleben mit einem anderen Menschen möglich wäre. Ich habe es nicht eilig, habe genug zu tun, und die Fortschritte sind größer, als ich es erwartete.«

## Amerikanische Staatsbürgerschaft

Während der dreißiger Jahre schrieb Antonie, falls sie nicht reiste, jede Woche ein bis zwei Briefe nach Hause, zumeist zwei volle Seiten. Die Briefe gingen vor allem an ihre Mutter und listeten alle Ereignisse, Besucher, Eindrücke, Pläne und Emotionen der vergangenen Tage auf. Sie kommentierte alles, was ihre Eltern schrieben, und stimmte die Korrespondenz sorgfältig mit den Fahrplänen der Ozeandampfer ab. Wenn diese Briefe nicht nach Antonies Tod vor den Flammen gerettet worden wären, würden diesem Kapitel die besten Einzelheiten fehlen.

Antonie schrieb, dass sie mit deutschen Flugzeugfirmen zusammenarbeite:

> » ... ohne jede Begeisterung aus purem nüchternen Verstand des Verdienstes wegen! Der Flaggenwechsel hat mich merkwürdigerweise und völlig schmerzlos total umgestellt! Ich rechne die Monate bis zum 20. März 1937!!! [dem Tag ihrer Vereidigung als US-Bürgerin] – Die Sterne sind mir näher als das Hakenkreuz! ... ›They can kiss my ass in Macy's window at high noon!‹ ist der äußerst gewöhnliche Ausdruck für derartige Gefühle in diesem Land ...«

Anlässlich der Verleihung der amerikanischen Staatsbürgerschaft an Antonie gab es am 14. Juni 1937 eine große Party. 26 Gäste trafen sich auf der Wiener Dachterrasse des St. Regis-Hotels. Von dort aus konnte man Manhattans Lichter in der Abenddämmerung leuchten sehen. Gelbe Rosen und blauer Rittersporn umrahmten einen amerikanischen Adler aus Eis; Flaggen und Fahnen dekorierten den Raum. Zum Essen gab es Lachs, westfälischen Schinken, weißen Spargel und Ananas, als Wein 1929er Chateau Latour und 1933er Erdener

Treppchen. Die Gäste hielten Reden und brachten Hochrufe aus, und Bob schenkte Antonie eine silberne US-Flagge und zehn Dutzend Rosen. Für mehr als eine Stunde unterhielten ein Sänger und ein Violinist die Gäste. Senator Reynolds und Jimmy Walker, der vormalige New Yorker Bürgermeister, konnten leider nicht kommen, aber die anderen engen Freunde Antonies waren da, vor allem Dr. Bishop aus Rochester, Sunny Manville und Vincent Bendix. Einige der Gäste blieben bis in die frühen Morgenstunden des nächsten Tages.

Eine Woche zuvor, am 9. Juni, hatte Antonie ihren Eltern berichtet, sie habe am Montag der Vorwoche den Eid auf die US-Staatsbürgerschaft abgelegt:

»... nachdem ich am letzten Montag den einschneidenden – wenn auch innerlichen – Wechsel vollzogen habe! Bei der Unterschrift zitterte meine Hand mehr als seinerzeit auf dem Standesamt! Telegraphieren wollte ich Euch deshalb nicht, es könnte so leicht mißverstanden oder gegen einen ausgelegt werden! Man hat ja nun mal eben doch immer Feinde oder Neider, die einem gern was anhängen. ... Und es gibt Menschen, die es einem scheinbar nicht verzeihen, daß man sich anständig benimmt, und sich bemüht, die Dinge höher als die eigene Person zu stellen! Man wird es bloß manchmal etwas müde, sich ständig zu verteidigen!

Bis vor kurzem hatte ich im Unterbewußtsein immer gehofft, daß das Leben doch mal ruhiger wird, für Euch, für mich, für jeden von uns! Aber so sieht es in unserer Generation nirgends aus, hier nicht und drüben nicht, und wir müssen uns eben durchbeißen! Geht das eine gut, kommt was Neues!«

## Sportler und Schauspieler von daheim

Ein endloser Strom deutscher Besucher kam nach New York, darunter Berühmtheiten aus Sport, Luftfahrt und Theater wie Max Schmeling, Helene Mayer, Rudolf Forster, Fritz Kortner, Elly Beinhorn und Bernd Rosemeyer. Antonie lernte den früheren Weltmeister im Schwergewichtsboxen, Max Schmeling, als »immer höflichen, eleganten und taktvollen Menschen« kennen. Keinesfalls war er der arrogante Nazi, als der er später dargestellt werden sollte, der es verdient hatte, dass Joe Louis ihn 1938 in nur einer Runde besiegte. Schmeling hatte einen jüdischen Manager, und er war entsetzt, dass sein Sieg in zwölf Runden über Louis 1936 in Deutschland zu einem Beweis rassischer Überlegenheit aufgebauscht worden war.

Helene Mayer, die olympische Goldmedaillenfechterin, war nach Los Angeles ausgewandert, aber, obwohl sie als »halbjüdisch« galt, 1936 nach Berlin zurückgekehrt, um eine olympische Silbermedaille für Deutschland zu gewinnen. Zurück in den USA, kam sie im April 1937 anlässlich der nationalen Fechtmeisterschaft nach New York und lebte bei Antonie. Helene gewann das Turnier und hinterließ ihr, wie Antonie berichtete, aus Dank »die rührendsten Briefe in meiner Wohnung, einen in jeder Schublade und andere an meine Kleider gesteckt!«

Am 22. August 1937 fuhr der Schauspieler Rudolf Forster auf der »Berengaria« nach Amerika ab. Zuvor hatte er Hedwig Strassmann noch einen Brief geschrieben: »... in den nächsten Tagen fahre ich mal ein bißchen nach Amerika, dort werde ich mal ein bißchen Theater spielen. In den letzten zwei Jahren habe ich leider soviel Unangenehmes und Unschönes erlebt, daß ich mich entschlossen habe, nach Amerika zu gehen. Von Antonie habe ich leider nichts gehört. ... ich werde ja bald drüben sein, und würde mich außerordentlich freuen, sie zu sehen und begrüßen zu können.«

Forster war offensichtlich zutiefst enttäuscht, dass aus einem Film, in dem er mitgespielt hatte, einige Szenen mit ihm herausgeschnitten worden waren. Antonie schrieb ihrer Mutter im Juli 1937:

»Wenn ich das lese, dann weiß ich allerdings, warum ich vom Theater weg bin – denn diese Überschätzung der eigenen Wichtigkeit und dabei völlige Weltfremdheit den eigentlichen Dingen gegenüber, die vielleicht zum Erfolg nötig sein mag, habe ich nie gehabt! Man faßt sich an den Kopf – ein Mensch bricht mit den Nerven sanatoriumsreif zusammen, weil ein paar Filmszenen gestrichen sind! Ich kann es natürlich verstehen, aber dieser enge Horizont, das geht doch wirklich zu weit!«

Eines Abends traf Antonie in einem chinesischen Restaurant zufällig den Schauspieler Fritz Kortner (1892–1970), der in den zwanziger Jahren den Gessner in Leopold Jessners bahnbrechendem expressionistischen Theaterstück *Wilhelm Tell* gespielt hatte und den Herodes in Hebbels *Herodes und Marianne*, mit Antonie als Salomé. Antonie war überglücklich, wie sie im November 1937 gestand:

»Erstens sah er sehr gut aus, und es war, als stiege plötzlich aus der Versenkung ein ganz früheres Dasein auf, nämlich die ganze Bühnenzeit, die ich doch 1930 eigentlich abgeschlossen hatte. Und da sich die ja ganz in Deutschland abgespielt hatte, so gab es hier nichts in New York, was diese Zeit hätte wachrufen können. Denn das Wiedersehen mit dem Forster lag ja mehr auf dem menschlichen Gebiet. Mit einmal standen ›Herodes und Marianne‹, all die Abende bei Schwanneke und was sonst so zu der Zeit so spielte, wieder auf. Auch er freute sich enorm. Wir telefonierten eben und er sagte: ›... Sie haben nie so phantastisch gut ausgesehen!‹ So was freut einen ja dann doch. Er spielt gar nicht mehr, sondern schreibt Stücke und führt Regie. Frau und Kinder sind noch in London – aber hier findet sich plötzlich ein alter Kreis zusammen. – Es geht im Leben eben doch nie etwas ganz verloren. Zeiten und Verbindungen tauchen wohl so unter, daß man sie verloren glaubt, sie sind aber nur mehr oder weniger in der Mottenkiste des Lebens.«

Im Frühjahr 1939 hörte Antonie von Forster, dass Kortner und andere Schauspieler, der Bühnenautor Ernst Toller und sogar die berühmten Regisseure Max Reinhardt, Leopold Jessner und Erwin Piscator in Hollywood waren. Toller sollte später Selbstmord begehen, weil er fürchtete, die deutschen Vorgänge könnten sich in den USA wiederholen. Forster kehrte nach Deutschland zurück und bat Antonie nach dem Krieg, ihm seidene Unterwäsche zu senden.

## Elly und Bernd

An einem regnerischen Morgen im Juni 1937 stand Antonie am Hudson Pier 86 und wartete auf die Ankunft des Rennfahrers Bernd Rosemeyer. »Ihr könnt Euch meine unbeschreibliche Freude vorstellen, als ich heute Morgen im Regen auf der Pier stand, um Bernd abzuholen, und plötzlich Elly sah!«, schrieb sie ihren Eltern am 28. Juni 1937. Elly Beinhorn war Deutschlands berühmteste Sportfliegerin, Bernds Frau und zu dieser Zeit Antonies beste Freundin. Elly sah wie immer reizend aus und ließ sich ihre ständige Besorgtheit wegen Bernds gefährlicher Beschäftigung nicht anmerken. Bernd war gerade dabei, die Geschwindigkeitsgrenze von 400 km/h zu überschreiten. Mehrere Tage lang verbrachte Antonie jede freie Minute mit den beiden. Das Rennen um den Vanderbilt Cup, für das Bernd nach Amerika gekommen war, musste verschoben werden, da es am 4. Juli regnete. Schließlich gewann Bernd – ein Sieg, den Elly als seinen wichtigsten bezeichnete. Neunzigmal mussten die Rennfahrer den Roosevelt Race Track umrunden; Bernd kam in seinem Audi als erster ins Ziel, vor Richard Seaman in einem Mercedes, Rex Mays und Ernst von Delius. Einen Tag vor der Abreise von Bernd und Elly, am 6. Juli 1937, schrieb Antonie:

»Nun reisen die guten Rosemeyers ruhm- und devisenbeladen heute abend wieder weg! Morgen wird es mir schon wieder ganz unwahrscheinlich vorkommen, daß sie überhaupt da waren! ... ja, die Tage mit Elly waren schön, nur viel zu kurz, und dauernd irgendwas ...! Aber mein Gott, leicht hat sie es nicht! Ich könnte diese Sorgen nicht mehr ertragen! Wenn man diese Rennfahrerei sieht, so wie gestern, und das 3einhalb Stunden alle Woche und zwischendurch Trainieren noch.«

Von Delius wurde nur wenige Monate später bei einer Kollision mit Seaman getötet. Noch vor Jahresende wartete der Tod am Steuer auch auf Seaman und Mays. Am 28. Januar 1938 ereilte das Schicksal auf der Autobahn bei Darmstadt auch den letzten des Quartetts: Bernd Rosemeyer wurde getötet, als er in einer Windbö die Kontrolle über sein Auto verlor. Nur zwei Monate zuvor, am 12. November, hatte Elly Bernd junior zur Welt gebracht und darüber Antonie berichtet, die ihren Eltern am 7. Dezember 1937 mitteilte: »Ein ganz wunderbarer Brief kam an von Elly. Was ist das für ein Prachtmensch. Diese Seligkeit über das Kind, und dabei diese klare menschliche Einfachheit.«

Am 1. Februar 1938 schrieb Antonies Vater aus Berlin nach Rochester, Minnesota:

»Es ist nicht leicht unsere gute Stimmung aufrechtzuerhalten, denn Rosemeyers Unfall hat sie zerschlagen. Noch vor kurzem saß er an unserem Tisch mit seiner Frau, Elly. Einige Abende später kam er wieder. Eine Diät für seinen Magen behelligte ihn. Heute ist seine Beerdigung in Dahlem, nur mit Einladung. Noch haben wir die arme junge Frau mit dem zwei Monate alten vaterlosen Kind nicht gesehen. Ihr Mann ist wie ein Ritter in die Unsterblichkeit eingegangen. Ihr Glück ist verschwunden.«

## Die »Hindenburg« brennt

Die größte Katastrophe des Jahres war die Explosion des Luftschiffs »Hindenburg« am Morgen des 6. Mai 1937 bei der Landung in Lakehurst, New Jersey. Der Boxer Max Schmeling wäre beinahe bei der Katastrophe der »Hindenburg« ums Leben gekommen, hatte seine Flugpläne jedoch in letzter Minute geändert. Am nächsten Morgen fuhr Antonie mit Hugo und Fred Stinnes nach Lakewood in das Hospital, um Wein und Lebensmittel zu überbringen. Während Antonie Freunde besuchte, verstarb im Nebenzimmer Ernst Lehmann, der Kapitän des Luftschiffs; seine letzten Worte galten dem Schicksal der Passagiere und der vermuteten Sabotage. Obwohl Lehmann kein Mitglied der NSDAP gewesen war, hasste ihn Antonie aus ganzem Herzen als einen Kollaborateur, der – anders als sein Chef Hugo Eckener – nach den Naziregeln spielte und dafür einen hohen »Judas-Preis« zu zahlen hatte. Zehn Jahre später, am 22. Juli 1946, schrieb sie an Hugo Eckener:

»Ich war damals sofort nach Lakehurst gefahren und war im Nebenraum als er starb – es ließ mich mehr als kalt – er war ja mit dran schuld, daß Ihr stolzes Kind zerstört wurde. Und wie oft hat man es hier gehört: ›it would have never happened, if the OLD MAN (Sie) would have been aboard.‹ Kämen Sie heute hierher, man würde Ihnen die Arme öffnen – denn niemand hat Sie je auch nur gedanklich mit den Ungeheuern zusammengebracht ...«

## Das Ende einer Ära

Bob Hague starb am 8. März 1939 nach einem Herzinfarkt. Ihrem Bruder Erwin offenbarte Antonie am 1. April den tiefen Schmerz, den sie fühle, vor allem, wenn sie im Radio »Reich mir die Hand, mein Leben« aus Mozarts *Don Giovanni* höre. Andere Freunde hatte Antonie in Deutschland verloren, Freunde, die Selbstmord begangen hatten oder aus obskuren Gründen gestorben waren:

»Ein Kamerad nach dem anderen aus jenen Zeiten ist verschwunden. Und das Schwein Hitler und sein Gesindel leben. Was für ein Führer ist das, der nur hinter Sicherheitsglas redet und nur in gepanzerten Zügen fährt? Wie sicher fühlt sich dieser ›beliebte und geehrte‹ Führer des deutschen Volkes?«

Bedingt durch den Tod Bobs und den Ausbruch des Zweiten Weltkrieges im September 1939 musste Antonie sich beruflich neu orientieren. Schon vor der Invasion Polens und der Kriegserklärung war es offensichtlich geworden, dass den Vertragsverhandlungen für technologischen Austausch mit Deutschland kein langes Leben mehr beschieden sein würde. Siemens und Junkers zogen sich bereits im Mai 1939 zurück, der Vertrag mit Bendix lief jedoch noch bis Januar 1941. Erwin bedauerte Antonies finanzielle Verluste, die aus dem Ende dieser Verträge resultierten, mutmaßte aber andererseits: »Innerlich mußt Du Dich doch erleichtert fühlen, daß Du nicht mehr für die drüben arbeitest, trotz guter persönlicher Beziehungen. Wie oft hast Du nicht gesagt, daß es Dir leid war und daß Du es nur weitergemacht hast, um Geld für uns zu verdienen?«

Antonie war nicht davon überzeugt, dass die Flugzeugtechnologie entscheidend zum Kriegsausgang beitragen würde. Sie betrachtete die deutsche Flugzeugproduktion im Bereich der Motorenkonstruktion, der Verarbeitung und der zur Verfügung stehenden Roh- und Treibstoffe als unterlegen. Allerdings dürfe dies nicht darüber hinwegtäuschen, dass Deutschland in Bezug auf die Qualität seiner Facharbeiter und die Produktionskapazität seiner Fabriken deutlich überlegen war, äußerte sie in einem Vortrag vor dem Men in Finance-Club der New Yorker Universität am 22. November 1939.

## Überraschung

Antonie hatte erwogen, mit einem alten Freund von Bob, Silas Newton, genannt »Si«, in Geschäftskontakte zu treten. Mitte Juli 1939 reiste sie deshalb nach Colorado Springs, wo Si sich gerade aufhielt. In einem an Erwin gerichteten Brief gibt es keinerlei Hinweis auf eine unmittelbar bevorstehende Hochzeit. Si, ein verwitweter Ölmillionär aus Texas, untersetzt und stämmig, hatte in Baylor, Yale und Berlin studiert, bevor er in Denver seine Newton Oil Company gegründet hatte. Sein Weihnachtsgeschenk 1937 für Antonie war ein Jadekollier gewesen, Jadeohrringe, ein Jadering und ein Jadearmband mit Diamanten. Am 15. Dezember hatte Antonie ihren Eltern geschrieben, Si habe gesagt, er warte »nur auf den Tag, an dem ich ›ja‹ sagen würde, und bis dann würde er geduldig sein. Das ist rührend, denn bei bestimmten Rivalen sind die Chancen völlig gegen ihn.«

Die standesamtliche Trauung fand am 16. Juli 1939 in Castle Rock, Colorado, statt. Schon am nächsten Tag, nach nur einer Nacht, kehrte Antonie nach New York zurück. Sie erwog, die Ehe sofort annullieren zu lassen, wie sie ihrem Vetter Gerhard Masur später mitteilte. Si und Antonie haben nie zusammen gelebt, und Si hat nichts zum Haushalt beigetragen. Zunächst weigerte er sich, einer Scheidung zuzustimmen und bemühte sich immer wieder um Versöhnung, aber Antonie dankte ihm höflich und teilte ihm mit, dass es dafür zu spät sei. Anfang 1941 schrieb sie Erwin in einem undatierten Brief, dass sie »eine stille, schnelle, und anständige Scheidung [suche]. Annullierung ist leider unmöglich. … In Mexiko kann man sich rechtmäßig in einer einzigen Woche scheiden lassen. … Ich hoffe, er wird einverstanden sein. Wenn er sich nur kurz fassen könnte. Ich kann seine ellenlangen Briefe nicht mehr ertragen.«

Am 2. März 1942 wurde die Ehe in Chihuahua geschieden. Antonies Antrag für einen Reisepass aus dem Jahr 1950 sagt über Si lediglich aus: »letzter bekannter Wohnort: Denver, Colorado«. In ihrem Testament hinterließ sie »unto Silas M. Newton of Denver, Colorado … all interest in an oil lease owned by me on property in Ness City, Kansas«. Solange sie lebte, hatte ich sie nie seinen Namen erwähnen hören und staune noch heute über all die Einzelheiten.

## Ankunft: Mutter und Erbschaft

Nachdem Antonie im Juli 1939 aus Denver nach New York zurückgekommen war, zog sie vom St. Regis-Hotel in ein Apartment mit acht Räumen an der 1158 Fifth Avenue, das den Central Park überblickte. Die acht Räume sollten all die geerbten Möbel aufnehmen, die am 27. Juli nach Amerika verschifft und nun eingetroffen waren. Die Frau eines Vetters, Käthe Posner, kam, um ihr beim Öffnen der Kisten und Arrangieren all der vertrauten Schränke, Stühle und Betten aus der Schumannstraße und aus Dahlem zu helfen. Das war sicherlich anstrengend, aber wirklich aufregend wurde es am Morgen des 17. August: Antonies geliebte Mutter, die Vertraute all ihrer Briefe, hatte ein Einreisevisum erhalten und kam an Bord der »Champlain« in New York an.

Ende Juni 1941 zogen Antonie und Hedwig von der Fifth Avenue in ein Haus, das Antonie auf einem tannenbestandenen Landvorsprung oberhalb eines kleines Sees in Westchester County in Croton-on-the-Hudson gebaut hatte, wenige Kilometer südlich von Peekskill. Schon im Sommer zuvor hatten sich ihr Arzt und alter Freund Ernst Müller und dessen Frau Rosel ein Haus am Ufer desselben Sees gekauft. Antonie baute ihr Landhaus auf einem Grundstück von 1,2 Hektar und nannte es »Hemlock Hague«. Von der Croton Avenue, RFD-1, führte eine lange, gewundene Zufahrtstraße durch die tiefen Wälder zu ihm. »Hemlock Hague« zeichnete sich durch einige architektonische Besonderheiten aus: einen großen gemauerten Schornstein, eine geschnitzte doppelte Eingangstür oberhalb einer grandiosen Außentreppe und ein Kunstschmiedegitter im Landhausstil, das ein großes Panoramafenster auf der Seeseite des Hauses schützte. Tür, Gitter und die Einrichtung des Speisezimmers kamen alle aus dem rumänischen Pavillon von der Weltausstellung 1939 in New York. Aus dem Felsen unterhalb des Wohnzimmers war eine große Schlafkoje gesprengt worden, die mit Bullaugen und anderen maritimen Stilelementen geschmückt war. Hier schliefen Besucher auf einem riesigen Gästebett. Über Antonies Bett hing »Die Fischerbrücke«, ein impressionistisches Gemälde von Philip Franck, das die Spitze der Berliner Fischerinsel zeigte, mit der Brücke, den Schleppkähnen und Urgroßvater Joseph Bender Levys prächtigem Wohnhaus. Über dem Kamin hing ein wunderbares Seegemälde von Willem van de Velde mit holländischen Rahseglern.

## Kriegsjahre

Während des Zweiten Weltkrieges, der für die USA offiziell Ende 1941 mit dem Angriff auf Pearl Harbor begann, zogen Antonie und Hedwig im Winter immer in ein Zweizimmerapartment in Manhattan, um Benzin und Heizöl zu sparen. Im Sommer pflanzten sie in einem kleinen »Siegesgärtchen« in Hemlock Hague Gurken und Gemüse an und hielten Hühner. Das schlimmste Jahr war 1942, zusätzlich belastet durch den tragischen Krebstod der Schwester Gisela im März. Hedwig erzählte mir, Max habe sehr rührende Briefe geschrieben, in denen er immer seine Hoffnung auf eine Wiedervereinigung mit seiner Schwiegermutter und mit Antonie äußerte.

Auf der Suche nach Arbeit lernte Antonie Stenographie in der Abendschule und arbeitete zwei bis drei Tage in der Woche freiwillig als Fahrerin und Erste-Hilfe-Ausbilderin für das Rote Kreuz. Sie schrieb Max, es fühle sich seltsam an, in einer Uniform herumzufahren. Sie spendete Blut für das Britische Rote Kreuz, obwohl sie als anämisch diagnostiziert war und die Gefahr bestand, dass sie einen Schock erleiden könnte.

Als die Mobilisierung ihren Höhepunkt erreichte, fand Antonie eine Stellung als Ausbilderin am Delahanty Institute, wo sie neue Arbeitskräfte, vor allem Frauen, im Lesen von Bauplänen und technischen Zeichnungen sowie der Bedienung von Metall verarbeitenden Maschinen wie Drehbänken und Bohrmaschinen ausbildete.

1943 bot Commander Eugene F. McDonald, der Gründer der Zenith Radio Corporation, Antonie an, den Verkauf der preiswerten Hörgeräte seiner Firma zu übernehmen. Antonie hatte McDonald kennen gelernt, als sie im August 1930 an den Chicago Air Races teilgenommen hatte, und seit jener Zeit waren die beiden Freunde.

## Antonie arbeitet für Zenith Hearing Aids

In den vierziger Jahren hatte der Gründungspräsident McDonald immer noch die persönliche Kontrolle über sein Unternehmen. Mit großem Medienrummel eröffnete er am 24. Oktober 1943 in Chicago einen »Kreuzzug, um den Schwerhörigen zu helfen«. 1.000 geladene Gäste, darunter Antonie, erhielten als erste die neuen »Radionic Hörgeräte«, die für 40 Dollars verkauft werden sollten – anstatt der 200 Dollar, die etablierte Firmen wie Beltone und Accousticon verlangten. Ab jetzt gebe es keine Profitmacherei mehr bei Hörgeräten, sagte McDonald, weder in Amerika noch im Ausland. Sechs Wochen später, am 5. Dezember 1943, eröffnete Antonie mit weiteren sieben Zenith-Angestellten die Zenith-Hörgeräte-Niederlassung für die Ostküste. Anfangs gab es nur zwei Händler, einen in Manhattan und einen in Brooklyn. 75 Hörgeräte wurden verkauft, eines davon an ein neunjähriges Mädchen, das nie zuvor auch nur einen Ton gehört hatte.

Ein Hörgerät bestand aus einem winzigen Mikrofon, einem batteriebetriebenen Radioempfänger und einem Verstärker, der die Töne an das Trommelfell und die Hörnerven im Innenohr weiterleitete. 1943 betrugen die Produktionskosten etwa 35 Dollar pro Gerät, was 40 Dollar zu einem sehr vernünftigen und moderaten Einzelhandelspreis machte. Die 200 Dollar, die die Zenith-Konkurrenten für ihre Geräte verlangten, verschleierten hinter einer Fassade von pseudo-medizinischen Beratungen, angeblicher Diagnose und Effekthascherei einen gewaltigen Profit. Zenith stellte sich lediglich die Aufgabe, die Käufer davon zu überzeugen, dass ein Hörgerät, das einfach so im Laden verkauft wurde, genauso gut sein konnte, auch wenn es viel billiger war.

Antonie belud ihr Cabriolet mit Kartons voller Hörgeräte und fuhr mit großem Elan die Ostküste abwärts zu Optikern und Warenhäusern in 16 Bundesstaaten. Innerhalb weniger Jahre hatte sie von Maine bis Florida 500 Zwischenhändler unter Vertrag, denen sie mit ihren 40 Angestellten vom Empire State Building aus zuarbeitete. Weitere Angestellte arbeiteten in einem Lagerhaus an der Waterfront, darunter auch ich im August 1946, als ich nach zwei Jahren in der Navy an das College zurückging. Auf den langen Fahrten zwischen Manhattan und Hemlock Hague erzählte mir Antonie von den Auseinandersetzungen zwischen Erfindern und Wettbewerbern, die sich gegenseitig der Patentverletzung beschuldigten. Sie meinte, dieses Geschäft sei genauso aufregend wie die Fliegerei oder eine Bühnenkarriere – immer musste man etwas riskieren, um zu gewinnen. So sei es meist profitabler, neue Geschäfte voranzutreiben als säumigen Schuldnerm hinterher zu laufen.

Als ich 1949 nach New York zurückkam, um an der Columbia University zu studieren, sah ich Antonie häufig, und sie erzählte mir noch mehr über ihr Hörgerätegeschäft. Ich erinnere mich, wie sie mir sagte:

»Ich bin 48 und werde das jedem sagen, der es wissen will. Aber ich werde noch mit jedem von meinen Jungs fertig, kann mit ihnen Radfahren gehen und beim Witzeerzählen mithalten. Wenn man mit den Jungs zusammen ist, muß man schon etwas von Baseball verstehen. Ich fluche und sage so oft son-of-a-bitch, wie ich es für richtig halte. Dann fühlen sie sich nicht ganz so miserabel, daß sie für eine Frau arbeiten müssen. … In jedem Alter gibt es bestimmte Sachen, die man tun sollte, denn wenn man sie in irgendeinem anderen Alter macht, sieht das unnatürlich aus. Warum können die Menschen nicht in Würde altern?«

Gene McDonald gestattete es Antonie, ihr Büro sehr selbstständig zu führen, also zum Beispiel Gehälter und Lohnerhöhungen für die Angestellten selbst zu bestimmen. Jede berühmte Persönlichkeit, die ein Hörgerät von Zenith benötigte, konnte sich darauf verlassen, dass Antonie persönlich vorbeikommen würde. Zu ihren Kunden gehörten Eleanor Roosevelt, Charles Edison (der Sohn des Erfinders, Sekretär der Navy und Gouverneur von New Jersey) und der Dramatiker und Komponist Rupert Hughes. Alle drei erlaubten, dass ihre Namen in Zenith-Anzeigen in auflagestarken Zeitungen verwendet werden durften. Der Text der Anzeigen lautete: »Wenn Sie sich ein Hörgerät zu jedem Preis leisten können, dann tragen Sie Zenith.«

1951 kam ein älterer Ausländer mit einem Hörproblem in das New Yorker Zenith-Büro. Er hatte große Probleme, sich verständlich zu machen. Offensichtlich war er ein Deutscher, und so bat man Antonie um Hilfe. Sie erkannte ihn sofort, von einer Begegnung drei Jahrzehnte früher in Magdeburg, als sie noch eine Schauspielerin gewesen war und er, Ernst Reuter, ein junger städtischer Angestellter. Inzwischen waren viele Jahre vergangen, aus dem jungen Angestellten war der Bürgermeister von Westberlin geworden, gefeiert für seine Verdienste um die Berliner Luftbrücke während der Blockade Berlins 1948/49. Antonie überreichte Ernst Reuter zwei Hörgeräte als Geschenk.

## Antonie und ich

Antonies Fliegerei, ihre Reisen und sogar ihr Jonglieren hatten mich schon fasziniert, als ich noch ein kleiner Junge in Berlin war. Ich erinnere mich, wie sie unsere Familie – meine Mutter Ilse und uns drei Kinder – willkommen hieß, als die »Bremen« 1937 in New York angelegt hatte, und wie sie uns den Central Park und das Rockefeller Center zeigte. Sie und Großmutter haben uns nur ein einziges Mal in Houston besucht, Weihnachten 1939, als ich 13 war. Antonie schenkte mir ein Abonnement des Magazins *New Yorker*, vor allem wegen der darin enthaltenen Karikaturen und Cartoons. Sie hat die kleinen Skizzen, die ich den Briefen an sie beilegte, immer gemocht. Seit diesem Weihnachten 1939 habe ich mein Abonnement beibehalten – seit mehr als 60 Jahren. Als ich 1944 in der Marine diente, schickte ich ihr eine Fotografie von mir als Matrose im Great Lakes Naval Training Center, Illinois. Antonie schrieb meinen Eltern in Houston: »Ich fühle Mitleid mit den Mädchen, die dieser Matrose Erster Klasse einmal ablehnen wird« (17. August 1944).

Den Sommer 1947 verbrachte ich an der Nationalen Universität von Mexiko. Antonie schrieb ihrem Freund Paco de la Macorra, dem dortigen Generalvertreter von General Motors, und bat ihn, mich mit einem mexikanischen Mädchen bekannt zu machen, »das nett wäre und etwas vom Leben verstünde, so daß [ich] ihr Herz brechen könnte«. Ich erinnere mich, Paco und die 19-jährige Gloria in Ciro's Bar auf dem eleganten Paseo de la Reforma getroffen zu haben. Gloria kam verspätet und fragte Paco sofort auf Spanisch: »Was bringst Du mir hier für ein Geschenk?« Doch was in diesem Sommer in die Brüche ging, war nicht Glorias Herz, sondern mein Konto. Gloria war die Tochter eines Generals und liebte Pferde – aber das ist eine ganz andere Geschichte …

Zwei Jahre später, 1949, schrieb ich mich zum weiterführenden Studium an der Columbia University ein, lebte in der 119. Straße und fuhr etwa alle zwei Wochen am Sonnabend nach Hemlock Hague. Zu anderen Zeiten traf ich mich mit Antonie in der Stadt – zum Mittag- oder Abendessen und manchmal sogar für einen Nachtclubbesuch. Antonie kommentierte die Vorstellungen im Berliner Dialekt, sagte von einem Schnulzensänger, er klinge, als ob er »in 'ne leere Gieskanne hustet«. Ich glaubte zu jener Zeit, sie sei so sehr mit ihren eigenen unmittelbaren Zielen beschäftigt, dass sie die inneren Konflikte und das Zögern anderer nicht verstehen könne und sie für Schwäche und Zeitverschwendung halte. Trotzdem schien sie alles, was ich ihr je erzählt habe, zu mögen, sie lachte und erzählte mir Anekdoten von kürzlichen Begegnungen mit berühmten Personen wie der Journalistin Dorothy Thompson, dem Gewerkschaftsführer John L. Lewis, dem Fernsehmann Ben Grauer, aber auch von weniger vergänglichen Berühmtheiten wie Eleanor Roosevelt und Marlene Dietrich.

## Das Dackel-Trio

Drei schwarze Dackel – Moki, Mickel und Chickie –, über die Antonie zahllose Geschichten erfand, sorgten immer für viel Aufregung. Moki, so sagte Antonie, sei überzeugt, gar kein Hund zu sein und trinke Bier, bis er ohnmächtig in den Schnee plumpse. Dafür sei das Dackelmädchen Mickel eine dumme Gans und sehr eingebildet. Um sie nicht zu kränken, solle man sie am besten als charmante und zugleich erbarmungslose Käferjägerin bewundern und sie zudem wegen ihres äußerst empfindlichen Gewissens bedauern. Chickie sei ein ganz gewöhnlicher dummer Köter, der immer zu viel verlange und so gar nicht in die moderne Welt passe. Ihn sprach man am besten in Shakespeareschem alten Englisch an.

Wir alle fanden die Dackel hoffnungslos verwöhnt; jeder hatte seinen eigenen großen Stuhl bei allen Mahlzeiten und wurde von Zeit zu Zeit mit einzelnen Erbsen gefüttert. Antonie meinte, sonst seien sie zu sehr deprimiert. »Du würdest bestimmt gerne mit einem von diesen deinen Platz tauschen, nicht wahr?«, fragte Antonie mich. »Stimmt's? Aber dann mußt du geduldig sein und Dich auf eine lange Warteliste einschreiben!«

An einem Samstagnachmittag im Frühling besuchte ich Antonie mit einem Mädchen namens Laura. Sie studierte Englisch am Queens College, hatte einige Literaturpreise gewonnen und sogar einige Gedichte veröffentlicht – eines davon war mir gewidmet. Die Dackel hörten das Geräusch der Reifen auf dem Schotter und kamen bellend aus dem Unterholz gejagt. Antonie kam mit einer Harke in der Hand um das Haus herum und sagte, sie habe gerade Laub verbrannt, das erste Mal seit Oktober. Laura und ich sollten ins Haus gehen und es uns bequem machen, sie komme bald nach. Muttchen nahm gerade einen Mittagsschlaf.

So saßen wir auf der Couch vor dem großen holländischen Seegemälde über dem Kamin und taten bald, was frischverliebte junge Leute auf einer Couch so miteinander zu tun pflegen. Antonie kam schneller als erwartet ins Haus. »Störe ich Euch bei irgendetwas?«, fragte sie. »Vielleicht sollte ich angeklopft haben, bevor ich in diese großartige Konversation hineinplatze.«

»Die Leute beurteilen dich nach den Büchern, die du hast«, sagte Antonie später im Gespräch zu Laura. »Schau dir die Bücher an, viele sind signiert. Mehr als die Hälfte von ihnen. *Iphigenie*, *Der Vater*, *Egmont* – alles Stücke, die ich vor Jahren gespielt habe. Ich kann die Bücher nicht weggeben. Aber das hier über Skifahren, das kannst du haben, Paul.« Sie erinnerte sich dann an ihre Zeiten als Schauspielerin, an Restaurantbesuche mit Kafka, Werfel, Paul Wegener und Max Reinhardt. Ihr Vater hatte ihr gesagt, der Krieg 1914 bis 1918 werde nur der erste von drei Kriegen sein, und auch deshalb war sie nach Amerika gekommen, in das einzige Land, in dem Demokratie, Verfassungsrechte und freies Unternehmertum noch etwas bedeuteten. Man müsse einen Standpunkt haben und diesen auch vertreten. Um Berühmtheit gehe es dabei nicht. Wenn man die wolle, könne man im Handstand auf dem Fahrrad die Fifth Avenue hinunterrollen.

Die Türglocke läutete, Dr. Ernst Müller, ein ehemaliger Berliner Nachbar, kam herein und brachte die Post vom Briefkasten am Ende der Straße. Ich fand, er sehe wie eine rosa Eidechse mit Ziegenpeter aus, und stellte ihm Laura vor. »Junge Dame, ich muß Ihren Nachnamen wissen«, sagte Dr. Müller, denn er konnte aus ihrem Anblick nicht erkennen, ob Laura Jüdin war. Die Hunde bellten ihn an. Nach dem Abendessen zogen wir unsere Mäntel an, um uns zu verabschieden. Laura sagte, sie habe einen Dackel, der aus Muscheln gemacht sei, und werde ihn nächstes Mal mitbringen. »Das ist sehr lieb«, sagte Antonie. »Sehr elegant. Moki wird eifersüchtig werden.« Sie gab Laura einen Kuss und sagte: »Man fühlt sich manchmal einsam am Wochenende in New York. Ruf mich einfach am Freitagnachmittag im Büro an und komm nach Hemlock Hague mit mir. Du kannst machen, was immer Du verdammt willst.«

## Übertritt zum Katholizismus

Vor dem Frühjahr 1949, als bei ihr schwere Unterleibsschmerzen einsetzten, hatte Antonie sich kaum für Religion interessiert. In Gesprächen mit Freunden und Verwandten hatte sie niemals philosophische Themen angeschnitten, und sie ging nie zur Kirche. Ein großer Artikel über sie, den der Journalist Charles Renshaw jr. unter dem Titel »Lady with Wings« (»Die Dame mit Flügeln«) in der *American Weekly* vom 24. April 1949 veröffentlicht hatte, erwähnt keinerlei religiöses Interesse.

Am Karfreitag 1949 hatte sie allerdings eine plötzliche Eingebung, als sie im Taxi an der New Yorker St. Patrick's Cathedral auf der Fifth Avenue vorbeifuhr. Antonie sah die zahllosen auf Einlass wartenden Gläubigen, die sich in einer langen Schlange zu viert und fünft nebeneinander fast um den ganzen Block herum aufgestellt hatten. Aus Lautsprechern ertönten Gebete, religiöse Lieder und die Stimme von Monsignore Fulton J. Sheen.

Antonie stieg aus dem Taxi und reihte sich in die Schlange ein. Zwei Jahre später erinnerte sie sich während einer kirchlichen Veranstaltung in Philadelphia an diesen Moment:

»Ich war zunächst etwas verlegen, als ich mich in die Schlange stellte. Das Gebet und die Kirchenlieder erschienen mir seltsam weit weg – ich stand ja außerhalb der Kirche, mit Körper und Seele. Ich habe da nicht ›hingehört‹ – aber irgendetwas zwang mich zu bleiben und zu warten, bis ich in die Kirche hineingehen konnte – in den Glauben hinein. Ich habe nicht gewußt, daß es die Stimme der göttlichen Barmherzigkeit war, die mich zwang zu bleiben – ich habe einfach gehorcht und bin geblieben – und Schritt um Schritt bewegte ich mich für zwei Stunden langsam voran, auf die Stufen zu, die mich an das Fuß des Kreuzes führen würden … Aus dem Inneren von St. Patrick's hörte ich die Worte des letzten Gebetes: ›Ich lege meine Seele in Deine Hände, oh Herr.‹ – Das Gebet war beendet. Und tief in meinem Herzen sagte ich ›Amen‹, als ich langsam dem Strom der Gläubigen entgegenlief, die den Dom verließen, und ging die Stufen zur Kirche hinauf. Bereit mit meinem Körper und mit meiner Seele. Drei Monate später wurde ich getauft.«

Antonie war zwar 1901 durch Pastor Scholz in Berlin evangelisch getauft worden, 1949 jedoch war sie der Meinung, es nochmals tun zu wollen. Der Priester, der ihren Übertritt zum Katholizismus begleitete, war Pater John M. Oesterreicher, ein 45-jähriger Immigrant. Oesterreicher war 1904 als Kind jüdischer Eltern in Wien zur Welt gekommen und hatte Medizin studiert. Nach dem Studium des Neuen Testaments schrieb er sich allerdings in ein Priesterseminar ein und wurde 1927 zum Priester geweiht. Nach dem Anschluss Österreichs ging er nach Paris, wo er sich in Rundfunkansprachen und Artikeln gegen Hitler wandte. Nach der Besetzung Frankreichs floh Oesterreicher nach Portugal und später nach New York. Seine Eltern fielen dem Holocaust zum Opfer.

Ein Bekannter, der im Exil lebende Prinz Otto von Habsburg, brachte Pater Oesterreicher zur Kanzlei des Erzbistums New York. »Hier war ich, ein einfacher Priester, der kein Englisch sprach und von einer kaiserlichen Hoheit begleitet wurde«, erinnerte sich Oesterreicher später. Er erhielt einen Pfarrbezirk auf der Westseite von Manhattan, und dort traf er Antonie. Es war im Pfarrhaus von Old St. Peter, 16 Barclay Street, New York City.

Pater Oesterreicher hatte sich darauf spezialisiert, Menschen jüdischer Herkunft – wie er selbst einer war – zum katholischen Glauben zu führen. Er schrieb eine Abhandlung, *Das Apostolat der Juden*, über seine Missionierungen. Im Lauf der fünfziger Jahre wurde der Bekehrte selbst noch einmal bekehrt, und er wies die »Juden-für-Jesus«-Bewegung zurück, weil »deren evangelische Pietät nicht meine ist. Ein richtiger Dialog ist nur möglich zwischen echten Christen und echten Juden, und nicht zwischen solchen, die ihren eigenen Glauben eher selbstmörderisch betrachten.«[6]

## Letzte Blumen

Am 9. Januar 1952 rief mich mein Vater Erwin in meinem Washingtoner Büro an und berichtete mit zitternder Stimme, Antonie sei am Vortag an Darmkrebs gestorben. Er sei sich nicht sicher, ob ich nach New York und Hemlock Hague kommen solle oder nicht, aber vielleicht würde Muttchen es erwarten. Sie hatte jetzt drei ihrer vier Kinder verloren, nur Erwin war noch am Leben. Ich machte mich sofort auf den Weg und fuhr den mir so vertrauten New Jersey Turnpike hinauf.

Zwei Tage später war die Johannes der Täufer-Kirche an der West 31st Street überfüllt. Antonie war vermutlich für jeden der hier Versammelten die herausragendste Persönlichkeit, deren Aufmerksamkeit er je genossen hatte. Vier Männer trugen Antonies Sarg herein, obenauf lagen welke Rosen. Mein Vater und ich folgten langsam dem Sarg, Muttchen hatte in Hemlock Hague bleiben müssen. Wir setzten uns in die erste Reihe. Wir hatten Schwierigkeiten, dem komplizierten Gottesdienst zu folgen, und wussten nicht, wann wir stehen, sitzen oder knien sollten. Nachrufe auf Antonie wurden vorgetragen, wie gut sie New York verstanden, es für sich erobert habe und wie sehr sie mit ihm eins geworden sei.

Schließlich wurde uns aufgetragen, uns »von ihrer sterblichen Hülle zu verabschieden«, von all dem, was noch übrig war, dem eingefallenen Mund, den bleichen toten Händen, die einen Rosenkranz hielten. Ich erinnerte mich an die zurückliegenden Wochen und Monate voller Todeskampf, all die Schläuche, Injektionen und die beiden Operationen. Das Leben war das wirkliche Mysterium, dachte ich, nicht der Tod. Wenn man sich vorstellte, dass sie jetzt aufspringen und sagen würde: »Was ist dies hier für ein Quatsch? Hat doch keinen Sinn!«

Später fuhren wir in meinem Chevrolet die 10th Avenue und die Amsterdam Avenue hinauf, endlos weit nach Norden, durch die Bronx, die White Plains, immer dem Leichenwagen nach. Viele andere Autos folgten uns, Wimpel an ihren Kotflügeln. Der Regen ging allmählich in Schnee über. Das meiste, worüber wir sprachen, kam mir unangemessen und bedeutungslos vor. Schließlich kam die ganze Prozession am Gate of Heaven-Friedhof in der Gemeinde – wer würde mir das glauben? – Valhalla, New York, zum Stehen.

Am Eingang des Friedhofs mussten wir warten, bis die Blumen am Grab ordentlich arrangiert waren. Mein Vater ging dann als erster hinein, gemeinsam mit Gene McDonald. Ich folgte ihnen durch den Schlamm, mit der Masse der anderen Trauergäste. Der Wind hatte zugenommen, es schneite heftig, Schnee lag auf unseren Schultern, glitzerte in den Bärten der Priester und auf den Blumen. Pater John Oesterreicher vollzog die Beerdigung, unter einem Regenschirm stehend murmelte er etwas über Antonies unsterbliche Seele. Zwei oder drei der Trauergäste weinten.

In Hemlock Hague fanden wir Muttchen in Tränen aufgelöst. Meine Mutter, Vater Brady und Vater Didacus waren schon den ganzen Tag bei ihr. Das Haus hatte sein vertrautes süßes, muffiges Aroma, und ich fragte mich, ob es bleiben würde, nachdem alle Möbel, Bücher und Sachen verkauft und verschickt sein würden. Wer würde Chickie, Mickel, und Pinkernose bekommen? Die Hunde schienen traurig und bellten nicht. Ungefähr zehn Leute waren da, eine Gruppe, die Antonie leicht als Mittelpunkt bezaubert hätte. Nun war es McDonald, der es mit heiteren, etwas herablassenden Anekdoten versuchte. Das große holländische Schiffsgemälde über dem Kamin würde bald seines sein. Jemand brachte Antonies zwei Koffer herein und sagte, dass es draußen heftig schneite. Wer noch abfahren wollte, würde viel schaufeln müssen.

## Nachrufe

Antonies Nachruf in der *New York Herald Tribune* vom 10. Januar war gekrönt von ihrem Foto und der Schlagzeile »Antonie Strassmann im Alter von 50 Jahren verstorben: Eine der ersten deutschen Fliegerinnen«. Kurt Pinthus schrieb einen Nachruf für die deutschsprachige New Yorker Zeitung *Der Aufbau*, der am 18. Januar veröffentlicht wurde. In ihm stand: »Antonie Strassmann liebte merk-würdige Menschen und kannte deren unzählige, ob Dichter, Schauspieler, Erfinder oder Mitglieder der ehemaligen kaiserlichen Familie, ob Großindustrielle, kleine Leute oder Staatsbeamte; und sie alle bewunderten diese merkwürdige, schöne Frau, die jederzeit von Leben und Intelligenz, von Unternehmungslust und Energie glühte und sprühte.« Eleanor Roosevelt erinnerte sich in ihrer Kolumne »My Day« vom 21. Januar 1952, die in vielen amerikanischen Zeitungen erschien, an Antonie als »eine glühende Verehrerin meines Mannes und seiner Politik. Ich empfand sie als eine sehr liebenswürdige, anregende Persönlichkeit und war immer erfreut, wenn wir aufeinander trafen. Sie wurde nur fünfzig Jahre alt, und das ist viel zu jung, um schon sterben zu müssen …« Am 15. Januar 1952 hatte Eleanor Roosevelt aus Paris an Hedwig geschrieben: »Gerade habe ich durch eine New Yorker Zeitung vom Tod Ihrer Tochter erfahren und möchte Ihnen gleich mein Mitleid ausdrücken. Ich habe Ihre Tochter immer sehr bewundert, sie war eine bemerkenswerte Persönlichkeit. Ich bin zutiefst betroffen, dass sie so jung sterben musste.«

Das alles geschah vor Jahrzehnten. An einem Juninachmittag vor einigen Jahren fuhr ich nach Hemlock Hague. Ich erwartete, dass es gänzlich anders aussehen würde: größer, renoviert, die Fassade auf deprimierende Weise getüncht und mit einem nichtssagenden Garten umgeben. Doch unglaublicherweise sahen Haus und Wald aus wie eh und je, braun und grün, der zerzauste Rhododendron blühte. Eine kleine moderne Metallskulptur hatte die Heiligenfiguren, die Antonie in ihrem letzten Lebensjahr aufgestellt hatte, ersetzt – ansonsten sah alles noch genauso aus wie früher. Niemand war da – man hörte nur den Wind in den Bäumen. Falls Antonie plötzlich mit einer Harke in der Hand um die Hausecke kommen, mich begrüßen und den Hunden das Bellen verbieten würde, weil Muttchen einen Mittagsschlaf halte – ich hätte mich nicht gewundert. Jedes Mal, wenn ich im Theater die Hippolyta aus dem *Sommernachtstraum* sehe oder drei schwarze Dackel beim Herumtollen beobachte oder wenn ich in einem kleinen Propellerflugzeug durch die Wolken tanze – dann fühle ich mich, als ob ich nicht alleine wäre, als ob noch jemand um mich wäre – Antonie.

*12. Kapitel*

# Alte Bäume, umgepflanzt: Paul und Hedwig in Dahlem

Die letzten gemeinsamen Monate in Berlin hatten für Paul und Hedwig im November 1936 mit der schmerzlichen Erschütterung des Umzugs in den Faradayweg 14 in Dahlem begonnen. 20 Monate später, im Juli 1938, bestiegen beide einen Zug, der sie zu einem Urlaub in die Schweiz bringen sollte – am selben Tag ordnete Hitler an, dass jüdische Ärzte innerhalb von zwei Monaten die Behandlung »arischer« Patienten einzustellen hätten. Wissenschaftliche Arbeiten von Juden durften von nun an weder veröffentlicht noch zitiert werden. Somit war Paul wie viele andere von den drei Elementen seines Lebens ausgeschlossen, die ihm das meiste bedeutet hatten: seiner Familie, seinem Vaterland und seinem Beruf. Als Gelobtes Land war Berlin ein Fehlschlag und ein Misserfolg. Am 15. August starb Paul in Gstaad, Schweiz, an einem Riss in der Bauchspeicheldrüse, an Pankreatitis. Hedwig kehrte noch einmal kurz nach Berlin zurück, um Pauls sterbliche Überreste in Wannsee beisetzen zu lassen. Dann verbrachte sie ein Jahr bei ihrer Tochter Gisela Gutzwiller und deren Familie in Freiburg in der Schweiz. Als der Zweite Weltkrieg bedrohlich näher rückte, reiste sie in die Vereinigten Staaten, um für 13 Jahre mit Antonie in New York zu leben und danach für acht Jahre in Texas.

## Einzug

Nach der Taxifahrt mit den drei Gemälden, mit Moki und dem Kanarienvogel gab es Kabeljau als erstes Mittagessen in Dahlem. Dann kamen einige der Möbellaster an, und drei Arbeiter verbrachten neun Stunden damit, die Möbel in das Haus zu tragen, sie aufzustellen und herumzuschieben. Als das Harmonium aufgestellt war, spielte Paul eine melancholische Melodie über Abschied und Sehnsucht. Seltsamerweise schlief er gut in jener Nacht, vielleicht wegen seiner Erschöpfung oder wegen der unirdischen Stille in Dahlem – kein Autohupen, keine Straßenbahnen, die beim Einbiegen in die Luisenstraße kreischten, keine grölenden Betrunkenen. Der nächste Tag begann seltsam – es gab keine Patientinnen, die auf Paul warteten, und er musste sich mühsam erinnern, dass es ja keine mehr für ihn geben würde. Sollte er einen Wasseranschluss in den Raum neben seinem Arbeitszimmer legen lassen – oder würde er dort nie Patientinnen behandeln? Seinem Tagebuch vertraute Paul an: »Wir alten Bäume sollten nicht verpflanzt werden.« Der Wasseranschluss wurde später installiert.

Der zweite Tag, den die Strassmanns im Faradayweg 14 verlebten, war ein Sonntag, und Paul verbrachte viele Stunden mit seiner Briefmarkensammlung, »einem geliebten klebrigen Mikrokosmos«. Paul sammelte vor allem die Briefmarken der deutschen Länder vor Bismarcks Reichseinigung. Die Türglocke schellte: »Blumen von Herrn und Frau Dr. Zimmer!« Wie erstaunlich! »Nun auf einmal!«, schrieb Paul in sein Tagebuch. Abends betrachtete er durch sein Teleskop die Sterne, sie waren hier so viel besser zu sehen als in der rauchverhangenen Innenstadt.

Am Montag meldeten sich telefonisch drei Frauen als Patientinnen für den Nachmittag an – vielleicht war ja doch noch nicht alles vorüber. Eine befürchtete, dass sie Krebs habe, die nächste, dass sie unfruchtbar sei, die dritte sorgte sich, schwanger zu sein. Paul sah sich selbst als einen alten Goldgräber, der immer weiter buddelte und sich nicht bewusst war, dass er sich sein eigenes Grab schaufelte. Eine schlichte Messingtafel mit seinem Namen und den Sprechstunden wurde an das Gartentor genagelt, doch später sorgte sich Paul, dass dies als Provokation aufgefasst werden könnte, und ließ sie entfernen.

## Routine setzt wieder ein

Mitte Januar war das Leben in Dahlem zur Normalität geworden. Um acht Uhr morgens wurden Paul und Hedwig geweckt – von Hellmuths altem Wecker und von Moki, der an der Tür zum Schlafzimmer bellte. Um 8.20 Uhr gab es Frühsport nach den Anweisungen eines Radiosprechers, und um neun Uhr servierte Wally, die Köchin, das Frühstück. Danach wurden mit den Krümeln vom Frühstück die Amseln auf der Terrasse gefüttert. Den Rest des Morgens nahm Papierkram in Anspruch – Steuern, Bankgeschäfte, Korrespondenz. »Wie die Stunden sich dahinziehen. Ich könnte niemals ein Bürokrat sein. Anstatt von Zangengeburt und Skalpell nun also Tinte und Konten.« Ein- bis zweimal in der Woche kehrte Paul in die Keller der Schumannstraße zurück und stöberte dort in alten Patientenakten. Im Keller des Faradaywegs las er sich durch die Familienpapiere: »Hier ist die klare Schrift von Vater, der mein Studium so sorgfältig überwachte; da die zarten Linien Mutters, die die Gourmetpakete nach Heidelberg begleiteten, meine selig glücklichen Studentenjahre … unsere Verlobung in Gießen, die Reisen … das erste Gekritzel unserer Kleinen … die

Klinik, der Weltkrieg … viel war erreicht, oft vergebens! Des Lebens Stürme zerren Familien auseinander …«

In einem Brief vom 16. Januar 1937 schrieb Paul von einem seiner Besuche in der Klinik:

»Als ich gestern Abend durch die Karlstraße [eine Querstraße der Luisenstraße] schritt, war mir jeder Stein, jeder Buchstabe vertraut und hier glauben wir uns wie auf vorübergehendem Urlaub. Vielleicht ist das ganze Erdenleben nichts als ein Urlaub, aber wahrscheinlich die einzige Zeit des Bewußtseins, denn die Masse mit der innewohnenden Seele wird ja vom Schöpfer neu gebraucht, geformt und verwandelt.«

Eines Tages jedoch sah er etwas, das ihm seltsam unpassend erschien: Über dem Eingang zur Schumannstraße 18 wehte eine Hakenkreuzfahne. In dieser Nacht hatte er einen Albtraum, in dem er zurück in die Klinik gekommen war und Fremde mit Steinen nach ihm geworfen hatten.

Erst im April wurde die schneeweiße Marmorstatue der »Gefesselten«, die bislang im Innenhof der Klinik gestanden hatte, nach Dahlem verbracht und dort neben dem Haus aufgestellt. Herr Bauer, der Gärtner, hatte sie zu reinigen. Für ihn war das kein Problem: »Koof mer Persil – waschse ab – zwo Eimer ha'k jebraucht.« Jetzt strahlte das Standbild wieder in seiner alten Schönheit und verlieh den Frühlingsnächten, die oft noch durch den Gesang einer Nachtigall verzaubert wurden, einen stillen Charme.

Der Thielpark schlängelte sich durch die Gegend am Faradayweg als der »Schwarze Grund« und war oft übervölkert mit lachenden, herumtollenden Kindern, die im Winter Schlitten fuhren und Schneebälle warfen. Gleich im ersten Winter versuchten sich Paul und Hedwig auf ihren alten Skiern, langen hölzernen Exemplaren mit Lederriemen. Zwei Wochenmärkte verkauften Kuchen und Würstchen, einer in Alt-Dahlem und der andere in Lichterfelde. Drei Verkäuferinnen auf diesen Märkten stellten sich als ehemalige Patientinnen der Schumannstraße vor.

Meine Erinnerung an den Faradayweg 14 ist lebhaft, aber sicher unvollständig. Das Haus hatte auf zwei Hauptetagen wohl etwa sieben helle Zimmer mit riesigen Fenstern. Und dann gab es noch zwei kleine, dunkle Zimmer für Wally, die Köchin, und für die alte Minna Mohnke, die schon für Strassmanns am Alexander-Ufer gearbeitet hatte, als Antonie noch laufen lernte. Im Keller wohnte Bauer, der Gärtner, mit seiner Familie. Überall lagen Teppiche, nicht nur auf den Fußböden, sondern auch auf dem Klavier, auf den Sofas, auf Tischen, an den Wänden, selbst über dem Treppengeländer. Gegenüber von Großvaters unordentlichem Schreibtisch hing ein Gobelin. Weiter gab es viele exotische Pflanzen, bronzene Schüsseln, allerhand Uhren, Büsten und Figuren von Familienmitgliedern und Heiligen auf Säulen. Nur Antonies Zimmer war schlicht gehalten: weißes Porzellan, zwei Fotografien des Flugschiffes Do-X und ein kleines Aquarell von Signac, die Pont des Arts in Paris. War ihr anderer Kram mit ihr ausgewandert?

Jede Nacht spielte das Blaupunkt-Radio, das Geschenk meiner Eltern, im Wohnzimmer Konzerte. In seinem Tagebuch schrieb Paul, dass Beethovens himmlisches Septett op. 20 einen in eine bessere Welt entführen könne, dass Schuberts Forellenquintett von Schönheit nur so überfließe und dass Schuberts Streichquintett mit zwei Celli eine solche heilende, tröstende Kraft besitze, dass alle traurigen Gedanken verfliegen. Wenn eine hübsche Dame zu Gast war und das Radio eine Mazurka spielte, forderte Paul sie zum Tanz auf und wirbelte mit ihr durch das Zimmer. Paul war von seiner Stimmlage her ein Tenor und nahm bei einer gewissen Frau Schmidt in der Holsteinischen Straße genügend Gesangsstunden, um es im Juni 1938 zu wagen, ein kleines Konzert mit Werken von Schubert und Beethoven zu geben. Besonders gern sang er die Lieder des inzwischen verfemten Mendelssohn, von dem er im Februar 1983 sagte: »Er ist ein herrlicher Lieder-Komponist. Die deutsche Musik kann man sich ohne ihn nicht vorstellen.«

## Zwei traurige Tage

Der Februar 1937 brachte zwei traurige Ereignisse. Das erste war der Verlust von Gemälden, das zweite der Tod einer geschätzten und geliebten Verwandten. Zunächst wurden am Freitag, dem 12. Februar, 86 gute Gemälde aus Pauls Besitz in einer Auktion bei Lepkes in der Bülowstraße verkauft. Diese Bilder waren den Strassmanns ein Quell beständiger Freude gewesen, und Paul befand sie einfach zu schade, um auf dem Dachboden zu verstauben. Nicht verkauft wurden einige Dutzend der besten Gemälde, die jetzt das Dahlemer Haus schmückten, alle minderwertigen Bilder, ungerahmte Arbeiten und Porträts von Familienangehörigen.

Jemand hatte ihn gefragt: »Wollen Sie wirklich verkaufen? Was können Sie denn mit dem Geld schon anfangen? Ist denn nicht jede Investition nur ein Risiko, egal was Sie machen?«

Während der Auktion saßen Paul und Hedwig in der ersten Reihe und sahen zu, wie Bild für Bild auf der Bühne präsentiert wurde, getaucht in das grelle Licht der Scheinwerfer. Der Auktionator war ein Freund Pauls aus seinem Sportclub, und neben ihm stand der Kunstexperte Heinrich Unus, den Paul schon seit Jahren kannte und dem er vertraute. Zwei Damen waren anwesend, um Steuern und Gebühren entgegenzunehmen und das Dekorum zu wahren. Die meisten Gemälde wurden zu einem Viertel oder der Hälfte des Betrags verkauft, den Paul einst gezahlt hatte. So wurde der große Brueghel, für den

Paul 7.000 Mark bezahlt hatte, für 2.650 Mark versteigert. Doch wenigstens brachte ein Hendrik van Baden, der Paul einst 200 Mark gekostet hatte, mehr als 3.000 Mark ein. Kunsthändler, Museen und einige private Kunstsammler aus ganz Deutschland nahmen an der Versteigerung teil. Nur zehn Gemälde wurden nicht verkauft, und drei weitere – einen Ostade, einen Bril und einen Corot – kaufte Paul selbst zurück, aufgebracht über die empörend niedrigen Preise, die diese Bilder erbringen sollten. Unus schob ihm einen Notizzettel zu: »Nicht zu hoch bieten für solch minderwertige Bilder.« Wie bezeichnend war es doch, dass gerade ein Gemälde mit dem Titel »Moses sieht das Gelobte Land« nicht verkauft werden konnte. Ausgerechnet dieses Gemälde würde zwei Jahre später dazu dienen, um Nazibeamte zu bestechen, damit diese die Ausfuhr weiteren Familienbesitzes gestatteten. In seinem Tagebuch notierte Paul am 12. Februar 1937:

»So ging auch dies gefürchtete Ereignis vorüber. ... Der alte Fahrstuhldiener gratulierte mir, es wäre sonst in letzter Zeit nicht so gut gegangen. Nun ziehen sie hinaus, die uns soviel Freude und Entspannung gebracht haben! Was will es bedeuten, wenn die eigenen Kinder in die Fremde müssen!! So gehet dahin und findet eine neue Heimat, ihr Bilder, ihr, die Ihr mir erlaubtet, Tag und Nacht im Angesicht von Schmerz und Leiden zu leben und zu arbeiten! Zumindest bleiben ja einige Schönheiten bei uns. Kein Herzklopfen, keine Erregung! Es war die erste Bilderauktion, die ich mitmachte. Tatsächlich! Ich habe mich immer eines Beauftragten bedient. Auch dies ein Erlebnis, freiwillig, kein Zwang.«

Bis auf ein paar Skizzen, Kupferstiche und Holzschnitte, von denen die meisten ungerahmt waren, besaß Paul Strassmann wenig postimpressionistische Kunst, und das was er hatte, war nicht Bestandteil der Auktion gewesen. In seinem Tagebuch steht: »Trotz all meiner Begeisterung für die Malerei kann ich diesen modernen Sachen nichts abgewinnen. Ohne Frage, dies ist ein Verfall.« Trotzdem war er bedrückt, dass einige seiner früheren Freunde und die Ehemänner ehemaliger Patientinnen, darunter Ernst Barlach, Lovis Corinth und andere, ab 19. Juli 1937 in der Münchener Ausstellung zur »Entarteten Kunst« als deren Vertreter präsentiert wurden. Paul war traurig, dass Otto Dix, Emil Nolde und Karl Schmidt-Rottluff ebenfalls zu den »entarteten« Künstlern gezählt wurden. Sieben Gemälde von Corinth waren beschlagnahmt worden und wurden in der Ausstellung gezeigt – kaum ein Künstler war mit so vielen Werken vertreten. Paul bezweifelte, dass die Kunst in die neue, von der Politik vorgegebene Richtung marschieren würde. In sein Tagebuch schrieb er am 25. Juli 1937:

»Die Zeitungen schreiben über die beiden Kunstausstellungen. Wir sprechen viel darüber. Corinth bleibt ein Großer! Hätte man sein Andenken nicht lieber schonen sollen? 1919 fand ich den Zusammenbruch am entscheidendsten, der übrigens dem Krieg vorausging. In freier Ausübung wird die Kunst sich am meisten festigen, die Auswahl (nach ihren Zwecken) zu treffen, in denen obenan der Wunsch steht, das

Erhabenste und Volkstümliche zu finden. Die Geschichte beweist, daß große Mißgriffe vorkommen (siehe Rembrandts Nachtwache).«

Innerhalb von vier Monaten sahen die Münchener »Entartete Kunst«-Ausstellung mehr als zwei Millionen Besucher – fünfmal so viele wie die große Ausstellung staatskonformer Nazikunst auf der anderen Seite des Parks, die von Hitler selbst eröffnet worden war. Von den 112 »entarteten« Kunstwerken waren nur sechs von Juden geschaffen worden. Ein Komitee wurde eingesetzt, dass 16.000 Kunstwerke aus den Beständen von Museen, Parks und öffentlichen Gebäuden konfiszieren sollte. Einige dieser Kunstwerke wurden für harte Währung in das Ausland verkauft, die anderen wurden verbrannt.[1]

## Adieu, Henni

Das andere traurige Ereignis im Februar 1937 war der Selbstmord der Künstlerin und Dichterin Henni Lehmann-Strassmann, einer Verwandten von Paul, Tochter von »Onkel Dicker«, von Wolfgang, dem einstigen Vorsteher der Stadtverordneten. Eines ihrer Kinder war bereits verstorben, zwei weitere in die USA ausgewandert. Henni hatte Selbstmord begangen, um einem langsamen schmerzvollen Krebstod zu entgehen. Bei ihrer Beisetzung am 26. Februar 1937 war jeder schwarz gekleidet, nur die Lilien auf dem Sarg waren so weiß wie der frisch gefallene Schnee. Eine Orgel spielte Mozart und Bach. Henni hatte keine kirchliche Beisetzung gewünscht, deshalb sprach Paul ihre Grabrede:

»Für Deine letzte Reise, geliebte Verschiedene, ein Begleitwort und Danke!

Kein Abschied: Dein Bild bleibt bei denen, die Dich liebten, Dich bewunderten, um Dich trauern! … Deine letzten Worte waren: »Stört die Kinder nicht mit meiner Krankheit!«… Ein gütiger Schöpfer legte große Geschenke in Deine Wiege: Stolz auf Deine Familie, warst Du Deiner Pflicht bewußt, ihre Werte zu verbreiten. Du hast schwer für andere gearbeitet, sie gesegnet mit Deiner Poesie und Kunst, Deinem tiefsten Drang. … Wie Du durch das dunkle Tor gehst, Henni Lehmann-Strassmann, beweist Du des Dichters Worte: ›Das Höchste im Leben ist der Ruf. Der Körper verstaubt. Der Name lebt weiter.‹«

Sein Tagebucheintrag vom 18. Februar lautete: »Sie hat sich mit Veronal der letzten Sorgen und Qualen enthoben. Ich hatte ihr vor Jahren das Rezept verweigert, sie hat es sich in Weimar verschafft. Der klügste Kopf aus unserem Hause; eine würdige Strassmann!«

## Besucher und Besuchte

Mehrmals im Monat besuchten Paul und Hedwig Pauls taube Schwester Helene, die von Dresden nach Berlin umgezogen war und nun im Sanatorium Berolinum im Stadtteil Lankwitz lebte. Ihr rechter Arm hatte sich seit dem Selbstmordversuch im Oktober 1936 nicht mehr erholt. Das rechte Handgelenk war steif geblieben, die Finger konnten nur geringfügig bewegt werden. Um ihren Hals lief eine Narbe.

Am 6. Juni 1937 waren »Ernst und Elisabeth Keiner und deren wohlerzogene Tochter, Annemarie, … Gäste zum Kaffee.« Sie waren die Tochter und die Enkeltochter von Fritzens jüngstem Bruder, Walter Strassmann, einem pensionierten Architekten, der einst für die Stadt gearbeitet hatte. Mutter und Tochter sollten Krieg und Holocaust im Untergrund auf dem Lande verleben, während der rassisch unbeanstandete Ernst Keiner als Lateinlehrer in Berlin blieb.

Am 29. Mai 1937 kam eine Gruppe von 25 britischen Gynäkologen nach Berlin, unter Leitung Dr. Henrys, eines Schotten aus Glasgow, und eines Sir Berkeley, den Paul als einen »verkaterten Falstaff« beschrieb. Sie hatten Paul gebeten, sie herumzuführen, und so traf er sie um acht Uhr morgens im Adlon, wo auch ein Bus wartete. Wo auch immer Paul mit seinen Gästen erschien, traf er auf frühere Studenten aus der Strassmann-Klinik, die sich über das Wiedersehen freuten, aber sich wohl auch seiner prekären Situation bewusst waren.

Paul begleitete die Gruppe auf der Bustour in das neue Institut für Vererbungsforschung. Sie wurden vom Reichsärzteführer Dr. Gerhard Wagner und dessen Frau empfangen. Wenn es um die Gesetze ging, die das deutsche Blut vor »Rassenschande« schützen sollten, war niemand so besessen wie Wagner. Vor dem Reichsparteitag 1935 in Nürnberg hatte er Stunden in Hitlers Gesellschaft verbracht und soll diesen beeinflusst haben, dass die Rassengesetze damals schon und nicht erst später eingeführt wurden.[2] 1937 publizierte Wagner noch weitergehende Thesen, wie die, dass die Mischung jüdischen und nichtjüdischen Blutes die Übertragung von »verseuchten Genen bastardisierter« Juden in den »relativ reinen« europäischen Genpool bedeute.[3] Paul gewann den Eindruck, dass selbst »Arier« diesen Nazi mieden.

Am Nachmittag des 4. Dezember 1937, einem Samstag, kam Arnold Strassmann, der ebenfalls Arzt war, zu Besuch. Sein Großvater Chune Strassmann war der Bruder von Pauls Großvater Heiman aus Rawicz gewesen. Arnold wusste nicht, dass sein Sohn Ernst eine Widerstandsbewegung gegen die Nazis organisierte, die Robinsohn-Strassmann-Gruppe, der Kapitel 16 gewidmet ist. Paul und Arnold disputierten unter anderem, ob die Ausbreitung der treibenden Eisberge in diesem Sommer einen strengen Winter voraussagen würde. Paul war der Meinung, dass »solche Vorhersagen sehr unsicher sind, purer Zufall, wenn sie eintreffen sollten«. In sein Tagebuch schrieb er am 4. Dezember 1937:

»Arnold Strassmann sehr frisch, 76 Jahre, von einer Körperlichkeit wie Onkel Ferdinand, ist ein Großvetter von meinem Vater. Endlich weiß ich jetzt, daß wir in einem Urgroßvater zusammentreffen. Unser Name Strassmann jedenfalls selten und daher geschickt gewählt, hat 3 Erklärungen des Ursprungs: 1. (nach Vater): der Urgroßvater, der Fuhren besorgte, nannte sich (angeblich auf der Straße angehalten) Strassmann. 2. (nach Arnolds Konjektur): von ›Straß‹-Edelstein-Imitiation (wie Goldmann, Silbermann). 3. nach dem polnischen ›Strasch‹ (Wächter, Beschützer). Es soll im Baltikum ein Lied über einen Hotman Strassmann bestehen. …

Mehr als vier Stunden lang disputierten wir lebhaft. Die Adventskerzen flackerten, und trotz Meinungsverschiedenheiten spürten wir eine angeborene Familienverwandtschaft.«

Drei Tage später traf Paul auf einen Strassmann, mit dem er nicht verwandt war, den Chemiker Fritz Strassmann, der mit Otto Hahn die Artikel zur Atomspaltung verfasst hatte, für die Hahn später den Nobelpreis gewinnen sollte. Paul notierte: »Nach getaner Arbeit bringe ich ein irrtümlich abgegebenes Manuskript ins Institut für Chemie. … Dr. Fritz Strassmann, ein junger Chemiker aus Allenfeld, arbeitet über Radium. Er hat eine Strassmann'sche Stirn. Verwandtschaft lässt sich nicht feststellen. Sein Bruder ist Amtsgerichtsrat Paul in Berlin. Der Direktor Professor Hahn begrüßt mich. Eine Verwandte hat – als Erwins Patientin – in Schumannstraße 18 gelegen. Seltsames Zusammentreffen.«

Am 18. Dezember 1937 traf Paul die andere Helene Strassmann, die Witwe seines Bruders Ernst, der einst von der Familie nach Chile verbannt worden war. Paul traf sie in Stadtmitte, nahe des Anhalter Bahnhofs, in Begleitung eines Anwalts namens Lignitz. Helene war in finanziellen Schwierigkeiten, und so gab Paul ihr einen Scheck über 320 Mark und sicherte ihr zu, dass er und seine Schwester Helene ihr monatlich eine Rente von 40 Mark zahlen würden. In der S-Bahn, auf dem Weg zu seiner Schwester und dann zurück nach Hause, las Paul in Goethes Werken, und in der Nacht schrieb er in sein Tagebuch: »Goethe wird das Wunder, ja der Gott bleiben. Und für mich ist er Religion.«

## Paul und die Religion

Paul las in diesen Wochen sehr viel über Religion, und am 5. Oktober 1937 fasste er seine Ansichten im Tagebuch zusammen:

»Aber sowohl ›Sündenfall‹ und ›Niederfahren zur Hölle‹ ist nicht für mich vorhanden. Und wenn es nur bildlich gemeint sein soll, dann muss es sich auch weiter entwickeln.

Auch Religion ist entwicklungsfähig. Wenn ›Glauben‹ bedeutet ›etwas für wahr halten‹ – darf man sich über die Bewegung der neuen Zeit nicht wundern. Wenn ›Glauben‹ bedeutet ›einen Halt an Vorstellungen zu gewinnen‹, einen ›Trost im Menschenelend zu erhoffen‹ oder ›die Menschen mit solchen zu erziehen‹, ihnen etwas Hoffnung zu geben – dann mag alles so bleiben. Sonst ist auch hier Gutes durch Besseres zu ersetzen. Nur wird es Jahrhunderte dauern für das Christentum, etwas Stärkeres und Stärkenderes aufzurichten. Es fällt mir schwer, an derartigem Heiligen zu rühren. Aber die Zeit fordert, sich damit zu beschäftigen. Ich unterscheide nur ›Religiöse‹ und ›Nichtreligiöse‹ – Gefühl für die Macht über uns oder Fehlen dieses. Religion ist höchstes Menschenempfinden. Name ist Schall und Rauch. Nur über die Formen haben sich Völker und Geschichte erhoben.«

Die Wahrheit war im Leben nur relativ. Nur die Gesetze der Physik wie Schwerkraft, Energieerhaltung und andere waren unabänderlich wahr. Alles was ansonsten als wahr galt, wurde vom Leben selbst offenbart, sobald es die Menschen dazu zwang, Entscheidungen zu treffen. Im August 1936 beschloss Paul, die Bibel nochmals zu lesen, den Ausgangspunkt aller Ereignisse der letzten zwei Jahrtausende: »Immer muß ich denken, ob ich diese Zeit nicht besser verwerten und mich noch mehr mit den großen Fragen der Zeit beschäftigen solle. Es ist, als ob ich alte Bilder betrachte und draußen ertönen die Fanfaren des Weltgerichtes.«

»Seine Feinde zu lieben«, schrieb er am 4. September, sei ihm unmöglich. »Nein, das kann ich nicht tun, aber ich versuche wirklich, sie zu verstehen.« Es tröstete ihn zu wissen, dass das Leben weitergehen würde, auch wenn er nicht mehr da wäre, getragen von denjenigen, denen er den Weg in das Leben bereitet oder die er dem Tode entrissen hatte. Er grübelte über den Tod nach und fragte sich, ob das Begehren nach Ruhe ebenso natürlich wäre für alte Menschen wie das Begehren nach Getümmel für die jungen. Einige seiner Tagebucheinträge strahlen deshalb eine tiefe Düsternis aus. Am 12. März 1937 äußerte er sich offen über seine Gefühle:

»Wer einst diese Bücher nachblättern sollte, wird wenig Gefallen an der Stimmung haben. Aber ich müsste mich verstellen, schriebe ich, als ob ich großen Lebensmut noch aufbrächte. Mir ist, als liefe ich – Paul Strassmann von ehedem – neben einem fremden Leibe her und ringe mit diesem und will den Dämon nicht Macht über mich gewinnen lassen. Noch bin ich der Stärkere! Und ich habe eine Frau zur Seite, klar und gut, wie der Glockengießer in der Versunkenen Glocke. [Schiller] … Es ist das Gefühl des schwankenden, des gefährdeten, des verfallenden Lebens. Neid habe ich nur auf diejenigen, die schon ausgekämpft haben. Und ob ich es wohl in der Klosterzelle aushielte? Mit völlig freiem ärztlichen Blick beobachte ich mich. Ich will auch noch!! – aber die Last wird drückender.«

Einen Monat später, am 16. April 1937, erfreute ihn die Fülle der Frühlingsblüten im Garten: »Ich sollte die täglichen Eintragungen lieber morgens machen, dann ist etwas mehr Lebensmut angesammelt. … alles drängt in saftigen Farben vor ... Wunder über Wunder. Pantheismus – in jedem Fäserchen das Göttliche – warum soll diese Anschauung geringer sein als ein Bekenntnis zum ›persönlichen Gott‹?«

Er fasste zusammen:

»Das Leben ist mit dem Tode zu Ende. Was es für die Mitwelt gewirkt hat, ist unsterblich. Kein besserer Trost als dies. An ein Leben nach dem Tode zu glauben ist mir unmöglich, ja würde mir der schrecklichste Gedanke sein. ... Mein letzter Wunsch für mich ist: keine langen Schmerzen und keine schweren Erlebnisse für mein Haus und meine Heimat!« (12. September 1937)

## Die Kirche in der Nachbarschaft

Wie immer, wenn die Strassmanns am Sonntagmorgen zur Kirche gingen, verlas Pastor Eberhardt Röhricht auch im November 1937 die Namen von 100 verhafteten Pastoren, darunter auch die von Martin Niemöller und einem Pfarrer Strassmann aus Tiemendorf, der vermutlich kein Verwandter war.

Martin Niemöller (1892–1984) war 1931 einer der drei Pfarrer von Dahlem geworden. Die beiden anderen waren Eberhardt Röhricht und Fritz Müller. Bis März 1933 hatte Niemöller für die Nazipartei votiert, hatte Hitlers Worten geglaubt, die Kirchen hätten in seinem Staat »bei der moralischen und ethischen Erneuerung der deutschen Nation [gegen] die internationalen Atheisten« eine wichtige Rolle zu spielen.[4] Unter dem Einfluss des Schweizer Theologen Karl Barth wurde Niemöller jedoch ein Gegner der Nationalsozialisten, vor allem des »Arierparagraphen«, der konvertierte Juden aus den evangelischen Kirchen fernhielt. Um gegen die Nazipläne für eine intolerante »deutsche Christenheit« ankämpfen zu können, organisierte er den »Pfarrernotbund«. Im Jahr 1934 hatten 7.036 der 18.000 evangelischen Pastoren öffentlich erklärt, ihre Loyalität gehöre nur der Bibel und dem Schutz der Verfolgten, aber nicht dem Arierparagraphen.

Niemöller war überzeugt, dass seine Kirche zukünftig eine der Märtyrer und der Katakomben sein würde, wenn man die umfassende Brutalität des Regimes in Betracht zog. Insgesamt wurden 700 Geistliche verhaftet oder unter tagelangen Hausarrest gestellt. Als Niemöller im August 1936 eine Denkschrift verlas, fügte er hinzu, er wünsche sich nicht, dass eines Tages beim Jüngsten Gericht Gott die Anklage erheben könnte, dass zu der Zeit, als das Evangelium in Deutschland angegriffen wurde, jedermann stillgehalten und ohne Widerstreben seine Kinder einem fremden Geist überlassen habe.[5]

Am Karfreitag 1937 predigte der junge Pastor Franz Hildebrandt in Dahlem ruhig, dass Pontius Pilatus' gewissenloses »Nehmet Ihr ihn hin und kreuzigt ihn« genau die Art zynischer Verdammung sei, die noch heute von Regierungen genutzt werde. Jeder in der Gemeinde verstand, was gemeint war, und Paul schrieb am 26. März 1937 in sein Tagebuch: »Eine gute Predigt kann so hohe Gedanken und Gefühle erwecken, daß man wirklich mit des Lebens Nöten besser fertig wird.«

Zu Ostern, zwei Tage später, war die Kirche überfüllt, und in seiner Predigt forderte Niemöller mutig die Freilassung der verhafteten Pastoren. Am 2. Mai bat Niemöller seine Gemeinde, nicht zu verzweifeln, etwas wunderbar Verwüstendes läge in der Luft. Paul fand die Predigt unnötig harsch, aber niemand protestierte. Vielleicht in der Absicht, seine mutige Aussage etwas abzuschwächen, erklärte Niemöller, dass es vor 2.000 Jahren die Juden gewesen wären, die Jesus an das Kreuz geschlagen hätten. Paul fand dies sehr zugespitzt.

Dieser Vorgang erinnerte Paul an die Bergpredigt. Deshalb las er diese erneut; am 25. Juni 1937 schrieb er:

»Damit begann wirklich ein neues Empfinden der Menschheit, ich verstehe, daß die Hörer erschreckt davonliefen, denn er predigte gewaltig und nicht wie die Schriftgelehrten. Wie liest sich das alles so anders im Strahle unserer Zeit. Wie müssen solche Worte bei ihrem ersten Ertönen gewirkt haben? Noch jetzt geht der Kampf um sie (Verhaftung von 4 Pfarrern, die gegen staatliches Verbot die Namen der aus der Kirche Vertriebenen verlesen haben).«

Zwei Tage später predigte Niemöller über Gamaliel, den jüdischen Lehrer, der Saulus vor dessen Konversion im Recht unterrichtet hatte und die jüdische Toleranz den Christen gegenüber verteidigt hatte. Niemöller sprach über die frühen Märtyrer und die gegenwärtigen Ereignisse in Deutschland. Man müsse Gott und nicht den Menschen gehorchen. Im heutigen Deutschland mit all seiner Verfolgung sei Neutralität unmöglich. Und die Dahlemer Annakirche sei leer, weil Pastor Fritz Müller und 47 weitere Brüder und Schwestern der evangelischen Kirche in Haft säßen.[6]

An diesem Abend schrieb Paul:

»Niemöller ist der letzte … Müller u. a. ist in Haft mitsamt vielen anderen – auch Frauen. … Drei junge Nazibeamte waren heute da, als er predigte: ›Heute muß ich für die Kirche betteln, denn sonst haben wir nichts mehr.‹ Ein Schauer ging durch den Raum. Wie wird dieser Kampf ausgehen?! Draußen der pralle Sonnenschein auf den sorgenvollen Gesichtern. … Ein so erfahrener Mann ist hier dringend und vom Vorteil. Nichts ist gewaltiger als die Idee. Sie war der Anfang von allem (Plato). … Was ist Dynamit, was Gasbomben dagegen.«

Dies sollte bis zum Kriegsende Niemöllers letzte Predigt bleiben. Vier Tage später, am 1. Juli 1937, wurde er verhaftet und in das Gefängnis Moabit überführt; seine sechste Gefängnisstrafe insgesamt. Otto Dibelius ersetzte ihn, bis er selbst verhaftet wurde. Bis zum Kriegsende wurden die Namen aller Verhafteten jeden Sonntag von der Kanzel verkündet.

Niemöller wurde erst im Februar 1938 verurteilt, überraschenderweise nur zu 500 Mark Geldstrafe und zu nicht mehr Gefängnishaft, als er bereits abgesessen hatte. Hitler war empört über dieses milde Urteil und rief noch am selben Nachmittag sein Kabinett zusammen. Er ließ mitteilen: »Das ist mein persönlicher Gefangener, und damit Schluss.« Daraufhin kam Niemöller im Konzentrationslager Sachsenhausen in Einzelhaft. Später wurde er nach Dachau verlegt, wo er bis 1945 verblieb. Bei Kriegsausbruch im September 1939 hatte Niemöller sich bereit erklärt, Deutschland in jeder Funktion zu dienen, sein Angebot war jedoch abgelehnt worden. Nach dem Krieg wurde er endgültig zum Pazifisten. In den sechziger Jahren habe ich ihn in East Lansing, Michigan, sprechen hören. Er behandelte nur die Gegenwart und war überzeugt, dass nach Südvietnam keine anderen »Dominosteine« mehr fallen würden.

Am Sonntag, dem 8. August 1937, drei Tage vor der Abfahrt von mir, meiner Mutter Ilse und meinen beiden Geschwistern nach Bremen und Amerika, besuchten wir die Großeltern in Dahlem und wurden zufällig Zeugen, was an der Kirche gegenüber vor sich ging. Mehrere Tausend Menschen waren per Bahn und Bus aus ganz Berlin und Brandenburg gekommen, um den Gottesdienst zu hören, und fanden die Kirche durch die Gestapo verschlossen vor. Empörung machte sich breit, und schließlich brachen die Kirchgänger – mit Martin Luthers »Ein' feste Burg ist unser Gott« auf den Lippen – zur unweit gelegenen kleineren Annakirche auf. Doch auch diese war verschlossen, und die Polizei verhaftete viele der Demonstranten und brachte sie zum Hauptquartier am Alexanderplatz. Protestaktionen wie diese waren selten im Dritten Reich.

Großvater schrieb in sein Tagebuch: »Gegen 6 Uhr Unruhe: der Gottesdienst (Bittgottesdienst) für Niemöller fällt aus. Schutzleute – Menschenanhäufungen, die zurückgedrängt werden – das Lutherlied u. a. aus den Nebenstraßen vernehmlich. Scheue Gesichter.« Doch kurz darauf sollten seine acht versammelten Enkel wie so oft aus ihren »unschuldigen Kinderkehlen« das ABC singen, bevor wir in der Nacht zu unserer nahegelegenen Pension zurückkehrten. Großvaters Schwestern, Helene Keiler und Frieda Masur, waren an diesem Abend auch zu Besuch. Uns verblieben noch vier Nächte in Deutschland.

## Bibel und Glaube

Bis Januar 1938 hatte Paul die gesamte Bibel noch einmal gelesen, von der Schöpfungsgeschichte bis zu den Offenbarungen, zumeist nachts vor dem Einschlafen, nachdem er seine Tagebucheinträge beendet hatte. Damit hatte er seine Pflicht erfüllt und eigentlich nichts gefunden, was ihm völlig neu gewesen wäre; aber alles jetzt im größeren Zusammenhang erfasst zu haben, eröffnete ihm doch ein wesentlich größeres Verständnis als die Summe der einzelnen biblischen Regeln, Einsichten und Erfahrungen. Am 9. Januar 1938 schrieb er in sein Tagebuch:

»Eine gewaltige Zusammenfassung der Jahrtausende menschlichen Ringens zu göttlicher Erkenntnis im Christentum. Von der Entstehung des Alls – bis zu dem visionären Untergang – ja bis zu dem ungeheuren Schluß, daß dermal die alte Erde durch eine neue ersetzt wird. Man denke, wie man wolle: Und ein Gott ist, ein heiliger Wille lebt, wie auch der menschliche wanke. Hoch über der Zeit und dem Raum webt lebendig der höchste Gedanke. Und in der Bibel hat er die höchste Fassung erhalten. Er ist ›Offenbarung‹.«

Und am 24. März 1938:

»Natürlich ist in letzter Linie alles Atom- oder Elektronen-Physik und Chemie. Aber in höchster Linie wird eben diese zur Lebenskraft. Und bleibt uns ebenso unverständlich in ihren letzten Gründen wie einfache Vorgänge. Ich gerate mehr und mehr unter Goethe's Lebenskunst: alles mit den Sinnen aufzunehmen, was erreichbar ist. … Das darf ich mir nur auf dem Teile des Lebens leisten … zu dem ich höchst befähigt bin – in meinem Beruf …«

## Politik und Nationalität

Warum wurden unschuldige Menschen, so wie er selbst, so bestraft, wie es jetzt geschah? Die Strassmanns waren ja nicht nur unschuldig, sondern hatten über Generationen wesentlich zum Wohlergehen der Allgemeinheit beigetragen. Immer, wenn er am Berliner Roten Rathaus vorbeikam, erinnerte sich Paul, dass 1885 hier das prachtvolle Begräbnis seines Onkels Wolfgang, des Stadtverordnetenvorstehers, begonnen hatte. Damals war Paul 19 Jahre alt gewesen. Ein halbes Jahrhundert später schrieb er in Dahlem:

»Das deutsche Herz ist sicherlich unabhängig von Rasse und Ort. Aber was kann ein anständiges Herz mit einer Politik aussöhnen, der jedes Mittel gerechtfertigt erscheint? Friedrich der Große übertraf Machiavelli, indem er gegen ihn schrieb und doch dessen Grundsätze geschickt nutzte. War es heroisch, dem Humanismus, dem Liberalismus, und der Toleranz die Stirn zu bieten, oder nur autoritär? Selbst mächtige intellektuelle Geister wie Mommsen und Virchow waren tyrannisch in ihren eigenen Sphären.«

Paul war überzeugt, dass der letzte Krieg mit seinen unglücklichen Folgen für Deutschland vielleicht hätte vermieden werden können, hätte nur Kaiser Friedrich, der Schwiegersohn von Königin Victoria, länger gelebt und regiert. Nachdem der Krieg einmal ausgebrochen war, war Ludendorff mit seinem diktatorischen Gebaren schuld am Kriegseintritt der Amerikaner. Nach Ludendorffs Tod schrieb Paul am 20. Dezember 1937 in sein Tagebuch:

»Ludendorff ist gestorben. Ein großer Stratege, aber als Politiker?? Er trägt die Verantwortung 1917 für Kriegsführung gegen Amerika. Damit wurde Deutschland tot operiert – und der Krieg verloren. Seine literarisch-religiöse Schriftstellerei nach dem Kriege bedeutet nur Versuch der Rettung vor dem eigenen Ich. Krankhaft. Mit Konditional ›hätte – würde – wenn‹ darf man sich nicht quälen.«

Im vielfach zerteilten Europa begann jetzt die Wiederaufrüstung überhand zu nehmen. Paul war vor allem besorgt, dass die Aufteilung von Österreich-Ungarn in viele kleine Pseudostaaten ein großer Fehler gewesen war. Ohne den alten Freund Österreich-Ungarn begannen die Feinde Deutschlands sich jetzt an allen Fronten neu zu gruppieren, was in künftigen Auseinandersetzungen eine große Gefährdung Deutschlands mit sich bringen würde. Er hoffte, dass »uns Alten dies erspart bleiben würde«.

Ebenso verstörend war jeder Gedanke an den politischen Ausschluss der Juden aus der Gesellschaft. Auf einer Hochzeitsfeier hatte die Gastgeberin dreist Mendelssohn-Bartholdys Hochzeitsmarsch gespielt, den Paul für unübertrefflich hielt. Dabei war gerade in Leipzig das Standbild Mendelssohns vor dem Gewandhaus entfernt worden. Oberbürgermeister Carl Goerdeler hatte versucht, den Abriss zu verhindern, und war unter Protest zurückgetreten, als ihm dies nicht gelang. Später wurde Goerdeler einer der führenden Köpfe der Verschwörung gegen Hitler, wurde 1944 verhaftet und hingerichtet.

## Die Fahne immer noch hochgehalten

Manchmal wohnte Paul noch Operationen bei und assistierte mit Ratschlägen, wobei er feststellte, dass Chirurgen und Assistenten sich duzten – eine Sitte, die Paul nie toleriert hatte. Er genoss den Ausdruck der Freude in den Augen der Patientinnen, wenn sie erfuhren, dass er während einer Operation anwesend sein würde, selbst wenn er nicht selbst das Skalpell führte. Er hörte die letzten Worte einer Patientin, bevor sie in die Narkose sank: »Wie kann ich Ihnen jemals danken?« Es waren diese Worte, die Paul bewegten, trotz allem weiter zu machen, wie er in seinem Tagebuch am 22. Februar 1938 notierte.

Heilen war eine Sache, Publizieren jedoch eine andere. 1933 hatte er eine nicht funktionstüchtige, schwer geschädigte Gebärmutter durch die Umlegung der Eileiter wiederhergestellt, sodass die Menstruation wieder einsetzte. Medizinhistoriker sind sich einig, dass diese Operationsmethode und ihre Ergebnisse der Beweis für Pauls herausragende Fähigkeiten bei der Wiederherstellung weiblicher Geschlechtsorgane sind.[7] Vier Jahre nach der Operation wurde die Patientin schwanger und brachte am 12. Juni 1937 im Berliner Gertraudenhospital einen 2.500 Gramm schweren Jungen zur Welt, der auf den Namen

»Dieter Paul« getauft wurde. Paul verfasste einen wissenschaftlichen Artikel und vertraute seinem Tagebuch am 16. September an: »Ich habe ein menschliches Ei eingeladen, auf der verpflanzten Tube sich niederzulassen – es folgte – wuchs und wurde zum lebendigen Spross in der vorher zerstörten Mutterschaft. … Noch trage ich die Fahne.«

Pauls Artikel wurde von Walter Stöckel im *Zentralblatt für Gynäkologie* als Leitartikel akzeptiert und am 18. Dezember 1937 veröffentlicht[8], obwohl das Publizieren solcher »jüdischen Wissenschaft« jetzt gesetzlich verboten war. Was hatten die Nazis gegen »jüdische Wissenschaft«? Die *Preußische Zeitung* fasste es so zusammen:

»Wissenschaft bedeutet für einen Juden nicht eine Aufgabe, nicht eine Verpflichtung, nicht einen Bereich für schöpferische Gestaltung. Wissenschaft bedeutet für einen Juden ein Geschäft. Wissenschaft wird aber weiter für den Juden ein Mittel zur Zerstörung der Kultur seiner Wirtsvölker. … Die Aufräumung dieses verjudeten Wissenschaftsbetriebes nimmt ihren Anfang. Sie wird fortgesetzt werden, bis die Wissenschaft wieder auf deutsche Art von deutschen Männern verwaltet wird. Wenn die Juden Wissenschaft treiben wollen, dann sollen sie jüdische Wissenschaft betreiben und können nach Jerusalem ziehen. … Aber sie sollen uns damit verschonen.«[9]

Paul, sich all dessen wohl bewusst, notierte in seinem Tagebuch:

»Das Zentralblatt Nr. 50 bringt meine Arbeit an erster Stelle. Mir ist, als wäre ein Meisterwerk gelungen. Alle Achtung, daß Stöckel auch diesen Druck so gewagt hat. Ich darf jetzt beruhigt Valet sagen. Diese Operation und der Ausblick … wird nicht vergessen sein in der Geschichte der Gynäkologie.«

Im Februar 1938 las Paul in der Zeitung, dass »Nichtarier« nicht länger in das »Verzeichnis deutscher Gynäkologen« aufgenommen wurden. Stöckel hatte diese Ankündigung unterzeichnet. In seinem Tagebuch notierte Paul am 26. Februar 1938 stolz: »Mein Name braucht nicht drin zu sein, er steht in den Geschichtstafeln der Gynäkologie.« Wenige Tage später sandte Stöckel Paul einen Aufsatz von Erwin zurück, den dieser über Elektrokardiogramme von Föten verfasst hatte. Stöckel lobte die Arbeit; allerdings, so sagte er, könne er von nun an Artikel von »Nichtariern« nicht mehr annehmen. Auch Stöckels Mut hatte seine Grenzen. Paul riet Erwin, seinen Aufsatz in der neutralen Schweiz zu publizieren, was Erwin auch tat.

In den dreißiger Jahren war Walter Stöckel (1871–1961) weder Nazi gewesen noch ein ausgesprochener Gegner des Regimes. Er hatte einen jüdischen Wissenschaftler, Robert Meyer, in seiner Klinik beschäftigt, bis dieser 1939 emigrierte. Nicht weniger als 48 Jahre lang war Stöckel der Herausgeber des *Zentralblatts für Gynäkologie.* Durch die Veröffentlichung von Paul Ferdinands letztem Artikel hatte Stöckel gegen das Gesetz verstoßen; vermutlich war dies die letzte Veröffentlichung eines »jüdischen Gynäkologen« im Dritten Reich.

Heft 71 des *Zentralblatts* erschien 1949 und war den in den letzten Jahren verstorbenen Gynäkologen gewidmet. Über Paul Strassmann schrieb Stöckel:

»Er war … ein ausgezeichneter Kliniker und Operateur, dessen schöne Privatklinik in der Schumannstraße sich zu großer Bedeutung entwickelte. Er war ein begeisterter Anhänger der vaginalen Operationstechnik. … Seine wissenschaftliche Originalität und Arbeitsfreudigkeit kamen in einer großen Reihe sehr guter Einzelarbeiten zum Ausdruck, die seinem Namen einen dauernden Platz in der Geschichte unseres Faches sichern. … Seine Vielseitigkeit, sein lebhaftes Interesse für alle künstlerischen Fragen, sowie immer gleichbleibende Liebenswürdigkeit und Hilfsbereitschaft brachten ihm die Sympathie seiner Fachkollegen und die Verehrung seiner großen Klientel, die sein Andenken hoch halten werden.«

## Überraschungen

Anlässlich des ersten Jahrestages der Schließung der Klinik in der Schumannstraße luden zwei frühere Krankenschwestern Paul und Hedwig in das neue Restaurant »Alois« ein, das in deren Wohnhaus nahe dem Wittenbergplatz gelegen war. Der Eigentümer war Alois Hitler, Adolf Hitlers älterer Halbbruder, der in Dublin als Kellner gearbeitet und in Liverpool erfolglos ein Restaurant und eine Pension betrieben hatte. Paul fand das Restaurant »bescheiden, sauber und unauffällig. Belegtes Brot gut für 1.70 Mark. … Der Kellner merkt, daß wir irgendwie bedeutend sind und fragt uns im Gehen: ›Nicht wahr, es ist doch ein gutes Publikum hier?‹ War es Alois selbst?«

Am 14. März 1938 kam Paul in die Schumannstraße 18, um Radiumnadeln zurückzuerhalten, die er den neuen Klinikinhabern zur Verfügung gestellt hatte. Über dem Eingang hing nun ein neues Schild, »Universitätsklinik für Geschwulstkrankheiten«, aber das äskulapartige »PS« war immer noch zu sehen. Paul fragte sich, ob er vielleicht mehr aus dem Verkauf hätte herausschlagen können. Wahrscheinlich nicht. Der weite Eingang sah seltsam leer aus ohne die Büsten von Hellmuth und Gerhart Hauptmann, die sich hier gegenübergestanden hatten. Aber das war zu erwarten gewesen. Doch warum hatten all die Bäume und Büsche aus dem Innenhof entfernt werden müssen? Warum war die gesamte Holztäfelung nun blendendweiß übermalt? Paul wurde zu einem Warteraum geführt, der einst sein privates Arbeitszimmer gewesen war. Über dem Sofa hatte ein großes Gemälde von Pfannschmidt gehangen, das Jesus in eifriger Auseinandersetzung mit einem skeptischen, grimmig vor sich hinstarrenden Nikodemus gezeigt hatte. Stattdessen hing nun ein Porträt von Adolf Hitler an dieser Stelle. Paul erhielt sein Radium zurück, dann wurde er durch die neue Röntgeneinrichtung geführt. Fräulein Drüselen, die technische Fotografin, die schon 14 Jahre lang für die Strassmann-Klinik gearbeitet hatte, war immer noch hier beschäftigt. Paul erkundigte sich, ob das Labor immer noch gut arbeite. Selbst hineinzugehen, brachte er nicht über sich.

Am 1. Mai 1938 las Paul über die vielen Volksfeste, die überall im Land veranstaltet wurden, und schrieb: »An solchen Volksfeiertagen komme ich mir vor wie ein geprügelter Hund, der aber erst recht jetzt seinem Herr nachläuft! Wenn ich nicht einen Goethe zur Hand hätte! Und meine Frau!!« Doch im Allgemeinen maß er seinen im Tagebuch festgehaltenen Gefühlen nur wenig Bedeutung bei, wie er schon wenige Tage später, am 12. Mai, schrieb: »Dies Tagebuch ist wenig wert. Den letzten Gedankengängen, auch vielen Erlebnissen … kann man keinen schriftlichen Ausdruck geben.«

Mit seinen eigenen widersprüchlichen Gefühlen kam Paul jedoch nicht ins Reine:

»Zu den Gründen, die uns beide hier halten und allen Versuchungen auszuwandern entgegenstehen, gehört noch, daß es für uns unerträglich wäre, sei es in der Schweiz oder in den USA, ein Wort gegen Deutschland zu hören. Aus diesem Lande komme ich, für dieses habe ich gelebt. Muß es sein, wollen wir hier auch sterben, aber es hoch in Ehren halten« (15. Mai 1938).

»Die Vergangenheit ist ewig dahin. Die neue Gegenwart ringt sich durch, sie macht Fehler wohl dabei. Sie müssen erkannt und gebessert werden, das Gute aber gesichert und gefördert, nur Optimismus ist fruchtbar. Die seelisch-charakterliche Änderung der Allgemeinheit bedarf dabei der Beachtung. Zumal, wie die auf die Außenwelt wirkt« (18. Mai 1938).

Schon seit März 1937 hatte Paul unter krampfartigen Schmerzen im Unterleib gelitten, die 1938 noch zunahmen. Paul fragte sich, ob es Angina pectoris war. Die Schmerzen konzentrierten sich auf die linke Seite, verursachten ihm jedoch weder Kurzatmigkeit noch Verdauungsprobleme. Manchmal bereitete ihm das Laufen Probleme, und schlafen konnte er nur mit Hilfe von Kodein. Doch untersuchen ließ er sich von niemandem.

## Zum letzten Mal in die Schweiz

Im Juli und August 1938 besuchten Paul und Hedwig in der Schweiz ihre Gutzwiller-Enkel sowie ihre Tochter Gisela und deren Ehemann Max. Wiederum gesellte Antonie sich zu ihnen. Paul hatte beschlossen, sein Tagebuch nicht mit in die Schweiz zu nehmen, und schrieb deshalb einen letzten Eintrag vor der Abreise:

»27.7.1938. Mittwoch. Schwül und heiß.

Hedwig schafft sich ab mit Packen, an dem ich mich beteiligen darf. Kaum, dass wir in den Garten kommen, doch nehmen wir die Mahlzeiten auf der Terrasse. … 1000erlei ist zu ordnen, Dutzende kleine und große Posten zu begleichen. Glück, dass man das mit dem Checkbuch leicht erledigen kann. Von Erwin und Antonie liebe Briefe. … Wie schwer entschließt sich das Alter zu einer Aufgabe des Heims und wird reisescheu. Wir bleiben auch in der Heimat und treu, solange wir atmen.«

Nach einem freudigen Wiedersehen mit den Gutzwillers auf dem Freiburger Bahnhof fuhren alle gemeinsam zum neuen Haus und besichtigten es ausgiebig. Am nächsten Sonntag, dem 2. August, ging die ganze Familie auf eine Busreise nach Gruyères, einem ummauerten Dorf 30 Kilometer südlich von Freiburg, das für seinen pikanten Käse weltberühmt ist.

Eines Nachts wurden die Krämpfe so heftig, dass Paul bewusstlos zu Boden fiel. Der örtliche Arzt wurde zu Hilfe gerufen und ebenso der berühmte Dr. Otto Gsell aus Basel. Ursache war die Bauchspeicheldrüse, und mit Medikamenten und einer speziellen Diät stellte sich eine Besserung ein. Die Ärzte waren sicher, dass das Schlimmste vorüber sei.

Deshalb fuhren Paul Ferdinand und Hedwig mit Antonie von Freiburg in das nahegelegene Gstaad und zogen dort in das Grand Hotel Bellevue. Wie im vergangenen Jahr in Locarno musste Antonie auch in diesem Jahr ihre Eltern verlassen, um an internationalen Patent- und Lizenzverhandlungen für die Luftfahrt in Zürich teilzunehmen. In Briefen an Erwin und Antonie beschrieb Paul, wie die nachfolgenden Tage verliefen.

Am 9. August 1938 schrieb er an Erwin und seine Familie in Houston/Texas:

»Mit dem 30. IX. ist die ärztliche Approbation sämtlicher jüdischer Ärzte erloschen. Sie dürfen auch nicht als Heilpraktiker behandeln. ›Würdige‹, die Frontkämpfer gewesen sein müssen, dürfen ausnahmsweise jüdische Patienten behandeln.

Für mich bedeutet es auch insofern einen Schlag, als ich immerhin 1937 noch Mark 7.000 erworben habe. Die Hälfte ging auf Sekretärin und Spesen. Doch ist dieser Ausfall tragbar.

Ich fürchte mich vor der Rückkehr und all dem Jammer in der jüdischen Kollegenschaft, wo es vielen schlechter geht als uns. Einzelheiten können nicht nach hier mir mitgeteilt werden.

Ihr werdet auch gelesen haben, daß alle [jüdischen] Straßennamen bis zum Mischling 1$^{0}$ (einschl.) verschwinden. Der unsere hatte in Ehren ½ Jahrhundert sich erhalten. All das muß unsere Gedanken selbst hier belasten, so sehr Antonie bemüht ist, unsere Stimmung hochzuhalten.

Wir haben natürlich alle Möglichkeiten, insbesondere Erbschaft, durchgesprochen. Keinen Augenblick ist zwischen Muttchen und mir eine Meinungsunterschiedenheit aufgetaucht. Bezüglich meiner wäre es ein Unrecht, einen absterbenden Greis einem Kinde aufzupacken. Ich leide viel an ›Spasmen‹, die von der Gallennarbe sich aufs Zwerchfell ausbreiten … Da bin ich auf das alte Heim angewiesen. Das ist auch für Muttchen das Bequemste. …

Den Wagen der Geschichte, der über uns hinweggeht, haben wir nicht angekurbelt, vermögen ihn auch nicht zu stoppen – aber wollen versuchen, vorsichtig auf die Schattenseite zu treten.

Nun aber – laßt uns frohere Töne anstimmen. Gstaad ist gerade der rechte Platz ... Mehrere Täler stoßen zusammen. Und dazwischen wandern wir Alten 3 – 4 – 5 Stunden, da ich langsam gehen muß. Muskulär sind wir auf der Höhe, auch Schlaf gut. Abdominal bin ich der Störenfried.

Daß wir noch einmal das schöne freie Land besuchen können und zusammen sind, ist ja eine Gnade des Himmels. Möge 1939 noch zweimal für den Besuch gnädig sein! Wäret Ihr in Rochester noch, würde ich mich dort für Darm und Galle durchdiagnostizieren lassen. Aber ›die besten Krankheiten sind bekanntlich die, die man nie rauskriegt!‹ ... Dazu erfolgt soeben über dem Oldenberg ein Donnerschlag. Ein besseres Omen ... kann ich mir nicht wünschen und besiegle damit den Brief. ...«

Pauls letzter Brief ging am 13. August 1938 an Antonie in Zürich. Er schrieb ihn an einem Regentag, kurz nachdem Antonie die Eltern ein letztes Mal besucht hatte. Im Bademantel auf den Eingangsstufen des Hotels stehend, hatte Paul ihr Lebewohl gewinkt, während sie im Taxi davonfuhr. Hedwig hatte große Mühe, ihn aus dem Regen zurück in das trockene Zimmer zu bekommen. Er schrieb:

»Mein geliebtes Tönchen!
›Ach wer bringet diese Tage uns zurück?‹ Es ist still und öde. Und Dich so nahe zu wissen, Spirakel, die Du doch gewinnst und den letzten Stich machst!

Es regnet und ich halte Diät: Das genügt. – Mit Muttchen spielte ich ein Verzweifelungs-Ping-pong. Auf heute Abend, wo die dann Chansons singen! Nachrichten aus Berlin, Nauheim, und von Hermine, die mit dem Bräutigam [dem früheren Kaiser] sehr zufrieden ist....

Allzulange werden wir den Aufenthalt hier nicht ausdehnen. So alte Leute sollten
1) nicht geboren werden,
2) zu Haus bleiben wenn sie nicht bei ihren Kindern sind. ...
Das Zusammensein mit Dir war ein Göttergeschenk. ...
Dein im 8ten Jahrzehnt fortschleichender, nach außen forscher,
Vater«

Zwei Nächte später starb er. Der letzte Brief an Erwin kam in Texas erst Tage nach dem Telegramm mit der Todesmitteilung an, und ich erinnere mich an meine Mutter, die wegen der Hitze nur mit ihrer Unterwäsche bekleidet war, wie sie mir mit tränenerstickter Stimme vom oberen Ende der Treppe herunterrief: »Päpchen ist gestorben.« Als sein Brief eine Woche später eintraf, war es irgendwie gespenstisch.

## Post Mortem

Gisela sandte Hellmy und Martin zurück nach Appenzell an die Schule, ohne ihnen die Neuigkeit mitzuteilen. Dann fuhr sie mit Max nach Gstaad. Dr. Otto Gsell und ein weiterer Arzt diagnostizierten einen Riss in der Bauchspeicheldrüse als Todesursache, den vielleicht auch Pauls Gallensteine verursacht haben könnten, die bereits 1919 operiert worden waren. Hedwig war überzeugt, dass Paul einem Herzanfall erlegen war. Ein Todesschein wurde ausgestellt und bestätigte eine natürliche Todesursache, dann wurde Paul in einem Krematorium in Bern verbrannt, und Hedwig nahm die Asche in einer Urne mit sich nach Berlin. Paul würde niemals Selbstmord begangen haben, wie einige Leute später behaupteten. Wie seine Briefe belegen, hatte er bereits Reisepläne geschmiedet, um 1939 nach Amerika zu fahren. Vor allem aber hätte er sich niemals in einem Hotel umgebracht und dann seine geliebte Hedwig mit allen Problemen allein gelassen. Hedwig wird in seinem Tagebuch immerzu erwähnt, so zum Beispiel vier Tage vor der Abreise aus Berlin: »Die gute Hedwig, die immer das rechte Wort für mich findet. Sie ist mein Lebenslicht.« Gisela und Max begleiteten Hedwig auf ihrer traurigen Rückreise nach Berlin.

Pauls Urne wurde am 25. August auf dem Friedhof der Andreas-Gemeinde an der Lindenstraße in Wannsee beigesetzt. Zuvor hatte es eine kurze Trauerfeier im Haus in Dahlem, in der Kirche gegenüber und auf dem Friedhof gegeben, wo Pastor Paul Anton die Grabrede gehalten hatte. Hedwig erhielt viele Kondolenzschreiben, aber ich möchte nur eines zitieren, den Brief von Dr. William J. Mayo aus Rochester, Minnesota, vom 30. August 1938:

»Dr. Strassmann war ein wunderbarer Mensch, ein großartiger Chirurg und Lehrer, ein treuer Freund. Dr. Charlie [Charles H. Mayo] und ich werden seine unerschöpfliche Freundschaft, die er uns bei unseren Besuchen in Deutschland erwiesen hat, nicht vergessen. Seine Höflichkeit und die große Wertschätzung, die er in seiner ärztlichen und wissenschaftlichen Arbeit errungen hat, haben auch uns in unserer eigenen Arbeit inspiriert …«

## In die Schweiz, ohne Wiederkehr

Hedwig, Gisela und Max blieben bis zum 10. September in Berlin, bereiteten die Auflösung des Haushalts vor und erfüllten Pauls Testament. Käthe Wens, meine andere Großmutter, war zu dieser Zeit gerade in Deutschland und erbot sich, später nach Berlin zu gehen und die Haushaltsauflösung zu überwachen. Indem sie direkt und zügig in die Schweiz nach Freiburg zurückfuhr, konnte Hedwig vermeiden, dass ein »J« für »Jüdin« in ihren Pass gestempelt wurde, so wie es ein Erlass vom 5. Oktober für alle Juden angeordnet hatte.

In Freiburg erhielt sie ein Schreiben der Berliner Polizei, die sie des illegalen Grenzübertritts bezichtigte. Sie sollte sofort nach Berlin zurückkommen und sich bei der Polizei melden. Ihr Pass sollte eingezogen werden.

Hedwig erwiderte am 7. Oktober 1938:

»Aufgrund Ihrer klar geäußerten Absicht, mir meinen Reisepaß zu entziehen, bevorzuge ich es, nicht nach Berlin zurückzukehren. Meine drei Kinder wohnen alle im Ausland, und da ich eine beinahe siebzig Jahre alte Frau bin, wäre es mir unmöglich, neue Schwierigkeiten ohne ihren Beistand zu meistern.

Ich bitte Sie deshalb um Verständnis für meine Absage des Termins.«

## Vermächtnisse

Hedwig lehnte jede Erbschaft für sich selber ab, um den Transfer des Erbes an ihre zwei Töchter zu begünstigen, die Staatsbürgerinnen der Schweiz beziehungsweise der USA waren. Sobald Erwin US-Bürger geworden war, wurde er zum dritten Erbberechtigten. Im Herbst 1938 musste sich Hedwig einer größeren Operation unterziehen, doch schon im November bewarb sie sich um ein Einreisevisum für die USA, um mit Antonie zusammen leben zu können. Inzwischen waren als Juden klassifizierte Kinder vom Besuch deutscher Schulen ausgeschlossen worden, »nichtarischen« Rechtsanwälten war die Ausübung ihres Berufs verboten, und am 9./10. November hatte die »Kristallnacht« stattgefunden. Die Zahl der Anträge auf Emigration in die USA schnellte in die Höhe, was die Bearbeitung verzögerte. Erst ein Jahr nach dem letzten Urlaub in der Schweiz konnte Hedwig abreisen. Am 17. August 1939 traf sie in New York ein, zwei Wochen vor Beginn der Invasion Polens.

Fünf Jahre später, am 17. Oktober 1944, als Deutschland selbst kurz vor der Invasion stand, versuchten die Nazibeamten der »Vermögensstelle Berlin« immer noch, von der Gestapo eine »bevorzugte Bearbeitung« zu erlangen, um das »große Vermögen des Juden Paul Israel Strassmann« zu identifizieren und zu enteignen.[10] Vielleicht wollten die Angestellten der Vermögensstelle besonders geschäftig erscheinen, um in den letzten Kriegstagen den tödlichen Gefahren der Schlachtfelder zu entkommen, oder vielleicht waren sie auch wirklich so fanatisch.

*13. Kapitel*

# Neuanfang in Minnesota: Erwin und Familie

Als Erwin am Donnerstag, dem 19. März 1936, um 6.30 Uhr morgens in seiner Kabine erwachte, fuhr die »Manhattan« gerade unter der Verrazano Narrows Brücke hindurch und passierte kurz darauf die Freiheitsstatue. Beamte der Einwanderungsbehöde waren an Bord gekommen und inspizierten nach dem Frühstück Pässe und Reisedokumente der Passagiere. Schlepper bugsierten das Schiff gegen neun Uhr morgens an die Docks des Hudson River. Von der Reling sah Erwin hinunter auf die Menge wartender Menschen. Ja, da war auch Antonie!

## Ein New Yorker Willkommen

»Tag, du alter Schweinehund!«, waren Antonies erste Worte, als Erwin die Gangway herunterkam. Sie umarmten sich. Zwei Tage später erinnerte sich Erwin in einem Brief:

»Jetzt bin ich 48 Stunden in N. Y. und die Gedanken fangen an sich zu ordnen. Zunächst schaukelte noch alles, weil man an die Bewegungen des Schiffes so gewöhnt war, und der ganze Betrieb war so überwältigend, wie immer, wenn man dieses Land und speziell diese Stadt betritt. Die Hauptempfindung ist ein großes Gefühl der Dankbarkeit. Es ist durch die Liebe aller zuhause, sowohl wie hier, so glänzend bis ins einzelne vorbereitet und geregelt, dass man buchstäblich erst einmal nur da zu sein braucht und passiv sich alles abrollen lässt. … Antonie … ist frisch, prachtvoll aussehend und unvorstellbar rührend. … Zoll und Gepäck gingen infolgedessen auch reibungslos. Dann brachte sie mich in dieses Hotel Barbizon-Plaza, das 2 Minuten von ihrem entfernt ist. Zimmer im II. Stock mit Bad und allem Nötigen. Frühstück wird morgens durch die Klappe einer Tür im fertigen Paket geschoben (Kaffee in Thermosflasche, 2 Brötchen mit Zubehör). Zum Luncheon ging es gleich in ein Lokal, wo Schmitzens waren – sehr fidel. Anschließend 2 Stunden pennen – ich war 5.30 aufgestanden. Abends in den Smoking zu Mrs. Manville [die Asbest-Erbin]. Fabelhaftes Dinner im Savoy Plaza. Anschließend in ein Theater am Broadway, Salonkomödie, in der ich fast alles verstand. Zum Abschluss ins neue Waldorf-Astoria zum Tanz und Sekt. Um ½ 3 Uhr sank ich nach über 20 Stunden leicht durchgedreht in die Kissen.

So ist New York – Amerika – life. Kein Pfennig in der Tasche, keine Stellung, Zukunft absolut unklar und unsicher und dazu eine Kette von Vergnügungen in eleganter Aufmachung. Beste Hotels, Weine, Mahlzeiten, Theater mit Millionären im Rolls Royce sitzend, eine echte Havanna in der Schnauze. …

Der 2. Tag brachte Kramerei und Besprechungen mit Antonie. Luncheon in einem Lokal der Park Ave., von einem Bekannten von Antonie eingeladen. Dann in ihrem Auto eine lange Fahrt durch ganz Manhattan, über eine der großen Brücken nach Brooklyn, weiter an den Ozean nach Long Island zu einem Rechtsanwalt, mit dem die ersten Formalitäten besprochen wurden. Zurück durch die gewaltig in die Höhe gewachsene Stadt zur Park Ave., wo wir bei Schmitzens ein prachtvolles Dinner hatten mit anschließendem Skat mit sämtlichen Redensarten der Schumannstraße, eine wahre Erholung, einmal wieder im vertrauten Element nach all den Tagen an Bord und den New Yorker excitements. … Alle machen einem Mut und meinen, meine Sprachkenntnisse seien ausreichend. Antonie war ob der Fortschritte erstaunt.

Überhaupt gibt es hier keine Miesmacherei, sondern alle sind frisch, optimistisch und unbesorgt, gerade auch, was mich betrifft. So habe ich wirklich allen Grund, guter Dinge zu sein – und bin es auch. Die Luft, die man atmet, ist frisch, frei und lässt keine Bedrückung aufkommen. Der große Sprung ist getan. Damit ist die wichtigste – seelische – Leistung vollbracht. Jetzt kommen die Dinge des Kopfes, die sachlich und daher leichter abgewickelt werden können. Das Gefühl, Dir und den Kindern den Boden zu bereiten, wird mich anspornen. Ich bin glücklich, so weit zu sein. Von hier aus ist der Entschluss noch 100mal mehr zu begrüßen.«

In der Zwischenzeit fragte sich Ilse: »Was gäbe ich drum, könnte ich nur einen ganz kleinen Augenblick bei Dir sein, nur um zu sehen, wie Du aus den Augen schaust. Nimmt dich das Leben dort ebenso gefangen, wie vor 7 Jahren?« (22. März 1936) »Noch ist mir immer, als müßtest Du jeden Augenblick zur Tür hereinkommen und mit Deinem Frohsinn die ganze Wohnung beleben. Es ist wirklich kaum zu sagen, wie unheimlich still es bei uns ist. Es ist unsagbar hart, was sie uns antun. Ich fürchte mich vor dem fremden neuen Land und der unbekannten Sprache, vor der ungeheuren Entfernung, und ich werde viel Mut brauchen. … aber auf gar keinen Fall möchte ich unter diesen Umständen hier bleiben.«

Erwins erster Brief erreichte sie während ihrer Osterferien, und am 3. April antwortete Ilse aus Diepholz nahe Bremen, dem Dorf ihrer Vorfahren mütterlicherseits, des Getreidehändlers Schwarze:

»Nun habe ich gestern den ersten Brief von drüben bekommen mit all den neuen und überwältigenden Eindrücken. Zuversicht und ein großes Aufatmen spricht aus jeder Zeile und das macht mich glücklich. Du wirst jetzt erst richtig empfinden, welch ungeheurer Druck auf uns lastete, ebenso wie es mir ergeht, wo ich hier unter Menschen lebe, die keine Sorgen kennen, die nichts ahnen von all dem, was wir durchmachten.«

Deutsche Zensurbehörden öffneten den Brief und inspizierten unter dem Vorwand illegalen Geldschmuggels seinen Inhalt.

Ende April besuchte Erwin ein Treffen der New Yorker medizinischen Gesellschaft, an dem in allgemeinen und Fachsitzungen mehr als 1.500 Ärzte teilnahmen. Er freute sich über die Art und Weise, in der »Juden als Vorsitzende, Redner, Teilnehmer beider Tagungen« anwesend waren, jeder »nach der Persönlichkeit bewertet« und nicht nach Stereotypen.

Auf diesem Treffen wurde jedoch auch mitgeteilt, dass bereits 186 deutsche Ärzte eine Zulassung erhalten hätten und dass eine ebenso große Anzahl nur darauf warte, ihre Sprachprüfung abzulegen. Die Vereinigung beschloss, dass keine weiteren Lizenzen an Ausländer vergeben werden sollten, die nicht die Prüfungen des New Yorker Medical Board abgelegt hätten. »Mir ist es egal«, schrieb Erwin am 28. April, »da ich ohnehin das eigentliche Staatsexamen nachmachen will.«

Wenige Tage später schrieb er:

»Ich wundere mich immer noch über dieses Land. Auf der einen Seite gibt es einfallsreiche, praktische Vereinfachungen und nüchterne Sachlichkeit; und auf der anderen unerschütterliche Anständigkeit, Rücksicht, Bescheidenheit, und Höflichkeit. Innerlich und äußerlich hat man einen hohen Standard erreicht, und die Atmosphäre ist wie in den Bergen, klar, kühl und gesund.«

Abgesehen von einigen kurzen Reisen nach Syracuse, Philadelphia und Baltimore blieb Erwin bis zum 9. Juni zumeist in New York City. Tagsüber studierte er Englisch, beriet sich mit deutsch-amerikanischen Ärzten und befasste sich mit rechtlichen Angelegenheiten. Abends ging er mit Antonie aus, die ihm sogar einen Zylinderhut kaufte. Sie war der Meinung, ohne einen solchen Hut dürfe er nicht bei Mrs. Manville zum Dinner erscheinen und später die Eiskunstlaufshow besuchen, in der Olympiastar Sonia Henie auftrat. So manche Nacht fand ihr Ende erst in einem Nachtclub oder einer Revue in Harlem.

Mitte April war Antonie zurück in Berlin, und sie beschrieb Erwins Tagesabläufe bis ins Detail. Ilse schrieb Erwin, sie hinge gierig an jedem Wort, das Erwin betreffe, vor allem an Bestätigungen, dass es ihm gut ergehe und dass er Erfolg habe. Sie lud Antonie zum Tee zu sich ein und auch einmal Dr. Clara Duncan aus Houston, Texas, die später Erwins Partnerin in seiner ersten Houstoner Arztpraxis werden sollte. An Erwin schrieb sie, dass Antonie bereits von Texas schwärme und Fotografien herumzeige. Antonie schenkte Ilse einen Satz Schallplatten, von denen diese Englisch lernen sollte. »Ich glaube, Antonie erwartet selig den Moment ihrer Rückkehr [nach Amerika].« Ilse schrieb weiter: »Antonie sagt Päpchen ihre Ausichten mit verblüffender Offenheit, ich hätte beinah herzlos gesagt. In ihr ist nichts sentimentales, eine Eigenschaft, die wir wohl nachmachen müssen« (18. April 1936).

## Ein weiteres Willkommen – in Rochester, Minnesota

Nach kurzen Zwischenstopps in Cleveland und Chicago kam Erwin am 14. Juni 1936 per Zug in Rochester, Minnesota, an. Er schickte sofort ein Telegramm nach Berlin: »HURRA. HERZLICHST AN DER MAYO-KLINIK AUFGENOMMEN«, dem innerhalb einer Woche ein detaillierter Brief folgte:

»Ihr sollt den wichtigen ersten Eindruck meiner Aufnahme in Rochester gleich erhalten. Es war über alles Erwarten. Um die Hauptsache vorwegzunehmen, werde ich am 1.7. in den eigentlichen klinischen Betrieb eingereiht. Dr. Wilson sagte mir, ich sollte mir 8–10 Tage alles in Ruhe ansehen und dann meine Wünsche äußern. ... Ich sagte ... allen maßgebenden Leuten, besonders Dr. Will, dass ich von der Pike auf anfangen will, wie der jüngste Fellow. Dass ich diese Möglichkeit habe, ist natürlich 1000mal besser, als das ehrenvollste ›Besuchertum‹. Ich werde daher auf eigenen Wunsch in der Klinik, das heißt in der gynäkologisch-diagnostischen Abteilung anfangen, wo ich voraussichtlich ein Vierteljahr bleibe. Dr. Braasch hat mich bereits ein weiteres Quartal auf die urologische Abteilung eingeladen. Dann geht's bald auf die operative Station. Auf jeden Fall der beste Weg und ungeahnte Möglichkeiten, zum mindesten eine hervorragende Einarbeit und Ausbildung an einem nur einmal auf dieser Welt vorhandenen Institut. Stellt Euch vor, am ersten Tag meines Aufenthalts über 700 neue Patienten und über 100 Operationen, davon 12 größere gynäkologische Operationen.

Was mich aber so glücklich macht, ist die nicht zu überbietende persönliche Aufnahme und Behandlung. Ich schrieb schon an Antonie, daß mich der junge [Charles W.] Mayo – ich hatte den Zug mit Absicht nicht geschrieben – 10 Minuten nach Eintreffen in dem von ihm bestellten Hotelzimmer in Empfang nahm und den ganzen Tag nicht mehr losließ. Er schleppte mich zu allen maßgebenden Leuten – Vater Charles und Dr. Wilson angefangen – der Tag endete auf seiner Farm mit Auto, Rudern, Dinner usw. Ähnlich war es in allen folgenden Tagen. Ich hatte also unter den hunderten von Ärzten einen besonderen Start.

Der Knalleffekt kommt aber noch: Dr. Will Mayo, der erstaunlich frischere ältere der beiden Brüder. (Dr. Charles, den ich kurz sprach, ist durch den Schlaganfall entschieden gealtert.) Will Mayo sprach ich am Donnerstag erst offiziell in der Klinik, wo er vormittags und nachmittags Konsultationen abhält. Er ... war sichtlich erleichtert, dass ich keine Ansprüche (Operieren) stellte. ›Sie können 1-2-3 Jahre bleiben und in der Zwischenzeit sehen wir, wo wir Sie unterbringen. Im Übrigen werden Sie ja bald selbst sehen, welche Entwicklung für Sie die beste ist und was Sie am liebsten mögen.‹ Auch er meint, Frau und Kinder sollten nicht zu lange allein bleiben. ...

Will Mayo lud mich zum Luncheon zu Sonnabend ein, was in seinem Haus bei Orgelklang stattfand. Wer schildert meine Freude, als er mir sagte, ich sollte meine Sachen holen und, wenn ich nichts Besseres vorhätte, drei Tage mit ihnen auf dem Wasser – Mississippi – verbringen. Ich sprang an die Decke! ... Die Yacht ist 120 Fuß lang, 500 PS Motoren, drei Etagen, Zimmer mit Bad für 12 Personen. Ein idyllisches Leben setzte ein. ... Ich malte zwei Aquarelle, die waren so, daß ich sie Mrs. Mayo dedizieren konnte. Will war voller Humor, Verständnis und furchtbar nett. Ich sprach über meine Sachen nur auf Befragen. Ich war nicht nur äußerlich, sondern von Herzen fröhlich und natürlich. Ich schreibe Euch das alles, damit Ihr seht, wie unerhört sich alles zum Guten wendet und wie dankbar wir zu sein haben.

Mein Gott, es könnte nicht besser sein und nicht schneller gehen. Ich habe sogar schon Geige gespielt. In meinem Privatquartier, das mir der junge Mayo besorgt hat, wohnt noch ein junger Engländer [Dr. Kenneth Latter, später Professor der Medizin in Großbritannien], der Klavier spielt. Freut Euch mit mir und wisset, daß meine kühnsten Träume übertroffen sind. … Mein Chef, Dr. Murray, ein bekannter Gynäkologe, hatte eine längere Besprechung mit mir. Ich beruhigte ihn darüber, daß ich in keiner Weise den erfahrenen Experten herauskehren würde, sondern mich absolut einordnen würde, was mir durch strenge Erziehung im väterlichen Haus nicht schwer fallen sollte. Resultat: Er nahm mich abends mit auf seine cottage, ein Wochenendhaus, mitten im Wald, an einem tiefgelegenen See. Zu dem Picnic waren gerade alle Ärzte und Schwestern seiner Abteilung mit Familien eingeladen (40 Personen). Es war sehr einfach, ländlich und zwanglos. Man saß um ein großes Feuer, aß kalt von Papiertellern, ruderte und sang Lieder.

Es ist hier wirklich die ideale Landschaft für Dich und die Kinder. Rochester ist eine Gartenstadt, mit noch nicht 20.000 Einwohnern, viel kleiner und ländlicher als Nauheim. Alle Häuser in Gärten. Landschaft malerisch, norddeutsch. Etwas hügelig. Ich wollte, Ihr wäret schon hier!

Eine weitere Freudennachricht ist soeben gekommen. Ich habe meine License für den Staat New York bekommen. Will Mayo meinte, ich brauchte dann kein Examen mehr für Minnesota zu machen. Wäre das nicht wunderbar? Ich bin so glücklich. Ich möchte Euch der Reihe nach abknutschen. … Im vorigen Jahr feierten wir meinen 40sten Geburtstag [in der Jagdhütte der Familie Wens in Hubertus im Taunus in Hessen]. Dann kam die tiefe Abrutschung und der Wiederaufstieg, das Jahr der Entscheidung. … Die Tage auf Dr. Mayos Boot erinnerten mich so an die Zeit mit Gebhardts [Segel- und Skilauffreunde aus Berlin]. Die abendliche Stille auf dem Wasser und die Morgensonne! Mit wieviel freierem Herzen habe ich das hier genossen. Daß ich die Bilder verschenke, wird Dir leid tun. Ich muß aber mit allen Mitteln arbeiten und Du kriegst sie hier doch noch zu sehen. Im übrigen waren sie nicht so doll. … Komisch ist, daß ich viel von Euch träume, immer liebe Sachen von Dir und den Kindern. … Lasst es Euch wohl sein und trinkt an meinem Geburtstag eine schöne Waldbeerbowle. Seid dabei glücklich, weil ich es bin! Laßt die Wellen der Wehmut und Sehnsucht nur leise mitschwingen, nicht überhandnehmen. Es ist dazu, wahrhaftig, kein Grund. Hab keine Angst vor Amerika! Du wirst hier aufatmen und bald glücklich sein.«

Ilse antwortete am 7. Juli 1936, dass sie nie zuvor einen Brief erhalten habe, aus dem soviel Glück und Seligkeit sprachen:

»Es ist ja unglaublich, wie man Dir entgegenkommt und wie man Dich aufnimmt. Aber von nichts kommt nichts. Du wirst Dir schon Mühe geben und bist eben ein ganzer Kerl und mein Patzilein. Es liegt eigentlich in der Entwicklung etwas sehr Schicksalhaftes. Wie [leicht] hätte es sein können, daß Ihr in Deutschland die amerikanischen Beziehungen nicht so gepflegt hättet. Wie manches Mal habe ich mich geärgert, wenn immer wieder amerikanische Gäste eingeladen wurden. Jetzt weiß ich, wie wichtig und gut es war. Wenn ich an meine Zukunft denke, ist mir noch manchmal angst und bange.

Trotzdem weiß ich, daß ich mit der Zeit die Umstellung auch schaffen werde. Du mußt nur Geduld mit mir haben, mein ganzes Tempo ist immer gemächlicher.«

## Ein besonderer Fellow

In Rochester, Minnesota, war jeder fünfte Einwohner ein Arzt, und von einigen Kindern wurde berichtet, dass sie noch nie einen Mann (weibliche Ärzte waren noch die Ausnahme) getroffen hätten, den man nicht »Doktor« nannte. Etwa zwei Prozent aller Ärzte in den USA absolvierten ihre Assistenzarztausbildung an der Mayo-Klinik. Diese Ärzte im Praktikum stellten etwa 60 Prozent der Ärzte in Rochester. Die älteren Ärzte wurden sehr gut bezahlt und lebten in dem höher gelegenen Teil der Stadt, der »Pill Hill« genannt wurde. Sie waren alle Angestellte der Klinik und hatten weder für ihre Büros noch für ihre Häuser zu zahlen, keine Gehälter für Schwestern oder Sekretärinnen, sie legten keine eigenen Patientenakten an und hatten sich nicht mit Dokumenten und Vorlagen herumzuplagen. Obwohl die Mayo-Klinik vor allem für ihre chirurgischen Leistungen berühmt geworden war, war vermutlich ihr Beispiel einer effizient arbeitenden Gemeinschaftspraxis ebenso bedeutsam.

Dr. Charles H. Mayo nutzte einen Teil seines wachsenden Vermögens, um einen Grundbesitz von 1.740 Hektar aufzubauen, den er »Mayowood« nannte. Der Fluss Zumbro wurde auf dem Grundstück zu einem See mit mehreren Inseln aufgestaut, die miteinander durch Hängebrücken und gewölbte Steinbrücken im japanischen Stil verbunden waren. Es gab ein Wasserkraftwerk, Gewächshäuser, Boote und Badehäuser, die mit Solarenergie beheizt wurden. Verschiedene Mitglieder der Mayo-Familie hatten ihre Häuser auf dem Grundstück.

In seiner Autobiographie schrieb Charles W. Mayo, jr.:

»Einige Ärzte befürchten, daß eine Gemeinschaftspraxis den Verlust ihrer Autonomie bedeuten könnte, aber ich habe festgestellt, daß das Gegenteil wahr ist. Denn eine Gemeinschaftspraxis erlaubt den Ärzten mehr Freiraum für den Besuch medizinischer Fachtagungen und für Fachvisiten in anderen Kliniken, während die Gehälter weitergezahlt werden.[1]

In den schweren Jahren der Depression hatte auch die Mayo-Klinik einige magere Zeiten, sie war jedoch nie in ernsthaften Schwierigkeiten. … [Sie] zog eine Reihe von Ärzten aus Europa an, die davon überzeugt waren, daß ihre Karrieren von einer Ausbildung an der Mayo-Klinik nur profitieren würden. Einige von ihnen wurden gute Freunde von mir, sie verbrachten die Wochenenden mit mir in Mayowood und blieben sogar später in den Kriegsjahren in Verbindung, als der Kontakt schwieriger wurde. Unter ihnen war Erwin Strassmann, der aus Berlin gekommen war und nach seiner Zeit in Rochester die US-Staatsbürgerschaft erhielt. Sein Vater, ein bekannter gynäkologischer Chirurg, hatte seine eigene Klinik in Berlin gehabt und war ein enger Freund von Vater und Onkel Will gewesen.«[2]

1935 hatte Charles »Chuck« Mayo jr., begleitet von seiner Frau Alice und von Jim und Klea Priestley, einem Arzt aus Rochester und seiner Frau, eine Europareise unternommen und Italien, Frankreich, Großbritannien, Österreich und Deutschland besucht. Zufällig sahen sie Adolf Hitler in einem Münchener Museum und waren »schockiert von der Atmosphäre der Grausamkeit, die ihn umgab«. Chuck schrieb:

»Jim und ich waren auch entsetzt über die Ärzte, die wir trafen. Die meisten von ihnen schienen mit der Nazibewegung zu sympathisieren und grüßten sich sogar gegenseitig mit einem zackigen ›Heil Hitler!‹ Keiner von uns wußte so genau, was vor sich ging, aber wir faßten eine instinktive Abneigung gegen das Regime, dessen Rücksichtslosigkeit sich im Verhalten der Ärzte gegen ihre Patienten spiegelte. Jegliche Menschlichkeit, jede Fürsorge fehlte, stattdessen eine Veranlagung, Patienten nur als Objekte zu behandeln. …

Die Vorgänge in der deutschen Hauptstadt waren die militantesten und furchterregendsten unserer ganzen Reise; sogar die Patienten erhoben sich von ihren Betten und standen in Hab-acht-Stellung, um den ›Heil-Hitler‹-Gruß der Ärzte und Schwestern zu erwidern. … [Nach dem Zweiten Weltkrieg] war ich nicht überrascht über Berichte, daß deutsche Ärzte medizinische Experimente an wehrlosen Gefangenen durchgeführt hatten; es paßte alles in die Gefühllosigkeit, die ich 1935 beobachtet hatte.

Ich habe die wachsende Bedrohung, die die deutsche Armee darstellte, nicht ernst genommen, glaube ich, denn bei einer Gelegenheit bin ich sogar im Paradeschritt hinter einer Armeekapelle her marschiert, die an unserem Hotel vorbeiparadierte. Die Deutschen verstehen wirklich zu marschieren und ich hatte viel Vergnügen daran, ihnen für ein paar hundert Meter nachzulaufen, aber Alice hat für den Rest des Tages nicht mehr mit mir gesprochen.«[3]

1936 wurde die Mayo-Familie von einer großen Tragödie heimgesucht, und es war nur gut für Chuck Mayo, dass er den immer optimistischen, immer lebhaften Erwin in dieser Zeit um sich haben konnte. Am 9. November 1936 kam Chucks jüngerer Bruder Joe Mayo, ebenfalls ein Arzt, mit seinem Hund ums Leben, als nach einem Ausflug zur Entenjagd in Wisconsin sein Auto mit einem Zug kollidierte – er war auf die Gleise gefahren. Joe war von ausgelassenem Charakter, aber ein Alkoholiker, und Charles Mayo erinnerte sich später:

»Ich verlor den einzigen Menschen, der wirklich wußte, wer ich war und wie es mir ging. Ich blieb allein zurück, mit der ganzen Last, ein Mayo-Nachkomme zu sein, auf meinen Schultern. Bis jetzt war es einfacher gewesen durchzuhalten, weil Joes Respektlosigkeit meine trübe Befangenheit auflöste und mich zum Lachen brachte. Ohne ihn fühlte ich mich schrecklich einsam und verletzlich.«[4]

Erwin berichtete Ilse von Joes Tod. Schon früher hatte er Fotografien von Joe geschickt, als dieser während eines Badeurlaubs im Sommer vor der Kamera seine Späßchen gemacht hatte. Erwin erinnerte sich an Joe als einen aufrechten, bescheidenen und volkstümlichen Menschen – keinen hingebungsvollen Arzt, sondern einen, der seine Farm, Reiten, Fischen und Jagen bevorzugt hatte, einen Sportstyp. »Wir haben uns auf dieser Ebene hervorragend verstanden.« Jetzt war ganz Rochester in Trauer. Erwin stattete den Eltern und der jungen Witwe in Mayowood einen Trauerbesuch ab und beschrieb sie als »Vorbilder an Mut und Würde. So etwas bleibt keiner Familie je erspart.«

Im selben Monat versprach Charles Mayo jr. Erwin, dass er alles in seiner Macht Stehende tun werde, um ihn in Rochester zu behalten. Zusammen schrieben beide einen Artikel über »Fertilität und Sterilität nach extrauteriner Schwangerschaft«, der im Juli 1938 in der Zeitschrift *Surgery, Gynecology and Obstetrics* veröffentlicht wurde. Während seiner nahezu zwei Jahre an der Mayo-Klinik hielt Erwin vier Vorlesungen für das Personal und veröffentlichte acht Artikel. Später schrieb er 27 weitere Aufsätze, 76 insgesamt in seinem Leben.

Von Juni 1936 bis April 1938 war Erwin Sonderstipendiat für Gynäkologie und Geburtshilfe an der Klinik. Im ersten Jahr erhielt er 70 Dollar, später 75 Dollar monatlich, im zweiten Jahr 85 Dollar. Andere Beiträge wurden von der Carl-Schurz-Gesellschaft zur Verfügung gestellt, einschließlich eines persönlichen Darlehens von Ferdinand Thun, dem Präsidenten der Gesellschaft. Antonie fügte weitere 25 Dollar monatlich hinzu. Trotzdem wuchsen Erwins Schulden auf 7.000 Dollar an – 1990 hätte das etwa 70.0000 Dollar Kaufkraft bedeutet.

Schließlich schrieb Erwin seinem Vater, dass die Emigration der einzige ehrenwerte Ausweg gewesen sei:

»Selbst wenn ich zehnmal auswandern müßte, würde ich es ohne Bedenken tun. Mit verdoppeltem Eifer würde ich es für Verständnis tun, um etwas zu pflanzen, was wir von unseren Vorfahren geerbt haben. … um eine kleine Fahne für Dich irgendwo auf der Erde zu hissen. Ein Sonnenaufgang muß wieder kommen. Das Bewußtsein, daß die Klinik nun nicht mehr läuft, macht es einem so richtig klar, daß man hier nun ganz auf die USA angewiesen ist. Mir sind diese Tage doch recht hart gewesen. Kein Abend, an dem nicht nach dem Lichtlöschen die Gedanken zu Euch wandern, in die Luisenstraße und die Schumannstraße. Alle Einzelheiten und kleinen Vorgänge werden mit Liebe vorgeholt. Und dann mache ich mir wieder klar, warum das alles sein mußte. Es ist komisch, daß man das Negative der letzten Jahre so schnell vergißt und das Gute, Persönliche herausschält« (15. November 1936).

Der Weihnachtsabend 1936 erinnerte Erwin an die Dezembermonate der vier Kriegsjahre des Ersten Weltkriegs, die er fern von daheim verbracht hatte. »Es ist ja alles nicht so schlimm«, schrieb er fünf Tage später. »Ich hoffe nur, daß auch Ihr die Feiertage vernünftig und unsentimental erlebtet. In der Hinsicht habe ich hier … schon viel von den Amerikanern gelernt.« Nach Arbeitsschluss am 24. Dezember spielten Erwin und sein britischer Freund Dr. Kenneth Latter Billard. Dazu tranken sie eine Flasche Oppenheimer Wein für zwei Dollar –

teuer für die damalige Zeit. Später gab es eine Party im Haus von Dr. Priestley, und um Mitternacht gingen Erwin und Kenneth mit den jungen Mayos zu einem Gottesdienst. Dann gab es weitere Partys und um drei Uhr morgens eine Austernsuppe auf Mayowood. »Der Heiligabend war auf diese Weise, zwar nicht in üblicher Form, aber unter netten Menschen und ohne viel Zeit zum Weichwerden vergangen. Auch fehlten die deutschen Weihnachtslieder, unter solchen Umständen kein Fehler.«
Am nächsten Nachmittag war Erwin zurück in Mayowood und schrieb:

»Es war wirklich rührend, daß die alten und jungen Dr. Charles trotz des Todesfalles für mich so gesorgt haben. Erst waren wir bei den jungen eine Stunde, dann zum kalten Buffet alle zusammen bei den alten bis gegen 10. Oben waren eine Menge Leute, was so zur Familie gehört. Der Weihnachtsbaum stand an der Stelle, wo einige Wochen vorher der Sohn aufgebahrt war. Die blauen elektrischen Kerzen verbreiteten eine eigentümliche Stimmung. Nach dem Essen gab es gute ernste Orgelmusik. … Dr. Will Mayo, den ich ja besonders verehre, … fragte nach allem und erzählte mir, wie auszeichnend sich die älteren staffmembers meiner Sektion über meine Tätigkeit geäußert hätten. Ich will damit, weiß Gott, nicht renommieren. Es ist ja auch nicht so doll. Aber ich weiß, daß es Euch Spaß macht, wenn der höchste Vorgesetzte eine gute Meinung hat.«

## Ehefrau, Kinder und Schwiegermutter folgen

Wie Millionen anderer Emigranten vor und nach ihm, hatte Erwin zunächst versucht, selbst sicher im neuen Land Fuß zu fassen, bevor Frau und Kinder ihm nachfolgten. Jetzt war es an der Zeit, sie nachzuholen. Nicht zu emigrieren, nicht mit dem Ehemann wieder zusammenzukommen, war Ilse nie in den Sinn gekommen. Eine Ehe war eben ein ganz besonderes Band. In ihrem dritten Brief an Erwin am 3. April 1936 hatte sie geschrieben: »Wie sehr ich mir wünsche, daß Du einen klaren Weg finden würdest, mit dem einzigen Ziel, daß wir bald wieder vereint wären. Ohne Dich ist mein Leben nichts.« Die Kinder gehörten zu ihrem Vater, der heldenhaft im Krieg gekämpft hatte, ein verantwortungsvoller Arzt war und der hingebungsvolle, lustige Vater, von dem jede Familie nur träumen konnte. In einem Brief hatte Ilse geschrieben, die Kinder seien eigentlich recht fröhlich, außer dass sie beim Dinner schmollten. »Ihre Mutter hat ständig an ihnen herumzuerziehen, und kein Vater ist da, um sie mit seinem Unsinn zu unterhalten.«

Nachdem sie einmal von der bevorstehenden Ausreise in Kenntnis gesetzt worden waren, schien keines der Kinder zu zögern. Ilse beneidete sie fast darum. Doch eigentlich konnte sich keines von ihnen so recht vorstellen, was Emigration eigentlich bedeutete. Im September sagte Renate: »Wenn wir Papa in Amerika besuchen gehen, fahren wir nicht wieder zurück, wenn er nicht mitkommt. Eine zweite Trennung wäre zu schrecklich.« Und als ich, Wolfgang Paul, zehn Jahre alt war, also kurz vor unserer Emigration, fragte ich meine Mutter, wer die Regierung übernehme, wenn Hitler sterben würde, und meine Schwester Angelika, sechs Jahre alt, antwortete mir mit todernstem Gesicht: »Hitler wird ein Ei gelegt haben und einen neuen machen« (11. Februar 1937).

Wir drei Kinder mochten die Ausflüge mit den Großeltern nicht besonders, denn es war uns peinlich, in Hörweite von Fremden Gedichte oder Lieder vorzutragen. Päpchen wollte immer, dass wir liebevoller mit seinem Dackel Moki umgehen sollten, doch Mutter dachte, Moki sei nur ein schmutziger Köter.

In die Osterferien 1937 – wie immer im mütterlichen Bad Nauheim – wurden Ilse und wir Kinder von Fräulein Käte Friedländer, unserer Englischlehrerin, begleitet. Käte war die Schwägerin einer Freundin aus Ilses Kasseler Mädchenpensionat, Luise (Ferber) Friedländer. Käte ist »eine große Freude … sie spricht fließend Englisch und Französisch. Sie ist eine charmante, anregende Person, und wir alle mögen sie. Ich verspreche mir viel von all dem«, meinte Ilse. Käte Friedländer, geboren am 31. März 1891, wurde in ihrem 53. Lebensjahr in Auschwitz ermordet.[5]

Für Ilse war das Schlimmste an der Ausreise die Prozedur selber, das Auftreiben von Geldmitteln, das Aussortieren alter Briefe, das Packen und vor allem die Bemühungen, vom amerikanischen Generalkonsulat in Berlin die Visa zu erhalten. Das Konsulat gab keine klaren Anweisungen für Vorgehensweise und einzureichende Dokumente. Die Bürgen hatten ein sehr spezifisches Vokabular zu benutzen und exakte monatliche Unterstützungssummen zuzusichern, und die Kontoauszüge und Vermögensbelege mussten notariell durch die Banken beglaubigt werden. 1937 konnte Antonie keine Affidavits mehr abgeben, da sie bereits zu viele davon geleistet hatte. Zehn Tage vor Abfahrt des Schiffes war die Erteilung des Visums noch nicht sicher, trotz eines unterstützenden Briefes von Will Mayo, der Erwins monatliches Einkommen von 85 Dollar bestätigte und dringend um Erteilung des Visums bat. In ihrem letzten Brief vor der Abreise schrieb Ilse am 2. August 1937 an Erwin:

»Heute in 10 Tagen soll unser Dampfer [die »Bremen«] gehen, Kabinen haben wir bekommen, eine Vier-Bett-Außenkabine und Drei-Bett-Innenkabine. [Mutter Käthe Wens und Ilses langjährige Freundin Leni (Schöller) Schmidt wollten auch mitreisen.] Wie könnte ich mich auf Reise und Wiedersehen freuen, wenn diese nervenzerreißende Sache mit dem Visum nicht wäre. Aber seit heute habe ich wieder einen Lichtblick: … [der brasilianische Botschafter] wird in unserem Interesse [den Generalkonsul] … anrufen und versuchen, daß wir das Visum rechtzeitig bekommen. Einen schwachen Hoffnungsstrahl fühle ich wieder in mir. Die ganze Trennungszeit war ein Kinderspiel gegen das Aufreibende der letzten zwei Monate.«

»Warum haben Sie das getan?«, fragte Generalkonsul Jenkins Ilse, verärgert über den Druck, den der brasilianische Botschafter auf ihn ausgeübt hatte. Ilse gab vor, nichts zu wissen. Die Frau des brasilianischen Botschafters war eng mit Konsul Jenkins' Frau befreundet. Der kanadische Premierminister war ein Patient von Ilses Bruder Gerhard, und es wurde erwogen, sich auch an ihn mit der Bitte um Unterstützung zu wenden. Am 12. Juni schrieb Dr. William J. Mayo an Jenkins: »Ich kenne Dr. Strassmann persönlich. Er ist ein Mann von hervorragendem Ruf und Charakter und eine Autorität in seinem medizinischen Fachgebiet. Falls Schritte möglich wären, um die Erteilung des Visums für Mrs. Strassmann und ihre Kinder zu unterstützen und voranzutreiben, würde ich dies sehr zu schätzen wissen.«

Ilses Briefe aus den letzten zwei Monaten in Deutschland sind voller Reise-, Rechts- und Finanzprobleme, die gelöst werden mussten. Am 12. Mai schrieb sie: »Mein Haar ist an den Schläfen recht grau geworden, so bitte tu mir den Gefallen und altere mit mir.« Erwin antwortete am 4. Juni, sie solle sich keine Sorgen machen, sein Haar sei nicht nur grau, sondern färbe sich an den Schläfen schon weiß. Trotz aller Freundlichkeit und Herzlichkeit in Rochester könne ein Mann eben doch nur seiner Frau vertrauen, und er vermisse sie mehr als je zuvor.

Am 10. Juni schrieb Ilse über den glücklichen Umstand, dass »der Vertreter der Möbel-Transportfirma sich Hals über Kopf in mich verliebt hat. (Keine Angst: Du bist mein kleiner Liebling), und er hat mir alle mühsamen Aufgaben abgenommen, ob mit der Polizei oder mit dem Zoll. Es ist beinahe so, wie Du im letzten Moment immer jemanden Gutmütiges findest, der alle Probleme für Dich erledigt.« Auch in Erwin hatten sich im Lauf der Jahre durchaus einige Patientinnen und Schwestern heftig verliebt, manche hatten sogar mit Selbstmord gedroht. Doch es kam nie zu einem Skandal.

Trotz aller Probleme zweifelte Ilse nie daran, dass mit der Zeit die Einreise in die USA gestattet werden würde. »Der Konsul verzögerte alles eben nur, indem er mehr und mehr Bestätigungen für die finanzielle Unterstützung forderte und uns zwang, wieder und wieder zu betteln«, erzählte sie mir Jahrzehnte später. Eine Alternative wie Kuba wurde zwar erwähnt, aber nie ernstlich erwogen.

## Acht Monate in Minnesota

Um uns vom Schiff abzuholen, fuhr Erwin in einem klapperigen Ford aus Rochester am 12. August ab – dem gleichen Tag, an dem wir in Bremerhaven ablegten. Am 17. August kam er in New York an, einen Tag vor uns. Um elf

Uhr am nächsten Morgen gab es ein »Wiedersehen nach einem Jahr und fünf Monaten«, wie sein Tagebuch beschreibt: »Barbizon Plaza, Cocktails im Rainbow Room, wieder zu Bett, St. Moritz, Broadway.« Zwei Tage später überquerten wir auf der Bear Mountain Bridge den Hudson und hatten unseren ersten Zwischenstop in den Catskills, dem Taunusgebirge der USA.

Eine Woche später kamen wir in Rochester an, das heißt in Pollacks Pension. Hinter uns lagen 1.400 Meilen (für uns waren es immer noch 2.300 Kilometer), 200 Meilen pro Tag auf schmalen Landstraßen. Rochester war tatsächlich Bad Nauheim, wo Ilse aufgewachsen war, sehr ähnlich: eine Gartenstadt mit vielen Medizinern. Ilse war überglücklich, ein Haus mit Garten für sich zu haben, nach den langen Monaten in der Mietwohnung in der Luisenstraße 47, in einem Stadtteil, wo Tag und Nacht die Straßenbahnen quietschten und nach Mitternacht Betrunkene grölten. Das zweistöckige, schindelgedeckte Haus lag in 1225 First Street, Southwest in Rochester. Es hatte eine echt amerikanische Frontveranda und ein Dach, auf das man in abenteuerlicher Jungenmanier klettern konnte. Durch die Eingangstür kam man direkt in das Wohnzimmer, es gab keine Eingangshalle – ein seltsames Konzept für uns Europäer. Noch exotischer waren die schwüle Augusthitze mit den Kolibris im Gebüsch und die nächtlichen Zikadengesänge.

»Wenn es um die Emigration ging, war ich eher zögerlich und keinesfalls begeistert«, erzählte mir Mutter im Mai 1978.

»Vater hat sich nie Sorgen gemacht, aber ich war sehr besorgt, wie wir all das Geld zurückzahlen sollten, das wir von Fremden geborgt hatten. Es war eine schreckliche Zeit. Schön, wir waren wieder zusammen – aber in einem so fremden Land. Ich mag gar nicht mehr daran denken, das überlasse ich lieber Dir. Wenn wir Zahnschmerzen hatten, konnten wir uns nichts anderes als Aspirin leisten. Doch trotz aller Unsicherheit, aller Härte, haben wir nie daran gedacht zurückzugehen. Wir haben das niemals erwogen, denn die Nazis schienen fest im Sattel zu sitzen.«

Meine Schule trug den Namen Abraham Lincolns und meine Lehrerin den gleichen Namen wie der deutsche Verteidigungsminister und Feldmarschall – Blomberg. Sie wusste das sicher nicht. Ein Junge namens Bobby wurde dazu erkoren, mir Hausarbeiten und Football zu erklären. Er sagte Sachen wie: »Tackle den Mann mit dem Ball«, die ich nicht verstand. Sollte man den Spieler, der im Ballbesitz war, treten oder umschmeißen? War das nach den Regeln fair? Ein anderer, Dudley, hatte Sommersprossen und war ein Jude. Dudley konnte während seiner Feiertage zu Hause bleiben – ein besonderes, geheimnisvolles Privileg, um das alle ihn beneideten. Jeden Morgen mussten wir in der Schule aufstehen und einen Eid schwören, aber noch für Monate hatte ich keine Ahnung, was das Wort »Allegiance« (Treue) bedeutete. Deshalb bezweifelte ich, dass mein Eid bindend sein würde. Schon auf dem Schiff hatte keiner der englischen oder amerikanischen Jungs verstanden, was ich gesagt hatte, und ich hatte sie ebensowenig verstanden.

Unsere Großmutter Käthe Wens mit uns in Rochester zu haben, war eine große Hilfe. Ilse war überglücklich gewesen, als Erwin vorgeschlagen hatte, sie mitzubringen. Während des vergangenen Jahres hatte sie meiner Mutter bei der Hausarbeit, bei den Besorgungen und beim Packen geholfen. Sie war nun 63 Jahre alt und brachte trotz eines Kniegelenks, das manchmal überraschend versagte, genügend Energie auf, um die täglichen Lebensmitteleinkäufe zu übernehmen. Die damals noch kleinen Supermärkte waren für sie erstaunliche Schatzkammern, nicht nur wegen der unglaublich niedrigen Preise für Butter, sondern auch, weil Orangen, Limonen, Ananas, Roastbeef und Steaks einfach so erhältlich waren. Im ersten Spätsommer ging Erwin noch mit, um ihr mit seinem Englisch auszuhelfen.

Die vielen Einladungen, die die Brüder Mayo und andere Ärzte aussprachen, erforderten Gegeneinladungen von unserer Seite. Doch das war schwierig. Die zwei Kisten Rhein- und Moselwein, die Ilse über den Atlantik geschmuggelt hatte, waren uns da eine große Hilfe. Der Wein war in mehreren Nachttischen versteckt gewesen und weder gestohlen noch verzollt worden. In Wachskerzen eingeschmolzen, hatte Ilse auch einige goldene 20-Mark-Münzen mit dem Bildnis Kaiser Wilhelms II. eingeschmuggelt. Zum Glück war es nie notwendig geworden, sie einzulösen, als der Besitz von Gold noch illegal war, und so besitzen wir sie noch heute. Irgendwann einmal hatte ich meine Mutter gefragt, welches denn das einzige Verbrechen gewesen sei, das sie begangen habe. Sie hatte die eingeschmuggelten Münzen ganz vergessen und konnte sich nur ein Verbrechen vorstellen: »Dass ich Dich habe, nicht wahr?«

Zu Weihnachten 1937 schrieb Ilse nach Deutschland, was für ein seltsames Gefühl es sei, nicht einfach in die S-Bahn vom Potsdamer Platz zum Thielplatz in Dahlem steigen zu können, und dass sie sich Paul und Hedwig so nahe fühlte, dass sie sich immer erst selbst in Erinnerung rufen müsse, welch große Entfernung tatsächlich zwischen ihnen liege:

»Unser Leben hier läuft fröhlich und friedlich weiter, manchmal denke ich mich in die Zeit vor dem Krieg zurückversetzt. Es ist so ungewohnt, daß man alles haben kann, was man möchte, die Lebensmittel sind so unerhört gut und ausgiebig. …

Wir verbrachten einen besonders netten Abend bei Charles Mayo, ein Haus wahrer Kultur. Die alte Mrs. M[ayo] erinnert mich in ihrem Wesen, in ihrer Klugheit und Güte an Dich, liebes Muttchen. Wir werden sehr traurig sein, wenn wir dieses Städtchen verlassen müssen, wo wir und auch die Kinder so gute Freunde gefunden haben, wo wir unter so vielen ehemaligen Deutschen uns wie zu Hause fühlen. … Unser Stück ›deutsche Heimat‹ werden wir immer in unseren vier Wänden bewahren durch unsere Bücher, unsere Möbel, gleich wo wir landen werden. Die Kinder brachten ihre zweiten, verbesserten Zeugnisse nach Hause, und Angeli kann eine Klasse überspringen, worüber sie nicht so froh ist wie ihre Eltern. Sie gewöhnt sich doch so schwer an neue Kinder und Lehrer. ... Im Neuen Jahr laßt uns auf ein frohes und gesundes Wiedersehen hoffen« (9. Dezember 1937).

Diese Hoffnung hat sich nicht erfüllt.

In Dankbarkeit für all die Unterstützung und erwiesene Freundschaft in der Mayo-Klinik überreichte Erwin schließlich am 10. April 1962 Chuck Mayo und dem Bibliothekar der Stiftung, Thomas E. Keys, ein Exemplar eines sehr raren und äußerst wertvollen Buches, das er von seinem Vater geerbt hatte. Es war *De Humani Corporis Fabrica Libri Septem* (»Von der Struktur des menschlichen Körpers, in sieben Büchern«) von Andreas Vesalius (1514–1564), 1543 in Basel zum ersten Mal veröffentlicht. Dr. Mayo bedankte sich bei Erwin und sagte: »Sehr schön. Jetzt haben wir zwei davon.« An dieses Ereignis und andere erinnerten sich 1996 die Teilnehmer einer dreitägigen Charité-Mayo-Konferenz in Berlin, auf der Matthias David und Andreas Ebert einen Vortrag über »Die Verbindung zwischen den Familien Mayo und Strassmann« hielten.[6]

Charles W. Mayo jr. ging 1963 mit 65 Jahren in Rente und verstarb fünf Jahre später. In dem Jahr, in dem er in Rente ging, erfuhr er, dass sein Sohn, der dritte Charles Mayo, als Arzt der Mayo-Klinik abgelehnt worden war: »Es läßt sich alles auf den Namen zurückführen: So viele Menschen, vor allem in Rochester, haben den Namen Mayo in den Himmel gehoben, und jetzt reagieren einfach eine ganze Reihe Leute in der Klinik feindlich darauf.« Der Vorstand wollte zudem wohl vermeiden, »eine weitere äußerst unabhängige [und nonkonformistische] Stimme in der Klinik zu haben«.[7] Wenn es keine Nazis und keinen Krieg gegeben hätte, wie wäre es dann wohl einem Dr. Strassmann in der vierten Generation in Berlin ergangen?

*14. Kapitel*

# Houston, Texas: Stadt der Zukunft

Bei der Verlagerung seiner Karriere von Berlin über Rochester nach Houston hatte Erwin erstaunlichen Erfolg gehabt. Zwar musste er ein Hindernis nach dem anderen überwinden, doch vergleicht man ihn mit anderen Immigranten, wird nur noch deutlicher, wie viel Glück er hatte. Zwischen 1933 und 1940 immigrierten 5.065 Ärzte aus aller Welt in die USA. Von diesen kamen 3.215 oder 63,6 Prozent in den Jahren 1938 bis 1940, vor allem nach den Pogromen der Reichskristallnacht, und 75,7 Prozent dieser Ärzte waren jüdisch. Zwischen 1935 und 1937 waren nur 55,4 Prozent der Immigranten jüdisch gewesen; und 1933/34 nur 37,8 Prozent. Die Definition »jüdisch« basierte hierbei auf der von den Befragten selbst angegebenen Religionszugehörigkeit, nicht auf den rassischen Kategorien der Nazis. 72 Prozent der immigrierenden Ärzte in diesen Jahren kamen aus Deutschland und Österreich.

## Ausländer sollen draußen bleiben

Wenn 5.000 ausländische Ärzte in ein Land kommen, in dem es bereits 180.000 praktizierende Ärzte gibt, dann mag man darin rückblickend keine Gefährdung sehen. Doch die American Medical Association hieß die Neuankömmlinge nur für kurze Zeit willkommen. Als 1933 von den ersten Maßnahmen der Nationalsozialisten gegen jüdische Ärzte berichtet wurde, verabschiedeten verschiedene ärztliche Fachgruppen Resolutionen, in denen sie diese Ausschreitungen verurteilten und Hilfe bei der Suche nach »wissenschaftlichen und beruflichen Möglichkeiten in den Vereinigten Staaten« versprachen.[1] Schon 1933 kamen 41 jüdische Ärzte in den USA an.

Doch als durch die Nürnberger Gesetze ein Sechstel der deutschen Ärzte aus dem Berufsstand ausgeschlossen wurde und auch anderweitige Benachteiligungen einsetzten, begannen Hunderte Ärzte jährlich in die USA zu emigrieren. Ihre amerikanischen Kollegen fürchteten bald um ihre Einkommen, die bereits durch die Depression stark reduziert worden waren. Sehr bald wurde in 13 Staaten zur Auflage gemacht, dass die Einwanderer zunächst in einem akkreditierten Krankenhaus als Praktikanten arbeiten müssten, bevor sie eine Zulassung zum Arztberuf erhalten könnten. Zehn Staaten forderten sogar, die Ankömmlinge hätten noch einmal ihren Studienabschluss in den USA nachzuholen. Mindestens 20 Staaten machten die Zulassung von Ausländern zum Arztberuf gänzlich unmöglich. Zusätzlich schlossen einige örtliche medizinische Gesellschaften Ärzte, die keine US-Bürger waren, von der Mitgliedschaft aus, ohne durch entsprechende staatliche Vorgaben dazu angeregt worden zu sein. 1939 forderten dann 20 US-Staaten, dass die Immigranten ihre Fachprüfungen nochmals abzulegen hätten, unabhängig davon, wie lange sie bereits in ihrem Heimatland praktiziert hatten. 1943 erlaubten nur noch Massachusetts und New York Nicht-US-Bürgern, diese Prüfungen abzulegen. Mit diesen Regelungen war nun garantiert, dass jeder Einwanderer zumindest eine fünfjährige Wartefrist bis zur Zulassung zum ärztlichen Beruf zu absolvieren hatte.

Die Fachzeitschrift *Medical Economics* veröffentlichte Artikel mit Schlagzeilen wie »Gebt Ausländern keine Lizenzen« (April 1937) und »Flüchtlinge in unbegrenzter Zahl« (Februar 1939). Immigranten wurden als inkompetente und skrupellose Quacksalber diffamiert, die einen verstaatlichten Medizinapparat favorisieren würden. Die Zeitschrift behauptete, dass innerhalb der nächsten fünf Jahre weitere 15.000 Ärzte erwartet werden könnten, denen allen von derselben üblen Triade Unterstützung gewährt werden würde – sentimentalen Liberalen, Gewerkschaftsführern auf Kreuzzug und den Bürokraten der Regierung.

Während des Zweiten Weltkrieges wurden 90.000 niedergelassene Ärzte, die Hälfte aller Ärzte in den USA, zum Armeedienst eingezogen. Der dadurch bedingte Ärztemangel führte letztendlich dazu, dass die ausländischen Mediziner berufliche Chancen erhielten. Trotzdem nahmen viele amerikanische Ärzte ihnen übel, dass sie quasi von der patriotischen Pflichterfüllung der eingezogenen Amerikaner profitierten und ihnen Patienten »stahlen«. Ausländer konnten nicht als Ärzte zum Wehrdienst eingezogen werden.

Dies alles analysierend, schrieb Kathleen M. Pearle:

> »Die organisierte ärztliche Gemeinschaft hat sich mit ihrer Behandlung der immigrierenden Ärzte ein unrühmliches Zeugnis ausgestellt. … Neben genereller Feindseligkeit stand der immigrierende Arzt – ob in New York oder anderswo – einer mächtigen, wohlorganisierten medizinischen Lobby gegenüber, die gewillt war, Gerichtshöfe, die Rechtssprechung, das Bildungssystems, die berufsständischen Organisationen und alle Institutionen der Öffentlichkeit zu nutzen, um die potenziellen Mitbewerber von der Ausübung der medizinischen Tätigkeit auszuschließen … [allerdings] gab es nur selten antisemitische Ausfälle in den gegen die Einwanderer gerichteten Ausbrüchen.«[2]

Als sich das Ende von Erwins erstem Jahr in Minnesota näherte, bewarb er sich um eine Zulassung als Arzt und absolvierte das erste der beiden erforderlichen

Examen. Er bestand die sechs schriftlichen Prüfungen mit durchschnittlich 88,5 Prozent und die mündliche mit 90 Prozent. Dann wurden die Gesetze geändert, und die US-Staatsbürgerschaft wurde zur Voraussetzung für eine Zulassung zum Arztberuf in Minnesota. Es war Erwin nicht mehr möglich, die zweite Prüfung abzulegen. Am 8. Mai 1937 schrieb er an Gisela und Max: »Es bleibt mir nichts anderes übrig, als es in einem Staat zu versuchen, der diese Anforderung nicht stellt. Vermutlich wird es Texas sein, wo die Prüfungen im November stattfinden, alle auf einmal.«

## Auf nach Houston

1938 gab es in Houston, Texas, etwa 400.000 Einwohner, aber nur acht oder neun Spezialisten für Gynäkologie und Geburtshilfe, manche davon selbst ernannt. Die meisten Entbindungen und selbst gynäkologische Operationen wurden von Allgemeinärzten durchgeführt. Dr. Allen Lamar McMurrey hatte in Wien studiert und war 1926, ausgestattet mit Fliege, Spazierstock und Spitzbart, nach Texas zurückgekommen. Er war ein guter Chirurg, nicht interessiert an akademischer Forschung, aber immerhin hatte er sich beim Operieren filmen lassen. Obwohl McMurrey eine große, gutgehende Praxis besaß, sandte er seine schwierigen Fälle in die Mayo-Klinik. Insgesamt gab es in Houston etwa 400 Ärzte, einen auf 900 Einwohner. Anfang der dreißiger Jahre hatte es in Berlin einen Arzt auf 650 Einwohner gegeben. Erwin hatte Texas zweimal besucht, im November 1936 und im November 1937, bevor er endgültig dorthin zog.

Am 28. November 1936 hatte Erwin in New York einen Pullman-Zug bestiegen und die 36-stündige Reise nach Houston angetreten. Vier Tage später beschrieb er in einem Brief seinen Zielort als typisch amerikanisch, mit einigen 20- und 30-stöckigen Wolkenkratzern »und der typisch gleichen City. Houston mit 350.000 Einwohnern sehr schnell wachsend, infolge des neuen Kanals zur See, auf dem Benzin, Weizen und Baumwolle des großen Hinterlandes verschifft werden. Es ist die schnellstwachsende Stadt in U.S.A. ... Gewohnt wird in Einzelhäusern (Cottages ) ausschließlich, außerhalb der City. Man findet alle Abstufungen von eleganten Villen reicher Ölmagnaten, bescheidenen ein- und zweistöckigen Landhäusern und schließlich den Buden, in denen die Neger wohnen.« Obwohl Houston auf dem gleichen Breitengrad wie Kairo lag, dachte Erwin, Houston habe das Klima »von Mailand [und] Rochester das von Moskau. Große Gegensätze im Winter und Sommer. In Houston ist jetzt Regenzeit. Der Golf minimiert die Gegensätze. Es wird nicht viel wärmer als in Rochester, ist aber feuchter. Im Winter friert es selten. Trotzdem ist es in der

Vegetation noch keineswegs südlich. Dagegen 50 Meilen südlich Galveston, das auf einer Insel liegt, hat nur Palmen und Oleander.«

Er feierte ein »herzliches Wiedersehen« mit Dr. Clara Kocher Duncan, einer älteren Ärztin, die zu einem Studienaufenthalt in Berlin geweilt hatte und im August 1936 nach Houston zurückgekehrt war. Sie stammte aus Pennsylvania, und 1878 geboren, war sie schon 58, also 17 Jahre älter als Erwin. Sie hatte bis 1919 Medizin an der University of Texas in Galveston studiert. Im Shell-Hochhaus besichtigte Erwin ihre Praxis und die leeren Räume nebenan, die nur auf ihn zu warten schienen. Dr. Duncan stellte ihn den anderen Ärzten vor, und am Abend hielt er einen Vortrag. »Alles lief wirklich gut, und es gab eine lebhafte Diskussion.«

Fünf Monate später fuhren Erwin und seine Familie innerhalb von vier Tagen die 1.300 Meilen nach Houston – diesmal in einem größeren Pontiac als bei der Ankunft in New York. Sie kamen am 2. Mai 1938 an. Drei Jahre arbeitete Erwin hier in einer Praxisgemeinschaft mit Dr. Duncan. Ich habe oft gesagt, dass die Wahl von Houston eine bessere finanzielle Entscheidung war, als ich sie je in meinem Leben getroffen habe, aber 1978 sagte Mutter mir: »Houston war nicht die beste, sondern die einzige Wahl, die wir hatten.« Erwin musste sich einer bestehenden Praxis anschließen, um die Praxisroutine kennen zu lernen, und außer in Houston hatte es keine andere Möglichkeit für Erwin gegeben, zu arbeiten und seine Lizenz zu erhalten.

Vom 15. Mai bis 31. Dezember 1938 hatte Erwin 26 Patientinnen. Jede zahlte etwa 50 Dollar, was insgesamt 1.290 Dollar (oder 13.524 Dollar entsprechend der Kaufkraft von 1990) einbrachte. Die meisten erschienen mehr als einmal, aber pro Tag waren es höchstens vier. 1927, in seinem ersten Jahr als privat niedergelassener Arzt in Berlin, hatte Erwin nur 2.718 Mark verdient, im zweiten Jahr hingegen schon 8.645 Mark. Erwin hoffte, dass sein Einkommen in Houston im zweiten Jahr ähnlich ansteigen würde. Aber jetzt waren im Juni 42 Dollar fällig für die Versicherung, 27 Dollar für das Auto und 85 Dollar für die Miete. Danach blieben der Familie gerade noch fünf Dollar. Am 8. Juni 1939 schrieb Erwin an Antonie:

> »Es sieht düster aus. Bald bin ich bei null Dollar angelangt. Du kannst Dir vorstellen, wie das meine Stimmung beeinflußt. … Einer Patientin sagte ich, sie bräuchte eine Operation, und sie ging sofort zu einem anderen Arzt, der das Gegenteil behauptete. … Natürlich kehrten ihre Schmerzen zurück, und sie kommt vielleicht wieder. … Mit Schreibkram und der Behandlung von Duncans Patientinnen bin ich den ganzen Tag beschäftigt. … Aber wenn ich mich dankbar fühlen will, brauche ich nur an die Armen auf der S.S. St. Louis zu denken, die [von Florida und Kuba] nach Deutschland zurückgezwungen worden sind.«

Inzwischen hatte auch Texas Einwanderer von der Zulassung zur ärztlichen Praxis ausgeschlossen. 1939 hatte Erwin 52 neue Patientinnen und nahm 3.591

Dollar ein. Im ersten Halbjahr 1940 kamen 56 neue Patientinnen hinzu, und Erwin verdiente jetzt mehr als seine 50 Prozent der Einnahmen aus der Gemeinschaftspraxis, nämlich drei Viertel – seine großen Fähigkeiten hatten sich herumgesprochen. Monatlich verdiente er jetzt gut 500 Dollar, gerade genug, um die Ausgaben für Beruf und Lebensunterhalt zu decken, aber nicht genug, um die Schulden zurückzuzahlen. Selbst wenn man bescheiden lebte, mussten mindestens 6.000 Dollar im Jahr verdient werden, um die Praxis zu unterhalten (1990 hätte das 63.500 Dollar bedeutet). Ende Juni 1940 hatte Erwin oft elf Patientinnen am Tag und mehr als 60 wöchentlich. Noch ein Jahr später hatte er doppelt so viele, und vier Jahre später, 1945, hatte er an einem Tag so viele wie er früher in einer Woche hatte: 50. Seine Praxis hatte sich Jahr für Jahr in der Größe verdoppelt.

In den Jahren 1936 bis 1938 hatte Erwin insgesamt 6.855 Dollar Schulden gemacht. Die Hälfte des Geldes war von Antonie gekommen, ein Viertel von Ferdinand Thun von der Carl-Schurz-Stiftung. Zu den weiteren acht Geldgebern zählten Max Gutzwiller und Dr. Häfeli in der Schweiz und einige amerikanische Ärzte, darunter Charles W. Mayo. Alle Schulden wurden abbezahlt.

## Die letzten Briefe an Paul

Im Juni und Juli 1938 schrieb Erwin drei letzte Briefe an seinen Vater. Im ersten dieser Briefe sprach er über den Stolz, den er für die Entscheidung seines Vaters fühlte, um jeden Preis in Berlin auszuharren. Doch er empfahl den Eltern, so oft wie möglich die Kinder in der Schweiz und den USA zu besuchen:

»Als ich in alten Papieren kramte, entdeckte ich mein Kriegstagebuch von 1917. Wie idyllisch die Zeiten trotz aller Sorgen und Gefahren jetzt scheinen. Ich hatte Urlaub in Wannsee und nahm Geigenstunde. … Amerikaner (wie sorgenfrei!) denken jetzt an nichts anderes als an den Boxkampf zwischen Schmeling und Louis. Obwohl die Chancen gegen ihn sind, hoffen wir, daß der Deutsche gewinnt« (19. Juni 1938).

»Einen schönen Abend hatte ich neulich im ›Houston Sängerbund 1893‹, einer Vereinigung von Deutsch-Amerikanern, in der nur deutsch gesprochen wird. Erst wurde mehrstimmig gesungen (ich im 1. Baß). Wir übten: ›Wer hat dich, du schöner Wald‹ von Mendelssohn. Dann gab es einen Dauerskat an 6 Tischen. Ich gewann … Mußte aber der Sitte entsprechend 2mal eine Runde Bier schmeißen, weil ich 2 x 4 Jungens hatte. Der Sängerbund hat übrigens 2 Grundsätze des Verbundes im Mai ausdrücklich festgestellt, daß 1) außer der amerikanischen Flagge keine andere geführt wird, 2) daß keine … Paragraphen beziehend Aufnahme von Mitgliedern existieren oder eingeführt werden, was auch dem tatsächlichen Bilde entspricht. … Ich habe den Abend in vertrauter Umgebung sehr genossen. Auch einige ehemalige Berliner konnte ich begrüßen.

Bei zwangloser party after dinner bei uns – es gab ice cream und ice water – hatten wir neben einigen Kollegen auch den jugendlichen Direktor des hiesigen Kunstmuseums (Mr. Chillman), den ich vorher auf Grund einer Empfehlung von der Carl-Schurz-Vereinigung besucht hatte. Das hiesige Museum – schöner Bau, schön gelegen – enthält von allem etwas, von der Antike über die Renaissance zu den Impressionisten, und was den amerikanischen Museen soviel Leben gibt, eine Kunstschule gleich im Haus. Mr. Chillman war von unserem kleinen Ostade sehr beeindruckt, das gleiche von den Herrmannschen Landschaften, Biedermeiermöbeln, and to a lesser extent, meinen eigenen Erzeugnisse« (10. Juli 1938).

## Die Sorgen kehren wieder: 1938–1939

Käthe Wens, Ilses Mutter, unsere »Granny«, blieb zwölf Monate lang mit uns in Rochester und Houston. Im August 1938 kehrte sie mit der »Europa« nach Deutschland zurück, um im August 1939 auf der »Bremen« wieder in die USA zu kommen. Ich erinnere mich noch sowohl an ihre Abreise im Auto nach New York, begleitet von Bruno Beckmann, einem Lehrer, als auch an ihre Rückkehr ein Jahr später, an einem nebligen Septembermorgen in Galveston. Käthe hatte sich vorgenommen, jeweils ein Jahr mit ihrer Tochter in Houston und ein Jahr mit ihrem Sohn Gerhard, dem Herzspezialisten, in Bad Nauheim zu verbringen. Käthe war 64 Jahre alt, und mit Ausnahme eines kaputten Knies waren ihre Gesundheit und ihre geistigen Kräfte solchen ständigen Veränderungen durchaus gewachsen. In Bremerhaven wurde sie am 2. August 1938 von ihrem Bruder Otto Schwarze und ihrer Schwiegertochter Gertrud Wens mit Blumen in Empfang genommen.

In Bad Nauheim verbrachte sie ihre Tage in dem Haus, das sie und Ferdinand 30 Jahre zuvor gebaut hatten. Ihren Kindern in Amerika schrieb sie in einem ersten Brief, dass es keine Worte gebe, die ihre Gefühle beim Wiedersehen mit ihrem Sohn, den sie liebevoll »Tertilein« nannte, beschreiben könnten. Sie weinte Freudentränen mit Lisbeth, der alten Köchin, und Rocco, der braune Dackel, der auch »Pockilein« genannt wurde, hörte nicht auf, an ihr hochzuspringen und ihre Hände zu lecken. Freunde und Nachbarn, so schrieb sie, kamen vorbei und brachten Blumen. Alles war so anheimelnd und vertraut und gemütlich.

Doch schon in ihrem zweiten Brief, geschrieben am 13. August, hieß es: »Unser geliebtes Heimatland ist so schön, aber man hat sich mehr anzupassen, als ich gedacht habe. … Seid froh und dankbar, wie Ihr Euch entschieden habt und daß Ihr die richtige Entscheidung zur rechten Zeit getroffen habt! Mehr als einmal habe ich mir das in den letzten Tagen selbst gesagt! Und wie oft denke ich an Päp [Paul].« Käthe wollte unbedingt die Strassmann-Eltern in Berlin besuchen, sobald diese aus der Schweiz zurückkehrten, sicherlich, um ihnen mit den neuesten Nachrichten aus Houston eine Freude zu bereiten. Dieser Besuch sollte jedoch nicht mehr stattfinden, da Paul am 15. August verstarb. Von Freiburg in der Schweiz kam ein Telegramm nach Houston: »Trotz ermutigender Fortschritte gab es wiederholte Anfälle und alle medizinische Hilfe war umsonst. Seine letzten Gedanken galten seinem geliebten Sohn. In Trauer, Mutter, Schwestern.« Erwin telegrafierte zurück und schrieb dann:

»Eben kam Euer Telegramm, schön entworfen, aber sein Inhalt traf uns unvorbereitet. So entfernt zu sein und solche verheerende Nachricht in so kurzen Worten glauben zu müssen! Ohne Zweifel haben die entsetzlichen Entscheidungen, die grausame Degradierung der letzten Wochen dieses Ende über ihn gebracht. Er sah sich zum Ende all seines beruflichen Wirkens und zu bitteren Gedanken über sein geliebtes Heim und Vaterland gezwungen. Er ist auch ein Opfer der Barbaren, die jetzt an der Spitze der Regierung stehen. Ohne Mitleid würde ich die Zerstörung einer Nation ansehen, die solches erlaubt. Ihr werdet wieder von uns hören.«

Am 21. August 1938 schrieb Käthe, dass ein sehr anstrengender Monat hinter ihr liege, seit sie Houston für die mehr als 3.000 Kilometer lange Reise nach New York verlassen hatte und an Bord des Ozeandampfers gegangen war. »Das Einleben im Hause war liebe alte Gewohnheit – viel schwerer das Umstellen auf Land und Sitten! Was dort nicht berichtet wurde, ist hier Tagesgespräch, den Blick nach rechts und links. Ich segne darum das Schicksal, das Euch rechtzeitig die neue Heimat gab! Ich denke in gleicher Weise an Päpchen – möchtet auch Ihr Trost darin finden!«

## Das Pogrom

In Bad Nauheim erfuhr Käthe nun von all den neuen Diskriminierungen gegen Juden, von »Israel« und »Sara« als jüdischen Zwangsvornamen, dem in den Reisepass gestempelten »J« und so weiter. Wenigstens hatte Paul das alles nicht mehr erleben müssen und auch nicht die »Kristallnacht« am 9. November 1938. In seinem Tagebuch schrieb Erwin: »In Deutschland: Antisemitische Unruhen, Synagogen brennen, zehntausende Geschäfte und Häuser geplündert.« Vier Tage später findet sich eine Notiz über die eine Milliarde Mark, die den deutschen Juden als Strafzahlung für die Reparatur der während des Pogroms angerichteten Schäden auferlegt worden war. Am nächsten Tag rief Präsident Roosevelt den amerikanischen Botschafter aus Deutschland zurück, und das Tagebuch besagt lapidar: »Entrüstung in den USA über die Verfolgung der

Juden in Deutschland.« Unter dem 17. November steht: »56.000 Juden in Konzentrationslagern. Deportationen nach Afrika, Südamerika usw. geplant.«

Die »Kristallnacht« war ein von den Nazis seit geraumer Zeit vorbereitetes Pogrom gewesen, und die Ermordung eines deutschen Botschaftsangestellten in Paris durch den Juden Herschel Grynszpan am 7. November hatte den willkommenen Vorwand geboten. Die *Bad Nauheimer Zeitung* berichtete am 11. November 1938:

»Wie an vielen anderen Orten, besonders in der Gauhauptstadt, erhob sich auch in der Badestadt gestern eine Welle der Empörung als natürliche Reaktion auf den erneuten jüdischen Meuchelmord in Paris. Der Damm der Geduld riß angesichts der Hetze Alljudas in der Welt und ihrer verbrecherischen Auswirkung. Die Entrüstung verdichtete sich immer mehr in dem Wunsche, daß der letzte Jude Deutschland verlassen müsse. In Bad Nauheim haben Juden seit langem Gastrecht genossen und früher in wichtigen Arbeitsbezirken eine große Rolle gespielt. … in Bad Nauheim fehlt es nicht an Beispielen für Gewinnsucht und Herrschverlangen jüdischer Art. Zwischen Ariern und Nichtariern gibt es auch hier kein Miteinander, sondern höchstens ein Nebeneinander, das selbst im Privatleben sich unheilvoll auswirkte. … Nun hat die Entrüstung der Bevölkerung über die internationalen Machenschaften des Judentums und die erneute Bluttat sich in verständlicher Weise Luft gemacht.«[3]

Diese Behauptungen waren natürlich Lügen, und viele Nauheimer wussten das. Die in der Stadt angerichteten Zerstörungen waren kein spontaner Ausbruch von Volksentrüstung, sondern ein sorgfältig geplanter Angriff auf Juden und jüdisches Besitztum. In der Tat war das Pogrom in Bad Nauheim um einen Tag auf den 10. November verschoben worden, bis eine Gruppe französischer Ärzte die Stadt verlassen hatte – Bad Nauheim war um sein internationales Ansehen besorgt. Aussagen in einer Anhörung nach dem Krieg belegen, dass die Überfälle während eines Treffens im Gasthaus »Pfälzer Hof« geplant worden waren, an dem örtliche Naziführer und ein Vertreter des Bürgermeisters teilgenommen hatten. Ich kenne den »Pfälzer Hof« gut, er liegt nur wenige Minuten hügelaufwärts vom Haus der Familie Wens entfernt, ein niedriges Gebäude, in dem Gerhard oft seine Gäste untergebracht hatte.

An jenem 10. November waren die Teilnehmer des heimlichen Treffens ausgeschwärmt und hatten Häuser und Geschäfte überfallen, jüdisches Eigentum zerstört und auf die Straßen geworfen. Sehr schnell hatten sich auch andere Einwohner beteiligt. Der Direktor der Oberschule hatte seinen Schülern Äxte ausgehändigt, damit diese die Inneneinrichtung der Synagoge in der Karlstraße zerschlagen konnten – die Karlstraße lag gerade um die Ecke vom Haus meiner Großeltern Wens und meines Onkels Gerhard, wir waren täglich an ihr vorbeigegangen. Anders als die Synagogen in den Nachbarorten Friedberg und Butzbach wurde die Bad Nauheimer Synagoge nicht niedergebrannt, und niemand wurde getötet. Es wurde nur alles zertrümmert.

## Bremen und das Pogrom

Da sie Zensur befürchtete, erwähnte Großmutter Wens in ihren Briefen die »Kristallnacht« nur in sehr allgemein gehaltenen Wendungen. In jenen Tagen war sie nicht in Bad Nauheim gewesen, sondern in ihrer Heimatstadt Diepholz nahe Bremen. Aus Bremen schrieb sie im November 1938:

»Ich wäre 1.000mal lieber beim Weihnachtskuchenbacken mit Euch als hier! … Lebhaft stelle ich mir vor, wie gemütlich wir dort [in Houston] und in Rochester lebten. Ich bin ganz auf Euch alle ausgerichtet. Hier hat man genug erlebt seit den letzten Unruhen – ein Kapitel, das man besser nicht erwähnt. Von Muttchen habe ich nichts gehört und ich wage nicht, sie wegen dieser Nachrichten zu stören. In diesen Zeiten muß ihr Herz schwer sein. … Ich fühle mich wie ein Besucher, der nicht hierher gehört.«

In Bremen wurden 30 jüdische Geschäfte und Wohnhäuser sowie die zwei Synagogen verwüstet. Die Synagoge in der Gartenstraße wurde völlig niedergebrannt, während die anwesende Feuerwehr nichts unternahm, sondern nur eifrig darüber wachte, dass die Nachbargebäude nicht in Mitleidenschaft gezogen wurden. Die Bewohner eines jüdischen Altenheimes wurden in jener Nacht verprügelt und auf die kalte Straße hinausgejagt. Um acht Uhr am nächsten Morgen wurden 160 Männer zusammengetrieben und in das mehrere Kilometer entfernte Gefängnis von Oslebshausen gebracht. Am nächsten Tag wurden sie per Zug in das Konzentrationslager Sachsenhausen in Oranienburg bei Berlin geschickt. Noch in der Nacht waren fünf bettlägerige Menschen in ihren Wohnungen ermordet worden: der betagte Arzt Doktor Arthur Goldberg und seine Frau Martha, der Lebensmittelhändler Heinrich Rosenblum, der Maschinenschlosser Leopold Simonsohn und Selma Zwienicki, deren Ehemann einen Fahrradladen besaß und selbst nur knapp entkommen konnte. Keiner der Ermordeten war politisch aktiv gewesen oder hatte sich in irgendeiner Weise provokant verhalten. Ein Historiker stellte Jahrzehnte später fest, dass es im November 1938 keinen offenen Protest gegen die kriminellen Aktivitäten gegeben hatte, weil es wohl den meisten Bürgern gleichgültig war. Nur einige Kaufleute waren besorgt, dass die Ausschreitungen den Außenhandel negativ beeinflussen könnten.[4]

## Dahlem: Zuschließen und Abfahren

Im April 1939 hatte sich Käthe Wens bereit erklärt, die Auflösung des Hauses von Hedwig und dem verstorbenen Paul Strassmann in Dahlem zu betreuen, die Versendung des Mobiliars nach New York, Houston und Freiburg einschließlich aller rechtlich notwendigen Schritte in die Wege zu leiten und das nicht zur Versendung bestimmte Gut zu entsorgen. Vier Monate später, am 22. August 1939, verließ sie Deutschland an Bord der »Bremen«, an Bord desselben Schiffes, mit dem sie zwei Jahre zuvor auch abgereist war. Ein Jahr war seit Pauls Tod vergangen, wie ihr beim Packen sehr wohl bewusst geworden war. Die letzten Tage hatte sie mit ihrem Bruder Otto und dessen Frau Maria in Diepholz verbracht. Ottos einziger Sohn, Rolf, war zu dieser Zeit 33 Jahre alt, arbeitete für die Bremer Niederlassung des familieneigenen Getreidehandels und war Angehöriger des Bremer SS-Sturms.

Die »Bremen« war das einzige deutsche Schiff, dem in jener Woche noch erlaubt wurde, seinen Bestimmungshafen anzulaufen. Alle anderen Schiffe hatten mit ihren Passagieren und Gütern umzudrehen und nach Deutschland zurückzukehren. Nachdem Passagiere und Fracht in New York abgeladen waren, fuhr die Bremen völlig leer zurück nach Bremerhaven. Am 1. September hatte Hitlers Armee Polen überfallen, zwei Tage später war Großbritanniens und Frankreichs Kriegserklärung an Deutschland erfolgt. Noch am selben Abend hatte ein deutsches U-Boot ohne jegliche Vorwarnung das britische Schiff »Athenia« torpediert, das auf seinem Weg Richtung Westen durch den Atlantik war. Von den 1.400 Passagieren an Bord ertranken 112. Zu dieser Zeit fuhr Käthe an Bord der »Seminole« gerade um Florida herum.

Am 1. September schrieb Erwin in sein Tagebuch: »Krieg! Hitler fällt an drei Stellen in Polen ein.« Er fügte eine skizzierte Landkarte und Pfeile hinzu, die die Invasionsrichtungen zeigten. Dann folgt ein Eintrag: »Stalin bleibt neutral« und am 3. September: »England und Frankreich mit Deutschland im Kriegszustand.« Am frühen Morgen des 5. September kam Käthe Wens, unsere »Granny«, an Bord der »Seminole« in Galveston an. Wir waren alle am Pier, um sie abzuholen, und wir hatten viel zu besprechen.

## Mehr schlechte Nachrichten aus Europa

Weniger als ein Jahr später, am 21. Juni 1940, notierte Erwin im Tagebuch: »Hitler diktiert Frankreich in Foch's Eisenbahnwaggon in Compiègne die Waffenstillstandsbedingungen.« Sechs Wochen nach Kriegseintritt der USA, am 17. Januar 1942, musste Erwin die Fotoapparate, Ferngläser und das Kurzwellenradio der Familie beim Sheriff von Harris County abliefern. Durch den Krieg verzögerte sich die Erteilung der US-Staatsbürgerschaft für Erwin; jetzt waren wir zunächst einmal alle »feindlicher Ausländer«. Wie den japanischen Obstbauern und den italienischen Pizzaköchen von Houston wurden auch den drei deutschen Ärzten und ihren Familien – alle »Nichtarier« – auf dem örtlichen Postamt die Fingerabdrücke abgenommen. Ich erinnere mich noch genau an die Prozedur: die schwarze Tinte, die am Finger haften blieb, die Fotografien, die genommen wurden, die Unterschriften, die wir zu leisten hatten. Zum Glück hatte mich keiner von meinen Klassenkameraden von der San-Jacinto-Oberschule dabei gesehen. Unserer Familie wurde verboten, ohne Erlaubnis der Polizei mehr als 80 Kilometer weit zu verreisen. Eine Ausnahme bildete nur der wenige Kilometer darüber hinaus entfernte Strand von Galveston.

In jenen Wochen, in denen die Achsenmächte von Triumph zu Triumph eilten, zeigte Erwins Tagebuch Einträge wie: »schreckliche Stimmung … trübe Aussichten für die Zukunft … Unsicherheit … alles geht vor die Hunde.« Ich erinnere mich an die gedrückte Atmosphäre am Essenstisch in den Jahren 1941 und 1942, an die Stille und das nervöse Fingerschnippen meines Vaters. Die ausgelassene Zuversicht war zumindest in jenen Monaten nicht mehr vorhanden. Ganz offiziell galten wir als »feindliche Ausländer«, die, ob jüdische Flüchtlinge oder nicht, vielleicht gefährliche Spione Hitlers oder Mussolinis sein könnten.

Allerdings hatte Erwin erneut Glück und konnte schon innerhalb eines Jahres, am 4. November 1942, seinen Eid als amerikanischer Staatsbürger leisten. Danach ging er mit Dr. Ernst Bertner durch das Hermann Hospital, wo beide mehrere Patienten hatten. Bertner war ein politisch sehr engagierter Arzt, den eine solche Gelegenheit freute. Er war gerade dabei, das Texas Medical Center zu gründen. Als Erwin heimkam, schenkte Ilse ihm eine US-Flagge. Erwin rief dann Antonie und seine Mutter in Hemlock Hague an und teilte ihnen die gute Nachricht mit, ebenso seiner Tochter Renate auf dem Gulfpark College in Mississippi und seinen Houstoner Ärztekollegen Alfons Salinger und Franz Grünbaum, die noch weiter »feindliche Ausländer« blieben.

## Medizin in Texas

In jenen Tagen waren Klimaanlagen noch eine Seltenheit im subtropischen Houston, und selbst die Operationssäle der Krankenhäuser waren zumeist nur mit Deckenventilatoren ausgestattet, die die schwüle, 30 Grad heiße Luft umherwirbelten. Eine Krankenschwester war nur dazu abgestellt, beim Operieren den Schweiß von der Stirn des Chirurgen zu tupfen. Jeder Schweißtropfen, der in einen geöffneten Unterleib fiel, musste sofort mit Äther neutralisiert werden, damit er keine Infektionen hervorrief. Wie Hochleistungssportler trugen manche Chirurgen Stirnbänder mit Schwämmen, die den Schweiß aufsaugen sollten.

Einmal musste Erwin einem 15-jährigen Mädchen nach einem missglückten Abtreibungsversuch das Leben retten. Er stellte für diese Notfallbehandlung nur 25 Dollar Behandlungskosten in Rechnung. Schon im Vorjahr hatte das Mädchen ein Kind zur Welt gebracht, und Erwin hatte eine Adoption arrangiert.

»Nach langer Zeit hatte ich gestern wieder einmal zu operieren«, eine Brustamputation, wie er Antonie am 20. Oktober 1939 schrieb. »Unter örtlicher Betäubung entfernte ich zunächst den verdächtigen Tumor, und unter dem Mikroskop stellte sich sofort heraus, wie bösartig er war. Dann ging unter Vollnarkose alles wunderbar. Ein Assistent meinte: ›Es sieht so aus, als hätten Sie diese Operation schon eine Million Mal durchgeführt.‹ Getreu Vaters Regeln habe ich die Patientin ... noch am gleichen Abend zum Lachen gebracht.« Der Ehemann der Patientin war Chef einer Supermarktkette in Houston, und Erwin hoffte, 300 Dollar in Rechnung stellen zu können, obwohl bislang noch kein Wort über Geld gefallen war.

1940 verlieh die Amerikanische Gesellschaft für Geburtshilfe und Gynäkologie Erwin ihren Foundation Price für seinen englischsprachigen Aufsatz über den »Theca Keil« (Scheidenkeil), den er – wie im 10. Kapitel berichtet – zehn Jahre zuvor bereits auf Deutsch veröffentlicht hatte. Dieser Preis festigte sein Ansehen unter den Kollegen in Houston. Eine örtliche Fachzeitschrift nannte die Auszeichnung »eine wohlverdiente Ehre«, und auf einem Kollegentreffen verkündete der Vorsitzende das Ereignis voller Stolz. Erwin schrieb Antonie: »Es ist wirklich bemerkenswert, wie in diesem Land selbst Konkurrenten ihre Anerkennung ausdrücken.«

Die Krankenhäuser von Houston baten Erwin dann, einen Kurs zu organisieren, der ansässige Ärzte auf die staatliche Prüfung in Gynäkologie und Geburtshilfe vorbereiten sollte. Ohne diesen Kurs würde den Krankenhäusern die Akkreditierung fehlen. Erwin wurde ein unbegrenztes Budget zur Verfügung gestellt, um Mikroskope, Projektoren und andere Lehrmittel zu kaufen; allerdings wurde er für seine Arbeit nicht bezahlt. An Antonie schrieb er, die Freude an der Arbeit sei für ihn Belohnung genug.

Herman Johnson, der führende Geburtshelfer in Houston, der 1920 aus Vermont nach Texas gekommen war, lud Erwin im Oktober 1940 ein, mit ihm ein Treffen der Texanischen Gesellschaft für Geburtshilfe und Gynäkologie zu besuchen, und Erwin schrieb Antonie: »Es sieht deshalb folglich so aus, als ob ich unter meinen Kollegen beinahe schneller populär werden soll als unter meinen Patientinnen. Aber das ist der beste Weg, um eines Tages auf sicheren Füßen zu stehen.« Auf der Fahrt tauschten Johnson und Erwin Erinnerungen an den Ersten Weltkrieg aus, wo sie sich auf dem Schlachtfeld von Vimuy in Frankreich gegenübergestanden hatten.

In seinen Memoiren schrieb Johnson: »Ich kann wohl behaupten, der erste Arzt in Houston, vielleicht sogar in ganz Texas gewesen zu sein, der seine Praxis auf Geburtshilfe zugeschnitten hatte. Aber man muß natürlich daran denken, daß es sehr wohl einen Unterschied gibt zwischen einem ausgebildeten Facharzt für Geburtshilfe und einem Arzt, der sich in seiner Praxis dieses Gebiet nur selbst angeeignet hat.«

## Das Texas Medical Center

Bis 1940 hatte Erwins Freund, Dr. Ernst William Bertner (1889–1950), damals der Präsident der Texas Medical Society, schon Jahre damit verbracht, eine medizinische Fakultät in der Stadt zu gründen. Im Jahr 1913, 24 Jahre alt, war Bertner nach Houston gezogen, wo Jesse Jones, der größte Bankier der Stadt, das riesige Rice Hotel baute und einen Hausarzt suchte. Die Bertners wohnten von da an im obersten Stockwerk, mit Ausnahme von dem einen Jahr, in dem Bertner Gynäkologie und Geburtshilfe an der Johns Hopkins University in Baltimore studierte. Dort entwarf und formulierte er seinen Plan, auch in Texas ein großes Ärztezentrum aufzubauen.[5] Mein Vater Erwin hat mir erzählt, dass Bertner kein tiefgründiger Wissenschaftler war, keiner, der Pioniertaten in der Medizin vollbringen wollte, aber doch ein tüchtiger Arzt und ein großartiger Politiker. Als der Staat Texas endlich zustimmte, eine halbe Million Dollar für ein Krebskrankenhaus zur Verfügung zu stellen, gab die M. D.-Anderson-Stiftung, deren Geld aus Baumwolle und Öl stammte, eine weitere halbe Million, was genügte, um ein Stück Land von 52 Hektar zu kaufen. Die M. D.-Anderson-Stiftung spendete auch eine Million Dollar, die nötig waren, um die Baylor Medical School von Dallas nach Houston zu verlegen, und die städtische Handelskammer beteiligte sich mit einer weiteren halben Million.[6] Die Stiftung versprach, eine weitere Million für Forschung zur Verfügung zu stellen.

Dr. Bertner wurde der Präsident des neuen Texas Medical Center, und Dr. Herman Johnson half ihm, die gynäkologisch-geburtshilfliche Abteilung eines Teils des Centers, der Baylor Universität, zu organisieren. Erwin wurde einer der Dozenten. Die Kurse begannen im alten Lagerhaus von Sears Roebuck im Juli 1943. Im Jahr 1947 zogen die Klassen in das erste Gebäude des neuen Medical Centers ein, das durch ein Geschenk von Mrs. H. Roy Cullen ausgestattet wurde. 1945 wurde Erwin zum ordentlichen Professor ernannt. Dass die Hälfte der Ärzte Militärdienst leisteten und dass einige der früheren Baylor-Professoren in Dallas geblieben waren, war Edwin dabei zugute gekommen. Der erste Patient wurde in einem früheren Privathaus, 2310 Baldwin Street, am 1. März 1944 behandelt.

2004 hatte das Texas Medical Center, wie es auf seiner Website berichtet, 65.300 Angestellte mit über 4.000 Ärzten und 11.000 Krankenschwestern. Für die Forschung wurden pro Jahr mehr als 700 Millionen Dollar ausgegeben. Es wurden 5,2 Millionen Patienten behandelt, davon 10.500 aus dem Ausland. Auf einer Gesamtfläche von 285 Hektar befinden sich über 100 Gebäude und – angesichts der Patientenzahl nicht unwichtig – 44.188 Parkplätze.

## Bedingungslose Kapitulation

Der Krieg endete in Europa am 8. Mai 1945. Am 21. April hatte Erwin in sein Tagebuch geschrieben: »Die Russen in Berlin-Pankow, Weißensee.« Dort befanden sich auf dem großen jüdischen Friedhof die Gräber von Erwins Großvater und Urgroßvater und von anderen Verwandten. Sie waren überraschenderweise von den Ereignissen der letzten Jahre fast unberührt geblieben. Anfang Mai hielt Erwin fest: »... letzte Kämpfe um Berlin ... Deutschland bricht zusammen ... Hitler und Goebbels tot ...« An jenem Samstag, dem 8. Mai, hatte sich Erwin in Battelsteins Konfektionshaus zwei elegante Anzüge gekauft, er hatte neun Löcher Golf gespielt und vier Dollar im Pokerspiel gegen Ilse und seine Freunde gewonnen.

Mehr und mehr Briefe trafen ein von Verwandten, Freunden und Bekannten – Korrespondenz, die zunächst noch verboten war und von hilfreichen amerikanischen Besatzungssoldaten herausgeschmuggelt wurde. Hier soll beispielhaft nur ein Brief vom 1. Oktober 1946 erwähnt werden. Er kam von Walter Koch, dem Stiefbruder von Käthe Wens, der zunächst als Pathologe an Aschoffs Institut in Freiburg tätig gewesen und dann mit 66 Jahren als Wehrmachtsarzt nach Berlin eingezogen worden war. Walter lebte jetzt in der Landauer Straße 4 in Berlin-Wilmersdorf und schrieb:

»Die Zeit, als Berlin zerschlagen wurde, war furchtbar. Die amerikanischen und englischen Luftangriffe hörten nie auf, und während der letzten sechs Wochen kam man kaum nach draußen und lebte quasi im Keller. Dreimal musste ich selbst Feuer im Dach löschen ... Ich entging der Kriegsgefangenschaft nur, weil ich mich nicht auf den Weg zum Krankenhaus machen konnte, da ja alle Straßen in den letzten Kriegstagen völlig versperrt waren. Alles Militärpersonal im Krankenhaus wurde verhaftet und verschleppt. Viele sind noch immer in Rußland. In der Nacht, bevor die Russen auftauchten, wurde unsere Straße von beiden Seiten unter Artilleriebeschuß genommen, und bis vier Uhr morgens behandelte ich Verwundete. Auf den Rosenterrassen vor unserem Hause wurden die letzten deutschen Mörser aufgestellt, und die Hälfte der Männer, die sie bedienten, wurde verwundet oder getötet. Da es unmöglich war, die Verwundeten zu transportieren, trug ich sie in benachbarte Luftschutzkeller, wo Menschen Unterschlupf genommen hatten. Man gewöhnte sich an alles. Kein Fenster in unserer Wohnung blieb unzerbrochen, und es ist ein Wunder, daß wir all die Schrapnelle, die durch unser Schlafzimmer geflogen kamen, überlebt haben. Als die Russen kamen, stellten sie schwere Artillerie vor und neben unserem Haus auf, und Soldaten strömten durch das Haus. Sie schlugen alle Türen ein und verwüsteten die Wohnung, alles wurde aufgebrochen und ausgeleert. Aber wir haben noch viel Glück gehabt und nicht allzuviel verloren. …

Sag [Ilse], daß die ganze Luisenstraße abgesperrt ist, weil dort alle Wohnungen von russischen Familien besetzt sind. … Trotz aller Sehnsucht, kommt nicht nach Deutschland zurück, bis sich die Verhältnisse hier etwas beruhigt haben. Alles, worum ich Euch bitte, sind ein Paar Strümpfe für Lotte [seine Frau].«

## Nachkriegsmedizin

Anfang der fünfziger Jahre hatte Erwin sich seinen Ruf als einer der führenden Vertreter seiner Fachrichtung in Houston errungen. Von 1943 bis 1965 war er klinischer Professor für Geburtshilfe und Gynäkologie am College für Medizin der Baylor University. Als dem College im Januar 1954 ein von Roberto Fantuzzi gemaltes Porträt von Herman Johnson gestiftet wurde, sollte Erwin auf der Festveranstaltung die einführenden Worte sprechen. 1949 hatte Johnson von seiner Vollzeit-Arztpraxis in die medizinische Lehre gewechselt, jetzt, mit 71 Jahren, wollte er sich zur Ruhe setzen. Sich an die Zeremonie von 1949 erinnernd, sagte Erwin:

»In den Entbindungszimmern der Krankenhäuser Houstons wird die Erinnerung an Sie nicht verblassen. Wir werden ohnehin nicht denken, daß Sie uns im Stich gelassen haben, denn ….wir werden wissen, daß Sie immer noch erreichbar sein werden, um uns mit Rat und Tat zur Seite zu stehen, und dieser Bereich Ihrer Führung wird sicherlich noch ausgeweitet werden … Wir werden Ihnen auch weiterhin folgen, so wie wir es immer schon taten.« Danach, bedeckt von den Küssen all der Krankenschwestern und Arztfrauen, scherzte Johnson: »Mit so viel Sorten Lippenstift auf meinem tränennassen Gesicht sehe ich aus wie ein Schwerverwundeter.«[7]

1961 organisierte Erwin in Houston ein Advanced Research Meeting zu Sterilitätsfragen. Er war zudem ein Gastredner auf verschiedenen Kongressen der Internationalen Gesellschaft für Sterilität und Fertilität, so zum Beispiel in New York 1953, in Rom 1956 und Amsterdam 1959. 1970, nach 32 Jahren in Houston, setzte er sich zur Ruhe – im Alter von 75 Jahren. Mir erzählte er, er habe in 45 Jahren medizinischer Praxis mehr als 4.000 Babys auf die Welt gebracht und keine einzige Mutter sei während der Geburt verstorben.

Zu seinen frühesten Patientinnen in Houston hatten auch Emigrantinnen aus Deutschland gehört. Eine von ihnen, Margaret Schöning Kaye, brachte mit seiner Hilfe 1942 und 1944 zwei Babys zur Welt, nachdem sie zuvor vier Fehlgeburten gehabt hatte, zwei in Deutschland und zwei in den USA. In seiner Autobiographie *Starting from Scratch*[8] schrieb Walter Kaye, der Vater der Kinder:

»In all den vergangenen Monaten war Dr. Strassmann unglaublich fürsorglich und hilfsbereit gewesen. … Er kam beinahe jeden Tag, um Margaret aufzuheitern und ihr auf jede nur erdenkliche Weise zu helfen. Unser Kind war genau so sehr ›sein‹ Baby wie es unseres war. … Sogar noch viele Jahre später … wann immer einer seiner Patientinnen eine Fehlgeburt widerfuhr und sie die Hoffnung verlor, würde er auf die Bilder unserer Kinder weisen und dieser unglücklichen Frau erzählen, daß Margaret vier Fehlgeburten gehabt hatte, bevor sie diese zwei Kinder zur Welt brachte.«

Margaret, schon über 80 Jahre alt, aber immer noch fit im Tennis, erzählte mir 1996:

»Er war sehr fürsorglich und gab wirklich alles für seine Patientinnen. Als ich vor mehr als 50 Jahren im Krankenhaus lag und natürlich, wie es damals so war, viel mehr Zeit dort verbrachte als es heute üblich ist, habe ich mich immer auf seine Visite gefreut. Jedes Mal, bevor er meinen Raum betrat, konnte ich hören wie er sich auf dem Gang räusperte. Immer hatte er eine Blume im Knopfloch, und immer sah er sehr geschniegelt aus.«

Margaret wusste nicht, dass die Blume im Knopfloch üblicherweise vom Bouquet einer Patientin aus dem Nebenzimmer stammte, der Erwin gesagt hatte, dass er ein Andenken benötige.

Die Frau eines früheren Klassenkameraden hat mir kürzlich erzählt:

»Dein Vater war wundervoll, aber kein Mann der vielen Worte. Ich erinnere mich noch, wie entsetzt ich auf seinen Vorschlag, jetzt zu schneiden, reagierte: ›Oh, nein! Kein Kaiserschnitt! Das kann ich nicht ertragen!‹ Er sagte: ›Das ist doch ganz einfach. Wollen Sie das Baby haben oder nicht?‹ Dann hatte ich zwei Kinder, beide mit Kaiserschnitt. Nach dem dritten sagte er: ›All right, das war jetzt das letzte.‹ Wir akzeptierten das, und es gab keine weiteren Schwangerschaften.«

Ich erinnere mich an Erwins Büros und seine Praxisräume im Shell-Hochhaus, dann im Medical Arts Building und zum Schluss im Hermann Professional Building, das zwischen der Rice University und dem Texas Medical Center lag. Da gab es Regale voller medizinischer Fachbücher, Biedermeierstühle im Wartezimmer und an den Wänden Diplome, Zertifikate, Auszeichnungen sowie Fotografien von Paul Strassmann, Ludwig Aschoff, den Brüdern Mayo und Dutzenden vermeintlich unfruchtbarer Frauen mit ihren Kindern, oftmals sogar mit Zwillingen und Drillingen, von denen einige den Namen »Erwin« trugen. Zwei Untersuchungsräume ermöglichten es, dass jeweils eine Patientin untersucht werden konnte, während eine zweite vorbereitet wurde. Es roch nach Gleit- und Desinfektionsmitteln, und an Erwins Tisch stand die große Statue eines Affen, der sinnend auf einen menschlichen Schädel blickte, während er auf einem Buch hockte, auf dessen Rücken der Name »Darwin« zu lesen war. Wladimir Iljitsch Lenin, so wird gesagt, besaß ebenfalls eine Kopie dieser Statue.

Die Behandlung vermeintlich unfruchtbarer Patientinnen war Erwins Spezialgebiet. Mit solchen Patientinnen konnte er über Jahre arbeiten, sie immer wieder untersuchen und diversen Verfahren unterwerfen – allem, was einen Eisprung hervorrufen oder andere mit der Kinderlosigkeit verbundene Pro-

**49** In der Strassmann-Frauenklinik 1912. Rechts Oberin Marianne Rudeloff.

**50** Pastor Martin Niemöller.

**51** Ferdinand Sauerbruch, gemalt von Max Liebermann.

**52** Der Eingang der Frauenklinik: Links eine von Fritz Klimsch gestaltete Büste von Gerhart Hauptmann, einem guten Freund der Strassmanns, gegenüber das Denkmal des im Ersten Weltkrieg gefallenen Sohnes Hellmuth.

**53** Eine der beiden Störche Schlorchi und Bubi die im Hof der Klinik wohnten. Sie sollten kleinen Gästen nahe bringen, wo die Säuglinge herkamen.

**54** Hans und Eva Reis mit dem Autor 1995. Hans kam 1926 in der Strassmann-Klinik zur Welt und half 70 Jahre später bei der Rückgabe der Klinik an die Strassmanns.

**55** Der Hof der Klinik mit dem Denkmal »Die Gefesselte« von Reinhold Boeltzig, der es ursprünglich »Die Sünderin« genannt hatte.

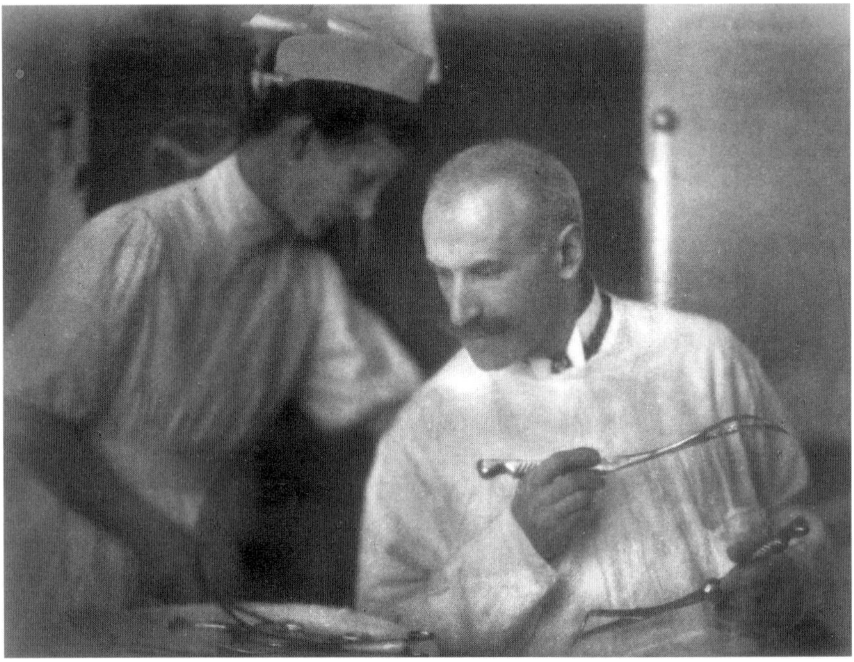

**56** Paul Strassmann bei einer Operation.

**57** Eine Postkarte mit den Reliefs von Sandor Jaray an der Außenmauer der Klinik in der Schumannstraße.

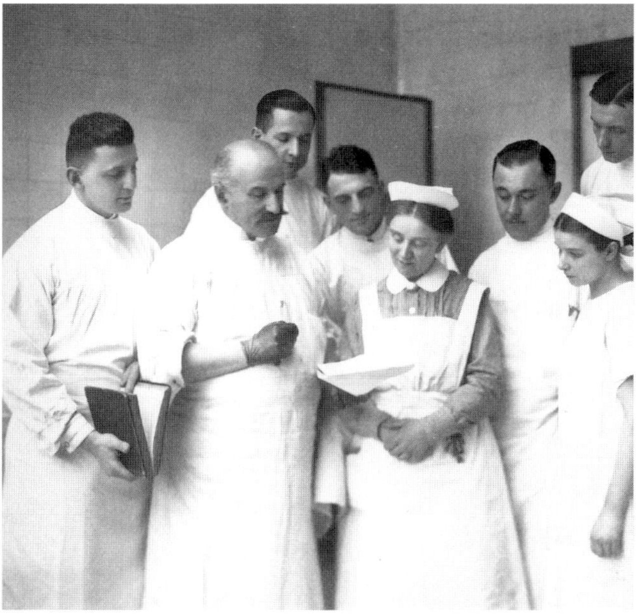

**58** Eine Aufnahme des Teams von 1926. Von links: Erwin und Paul Strassmann, Gerhart Zimmer, ein Unbekannter, Oberin Marianne Rudeloff, Martin Jung und Schwester Amalie Mücke.

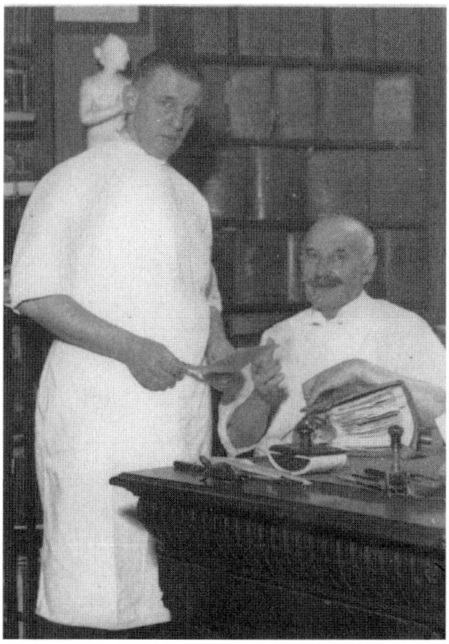

**59** Paul Strassmann 1935 in seinem Arbeitszimmer mit seinem Sohn Erwin.

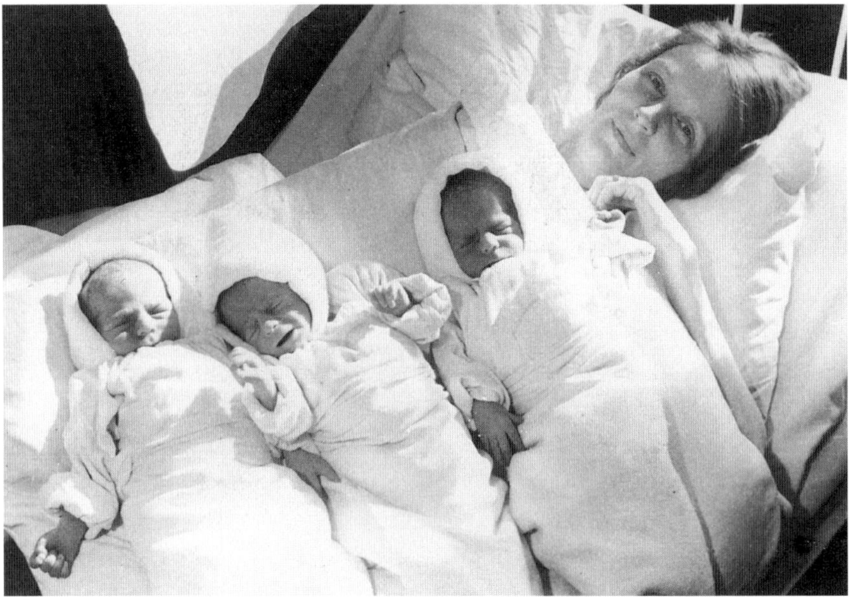

**60** Gertrud Seidel mit ihren Drillingen.

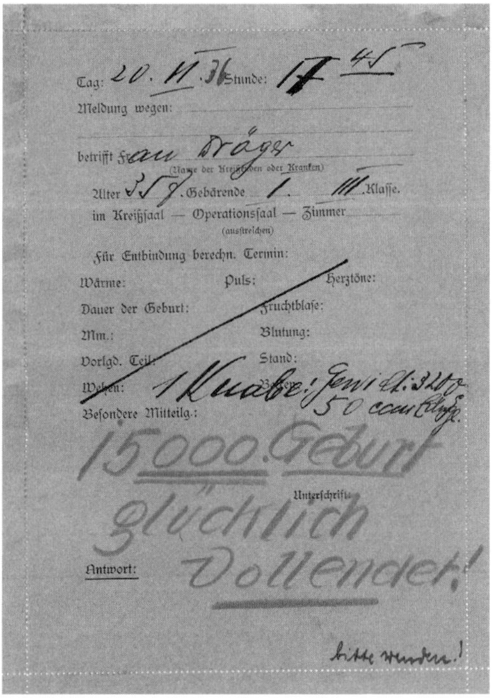

Tag: 20. 11. 36 Stunde: 17 45

Meldung wegen:

betrifft Frau Dräger
(Name der Kreißenden oder Kranken)

Alter 35 J. Gebärende 1. III. Klasse.

im Kreißsaal — Operationssaal — Zimmer
(ausstreichen)

Für Entbindung berechn. Termin:

Wärme: Puls: Herztöne:

Dauer der Geburt: Fruchtblase:

Mm.: Blutung:

Vorlgd. Teil: Stand:

Wehen: 1 Knabe; Gew. 3200
50 ccm

Besondere Mitteilg.:

15.000. Geburt

Unterschrift:

glücklich

Antwort: vollendet!

bitte wenden!

**61** Die Urkunde zur Geburt des 15.000. Babys in der Strassmann-Klinik.

**62** Ilse Wens mit ihrer besten Freundin Leni Schöller in Freiburg.

**63** In der Siegesallee, Berlin, Winter 1933: Erwin Strassmann und seine Frau Ilse mit den Kindern Renate und Wolfgang.

**64** Ilse mit ihren Eltern, Käthe geb. Schwarze und Dr. Ferdinand Wens um 1924.

**65** Professor Ludwig Aschoff, Leiter des pathologischen Instituts in Freiburg.

**66** Charles W. Mayo 1936.

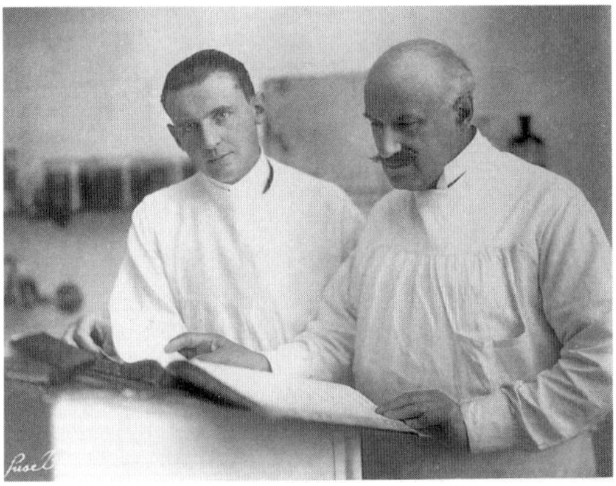

**67** Erwin und Paul Strassmann 1935.

**68** Aus Dankbarkeit für Mayos Gastfreundschaft schenkte Erwin der Klinik 1962 ein Exemplar von Andreas Vesalius' De Humani Corporis Fabrica Libri Septem von 1543. Hier betrachtet er es mit Charles W. Mayo.

**69** Charles H. Mayo küsst Antonie in Mayowood, Rochester, im Juli 1937.

**70** Joe Mayo mit Erwin auf der Mayo Mississippi Yacht im Sommer 1936. Kurz danach starb Joe bei einem Zugunglück.

**71** Käthe Wens beim Picknick in Galveston, Texas, mit Dr. Clara Duncan, von 1938 bis 1941 Erwins Partnerin.

**72** Die Aufnahme von 1948 zeigt vorne von links Ilse und Erwin Strassmann sowie Ilses Mutter, Käthe Wens. Hinten stehen die Kinder von Erwin und Ilse: Angelika, Wolfgang Paul und Renata.

**73** Georg Strassmann mit Priska Albert, Reinholds Krankenschwester und Braut, in der Nähe von Obersdorf, Bayern, im September 1918.

**74** Reinhold Strassmann wurde im Ersten Weltkrieg am Kopf und an der Lunge verwundet. Im Alter von 51 Jahren wurde er 1944 in Auschwitz ermordet.

**75** Die Brüder Reinhold und Georg mit ihrem Vater, Fritz Strassmann, in Zehlendorf. Putzi Esch war die Haushälterin. Ganz rechts sitzt Georgs Frau Ilse. Hinten ihr Sohn Fritz (Fred) Strassmann, der im Oktober 1938, im selben Jahr, als das Foto entstand, mit seinen Eltern in die USA auswanderte.

**76** Elisabeth und Ernst Keiner 1950 in Berlin.

**77** Annemarie Keiner vor dem Haus von Fritz Strassmann in Zehlendorf, im April 1939.

**78** Georg, Fritz (Fred) und Ilse Strassmann im Sommer 1938. Fred kam 1929 in der Strassmann-Klinik zur Welt und wurde von Georg und Ilse adoptiert.

**79** Fred Strassmann mit seiner Schwester in Frankfurt, wo sie sich 1996 zum ersten Mal trafen.

**80** Ernst Strassmann um 1931 gemalt von G. Hennig.

**81** Arnold Strassmann (1861-1940), Ernsts Vater, 1934 von G. Hennig gemalt. Er war ein Enkel von Chune Strassmann aus Rawicz.

**82 + 83** Ernst Strassmann 1957 als Direktor der BEWAG in Berlin.

bleme lösen könnte. Wenn nach Jahren die Patientin geneigt war, aufzugeben und eine Adoption zu erwägen, war Erwin immer noch gewillt, weiterzuforschen.

Welcher Prozentsatz an Schwangerschaften unter seinen Patientinnen tatsächlich auf Erwins Bemühungen zurückzuführen war, ist schwer zu sagen. Falls innerhalb eines Jahres 80 Prozent der Frauen beim Geschlechtsverkehr ohne Verhütungsmittel schwanger werden – sollten die restlichen 20 Prozent per definitionem als problematisch angesehen werden? Immerhin würde die Hälfte dieser Frauen innerhalb des zweiten Jahres schwanger werden, selbst ohne jegliche Behandlung. Hier spielen das Alter und viele andere Umstände eine Rolle, sodass kein Arzt jemals sicher sein kann, dass er eine Gruppe Patientinnen hat, die vor seiner Behandlung wirklich alle unfruchtbar waren.

Jedenfalls wurde die überwältigende Mehrheit der von Erwin behandelten Frauen schwanger, und sie brachten gesunde Babys zur Welt; seine Erfolge brachten ihm Patientinnen aus dem gesamten Südwesten der USA und sogar aus Südamerika. Immer wieder hielt Erwin Vorträge zum Thema Sterilität und Fertilität, einem Gebiet, von dem er meinte, dass es »kein Ort für Zynismus oder Halbherzigkeit« sein dürfe. Die Schwierigkeiten waren mannigfaltig, aber der Erfolg überwältigend, »eine Arbeit am Fließband des Lebens«. In seinen Vorträgen beschrieb er immer ganz genau das erste Krankengespräch mit der Patientin – seine Fragen nach ihrer ersten Menstruation, ihrem sexuellen, medizinischen und sogar schulischen Vorleben; schließlich musste er die »ganze Person« kennen. Dann folgte ein Bericht über die erste Untersuchung und die etwa 90 Tests, die er üblicherweise an seinen Patientinnen durchführte. Erwin war überzeugt, dass nur etwa zehn Prozent der verzweifelten Paare wirklich unüberwindliche Fruchtbarkeitsprobleme hatten. Sehr oft schloss er seine Vorträge mit der Erläuterung der Operationsmethoden für eine geteilte Gebärmutter.

Zwischen 1945 und 1964, in 20 Jahren, hatte Erwin die geteilte Gebärmutter von 26 Patientinnen mit Hilfe der »Strassmann-Methode« operiert. Eine geteilte Gebärmutter hat zwei Hohlräume anstatt einem. Ursachen sind eine Trennwand zwischen den beiden Gebärmuttern oder eine Fehlfunktion der Müllerschen Röhren. Neun dieser 26 Patientinnen von Erwin in Houston waren zuvor unfruchtbar gewesen, und 17 hatten immer wieder Fehlgeburten erlitten. Nach der korrigierenden Operation wurden 21 der Frauen schwanger, und im Lauf der Jahre entbanden diese 30 Kinder und hatten lediglich fünf Fehlgeburten. Vor der Operation hatte es bei ihnen nur ein lebend geborenes Kind gegeben, aber 53 Fehlgeburten. Erwin studierte die Fachliteratur und äußerte die Ansicht, dass, im Gegensatz zu der dort vertretenen Meinung, solche Missbildungen der weiblichen Geschlechtsorgane weit häufiger vorkommen würden als in einer von 7.000 Frauen. »Es gibt keine Operation bei Unfruchtbarkeit, die ähnliche

Resultate aufweisen könnte.« Er bedauerte, dass in den angloamerikanischen gynäkologischen Lehrbüchern die Operationsmethode, die sein Vater 1907 entwickelt hatte, nicht enthalten war. Seine 76. und letzte Publikation widmete er seinem Vater Paul Strassmann zu dessen 100. Geburtstag: »Fruchtbarkeit und Unfruchtbarkeit bei geteilter Gebärmutter« wurde in der Fachzeitschrift *Fertility and Sterility* in der Ausgabe vom März/April 1966 veröffentlicht. Heute wird das Phänomen der geteilten Gebärmutter in den meisten amerikanischen Lehrbüchern behandelt.

## Trotzdem Spaß

In Houston lebten Erwin, Ilse, Käthe und die Kinder von 1938 bis 1955 in der 2310 Binz Avenue und danach bis 1971 in dem 3423 North MacGregor Way. Beide Häuser waren aus Backstein und hatten vier Schlafzimmer. Das MacGregor-Haus hatte sogar eine Klimaanlage, ein großes Arbeitszimmer und fünf Badezimmer. Mit dem geliebten Biedermeiermobiliar, mit orientalischen Teppichen und impressionistischen Landschaftsbildern ausgestattet, war es ein typisches Haus des mitteleuropäischen Bürgertums – mitten in Texas. Das Haus in der Binz Avenue stand vor zwei großen Pecannussbäumen, und vor dem Haus, nahe der Straße, wuchsen Rosen und Myrten. Das Haus im MacGregor Way war umstanden von Dutzenden von Pinien, die einen Kreisverkehr überschatteten, der einen Blick auf den Brays-Bayou-Bach gegenüber der Straße gestattete. Grundstücksmakler hielten »Braes« für die elegantere Schreibweise, aber während der heftigen Regenfälle der Hurrikan-Saison nannten wir den Bach üblicherweise nur »Mississippi«.

1938, im ersten Sommer, hatte es nur zwei Möglichkeiten gegeben, der Sommerhitze zu entkommen: den Strand in Galveston oder das Kino. Wir konnten uns kaum mehr als die notwendigsten Lebensmittel kaufen, aber unser Leben war nicht karg, selbst wenn wir uns während der ersten vier Jahre nicht einmal Kurzausflüge leisten konnten. Und dann endlich, 1941, reisten wir auf ein verlängertes Wochenende in das so typisch deutsche New Braunfels nahe San Antonio und verbrachten ein zweites Wochenende in Austin, der Hauptstadt von Texas. Schon ein Jahr später waren wir »feindliche Ausländer« und durften nicht mehr reisen.

Mit seinen Patientinnen sprach Erwin auf eine fröhliche, aber trotzdem herrische Weise. Damals verehrten ihn viele Frauen dafür, heute würde das kaum noch eine tolerieren. Doch ich bin überzeugt, dass er sich an die neuen Zeiten genausogut angepasst hätte, wie er sich an das neue Land angepasst hatte. In den fünfziger Jahren fuhr er seinen Patientinnen, die viele Fragen stellten und eine eigene Diagnose wagten, jedoch über den Mund: »Meine Liebe, ich hatte keine Ahnung, daß Sie Medizin studiert haben! Haben Sie nicht? Aber dann waren Sie sicher eine Krankenschwester! Auch nicht? Nun, dann finde ich es erstaunlich, daß Sie so viele medizinische Fachausdrücke beherrschen!«

Einige der aus Deutschland gekommenen Flüchtlinge hatten sich vorgenommen, von nun an nur noch Englisch zu sprechen. Zu diesen Frauen sagte Erwin: »Meine Liebe, ich hasse die Nazis genauso sehr wie Sie, aber warum sollte ich Sie wegen meines Akzents leiden lassen? Und warum Sie mich?«

Eine seiner Patientinnen hat mir erklärt: »Er war verrückt, aber er verstand sein Fach.« Ihr Ehemann hatte Erwin gefragt, ob er amerikanische Bücher wie den *Letzten Mohikaner* kenne, und Erwin hatte nur gesagt: »Bruder, ich brauche Sie nur anzusehen.« Auf seine plaudernde, unterhaltsame Art verbrachte er immer zu viel Zeit mit den einzelnen Patientinnen, aber die anderen im Wartezimmer hatten zumeist dagegen nichts einzuwenden – in der Erwartung, dass ihnen im Sprechzimmer ebenso viel Zeit gewidmet würde und sie die neuesten Witze mit nach Hause nehmen könnten. Einige von ihnen sagten sogar, dass ihre Ehemänner daheim schon auf Erwins Witze warteten.

Bei Festessen ihm zu Ehren waren seine Dankesworte meist kurz angebunden, und üblicherweise sagte er etwas wie: »Dieses Geschenk wärmt unsere Herzen, genauso wie man hier die Kartoffeln schon gewärmt hat. Etwas Besseres als warme Herzen und warme Kartoffeln gibt es nicht. Also guten Appetit!«

Erwin liebte es zu malen. Doch selbst hier war er zu Scherzen aufgelegt: Die meisten Leute, so sagte er, meinten leider nur, dass er ein recht guter Maler für einen Doktor sei. Oder ein recht guter Doktor für einen Maler. 1938 hatte er auf einer Ausstellung in San Francisco eine Bronzemedaille für eine von ihm gemalte dörfliche Szene gewonnen. »Eines Tages«, so meinte er, »bin auch ich vielleicht gut genug, um mir ein Ohr abzuschneiden.« Von seinen Ausflügen nach New Mexico, Michigan oder nach Kriegsende erneut in den Schwarzwald kam er üblicherweise mit drei oder vier von ihm gemalten impressionistischen Landschaftsgemälden zurück. Zu seinen Besuchern sagte er: »Wie wäre es, wenn ich versprechen würde, Ihnen ein Bild zu malen? Dann können Sie die Vorfreude so richtig genießen. Sie werden's erst bereuen, wenn Sie es kriegen. Nicht mal die Brüder Mayo konnten meinen Malkünsten entkommen. Ich habe eine Gartenlandschaft für Dr. Charlie gemalt und ein Bild mit Booten für Dr. Will.«

Er erinnerte sich, dass eine seiner Patientinnen ihn gefragt hatte: »Doktor, wo haben Sie nur diesen reizenden Akzent her?« Und er hatte geantwortet: »Aus Tahiti. Doch warum soll man da jetzt noch hin, wo es vor Ungeziefer und Würmern nur so wimmelt? Und Gauguin ist auch schon tot. Aber ich sage

Ihnen was: Mit gutem Essen sieht sogar Tahiti gut aus. Man kann es überall aushalten, wo das Essen gut ist, nicht wahr?« Dabei war er nur in Neuseeland gewesen und nie in Tahiti.

Tiefschürfende politische Diskussionen lagen Erwin nicht, und einmal sagte er mir sogar: »Als ich jung war, habe ich auch Philosophie studiert und mich um eine Weltanschauung bemüht. Doch das war zuviel für mich. Ich habe unheimlich viel gelesen und konnte mich doch hinterher an nichts mehr erinnern. Im Wesentlichen ist die Wahrheit doch das, was wir gelernt haben, als wir jung waren, oder was uns im Geschäft hilft.«

»Naja, Antonie ist jetzt katholisch«, sagte er einmal. »Aber deswegen ist der Papst noch lange nicht nach Peekskill gekommen.«

Eines Tages während einer Operation erzählte ihm einer seiner Assistenten, er habe das ideale Haus gefunden, perfekt gelegen in der Nähe der besten Freunde, aber leider sei die Anzahlung zu hoch. »Ich gebe Dir das Geld«, sagte Erwin. »Sie machen einen Witz. So etwas gibt's doch gar nicht«, anwortete der Assistent. »Nein, nimm es«, meinte Erwin. »Keine Zinsen, keine Bedingungen, kein Rückzahltermin. 1936 und 1937 habe ich mich hier bei meinen Freunden tief verschuldet. Doch jetzt bin ich in der Lage zu helfen, und es wäre einfach nicht richtig, wenn ich es nicht täte.«

Meine Tochter Beverly hat die Seiten dieses Kapitels gelesen und mir bestätigt, dass alles korrekt dargestellt ist. Manches habe ihr sogar die Kehle zugeschnürt. Aber irgendwie sei der wirklich komische »Opi« nicht sichtbar geworden. Beverly erinnert sich an ihn als einen unglaublichen Witzbold mit einem großartigen Sinn für Unfug, einem wundervollen Gespür für Späße und dem absoluten Talent, jede Albernheit mit todernstem Gesicht vorzutragen. Erwin spürte jedermanns schwache Seite auf und entwaffnete mit elegantem Geschmack jeden Fremden. »Lass mich Dir einen Witz von Freund zu Freund erzählen«, schien er zu meinen. »Wenn ich jetzt grinse und irgendeinen Blödsinn erzähle, wie wäre es, wenn Du dann ein bißchen lächeln würdest?« Seine gutmütigen Possen machten einen glauben, dass alle Probleme winzig seien und das Leben lebenswert. Man musste es auskosten bis zum letzten Tropfen. Im Oktober 1972, als ich zum letzten Mal den Raum verließ, in dem er im Sterben lag, drehte ich mich an der Tür noch einmal um. Er blickte mir nach, den Daumen hoch in die Luft gereckt.

*15. Kapitel*

# Endstation Auschwitz: Reinhold 1944

Für die Opfer der Verfolgung bedeutete das Verbleiben in Deutschland das Ersinnen von Nachweisen, dass man nicht wirklich jüdischer Herkunft sei, oder es bedeutete die Suche nach einem Versteck im Untergrund, bedeutete Selbstmord, Tod durch Verzweiflung, Tod durch Überarbeitung im KZ wie Buchenwald, den Abtransport zusammengepfercht in Zügen, das Erschießen irgendwo im Baltikum, das Warten auf den Tod in Lagern wie Theresienstadt oder die Selektion an der Rampe von Auschwitz und in der Regel die anschließende Vergasung. Alle Nachfahren Schmuhl Molower Strassmanns, die in Deutschland geblieben waren, erlitten eines der obigen Schicksale: Elisabeth, verh. Keiner und ihre Tochter Annemarie versteckten sich in Dörfern in Hessen und im Schwarzwald und überlebten. Richard und Marie Levy begingen 1941 Selbstmord. Reinhard überlebte in einem Außenlager von Buchenwald. Seinem Bruder Ernst Karl Otto Strassmann, einem Richter, gelang es, seine jüdische Abstammung zu verschleiern. Er leitete ab 1933 eine heimliche Widerstandsgruppe, bis er 1942 von der Gestapo verhaftet wurde. Seine Geschichte wird im nächsten Kapitel erzählt. Helene Strassmann, die Schwester Pauls, starb in Theresienstadt, und Reinhold Strassmann wurde Ende Oktober 1944 in Auschwitz ermordet. Dieses Kapitel ist ihm gewidmet.

Reinhold war im Ersten Weltkrieg zweimal verwundet worden und heiratete dann seine nichtjüdische Krankenschwester, Priska Albert. Selbst schon getauft, wurde er Dichter und Mathematiker und verdiente seinen Lebensunterhalt als statistischer Mathematiker für eine Versicherungsgesellschaft. Nach Jahren des Zweifels wurde er strenggläubig evangelisch und weigerte sich 1943, seine problematisch gewordene Ehe dafür zu nutzen, der Deportation zu entgehen.

## Anfänge

Reinhold wurde am 24. Januar 1893 in Berlin geboren. Sein Vater war Fritz Strassmann (1858–1940), der Rechtsmediziner, der Vetter von Paul. Reinholds Mutter war Rose, geborene Borchardt (1866–1934), deren sanfte mandelförmige Augen Reinhold ebenso geerbt hatte wie ihr welliges dunkles Haar und ihre ebenmäßigen Gesichtszüge. Sein älterer Bruder Georg (1890–1972) war blond, aber untersetzt und ähnelte eher seinem Vater und weniger der Mutter. Ein dritter Sohn aus der Ehe zwischen Fritz und Rose, Werner, starb 1899 im Alter von acht Jahren an einer fehldiagnostizierten Blinddarmentzündung und wurde auf dem Friedhof in Berlin-Friedrichsfelde beigesetzt. Verwandte, die jetzt in den USA leben – Fred Strassmann aus Belmont, Massachusetts, Elisabeth Strassmann Keiner (1899–1990) und ihre Tochter Annemarie Keiner Springer aus Bloomington, Indiana – haben mir Fotografien, Gedichte, Briefe und persönliche Erinnerungen an Reinhold Strassmann übermittelt, mit deren Hilfe ich mir ein Bild von ihm machen konnte.

Aus Reinholds Kindheit und Jugend sind nur wenig Einzelheiten überliefert. Er bewunderte seinen älteren Bruder Georg und liebte die Poesie und die Mathematik, letztere studierte er an der Technischen Universität von Berlin, Charlottenburg. Reinholds glücklichste Zeiten waren die Familienurlaube in der Schweiz und Italien; er schrieb Gedichte über Fischerboote in Neapel und verschneite Kiefern im Engadin. Der Erste Weltkrieg bedeutete das Ende von Studium und Reisen. Mit 21 Jahren meldete er sich 1914 freiwillig zur Armee. Gedichte, die er während der siegreichen ersten Kriegsmonate schrieb, dröhnen vom prahlenden Patriotismus jener Zeit:

»Trotz
Wir trotzen dem Schicksal, wir beugen uns nie!
Eh' geht unsere Erde in Scherben
Und fallen wir einst, so fragt uns nicht wie!
Wir trotzen dem Schicksal, wir beugen uns nie,'
Im Kampfe im Siege zu sterben!«

Während des Krieges wurde Reinhold zweimal verwundet. 1915 wurde durch eine Kopfverletzung sein Hörvermögen dauerhaft geschädigt, und 1918 verlor er eine Lunge. Durch diese Verwundungen aber fand Reinhold die große Liebe seines Lebens, die Krankenschwester Priska Albert. Sein persönliches Leiden empfand er deshalb als weniger tragisch als das militärische Debakel Deutschlands 1918.

## Zweifach verwundet

Seine Kopfverletzung erlitt Reinhold 1915 nahe Stryj, südlich von Lwow, in den galizischen Vorbergen der Karpaten. Er war auf Patrouille, als dicht neben ihm eine Granate explodierte. Georg, der im selben Regiment diente, sah, wie sein Bruder zum Feldverbandsplatz gebracht wurde. Nach einigen Tagen Aufenthalt in einem Hospital in Breslau wurde Reinhold in das Berliner Virchow-Krankenhaus verlegt, wo sein Onkel Moritz Borchardt Chefchirurg war. Mit dem Eisernen Kreuz ausgezeichnet, erholte sich Reinhold danach in Berlin und begann, wieder seine Vorlesungen in Philosophie und Mathematik zu besuchen. Im August 1917 war er wieder weit genug hergestellt, um zurück an die Front zu ziehen. Seinem Bruder schrieb er einen zwölf Seiten langen Brief, in dem er den neuen Quell der Unruhe in seinem Leben erklärte: die Liebe.

»Da es jetzt bei Euch draußen sehr heftig zugeht, wirst Du wohl an diesen Kleinigkeiten kein großes Interesse haben, und ich überlege auch, ob ich Dir gerade jetzt von dem Erlebnis erzählen soll, das mich bis ins Innerste ergriffen, umgewälzt und erschüttert hat, ich weiß ja nicht in welcher Lage Dich der Brief trifft. ...

Nun will ich Dir von Schwester Priska [Albert] erzählen. Die Sache läuft schon länger, als Du denkst, denn da sie zauberhaft schön ist, ... hat sie mir auch gleich, als ich sie das erste Mal sah, sehr gut gefallen. Das war am 16. November [1916] auf der Ohrenstation. Damals gingen die Dinge nicht weiter, aber ... Anfang Januar verbrachte sie lange Stunden an meinem Bett, und obwohl es auch gute medizinische Gründe dafür gab, hatte ich nie vorher solch zärtliche Fürsorge erlebt. ...

[Später sagte sie] mir sogar, sie hätte nur eine einzige Bitte an mich, nämlich die Photographien und die Filme, die ich von ihr hatte, ihr zu überlassen, so daß ich kein Bild mehr von ihr hätte. Als ich sie nach dem Grund fragte, meinte sie, wenn ich aus dem [Krankenhaus] käme, würden die Bilder doch sowieso nur in den Papierkorb wandern und das wollte sie nicht. Dann fragte ich sie, warum sie denn eine so schlechte Meinung von mir hatte, sie hätte doch gar keinen Grund dafür, schließlich hätte sie merken können, wie ernst es mir wäre. Sie sagte, sie dächte ja gar nicht weiter schlecht, aber das wäre doch der Lauf der Welt, aus den Augen, aus dem Sinn, das würde bei mir auch nicht anders sein. ... aber für sie wäre es eine große Enttäuschung, wie so viele, die man im Leben erlebt. Manchmal war sie auch sehr lieb zu mir, und ich spürte dann nachts beim Abschied eine solche Wärme und Innigkeit, daß ich beglückt in mein Zimmer ging.«

Zurück an der Front, schrieb Reinhold unter dem Hagel der Artillerie- und Gewehrgeschosse mehr Briefe an Georg und mehr Gedichte für Priska. Während eines der Rückzugsgefechte im letzten Kriegsjahr wurde Reinhold wiederum von einem Granatsplitter getroffen, diesmal an der Lunge. In das gleiche Lazarett eingeliefert wie zuvor, traf er Priska wieder. Diesmal brauchte er sie noch nötiger als zuvor, und sie willigte ein, ihn zu heiraten. Fotografien, im Heimaturlaub im September auf einer bayerischen Alpenwiese aufgenommen, zeigen Priska: ein hoch gewachsenes Mädchen mit krausem blondem Haar über einer hohen Stirn und mit einem skeptischen Lächeln.

1921 lebten Reinhold und Priska in Marburg in Hessen. Hier beendete Reinhold sein Studium der Mathematik so schnell, wie es seine angegriffene Gesundheit erlaubte, und wurde dann in Berlin Versicherungsmathematiker. Priska und er hatten keine Kinder, aber Priska erlitt zwei Fehlgeburten, und ihre

Beziehung war getrübt durch seine düsteren Stimmungen, die sich in seinen Gedichten widerspiegelten:

Verzweifelt

Mein Gott, so soll ich nie mehr fühlen,
Nie mehr soll dieses Herz erglühn?
Du rissest mich von den Gespielen,
Nun bin ich einer von den vielen,
Die einsam ihre Wege ziehn.

Die durch das ganze Leben gehen
In still verschlossener Düsterkeit,
Nicht fühlen sie des Frühlings Wehen,
Nicht können Freude sie verstehen,
Nicht Lust, noch hohe Seligkeit.

Vergebens quellen ihre Tränen
Die Brust bleibt öde – einsam – kalt.
Die Hoffnung ist ein eitles Wähnen,
Nie wird erfüllt ihr heißes Sehnen
Und der Verzweiflungsschrei verhallt.

Reinhold widmete seine Gedichte seinem Bruder – warum, wissen wir nicht. Man kann sich aber leicht vorstellen, dass Priska von diesen Gedichten und den Gefühlen, die sie beinhalteten, nicht begeistert war.

Widmung

Bewahr sie getreu in Deinem Herzen,
Und liest Du sie, gedenk in Liebe mein!
Verneinung ist ihr Anfang und ihr Ende,
Sie sehnen sich nach ew'ger Seligkeit.
Ach, fern der Erde gibt es ja kein Leben,
Und auf der Erde gibt es nichts als Leid!

## Vertrauen und Verzweiflung in der Ahrenshooper Zeile

Reinhold überwand seinen Schmerz, indem er sich einer strengen evangelischen Glaubensauslegung zuwandte. Evangelischer Religionsunterricht war ein selbstverständlicher Bestandteil des Unterrichts an den preußischen Schulen gewesen, die Reinhold besucht hatte, aber seine Eltern waren keine praktizierenden Christen und hatten nur die christlichen Feiertage begangen. Die neue Inbrunst, mit der er seinem Glauben anhing, erschien jedem, auch den Mitgliedern seiner

Familie, seltsam und fanatisch. Reinhold konnte jegliche Diskussion auf religiöse Themen lenken, dann zitierte er Jesus und erklärte die Botschaft des Herrn. Priska konnte sich damit nicht abfinden; sie litt unter den zwei Fehlgeburten und unter der schwierigen Beziehung mit Rose, ihrer Schwiegermutter, die sie als »wesensfremd« empfand. Schließlich verließ Priska Berlin, um eine Stelle als Krankenschwester in Freiburg im Breisgau anzunehmen.

Um 1930 erlitt Reinholds Vater, Fritz, einen ersten Herzinfarkt und seine Mutter, Rose, verstarb 1934. Reinholds Eltern hatten in einer geräumigen Villa in der Ahrenshooper Zeile 35 gelebt, einer eleganten Straße im waldreichen Berliner Vorort Zehlendorf. Umgeben von uralten Bäumen, hatte das Haus eine Fassade aus weißem Stuck und Backsteinen und elegante Glastüren, die zu einer Terrasse oberhalb eines gepflegten Rasens führten. Rechts des Eingangs lagen die Zimmer von Fritz und der Haushälterin, Putzi Esch, die viele Jahre lang für die Familie gearbeitet hatte. Reinhold lebte im oberen Stockwerk. Die Köchin, Grete Gesellensetter, hatte ein Zimmer im Dachgeschoss.

Vor einigen Jahren suchte ich die schattige Straße auf. Ich fand den Garten eher vernachlässigt, eine Tischtennisplatte schimmelte neben einem Stapel rostiger Fahrräder vor sich hin. Nur das Haus sah noch so aus wie auf den Fotos, die Fred Strassmann aus Belmont mir geschickt hatte. Auf einem sieht man Fritz, Reinhold, Georg und andere bei Kaffee und Kuchen auf der Terrasse mit den großen Glastüren, während die Sonne das Laub aufleuchten läßt. Auf den Gesichtern, die der Kamera zugewandt sind, sieht man keine Spur einer Vorahnung, die durch die damalige Nazibedrohung hervorgerufen worden wäre.

Im Sommer 1935 war ein christliches Glaubensbekenntnis für die Einstufung als Jude schon längst irrelevant geworden. Reinhold war es nicht länger gestattet, Theater, Kinos, Restaurants und Sporteinrichtungen zu besuchen – zunächst aufgrund von Entscheidungen ihrer Betreiber, später aufgrund erlassener Gesetze. Dann verlor er seine Arbeit bei der Versicherungsgesellschaft. Im November 1938 erschienen zwei SS-Offiziere in der Ahrenshooper Zeile, um den 80-jährigen Fritz Strassmann abzuführen. Die Haushälterin führte sie in den Raum, in dem der alte Mann in seinem Rollstuhl saß. Verwirrt aufgrund der Nachfolgen eines weiteren Herzinfarkts, begrüßte er die SS-Männer freundlich. »Nehmen Sie ihn mit, wenn Sie glauben, daß das richtig ist«, sagte Putzi Esch. In Verlegenheit gebracht, verließen die SS-Männer das Haus ohne Fritz.

Reinhold, der die Entscheidungsgewalt in der Ahrenshooper Zeile übernommen hatte, ließ zwei weitere Familien einziehen. Ohnehin waren Juden jetzt gezwungen, enger zusammenzuwohnen – damit mehr Platz für die »arischen Volksgenossen« blieb. Zu den neuen Bewohnern des Hauses gehörten seine attraktive Verwandte Marie Levy mit ihrem Mann Richard, einem Anwalt, der seltsamerweise einen Schnurrbart wie Hitler (und Chaplin) trug. Marie war die Tochter von Fritzens Schwester Gertrud Fränkel.

Die zweite Familie, die einzog, waren Hildegard Hirschwald, ihr Mann Herbert und die zwei kleinen Söhne Walter and Rudolf. Hildegard war die Tochter von Fritz' Bruder Walter. Die Hirschwalds emigrierten im August 1939 nach England. Sie ließen all ihre Besitztümer in Deutschland zurück und änderten ihren Namen in Hartwell. Auch Herbert war ein gläubiger Christ, ein Rechtsanwalt und Richter am Kammergericht. Im Ersten Weltkrieg hatte er einen Arm verloren. Herbert studierte in Oxford Theologie, um in einer nonkonformistischen Kirche Geistlicher zu werden. Sein erstes Amt war die Betreuung deutscher Kriegsgefangener auf der Isle of Wight.

## Briefe ins Ausland

Zu dieser Zeit, Ende der dreißiger Jahre, war Reinholds älterer Bruder Georg, ein forensischer Pathologe wie sein Vater, bereits mit seiner Frau Ilse, geborene Marwitz, und dem »arischen« Adoptivsohn Friedrich Werner (heute Fred) nach New York emigriert. In meinem Besitz befinden sich einige Briefe, die Reinhold zwischen 1939 und 1941 an Georg geschrieben hat.

In einem Brief vom April 1939 äußerte sich Reinhold erneut darüber, dass sein Vater sich all der Sorgen, die durch die sie betreffenden Veränderungen hervorgerufen wurden, womöglich gar nicht bewusst sei. Die einzigen Sorgen, die Reinhold in den zensierten Briefen diskutieren konnte, waren seine eigenen gesundheitlichen Probleme. Sein Herz, seine Augen, seine Verdauung, seine Atemwege bereiteten ihm Kummer; zumindest schrieb er, seien seine Organe so »taktvoll«, dass sie ihn nur eines nach dem anderen belästigten und nicht alle zugleich. Reinhold trug eine frühe Art von Kontaktlinsen, konnte sie aber nur für etwa anderthalb Stunden aufbehalten – zu wenig Zeit für eine Reise in die Berliner Innenstadt und zurück. Wenn er seine Lesebrille trug, konnte er nur dann Straßennamen entziffern, wenn die Gläser bis auf einen schmalen vertikalen Schlitz völlig verdeckt waren. Um Gesichter zu erkennen, reichte die Sehschärfe der Gläser nicht aus. Häufig litt er auch unter Herz- und Magenchmerzen.

In einer überfüllten Kirche konnte Reinhold dem Gottesdienst für höchstens eine halbe Stunde beiwohnen. So bedauerte er in einem Brief vom 23. April 1939 sehr, dass er nach einem Ostergottesdienst von 75 Minuten zu erschöpft gewesen sei, um noch für die Erteilung der heiligen Kommunion anwesend bleiben zu können. Doch die Predigt sei wenigstens hervorragend gewesen.

Fritz verstarb am 30. Januar 1940, fünf Monate nach Beginn des Krieges. Noch am selben Tag schrieb Reinhold an Georg und Ilse:

»Unser lieber guter Vater ist soeben eingeschlafen, um in eine bessere Welt hinüberzugehen. Am 8. Januar fing es an, und deswegen habt Ihr auch so lange von mir keinen Brief mehr bekommen. Am ersten Tag seine Unfähigkeit die rechte Hand zu geben, und zwei Tage später war der rechte Arm gelähmt, auch das Bein war sehr wenig beweglich geworden. Dabei war Vater geistig immer ganz auf der Höhe. ... Wir müssen uns damit trösten, daß wir bis zuletzt alles getan haben, um ihm alles Schwere zu erleichtern. Einmal sagte er mir noch, Du hast alles getan, was ein Sohn für seinen Vater tun kann. Und als ich ihn fragte, ob er einen Wunsch habe, sagte er, den könnte ich ihm nicht erfüllen. Es war die Erlösung von dieser Welt. ... Ich hoffte nur noch, daß unser Vater im Himmel ihm seine Engel schicken möge.«

Als Fritz starb, erbte Reinhold alles, da sein Bruder Georg mit der Familie in die USA emigriert war und es keine Möglichkeit gab, Vermögen in das Ausland zu transferieren. Putzi Esch und die Köchin Grete Gesellensetter mussten entlassen werden, weil ihre Weiterbeschäftigung aufgrund der Rassengesetze nicht länger erlaubt war. Reinhold überwies ihnen jedoch weiterhin monatlich ihr Gehalt – Geld, das er nur mit Mühe von seinen gesperrten Konten abheben konnte. In Übereinstimmung mit Dekreten, die Juden – wie Kommunisten – zu »Feinden von Volk und Staat« erklärten, wurde bald darauf aller jüdischer Besitz konfisziert – bis hin zum Besteck.[1] Kusine Annemarie und ihre Mutter Elisabeth Keiner kamen etwa alle zwei Wochen auf Besuch in die Ahrenshooper Zeile, und aus Reinholds Briefen ersieht man die Freude, die er über jeden dieser Besuche empfand. Annemarie erinnerte sich später, wie Reinhold einmal das Familiensilber auf dem Tisch aufgelegt hatte, Dutzende von Gedecken einschließlich der Fischgabeln, der Karaffen und der Silberbecher – all das, was später konfisziert wurde. Mit leiser Ironie hatte Reinhold erklärt, dass dieser geschmückte Tisch sein bescheidener Beitrag zu den deutschen Kriegsanstrengungen sei. Aber außer Ironie verblieb Reinhold nicht viel. Eines Tages erfuhr er, dass Richard und Marie Levy, die Kusine, die mit ihrem Mann bei ihm eingezogen war, sich in der Klinik eines Freundes hatten aufnehmen lassen und dort Selbstmord begangen hatten.

Die Einberufung zahlreicher deutscher Männer zur Armee verursachte einen empfindlichen Mangel an Arbeitskräften; und manche Berliner Beamten meinten, die 40.000 Berliner Juden in arbeitsfähigem Alter, die zuvor aus ihren Arbeitsverhältnissen entlassen worden waren, sollten nun einen würdigen Beitrag zum Kriegsgeschehen leisten. Doch die Beschäftigung von Juden auf den deutschen Postämtern während der hektischen Vorweihnachtstage 1940 wurde von der Gestapo abgelehnt, die die Juden lieber schwere Arbeiten verrichten sah: Straßen reinigen, Müll sammeln, Gräber ausheben, auf Baustellen arbeiten. Selbst Reinhold mit all seinen gesundheitlichen Problemen wurde für solche Tätigkeiten eingezogen. Er bat Putzi Esch, den von nun an vorgeschriebenen gelben Stern auf seine Mäntel zu nähen. Der Mangel an Arbeitskräften war in Berlin so groß, dass sogar Juden von außerhalb in die Stadt verbracht wurden. Im Juli 1941 waren etwa 27.000 jüdische Zwangsarbeiter in Berlin beschäftigt.[2]

Über all diese Monate hielt Reinhold die Korrespondenz mit Georg und Ilse in New York aufrecht. Trotz des Krieges mit Frankreich und England und der Invasionen in Dänemark, Norwegen, Belgien und den Niederlanden konnte über die Schweiz und Portugal Post immer noch in die USA gelangen. Einschließlich der Zensur brauchte ein Brief etwa sechs Wochen für diese Reise. Keiner der überlieferten Briefe enthält irgendwelche ideologischen oder politischen Aussagen oder kontroverseres als religiöse Gedanken.

Gegen Ende 1941 wurden die meisten Juden aus ihren Häusern vertrieben und in Baracken untergebracht. Angeblich geschah dies, um Platz für ausgebombte deutsche Familien zu schaffen. Seit August 1940 hatte die britische Luftwaffe mit Bombenangriffen auf Berlin begonnen, die 1941 intensiviert, 1942 jedoch unterbrochen wurden. Jüdisches Mobiliar wurde von der Regierung eingezogen und an Möbelgeschäfte zum Weiterverkauf an ausgebombte »arische« Mitbürger gegeben. Haustiere, so wie Reinholds Hund, wurden Juden verboten, weggenommen und getötet.

In all seiner Pein wandte sich Reinhold noch mehr der Religion zu. Er betete, las religiöse Bücher, hörte Predigten, nahm das Abendmahl und suchte immer häufiger die Friedhöfe in Stahnsdorf und Friedrichsfelde auf. Am liebsten las er die Bibel, die Hymnen und zwei Bücher von Riethmüller, *Der König aller Gewalten* und *Des Todes Tod.* Auch las er ein Buch über Napoleon und versuchte Andersens Märchen in das Deutsche zu übersetzen. In seinen Briefen beschrieb er immer wieder lebhaft, wie sehr die kirchlichen Zeremonien ihn beeindruckten. Nach einem Sonntagsgottesdienst in der Vorweihnachtszeit 1940 fühlte er sich so tief bewegt, als habe er nie zuvor die Geschichte von Bethlehem gehört. Im Gottesdienst habe sich die lähmende Verzweiflung der Menschheit in dem Aufschrei »Hilf uns, Gott, unser Heiland, und sammle uns und errette uns!« Ausdruck verschafft. Dann habe ein Lichtstrahl die Finsternis durchbrochen und große Freude über Schäfer und Könige gebracht. »Sie sahen den neu geborenen Heiland und Retter!« Reinhold schrieb, dass er sich häufig mit großer Dankbarkeit all der unverdienten Wohltaten und Gnaden entsinne, die er von seinem himmlischen Vater empfangen habe. Er zitierte Psalm 116: »Der Herr ist gnädig und gerecht; und unser Gott ist barmherzig. … Wie soll ich dem Herrn vergelten all seine Wohltat, die er an mir tut?«

Der letzte Brief, den Reinhold an Georg abschickte, war auf den 12. September 1941 datiert, also kurz bevor Richard und Mary Levy Selbstmord begingen. Reinhold schrieb ihm, wie froh er war zu hören, dass Georg und seine Familie sich einen Ausflug nach Rhode Island hatten leisten können. Er freute sich auch, dass Georg das Lieblingszitat des Vaters nicht vergessen hatte, das von Goethe stammte: »Getretner Quark wird breit, nicht stark.«[3]

Über sich selbst schrieb er:

»Danach lag ich im Garten und freute mich an den gelben und bunten Blumen, den grünen Bäumen und dem strahlendblauen Septemberhimmel darüber und mein ganzes Herz war vom Dank gegen unsern Schöpfer erfüllt. … Ich bin oft in der Kirche gewesen und vorigen Sonntag bei einer sehr schönen Feier des heiligen Abendmahls. Am Grab der Eltern habe ich lange im Gebet verweilt. Der Wind ging durch die Wipfel und man spürte den ewigen Frieden Gottes. … ›Jesus Christus ist der wahrhaftige Gott und das ewige Leben.‹ Grüßt herzlich alle treuen Verwandten! Viele tausend gute Wünsche und innige Grüße von Euerm täglich in Liebe Euer gedenkenden

Reinhold.«

## Deportation

Die Details für die »Endlösung«, Hitlers Programm der vollständigen Judenvernichtung, wurden von Adolf Eichmann, Reinhard Heydrich, dem Gestapochef Heinrich Müller und Dutzenden anderer auf der Konferenz ausgearbeitet, die am 20. Januar 1942 in einer Wannsee-Villa, nicht weit von der Ahrenshooper Zeile, stattfand. Im folgenden Juni 1942 wurde Reinholds Name (seit 1938 per Gesetz: Reinhold Israel Strassmann) auf eine Liste gesetzt: die Liste für Transporte in das Konzentrationslager Theresienstadt. Dieses Lager war »privilegierten« Juden vorbehalten, vermögenden Juden, »prominenten« Juden mit eventuellen Verbindungen in das Ausland oder Juden mit Kriegsauszeichnungen.

Ernst Keiner, der Lateinlehrer auf dem Eckener Gymnasium, der Reinholds Kusine Elisabeth geheiratet hatte, war ein nichtjüdischer Freund von Reinhold. Elisabeth war die andere Tochter seines Onkels Walter Strassmann. Ernst Keiner schickte ein Telegramm an Priska, die jetzt als Krankenschwester in Freiburg im Breisgau lebte, und informierte sie, dass Reinhold in Schwierigkeiten war und ihre Hilfe brauchte. Priska nahm den nächsten Zug nach Berlin und teilte den Behörden mit, dass ihr Ehemann Kriegsversehrter des Ersten Weltkrieges sei, 1915 eine schwere Kopfverletzung erlitten und 1918 einen Lungenflügel verloren habe. Er solle deshalb nicht deportiert werden – als »arische« Ehefrau forderte sie die sofortige Absetzung seines Namens von der Transportliste. Sie hatte Erfolg: Reinhold gehörte nicht zu den 24.000, die mit diesem Transport nach Theresienstadt geschickt wurden. Er blieb zunächst in Berlin, aber er musste sich von nun an mit seinem Vetter Konrad Fränkel ein Zimmer teilen. Konrad, ein Arzt mit »arischer« Frau, überlebte das Dritte Reich und lebte noch bis 1957. Für die 35.000 noch vorhandenen Berliner Juden wurden nun die zerbombten Häuser des Bayerischen Viertels als neues Ghetto vorgesehen. Sie leisteten weiterhin schwere Zwangsarbeit.

Priska kehrte nach Freiburg zurück. Eine italienische Verwandte, Camilla Faitini, schrieb gegen Kriegsende, im Januar 1945, an Reinholds Schwägerin Ilse Strassmann in Amerika, dass sie Reinhold 1942 in Berlin gesehen habe:

»Er lebte mit [Konrad Fränkel] am Bayerischen Platz. Er kam mich oft besuchen. Er arbeitete hart an den Häusern, die durch die Bombardements zerstört worden waren. Aber er verlor nie seinen Lebenswillen. Es war unglaublich, wie er es schaffte, so hart zu arbeiten. Eines Tages wurde er weggebracht und musste drei Wochen im Gefängnis bleiben, aber dann wurde er wieder freigelassen, weil er ja noch mit seiner Frau verheiratet war.«

1943 stand Reinholds Name wieder auf der Deportationsliste für Theresienstadt. Es war der elfte Transport. Dieses Mal half ihm seine Ehe mit einer »Arierin« nicht mehr. Goebbels beabsichtigte, bis Ende März 1943 Berlin völlig » judenfrei« zu machen. Es ist sehr fraglich, ob Priska ihm noch einmal hätte helfen können, aber Ernst Keiner sagte später, dass Reinhold ihre Hilfe nicht mehr habe in Anspruch nehmen wollen. Reinhold war jetzt 50 Jahre alt, und er war bereit, Teil des jüdischen Exodus zu werden. Camilla Faitini vermutete allerdings, dass Priska sich jetzt geweigert hätte zu helfen, weil Reinhold nicht bereit war, wieder mit ihr zu leben. Camillas Meinung scheint mir jedoch unverständlich – Priska und Reinhold waren doch ohnehin schon seit Jahren getrennt, und zwar anscheinend auf Priskas Initiative.

Die Deportationszüge gingen ab dem Bahnhof Grunewald, nur wenige Kilometer von Zehlendorf entfernt. In jedem Zug nach Auschwitz oder Theresienstadt wurden etwa 1.000 Menschen in qualvoller Enge zusammengepfercht; und viele Züge waren nötig. Die Transporte der Juden zu den Todeslagern hatten trotz der Kriegszeit Priorität.

## Theresienstadt

Bevor sie 1941 in ein Konzentrationslager umgewandelt wurde, war die einstige österreichische Festung Theresienstadt ein Städtchen von 3.700 Einwohnern gewesen, darunter zehn jüdische Familien. Jetzt gab es hinter den Festungswällen 16 Straßen, die ein Gitternetz von 30 Wohnblocks um einen Marktplatz schufen. Das Konzentrationslager unterstand dem Reichssicherheitshauptamt der SS. Das Lager wurde von tschechischen Wachleuten abgeriegelt, die innere Verwaltung wurde jedoch weitgehend dem jüdischen Ältestenrat überlassen: die Zuteilung von Arbeit, Lebensmitteln, Unterkünften, medizinischen Einrichtungen und sogar die Auswahl der von hier zu Deportierenden. 1942, als Theresienstadt 53.000 »Einwohner« hatte und ständig weitere eintrafen, begannen Deportationen in die Ghettos von Riga, Warschau, Lodz, Minsk und Bialystok, aber auch direkt in die Vernichtungslager von Treblinka, Majdanek und Auschwitz. Insgesamt wurden 88.000 Menschen deportiert, und weitere 33.000 starben in Theresienstadt an Unterernährung und Epidemien. Etwa 90.000 der nach Theresienstadt Deportierten kamen aus der Tschechoslowakei und Österreich, 42.000 aus Deutschland. Viele von ihnen galten als »prominente« Juden, waren alt oder hatten »besondere Verdienste« aufzuweisen wie Kriegsauszeichnungen aus dem Ersten Weltkrieg. Einmal im Monat durften die Häftlinge einen Brief senden. Einige konnten ihre Musikinstrumente und Bücher mitbringen und organisierten Vorträge, Theater- und Kabarettveranstaltungen, Konzerte, Opernaufführungen, Schulklassen für Kinder und heimliche Gottesdienste. Von den 141.000 Menschen, die nach Theresienstadt deportiert wurden, überlebten nur 19.000, darunter vielleicht 1.000 aus Berlin.

Eine dieser Überlebenden, Susanne Fränkel, berichtete Ernst Keiner, sie habe gesehen, wie Reinhold Strassmann seinen warmen Mantel und andere Winterbekleidung an frierende Mitgefangene gegeben habe. Er war ein Samariter. Sie wusste auch, dass Reinhold im Oktober 1944 nach Auschwitz weitergeschickt worden war. Laut einem Schreiben von Israel G. Jacobson, dem Direktor des American Joint Distribution Committee für die Tschechoslowakei, an Ernst Keiner vom 19. September 1946 war Reinhold am 23. Oktober 1944 von Theresienstadt nach Auschwitz deportiert worden. Die Akten enthalten nur einen Eintrag für Reinhold: »verschollen – Auschwitz«. Das offizielle Gedenkbuch für die Opfer der Verfolgung der Juden unter der nationalsozialistischen Gewaltherrschaft in Deutschland 1933–1945 listet Reinhold neben weiteren sieben Strassmanns auf. Keiner davon war ein Verwandter, und nur ein weiteres Opfer kam aus Berlin: Meta Strassmann, geborene Kraft.[4] Der Tod von Paul Ferdinands Schwester Helene ist unter den Toten der Familie Keiler aufgeführt, für den 19. November 1942 in Theresienstadt.

Über Reinholds letzte Wochen wissen wir fast nichts. Im Juli 1944 war er »längere Zeit« in Theresienstadt im Hospital. Dies geht aus einem Brief hervor, der sich im Besitz von Gertrud Zülzer, einer Freundin seiner Schwägerin Ilse Strassmann, geborene Marwitz, befindet. Gertrud hat diesen Brief ihr Leben lang aufbewahrt. An wen der Brief gerichtet war, ist nicht bekannt – vielleicht an Ilses Schwester, eine andere Gertrud.

Die Gedichte, die Reinhold einst verfasste, über die Angst vor Tod und Vernichtung, über das Fehlen jeglicher Schönheit und die sinnlose Ungerechtigkeit – sie waren jetzt Wirklichkeit geworden. Am Ende war Reinhold nur einer von Dutzenden, die in einem verschlossenen Güterwaggon in das Vernichtungslager transportiert wurden, einer von Hunderten, die nackt in einem Betonraum dem einströmenden Zyklon B ausgesetzt waren, und einer von Millionen, die in den vierziger Jahren fabrikmäßig ermordet wurden. 1933 war Reinhold vermutlich unter den 161.000 Juden gewesen, die man in Berlin zählte. Zwölf Jahre später war er nicht unter den knapp 6.000, die in Berlin überlebt hatten.

## Vermächtnis

Ab 1945 wurde enteigneter jüdischer Besitz allmählich identifiziert und nach umständlichen Prozeduren den Erben zurückgegeben. Reinhold hatte all sein Eigentum Priska überschrieben – eine Entscheidung, die sein Bruder Georg in Belmont, Massachusetts, anzweifelte. Ernst Keiner bestand jedoch darauf, dass das Erbe an sie gehen sollte, und er setzte sich durch. Ein Brief von Priska an Ernst vom 3. November 1949 besagt:

»Heute wende ich mich mit einer dringenden Bitte an Sie. Um verschiedene Familiensachen zu arrangieren, brauche ich dringend amtliche Dokumente, die Reinholds Tod bestätigen. Vor einiger Zeit wollten Sie mir einen Totenschein schicken, aber ich habe ihn nie bekommen. … Ohne daß es zu viele Umstände macht, könnten Sie auch einen Heiratsschein von dem zuständigen Amt beantragen oder mir die Adresse mitteilen, damit ich es tun kann? Zu viele Bitten auf einmal, aber ich weiß nicht, an wen ich mich sonst wenden könnte, da ich diese Dokumente so schnell und dringend brauche. Ich hoffe, daß ich Ihnen nicht zuviel Arbeit mache und daß ich Ihnen eines Tages auch einmal einen Gefallen erweisen kann. …

Priska Strassmann«

Georg Strassmann in Massachusetts hörte fünf Jahre lang nichts von Priska, seiner Schwägerin. Am 1. Dezember 1954 antwortete sie dann auf einen seiner Briefe. Sie erwähnte, dass zu viel harte Arbeit ihre Energie aufgebraucht habe, »vor allem, da viele, viele Jahre des Schweigens uns getrennt haben«. Sie dankte ihm dafür, dass er sie auf die Möglichkeit der Entschädigung hingewiesen hatte, die ihr als Reinholds Witwe zustand. Sie hatte sich bereits darum bemüht, aber die Behörden hatten ihr nicht geantwortet, vielleicht absichtlich. In Deutschland hatte es einen verregneten Sommer, Herbst und Winter gegeben. »Da wir von der Hoffnung leben, darf man jedenfalls nie zu schnell entmutigt sein.« Sie äußerte die Hoffnung, dass Georg in seiner Arbeit glücklich wäre, aber sie wusste nicht genau, was er tat und hatte keine Vorstellung, ob sie der Forschung an deutschen Universitäten ähnelte.

Georg beantwortete diesen Brief und beschrieb sein Leben und seine Arbeit. Priska antwortete am 11. April 1955 mit weiteren Entschuldigungen für die neuerliche Verzögerung:

»Was soll ich Dir von mir erzählen, da gibt es soviel zu sagen. Nachdem meine Mutter vor einigen Jahren, kurz vor dem Zusammenbruch, sehr krank wurde, kam ich nach Hause und pflegte sie. Leider mußten wir sie dann verlieren, ihre Kräfte waren vollkommen aufgezehrt und all unsere Bemühungen und Opfer zu armselig, um ihr helfen zu können. In der Folge blieb ich dann zu Hause und versorgte weiter den Haushalt. Ich hatte noch einige Male Halbtagsstellen angenommen, aber jetzt kann ich es nicht mehr tun, 2 Herren zu dienen, so gerne ich es wollte, ich bin auch älter geworden, und die schwere Zeit und der viele Kummer haben mich sehr verbraucht. Pekuniär geht es mir natürlich nicht glänzend. … Da ich sehr bescheiden und wunschlos bin, reicht [das Geld] gerade für meine sonstigen Bedürfnisse aus. Herr Keiner hat mir ja schon lange geschrieben, daß die Rente erhöht werden wird, ganz bestimmt, aber da heißt es warten, und wenn es dann kommt, nehme ich es mit Dank.«

Daraufhin sandte Georg Priska etwas Geld, aber sie teilte ihm mit, dass sie durchaus nicht beabsichtigt gehabt habe, um Sympathie und Geld zu betteln. Sie wolle niemandem zur Last fallen. Priska arbeitete deshalb weiterhin als Krankenschwester in Freiburg. Sie heiratete nie wieder und lebte bis in ihre achtziger Jahre.

Fred Strassmann sagte mir, dass seine Eltern, Georg und Ilse, ihm gegenüber nur ein einziges Mal den Tod Reinholds erwähnt hätten, doch ohne jegliche Details. Fred hatte Reinhold zum letzten Mal mit neun Jahren gesehen. Er konnte sich nur daran erinnern, dass sein Onkel eher schroff im Umgang mit Kindern war und nichts weiter gesagt hatte als: »Tag, Junge.« Allerdings meint Fred, dass er selbst ja auch ein unfreundliches Kind gewesen sein könnte. Meine Kusine Annemarie hatte Reinhold zum letzten Mal in Berlin gesehen, als sie bereits ein Teenager war. Sie erinnert sich noch, wie er in jede Unterhaltung religiöse Themen einzuflechten wusste. »Reinhold war schon etwas seltsam«, hat Annemarie mir vor einiger Zeit erzählt, »aber ein guter Kerl.«

*16. Kapitel*

# Leiter einer linksliberalen Widerstandsgruppe: Ernst Karl Otto

Dieses Kapitel erzählt von Ernst Karl Otto Strassmann, dem Leiter einer Widerstandsgruppe, der zwei Jahre und acht Monate in Gestapo- und Polizeihaft überlebte, indem er mit charmanter Unverschämtheit Nazis gegeneinander ausspielte, sie dazu bewegte, seine Deportationspapiere verschwinden zu lassen und darauf bestand, dass der jüdische Arzt Arnold Strassmann nicht sein leiblicher Vater gewesen sei.

Ernst Karl Otto (1897–1958) stammte angeblich über Heimans Bruder Chune, dessen Sohn Ephraim und dessen Sohn Arnold von Schmuhl Molower Strassmann ab. Wenn man Heinrichs Erinnerungen folgt, war Ephraim, obwohl der am wenigsten gebildete, der erfolgreichste Kaufmann unter Chunes Söhnen. Er hatte sich in Raszkow niedergelassen, etwa 60 Kilometer östlich von Rawicz. Ephraims Sohn Arnold (1861–1940) beschrieb seinen Vater als »einen sehr korrekten Gewerbetreibenden, ... einen unabhängigen Denker, in Bezug auf religiöse Rituale voller Skepsis, aber voller Toleranz gegenüber den verschiedenen Religionen«. In der Stadtverwaltung von Raschkow war Ephraim für die Armenfürsorge zuständig.[1]

Arnold, Ernsts Vater, war Sanitätsrat und betrieb ein Sanatorium in Falkenhagen bei Seegefeld, westlich von Berlin. Ephraims zweiter Sohn, Hugo, wurde Justizrat und ließ sich in Berlin nieder. Beide Söhne standen mit ihren Verwandten aus der Linie von Heiman Strassmann in Verbindung. So arbeitete Hugo zum Beispiel mit Fritz Strassmann, dem Sohn von Samuel, zusammen, als dieser eine Kegelbahn nahe dem Oranienburger Tor errichtete. Fritz empfahl Arnolds 1932 geschriebenes Büchlein *Allerlei Ostmärkisches* seinen Söhnen Georg und Reinhold als Lektüre. In seinem Tagebuch erwähnt Paul Ferdinand Strassmann diesen Arnold als einen seiner Besucher, mit dem er über die Herkunft des Namens Strassmann philosophiert hat.

Im Jahr 1899, als Arnold 38 war, heiratete er eine seiner Patientinnen, Emilie Ottilie Backhausen. Zwei Jahre zuvor, am 20. Juli 1897, war er auf ihrer Hochzeit mit dem Buchhalter Alfred Hübner Trauzeuge gewesen. Hübner verließ seine junge Frau aber schon innerhalb weniger Monate, und 1898 wurde das Paar geschieden. Im darauf folgenden Jahr heiratete Arnold Emilie und erklärte Ernst Karl Otto, der schon am 27. November 1897 zur Welt gekommen war, zu seinem leiblichen Sohn. Dies war mehr als nur eine bloße Adoption, es war eine biologische Anerkennung des Kindes mit wichtigen juristischen Konsequenzen. Später beschrieb Arnold – in der dritten Person – seine Gefühle über diese Entscheidung als »die höchste Wonne, das Glück an dem Kinde, das nicht sein Kind war, aber sein Kind wurde und sein Kind geblieben ist. Ein dankbares, liebevolles Kind bis ans Ende. War er nicht glücklicher, beneidenswerter als der natürliche Vater, der ihm fern blieb und fern bleiben mußte? Erfüllte sich hier das vielbestrittene Gesetz der ewig waltenden Gerechtigkeit?«[2]

1900 wurde ein zweiter Sohn, Reinhard, geboren. Beide Jungs wurden evangelisch erzogen, obwohl Arnold selbst passiv dem jüdischen Glauben verbunden blieb. Emilie Ottilie starb 1920 mit nur 45 Jahren, als ihre beiden Söhne gerade 20 und 22 Jahre alt waren.

Beide Söhne Arnolds wurden Rechtsanwälte. Reinhard (1900–1971) war als Patentanwalt tätig, bis ihm ab September 1933 aufgrund seiner halbjüdischen Abstammung das Praktizieren verboten wurde. Arnold kaufte ihm dann eine kleine Eisengießerei in Schöppenstedt bei Braunschweig, die er bis November 1944 betrieb. Dann wurde er als »Mischling« verhaftet und zur Zwangsarbeit nach Blankenburg im Harz, einem Außenlager des Konzentrationslagers Buchenwald, geschickt. Hier setzten der Mineralstaub und die Brutalitäten im Lager seiner Gesundheit so sehr zu, dass er nach dem Krieg die Eisengießerei verkaufen musste, da es für ihn zu anstrengend gewesen wäre, sie wieder aufzubauen. Sobald Deutschland ab 1954 wieder ein Patentamt hatte, nahm er seine Arbeit als Patentanwalt von neuem auf.

Ernst Karl Otto besuchte das Friedrichs-Gymnasium in Berlin-Mitte, wie alle anderen Strassmanns zuvor. Doch noch bevor er seine Schulzeit mit der Abiturprüfung abschließen konnte, meldete er sich im Oktober 1914, einen Monat vor seinem 17. Geburtstag, freiwillig zur Armee. Für zwei Jahre diente er an der Ostfront, dann erhielt er einen Schuss in den Unterleib, seine vierte Kriegsverwundung insgesamt. Er nahm zunächst, 1916 und 1917, seine Studien in Berlin wieder auf und ging dann als Leutnant zurück an die Front, diesmal nach Flandern. Im November 1918 wurde er in einen der Soldatenräte gewählt, die den Rückzug der Truppen regelten. Zwischen 1919 und 1923 studierte er an den Universitäten von Berlin und Breslau Jura, legte seine Examen ab und wurde Assessor in Hamburg-Altona. 1926 wurde er Hilfsrichter an verschiedenen Berliner Gerichten und 1930 Amtsgerichtsrat und Landsgerichtsrat. In einer »Personal- und Befähigungsnachweisung« vom April 1930 bestätigte ihm Kammergerichtspräsident Tigges:

»Strassmann ist ein tüchtiger, kenntnisreicher Richter, der ein klares Urteil besitzt. Er wird wegen seiner guten Kenntnisse und der erfreulichen richterlichen Anlagen … geschätzt. Seine Gesamtleistungen überragen fortgesetzt den Durchschnitt erheblich … Zum Amts- und Landgerichtsrat ist Strassmann gleich gut geeignet. Führung tadellos …«

Im Juli 1927 heiratete Ernst Hella Prestin (1897–1931) aus Wismar, die er in Hamburg kennen und lieben gelernt hatte. Zu seinem größten Kummer verstarb Hella im August 1931 an einer Nierenkrankheit. Hellas jüngere Schwester, Resi Prestin (1910–1981), war ursprünglich gekommen, um ihrer Schwester während der Krankheit beizustehen. Sie blieb dann, um Ernst den Haushalt zu führen. Während seiner gesamten Haftzeit hielt sie treu zu ihm. Nach dem Krieg, 1947, als Resi noch in ihren Dreißigern war und Ernst schon fast 50, heirateten sie. Ernst und Resi hatten keine Kinder. In den dreißiger Jahren hatte Ernst eine ansehnliche Kollektion von Gemälden erworben, darunter Werke von Edouard Manet, Auguste Renoir, Arthur Degner, Max Kaus, Ernst Kirchner, Max Liebermann, Adolf Menzel, Emil Nolde, Max Pechstein und sechs Bilder von Lesser Ury. Fünf Gemälde aus der Sammlung wurden der Nationalgalerie in Berlin gestiftet. Die anderen wurden verkauft, um das Kapital der Ernst-Strassmann-Stiftung, deren Gründung Resi nach ihrem Tod verfügte, aufzustocken.[3]

Im Frühjahr 1933 musste Ernst seine rassische Herkunft nachweisen – so wie alle anderen Deutschen. Nun hatte Arnold keine Wahl. Er musste in dieser Situation seinem Sohn mitteilen, dass er nicht sein leiblicher Vater sei. Und so füllte Ernst am 17. Mai 1933 pflichtgemäß den perfiden Fragebogen aus und erklärte, dass ihm »trotz sorgfältiger Prüfung keine Umstände bekannt [seien], die die Annahme rechtfertigen könnten, daß ich nicht arischer Abstammung sei; insbesondere hat keiner meiner Eltern- oder Großelternteile zu irgendeiner Zeit der jüdischen Religion angehört.«

Ein Jahr nach Verkündung der Nürnberger Gesetze, am 25. September 1936, hatte Arnold dies nochmals schriftlich zu bestätigen:

> »Als wir, Mutter und ich, nach der Scheidung von Hübner vor unserer Verheiratung standen, äußerte Mutter, vor allem in Deinem Interesse, den begreiflichen Wunsch, jeden auch nur entfernten Zusammenhang mit Hübner zu tilgen; Du solltest in keiner Weise mit ihm verbunden sein, auch nicht mit Deinem Namen. Um Mutter diesen Wunsch zu erfüllen und um auch Dich, den ich jetzt schon wie ein eigenes Kind liebte, fest und dauernd mit mir zu verbinden, habe ich, statt Dir lediglich meinen Namen zu geben, Dich in einer gerichtlichen Erklärung als mein eigenes Kind anerkannt. … Wenn ich Dich jetzt, nach mehr als einem Menschenalter, darüber aufkläre, so geschieht dies lediglich mit Rücksicht auf die die Abstammung betreffenden jetzt geltenden Bestimmungen.«[4]

Der Ernst wohlgesonnene Vorgesetzte am Gericht bescheinigte ihm am 1. Dezember 1936, Ernsts frühere Verbindung mit der Demokratischen Partei in den zwanziger Jahren sei ein »Irrtum« gewesen, den Ernst »erkannt« habe. Er sagte auch, dass Ernst »jetzt mit Erfolg bemüht [ist], seine ungewöhnlich tüchtige Arbeitskraft dem neuen Reiche nutzbar zu machen. Nach alledem möchte ich seine volle Eingliederung in das neue Reich kaum noch in Zweifel ziehen.«

Zwei Jahre später jedoch entdeckte der Vizepräsident des Gerichtshofes, der Ernst feindlich gesinnt war, die beeidete Aussage Arnolds aus dem Jahr 1900, in der dieser Ernst zu seinem leiblichen Sohn erklärt hatte. Am 4. Oktober 1938 wurde Ernst angeklagt, dass er, indem er »seine Vorgesetzten nicht wahrheitsgemäß« über seine rassisch gemischten Vorfahren informierte, »seine Pflicht gröblich vernachlässigt« habe. Diese Angriffe einerseits und andererseits die Bemühungen von Ernsts Freunden, ihm zu helfen, verursachten bei ihm große Anspannung und physische Probleme. Im Winter 1939 musste Ernst aus medizinischen Gründen für zehn Wochen der Arbeit fernbleiben. Arnolds Brief vom September 1936 hatte dazu beitragen sollen, Ernsts Entfernung aus dem Richterstuhl abzuwenden. Ernst erklärte jetzt formell, dass Arnold nicht sein leiblicher Vater sei. Aber das alles half nicht. Jetzt wurden Bluttests angeordnet. Sie waren nicht schlüssig. Doch am 16. Januar 1940 entschied der zuständige Richter zugunsten von Ernst. Er legte aber fest, dieser habe nach dem deutschen Endsieg seinen Namen in »Hübner« zu ändern. Am nächsten Tag verstarb der 78-jährige Arnold, der seit einem Unfall bettlägerig gewesen war. Arnold hatte großes Verständnis für Ernsts Probleme und hinterließ drei Fünftel seines Vermögens ihm und nur zwei Fünftel Reinhard.

## Verschwörung zugunsten einer demokratischen Gesellschaft

Als Student hatte Ernst sich 1919 an der Gründung der Jugendorganisation der Deutschen Demokratischen Partei (DDP) beteiligt. In der DDP waren Juden prominent vertreten, da sie das Potenzial der liberalen und fortschrittlichen Parteien der Vorkriegsjahre übernommen hatte, die von mehr als 90 Prozent der Juden unterstützt worden waren. Männer wie Hugo Preuß, der die Weimarer Verfassung entworfen hatte, Außenminister Walther Rathenau und Theodor Wolff, der Herausgeber des *Berliner Tageblattes*, gehörten der DDP an. Ernst wurde der Vorsitzende des DDP-Jugendverbandes in Brandenburg und 1921 Mitglied des Landesvorstandes.

Während er als Referendar in Hamburg-Altona tätig war, arbeitete Ernst eng mit Hans Robinsohn zusammen, um 1924 den »Klub vom 3. Oktober« zu gründen. Dieser Klub sollte allen antiliberalen, antidemokratischen, monarchistischen und autoritären Bestrebungen in Deutschland anhaltenden Widerstand entgegensetzen. Robinsohn (1897–1981) war Jurist und Ökonom und kam aus einer vermögenden Hamburger Familie, die mehrere hochwertige Kaufhäuser besaß. Ernst wurde der Sekretär des »Klubs vom 3. Oktober« und Herausgeber von dessen Schriften. Doch während der Wirtschaftskrise der dreißiger Jahre und der dadurch bedingten ideologischen Polarisierung verlor die DDP an Einfluss, und einer ihrer früheren Abgeordneten, Heinrich Landahl, stimmte im März 1933 sogar dem Ermächtigungsgesetz zu. Als Reaktion darauf gründeten Strassmann, Robinsohn und der Journalist Oskar Stark im Mai 1933 eine geheime, gegen die Nationalsozialisten gerichtete »Widerstandsgruppe«, zumindest hat Ernst Strassmann sie immer so genannt. Zunächst hatte die Gruppe etwa 20 Mitglieder und am Ende mehr als 300, die in Zellen in 17 Städten organisiert waren und Verbindungen zu 38 weiteren Städten unterhielten. Horst Sassin beschreibt die Gruppe in seinem Buch *Liberale im Widerstand: Die Robinsohn-Strassmann-Gruppe, 1934–1942* (1993). Sassin hat an dieser ausführlichen Studie mehr als ein Jahrzehnt geforscht, hat alle Quellen untersucht und Überlebende interviewt. Die Einordnung als »Liberale« wird jedoch mit der politisch eher konservativen Auslegung des Begriffs den politischen Ansichten von Strassmann, Robinsohn, Thomas Dehler und anderen Köpfen der Gruppe nur bedingt gerecht.

Sich Hitler zu widersetzen, war für die bürgerliche Bewegung des linken Flügels schwieriger als für stärker autoritär strukturierte Gruppen wie Kommunisten, Katholiken und das Militär. Anders als die Kommunisten, verfügte die bürgerliche Linke nicht über eine Parteistruktur, mit der sie in den Untergrund gehen und auf Beistand aus dem Ausland hoffen konnte. Die Kirchen und die Armee schlossen einen Kompromiss mit dem Regime. Teile der Armee nutzten deren Organisationsstrukturen, um sich wenigstens teilweise der Unterstützung für das Regime zu entziehen und eine Verschwörung vorzubereiten. Sozialdemokratische Gewerkschaften, wie die der Transportarbeiter, hatten ihre eigenen internationalen Verflechtungen. Doch trotz dieser strukturell bedingten Schwäche der bürgerlichen Linken waren die Nazis sehr besorgt über die Weigerung der Demokraten, den Hitlergruß zu praktizieren und sich der Nazibewegung anzuschließen. 1936 hatte ein Bericht des Sicherheitsdienstes der SS festgestellt, dass die Bedeutung der demokratischen Kräfte nicht in ihrer formalen Organisation bestehe, sondern in der Bereitstellung individueller Karrieren, die auf dem traditionellen liberalen Denken basierten.[5] Trotzdem hat sich nach dem Krieg die Ansicht verbreitet, dass nur Menschen mit einem undemokratischen Denk- und Verhaltenskodex – wie Kommunisten, Katholiken und Wehrmachtsoffiziere – über die Voraussetzungen sowie den Willen verfügten, Widerstand zu leisten beziehungsweise einen Umsturz zu planen. Demokratische Vertreter wie Robinsohn und Strassmann waren jedoch weniger damit beschäftigt, das Regime zu stürzen, als vielmehr damit zu organisieren, was nach dem Sturz geschehen sollte.

Im Februar 1948 schrieb Ernst Strassmann einen drei Seiten langen engzeiligen Bericht über seine Widerstandsgruppe, über ihre Anfänge, Mitglieder und ihr Schicksal.[6] Hier die wichtigsten Passagen daraus:

»Den Kern der von Dr. Hans Robinsohn und mir bereits Pfingsten 1933 gegründeten Widerstandsgruppe bildeten die jüngeren Politiker, die sich 1925 in dem nach seinem Gründungsdatum benannten ›Hamburger Club vom 3. Oktober‹ zusammengefunden hatten. Dieser Club, der schon zur republikanischen Zeit Mitglieder aus allen Teilen Deutschlands in seinen Reihen sah, bestand aus jüngeren aktiven Kräften aller entschieden republikanischen und fortschrittlichen Parteien der damaligen Zeit. … führten die politischen und kulturellen Verbindungen seiner etwa 50 Mitglieder zu einer dauernden geistigen und taktischen Einwirkung insbesondere auf die Zentrums-Partei und die christlichen Gewerkschaften, auf die Sozialdemokratische Partei und die freien Gewerkschaften sowie auf den linken Flügel der Demokratischen Partei, der außer mir der Vorsitzende des Clubs, … Heinrich Landahl in Hamburg, und Dr. Robinsohn angehörten. … [Die Widerstandsgruppe beschäftigte sich] zunächst mit der Sammlung, Sichtung und Weitergabe politischen Materials aller Art gegen den Nationalsozialismus … nach Auswanderung von Dr. Robinsohn [sah ich als] der alleinige Leiter der Gruppe den Zeitpunkt in den Jahren 1938 und 1939 gekommen, Verbindungen mit anderen Widerstandsgruppen aufzunehmen und auch Auslandsbeziehungen zu erwerben. Während es kurz vor Ausbruch des Krieges außerordentlich schwierig war, noch wirkungsvolle Verbindungen im Auslande zu erhalten, gelang es verhältnismäßig rasch durch meine persönlichen Beziehungen über den ebenfalls von den Nationalsozialisten ermordeten früheren Berliner Bürgermeister Dr. Fritz Elsas enge Fühlung zu der Goerdeler-Gruppe einerseits und mit den oppositionellen Kreisen der Wehrmacht andererseits zu erhalten, in der v. Dohnanyi in leitender Stellung bei der Abwehr tätig war. … Die Tätigkeit der Widerstandsgruppe konnte infolge ihrer aus vielen politischen Lagern zusammengesetzten Mitarbeiterschaft für alle grundsätzlichen und taktischen Pläne der deutschen Widerstandsbewegung ein Bindeglied darstellen und eine Art vermittelnde Schlüsselstellung einnehmen. … Wir entwickelten, wie das auch bei anderen Widerstandsgruppen der Fall war, das sogenannte Schottensystem, d. h. die Aufteilung unseres Mitarbeiterkreises in zahlenmäßig kleine Abteilungen, in denen immer nur ein Mitglied die Verbindung mit mir kannte und aufrechterhielt … Es war außerdem notwendig, daß besonders vertrauenswürdige Mitarbeiter durch eine entsprechende Reisetätigkeit Nachrichten an die Leiter der einzelnen Abteilungen übermittelten. …

Neben den taktischen Aufgaben der Gruppe als Bindeglied zwischen der militärischen und politischen Opposition übte sie eine eigene Tätigkeit vornehmlich durch laufende Heranziehung geeigneter Splitterteile der deutschen Opposition zu ihrer eigenen Arbeit sowie durch Bildung von Oppositionsgruppen innerhalb der Arbeiterschaft der Rüstungsindustrie aus. In Berlin war es durch besondere Verbindung mit der Arbeiterschaft des Elektrizitätsversorgungsunternehmens geglückt, alle Vorbereitungen zu treffen, um im Falle des Umsturzes diese wichtige Versorgungsquelle sofort durch oppositionelle Kräfte zu beherrschen; aber auch in der Berliner Rüstungsindustrie konnte wichtige oppositionelle Arbeit geleistet werden, ebenso an vielen anderen Plätzen Deutschlands, so in Breslau, Stettin, Hamburg, Frankfurt und München.

Schon sehr frühzeitig hatte die Gruppe sich ein eigenes politisches Programm für die ersten Jahre nach dem revolutionären Sturz des Nationalsozialismus gegeben. Es enthielt bis ins einzelne gehende Vorschläge für die Neugestaltung des Staats- und Wirtschaftslebens und eingehende Grundsätze für die aus so verschiedenartigen politischen Richtungen zusammengesetzte Opposition.«

Wie die meisten Widerstandsbewegungen behielt die Robinsohn-Strassmann-Gruppe keinerlei Dokumente, weder Telefonlisten noch Arbeitspläne oder Entschließungen, und der Kontakt wurde üblicherweise nur durch unverheiratete Kuriere aufrechterhalten. Ernst reiste manchmal selbst als Kurier, seine Freizeitvergnügen wie Jagen und Fischen als Tarnung nutzend. Sein 40. Geburtstag bot eine der seltenen Gelegenheiten für ein Treffen einiger führender Mitglieder der Bewegung. Als sich mit der Sudetenkrise im Sommer 1938 die Bedingungen für einen Staatsstreich verbesserten, trafen sich 35 Mitglieder der Bewegung einmalig in Potsdam. Nach einem erfolgreichen Staatsstreich durch das Militär wollten sie ein wirklich pluralistisches und demokratisches System in Deutschland errichten. Sie waren besorgt, dass ein autokratisches System die Tradition der Nazis fortsetzen könnte, und überzeugt, dass eine auf der freien Marktwirtschaft beruhende Demokratie ihrem Wesen nach gerecht sei und sich selbst immer wieder korrigieren. Sie kämpften gegen Vorstellungen, die allein im Kommunismus eine Alternative zur rechten Diktatur sahen.

## Geplante Maßnahmen

Die Verschwörer planten eine Reihe von Maßnahmen, die unmittelbar nach der Machtübernahme in Kraft treten sollten – gleiche Rechte für alle, eine unabhängige Rechtsprechung, Wiederherstellung der Besitzrechte, Entschädigung für Rechtsverletzungen und so weiter. Sie gründeten ihr Konzept jedoch nicht auf der christlichen Theologie, da dies für sie einem Rückschritt gleichgekommen wäre. Goerdelers Ansicht, die Juden seien tatsächlich eine fremde Rasse, die nichtsdestotrotz anständig behandelt werden sollten, stieß sie ab. Carl Goerdeler, der konservative Leipziger Oberbürgermeister von 1930 bis 1937, war der führende zivile Verschwörer gegen Hitler und sollte nach dem Staatsstreich Reichskanzler werden. Die Robinsohn-Strassmann-Gruppe wollte die vollständige, tolerante Reintegration der Juden in die Gesellschaft und sah Antisemitismus als nur ein Symptom für das generelle Verhalten der Nazis gegenüber Demokratie und Liberalismus, für deren Zurückweisung menschlicher Werte und der Gleichheit vor dem Gesetz.[7] Mitte der dreißiger Jahre war Robinsohn überzeugt, dass:

> »... es sich tatsächlich bei der ganzen Umformung [Nazi-]Deutschlands viel mehr um eine antiliberale als um eine antisozialistische Bewegung [handelt]; in der Beschränkung der persönlichen Freiheit, in der antiparlamentarischen Haltung, in der korporativen Form des Wirtschaftslebens begegnen sich die deutsche faschistische Ideenwelt mit sozialistischen Vorstellungen; – eine Neufundamentierung des liberal-demokratischen Gedankengebäudes wäre also die dringendste geistig-politische Aufgabe.«[8]

Robinsohn und Strassmann wiesen die Vorstellung einiger Nazisympathisanten, Politiker durch Fachleute zu ersetzen, als naiv zurück, als ob diese Konflikte besser vermeiden und lösen könnten. Auf diese Weise konnte man nur verlieren, würde Hitler in die Hände arbeiten, und am Ende wäre Deutschland kein Rechtsstaat mehr. Den Rechtsstaat wiederherzustellen, hatte für Ernst absolute Priorität. In Treffen mit Brigadegeneral Hans Oster und Admiral Wilhelm Canaris, beide führende Verschwörer des Militärs und der Abwehr, versuchte Ernst ihnen schon 1937 zu zeigen, dass die Absetzung Hitlers unumgänglich wäre, um einen Krieg zu vermeiden, aber zugleich nur der Beginn der Reformen sein könnte. Die Wiederherstellung gesetzmäßiger Rechte und Verfahren war der unmittelbar nächste Schritt, den Ernst forderte.[9]

Strassmann entwickelte Kontakte zu anderen Widerstandsgruppen, zum Beispiel innerhalb des Militärs. Hier waren es vor allem General Ludwig Beck sowie die bereits genannten Oster und Canaris. Ebenso aber gab es Kontakte zu den Sozialisten, den Gewerkschaften, den Katholiken und der Bekennenden Kirche, dem Kreisauer Kreis, ja sogar zu monarchistischen Bewegungen und der französischen Résistance.[10] Das Militär stellte jedoch die wichtigste Verbindung dar, weil ab 1938 alle einig waren, dass nur noch das Militär einen erfolgreichen Staatsstreich durchführen könnte. Im Jahr 1937 war die Schaffung der Widerstandsgruppe aus den Mitgliedern des früheren »Klubs vom 3. Oktober« und anderen abgeschlossen und der Verzicht auf Gewalt beschlossen. Im selben Jahr schrieb Robinsohn:

> »Heroische Oppositionstaten sind jetzt zwecklos. Der Kampfesmut, der mit solchen Auffassungen verlangt wird, war vor 1933 wichtig. Jetzt ist im Gegensatz zu früher, wo offener Kampf richtig gewesen wäre, die Voraussetzung für jede Opposition eine ganz rigorose Enthaltung von allen Paradekunststücken.«[11]

In der Zwischenzeit sollten sich alle Gruppen auf ein gemeinsames Basisprogramm einigen und »Charakterinseln im Schlammsee des Dritten Reiches« bilden.

Nach dem Zusammenbruch der Diktatur würde eine Militärverwaltung, an der die Widerstandsgruppe beteiligt wäre, die Macht übernehmen, bis eine Zivilverwaltung aufgebaut wäre, in der zuverlässige Mitglieder der Robinsohn-Strassmann-Gruppe in führenden Positionen vertreten sein sollten. Ein zweiter Schritt würde dann die Besetzung der Verwaltungspositionen auf Landes-, Stadt- und Gemeindeebene sein. Die demokratische Regierungsform müsse dem Volk langsam nahe gebracht werden, Schritt für Schritt, beginnend mit der Beteiligung an der politischen Entscheidungsfindung auf lokaler Ebene. Das Fehlen genau dieses demokratischen Elements habe dazu geführt, dass die Weimarer Republik von reaktionären und autoritären Kräften unterhöhlt worden sei. Zumindest in den frühen Jahren der neuen bürgerlichen Demokratie könne man solchen Kräften keinesfalls freie Zügel lassen. Die Freiheit benötige ein Volk, das in Etappen an sie herangeführt würde, damit es sie schätzen und verteidigen lernen würde. Das Erscheinen konkurrierender demokratischer Parteien wäre dann ein sicheres Anzeichen für ein gesundes neues Sozial- und Rechtssystem.

## Warten auf »Tag Zwei«

Die 40 führenden Vertreter der Strassmannschen Widerstandsgruppe Mitte der dreißiger Jahre kamen fast alle aus der Mittelschicht: zwölf waren Anwälte, sechs Angehörige freier Berufe, neun Geschäftsführer, vier Lehrer, acht Beamte, die 1933 entlassen worden waren. Nur einer entstammte der Arbeiterschaft. Die meisten hatten schon vor 1930 der DDP angehört, und einige waren Freimaurer gewesen. Etwa sieben Prozent der Mitglieder der Robinsohn-Strassmann-Gruppe hatten jüdische Familienbeziehungen, waren selbst aber assimiliert. Einige waren mit jüdischen Partnern verheiratet, andere zum Christentum konvertiert und hatten christliche Ehepartner geheiratet. So war Fritz Elsas, der frühere Bürgermeister von Berlin, der von jüdischen Textilhändlern aus Stuttgart abstammte, schon als Kind getauft worden. Fritz stellte die Verbindung der Gruppe mit dem bereits erwähnten Carl Goerdeler dar. Beide wurden nach dem Attentat vom 20. Juli 1944 hingerichtet. Als die Unterdrückung zunahm, begingen zwei jüdische Professoren von der Universität Halle, die der Gruppe angehörten, Ernst Grünfeld und Max Fleischmann, Selbstmord. Verschiedene andere gingen in die Emigration. Darunter waren Robert Kauffmann von den Berliner Elektrizitätswerken (BEWAG) und auch Hans Robinsohn selbst. Kauffmann ging nach England und Robinsohn nach der »Kristallnacht« 1938 nach Dänemark. Im Oktober 1943 war Robinsohn einer der über 7000 in Dänemark befindlichen Juden, die während einer einzigen Nacht in einer spektakulären Aktion nach Schweden in Sicherheit gebracht wurden.

Durch diese Emigranten kamen die Auslandskontakte der Gruppe nach Großbritannien, Dänemark, Schweden, der Schweiz und der USA zustande. Da die Robinsohn-Strassmann-Gruppe selbst keinen direkten Umsturz der nationalsozialistischen Regierung plante, erhielt sie vom britischen Geheimdienst keinerlei Unterstützung. Selbst als Dänemark von den deutschen Truppen besetzt wurde, entwarf Robinsohn noch immer umfassende und detaillierte Pläne für die Reorganisation der Regierung, des Rechtssystems, der Wirtschaft, der Finanzen und der Außenpolitik. Darin waren sogar solche Details enthalten wie die Empfehlung, dass es »absolut notwendig wäre, Uniformen zu verbieten«, mit Ausnahme des Militärs und der Polizei. Die weit verbreitete deutsche Unsitte des Tragens von Uniformen widerspreche dem Geist einer demokratischen zivilen Gesellschaft. Nachdem die Armee die Hauptrolle bei der Entmachtung der Nationalsozialisten übernommen haben würde, sollte sie »demokratisiert« werden, indem Zivilisten ihre Führung übernahmen. Es sollte keinen ökonomischen Protektionismus geben, keine inflationäre Verschleierung von Regierungsausgaben, keine Preiskontrollen. Alle ökonomischen und gesellschaftlichen Gruppen sollten in den neuen Staat integriert werden. Zentrales Anliegen der Außenpolitik sollte die Versöhnung mit Frankreich und Polen werden.

Bereits 1941 war Strassmann, wie er vertrauenswürdigen Freunden erzählte, zu der Auffassung gekommen, dass Hitler und seine Komplizen nach dem Krieg vor ein gewöhnliches Kriminalgericht zu stellen wären und ohne spezielles Verfahren des Mordes angeklagt werden sollten. Ihnen sollten keinerlei Rechte oder Ehren gewährt werden, die sie als Märtyrer erscheinen ließen.[12]

Nur von der Armee konnte der erste Schlag ausgehen. In der Tat konspirierten einige Generäle, da sie den demagogischen Ausbrüchen der Nationalsozialisten ablehnend gegenüberstanden und bezüglich der Aussichten der Armee in einem unbesonnen und überstürzt begonnenen Krieg skeptisch waren. Schon 1938 war die Robinsohn-Strassmann-Gruppe bereit, nach einem eventuellen militärischen Staatsstreich eine umfassende landesweite Reorganisation zu übernehmen. Doch Hitler war schneller als die Generäle. Nachdem auch die UdSSR und die USA in den Krieg einbezogen waren, konnten die Verschwörergruppen nur noch sehr vorsichtig miteinander kommunizieren. Nach Strassmanns Verhaftung brach die Rekrutierung neuer Mitglieder völlig zusammen. In einer Aussage vom 1. März 1948 schlussfolgerte Thomas Dehler, späterer FDP-Bundesjustitzminister, dass die Aktivitäten der Widerstandsgruppe sich noch nach Strassmanns Verhaftung fortsetzten, aber durch das Fehlen einer zentralen Koordination behindert waren. Jetzt bestand die Strategie der Gruppe hauptsächlich darin, auf den »Tag Zwei« nach dem Staatsstreich oder dem militärischen Zusammenbruch zu warten.[13]

## Von der Gestapo verhaftet

Ernst Strassmann, der in all diesen Jahren als Zivilrichter in Berlin tätig war, war schon von der Gestapo beobachtet worden, vor allem nach seinen Reisen nach Kopenhagen und London Anfang 1939. Dort hatte er sich mit im Exil befindlichen Gegnern des Nationalsozialismus und mit britischen Politikern wie Harold Nicolson und Robert Vansittart getroffen. Letzterer stand Churchill und dem britischen Geheimdienst nahe. Vansittart war auch der führende diplomatische Berater des britischen Außenministeriums zu Deutschlandfragen. Ein wichtiger Vertreter des britischen Geheimdienstes, Colonel Claude Dansey (1876–1947), kannte anscheinend »Strassmann, der ihm einen guten Eindruck gemacht hatte«. Strassmann war vermutlich auch derjenige, der als Vertreter einer Widerstandsgruppe mit dem OSS Kontakt aufnahm. In OSS-Unterlagen wird dieser Vertreter als »wahrscheinlich Straßman [sic] [beschrieben], der 1939 ein Kollege von Leper [OSS-Codename für Carl Goerdeler, den früheren Leipziger Oberbürgermeister] war«.[14]

Im Sommer 1942 beabsichtigte Ernst Strassmann, nach Stockholm zu reisen, um sich erneut mit britischen Agenten zu treffen. Doch am 19. August wurde er verhaftet. An jenem Tag waren um 11.30 Uhr vormittags Gestapo-Agenten in das kleine Hotel in Dömitz an der Elbe eingedrungen, wo er mit Resi Prestin auf Urlaub weilte. Die Agenten brachten ihn nach Berlin, wo er im Gestapo-Hauptquartier in der Prinz-Albrecht-Straße in Einzelhaft verblieb. Die Ernährung dort war lausig: ein wenig Suppe und zwei Scheiben Brot pro Tag. Hinzu kamen tägliche Verhöre. In der Zwischenzeit verbrannte Resi in ihrer Wohnung in Berlin-Charlottenburg, Sybelstraße 68, einige Dokumente und warnte Freunde. Doch außer Ernst wurde niemand verhaftet.

Strassmann war in Aschaffenburg von einem gewissen Theodor N. verraten worden, dessen Name in den Akten zunächst geheim gehalten wurde und der heute vergessen ist. Theodor war ein junger Geschäftsmann von 24 Jahren, der sich skeptisch über die Zukunft des nationalsozialistischen Regimes geäußert hatte und nun sich und das Unternehmen seines Vaters zu retten versuchte, indem er für die Gestapo als Spitzel arbeitete. Theodor N. hatte unter anderem angegeben, Strassmann hätte einen Soldaten, Fritz Koch, als Verbindungsmann zu den in Russland kämpfenden Truppen angeworben. Die Gestapo fragte sowohl Theodor N. als auch Fritz Koch nach Namen, Zielen und Taktiken der Gruppe, bevor sie Ernst selbst verhörte. Die Verhörprotokolle belegen, dass Theodor und Fritz Ernst als einen zweifelnden, illoyalen Staatsbürger beschrieben, aber nicht als einen aktiven Verschwörer. Sie sagten aus, Ernst mangele es an Begeisterung für den Nationalsozialismus, er sei überzeugt, dass Deutschland den Krieg verlieren werde, und glaube fest, dass die Alliierten nach dem Krieg den Deutschen aufgrund der Massenmorde im Osten unversöhnlich gegenüberstehen würden. Theodor und Fritz fanden es schockierend, dass Ernst sogar den Gerechtigkeitssinn des Führers angezweifelt hatte.

Der Haftbefehl der Gestapo fasste die Anklagepunkte zusammen:

»Er … gefährdet nach dem Ergebnis der staatspolizeilichen Feststellungen durch sein … Verhalten den Bestand und die Sicherheit des Volkes und Staates, indem er dadurch, daß er seit längerer Zeit seine früheren politischen Freunde zur angeblichen Erfassung von politischem Informationsmaterial, das im staatsfeindlichen Sinn gehalten war, zusammengefaßt, dringend verdächtigt ist, diese von ihm aufgezogene Organisation zu hochverräterischen Zwecken zu mißbrauchen.«[15]

## Wochenlang verhört

Nach einigen Tagen in der Prinz-Albrecht-Straße wurde Ernst in das Polizeipräsidium am Alexanderplatz verlegt. Ab Mai 1943 wurde Ernst dort wochenlang von Felix Bartoll, einem Gestapo-Kommissar, verhört. Ernst hat ihn später als einen jugendlichen Fanatiker beschrieben, der aus einer guten Familie kam und ab und an ein Verlangen nach Anständigkeit in sich spürte. Einen Mann wie ihn konnte man dadurch beeindrucken, dass man nicht zurückschreckte, seinen eigenen Fall nicht zu ernst nahm und selbst in der Gefahr seinen Sinn für Humor behielt.[16] Auch der berüchtigte Gestapo-Mann Manfred Röder verhörte Ernst und sandte seine Berichte an Dr. Walter Huppenkothen, Amtsleiter beim Reichssicherheitshauptamt.

Als ehemaliger Richter besaß Ernst selbst genug Verhörerfahrung um zu wissen, wann er das Offensichtliche unverkrampft zugeben sollte und wann es besser war, Unkenntnis vorzutäuschen. Über Jahre hatte seine Gruppe verschiedene Wege erwogen, wie man sich im Fall von Verhören verhalten sollte. Ernst erinnerte Kommissar Bartoll daran, dass die NSDAP gesagt habe, der Zusammenbruch des Nationalsozialismus würde im Chaos enden, also warum sei es dann unvernünftig, wenn man darüber nachdachte, wie die deutsche Bevölkerung für diesen Fall vorbereitet werden sollte? Irgendjemand müsse es doch tun.

Ernst erzählte seinen Vernehmern, dass seine Aktivitäten lediglich dazu dienten, die Armee zu informieren. Als die Gestapo dies zu verifizieren suchte, wurden Ernsts Angaben vom Oberkommando des Heeres, vor allem von Baron Karl Ludwig von und zu Guttenberg, bestätigt. Tatsächlich war Guttenberg wie Hans Oster und Hans von Dohnányi auch in Widerstandskreisen der Militärgeheimdienste tätig. Nach Stauffenbergs Attentatsversuch im Juli 1944 wurde er hingerichtet. Doch schon lange zuvor war Ernsts Fall Bestandteil der Auseinandersetzungen um die juristischen Zuständigkeiten zwischen Reinhard Heydrichs Sicherheitsdienst und der Abwehr unter Admiral Wilhelm Canaris geworden. Mehrere Jahre lang hatte Strassmann bei der Rekrutierung vertrauenswürdiger Mitglieder für Canaris' Widerstandsgruppe mitgewirkt. Die Gestapo-Beamten waren überzeugt, dass sie mit Ernsts Hilfe den Intrigen der Abwehr auf den Grund gehen könnten. Als sich diese Hoffnung nicht erfüllte, hätte Ernst nach der Logik der Nazis eigentlich erschossen werden müssen, da er seinen Wert für die Gestapo verloren hatte. Felix Bartoll verhinderte das jedoch, indem er die Akten verschwinden ließ. Ernsts in Verdacht geratene Gefährten wurden durch ihre Abwehrkontakte geschützt. Sein Fall verblieb unentschieden und wurde »weiterhin bearbeitet«.

## Ein vergessener Gefangener

So kam es, dass Ernst von den höheren Polizeibeamten und der Gestapo vergessen wurde, während die Dienst habenden Beamten, zumeist ältere, einfache, unerschütterliche Männer, ihn einfach im Gefängnis behielten, solange sein Name auf der Liste der schwebenden Fälle stand. Sein Verschwinden könnte Schwierigkeiten bedeuten. Doch sie mochten ihn. Sie erlaubten Resi, ihn oft zu besuchen. Dann brachte sie ihm französische Bücher, Tomaten und sogar eine Pelzjacke. Bei diesen Gelegenheiten konnte sie ihm die letzten Neuigkeiten zuflüstern. Sie leitete auch Nachrichten an seine Gefährten weiter, so Ernsts Bitte, sie sollten nichts für ihn unternehmen, weil dies nur zu seiner Hinrichtung führen würde.[17] Seine Freunde schickten ihm Lebensmittel, und Ernst durfte sich sein eigenes Essen zubereiten. Er wurde aus der Einzelhaft entlassen, sobald er mit seiner eindrucksvollen Persönlichkeit das Vertrauen aller gewonnen hatte. Zunächst war er für die Verwahrung der Effekten seiner Mitgefangenen verantwortlich, doch da er ein erfahrener Richter war, wurde er bald zum Kalfaktor ernannt und bekam die Schlüssel zu allen Zellen und sogar zur Außentür. Nur der Form halber von einem alten Wächter begleitet, durfte er in den Geschäften rund um das Gefängnis einkaufen und sogar seinen Friseur aufsuchen. Als Dolmetscher hatte er auch die Verantwortung für die zwangsverpflichteten französischen Arbeiter, was von diesen als großes Glück empfunden wurde. Manchmal spielten der Inspektor und der Gefängnisarzt Karten mit ihm.

In der Nacht des 22. November 1943 wurde die Gegend um den Alexanderplatz einschließlich des Polizeihauptquartiers und -gefängnisses von Bomben getroffen. Der nahe gelegene Bahnhof und die Lagerhäuser brannten völlig nieder. Wolfgang Stöcker, ein Freund von Ernst Strassmann, kannte eine Angestellte der Polizei, die in Strassmanns Wohnung mit Resi lebte. Strassmann selbst hatte ihr dies vorgeschlagen, da sie ausgebombt worden war. Sie erzählte Stöcker:

> »Es gab über vierzig Tote und viele Schwerverwundete. Als die ersten Bomben einschlugen und es bereits Tote und Verletzte gab, soll Strassmann mit dem Ruf ›Alles hört auf mein Kommando!‹ die Rettungsaktion in die Hand genommen haben. Selbst das polizeiliche Aufsichtspersonal unterstellte sich seinen Anweisungen und Befehlen. Er habe außerdem den Fremdarbeitern zugeredet, unter keinen Umständen die Möglichkeit einer Flucht auszunützen, weil man sie, wenn sie wieder gefaßt würden, zweifellos an die Wand stellen würde. Sie sollten lieber helfen, das würde ihnen angerechnet werden. Sein Eingreifen und seine Aktion soll … so erfolgreich gewesen sein, … daß man ihm zum Kriegsverdienstkreuz II. Klasse habe vorschlagen wollen!«[18]

Wolfgang Stöcker setzt seinen Bericht dann mit einer Beschreibung seines Besuchs bei Ernst fort. Er hatte ein Buch und ein paar Würstchen dabei, die

Ernst zeigen sollten, dass seine Freunde an ihn dachten. Die Polizeiangestellte arrangierte ein Treffen Stöckers, der ein dekorierter Offizier war, mit dem Gefängnisdirektor. Stöcker schrieb:

»Der Polizeioberstleutnant empfing mich durchaus freundlich, aber doch mit einem gewissen Mißtrauen. Er sagte mir, daß Strassmann zwar eine besondere Stellung im Gefängnis innehabe, die normalerweise andere Gefangene niemals bekommen könnten. Gleichwohl fühlte er sich nicht ermächtigt, irgendeine Sprecherlaubnis zu geben. Ich müßte zur Gestapo im fünften Stock im Polizeipräsidium gehen. ... Der Angestellte dort war in Zivil und erwies sich als ein sehr hilfsbereiter Mensch. Er suchte nach den Akten [und] berichtete, er könne einfach nicht verstehen, die Hauptakte wäre seit 1 ½ Jahren versandt, und er wüßte nicht, was eigentlich mit dem Verfahren los wäre. Er bedauerte ... den Beschuldigten Strassmann, daß er solange in Haft sitzen müßte, ohne daß das Verfahren durchgeführt würde. ... Und dann erklärte ich ihm, daß die nächste Angehörige von Strassmann, die Schwägerin, im Sanatorium wäre, und ich mich um sie kümmern müßte. Ich wollte Strassmann darüber berichten. Das überzeugte ihn dann, indem er als Grund des Besuchs schrieb: ›In Familienangelegenheiten.‹ ...

Ich hatte die Vergünstigung, Strassmann in dem sehr großen Raum des Oberstleutnants in einer Ecke auf einem ›wunderschönen‹ Wachstuchssofa sitzend sprechen zu können, ohne daß der Oberstleutnant geflüsterte Worte verstehen konnte. Als ich ihm das Buch zum Lesen gab, sagte Strassmann mir, er habe gar keine Zeit, zum Lesen zu kommen. Er hätte unendlich viel zu tun! Wir sprachen etwa eine halbe Stunde miteinander. Ich erzählte ihm das Neueste aus dem Freundeskreis, soweit ich wußte. Er bat erneut, in seiner Sache nichts zu unternehmen, weil nicht daran gerührt werden sollte. Ich habe dann einmal ihm gegenüber den Namen des damals bereits verhafteten Reichsgerichtsrats [Hans von] Donany [sic] geflüstert, weil unsere Informationen dahin gingen, daß er mit Donany zusammenhing. Strassmann gab mir eine bejahende Antwort zu verstehen.

Übrigens sah Strassmann zwar sehr blaß aus, war aber keineswegs kränklich oder geschwächt, sondern machte einen recht kräftigen, normalen Eindruck. ... Es war eine völlig ungewöhnliche Sache ..., daß ein Untersuchungsgefangener im Gefängnis des Polizeipräsidenten längere Zeit inhaftiert war, noch dazu ohne daß irgend etwas in seiner Sache geschehen war. ... Gleichwohl war ich aber damals nicht der Auffassung, Strassmann würde überleben; ich war aber immerhin guten Mutes, daß eine große Chance für ihn bestand. ...

Ich sollte an dieser Stelle einfügen, was ich nach meiner Rückkehr aus der russischen Gefangenschaft Ende 1949 von Strassmann ... erfahren habe. Er erzählte mir die erstaunliche Geschichte von einem [Gestapo-]Kommissar [Felix Bartoll], der ihn anfangs vernommen hatte. ... Jedenfalls hat er – wie das möglich war, weiß ich heute noch nicht – dem Sohn des Kommissars Unterricht in Latein gegeben und außerdem die Schulaufgaben nachgesehen. Das Meisterwerk hat dieser Kommissar dadurch erbracht, daß er die Akten auf eine unerklärliche Weise verschwinden ließ.«[19]

## Ein fehlgeschlagener Aufstand

Da Ernst Strassmann bereits 1942 verhaftet worden war, war er nicht direkt an der Verschwörung gegen Adolf Hitler, die zum Attentat vom 20. Juli 1944 führte, beteiligt. Allerdings hatte SS-General Ernst Kaltenbrunner (1903–1946), der nach der Ermordung Reinhard Heydrichs den SS-Sicherheitsdienst übernommen hatte und nun für die Aufklärung und Vergeltung der Ereignisse des 20. Juli verantwortlich war, so seine eigenen Vermutungen. Am 15. September 1944 berichtete er an Hitler: »Weitere Verbindungen [des Kreisauer Kreises] bestanden zu dem Rechtsanwalt von GERSDORFF und dem Landgerichtsdirektor Strassmann, von denen LUKASCHEK ebenso wie Graf MOLTKE wußte, daß sie für die Abwehr tätig waren.«[20]

Gestapo-Akten belegen, dass nach dem 20. Juli mehr als 7.000 Menschen verhaftet wurden, die der Beteiligung am Putsch verdächtig waren, und mehr als 5.000 wurden gefoltert und ermordet. Zunächst glaubte Hitler, es habe nur eine sehr kleine Gruppe von ehrgeizigen, unverantwortlichen und zugleich unvernünftigen und ungebildeten Offizieren den Staatsstreich versucht. Die Schuldigen sollten mitsamt ihrer Familienangehörigen bestraft werden. Doch sehr bald trafen von SS und Gestapo Berichte ein, die lang gehegte Vermutungen bestätigten: Die Verschwörung war sehr weitreichend und verfügte über detaillierte Pläne für die Zeit nach dem Umsturz: Carl Goerdeler sollte Kanzler werden und Feldmarschall Erwin von Witzleben Oberbefehlshaber der Armee. Bereits 1938 hatten die meisten dieser Verschwörer ihre Zweifel betreffs der Judenverfolgung und eines baldigen Kriegsbeginns gehabt.

Hitler war empört über solches »Gesindel aus der toten Vergangenheit« und schwor, dass es diesmal keine ehrenhaften Kugeln geben würde, diesmal würden diese Verräter gehängt wie gewöhnliche Kriminelle, mit blitzschnellen Urteilen der Gerichte, die innerhalb von zwei Stunden ausgeführt würden, sofort und ohne Mitleid, und vor allem, ohne den Angeklagten Zeit für lange Reden zu gewähren. Er wollte sie aufgehängt sehen wie Schlachtvieh.[21]

Die Verhöre, die scheinbar rechtsstaatlichen Gerichtsverhandlungen und die Hinrichtungen wurden selbst dann noch fortgesetzt, als die alliierten Truppen von Westen und die sowjetischen Truppen von Osten auf Deutschland vorrückten. Als die Berliner Gerichte und Gefängnisse den fortgesetzten Bombenangriffen zum Opfer fielen, befahl Hitler, dass die Gefangenen zunächst nach Buchenwald und dann nach Flossenbürg verlegt werden sollten. Gegen Ende des Dritten Reiches, im April 1945, befahl er der SS, die letzten der Verschwörung Verdächtigten zu exekutieren. So geschah es, dass Männer wie Wilhelm Canaris, Hans Oster und Pfarrer Dietrich Bonhoeffer noch im letzten Kriegsmonat ermordet wurden.

In der ganzen Verwirrung, inmitten fallender Bomben und Artilleriefeuer, mit den Russen, die in die Stadt einmarschierten – wurde Strassmann einfach vergessen. In den Wintermonaten 1944/45 hatte Ernst sich im geräumigen Keller des Gefängnisses am Alexanderplatz einen höhlenartigen Unterschlupf im Kohlebunker geschaffen. Als die Russen auf die Stadt vorrückten, wurden Transportlisten für die Gefangenen vorbereitet, die zur Exekution geführt werden sollten. Entweder Ernst selbst oder der freundliche Oberstleutnant entfernten Ernsts Namen wieder und wieder von der Transportliste. Sehr bald war die Stadtmitte von Berlin heftig umkämpft, und die Polizei verschwand. Fünf Tage lang verbarg sich Ernst in seinem Versteck und ernährte sich von Lebensmitteln, die er sich von seiner Ration abgespart und dort deponiert hatte. Am 21. April, neun Tage, bevor sich Adolf Hitler erschoss, verließ Ernst mit Entlassungspapieren, die ein freundlicher Wärter für ihn ausgestellt, unterzeichnet und abgestempelt hatte, das Gefängnis. Russische Artillerie- und Mörsergeschosse explodierten nah und fern, Maschinengewehrfeuer hallte in Häuserruinen wider. Ernst verbarg sich bei Freunden, bis am 2. Mai die Gefechte in der Stadt endeten.[22] Am 8. Mai 1945 erfolgte die bedingungslose Kapitulation Deutschlands.

## Anerkennung nach dem Krieg

Innerhalb eines Monats nach der Kapitulation Deutschlands, Anfang Juni 1945, wurde Ernst von den amerikanischen Beatzungsbehörden zu einem der Kommissare für die Verwaltung Berlins gemacht und dann zum Direktor der BEWAG, der Berliner Elektrizitätswerke-AG für Gesamt-Berlin ernannt, wo er noch aus seiner Widerstandszeit Kontakte zu früheren Mitverschwörern, den Freunden des bereits erwähnten Robert Kauffmann, hatte. Nunmehr als Sozialdemokrat und Mitglied der Europa-Union wurde er zum stellvertretenden Vorsitzenden der Wirtschaftsverwaltungen für die vereinigte britische und amerikanische Zone des besetzten Deutschlands, die Bizone, berufen. Während der Berlin-Blockade 1948 drangen die sowjetischen Besatzungsbehörden auf die Abberufung Ernst Strassmanns aus dem Vorstand der BEWAG, doch die westlichen Alliierten setzten sich für seinen Verbleib ein. Sehr schnell wurde Ernst auch in die Vorstände anderer politischer, Wirtschafts- und Finanzorganisationen berufen. Bürgermeister Ernst Reuter (1889–1953) hätte ihn gern als Senator für Berlin gewonnen, und er wurde auch als Nachfolger Reuters für den Posten des Westberliner Oberbürgermeisters vorgeschlagen. Ernst hätte diesen Weg gern verfolgt, aber er fürchtete, seine Gesundheit habe während der Gefangenschaft zu sehr Schaden genommen. So wurde Willy Brandt der Nachfolger Ernst Reuters als Oberbürgermeister. 1954 trafen Strassmann und Hans Robinsohn wieder zusammen und gründeten den »Klub vom 3. Oktober« erneut, diesmal, um gegen autoritäre Tendenzen und den Aufstieg ehemaliger Nazis in den deutschen Behörden zu kämpfen. Doch der Kalte Krieg gegen die Sowjetunion änderte Deutschlands Prioritäten.

Ernst war nicht das einzige Mitglied der Widerstandsgruppe, dem nach dem Krieg eine bemerkenswerte Karriere gelang. Viele seiner einstigen Mitverschwörer waren jetzt Sozialdemokraten – und nicht Freie Demokraten, wie man hätte vermuten können. Die FDP war den einstigen Verschwörern zu konservativ, obwohl einer von ihnen, Thomas Dehler aus Bamberg, der FDP in Bayern vorstand, Justizminister in München und Vizepräsident des Bundestags in Bonn war. Zur gleichen Zeit leitete Mitverschwörer Friedrich Wilhelm von Prittwitz die CSU im Bayerischen Landtag. Walter Dudek wurde sozialdemokratischer Finanzsenator in Hamburg und Mitglied des Bundesrats in Bonn. Erich Dahnel war Staatssekretär im niedersächsischen Innenministerium. In Horst Sassins Dokumentation zur Widerstandsgruppe sind diese Nachkriegskarrieren und die 26 weiterer führender Mitglieder aufgeführt.[23]

1948 fasste Ernst die Bemühungen seiner Mitstreiter zusammen:

»Die Widerstandsgruppe hat wie alle anderen die große Aufgabe, die sie sich gestellt hatte, nicht zu erfüllen vermocht. Sie hat aber zu ihrem Teil mit dazu beigetragen, dass es in der Form des Putsches vom 20. Juli 1944 überhaupt zu einer Erhebung gegen Hitler gekommen ist, die vor aller Welt den Widerstandsgeist gegen den Nationalsozialismus sichtbar machte und den Deutschen für die Zukunft ein Vorbild darbot, wie freiheitsliebende Bürger sich einer Diktatur gegenüber verhalten sollten.«[24]

Anders als die meisten Strassmanns sah Ernst sein Vaterland als eines, das eine Zukunft bieten sollte für Menschen mit praktischen Ideen, mit humorvoller Toleranz und mit Mut. Woher hatte er die Kraft, sich unter so gefährlichen Bedingungen für eine solche Zukunft zu entscheiden? Ohne Zweifel von seinem Vater Arnold, dem warmherzigen jüdischen Arzt, der Emilie Ottilie Backhausen geheiratet und ihr Kind als seines angenommen hatte. Arnold wiederum hatte diese Stärke von seinem Vater vermittelt bekommen, jenem unkonventionellen Denker aus Rawicz und Raszkow, dem Ephraim Strassmann, Sohn des Chune. Aber natürlich bedeutet jeder dieser Namen nichts weiter als einen winzigen Knoten im riesigen Netz der Geschichte, das Personen und Dekaden miteinander verwebt.

*17. Kapitel*

# Rückreisen und Erkenntnis

Schmuhl Molower hatte sich den Namen »Strassmann« gegeben, inspiriert von dem Optimismus, den die Trauben tragenden Kundschafter des Gelobten Landes in der Reliefskulptur an seinem Haus in Rawicz ausstrahlten. Schmuhl war ein fahrender Großkaufmann auf Straßen irgendwo im Osten gewesen, auf Straßen, die ihn um 1790 nach Mohilew geführt hatten, und er sah sich deshalb als einen »Mann der Straße«, einen Mann in Bewegung. Doch was immer seine Vision gewesen war, die Napoleonischen Kriege machten sie zunichte. Später ermutigten seine Söhne, Heiman und Chune, und deren Frauen ihre Kinder, Rawicz hinter sich zu lassen und ihr Glück im Westen, im preußischen Berlin zu finden. Was wäre geschehen, wenn sie das Schicksal dieser Stadt vorausgesehen hätten, die künftigen Kriege und die verheerenden Niederlagen? Fünf Söhne Heimans, seine Tochter und drei Söhne von Chune machten ihren Weg erfolgreich im gerade entstehenden deutschen Kaiserreich. Die nachfolgende, vierte Generation, die wie das Kaiserreich selbst um 1870 geboren war, setzte diesen Familienerfolg fort, doch am Ende ihres Lebens standen Chaos, Zurückweisung und Verfolgung. Schon hochbetagt, verloren diese Strassmanns ihre Bürgerrechte, ihre Berufsehre, ihr Vermögen, ihr Zuhause – und manche ihr Leben, genommen in selbstmörderischer Verzweiflung oder in industriellen Massenvernichtungsstätten wie Auschwitz.

Dieses Buch hat die Geschichte einer Familie über den Lauf zweier Jahrhunderte verfolgt, eine Geschichte, in der medizinischer Fortschritt, politisches Engagement und Verfolgung ständig wiederkehrende Themen sind. Vor 200 Jahren war das Studium der Medizin der erfolgversprechendste Weg, der junge Juden aus stagnierenden Kleinstädten wie Rawicz in blühende deutsche Städte führte, vor allem nach Berlin. Doch aus der Pflege der Gesundheit des einzelnen Patienten wurde bald ein größeres Anliegen. Epidemien mussten bekämpft werden, und das erforderte kommunale Maßnahmen – sauberes Trinkwasser, umfassende Abwasserkanalisation, Fleischinspektion und mehr. Der Kampf gegen Epidemien wurde zur Politik. Wolfgang und Ferdinand Strassmann standen in diesem Kampf an führender Stelle. Später, bei der Schaffung der Grundlagen der Gerichtsmedizin und der forensischen Pathologie, erwarb sich kein Arzt größere Verdienste als Fritz Strassmann. Alle drei wurden mit Ehrenbürgerschaften oder nach ihnen benannten Straßen oder Gebäuden geehrt. In den Kriegen Preußens fochten auch Strassmanns als mit dem »Eisernen Kreuz« oder dem »Roten Adler« hoch dekorierte Offiziere, aber ihre Kinder wurden später aufgrund einer pseudomedizinischen Theorie, die »jüdisches Blut« als Krebsgeschwür ansah, das die deutsche Rasse zerstöre, verfolgt und ausgestoßen. »Arische« Ärzte traten der Nazipartei in größerer Anzahl bei als die Vertreter jeder anderen Berufsgruppe, und einige von ihnen entwickelten Methoden zur Massenvernichtung von behinderten Kindern, von Zigeunern, Homosexuellen, Juden.

Die Ereignisse, die hier geschildert wurden, berichten aber auch von Nichtärzten wie Max Gutzwiller und Ernst Strassmann – Juristen, die sich dem System widersetzten, offen im einen Fall, heimlich, umfangreich, und geschickt im anderen. Antonie hingegen war eine hervorragende Schauspielerin, eine wagemutige Fliegerin und eine erfolgreiche Geschäftsfrau mit internationalen Kontakten, die vielen ihrer Freunde und Verwandten zur Emigration verhelfen konnte. Obwohl ihre Patentverhandlungen dem Deutschen Reich wohl mehr nutzten als Amerika, stand sie nichtsdestotrotz auf den Fahndungslisten der Gestapo.

Manche der Nachkommen von Schmuhl Molower Strassmann überlebten das Naziregime und den Krieg, zumeist weil sie emigrierten. Nur wenige kehrten nach Deutschland zurück, um zu sehen, was übrig geblieben war. Ich war einer dieser wenigen, und ich reiste sogar bis nach Rawicz zurück, wie ich hier später berichten werde.

## Schließlich doch noch Anerkennung

Einer, der nie zurückkehrte, der aber auch nie geplant hatte zu emigrieren, war Paul Ferdinand (1866–1938). Er verstarb während einer Sommerreise in der Schweiz, nur seine Urne kehrte in die Heimat zurück. In Antonies Haus, in Hemlock Hague, auf dem bewaldeten Hügel nahe New York, erzählte mir Großmutter Hedwig Strassmann im Sommer 1949, dass Großvater politisch immer moderat gewesen sei – in ihren Augen war das eher konservativ. Großvater fragte sich sogar, ob die Familie mit ihrer gegen Bismarck gerichteten Einstellung nicht über das Ziel hinausgeschossen wäre. Hedwig sagte mir:

»Meiner Meinung nach jedenfalls hatte Bismarck das deutsche Volk mit seinem Militarismus und mit seiner Zwangspolitik in den Ruin getrieben. Und auch wenn man ihnen politisch nicht zustimmen konnte, waren Wilhelm II. und Bismarck immer noch Menschen gewesen, die Nazis jedoch unmenschliche Kriminelle. Großvater ahnte nicht, welche Übel noch bevorstanden. Daß sie ihn seiner Identität als Deutscher beraubten, nehme ich den Nazis übel. Es verwandelte Großvater von einem fröhlichen Mann in einen unfrohen. 1936 hatte ihm Gerhart Hauptmann geschrieben: ›Gott ist mein Zeuge: Ich kenne keinen besseren Deutschen als Sie!‹ Aber all diese Deutschen mit ihrem hochgelobten Mut erwiesen sich als außerordentliche Feiglinge. Hätten wir andere Vorfahren gehabt und keinen Grund zu emigrieren – wer weiß, wie wir uns verhalten hätten. Zweifellos anders – aber so feige? Niemals.«

Auf Antrag der Berliner Gesellschaft für Gynäkologie und Geburtshilfe erklärte der Berliner Senat Paul Ferdinand Strassmanns Grab in Wannsee 1984 zum Ehrengrab. Auf diesem Familiengrab befinden sich auch das Granitmonument, das Hellmuth in Uniform zeigt, und ein Gedenkstein für Antonie.

Nach dem Krieg wurde die Strassmann-Klinik in der Schumannstraße in Ostberlin zur Universitätsschule für medizinische Fachberufe: Diätfachleute, Hebammen, Radiologen und Physiotherapeuten wurden hier ausgebildet. Als Jenny-Marx-Schule für Medizinalfachberufe war die Schule nach der aufopferungsvollen Frau von Karl Marx benannt, der einst um die Ecke, in der Luisenstraße, gelebt hatte. Als die Mauer fiel und Deutschland wiedervereinigt wurde, wurde das von Nazis und Kommunisten enteignete Eigentum den früheren Besitzern oder deren Erben zurückgegeben. So kam es, dass ich im Juni 1992 das Haus noch einmal besuchte, gemeinsam mit meinen Schweizer Verwandten, Ruth Sutermeister und Hellmy Gutzwiller, und mit unserem engen Freund und Anwalt, Dr. Hans Reis, der 1926 wenige Monate vor mir in der Strassmann-Klinik zur Welt gekommen war. Seit mehr als einem halben Jahrhundert hatten wir die Schumannstraße 18 nicht mehr betreten. Begleitet wurden wir von zwei Charité-Vertretern sowie einem extrem würdevollen, weißhaarigen Makler und einem flamboyanten, Juwelen tragenden Investor aus Osnabrück. Beide schienen einem Buch von Balzac entsprungen zu sein, und keinen von beiden haben wir je wiedergesehen.

Wir nahmen die vertraute Treppe hinauf in den ersten Stock und betraten einen Raum, der grau und pastellgrün gestrichen war wie all die anderen Räume. Die Teppiche, die schweren Gardinen, die prunkvollen Tapeten, die Möbel aus Mahagoni und Leder, die nachgedunkelten Gemälde, die vielen Bücher, die zahlreichen kleinen Andenken, der Nippes – alles war verschwunden. Einer der offiziellen Charité-Vertreter informierte uns über die Geschichte des Gebäudes und sagte, dass die Pläne japanischer Spekulanten für den Berliner Grundstücksmarkt ungeheuerlich seien und dass wir das nie vergessen dürften. Der Investor aus Osnabrück flüsterte mir ins Ohr, dass er noch nie solchen Blödsinn gehört habe.

Während des Rundgangs blieb er die ganze Zeit neben mir und erklärte, alle Heizkörper, Wasserleitungen, Leuchtkörper, elektrischen Leitungen, Fenster und Türen müssten ausnahmslos entfernt werden, selbst wenn einige von ihnen noch in gutem Zustand sein sollten. Schließlich entsprächen sie nicht mehr den heutigen Standardgrößen. Die Kernstruktur könne man aber behalten, müsse man ja sogar, da das Gebäude unter Denkmalschutz stehe. Das Haus könne immerhin einiges wert sein. Ich hörte ihm kaum zu, als wir in das alte Esszimmer kamen, einst Schauplatz vieler festlicher Abendessen. Das Buntglasfenster mit den Traubenträgern aus dem Gelobten Land gab es aber nicht mehr. Dunkle Flecken unter den Dachsparren wiesen auf eine leckende Stelle im Dach hin – vielleicht ein undichter Abschluss an den Dachschrägen, dort, wo Großvater im Ersten Weltkrieg 1914 das originale Kupferdach für die deutschen Kriegsbestrebungen gespendet hatte. Der Investor aus Osnabrück wies auf solche Baumängel hin, während er schon eifrig damit beschäftigt war, die Rekonstruktionskosten und die Miete pro Quadratmeter auszurechnen.

Viele Räume wiesen jetzt eine Qualität auf, die es in der Schumannstraße 18 früher nie gegeben hatte: Schäbigkeit. Ich sah überfüllte schwarze Bretter und Wandschmierereien mit Witzen über die Spannungen zwischen Ossis und Wessis. In einem hellgrauen Raum, der einst das Behandlungszimmer meines Großvaters gewesen war, stand jetzt ein Getränkeautomat. Ein bescheidener Raum in einem der oberen Stockwerke war früher der Entbindungssaal gewesen, mit sechseckigen Fliesen auf dem Fußboden, die Wasser und Blut abgeleitet hatten. Hans, Fred, Annemarie, meine Schwestern, ich und 15.000 andere Babies waren in diesem Raum zur Welt gekommen.

Zu besonderen Anlässen wie Pauls Geburts- oder Todestag werden heutzutage immer wieder Reden gehalten und veröffentlicht, und Gruppen von Ärzten werden feierlich an der restaurierten Schumannstraße 18 vorbeigeführt, die zwar als Bürogebäude saniert ist, aber unter Denkmalschutz steht. Am 6. Mai 1998 befand auch ich mich in einer solchen Gruppe und hörte, wie Professor G. Dellas, der Veranstalter, einige von Großvaters Neuerungen pries und bedauerte, dass 1936 außer Ferdinand Sauerbruch niemand für ihn eingetreten sei. Fünf Monate später hörte ich einen Lichtbildervortrag von Dr. Matthias David von der Charité über Paul. Unter Bezug auf Großvaters erfolgreiche Wiederherstellung einer völlig missgebildeten Gebärmutter mittels Umpflanzung der Eileiter sagte David, dass »diese Operation und ihr Ergebnis [ein Baby] bewiesen, wie Strassmanns Fähigkeiten in der Genitalchirurgie alle anderen weit überragten«.

Im Sommer 2003 genehmigten die Berliner Denkmalschutzbehörde und die Gedenktafelkommission die Benennung der Schumannstraße 18 als »Strassmann-Haus«. Eine bronzene Gedenkplakette, 50 mal 70 Zentimeter groß, wurde unter Sandor Jarays Reliefskulptur angebracht, die eine stillende Mutter mit ihrem Baby zeigt. Die Plakette gibt Pauls Geburts- und Todesdaten sowie das Jahr der Errichtung des Hauses an. Sie erwähnt Pauls Verdienste in Medizin und Kunst und sagt dann schlicht: »Wegen seiner jüdischen Herkunft wurde er 1935 der Lehrbefugnis beraubt und musste 1936 unter dem Druck der Nationalsozialisten die Klinik schließen und einem Zwangsverkauf zustimmen.«

## Keine Pläne zurückzukehren

Wie viele Exilanten hatte Antonie nicht vorgehabt, Deutschland noch einmal zu besuchen. Schon am 11. Juni 1946 schrieb ihr der Flugzeugfabrikant Ernst Heinkel: »Deine Freunde wünschen dringend, daß Du mal auf einige Monate nach Deutschland kommst. ... Aus Deinem Brief ... habe ich eine gewisse Erbitterung gegen Deine frühere Heimat entnommen.« Als Antwort, erst am 19. Dezember 1946, erinnerte Antonie ihn in Großbuchstaben an ihre versuchte Entführung durch die Gestapo 1938: »WAERE ES NICHT SCHIEF GEGANGEN WAERE ICH HEUTE NICHT MEHR! ABER BITTER – PERSOENLICH BIN ICH NICHT!« Am 25. Mai 1947 antwortete Antonie ausführlicher:

»Bezüglich einer Reise nach drüben, lieber Ernst, habe ich weder die Absicht, noch eigentlich einen Grund, noch aber, und das ist wohl die Hauptsache, Sehnsucht nach Deutschland resp. Europa. So gerne wie ich den einen oder anderen lieben Freund wiedersähe, so wenig Lust habe ich die grausige Zerstörung zu sehen, die Hitler und Konsorten in Deutschland und Europa, innerlich in den Menschen, in der Gesamtkultur, und äusserlich rein in baulicher Zerstörung verschuldet haben...

Ich habe mit Europa abgeschlossen als ich hierher kam. Was noch meine Wurzeln hätten sein können in eine Vergangenheit hinein, haben die Nazis abgehauen – mit damaliger Zustimmung fast des ganzen Volkes – und beschmutzt. Man hat sich von allem losgelöst. ...

Bitte lass mich wissen ob Ihr was braucht, und was.«

Hugo Eckener, der berühmte Zeppelin-Kapitän und Direktor der Zeppelin-Werke, schrieb Antonie ebenfalls ein Jahr nach der deutschen Kapitulation. In ihrem Antwortbrief vom 22. Juli 1946 erinnerte sich Antonie an die alten gemeinsamen Tage voller Fröhlichkeit und fasste ihr Leben seitdem zusammen:

»Mein lieber, lieber Herr Dr. Eckener!

Ich kann Ihnen gar nicht sagen, welch unsagbar tiefe Freude Ihr schöner Brief ausgelöst hat. Aus ihm spricht Ihre ganze Persönlichkeit – so unverändert trotz allem. Wie unendlich schwer müssen gerade für Sie diese letzten Jahre gewesen sein. Sie haben ja die ganze Katastrophe kommen sehen – und Sie sehen ja auch weiterhin die Zukunft der Welt so ungleich klarer als andere. – Der Kassandra Los ist nie beneidenswert gewesen. ...

Wie oft habe ich Sie hier beim Skat zitiert – meine Mutter erinnerte mich daran, Ihnen das ja nicht vorzuenthalten, wenn ich Ihnen schreibe – es ist eine solche kleine Albernheit, und vielleicht doch ein lieber Beweis, daß Sie mit uns mitgelebt haben in all diesen Jahren. ... Wie oft dachte ich an Ihre ... Frage, ob ich humanistische Bildung hatte – weil sich das doch eben in der ganzen Denkweise im späteren Leben auspräge!

Schweinehund [Hitler] und seine Genossen konnten einem doch eben all das nicht rauben – und uns, die er rausgeschmissen hat (und die es überlebt haben), geht es eben doch am besten. ...

Jetzt bekommen wir von drüben die ersten Nachrichten – und zur Freude meiner Mutter ist die Klinik von Vater unversehrt geblieben – erstaunlicherweise. Es war sein Lebenswerk, wenn es ihm auch die Nazis mehr oder weniger 1936 gestohlen haben.«

Drei Jahre später, am 24. April 1949, sagte sie dem Magazin *American Weekly*: »Europa ist eine ausgebrannte Zivilisation, die krampfhaft versucht zu behalten, was sie hat. Den Schlüssel zur Zukunft halten jedoch die Vereinigten Staaten in den Händen.«

Aber nach zwei weiteren Jahren, am 14. August 1951, schrieb Antonie an Ernst Heinkel, dass sie doch kommen werde: »Ernst – nächsten Sommer werden es 20 Jahre – der Hochbetrieb in Warnemünde – der Do-X Flug – was hatten wir alle für Spaß in Deinem gastfreien Haus! Und die Freundschaftsbande haben doch festgehalten durch dunkle und stürmische Jahre!« Leider konnte Antonie ihren geplanten Besuch nicht mehr realisieren; fünf Monate nach dem Brief an Heinkel ist sie verstorben.

Zu Beginn des neuen Jahrhunderts, im Sommer 2004, feierte die Ausstellung »Frau und Flug – Die Schwestern des Ikarus« im Zeppelin-Museum in Friedrichshafen die Heldentaten Antonies und anderer Fliegerinnen.

## Aussöhnung

Am 10. April 1965 erhielt mein Vater Erwin Strassmann für seinen Beitrag zur Wiederherstellung guter deutsch-amerikanischer Beziehungen nach dem Zweiten Weltkrieg von Bundespräsident Heinrich Lübke das Große Verdienstkreuz der Bundesrepublik Deutschland.

Schon vor Kriegsende waren Erwin (1942) und seine Familie (1944) auch nicht mehr »feindliche Ausländer« gewesen, sondern US-Bürger geworden. Ihre ersten Reisen hatten sie in die Berge sowie nach Cuernavaca in Mexiko, nach Taos und nach Estes Park in Colorado geführt, wo die Luft kühler und so ganz anders war als in Texas. In den ersten sechs Jahren nach dem Krieg schien Europa zu arm und zu zerstört, um es zu besuchen. Während seiner ersten Reise nach Deutschland schrieb mir Erwin am 20. Juli 1951 aus Wengen im Berner Oberland nach Washington:

»Unsere Reise war höchst vergnüglich. Wir hatten erwartet, daß Paris und die Schweiz die Höhepunkte sein würden. Doch wie sich herausstellte, übertraf Deutschland mit all den Wiedersehen und den Feiern alles andere. Der menschliche Aspekt wurde wichtiger als alle landschaftliche Schönheit, der Luxus oder die Geschichte. Ihr könnt Euch gar nicht vorstellen, wie sehr diese Leute sich übertroffen haben, damit wir uns wohl fühlten. Wir werden Euch alles darüber in Peekskill erzählen [auf einem geplanten Wiedersehen mit Antonie].«

In jenem Jahr waren die deutschen Städte noch Trümmerfelder, aber die Fachwerkdörfer waren wunderschön und romantisch, wie ein Sommertraum. In Ziegenberg bei Bad Nauheim wanderten Ilse und Erwin mit Ilses Bruder Gerhard durch die gesprengten Überreste des Adlerhorsts, Hitlers »Bergfestung«, einem bombensicheren Regierungssitz. Die Golfplätze rund um Bad Nauheim und in den anderen Städten waren immer noch britischen und amerikanischen Offizieren vorbehalten. Ilse und Erwin trafen einige frühere Freundinnen, die jetzt alleinstehende Mütter waren – ihre Kinder hatten amerikanische Väter. Alle vermieden es sorgfältig, über Politik zu sprechen.

Verschiedene Bekannte erkundigten sich über die Möglichkeit einer Emigration in die USA, und alle erinnerten sich an früher. Das war jetzt 15 Jahre her. In Berlin trafen Erwin und Ilse Mitarbeiter aus der Strassmann-Klinik, Ärzte, Schwestern, Sekretärinnen und Putzfrauen. Einige ältere Freunde und frühere Angestellte waren verwundert, wie sehr Erwin jetzt seinem Vater ähnelte. Die Stadt lag in Trümmern, aber trotzdem hatten überraschend viele Freunde überlebt. Am Kurfürstendamm servierte Kempinski wieder zwölf Arten Hummer.

Ilses Vetter Rolf (1906–1977) aus Bremen schien der Liebenswürdigste von allen zu sein. Ilse erinnerte sich aber noch, wie er im August 1937 nicht kam, ihr Lebewohl zu sagen. Damals war er 31 und damit beschäftigt, die Nordsee-Kampfspiele, einen Gebietsaufmarsch der Hitlerjugend mit mehr als 100.000 Teilnehmern, vorzubereiten, die im Weserstadion stattfinden sollten. Militärorchester mussten proben, und die Stadt war mit Girlanden und unzähligen Hakenkreuzen zu schmücken. Nach der Parade sollten dem Führer Adolf Hitler 2.000 neue Fahnen geweiht werden. Und bei allem war Rolf dabei, da er seit August 1930 der Nazipartei angehörte. Damals war er 24 gewesen und hatte geglaubt, dass die NSDAP eine wirklich egalitäre Partei sei. Im Mai 1933, nach Hitlers Machtübernahme, war Rolf sogar der SS beigetreten.

Rolf, wie zu erwarten, scherte sich nicht um das Schicksal seiner Kusine Ilse und ihrer Familie. Doch dies kann man nicht von den anderen Mitgliedern der Familie Schwarze sagen. Rolfs Vater Otto (1873–1942) schrieb noch am 27. Oktober 1940 an Ilse in Houston. Der Brief ging über Portugal und wurde von Armeezensoren geöffnet:

»Alle Kinder sind mehr oder weniger in Kriegsdiensten. Man fragt sich immer wieder, warum mußte das sein, hätte es vermieden werden können, und wie? … Ganz besonders freuen mich Erwins Zeilen, und ich beglückwünsche ihn herzlichst zu den großen Erfolgen. … Wieviel leichter wird er alle unangenehmen Zwischenfälle auf sich nehmen, in dem Bewußtsein, ein Urteil zu haben, das überall geachtet wird und Gehör findet. Wir waren alle davon überzeugt, daß Erwin mit der Zeit seinen Weg bestimmt machen würde … aber so schnell hat wohl niemand zu hoffen gewagt.«

Rolf wurde nicht zum Militär eingezogen, weil er als Kind ein Auge verloren hatte, als er mit Freunden Soldat spielte und ein Luftgewehrschuss ihn traf. Da seine zwei Vettern, Karl Theodor und Helmuth Schwarze, an der Front standen, übernahm Rolf die Leitung des väterlichen Getreidehandels. Durch die Atlantikblockade waren keine Überseeimporte mehr möglich, und so bezog Rolf Getreide aus der (zeitweise) verbündeten Sowjetunion, aus den eroberten polnischen Gebieten und aus Ungarn. Er tat das nicht nur für die Firma Schwarze selbst, sondern in seiner Funktion als Reichsbeauftragter für den Getreideerwerb ganz Deutschlands im Rahmen des Reichsnährstands für Getreide beim Ministerium für Ernährung und Landwirtschaft. Um die deutschen Truppen in Russland mit Lebensmitteln zu versorgen, musste von dort so viel Getreide konfisziert werden, dass amtliche Planungsdokumente davon ausgingen, dass zweifellos Millionen Einheimische dafür verhungern würden.[1]

Dokumente aus dem Bundesarchiv belegen, dass die Mitgliedschaft in der SS nicht zu den Prioritäten in Rolfs Leben gehört haben kann. Er kam nie über den niedrigsten Dienstgrad hinaus, und am 1. März 1944, mehr als ein Jahr vor Kriegsende, verließ er die SS »auf eigenen Antrag aus beruflichen Gründen«. SS-Dokumente zeigen, dass Rolf nie die volle Zeit gedient hat, nie befördert wurde und keinerlei Auszeichnungen oder Ehrungen erhalten hat.

In den ersten Nachkriegsjahren verblieb Rolf in seiner Jagdhütte in Steinbeck in der Lüneburger Heide und war somit einer der nach Schätzungen 100.000 »abgetauchten« Nazis, die sich den bedrohlichsten Jahren der Entnazifizierung einfach entzogen. Trotzdem blieb Rolf nominell Geschäftsführer der Firma Schwarze. Offiziell wurden die Firmengeschäfte von einem Herrn Thiel wahrgenommen, der Geschäftsvollmacht hatte und die Verträge unterzeichnete, die das Getreide- und Futtermittel-Importgeschäft zurück zu seinen transatlantischen Wurzeln bringen sollten.

Unmittelbar bei Kriegsende 1945 hatten die Alliierten ein »Entnazifizierungsprogramm« installiert, dass sowohl die Beseitigung nationalsozialistischer Symbole, Denkmäler, Straßennamen und Gesetze umfasste als auch den Ausschluss leitender Nationalsozialisten aus dem öffentlichen Leben und die Inhaftierung der führenden Köpfe der Partei und ihrer Organisationen. Mitgliedern der SS sollte es dadurch unmöglich gemacht werden, im neuen Deutschland wieder wichtige Stellungen einzunehmen. Bereits im September 1944 war als Sonderausgabe des *Public Safety Manual of Procedures* (Handbuch zur Herstellung der öffentlichen Sicherheit) der US-Army ein *Arrest Categories Handbook* (Handbuch der Arrest-Kategorien) erschienen. Basierend auf den hier festgelegten Kriterien, wurden die wichtigsten Führungskräfte von NSDAP und SS sowie diejenigen, die an den Verbrechen beteiligt gewesen waren, verhaftet, von der Militärregierung verhört und verurteilt. Alle Deutschen hatten einen fünfseitigen Fragebogen auszufüllen, anhand dessen sie in fünf Kategorien eingeteilt wurden.

Am stärksten belastete Angehörige nationalsozialistischer Organisationen fielen in die Kategorie I, »Hauptschuldige«. Danach folgte Kategorie II, »Belastete«, die führende Aktivisten und Nutznießer umfasste, worunter man auch Rolf Schwarze vermuten sollte. Die Kategorien III und IV waren die »Minderbelasteten« und die »Mitläufer«, und »Entlastete« fanden sich in der Kategorie V. Von den 400.000 Menschen, die in der Region Bremen den Fragebogen der Militärregierung ausfüllten, wurde weniger als ein Promille als »hauptschuldig« oder »belastet« befunden: Nur neun galten als »hauptschuldig« und lediglich 124 als »belastet«. Der Name von Rolf Schwarze fand sich nicht unter ihnen.

Akten aus dem Archiv der Bremer Polizei belegen, dass die US-Militärregierung Rolfs Haus beschlagnahmt hatte. Nur seine Schwiegermutter, Friederike Minna Klepper, durfte einige Zimmer behalten. Rolfs Familie war unter einer Bremer Adresse bis zum 8. Juni 1949 polizeilich nicht gemeldet. Als Rolfs Vettern Karl Theodor und Helmuth Jahre später aus der Gefangenschaft zurückkehrten, begannen sie wieder im Familiengeschäft zu arbeiten. Helmuth, seine Frau und seine zwei Kinder bewohnten nur ein Zimmer, ihr Badezimmer befand sich auf einer anderen Etage. Karl Theodor wohnte im Büro in Diepholz. Gegenüber den Behörden der britischen Zone in Steinbeck in der Nähe von Lüneburg, wo Rolf Unterschlupf gefunden hatte, sagte er aus, er gehöre in die amerikanische Zone, nach Bremen. Aber dort meldete er sich nicht.

Schließlich wurde Rolf doch verhaftet, verhört und musste den Entnazifizierungsfragebogen ausfüllen. Für ein paar Tage oder Wochen blieb er in Haft, aber zwischenzeitlich hatte die Naziverfolgung bereits an Triebkraft verloren. »Nutznießer« des Regimes, die eigentlich in die Kategorie der »Belasteten« gehörten, wurden von den deutschen Spruchkammern nicht länger verurteilt. Zudem sahen die Spruchkammern jetzt die schnellstmögliche Rehabilitierung der Beschuldigten als ihre Hauptaufgabe an. Rolf hatte deshalb wenig Probleme, die gegen ihn gerichteten Vorwürfe zurückzuweisen. Er war überzeugt, dass ihn jemand in Steinbeck denunziert hatte.

Trotzdem schien es Rolf 1951, als ob seine Nazivergangenheit ihm in Deutschland zu einem Nachteil werden könnte, und er fragte Erwin: »Deutschland ist heutzutage unsicher geworden. Sollten Leni und ich zum Wohl der Kinder emigrieren?« Er schaute besorgt auf seinen kleinen Sohn, 14 Monate alt, der für die Willkommensfeier hübsch herausgeputzt war. »Dein Land jetzt im Stich lassen? Aus welchem Grund?«, fragte Erwin. »Naja, vielleicht nicht. Es ist nur so eine Idee«, wiegelte Rolf ab.

In den fünfziger Jahren war Rolf dem Volumen nach wieder zum führenden Getreide- und Futtermittelhändler Deutschlands geworden. Er stand sowohl der Bremer als auch der Bundeskammer der Getreide- und Futtermittelhändler vor. Aber er gehörte nicht dem inneren Kreis der Patrizierelite seiner Heimatstadt an, dem Haus Seefahrt.

1974 verlor die Firma Schwarze Millionen und ging bankrott. In diesem Jahr blieben die peruanischen Anchovetas aus, eine kleine Sardellenart, die ein Hauptfuttermittel bildete, und die Futterpreise stiegen enorm. US-amerikanische Besorgnis über diese steigenden Futtermittelpreise führte zu einem teilweisen amerikanischen Embargo für den Export von Sojabohnen und Sojamehl, und die Weltmarktpreise verfünffachten sich. Die Firma Schwarze hatte schon Verträge abgeschlossen, Futter zu einem Viertel des jetzigen Weltmarktpreises zu liefern, und jeder Vertrag bedeutete einen Riesenverlust. Und einen Kredit über acht Millionen DM konnte Rolf nicht erhalten – vielleicht auch, weil sich manche seiner Geschäftspartner erinnerten, wie arrogant er sie früher behandelt hatte. Das Insolvenzgericht zwang Rolf, seine Villa mit dem gewaltigen Grundstück aufzugeben, ebenfalls die Molkerei, die Schweineställe, die Tochterfirma Rennberg Tierfutter, die Speicherhäuser, Gebäude und Büroausstattung. Etwa 50 Menschen verloren ihre Arbeitsplätze. Da sie als unbeschränkte Gesellschafter in der Firma hafteten, verloren die Vettern Schwarze, ihre Schwestern und alle Verwandten sowie deren Kinder einen Großteil ihres Besitzes. Für Rolf war es beschämender als seine Entnazifizierung, er erkrankte schwer und starb innerhalb der nächsten drei Jahre.

## Die qualvolle Perspektive eines Historikers

Der Historiker Gerhard Strassmann Masur, ein Sohn von Paul Ferdinands Schwester Frieda, kehrte mehr als 20 Jahre lang nicht nach Berlin zurück. Er lebte und arbeitete zwölf Jahre in Kolumbien und fand dann 1947 eine Dozentenstelle am Sweet Briar College in Virginia in den USA. Mit seinen deutschen Kollegen, vor allem seinem Mentor, Professor Friedrich Meinecke, blieb er jedoch in Kontakt. 1955 und 1956 wurde Gerhard zu Vorträgen an die Freie Universität von Berlin (West) eingeladen, wo er die Studenten sehr empfänglich für seine Ansichten fand. Zu jener Zeit war »die Zerstörung von Berlin so gewaltig, vor allem im kommunistischen Sektor, daß keine nostalgischen Gefühle aufkommen konnten«. Das Berlin der Nachkriegszeit, so sagte Gerhard, ähnele seiner einstigen Heimatstadt, dem Berlin der zwanziger und dreißiger Jahre, so wenig wie Mexiko City dem Tenochtitlan aus Cortez' Zeiten ähnlich sei. Doch trotzdem kam Gerhard von nun an immer wieder zurück. 1959 schließlich erschien seine bereits 1948 abgeschlossene, maßgebliche Biographie des großen Befreiers Lateinamerikas, *Simon Bolivar*, endlich auf

Deutsch. Sein nächstes Buch, *Prophets of Yesterday*, das 1961 erscheinen sollte, war nahezu fertig gestellt. Mitte der sechziger Jahre begann Gerhard an einer großen Geschichte seiner Heimatstadt zwischen 1870 und 1920 zu arbeiten, die 1971 unter dem Titel *Imperial Berlin* erschien.[2] Masurs langjähriger Freund Wilmont Haacke beschrieb das Buch als den Versuch eines leidenschaftlichen Berliners, sich von seinen nostalgischen Gefühlen für die untergegangene Stadt zu befreien. Nie zuvor, schrieb Haacke, sei die Universalität und Urbanität des alten Berlin mit so viel Liebe und Verständnis porträtiert worden.

Gerhards vorletzte Publikation war die editierte Veröffentlichung der Memoiren seines Großvaters Heinrich, meines Urgroßvaters, über Rawicz und die Emigration. In der Einleitung schreibt er:

»Wir wissen heute nur allzugut, daß das Experiment der deutsch-jüdischen Symbiose gescheitert ist. Soll man darum den Versuch der Assimilation desgleichen als Fehlschlag bezeichnen? … Der Assimilationsprozeß ist bisher noch nicht ausreichend untersucht worden, so wenig wie die Frage, warum er letzthin gescheitert ist. Wir besitzen die Biographien von einigen der am besten bekannten jüdischen Männer und Frauen, Rahel Lewin, F. J. Stahl, Ferdinand Lassalle, Gerson Bleichröder und anderer; aber die große Masse jüdischer Männer und Frauen, die in den Assimilationsprozeß verstrickt waren, ist im Bereich der Anonymität verblieben. …

Die Erinnerungen von Heinrich Strassmann können vielleicht dazu beitragen, diesen komplizierten Werdegang besser zu verstehen. Da sie mit dem Jahr 1871 abschließen, darf man sie wohl als einen Beweis dafür ansprechen, daß der Virus des Antisemitismus bis zu diesem Zeitpunkt, wenn überhaupt, nur als eine Unterströmung vorhanden war und daß der preußische Staat und seine Gesellschaft den Aufstieg der jüdischen Bürger nicht nur nicht hinderten, sondern sogar förderten und begrüßten. Was dann den Wechsel der Stromrichtung hervorgerufen hat, bis zur völligen Umkehr und Ablehnung der Juden durch das deutsche Volk, das bleibt, bisher jedenfalls, ein unerforschtes Kapitel der Geschichte.«[3]

Obwohl ihm ordentliche Professuren an der Freien Universität in Berlin und in Tübingen angeboten wurden, blieb Gerhard lieber nur in sporadischem Kontakt, weil er fühlte, dass er nicht in einem Lande leben könnte, wo sich die Menschen nicht ohne Lügen in die Augen schauen können. Für Gerhard war der Strom von Blut, der Deutschland seit 1933 umspült hatte, zu breit und zu tief, um ihn zu überspringen, und er hätte es als den Gipfel der Undankbarkeit empfunden, die amerikanische Großzügigkeit und Hilfe einfach so von sich abzustreifen, als wäre es nur eine Schlangenhaut. Zum Schluss seiner Autobiographie schreibt er, er habe bei allem, was er geschaffen hatte, nie den Rückhalt einer Gemeinschaft gehabt. »Wann konnte ich je das Wort ›wir‹ gebrauchen, nicht in Deutschland, nicht in Kolumbien und nicht in Amerika.«[4] Seine letzte Vorlesung zum »deutschen Charakter als historischem Problem« beendete er am 5. Oktober 1974 in Braunschweig mit den ironischen Worten: »Und so wollen wir es denn dabei belassen, die Besonderheiten der deutschen

Geschichte aufzuweisen, und überlassen es den Propheten zu behaupten, daß alles, was geschah, so kommen mußte, wie es geschehen ist.«[5]

## Erinnerung an einen Bruder

Im August 1956, 18 Jahre nach ihrer Ausreise, kamen Ilse und Georg Strassmann (Sohn von Fritz, dem Vetter meines Vaters Paul) zurück nach Deutschland. Sie waren emigriert, nachdem es 1935 für Georg unmöglich geworden war, an der Universität von Breslau Rechtsmedizin zu unterrichten und zu betreiben. Zudem hatten sie befürchtet, dass ihr adoptierter und unveränderlich »arischer« Sohn Friedrich ihnen weggenommen werden könnte. Georg fand eine neue Stellung als Pathologe am Bellevue Hospital in Manhattan. Im November 1938 wurde er Dozent an der Fakultät für forensische Medizin an der New York University. Fünf Jahre später, 1943, wechselte er zum Metropolitan State Hospital in Waltham, Massachusetts. Hier hatte er nur noch zwei und nicht mehr acht Autopsien pro Tag durchzuführen. Erst Mitte der fünfziger Jahre fühlten sich Georg und Ilse in der Lage, Berlin noch einmal zu besuchen.

In einem Bericht über diese Reise schrieb Georg:

»Am Abend kamen wir mit meinem Vetter, Dr. Conrad Fraenkel, zusammen, der in einer Mietwohnung in Wilmersdorf lebt. In der Gegend sind immer noch viele Häuser zerstört, und die leeren Fenster hinterlassen einen deprimierenden Eindruck. … Das Wiedersehen mit ihm, der das Naziregime überlebt hat, hat mich tief bewegt. Wir waren beide sehr ergriffen, vor allem, als er mir so viel aus seinen letzten Monaten erzählte, als er mit meinem Bruder Reinhold in einer zerbombten, zerstörten Wohnung zusammenlebte, bevor dieser von den Nazis deportiert wurde, erst nach Theresienstadt, dann nach Auschwitz, wo Reinhold wie Millionen anderer Opfer des Naziterrors einfach verschwand.«

Am nächsten Tag traf Georg die Witwe eines engen Freundes, deren Sohn in Stalingrad gefallen war. Beide Begegnungen waren so aufwühlend, dass sie bei ihm akute Darmbeschwerden hervorriefen. Eine Besichtigungstour durch das kommunistische Ostberlin musste deshalb abgesagt werden. Erst als Georg in der Schweiz ankam, fühlte er sich wieder besser.

Später kehrte Georg ab und an nach Deutschland zurück, um Vorlesungen zu halten und an Fachtagungen für Rechtsmedizin teilzunehmen. 1966 erhielt er von Bundespräsident Heinrich Lübke das Bundesverdienstkreuz Erster Klasse verliehen, da er als herausragender Wissenschaftler über Jahrzehnte zum weltweiten Ansehen der deutschen Rechtsmedizin beigetragen habe. Er wurde Ehrenmitglied der Deutschen Gesellschaft für gerichtliche und soziale Medizin.

Sein Vater Fritz hatte 1904 diese Gesellschaft gegründet, und 100 Jahre später sollte ihre Keimzelle an der Berliner Universität in Fritz-Strassmann-Haus umbenannt werden.

## Eine zweite Familie wird entdeckt

Wieder und wieder hatten Georg und Ilse ihren Sohn Friedrich, der sich jetzt Fred nannte und über 20 Jahre alt war, gebeten, sie auf den Reisen nach Europa zu begleiten oder selbst auf eigene Faust dorthin zu reisen, doch er hatte immer abgelehnt.

Freds Mutter, Ilse Marwitz Strassmann, hatte lange gezögert, ihren Sohn über seine Adoption in Kenntnis zu setzen. Im August 1977 entwarf sie einen Brief, den sie viele Jahre versteckt hielt. In ihm heißt es:

»Onkel Paul hatte uns erzählt, daß in seiner Klinik ein Kind zur Welt gekommen war. Die Mutter – deren Name zufällig auch Ilse war – war sehr jung und unverheiratet. Ihr Vater, ein hoher deutscher Beamter aus einer alten schlesischen Adelsfamilie, hatte darauf bestanden, daß das Kind zur Adoption in eine gute, kultivierte Familie weggegeben werden sollte. ... Wir waren sehr glücklich und wollten das Kind adoptieren, wenn es gesund sein sollte. Onkel Paul berichtete uns von Deiner Geburt und daß Du ein sehr hübsches Baby warst.

Die biologische Mutter, die während der letzten drei Monate unter falschem Namen in Berlin gelebt hatte, blieb drei Wochen lang in der Klinik. Sie hat ihr liebenswertes Baby nie zu Gesicht bekommen. Nachdem sie abgereist war, kamen wir nach Berlin, um Dich zusehen, und haben uns sofort in Dich verliebt. Du warst der Liebling aller Krankenschwestern. Es dauerte keine drei Monate, und schon waren die Adoptionspapiere bewilligt. ... Dein Vater und ich haben Dich nach Breslau gebracht. Es war eine wunderbare Erfahrung und einer der schönsten Momente unseres Lebens.

Als Du 3 ½ Jahre alt warst, kam das Hitler-Regime an die Macht. Du hast vielleicht Deine Vermutungen über unsere Herkunft gehabt. Opa [Georg] und ich sind nach der Hitlerschen Terminologie beide sogenannte ›Nichtarier‹, während Du natürlich völlig ›arisch‹ warst. ... Du kannst Dir wahrscheinlich vorstellen, welche unerträglichen Qualen wir gelitten haben, bis wir endlich ausreisen konnten. Hätten wir zu dieser Zeit mit Dir über die Adoption gesprochen, hättest Du vielleicht nach Art der Kinder mit anderen Menschen darüber gesprochen. Deshalb mußten wir das Geheimnis so lange als möglich wahren. ...

Und so gingen die Jahre dahin, und wir hatten die Adoption fast gänzlich vergessen. ... Wenn ich ab und an daran dachte und Opa fragte, ob wir es Dir nicht doch erzählen sollten, dann lehnte er es entschieden ab, daß Du darüber Bescheid wissen solltest. Aber jetzt, am Ende meines Lebens, fühle ich die Verpflichtung, Dir von Deiner Herkunft zu berichten. ... Wir haben Deine biologische Familie nie kennengelernt oder mit ihr gesprochen. Es war ihr Wunsch, und wir haben der Vereinbarung zugestimmt, daß wir niemals ihre Namen erwähnen würden. Dein biologischer Vater kam ebenfalls aus einer alten deutschen Adelsfamilie. Ich kann mich kaum noch an ihre Namen erinnern.

Mein geliebter Sohn, ich hoffe, Du hast dies in der richtigen Stimmung gelesen, mit Verständnis und Vergebung. Es war ein Segen für uns, Dich als unseren Sohn zu haben, Du warst immer liebevoll, liebenswürdig und Trost und Freude für uns. Wir hätten uns keinen besseren Sohn wünschen können. Gott segne Dich, mein Liebling,

Deine Mutter«

Erst am 25. April 1981 übergab Ilse diesen handgeschriebenen Brief und eine neuere, maschinengeschriebene Version an Fred. Sie erinnerte ihn daran, dass man, wenn man einen Baum veredele, den ganzen Baum immer noch einen Apfel- oder Pfirsichbaum nannte, ohne die einzelnen aufgepfropften Zweige zu analysieren. »So ist es auch in Familien. Du kannst auf beide Deine Familien stolz sein, aber Du bist wirklich und wahrhaftig einer von uns. Bestehe nicht darauf, mehr wissen zu wollen, denn wir haben Stillschweigen vereinbart, und es würde auch nichts nützen.«

Ilse erzählte später, dass Fred, nachdem er den Brief gelesen hatte, in ihr Zimmer gekommen sei, sie umarmt und voller Liebe gesagt habe: »Mach Dir keine Sorgen. Es ist wirklich egal. Es bleibt alles beim alten.« Am nächsten Tag schrieb Ilse einem Neffen, sie fühle sich so erleichtert, frei von all den Zweifeln, die sie jahrelang gequält hatten.

Es war mein Großvater Paul Ferdinand Strassmann gewesen, den eine Adelsfamilie aus Schlesien um Hilfe gebeten hatte, als ihre Tochter unehelich schwanger geworden war. Paul Ferdinand war mit der Familie Schönaich-Carolath befreundet, zu der auch die letzte Frau des Kaisers, Hermine, gehörte, die die junge Mutter und ihren künftigen Bräutigam gut kannte. In der amtlichen Geburtsurkunde stand der richtige Muttername – ohne Vater. Das Paar heiratete ein Jahr später, 1930, mit entsprechendem militäraristokratischem Prunk; ein Jahr, nachdem es der Sitte gehorchend und heimlich sein erstes Kind, den späteren Friedrich, heute Fred, zur Adoption freigegeben hatte.

Der Vater und ein Bruder des Bräutigams waren Anwälte, ein weiterer wurde ein hoch dekorierter Oberst, der im Februar 1943 versuchen würde, in einem Selbstmordattentat Hitler, Göring, Himmler, Admiral Karl Dönitz, General Wilhelm Keitel und deren Gefolge im Berliner Zeughaus in die Luft zu sprengen. Als der Führer unerwartet seine Besichtigung eroberter russischer Beutewaffen abkürzte, geriet der Oberst in arge Bedrängnis: Auf schnellstem Wege musste er auf der Toilette den in seinem Mantel verborgenen Plastiksprengstoff entschärfen. Der Zwischenfall ist bekannt und verbürgt. Freds biologische Eltern zeugten vier weitere Kinder, alle Geschwister Freds, die 1995 ebenso noch lebten wie eine Tante, die Schwester seines biologischen Vaters. In dem Jahr begann Franz Strassmann, Freds Sohn, nach seinen Vorfahren zu suchen, denn er wollte deutscher Staatsbürger werden, um sich an der deutschen Olympischen Baseballmannschaft in Atlanta 1996 zu beteiligen. Für die amerikanische Mannschaft war er nicht gut genug, aber Baseball war in Deutschland noch wenig bekannt. Die Geschichte ist kompliziert, aber Franz entdeckte, wen seine Großmutter schließlich geheiratet hatte: einen Angehörigen einer Familie, die im *Genealogischem Handbuch der Freiherrlichen Häuser* (1994) vertreten ist. In seinem Aussehen ähnelte Fred ihnen allen. Franz sprach mit der Tante zuerst. Bald schrieb eine wiedergefundene Schwester Fred am 8. Juli 1996:

»Zuerst war ich sprachlos, aber bald wandelte sich der erste Schock in grenzenlose Freude, daß solch ein Wunder geschehen sein könnte: ein Wunder, das bewirkte, daß wir von Deiner Existenz erfahren durften. Unser größter Wunsch ist es, Dich kennenzulernen, obwohl wir natürlich verstehen, daß es für Dich eine bedeutende Entscheidung sein wird, ob Du Dich mit uns treffen möchtest oder nicht.«

Zwei Monate später reiste Fred selbst nach Frankfurt und kreuz und quer durch Deutschland, um seine Tante sowie seine Geschwister und deren Familien kennen zu lernen. Inzwischen fanden sich in deren Häusern schon Fotografien des jungen Fred, die sein Sohn Franz überreicht hatte. Auf einem Abendessen toastete der älteste seiner Brüder Fred zu:

»Lieber Fred! Wir heißen Dich in unserer Familie, die auch Deine Familie ist, herzlich willkommen. Ebenso begrüßen wir Franz, der sich große Verdienste darin erworben hat, die notwendigen Recherchen durchzuführen und den ersten Kontakt herzustellen. Wir sind alle Mitglieder einer Familie, auch wenn Du den Namen Strassmann trägst – einen Namen, der in Deutschland wohlbekannt ist, und nicht nur dort. … Diese unterschiedlichen Namen werden keinen Unterschied darin machen, wie unsere Familien miteinander verbunden sind. Meine Schwester und meine Brüder hoffen, Dich oft bei uns begrüßen zu können. Wir heben unsere Gläser auf das Wohl von Fred und Franz Strassmann.«

Im Dezember 1996 schrieb mir Fred, dem ich bei dieser Gelegenheit für die Erlaubnis danke, aus seinen und anderen Briefen zu zitieren:

»Es ist immer noch ein seltsames Gefühl, daran zu denken, daß ich drei Brüder und eine Schwester habe, nachdem ich so lange als Einzelkind gelebt habe. Es war sehr bewegend zu erleben, wie sehr ich akzeptiert worden bin. … Ich schätze mich immer noch sehr glücklich, daß Georg und Ilse meine Eltern waren und daß ich in Amerika aufgewachsen bin. Ich hatte Glück, daß ich diesen ganzen Hitlerjugend-Kram nicht mitmachen mußte.«

Seit dieser Zeit hat Fred seine Verwandten in Deutschland wiederholt besucht, und einige von ihnen besuchten Fred in den USA.

## Überleben um wiederaufzubauen: Ernst Karl Otto

Innerhalb der deutschen Nachkriegsgeschichte verlief die Karriere Ernst Karl Otto Strassmanns genau entgegengesetzt zu der vieler Nazi-»Nutznießer«, die eine Zeit lang als Flüchtlinge abtauchten. Ernst wurde sehr bald Manager bedeutender staatlicher und privater Unternehmen. Vom Polizeihauptquartier am Alexanderplatz kehrte er in seine Wohnung in Berlin-Wilmersdorf zurück und begann, jetzt 48-jährig, nach zweieinhalb Jahren Gefangenschaft seine Kraft dem Wiederaufbau der deutschen Gesellschaft zu widmen. Zu seinem 60. Geburtstag schrieb die *Berliner Morgenpost* am 27. November 1957:

»In der Sowjetzone gibt es immer noch Stromsperren, während in Westberlin jeder Einwohner längst eine reibungslose Stromversorgung als selbstverständlich betrachtet. Das ist nicht nur eine Folge des ›Wirtschaftswunders‹, sondern ein wesentliches Verdienst der führenden Männer der BEWAG. Einer von ihnen, und zwar das kaufmännische Vorstandsmitglied, Dr. jur. Ernst Strassmann, wird heute 60 Jahre alt. Sein Name ist eng mit der Nachkriegsgeschichte Berlins verknüpft, denn er übernahm 1945 die kaufmännische Leitung der BEWAG.

Der Jubilar ist mit Spreewasser getauft und kommt aus einer alteingesessenen Berliner Familie, aus der schon mehrere Repräsentanten der Wissenschaft und der öffentlichen Wirtschaft hervorgingen. … Von 1942 bis 1945 wurde er wegen seiner Beteiligung am organisierten Widerstand gegen das herrschende Regime inhaftiert. Daß seine Arbeitskraft und seine Verantwortungsfreudigkeit nicht gebrochen wurden, beweist er seit 1945 bei der BEWAG.

Seine Mitarbeiter fürchten und schätzen gleichermaßen seine treffenden Randbemerkungen. ›Dett soll sich wohl von alleene in' Teppich treten?‹, meint er kritisch, wenn etwas versäumt wurde.«

Ernst hatte in seinem Leben viele Kämpfe bestanden, doch den letzten, den gegen den Krebs, konnte er nicht gewinnen. Drei Monate nach seinem 60. Geburtstag starb er am 11. März 1958. Bei seiner Beisetzung hielten Willy Brandt, der Oberbürgermeister von Berlin und spätere Bundeskanzler, zwei Direktoren der BEWAG und sein früherer Mitkämpfer Hans Robinsohn die Trauerreden. Hans Robinsohn sagte:

»In den fast vier Jahrzehnten unserer innigen Freundschaft habe ich Ernst Strassmann in allen möglichen Stimmungen gesehen, heiter und ausgelassen, betrübt und auch bitterböse oder zornig. Aber ich habe ihn nie unbeherrscht gesehen. Das habe ich stets bewundert als Zeichen innerer Stärke. … Da er gegen sich selbst hart war, scheute er keine Konflikte, wenn es um große und wichtige Dinge ging. Aus solchen Konflikten sauber und aufrecht hervorzugehen, war sein Ziel, und er konnte noch mit dem letzten Atemzug sagen, daß er niemals ein Mitläufer gewesen ist, niemals aus Bequemlichkeit oder gar Feigheit eine Mühe gescheut, einen Vorteil eingeheimst, auf seine innere Würde verzichtet hat. … Er hatte eine höchst seltene, beinahe geniale Begabung für Freundschaft. Das lag daran, daß sich in ihm menschliches Verständnis für andere – einerlei ob sie seinem Wesen entsprachen oder nicht –, eine aus tiefstem Herzen kommende Wärme und Anteilnahme mit einem kritisch realen Sinn verbanden. … Sein großer unerschütterlicher Humor half ihm in allen menschlichen Beziehungen.«[6]

Doch die öffentliche Anerkennung des Wirkens der Widerstandsgruppe erfolgte nur langsam. Erst Horst Sassins Forschungen haben Ernsts Ruf wiederbelebt, und inzwischen hat die Robinsohn-Strassmann-Gruppe auch Eingang gefunden in Überblickswerke wie das von Wolfgang Benz und Walter H. Pehle herausgegebene *Lexikon des deutschen Widerstandes*.[7]

Nachdem Resi Strassmann 1981 verstorben war, wurde innerhalb der Friedrich-Ebert-Stiftung eine Ernst-Strassmann-Stiftung ins Leben gerufen. Die Ernst-Strassmann-Stiftung vergibt Stipendien, besonders für solche Beiträge in den Sozialwissenschaften, in der Kunst und der Musik, die eingedenk der leidvollen historischen Erfahrungen der deutschen Geschichte die Demokratie und die Zivilgesellschaft ausbauen und festigen helfen. Die erste Ausschreibung forderte 1982 zu Vorschlägen auf, wie Gedenkstätten für Opfer des Nationalsozialismus nicht nur als Ort des Gedenkens, sondern auch als Orte des Lernens gestaltet werden könnten. Viele Verbrechensorte des NS-Regimes konnten so dem Verschweigen und Vergessen entzogen werden, um dadurch auch dem Neonazitum den Boden zu entziehen. Aber auch Studien gegen Rechtsradikalismus werden heute von der Stiftung unterstützt. Die Stiftung wird geleitet von Dr. Jutta Lange-Quassowski und Prof. Dr. Bernd-Peter Lange, dem Sohn von Ernsts langjährigen Freunden aus der Widerstandszeit, Hermann und Margarete Lange. In den mittlerweile 25 Jahren ihres Bestehens hat die Stiftung Geldmittel im Wert von mehr als 2,75 Millionen Mark für die Aufarbeitung der Vergangenheit zur Verfügung gestellt.

## Heimgekehrte Schweizer – doch weiterhin Kosmopoliten

Ein anderer aktiver Gegner der Nazis war der Ehemann von Gisela Strassmann, Max Gutzwiller. Für ihn bedeutete die Emigration 1936 die Rückkehr in das Land seiner Geburt, in die Schweiz. Nach 1945 durchquerte Max gelegentlich Deutschland auf seinen Zugreisen nach Holland, Belgien und Skandinavien, doch fast nie machte er Halt im Heimatland seiner Frau. 1967 lud die Bonner Universität ihn ein, aus Anlass des 50. Jahrestages seines Bonner Studienabschlusses einen Vortrag zu halten. Von der Heidelberger Universität erhielt Max nun eine Pension und eine Wiedergutmachungszahlung. Seinen 90. Geburtstag ehrte die Universität, indem sie den Vorlesungssaal für Internationales Recht nach ihm benannte. Am Eingang zum »Max-Gutzwiller-Saal« erinnern eine Gedenkplakette und eine große Fotografie an Max, und im Saal selbst befindet sich seine Büste. Max Gutzwillers Name findet sich auch auf einer Gedenktafel, mit der die Universität die 31 ihrer Dozenten ehrt, die unter den Nazis entlassen und verfolgt worden waren.

Auch nach dem Krieg setzte Max seine herausragende Karriere im internationalen Privatrecht fort und errang einen bedeutenden internationalen Ruf. Zwei Jahrzehnte lang, von 1949 bis 1969, war er der Herausgeber der in Basel erscheinenden *Zeitschrift für Schweizerisches Recht.* Er stand den Schweizer Delegationen vor, die internationale Rechtskonferenzen besuchten, und wurde zum Präsidenten der Internationalen Rechtsvereinigung gewählt, als sie ihre Tagung in Luzern abhielt.[8]

Im April 1981 besuchte ich Max zum letzten Mal in Muntilier. Nach meinem Besuch notierte ich: »Max, jetzt 92, ist wach, verspielt, aber geschwächt. Wir sprechen über alles – Politik, Kultur, Familie, Karrieren, Reisen.« Wir tranken Portwein in seinem Arbeitszimmer unter den Gobelinteppichen, hatten zum Abendessen den Heidelberger Wein, den ihm die Universität Heidelberg gesandt hatte (»Zu Ehren von Max Gutzwiller« stand auf den Etiketten) und spazierten anschließend einige Kilometer mit seinem Dackel Charlie am Seeufer entlang. Max bat mich, ihm zu erklären, ob und warum die Bedeutung des Goldes für die internationale Finanzwelt immer noch anhielt. In seinem letzten Brief an mich, verfasst am 29. September 1979, als Max schon über 90 Jahre alt war, schrieb er:

»Ich werde versuchen, Deinen freundlichen und interessanten Brief, den ich mit größter Freude erhalten habe, in Englisch zu beantworten. Vous êtes formidable, mein Lieber! Unterwegs in Sri Lanka, Kenia und Tunesien! Das ist wirklich wundervoll. Und dann noch zehn Tage Herumfahren in Griechenland mit Joan und ihrem Mann! Mit größtem Interesse habe ich Joans Bericht über diese Wespen, Polistes, gelesen. Alle Deine Kinder sind studierte Forscher. Und Diana in Harvard ein studierter Wirtschaftsforscher! Großvater Paul hat immer gesagt, daß das Glück uns allen besonders gewogen ist. Ich habe mit größter Freude erfahren, daß die sehr nette Beverly ihr Studium in Biologie abgeschlossen hat und Artikel schreibt. Du mußt über all das sehr glücklich sein! Grüß Betty herzlichst von mir, und an Dich mein ganzer Dank für Deine Glückwünsche.

Wie immer,
Dein Onkel Max«

Drei Jahre später erzählte mir ein Verwandter, dass anlässlich eines Essens zu Ehren von Hellmys 60. Geburtstag, dem ältesten Sohn von Max, im September 1982 Freunde und Verwandte versammelt gewesen waren. Ein Trinkspruch nach dem anderen wurde auf das Wohl Hellmys, des Kantonarchivars von Solothurn, ausgebracht. Max, nun 93, schien in guter Verfassung zu sein. Er erhob sich mit seinem Glas in der Hand, und jedermann erwartete, nun von ihm eine geistessprühende Ansprache zu Ehren von Hellmy und dessen Frau Rosemarie zu hören:

»Ich hoffe, dass Du glücklich bist, Hellmy, und immer glücklich sein wirst«, begann Max. »Ich hoffe, dass Dich nie ein Schicksalsschlag treffen wird.« Er machte eine Pause. »Das größte Unglück in meinem Leben war der Verlust von Gisela, Deiner Mutter. Es gibt nichts Traurigeres, als wenn man die Frau verliert, mit der man glücklich ist.« Max konnte nicht weiterreden, und seine Augen wurden feucht. Er senkte seinen Blick und versuchte etwas zu sagen, doch es gelang ihm nicht. »Nun sind vierzig Jahre ohne Gisela vergangen«, flüsterte er schließlich und setzte sich, während er leise zu weinen begann. Niemand hatte ihn jemals so gesehen.

## Getrennt und später wiedervereinigt

Viel schwieriger als eine Abreise aus Berlin zur Emigration war die Reise, die Elisabeth Strassmann Keiner und ihre minderjährige Tochter Annemarie unternahmen: Beide versteckten sich jahrelang im hessischen Werdorf und im Schwarzwald, um die Naziverfolgung zu überleben. Annemarie emigrierte danach, 1947, in die USA, Elisabeth kehrte zu ihrem Ehemann Ernst Keiner zurück, der in Berlin klassische Sprachen unterrichtete. Ernst war zwischenzeitlich der Direktor seiner Schule, des Eckener-Gymnasiums, geworden. 1946 sagte er in einer Ansprache an seine Schüler:

> »… unsere Jugend soll zur Demokratie erzogen werden. … Die beste Unterlage dafür bietet der Nürnberger Prozeß. Die Verbrechen, die dort aufgedeckt werden, sollen der Jugend eine Warnung für die Zukunft sein. Nie wieder darf es in deutschen Landen vorkommen, daß solche Kreaturen an der Spitze eines Volkes stehen, nie wieder dürfen solche Verbrecher das Volk regieren, die über das deutsche Volk solch Elend und Unglück gebracht und das deutsche Volk der Verachtung der ganzen Welt preisgegeben haben. … Ich bin ein Optimist. Ich weiß, daß unsere Eltern uns in dieser schweren Aufgabe unterstützen. Wenn Elternhaus und Schule hierin Hand in Hand vorgehen, dann muß und wird diese Aufgabe gelingen. Dann wird unsere Jugend auch in den Bund der freien Nationen eintreten dürfen, dann wird unsere jetzige Jugend später einmal sagen können: Gott sei Dank, daß unsere Eltern und Lehrer uns so erzogen haben. Wir leben doch in einer glücklicheren Zeit, als wie sie unsere Eltern und Lehrer erlebt haben.«

Elisabeth, Annemaries Mutter, flog, nachdem sie verwitwet war, von Berlin aus fast jährlich in die USA, um ihre Tochter, ihren Schwiegersohn Georg Springer (einen Mathematikprofessor) und ihre Enkel zu besuchen. 1973 emigrierte sie gänzlich in die Staaten. Sie war eine lebhafte Frau, die gern ihren Vorrat an unglaublichen Geschichten mit jedermann teilte. Sie hatte keine Probleme damit, dass man manche ihrer Erzählungen anzweifelte, sagte nur: »Mit wem sonst könnte ich denn über all das reden?« Ihre wildesten Geschichten unterbrach sie mit einem: »Entschuldige, das hätte ich vielleicht nicht sagen sollen. Was wirst Du jetzt bloß von mir halten?«, und dann folgten all die Einzelheiten.

## Vom Quintett zur Großfamilie

Für mich war es völlig unglaublich, ein richtiger Zeitsprung, als ich Elisabeth und Annemarie begegnete, die noch einen der ursprünglichen Brüder aus Rawicz gekannt hatten: Ferdinand, den Berliner Ehrenbürger. Annemarie war bei ihrer Begegnung 1929 gerade fünf Jahre alt gewesen, aber sie erinnerte sich noch an den großen Eindruck, den der hoch aufgeschossene Mann von 91 Jahren auf sie gemacht hat, als er sich aus seinem Rollstuhl erhoben hatte. Etwas war sehr beeindruckend an der Art und Weise, mit der er sich erhob, um aufrecht seine Besucher zu begrüßen. Hatte er irgendeine Vorahnung, welches Verhängnis sich über Deutschland zusammenbraute?

Die Rawiczer Brüder hatten sich im Berlin der Jahrhundertmitte und danach willkommen und sogar geehrt gefühlt. Ihr Vater Heiman schien zufrieden gewesen zu sein, als er ihnen 1878 aus Lissa geschrieben hatte: »Am Abend meines Lebens sehnt sich mein Herz danach, Euch alle gemeinsam in Berlin zu sehen.«

Die fünf Rawiczer Brüder hatten 13 Kinder, und diese wiederum hatten 24 Kinder – zehn Mädchen und 14 Jungen, die um 1900 herum zur Welt gekommen waren. Allerdings lassen sich schon für die nächste Generation die Zahlen nicht mehr genau feststellen, denn in patriarchalisch organisierten Kulturen verliert man leicht die Spur derjenigen Verwandten, die die Töchter der Töchter sind. Doch all die Jahre schritt die Assimilation voran. Hatten die ursprünglichen fünf Brüder um 1860 noch strenggläubige junge Jüdinnen geehelicht, so heirateten die Angehörigen der nächste Generation um 1890 bereits weltliche Juden und Jüdinnen, so wie sie selbst weltlich geworden waren. Einige dieser Ehepartner waren getauft, andere nicht. Etwa die Hälfte der Kinder dieser Generation heiratete in christliche Familien. Meine Generation war die vierte, zumeist im Deutschland der »goldenen« zwanziger Jahre geboren, und wir emigrierten fast alle, außer den zu drei Vierteln »arischen« Enkeln von Arnold (die Kinder seines Sohnes Reinhard und von dessen Frau Hildegard Toltzmann). Einige der Kinder Samuels hatten auf nicht nachvollziehbare Weise von Berlin weggeheiratet. Sonst hat keiner von uns Ehepartner gewählt, die noch deutsch oder aus Deutschland emigriert waren.

## Rawicz wieder aufgesucht

Soweit ich weiß, bin ich der einzige Strassmann, der jemals den Weg völlig zurück nach Rawicz gegangen ist. Im Sommer 1993 schlugen meine langjährigen Freunde Hans und Eva Reis vor, Rawicz, die Stadt meiner Vorfahren, zu besuchen. Hans und Eva wussten von meiner Absicht, vielleicht dieses Buch zu schreiben, und dachten, die Reise nach Rawicz könnte ein passendes Geburtstagsgeschenk für mich sein. So verließen wir also an einem Sonntag im Juli, als rings um uns die Kirchenglocken läuteten, die Stadt Wrocław (das frühere Breslau) auf der zweispurigen Landstraße E-83 in Richtung Norden, nach Rawicz. In einer Stunde fuhren wir die 50 Kilometer, für die Judith Guhrauer Strassmann auf ihrem pferdegezogenen Wagen einst einen ganzen Tag gebraucht hatte. Linden und Weiden spendeten Schatten entlang der Straße, Reihen über Reihen dieser Bäume säumten eine Landschaft, in der sich schachbrettartig gelbe und grüne Felder von rotem Mohn gesprenkelt aneinander reihten. Auf den winzigen Hügeln links und rechts sahen wir die Überreste von Windmühlen, vielleicht die Reste der 99, von denen Urgroßvater Heinrich einst berichtet hatte.

Vor einem Wald von Rosskastanien tauchte das Schild »Rawicz« auf, dahinter blitzten Dächer und einige Kirchtürme durch das Laub. Auf einer überschatteten Straße gelangten wir auf einen kleinen Platz, den Płac Wolności (Platz der Freiheit), auf dem am einen Ende eine Statue von Tadeusz Kosciuszko stand, einem polnischen Freiheitskämpfer im Aufstand von 1792–1795, der auch militärischer Berater George Washingtons im amerikanischen Unabhängigkeitskrieg gewesen war. Am anderen Ende des Platzes prangte das überlebensgroße Standbild eines sowjetischen Infanteriesoldaten mit einem gewaltigen Gewehr. Rund um den Markt spazierten die Leute im Sonntagsstaat – Eltern mit ihren Sprösslingen in Kinderwagen, humpelnde Alte, gestikulierende Frauen, Gruppen von Halbwüchsigen, und alle aßen Eis. Der Eisladen war nämlich als einziger geöffnet. Die Häuser waren in Pastelltönen gestrichen, Geranien blühten vor den Fenstern der oberen Stockwerke, die Dächer waren mit roten Ziegeln gedeckt, wie sie auch auf dem Dach des Rathauses am Marktplatz glänzten. Rawicz hatte nicht diesen heruntergewirtschafteten, demoralisierenden Ausdruck, der vielen Städten und Dörfern in Ostdeutschland damals so kurz nach dem Fall der Mauer zu eigen war.

Wir wanderten umher und stellten fest, dass Rawicz eher klein war. Wir hatten nicht erwartet, einen Straßennamen wie »Judengasse« zu finden, und fanden ihn auch nicht. Wir suchten in verschiedenen alten Straßen nach einem zweistöckigen Haus mit einem Geschäft links und rechts vom Eingang, das vielleicht Schmuhl Molowers Haus gewesen sein könnte, vor allem, wenn es auch noch so aussehen würde, als hätte sich einst das Relief mit den Traubenträgern oberhalb der Tür befunden. In einer Eckkneipe, der »Restauracja Polonia«, tranken wir ein Glas Bier und aßen Schaschlik von schweren Tellern auf roten Tischtüchern. Eine amerikanische Flagge und ein Coca-Cola-Label waren die einzige dürftige Dekoration der Örtlichkeit. Vom Tonband erklang »La Paloma«.

Später fanden wir die streng aussehende weißgetünchte Schule, an der vielleicht der junge Wolfgang 1827 durch den couragierten preußischen Direktor Hippauf aufgenommen worden war. Wir entdeckten auch eine senfgelbe Kirche mit klassisch rundem Turm und der Datumsinschrift »1639«. Ob dies die ursprünglich von Graf Przyna Przyjemsky als protestantisches Gotteshaus errichtete Kirche war? Heute war sie jedenfalls katholisch, wie die meisten früheren deutschen evangelischen Kirchen. Neben dem Eingang befand sich ein gut gemeintes, aber schlecht ausgeführtes Porträt von Karol Wojtyla, Papst Johannes Paul II. Wir liefen weiter zu einer anderen Kirche, erbaut aus roten Backsteinen und gekrönt von einem hohen Turm. Im überdachten Eingang erwähnte eine historische Inschrift unter Glas den Grafen Przyna Przyjemsky, König Wladyslaw IV. und das Datum 1626. War dies nun die Kirche, die der Graf für die auf seinem Grundstück lebenden Flüchtlinge errichtet hatte, bevor er die Stadt Rawicz gründete? Wir beschlossen, den Priester zu fragen. Dann begann es zu regnen, die Stadt verdunkelte sich, die Dächer begannen zu glänzen.

Ein älterer Mann, der in der Kirche die Aufsicht versah, sagte uns, wir sollten zur Ulica Buszy Nr. 10 gehen. Dort würden wir vermutlich den Priester finden, auf dem 80. Geburtstag von Walentyna Woderynska. Walentyna war eine lebhafte Persönlichkeit. Sie war herausgeputzt, trug Juwelen über einer Sommerschürze und fühlte sich an ihrem Ehrentag in Hochstimmung. Sehr bald fühlten wir uns im Kreis dieser angeregten Polen nicht länger als unwillkommene Fremde. Doch der Priester war nicht hier. Eine der Frauen hatte einen Verwandten in Berlin und einen Sohn, der in Toronto lebte. Ob wir ihnen eine Nachricht übermitteln könnten? Ein älterer Mann hatte während des Krieges in einer Schuhfabrik in Düsseldorf gearbeitet, und er bereute es nicht, es sei ja nicht alles schlecht gewesen. Er wurde zum wichtigsten Dolmetscher für uns. Von den Anwesenden war jeder irgendwie mit jedem verwandt. Die jungen Frauen auf der Party trugen entweder sehr kurze Miniröcke oder knallenge Blue Jeans. Sie waren Walentynas Enkeltöchter. Ein lautes, herzliches Gespräch entwickelte sich, alle sprachen zur gleichen Zeit, unterbrachen sich gegenseitig, vieles wurde uns in das Englische und Deutsche übersetzt. Keiner konnte oder wollte uns mehr sagen, wo Juden einst in Rawicz gewohnt hatten. Am Ende tauschten wir alle unsere Adressen aus.

Später stießen wir auf einen erhöhten Spazierweg in parkähnlicher Umgebung. Es war die Promenade, die die Stadt umgab! Kein Zweifel möglich! Der

Spazierweg lag hoch genug; es konnte zweifellos eine geschleifte Stadtmauer darunter liegen. Die Bäume sahen aus, als seien sie schon Jahrhunderte alt. Petunien und Rosen wuchsen in Blumenbeeten links und rechts des Weges. Ich hatte gerade Urgroßvater Heinrichs Memoiren noch einmal gelesen und erinnerte mich an seine Beschreibung: »Der Stolz der Stadt war die Promenade, die aus den alten Wällen entstanden war [und] rings um die Stadt herumführte. … Die Promenade hat gut chaussierte Spazierwege, von Bäumen eingefaßt, gewährte Überblick über die Stadt, da sie erhöht lag, und an einzelnen Stellen Blumenbeete.« Genau so war es! Das erklärte auch, warum Rawicz, als wir ankamen, ausgesehen hatte, als ob es in einem Wäldchen verborgen liegen würde. Als die Sonne wieder auf den nassen Blättern zu glitzern begann, tauchten auch einige Sonntagsspaziergänger wieder auf, mit ihren Kinderwagen und kleinen Hunden an der Leine. Ob sie direkte Nachkommen der Zeitgenossen von Strassmann-Molower vor 200 Jahren waren?

An ihrem südlichen Ende zog sich die Promenade an einer hohen Mauer entlang, die ein großes fünfstöckiges Gebäude mit Reihen gleichmäßiger Fenster umschloss. Was für eine Fabrik das wohl war? Nein, es war das Gefängnis! Es war immer noch da! Hinter den vergitterten Fenstern sahen wir Männer mit nackten Oberkörpern, die uns beobachteten. Mir fiel Urgroßvater Heinrichs Bericht ein, über die furchtbaren Schreie der im Innenhof Geprügelten, und wie sehr er versucht hatte, dem grausamen Gefängnisdirektor Müller aus dem Weg zu gehen, aber dessen hübschen Töchtern umso weniger. Ich fragte mich, welche Verbrechen diese Männer wohl begangen haben mochten und welche Strafen sie abzusitzen hatten. Welche Grausamkeiten mochte das Gefängnis während der Besetzung Polens durch die Deutschen gesehen haben, als die Nazis die Region Posen zum »Warthegau« gemacht hatten? Ob es Teil des Holocausts gewesen war? Mehr als drei Millionen Juden hatten einst in Polen gelebt, jetzt waren gerade einmal 6.000 übrig und vielleicht nicht einer davon in Rawicz.

Einer der Gefangenen schrie uns durch die Gitter etwas zu. Er streckte seine Arme durch die Eisenstäbe. Die anderen sahen ihm zu, und dann schrien alle etwas. War es »Mich Foto!« oder »Nix Foto!«? Wir zückten unsere Kameras, als ob wir ein Foto machen wollten. Die Gestalten verschwanden im Dunkel ihrer Zellen und kehrten nicht zurück.

## Meine Rückkehr nach Berlin, der Stadt in Ruinen

Vier Jahrzehnte vor meiner Rückkehr nach Rawicz war ich zum ersten Mal nach Deutschland zurückgekehrt. Am 6. Mai 1952 war ich mit Air France von Paris aus, wo ich an der Sorbonne studierte, für eine Woche nach Berlin geflogen. Einen Tag zuvor war ein Flugzeug der Air France, der gleiche Flug wie meiner, von sowjetischen Jägern wegen vermeintlicher Luftraumverletzung zur Landung in Ostdeutschland gezwungen worden. Das hatte Schlagzeilen gemacht. Ich dachte, dass sich Ähnliches nicht schon am nächsten Tag wiederholen würde, und es passierte auch nicht. Während meines ersten ganzen Tages in Berlin fuhr mich der Freund eines Freundes, der Komponist Helmut Gardens – unter anderem hatte er das Chanson »Unter der Allee« komponiert – durch die zerbombten Berliner Stadtviertel. Ihn schienen die Ausmaße der Trümmer in der Stadt zu fesseln – wieder und wieder betonte er, dass all diese Schuttberge ja einst fünfstöckige Häuser gewesen seien. Manchmal sah man noch einzelne Wandstücke mit Fensterhöhlen, die noch ein paar zersplitterte Fensterscheiben aufwiesen, andere waren nur noch Steinhaufen, an die man die früheren Hausnummern gemalt hatte. An einem Haus hatte eine diagonal verlaufende Linie von Einschüssen die Gewalt des Krieges für immer verewigt.

Amerikanischer Sektor, britischer Sektor, sowjetischer Sektor. Der Tiergarten ein Ödland unter grauem Himmel, ohne Bäume, nur mit Sträuchern bewachsen. Der Eingang zum Zoo, einst so majestätisch und verheißungsvoll, jetzt winzig und miserabel. Regen tröpfelte hernieder, doch die Polizisten, die in ihren weißen Sommeruniformen den Verkehr regulierten, ignorierten das Wetter ganz und gar – wie Wehrmachtssoldaten, die nur ihren Dienst taten. Wir hielten in der Schillerstraße, wo Gardens einige Unterlagen von seinem Verleger abholen musste.

Schließlich kamen wir in der Klopstock-Straße an, und ich versuchte mich zu erinnern, auf welchem Grundstück wohl einst meine Schule, Kritzingers Schule, gestanden hatte. Ich erinnerte mich an die Hausnummer: 27. Doch weit und breit war keine »27« zu sehen. Der Name meiner Lehrerin war Johanna Franzkowski gewesen, und sie hatte mir verboten, mit der linken Hand zu schreiben. Deshalb hatte ich auch immer schlechte Noten für meine Handschrift bekommen, doch für Zeichnen, das mit der linken Hand erlaubt war, bekam ich immer die besten Noten. Meine Eltern standen natürlich auf Seiten der Lehrerin. Nichts war übrig geblieben, nur Rasenflächen, auf denen das Unkraut wucherte, und Trümmerhaufen.

Wir kamen am Reichstag vorbei, immer noch eine Ruine, nur die Hülle seiner selbst, die Kuppel zerbombt. Der Lehrter Bahnhof war noch in Benutzung, ich erkannte ihn wieder, die letzte Station vor dem sowjetischen Sektor. Auf dem Bahnsteig liefen wir an Polizisten und anderen Männern vorbei, die uns argwöhnisch musterten. Das Dach des Bahnsteigs war zerstört, Regen fiel ungehindert hindurch. Vom Ende des Bahnsteigs blickte ich über den Fluss hinüber zu den erhaltenen roten Backsteingebäuden der Charité mit ihren spitzen Dächern und Türmchen, die planlos aus dem Baumbestand des sowjetischen Sektors hervorschauten. Doch die Schumannstraße 18, die Gebäude der Strassmann-Klinik, die angeblich den Krieg unversehrt überstanden hatten, und die Luisenstraße 47 dahinter, wo ich von meinem ersten Lebenstag bis zu meinem elften Lebensjahr gelebt hatte, blieben unsichtbar für mich. Von dort aus, von Fenstern und Balkon unserer Wohnung, hatten wir denselben Blick auf die Bäume und auf diese geheimnisvollen roten Türmchen der Charité, ohne dass wir jemals weiter darüber nachgedacht hatten – sie waren einfach da. Wenn ich einige Stunden Zeit gehabt hätte, dort hätte ich mich wahrscheinlich an viele Dinge erinnert, an Räume und Personen, Stimmen – ein ganzes Panorama wäre wiederauferstanden. Doch Gardens und ein anderer Mann äußerten Belanglosigkeiten, stellten Fragen, erinnerten daran, wie angesehen Professor Paul Strassmann gewesen war, wie sehr er versucht hatte, sein neues Heim in Dahlem und vor allem den Garten genauso in Schuss zu halten wie zuvor seine Klinik. Ich schaute immer noch hinüber, doch mit all dem Gerede um mich herum stellten sich keine Erinnerungen ein.

Später sahen wir die Ruine des Brandenburger Tors, auf ein Drittel seiner früheren Größe geschrumpft, kein Triumphwagen mit Siegesgöttin mehr obenauf, sondern eine gigantische rote Flagge, nur rot, kein Hammer, keine Sichel. »Sie verlassen jetzt den britischen Sektor«, verkündete ein Schild daneben, und »Sie betreten jetzt den demokratischen Sektor von Berlin«, verkündete ein anderes weiter östlich, dazu: »Wohlstand, Glück, Freiheit und Frieden«. Neben dem sowjetischen Siegesdenkmal im Tiergarten stieg ich aus, um ein Foto zu machen, und ein Auto mit Ostberliner Kennzeichen hielt plötzlich direkt neben uns. Ein Mann im Trenchcoat kam auf uns zu. Gardens rief mir zu, sofort ins Auto zu kommen, und wir rasten davon.

»Man kann nie wissen«, sagte er. »Andere kommen einfach aus den Büschen gesprungen, zumeist in der Dämmerung, und ein einzelner Polizist ist dagegen machtlos. Das passiert schon nicht so häufig, wie die Schlagzeilen Dich glauben machen – aber man kann nie wissen. Ich will Dich nicht auf dem Gewissen haben.« Das andere Auto folgte uns eine Weile, dann bog es ab. Helmut warnte mich, nicht allein in der Gegend unterwegs zu sein. »Auf gar keinen Fall«, versprach ich.

Während jener Woche in Berlin traf ich mich mit Freunden der Familie, mit entfernten Verwandten, Bekannten und auch mit meinem alten Klassenkameraden und besten Freund an der Kritzinger-Schule, Hans Reis. Die meiste Zeit verbrachte ich mit ihm. Er hatte gerade sein Studium abgeschlossen und war jetzt Assessor am Gericht, wo er sich für das Examen vorbereitete, das ihn zum Anwalt qualifizieren würde. Wir besichtigten historische Sehenswürdigkeiten, tauschten Erinnerungen aus und witzelten herum. Hans hatte alle Briefe und Karten aufgehoben, die ich ihm aus Minnesota und Texas geschrieben hatte. Einige davon enthielten ziemlich weit hergeholte Behauptungen. Ich sah, dass er immer noch dasselbe ironische, mit einem Zwinkern verbundene Lächeln hatte wie vor 15 Jahren, dieselben halb ernsten, ungeduldigen, belanglosen Streitigkeiten mit seiner Mutter, dieselben langatmigen phantastischen Theorien, mit denen er mich beeindrucken wollte, und immer noch eine besondere Vorliebe für Geschichte, Geographie und Wappen.

Hans war genau wie ich ein »Mischling«. 1942 wurde er aus dem Gymnasium ausgeschlossen, wie es mir auch passiert wäre, und im Oktober 1944 wurde er zur Zwangsarbeit in eine hessische Salzgrube geschickt. Die Mine lag 700 Meter unter Tage und sollte in eine Produktionsstätte für die Frankfurter Adlerwerke umgewandelt werden. 15 Stunden am Tag musste Hans gesprengten Abraum in Loren schaufeln, er lebte von Brot und Rüben, die Aufseher waren brutal. Sein Vater überlebte im Untergrund, seine Mutter, eine gläubige Katholikin, blieb ungeschoren, obwohl ihr Bruder, der Künstler Johannes Molzahn, der offiziell als »entartet« galt, nach Seattle emigriert war. Während des Krieges hatte Hans immer wieder Albträume von SA-Männern oder hochrangigen NSDAP-Mitgliedern, den »Goldfasanen«, die ihn auf der Straße brutal zusammenschlagen würden. Er fragte sich, ob es jemals eine Zeit ohne Braunhemden, ohne Hakenkreuze, ohne Hasstiraden und ohne Militärparaden geben würde. Es schien unwahrscheinlich. 1952 lebte Hans immer noch in derselben Charlottenburger Wohnung, in der ich ihn 1937 zuletzt gesehen hatte, und 50 Jahre später lebt er immer noch dort mit seiner äußerst charmanten Frau Eva Maria (Korte).

## Letzte Erinnerung

Am Sonntag, dem 11. Mai 1952, war ich von Marianne Rudeloff, der früheren Oberin in der Frauenklinik meines Großvaters, zum Essen eingeladen. Marianne war jetzt in ihren Siebzigern. Ihre Wohnung befand sich in der Wulffstraße, nahe dem Botanischen Garten in Berlin-Steglitz. Heftiger Regen war gerade niedergekommen, das Pflaster übersät mit den nassen Blütenblättern von Kastanien. Als ich klingelte und klopfte, reagierte zunächst niemand. Schließlich rief aus einem der oberen Fenster jemand herunter, ich solle doch einfach in das Haus kommen und an den Haustüren nach dem Namen suchen. Das tat ich, und bald öffnete mir eine kleine, schwarzgekleidete Dame mit weißem Haar die Tür, die sehr erfreut war, mich zu sehen, und mich mit einem Wortschwall überschüttete. Ob ich mich erinnere, dass wir beide am gleichen Tag im Juli Geburtstag haben? Wie sehr ich gewachsen sei, einfach unglaublich, und wie meine Eltern sie im letzten Sommer, 1951, besucht hätten, und hier seien die Fotografien davon. Ich erkannte ihre dunklen Augen wieder, freundlich, aber sehr aufmerksam. Ich vermisste das gestärkte Schwesternhäubchen, doch ihr Haar war immer noch genauso wie damals in der Mitte gescheitelt und am Hinterkopf in einem Knoten zusammengefasst.

Oberschwester Rudeloff lebte zusammen mit einer anderen Angestellten von Paul, Schwester Griebel. Beide hatten in der Nähe einen kleinen Garten, wo sie in diesem Jahr 10 Kilogramm Erdbeeren geerntet und zu Fruchtwein verarbeitet hatten. Während des Krieges hatte sie ihre Wohnung untervermietet und war zu ihrem Bruder und den Neffen nach Thüringen gezogen, wo sie vor Bombenangriffen sicherer war als in Berlin. Der Besitzer des Hauses hatte Selbstmord begangen, als die Russen einmarschiert waren. Als Marianne aus Thüringen zurückkehrte, hatte sie ihre Wohnung mit einem Flüchtlingspaar und dessen Kind zu teilen, die ihr beim Auszug noch das Leinen gestohlen hatten. Noch immer war die Wohnung geteilt.

Doch zumeist sprach Oberschwester Rudeloff über ihre Jahre an der Strassmann-Klinik:

»Die Jahre vor 1914 waren die besten. Dein Großvater sorgte sich nicht um das Geld. Wir mussten eben plusminus null stehen oder die Gehälter wurden gekürzt. Später hatten die Leute kein Geld mehr, und wir mussten unseren Profit durch kleine Extragebühren wie zum Beispiel für ein Glas Limonade erzielen. Während des Ersten Weltkrieges hielten wir eine Ziege, doch keiner von uns wusste, wie man sie melkt. Jeder hat es versucht. Später nahmen wir an, dass die Ziege schwanger wäre, dabei war sie nur fett, oder vielleicht hatte sie einen Tumor. Am Sonntag, dem 1. April 1916, befahl uns dein Großvater, sie für eine größere Operation vorzubereiten. Nachdem wir in der Chirurgie alles so gut wie möglich vorbereitet hatten, kam er herein und flüsterte: ›Meine Damen und Herren, haben Sie es vergessen? April, April!‹ Das war eines der wenigen Male, wo wir während des Krieges wirklich herzhaft gelacht haben!

Ich erinnere mich, wie wir die Nachricht vom Tod Hellmuths erhielten. Hellmuth war ein lieber Junge, ein bisschen schüchtern. Die Nachricht kam per Brief, nicht per Telegramm. Der Professor kam durch den Hof, ein gebrochener Mann, um es seiner Frau mitzuteilen. Sie trug es sehr tapfer.

Ich habe 35 Jahre lang, von 1901 bis 1936, für deinen Großvater gearbeitet. Das ist ein halbes Leben. Ich habe so viel über die Natur der Menschen gelernt, doch es bleibt noch so viel, was ich lernen muss. Wir haben erfahren, dass dein Großvater eines Abends in der Schweiz gestorben ist, nachdem er Billard gespielt hatte. Zwei Jahre früher hatten wir seine Klinik völlig intakt an die Charité übergeben. Ich sehe es noch vor mir, wie der alte Professor dort am Eingang der Klinik stand. Das Taxi wartete schon. Wir waren alle in Tränen, aber er blieb gefasst. Ich erinnere mich, dass er irgend etwas sagte, dass wir alle noch einmal Glück haben würden, und dass es immer noch einen letzten Tag gäbe. Es war ganz seine Art und Weise, so etwas mit Schwung zu sagen, aber es war eben doch nicht so wie sonst.«

# Anmerkungen

## Anmerkungen zum Vorwort

1 Nachwort zu Lehrke, Gisela, 1998, Gedenkstätten für Opfer des Nationalsozialismus, Historisch-politische Bildung an Orten des Widerstands, Frankfurt-New York.

2 In Niedersachsen z. B. führte der 1997 geschaffene Erlass »Region im Unterricht« dazu, dass unter Federführung des Osnabrücker Landschaftsverbandes e. V. Materialien herausgegeben wurden. Sie thematisieren *Zwangsarbeit und »Arbeitszucht« am Beispiel Augustaschach. Wie kann es in einer gesitteten Welt so etwas Abstoßendes geben*, hg. von Joachim Herrmann und Susanne Taus, Bramsche, 2001.

3 z. B. Moß, Christoph (Hg.), 2000, Briefe der Düsseldorfer Familie Glücksmann, Schicksal einer christlich-jüdischen Familie 1939–1945, Düsseldorf.

4 Lebenserinnerungen von Fritz Strassmann, Präsentation anlässlich der Festveranstaltung am 30. Oktober 2004 im Harnack-Haus in Dahlem; herausgegeben von V. Schneider und G. Geserick, bearbeitet von M. Stürzbecher, voraussichtlich 2006 im Shaker Verlag, Aachen.

## Anmerkungen zu Kapitel 1

1 Cocks, Geoffrey, 1997, »Introduction«, in: Manfred Berg/Geoffrey Cocks (Hg.), *Medicine and Modernity: Public Health and Medical Care in Nineteenth- and Twentieth-century Germany*, Washington, D. C., S. 6.

2 Toury, Jacob, 1977, »Der Eintritt der Juden ins deutsche Bürgertum«, in: Hans Liebeschütz/Arnold Paucker, *Das Judentum in der deutschen Umwelt, 1800–1850*, Tübingen, S. 181.

3 Pleschinski, Hans (Hg.), 1992, *Voltaire – Friedrich der Große. Briefwechsel.* Ausgewählt, vorgestellt und übersetzt von Hans Pleschinski, Zürich, S. 407, 409.

4 Toury, 1977, S. 180, 183.

5 Lestschinsky, Jacob, 1932, *Das wirtschaftliche Schicksal des deutschen Judentums: Aufstieg, Wandlung, Krise, Ausblick*, Berlin, S. 100, zitiert bei Efron, John M., 2001, Medicine and the German Jews: A History, New Haven-London, S. 234

6 Toury, 1977, S. 183 f.

7 Efron, 2001, S. 44, 62, 236. Benz, Wolfgang, 2000, *Geschichte des Dritten Reiches*, München, S. 234–237.

8 Rürup, Reinhard, 1981, »The European Revolution of 1848 and Jewish Emancipation«, in: Werner Mosse/Arnold Paucker/Reinhard Rürup (Hg.), *Revolution and Evolution*: 1848 in German-Jewish History, Tübingen, S. 25–28. Hachtmann, Rüdiger, 1995, »Berliner Juden und die Revolution von 1848«, in: Reinhard Rürup (Hg.), *Jüdische Geschichte in Berlin: Essays und Studien*, Berlin, S. 53–84.

9 Siehe Kapitel 4.

10 Bauer, Arnold, 1982, *Rudolf Virchow*, Berlin, S. 84, 105.

11 Plum, Günter, 1988, »Wirtschaft und Erwerbsleben«, in: Wolfgang Benz (Hg.), *Die Juden in Deutschland: 1933–1945. Leben unter nationalsozialistischer Herrschaft*, München, S. 282. Laut einer Zählung von 1933 waren 5.557 Juden Ärzte – das entspricht 11 Prozent von 50.500. 45 Prozent davon praktizierten in Berlin, und weitere 30 Prozent in anderen großen Städten Preußens.

12 Kolb, Stephan, 1987, *Die Geschichte der Bad Nauheimer Juden*, Bad Nauheim.

13 Ebert, Andreas und Weizel, Karl, 1994, *Die Berliner Gesellschaft für Geburtshilfe und Gynäkologie*, 1844–1994, Berlin-New York, S. 93–107. Efron, 2001, S. 250.

14 Rürup, Reinhard, 1984, *Deutschland im 19. Jahrhundert, 1815–1871*, Göttingen, S. 108.

15 McClelland, Charles E., 1997, »Modern German Doctors: A Failue of Professionalism?«, in: Manfred Berg/Geoffrey Cocks (Hg.), *Medicine and Modernity: Public Health and Medical Care in Nineteenth- and Twentieth-Century Germany*, Washington, D. C., S. 90.

16 Kater, Michael H., 1989, *Doctors under Hitler*, Chapel Hill-London, S. 13, 31, 37. Labisch, Alfons, 1997, »From Traditional Individualism to Collective Professionalism«, in: Manfred Berg/Geoffrey Cocks (Hg.), *Medicine and Modernity: Public Health and Medical Care in Nineteenth- and Twentieth-Century Germany*, Washington, D. C., S. 85–86.

17 Kater, 1989, S. 54–57.

18 Ebd., S. 60, 69–70, 74, 116.

19 Lenz, Fritz, 1927, Outline of Human Genetics and Racial Hygiene, zitiert bei Efron, John M., 1994, *Defenders of the Race: Jewish Doctors and Race Science in Fin-de-Siècle Europe*, New Haven, S. 19. (dt. Originalausgabe u. d. T. *Menschliche Erblichkeitslehre und Rassenhygiene*, 1921; später erweitert als Menschliche Erblehre und als *Menschliche Auslese und Rassenhygiene*).

20 Proctor, Robert N., 1999, *The Nazi War on Cancer*. Princeton, S. 4, 29, 35, 47, 199, 287, 293, 300, 322.

21 Bachrach, Susan, 2004, »Introduction«, in: Dieter Kuntz (Hg.), *Deadly Medicine: Creating the Master Race*, Washington, D. C.

22 Kater, 1989, S. 182, 197–198.

23 Benz, 2000, S. 109.

24 Burleigh, Michael, 2004, »Nazi ›Euthanasia‹ Programs«, in: Dieter Kuntz (Hg.), *Deadly Medicine: Creating the Master Race*, Washington, D. C., S. 132–153.

25 Benz, S. 170–175, 219–227. Friedlander, Henry, 1995, *The Origins of Nazi Genocide*, Charlotte, S. 58–59, 128–29. Lifton, Robert J., 1986, *The Nazi Doctors: Medical Killing and the Psychology of Genocide*, New York, S. 37, 91. *Trials of War Criminals before the Nuremberg Military Tribunals*, I u. II., 1949, Washington D. C.

26 Kater, 1989, S. 12, 222.

27 Cocks, Geoffrey, 1997, »The Old as New: The Nuremberg Doctors' Trial and Medicine in Modern Germany«, in: Manfred Berg/Geoffrey Cocks (Hg.), *Medicine and Modernity: Public Health and Medical Care in Nineteenth- and Twentieth-Century Germany*, Washington, D. C., S. 179.

28 Kater, 1989, S. 235, 237.

29 Ebd., S. 209, 221.

30 Ebd., S. 201.

31 Pearle, Kathleen, o. J., »Preventive Medicine: The Refugee Physician and the New York Medical Community, 1933–1945«, Bremen (Universität Bremen: Working Papers on Blocked Alternatives in the Health Policy System, Nr. 11).

32 Strassmann, W. Paul, 1959/1981, *Risk and Technological Innovation: American Manufacturing Methods in the Nineteenth Century*, Ithaca. Sechs weitere Bücher sind hier nicht aufgeführt.

## Anmerkungen zu Kapitel 2

1 Encyclopaedia Judaica, 1972, Jerusalem, 13, S. 1586 f.
2 Kemlein, Sophia, 1997, *Die Posener Juden 1815–1848: Entwicklungsprozesse einer polnischen Judenheit unter preußischer Herrschaft*, Hamburg, S. 40, 58.
3 Strassmann, Heinrich, 1904/1974, »Erinnerungen aus meinem Leben: Niedergeschrieben für meine Kinder«, Originalentwurf Typoskript, 1899–1904, veröffentlicht 1974, herausgegeben von Gerhard Masur in: *Jahrbuch für die Geschichte Mittel- und Ostdeutschlands*, 23, S. 181–230, hier S. 229 f.
4 Strassmann, 1904/1974, S. 230.
5 Kemlein, 1997, S. 42 f.
6 Strassmann, 1904/1974, S. 173.
7 Ebd., S. 174 f.
8 Ebd., S. 175.
9 Ebd., S. 174.
10 Ebd., S. 167 f.
11 Ebd., S. 166.
12 Ebd., S. 168 f.
13 Ebd., S. 168–70.
14 Kemlein, 1997, S. 78–84.
15 Strassmann, 1904/1974, S. 170.
16 Kemlein, 1997, S. 84, 139.
17 Strassmann, 1904/1974, S. 176.
18 Ebd., S. 177.
19 Ebd., S. 186.
20 Ebd., S. 178.
21 Kemlein, 1997, S. 308–321.
22 Strassmann, 1904/1974, S. 179 f.
23 Ebd., S. 176.

## Anmerkungen zu Kapitel 3

1 Winau, Rolf, 1994, »Ärztliche Vereinigungen in Berlin im 19. Jahrhundert«, in: Andreas Ebert/Hans Karl Weitzel (Hg.), *Die Berliner Gesellschaft für Geburtshilfe und Gynäkologie 1844–1944*, Berlin-New York, S. 6 f.
2 Strassmann, Heinrich, 1904/1974, »Erinnerungen aus meinem Leben: Niedergeschrieben für meine Kinder«, Originalentwurf Typoskript, 1899–1904, veröffentlicht 1974, herausgegeben von Gerhard Masur in: *Jahrbuch für die Geschichte Mittel- und Ostdeutschlands*, 23, S. 181–230, hier S. 190.
3 Harenberg, Bodo (Hg.), 1986, *Die Chronik Berlins*, Dortmund, S. 206.
4 Holborn, Hajo, 1969/1982, *A History of Modern Germany*, 1840–1945, Princeton, S. 53.
5 Gay, Ruth, 1992, *The Jews of Germany: A Historical Portrait*, New Haven, S. 132.
6 Strassmann, 1904/1974, S. 195.
7 Legge, James G., 1917, *Rhyme and Revolution in Germany*, New York.
8 Strassmann, 1904/1974, S. 195 f.
9 Harenberg, 1986, S. 210.
10 Strassmann, 1904/1974, S. 197.
11 Holborn, 1969/1982, S. 115–117.

12 Ebd., S. 215 f.
13 Masur, Gerhard, 1971, *Imperial Berlin*, London, S. 141.
14 Ebd., S. 140.
15 Holborn, 1969/1982, S. 333.
16 Herzfeld, Hans, 1968, »Allgemeine Entwicklung und politische Geschichte«, in: Hans Herzfeld (Hg.), *Berlin und die Provinz Brandenburg im 19. und 20. Jahrhundert*, Berlin-New York, S. 89.
17 Zitiert nach Bauer, Arnold, 1982, *Rudolf Virchow*, Berlin, S. 39.
18 Zitiert nach ebd., S. 105.
19 Amtlicher stenographischer Bericht über die Sitzung der Stadtverordneten-Versammlung am 14. Januar 1875.
20 Amtlicher stenographischer Bericht über die Sitzung der Stadtverordneten-Versammlung am 4. Januar 1877.
21 Ebd.
22 Amtlicher stenographischer Bericht über die Sitzung der Stadtverordneten-Versammlung am 3. Januar 1878.
23 Harenberg, 1986, S. 228–259; Masur, 1971, S. 53, 108–118. Hamberger, Ernst, 1968, *Juden im öffentlichen Leben Deutschlands*, Tübingen, S. 298, 328, 331, 545. Herzfeld, 1968, S. 89–91. Rürup, Reinhard (Hg.), 1995a, *Jüdische Geschichte in Berlin: Bilder und Dokumente*, Berlin, S. 105, 129.
24 *Deutsche Illustrierte Zeitung*, II, 20, Dezember 1885, S. 441.
25 Zitiert nach Frank, Walter, 1928, *Hofprediger Adolf Stoecker und die christlichsoziale Bewegung*, Berlin, S. 105 f.
26 Asmus, Burkhard, 1987, *Berlin: Material zur Geschichte der Stadt*, Berlin, S. 47.
27 Rürup 1995a, S. 129.
28 Zitiert nach Bauer, 1982, S. 75.
29 Frank, 1928, S.107.
30 Zitiert nach Masur, 1971, S. 109.
31 Amtlicher stenographischer Bericht über die Sitzung der Stadtverordneten-Versammlung am 8. Dezember 1888.
32 Amtlicher stenographischer Bericht der Sitzung der Stadtverordneten-Versammlung am 8. Dezember 1885.
33 *Deutsche Illustrierte Zeitung*, II, 20, Dezember 1885, S. 441.
34 Vogel, Werner, 1964, »Ferdinand Strassmann: Ein Leben im Dienste des Berliner Gesundheitswesens«, in: *Zeitschrift für Ärztliche Fortbildung*, 53, Heft 8.

## Anmerkungen zu Kapitel 4

1 Strassmann, Heinrich, 1904/1974, »Erinnerungen aus meinem Leben: Niedergeschrieben für meine Kinder«, Originalentwurf Typoskript, 1899–1904, veröffentlicht 1974, herausgegeben von Gerhard Masur in: *Jahrbuch für die Geschichte Mittel- und Ostdeutschlands*, 23, S. 181–230, hier S. 229.
2 Zeugnis unterzeichnet von Professor D. N. Löhlein, 1. Oktober 1891.
3 Gidal, Nachum T., 1988, *Die Juden in Deutschland von der Römerzeit bis zur Weimarer Republik*, Gütersloh, S. 295.
4 Strassmann, 1904/1974, S. 60.
5 Masur, Gerhard, 1973/1978, *Das ungewisse Herz: Berichte aus Berlin – über die Suche nach dem Freien*, Einleitung von Wilmont Haacke, Hoyoke/Mass. (1973 geschrieben, posthum veröffentlicht), S. 13 f.

6 Ebd., S. 15.
7 Ebd., S. 8 f.
8 Strassmann, Paul Ferdinand, »Nachwort«, eine getippte Seite, zugefügt zu Strassmann, 1904/1974.
9 Strassmann, Paul Ferdinand, 1907, »Die operative Vereinigung eines doppelten Uterus«, *Zentralblatt der Gynäkologie*, 43, S. 1322–1335, zitiert nach David, Matthias/Stürzbecher, Manfred/Ebert, Andreas, 1994, »Paul Ferdinand Strassmann, Vertreter einer Berliner Ärztedynastie«, in: Andreas Ebert/Hans Karl Weitzel (Hg.), *Die Berliner Gesellschaft für Geburtshilfe und Gynäkologie 1844–1944*, Berlin-New York, S. 146–160, hier S. 152.
10 David/Stürzbecher/Ebert, 1994, S. 153.
11 Strassmann, Hedwig, 1941, »Die beiderseitigen Familien, besonders unser Haus, in ihren Beziehungen zur nächsten Umwelt«, handgeschriebenes Manuskript, zuvor u. d. T. »The Strassmanns«, geschrieben in Hemlock Hague, New York.

## Anmerkungen zu Kapitel 5

1 Efron, John M., 2001, *Medicine and the German Jews: A History*, New Haven-London, S. 239.
2 Ebert, Andreas/Pritze, Wolfgang, 1994, »Karl Franz, der ungekrönte König der Berliner Gynäkologie«, in: Andreas Ebert/Hans Karl Weitzel (Hg.), *Die Berliner Gesellschaft für Geburtshilfe und Gynäkologie 1844–1944*, Berlin-New York, S. 134–145, hier S. 141.
3 Willam, K., 1967, »Des Jahrestages von Pauls Geburtstag gedenkend«, in: *Deutsches medizinisches Journal*, 18, S. 244.
4 Paul Strassmann zum 60. Geburtstage, 1926, Sonderabdruck aus der *Monatsschrift für Geburtshilfe und Gynäkologie*, 75 (Festschrift mit 24 Beiträgen und einer Einleitung von Paul Meyer).
5 Ebd., S. 1.
6 Gutzwiller, Max, 1942, *Das Büchlein mit dem Denkmal.* Freiburg/Ü., S. 26–31.
7 Martin, August, 1926, »Schlußwort«, in: *Paul Strassmann zum 60. Geburtstage*, S. 188.
8 David, Matthias/Stürzbecher, Manfred/Ebert, Andreas, 1994, »Paul Ferdinand Strassmann, Vertreter einer Berliner Ärztedynastie«, in: Andreas Ebert/Hans Karl Weitzel (Hg.), Die *Berliner Gesellschaft für Geburtshilfe und Gynäkologie 1844–1944*, Berlin-New York, S. 146–160, hier, S. 153.
9 Viktoria Luise, Herzogin zu Braunschweig und Lüneburg, 1977, *The Kaiser's Daughter*, London (dt. Originalausgabe u. d. T. *Ein Leben als Tochter des Kaisers*, 1965), S. 161.
10 Strassmann, Paul, 1930, *Aus der Medizin des Rinascimento: an der Hand des ›Leben von Benvenuto Cellini‹ nach der Übersetzung Goethes*, Leipzig.
11 Ebd., S. 54 f.
12 Strassmann, Fritz, 1933, »Aufzeichnungen über mein Leben … «, Typoskript, S. 18 f. Vgl. dazu Vorwort, Anm. 4.
13 Winau, Rolf, 2000, »Die Familie Strassmann«, in: Markus A. Rothschild (Hg.), *Das neue Jahrtausend: Herausforderungen an die Rechtsmedizin.* Festsymposium zum 60. Geburtstag von Volkmar Schneider, Berlin, S. 35.
14 Strassmann, Fritz, 1933, S. 32.
15 *Deutsche Medizinische Wochenschrift*, 1928, S. 1428.

## Anmerkungen zu Kapitel 6

1 Strassmann, Heinrich, 1904/1974, »Erinnerungen aus meinem Leben: Niedergeschrieben für meine Kinder«, Originalentwurf Typoskript, 1899–1904, veröffentlicht 1974, herausgegeben von Gerhard Masur in: *Jahrbuch für die Geschichte Mittel- und Ostdeutschlands*, 23, S. 181–230, hier S. 218.

2 Strassmann, 1904/1974, S. 208.

3 Ebd., S. 218–225.

4 Harenberg, Bodo (Hg.), 1986, *Die Chronik Berlins*, Dortmund, S. 279 f.

5 Brief von Hellmuth Strassmann, »Der Durchbruch bei Kakinowa«, gerichtet an die Burschenschaft Arminia, abgedruckt in der Berliner Zeitung vom 6. März 1915. Ein weiterer Brief, datiert vom 24. Juli 1915, ist abgedruckt in: Witkop, Philipp (Hg.), 1929, *Kriegsbriefe gefallener Studenten*, München, S. 253–255.

6 Brief von Erwin Strassmann, datiert vom 16. November 1916, abgedruckt in: Witkop, 1929, S. 255–257.

7 Stahl, Friedrich, 1930, »Entwicklung und Verwendung der Luftschiffe und Fesselballone im Dienste des Felheeres«, in: Walter von Eberhardt (Hg.), *Unsere Luftstreitkräfte, 1914–1918: Ein Denkmal deutschen Heldentums*, Berlin.

## Anmerkungen zu Kapitel 7

1 *Banater Deutsche Zeitung*, 8. April 1928.

2 Winterstein, Eduard von, 1947, *Mein Leben und Meine Zeit: Ein halbes Jahrhundert deutscher Theatergeschichte*, Berlin, Band II, S. 236.

3 Hildenbrandt, Fred, 1986, … *ich soll dich grüßen von Berlin, 1922–1932*, Frankfurt, S. 125–127.

4 *Banater Deutsche Zeitung*, 8. April 1928.

5 *Scherls Magazin*, Oktober 1928.

6 *Hamburger Fremdenblatt*, 1928.

7 Heinkel, Ernst, 1953, *Stürmisches Leben*, Stuttgart, S. 354.

8 Beinhorn, Elly, 1952, *Ich fliege um die Welt*, Berlin, S. 26 f.

9 *Der Tag*, 22. November 1929.

10 Heinkel, 1953. S. 362.

11 Heinikel, 1953. S. 355.

12 Shirer, William L. 1959/1990. *The Rise and Fall of the Third Reich: A History of Nazi Germany.* New York: Simon and Schuster. S. 781.

13 Heinkel, 1953. S. 451.

14 *Berliner Zeitung*, 15. September 1931.

15 Hildenbrandt, 1986, S. 127.

16 Hormann, Jörg-Michael/Hofrichter, Reinhard, 2004, *Ein Schiff fliegt in die Welt: 75 Jahre Dornier Flugschiff Do X D-1929*, Bonn S. 112.

17 Shirer, 1959/1990, S. 165.

18 Heinkel, 1953, S. 269.

19 ASAS, 9. September 1932, S. 9. Die Zitate wurden mir von Frau Professor Gertrud Pfister, Freie Universität Berlin, zur Verfügung gestellt.

## Anmerkungen zu Kapitel 8

1 Gutzwiller, Max, 1942, *Das Büchlein mit dem Denkmal.* Freiburg/Ü.
2 Ebd., S. 54.
3 Ebd., S. 46.
4 Ebd., S. 48 f., 55.
5 Ebd., S. 59.
6 Jansen, Christian, 1992, *Professoren und Politik: Politisches Denken und Handeln der Heidelberger Hochschullehrer, 1914–1935*, Göttingen, S. 32.
7 Gutzwiller, 1942, S. 101–106.
8 Ebd., S.109.
9 Ebd., S. 99.
10 Giovannini, Norbert, 1985, »Maßnahmen und Grenzen nationalsozialistischer Studentenpolitik«, in: Karin Buselmeier/Dietrich Harth/Christian Jansen (Hg.), *Auch eine Geschichte der Universität Heidelberg*, Mannheim, S. 301.
11 Weckbecker, Arno, 1985, »Die Judenverfolgung in Heidelberg 1933–1945: Ein Überblick«, in: Jörg Schadt/Michael Caroli (Hg.), 1985, *Heidelberg unter dem Nationalsozialismus: Studien zu Verfolgung, Widerstand und Anpassung*, Heidelberg, S. 282. Weisert, Hermann, 1974, *Die Verfassung der Universität Heidelberg*, Heidelberg, S. 109.
12 Zitiert nach Jansen, 1992, S. 33.
13 Vezina, Birgit, 1982, ›Die Gleichschaltung‹ der Universität Heidelberg im Zuge der nationalsozialistischen Machtergreifung, Heidelberg, S. 75–77.
14 Gutzwiller, Max, 1978/1989, *Siebzig Jahre Jurisprudenz: Erinnerungen eines Neunzigjährigen*, Basel, S. 107, 112.
15 Jansen, 1992, S. 235 f.
16 Ebd., S. 276–280.
17 Ebd., S. 296 f.
18 Gutzwiller, 1942, S. 112 f.
19 Ebd., S. 113 f.
20 Zitiert nach Jansen, 1992, S. 177.
21 Zitiert nach Vezina, 1982, S. 29.
22 Gutzwiller, 1942, S. 116 f., 132.
23 Ebd., S. 115 f.
24 Zitiert nach Vezina, 1982, S. 109.
25 Gutzwiller, 1942, S. 121–24. Tagebuch von Paul Ferdinand Strassmann, 2. Juli 1936.
26 Friedlander, Henry, 1995, *The Origins of Nazi Genocide*, Charlotte, S. 58 f., 128 f.
27 United States Holocaust Memorial Museum (Hg.), 1996, *Historical Atlas of the Holocaust*, S. 111 f.
28 Weckbecker, 1985, S. 457–466.
29 Gutzwiller, 1942, S. 124.
30 Ebd., S. 133.
31 Gutzwiller, 1978/1989, S. 151 f.
32 Gutzwiller, 1942, S. 136.

## Anmerkungen zu Kapitel 9

1 Alexander, Gabriel E., 1995, »Die jüdische Bevölkerung Berlins in den ersten Jahrzehnten des 20. Jahrhunderts«, in: Reinhard Rürup (Hg.), *Jüdische Geschichte in Berlin: Essays und Studien*,

Berlin, S. 117–148, hier S. 124. Gruner, Wolf, 1995, »Die Reichshauptstadt und die Verfolgung der Berliner Juden, 1933–1945«, in: Rürup, 1995, S. 229–266, hier S. 257.

2 Ebd.

3 Alexander, 1995, S. 119. Gruner, 1995, S. 254 f. Gay, Ruth, 1992, The Jews of Germany: A *Historical Portrait*, New Haven, S. 240–281.

4 Lifton, Robert J., 1998, *Ärzte im Dritten Reich*, Berlin, S. 54–57, 69 (engl. Originalausgabe u. d. T. *The Nazi Doctors: Medical Killing and the Psychology of Genocide*, New York, 1998).

5 Paul Strassmann zum 60. Geburtstage, 1926, Sonderabdruck aus der *Monatsschrift für Geburtshilfe und Gynäkologie*, 75 (Festschrift mit 24 Beiträgen und einer Einleitung von Paul Meyer).

6 Witkop, Philipp (Hg.), 1929, *Kriegsbriefe gefallener Studenten*, München.

7 Genschorek, Wolfgang, 1978, *Ferdinand Sauerbruch, ein Leben für die Chirurgie*, Leipzig.

8 Gohrbandt operierte Hitler nach dem Attentat vom 20. Juli 1944.

## Anmerkungen zu Kapitel 10

1 Aschoff, Ludwig, 1966, *Ludwig Aschoff: Ein Gelehrtenleben in Briefen an die Familie*, Freiburg/Br., S. 215, 275–278.

2 Strassmann, Erwin O., 1941, »The Theca Cone and its Tropism Toward the Ovarian Surface: A Typical Feature of Growing Human and Mammalian Follicles«, in: *American Journal of Obstetrics and Gynecology*, March, S. 363–378.

3 Kolb, Stephan, 1987, *Die Geschichte der Bad Nauheimer Juden*, Bad Nauheim, S. 99.

3 Ebd., S. 204.

4 Ebd., S. 99.

4 Ebd., S. 204.

5 Ebert, Andreas/Schneck, Peter, 1994, »Ernst Bumm, Arzt und Lehrer mit Charisma«, in: Andreas Ebert/Hans Karl Weitzel (Hg.), *Die Berliner Gesellschaft für Geburtshilfe und Gynäkologie 1844–1944*, Berlin-New York, S. 109–121.

6 Strassmann, Erwin O., 1933, »Das fetale Elektrokardiogramm«, in: *Zentralblatt für Gynäkologie*, 105, S. 332.

7 Clapesattle, Helen, 1941, *The Doctors Mayo*, Minneapolis, S. 425, 442–446, 495, 513–515, 573 f.

## Anmerkungen zu Kapitel 11

1 Meine vorrangige Quelle für diese Jahre sind etwa 70 Briefe, die Antonie vor allem an ihre Mutter geschrieben hat, die meisten aus den Jahren 1935 bis 1937. Weiterhin existieren Postkarten, Telegramme, Zeitungsausschnitte und Briefe anderer Personen. Antonies Briefe befassen sich mit so vielen Themen und Persönlichkeiten, dass eine chronologische Präsentation des Inhalts völlig verwirrend wäre.

2 *New York Times*, 11. Dezember 1933 und 23. November 1939.

3 Turrou, Leon G., 1939, *Nazi Spies in America*, New York. 30 Jahre später erweiterte der Autor seine Arbeit: Turrou, Leon G., 1969, *The Nazi Spy Conspiracy in America*, Freeport. Zusätzliches Material aus FBI-Beständen wurde von William Breuer benutzt: Breuer, William, 1989, *Hitler's Undercover War: The Nazi Espionage Invasion of the U. S. A.*, New York.

4 Turrou, 1939, S. 294.

5 Zegenhagen, Evelyn, 2004, »Vom Aufwind in den Sturzflug: Rollenbild, Chancen und Beschränkungen deutscher Sportfliegerinnen der Zwischenkriegszeit«, in: Wolfgang Meighörner (Hg.), *Frau und Flug: Die Schwestern des Ikarus*, Friedrichshafen, S. 103, 108.

6 *New York Times*, 30. April 1977.

## Anmerkungen zu Kapitel 12

1 Barron, Stephanie, 1991, *›Degenerate Art‹: The Fate of the Avant Garde in Nazi Germany*, Los Angeles, S. 9.

2 Kershaw, Ian, 1998/2000, *Hitler: 1889–1936*, New York, S. 567.

3 Proctor, Robert N., 1999, *The Nazi War on Cancer*, Princeton, S. 62.

4 Bentley, James, 1984, *Martin Niemöller, 1892–19*84, New York, S. 42 f.

5 Bentley, 1984, S. 113, 120.

6 Ebd., S. 129.

7 David, Matthias/Stürzbecher, Manfred/Ebert, Andreas, 1994, »Paul Ferdinand Strassmann, Vertreter einer Berliner Ärztedynastie«, in: Andreas Ebert/Hans Karl Weitzel (Hg.), *Die Berliner Gesellschaft für Geburtshilfe und Gynäkologie 1844–1944*, Berlin-New York, S. 146–160.

8 Strassmann, Paul, 1937, »Geburt nach vaginaler Verpflanzung der Tube zur Wiederherstellung des Cavum uteri«, in: *Zentralblatt für Gynäkologie*, 61, Nr. 50, 18. Dezember, S. 2893–2900.

9 Zitiert nach Genschorek, Wolfgang, 1978, *Ferdinand Sauerbruch, ein Leben für die Chirurgie*, Leipzig, S. 152 f.

10 Akte 0 5210-4327/44 – Fall Paul Israel Strassmann.

## Anmerkungen zu Kapitel 13

1 Mayo, Charles W., 1968, Mayo: *The Story of My Family and My Career*, New York, S. 335 f.

2 Ebd., S. 148 f.

3 Ebd., S. 143 f.

4 Ebd., S. 113.

5 Bundesarchiv (Hg.), 1986, *Gedenkbuch – Opfer der Verfolgung der Juden in Deutschland*, 1933–1945, Koblenz.

6 David, Matthias/Ebert, Andreas, 1997, »Zur Erinnerung an Paul F. und Erwin O. Strassmann und ihre Beziehung zur Mayo-Klinik – medizinhistorische Anmerkungen«, in: *Der Frauenarzt*, 38.

7 Mayo, 1968, S. 340.

## Anmerkungen zu Kapitel 14

1 Pearle, Kathleen M., o. J., »Preventive Medicine: The Refugee Physician and the New York Medical Community, 1933–45«, Bremen (Universität Bremen: Working Papers on Blocked Alternatives in the Health Policy System, Nr.11).

2 Pearle, o. J.

3 *Bad Nauheimer Zeitung*, 10. November 1938, zitiert nach Kolb, Stephan, 1987, *Die Geschichte der Bad Nauheimer Juden*, Bad Nauheim, S. 163 f.

4 Schwarzwälder, Herbert, 1985, *Geschichte der Freien Hansestadt Bremen*, Band 4: *Bremen in der NS-Zeit* (1933–1945), Hamburg, S. 339 f.
5 Johnson, Hermann, undatiert, *Reminiscences of a Male Midwife*, Houston, S. 16.
6 Macon, N. Don, 1994, *Monroe Dunaway Anderson, His Legacy: A History of the Texas Medical Center*, Houston, S. 82–88.
7 Johnson, undatiert Houston, S. 16.
8 Kaye, Walter R., 1992, *Starting from Scratch: The Story of My Life*, Houston, S. 106 f.

## Anmerkungen zu Kapitel 15

1 Gesetz vom 26. Mai 1933, veröffentlicht in der Fassung vom 29. Mai 1941 im *Deutschen Reichsanzeiger* und *Preußischen Staatsanzeiger.*
2 Für Details siehe zum Beispiel Gruner, Wolf, 1995, »Die Reichshauptstadt und die Verfolgung der Berliner Juden, 1933–1945«, in: Reinhard Rürup (Hg.), *Jüdische Geschichte in Berlin: Essays und Studien*, Berlin, S. 229–266.
3 Goethe, Johann Wolfgang, *Westöstlicher Divan. Buch der Sprüche.*
4 Bundesarchiv (Hg.), 1986, *Gedenkbuch – Opfer der Verfolgung der Juden in Deutschland, 1933–1945*, Koblenz.

## Anmerkungen zu Kapitel 16

1 Strassmann, Arnold, 1932, *Allerlei Ostmärkisches: Geschichten und Geschichtchen aus der verlorenen Heimat*, Leipzig, S. 28, 45, 97, 154.
2 Ebd., S. 206.
3 Vom ersten Tag an, also seit mittlerweile über 25 Jahren, hat Frau Dr. Jutta Lange-Quassowski die Stiftung geleitet und unter anderem zahlreiche künstlerische, historische und politische Projekte unterstützt – nicht nur mit großzügigen finanziellen Mitteln, sondern auch – wie im Falle dieses Buches – mit wertvollem fachlichem Rat und der Bereitstellung von Dokumenten.
4 Zitiert nach Sassin, Horst, 1993, *Liberale im Widerstand: Die Robinsohn-Strassmann-Gruppe, 1934–1942*, Hamburg, S. 165. Siehe auch Sassin, Horst, 1992, »Liberals of Jewish Background in the Anti-Nazi Resistance«, in: Leo Baeck Institute, *Year Book*, 37, S. 381–396.
5 Sassin, Horst, 2001, »Ernst Strassmann und der 20. Juli 1944: Anmerkungen zu Klemens von Klemperer und Joachim Scholtyseck«, in: *Jahrbuch zur Liberalismus-Forschung*, 13, S. 195–197.
6 Strassmann, Ernst, 1948, unveröffentlichte beeidete Aussage (drei Seiten) über die Robinsohn-Strassmann-Widerstandsgruppe, datiert vom 19. Februar 1948. Mir zugänglich gemacht durch Dr. Jutta Lange-Quassowski, Geschäftsführerin der Ernst-Strassmann-Stiftung in der Friedrich-Ebert-Stiftung, Bonn.
7 Sassin, 1993, S. 137, 390, hier Robinsohn zitiert.
8 Ebd., S. 36.
9 Ebd., S. 51–55, 123.
10 Ebd., S. 382–90.
11 Ebd., S. 137.
12 Stöcker, Wolfgang, 1986, »Dr. Ernst Strassmann (wie ich ihn erlebte)«, Aussage (17 Seiten), datiert vom Februar 1986, von der Ernst-Strassmann-Stiftung zugesandt, S. 2 f.
13 Dokument aus dem Archiv der Bayerischen Widerstandsbewegungen, München, Ludwigstraße 15, 1, März 1948. Mir zugänglich gemacht durch Dr. Jutta Lange-Quassowski.

14 Sassin, 2001, S. 195–197.
15 Schutzhaftbefehl vom 6. Oktober 1942.
16 Zitiert bei Sassin, 1993, S. 233.
17 Stöcker, 1986, S. 4 f.
18 Ebd., S. 9 f.
19 Ebd., S. 10–14.
20 Sassin, 1993, S. 242.
21 Zitiert nach Fest, Joachim, 1996, *Plotting Hitler's Death: the Story of the German Resistance*, New York (dt. Originalausgabe u. d. T. *Staatstreich: Der lange Weg zum 20. Juli*, 1994), S. 292, 297.
22 Stöcker, 1986, S. 15 f.
23 Sassin, 1993, S. 371–388.
24 Strassmann, 1948.

## Anmerkungen zu Kapitel 17

1 Herbert, Ulrich, 1990, »Die Dynamik der Gewalt – Der gescheiterte Versuch der nationalsozialistischen Krisenlösung«, in: Lutz Niethammer u. a., *Bürgerliche Gesellschaft in Deutschland: Historische Einblicke, Fragen, Perspektiven*, Frankfurt, S. 413–511, hier S. 438. Schwarzwälder, Herbert, 1985, *Geschichte der Freien Hansestadt Bremen*, Band 4: *Bremen in der NS-Zeit (1933–1945)*, Hamburg, S. 73, 153 f., 501, 630.
2 Masur, Gerhard, 1971, *Imperial Berlin*, London.
3 Masur in der Einleitung zu Strassmann, Heinrich, 1904/1974, »Erinnerungen aus meinem Leben: Niedergeschrieben für meine Kinder«, Originalentwurf Typoskript, 1899–1904, veröffentlicht 1974, herausgegeben von Gerhard Masur in: *Jahrbuch für die Geschichte Mittel- und Ostdeutschlands*, 23, S. 181–230, hier S. 162.
4 Masur, Gerhard, 1973/1978, *Das ungewisse Herz: Berichte aus Berlin – über die Suche nach dem Freien*, Einleitung von Wilmont Haacke, Hoyoke/Mass. (1973 geschrieben, posthum veröffentlicht), S. 313, 317.
5 Ebd., S. xxv.
6 Sassin, Horst, 1993, *Liberale im Widerstand: Die Robinsohn-Strassmann-Gruppe, 1934–1942*, Hamburg, S. 22 f.
7 Benz, Wolfgang/Pehle, Walter H., 1994, *Lexikon des deutschen Widerstandes*, Frankfurt a. M.
8 Gutzwiller, Max, 1978/1989, *Siebzig Jahre Jurisprudenz: Erinnerungen eines Neunzigjährigen*, Basel.

# Literatur


Alexander, Gabriel E., 1995, »Die jüdische Bevölkerung Berlins in den ersten Jahrzehnten des 20. Jahrhunderts«, in: Reinhard Rürup (Hg.), *Jüdische Geschichte in Berlin: Essays und Studien,* Berlin, S. 117–148.

*Amtlicher stenographischer Bericht über die Sitzung der Stadtverordneten Versammlung*, 1875, 1877, 1878 und weitere Jahre.

Aschoff, Ludwig, 1966, *Ludwig Aschoff: Ein Gelehrtenleben in Briefen an die Familie*, Freiburg/Br.

Asmus, Burkhard, 1987, *Berlin: Material zur Geschichte der Stadt*, Berlin.

Augustine, Dolores L., 1995, »Die jüdische Wirtschaftselite im wilhelminischem Berlin: Ein jüdisches Patriziat?«, in: Reinhard Rürup (Hg.), *Jüdische Geschichte in Berlin: Essays und Studien.* Berlin.

Balfour, Michael, 1972, *The Kaiser and His Times*, New York.

Barron, Stephanie, 1991, *›Degenerate Art‹: The Fate of the Avant Garde in Nazi Germany*, Los Angeles.

Bauer, Arnold, 1982, *Rudolf Virchow*, Berlin.

Beinhorn, Elly, 1952, *Ich fliege um die Welt*, Berlin.

Bentley, James, 1984, *Martin Niemöller, 1892–1984*, New York.

Benz, Wolfgang/Pehle, Walter H., 1994, *Lexikon des deutschen Widerstandes*, Frankfurt a. M.

*Bericht über die Gemeinde-Verwaltung der Stadt Berlin in den Jahren 1889 bis 1895*, 1898, zwei Bände, Berlin.

Bland, P. Brooke, 1940, »Paul Ferdinand Strassmann, M. D., L. L. D., 1866–1938«, in: *Transactions of the American Association of Obstetricians, Gynecologists, and Abdominal Surgeons*, 52 (für 1939).

Blasius, Dirk, 1991, »Zwischen Rechtsvertrauen und Rechtszerstörung«, in: Dirk Blasius/Dan Diner, *Zerbrochene Geschichte: Juden in Deutschland*, Frankfurt, S. 121–137.

Botting, Douglas, 2001, *Dr. Eckener's Dream Machine*, New York: Henry Holt.

Breuer, William, 1989, *Hitler's Undercover War: The Nazi Espionage Invasion of the U. S. A.*, New York.

Bruss, Regina, 1983, *Die Bremer Juden unter dem Nationalsozialismus*, Bremen.

Bundesarchiv (Hg.), 1986, *Gedenkbuch – Opfer der Verfolgung der Juden in Deutschland, 1933–1945*, Koblenz.

Burk, Heinrich, 1986, *Bad Nauheim in Alten Ansichten*, Zaltbommel.

Burk, Heinrich, 1995, *Dies ist meine Stadt: Bad Nauheimer Geschichten aus hundert Jahren*, Bad Nauheim.

Burleigh, Michael, 2004, »Nazi ›Euthanasia‹ Programs«, in: Dieter Kuntz (Hg.), *Deadly Medicine: Creating the Master Race*, Washington, D. C., S. 127–153.

Clapesattle, Helen, 1941, *The Doctors Mayo*, Minneapolis.

Cocks, Geoffrey, 1997, »Introduction«, in: Manfred Berg/Geoffrey Cocks (Hg.), *Medicine and Modernity: Public Health and Medical Care in Nineteenth- and Twentieth-century Germany*, Washington, D.C.

Cocks, Geoffrey, 1997. »The Old as New: The Nuremberg Doctors' Trial and Medicine in Modern Germany«, in: Manfred Berg/Geoffrey Cocks (Hg.), *Medicine and Modernity: Public Health and Medical Care in Nineteenth- and Twentieth-century Germany*, Washington, D.C.

Cole, Wayne S., 1983, *Roosevelt and the Isolationists: 1932–45*, Lincoln.

David, Matthias/Ebert, Andreas, 1994, »Alwin Mackenrodt, Forschung in der Privatklinik«, in: Andreas Ebert/Hans Karl Weitzel (Hg.), *Die Berliner Gesellschaft für Geburtshilfe und Gynäkologie 1844–1944*, Berlin-New York, S. 122–133.

David, Matthias/Ebert, Andreas, 1994, »August Eduard Martin, Werden und Wirken eines deutschen Frauenarztes«, in: Andreas Ebert/Hans Karl Weitzel (Hg.), *Die Berliner Gesellschaft für Geburtshilfe und Gynäkologie 1844–1944*, Berlin-New York, S. 76–92.

David, Matthias/Ebert, Andreas, 1997, »Zur Erinnerung an Paul F. und Erwin O. Strassmann und ihre Beziehung zur Mayo-Klinik – medizinhistorische Anmerkungen«, in: *Der Frauenarzt*, 38.

David, Matthias/Stürzbecher, Manfred/Ebert, Andreas, 1994, »Paul Ferdinand Strassmann, Vertreter einer Berliner Ärztedynastie«, in: Andreas Ebert/Hans Karl Weitzel (Hg.), *Die Berliner Gesellschaft für Geburtshilfe und Gynäkologie 1844–1944*, Berlin-New York, S. 146–160.

Davis, Norman, 1982, *A History of Poland*, zwei Bände, New York.

De Syon, Guillaume, 2002, *Zeppelin! Germany and the Airship, 1900–1939*, Baltimore.

Dick, Harold G./Robinson, Douglas H., 1985, *The Golden Age of the Great Passenger Airships: Graf Zeppelin and Hindenburg*, Washington D. C.

Dippel, John V.H., 1996, *Bound upon a Wheel of Fire: Why so Many German Jews Made the Tragic Decision to Remain in Nazi Germany*, New York.

Duggan, John/Meyer, Henry Cord, 2001, *Airships in International Affairs, 1890–1940*, New York.

Ebert, Andreas/Pritze, Wolfgang, 1994, »Adolf Gusserow, Ehrenpräsident der Gesellschaft«, in: Andreas Ebert/Hans Karl Weitzel (Hg.), *Die Berliner Gesellschaft für Geburtshilfe und Gynäkologie 1844–1944*, Berlin-New York, S. 51–64.

Ebert, Andreas/Pritze, Wolfgang, 1994, »Karl Franz, der ungekrönte König der Berliner Gynäkologie«, in: Andreas Ebert/Hans Karl Weitzel (Hg.), *Die Berliner Gesellschaft für Geburtshilfe und Gynäkologie 1844–1944*, Berlin-New York, S. 134–145.

Ebert, Andreas/Schneck, Peter, 1994, »Ernst Bumm, Arzt und Lehrer mit Charisma«, in: Andreas Ebert/Hans Karl Weitzel (Hg.), *Die Berliner Gesellschaft für Geburtshilfe und Gynäkologie 1844–1944*, Berlin-New York, S. 109–121.

Eckener, Hugo, 1949, *Im Zeppelin über Länder und Meere*, Flensburg (engl. Ausgabe u. d. T. *My Zeppelins*, 1958).

Efron, John M., 2001, *Medicine and the German Jews: A History*, New Haven-London.

*Encyclopaedia Judaica*, 1972, Jerusalem.

Esslin, Martin, 1995, »Modern Theatre: 1890–1920«, in: John Russell Brown (Hg.), *The Oxford Illustrated History of Theatre*, Oxford-New York 1995.

Etzold, Alred/Fait, Joachim/Kirchner, Peter/Knobloch, Heinz, 1991, *Die jüdischen Friedhöfe in Berlin*, Berlin.

Fest, Joachim, 1996, *Plotting Hitler's Death: the Story of the German Resistance*, New York (dt. Originalausgabe u. d. T. *Staatstreich: Der lange Weg zum 20. Juli*, 1994).

Fischer, Klaus P., 1996, *Nazi Germany: A New History*, New York.

Fleischmann, Birgit, 1993, *Die Ehrenbürger Berlins*, Berlin.

Frank, Walter, 1928, *Hofprediger Adolf Stoecker und die christlichsoziale Bewegung*, Berlin.

Freie Universität Berlin (Hg.), 1995, *Gedenkbuch Berlins der jüdischen Opfer des Nationalsozialismus*, Berlin.

Friedlander, Henry, 1995, *The Origins of Nazi Genocide*, Charlotte.

Friedlander, Henry, 2004, »From ›Euthanasia‹ to the ›Final Solution‹«, in: Dieter Kuntz (Hg.), *Deadly Medicine: Creating the Master Race.* Washington, D.C., S. 155–183.
Fromm, Bella, 1990, *Blood and Banquets: A Berlin Social Diary*, New York.
Fromm, Eberhard, 1993, *Die Ehrenbürger von Berlin*, Berlin.
Gay, Peter, 1978. *Freud, Jews, and Other Germans: Masters and Victims in Modernist Culture*, New Haven-London.
Gay, Peter, 1968, *Weimar Culture: The Outsider as Insider*, New York-Evanston.
Gay, Ruth, 1992, *The Jews of Germany: A Historical Portrait*, New Haven.
Genschorek, Wolfgang, 1978, *Ferdinand Sauerbruch, ein Leben für die Chirurgie*, Leipzig.
Gidal, Nachum T., 1988, *Die Juden in Deutschland von der Römerzeit bis zur Weimarer Republik*, Gütersloh.
Giovannini, Norbert, 1985, »Maßnahmen und Grenzen nationalsozialistischer Studentenpolitik«, in: Karin Buselmeier/Dietrich Harth/Christian Jansen (Hg.), *Auch eine Geschichte der Universität Heidelberg*, Mannheim.
Gruner, Wolf, 1995, »Die Reichshauptstadt und die Verfolgung der Berliner Juden, 1933–1945«, in: Reinhard Rürup (Hg.), *Jüdische Geschichte in Berlin: Essays und Studien*, Berlin, S. 229–266.
Gutzwiller, Max, 1935, *Das Quellenbüchlein*, Heidelberg.
Gutzwiller, Max, 1941, *Das Büchlein der Einsichten: Eine Gabe zum 29. Dezember 1941*, Freiburg/Ü.
Gutzwiller, Max, 1942, *Das Büchlein mit dem Denkmal.* Freiburg/Ü.
[Gutzwiller, Max], Heini, Anton (Hg.), 1964, *Elemente der Rechtsidee: Ausgewählte Aufsätze und Reden*, Basel (ausgewählte Essays und Vorträge zu Ehren von Max Gutzwillers 75. Geburtstag).
Gutzwiller, Max, 1973, *Das Büchlein für Therese*, Muntelier-Zürich.
Gutzwiller, Max, 1977, *Geschichte des Internationalprivatrechts: Von den Anfängen bis zu den grossen Privatrechtskodifikationen*, Basel.
Gutzwiller, Max, 1978/1989, *Siebzig Jahre Jurisprudenz: Erinnerungen eines Neunzigjährigen*, Basel.
Hachtmann, Rüdiger, 1995, »Berliner Juden und die Revolution von 1848«, in: Reinhard Rürup (Hg.), *Jüdische Geschichte in Berlin: Essays und Studien*, Berlin.
Hamberger, Ernst, 1968, *Juden im öffentlichen Leben Deutschlands*, Tübingen.
Harenberg, Bodo (Hg.), 1986, *Die Chronik Berlins*, Dortmund.
Heinkel, Ernst, 1953, *Stürmisches Leben*, Stuttgart.
Herbert, Ulrich, 1990, »Die Dynamik der Gewalt – Der gescheiterte Versuch der nationalsozialistischen Krisenlösung«, in: Lutz Niethammer u. a., *Bürgerliche Gesellschaft in Deutschland: Historische Einblicke, Fragen, Perspektiven*, Frankfurt, S. 413–511.
Hermand, Jost/Trommler, Frank, 1978, *Die Kultur der Weimarer Republik*, München.
Hermand, Jost, 1986, *Kultur im Wiederaufbau: Die Bundesrepublik Deutschland, 1945–1965*, München.
Herzfeld, Hans, 1968, »Allgemeine Entwicklung und politische Geschichte«, in: Hans Herzfeld (Hg.), *Berlin und die Provinz Brandenburg im 19. und 20. Jahrhundert*, Berlin-New York.
Hildenbrandt, Fred, 1986, *… ich soll dich grüßen von Berlin, 1922–1932*, Frankfurt.
Hoffmann, Herbert, 1985, *Im Gleichschritt in die Diktatur? Die nationalsozialistische ›Machtergreifung‹ in Heidelberg und Mannheim, 1930 bis 1935*, Frankfurt.
Holborn, Hajo, 1969/1982, *A History of Modern Germany, 1840–1945*, Princeton.
Holzapfel, Carl Maria/Stocks, Käte und Rudolf, 1931, *Frauen fliegen*, Berlin.
Homze, Edward L., 1976, *Arming the Luftwaffe: The Reich Air Ministry and the German Aircraft Industry, 1919–39*, Lincoln.

Hormann, Jörg-Michael/Hofrichter, Reinhard, 2004, *Ein Schiff fliegt in die Welt: 75 Jahre Dornier Flugschiff Do X D-1929*, Bonn.
Jansen, Christian, 1992, *Professoren und Politik: Politisches Denken und Handeln der Heidelberger Hochschullehrer, 1914–1935*, Göttingen.
Johnson, Eric A., 1999, *Nazi Terror: The Gestapo, Jews, and Ordinary Germans*, New York.
Johnson, Herman W., o. J. (ca. 1955), *Reminiscences of a Male Midwife*, Houston.
Johnston, Marguerite, 1991, *Houston: The Unknown City, 1836–1946*. College Station.
Kampe, Norbert, 1995, »Von der ›Gründerkrise‹ zum ›Berliner Antisemitismus Streit‹: Die Entstehung des modernen Antisemitismus in Berlin 1875–1881«, in: Reinhard Rürup (Hg.), *Jüdische Geschichte in Berlin: Essays und Studien*, Berlin.
Kater, Michael H., 1989, *Doctors under Hitler*, Chapel Hill-London.
Kaye, Walter R., 1992, *Starting from Scratch: The Story of My Life*, Houston.
Kemlein, Sophia, 1997, *Die Posener Juden 1815–1848: Entwicklungsprozesse einer polnischen Judenheit unter preußischer Herrschaft*, Hamburg.
Kershaw, Ian, 1998/2000, *Hitler: 1889–1936*, New York.
Kogon, Eugen, 1974, *Der SS-Staat: Das System der deutschen Konzentrationslager*, München.
Kolb, Stephan, 1987, *Die Geschichte der Bad Nauheimer Juden*, Bad Nauheim.
Labisch, Alfons, 1997, »From Traditional Individualism to Collective Professionalism«, in: Manfred Berg/Geoffrey Cocks (Hg.), *Medicine and Modernity: Public Health and Medical Care in Nineteenth- and Twentieth-century Germany*, Washington, D. C.
Legge, James G., 1917, *Rhyme and Revolution in Germany*, New York.
Lifton, Robert J., 1986, *The Nazi Doctors: Medical Killing and the Psychology of Genocide*, New York.
Macon, N. Don, 1994, *Monroe Dunaway Anderson, His Legacy: A History of the Texas Medical Center*, Houston, S. 82–88.
Marßolek, Inge/Ott, René, 1986, *Bremen im Dritten Reich: Anpassung – Widerstand – Verfolgung*, Bremen.
Masur, Gerhard, 1961, *Prophets of Yesterday: Studies in European Culture, 1890–1914*, New York.
Masur, Gerhard, 1971, *Imperial Berlin*, London.
Masur, Gerhard, 1973/1978, *Das ungewisse Herz: Berichte aus Berlin – über die Suche nach dem Freien*, Einleitung von Wilmont Haacke, Holyoke/Mass. (1973 geschrieben, posthum veröffentlicht).
Mayo, Charles W., 1968, *Mayo: The Story of My Family and My Career*, New York.
McClelland, Charles E., 1997, »Modern German Doctors: A Failure of Professionalism?«, in: Manfred Berg/Geoffrey Cocks (Hg.), *Medicine and Modernity: Public Health and Medical Care in Nineteenth- and Twentieth-century Germany*, Washington, D.C.
McDonald, Eugene F., Jr., 1942, *Youth Must Fly: Gliding and Soaring in America*, New York-London.
Meyer, Henry Cord, 1991, *Airshipmen, Businessmen, and Politics, 1890–1940*, Washington D. C.
Mussgnug, Dorothee, 1988, *Die Vertriebenen Heidelberger Dozenten*, Heidelberg.
Niethammer, Lutz, 1982, *Die Mitläuferfabrik: Die Entnazifizierung am Beispiel Bayerns*, Berlin-Bonn (ursprünglich u. d. T. *Entnazifizierung in Bayern*, 1972).
Pearle, Kathleen M., o. J., »Preventive Medicine: The Refugee Physician and the New York Medical Community, 1933–45«, Bremen (Universität Bremen: Working Papers on Blocked Alternatives in the Health Policy System, Nr.11).
Philipps, Cabell, 1975, *The 1940s: Decade of Triumph and Trouble*, New York.
Proctor, Robert N., 1999, *The Nazi War on Cancer*, Princeton.
Rabel, Ernst, 1958, *The Conflict of Laws: A Comparative Study*, vier Bände, Ann Arbor.

Rae, John B., 1968, *Climb to Greatness: The American Aircraft Industry, 1920–1960*, Cambridge/Mass.
Riefenstahl, Leni, 1987/1992, *A Memoir*, New York.
Rürup, Reinhard (Hg.), 1995a, *Jüdische Geschichte in Berlin: Bilder und Dokumente*, Berlin.
Rürup, Reinhard (Hg.), 1995b, *Jüdische Geschichte in Berlin: Essays und Studien*, Berlin.
Sandler, Lucy Freeman (Hg.), 1964, *Essays in Memory of Karl Lehmann*, Vorwort von Phyllis Pray Bober, New York.
Sassin, Horst, 1992, »Liberals of Jewish Background in the Anti-Nazi Resistance«, in: *Leo Baeck Institute, Year Book*, 37, S. 381–396.
Sassin, Horst, 1993, *Liberale im Widerstand: Die Robinsohn-Strassmann-Gruppe, 1934–1942*, Hamburg.
Sassin, Horst, 2001, »Ernst Strassmann und der 20. Juli 1944: Anmerkungen zu Klemens von Klemperer und Joachim Scholtyseck«, in: *Jahrbuch zur Liberalismus-Forschung*, 13, S. 195–197.
Sauder, Gerhard, 1985, »Goebbels in Heidelberg«, in: Karin Buselmeier/Dietrich Harth/Christian Jansen (Hg.), *Auch eine Geschichte der Universität Heidelberg*, Mannheim.
Sauerbruch, Ferdinand, 1951, *Das war mein Leben*, Bad Worishofen.
Schadt, Jörg/Caroli, Michael, 1985, *Heidelberg unter dem Nationalsozialismus: Studien zu Verfolgung, Widerstand und Anpassung*, Heidelberg.
Schmidt, Dietmar, 1959, *Martin Niemöller*, London-New York.
Schneck, Peter, 1994, »Die Gesellschaft für Geburtshilfe und Gynäkologie zu Berlin im Spiegel ihrer Verhandlungsberichte 1933 bis 1945«, in: Andreas Ebert/Hans Karl Weitzel (Hg.), Die *Berliner Gesellschaft für Geburtshilfe und Gynäkologie 1844–1994*, Berlin-New York, S. 179–192.
Schrader, Bärbel/Schebera, Jürgen, 1987, *Die ›Goldenen‹ Zwanziger Jahre: Kunst und Kultur der Weimarer Republik*, Wien.
Schwarzwälder, Herbert, 1985, *Geschichte der Freien Hansestadt Bremen, Band 4: Bremen in der NS-Zeit (1933–1945)*, Hamburg.
Shirer, William L., 1959/1990, *The Rise and Fall of the Third Reich: A History of Nazi Germany*, New York.
Sieber, Emil, 1964, *Basler Trennungswirren und nationale Erneuerung im Meinungsstreit der Schweizer Presse, 1830–1833*, Basel-Stuttgart.
Simonson, G. R. (Hg.), 1968, *The History of the American Aircraft Industry: An Anthology*, Cambridge/Mass.
Sloan, Allan, 1983, *Three Plus One Equals Billions: The Bendix-Martin Marietta War*, New York.
Snyder, Louis, 1976/1989, *Encyclopedia of the Third Reich*, New York.
Solo, Roselyn, 1978, *André François Poncet – Ambassador of France*, East Lansing/Mich.
Stöcker, Wolfgang, 1986, »Dr. Ernst Strassmann (wie ich ihn erlebte)«, unveröffentlichte Aussage (17 Seiten), datiert vom Februar 1986.
Strassmann, Arnold, 1932, *Allerlei Ostmärkisches: Geschichten und Geschichtchen aus der verlorenen Heimat*, Leipzig.
Strassmann, Ernst, 1948, unveröffentlichte beeidete Aussage (drei Seiten) über die Robinsohn-Strassmann-Widerstandsgruppe, datiert vom 19. Februar 1948.
Strassmann, Erwin O., 1933, »Das fetale Elektrokardiogramm«, in: *Zentralblatt für Gynäkologie*, 105.
Strassmann, Erwin O./Mayo, C. W., 1938, »Fertility and Sterility after Extra-Uterine Pregnancy«, in: *Surgery, Gynecology, and Obstetrics*, July.
Strassmann, Erwin O., 1941, »The Theca Cone and its Tropism Toward the Ovarian Surface: A Typical Feature of Growing Human and Mammalian Follicles«, in: *American Journal of Obstetrics and Gynecology*, March, S. 363–378.

Strassmann, Erwin O., 1966, »Fertility and Unification of Double Uterus«, in: *Fertility and Sterility*, March–April, S. 165–176.

Strassmann, Fritz, 1933, »Aufzeichnungen über mein Leben … «, Typoskript.

Strassmann, Georg, 1958, »Fritz Strassmann (1858–1940) «, in: *Die Medizinische Zeitschrift*, Nr. 35, August.

Strassmann, Hedwig, 1941, »Die beiderseitigen Familien, besonders unser Haus, in ihren Beziehungen zur nächsten Umwelt«, handgeschriebenes Manuskript, zuvor u. d. T. »The Strassmanns«, geschrieben in Hemlock Hague, New York.

Strassmann, Heinrich, 1904/1974, »Erinnerungen aus meinem Leben: Niedergeschrieben für meine Kinder«, Originalentwurf Typoskript, 1899–1904, veröffentlicht 1974, herausgegeben von Gerhard Masur in: *Jahrbuch für die Geschichte Mittel- und Ostdeutschlands*, 23, S. 181–230.

Strassmann, Paul, 1889, *Zur Lehre von der mehrfachen Schwangerschft*, Berlin (Inaugural Dissertation, Friedrich-Wilhelms Universität).

Strassmann, Paul, 1911/1920/1925/1931, *Arznei- und Diätverordnungen für die gynäkologische Praxis*, auch u. d. T.: *Arznei-, diätische, diagnostische und sozialhygienische Verordnungen für die gynäkologische-geburtshilfliche Praxis*, Berlin.

Strassmann, Paul, 1912/1915/1918, *Gesundheitspflege des Weibes*, Leipzig.

Strassmann, Paul, 1930, *Aus der Medizin des Rinascimento: an der Hand des ›Leben von Benvenuto Cellini‹ nach der Übersetzung Goethes*, Leipzig.

[Strassmann, Paul], 1926, *Paul Strassmann zum 60. Geburtstage*, Sonderabdruck aus der *Monatsschrift für Geburtshilfe und Gynäkologie*, 75 (Festschrift mit 24 Beiträgen und einer Einleitung von Paul Meyer).

Strassmann, Paul, 1937, »Geburt nach vaginaler Verpflanzung der Tube zur Wiederherstellung des Cavum uteri«, in: *Zentralblatt für Gynäkologie*, 61, 18. Dezember, S. 2893–2900.

Tal, Uriel, 1975, *Christians and Jews in Germany: Religion, Politics and Ideology in the Second Reich, 1870–1914*, Ithaca.

Thorwald, Jürgen, 1961, *The Dismissal: The Last Days of Ferdinand Sauerbruch, Surgeon*, London (dt. Originalausgabe u. d. T. *Die Entlassung*, 1961).

Toury, Jacob, 1977, »Der Eintritt der Juden ins deutsche Bürgertum«, in: Hans Liebeschütz/Arnold Paucker (Hg.), *Das Judentum in der deutschen Umwelt, 1800–1850*, Tübingen,
S. 139–242.

*Trials of War Criminals before the Nuremberg Military Tribunals*, I u. II, 1949, Washington D. C.

Turrou, Leon G., 1939, *Nazi Spies in America*, New York.

Turrou, Leon G., 1969, *The Nazi Spy Conspiracy in America*, Freeport.

United States Holocaust Memorial Museum (Hg.), 1996, *Historical Atlas of the Holocaust*, New York.

Vezina, Birgit, 1982, *›Die Gleichschaltung‹ der Universität Heidelberg im Zuge der nationalsozialistischen Machtergreifung*, Heidelberg.

Viktoria Luise, Herzogin zu Braunschweig und Lüneburg, 1977, *The Kaiser's Daughter*, London (dt. Originalausgabe u. d. T. *Ein Leben als Tochter des Kaisers*, 1965).

Vogel, Werner, 1964, »Ferdinand Strassmann: Ein Leben im Dienste des Berliner Gesundheitswesens«, in: *Zeitschrift für Ärztliche Fortbildung*, 53, Heft 8.

Wallenchinsky, David, 1988. *The Complete Book of the Olympics*. New York: Penguin Books.

Weber, Marianne, 1948, *Lebenserinnerungen*, Bremen.

Weckbecker, Arno, 1985a, »›Gleichschaltung‹ der Universität? Nationalsozialistische Verfolgung Heidelberger Hochschullehrer aus rassischen und politischen Gründen«, in: Karin Buselmeier/Dietrich Harth/Christian Jansen (Hg.), *Auch eine Geschichte der Universität Heidelberg*, Mannheim.

Weckbecker, Arno, 1985b, »Die Judenverfolgung in Heidelberg 1933–1945: Ein Überblick«, in: Jörg Schadt/Michael Caroli (Hg.), 1985, *Heidelberg unter dem Nationalsozialismus: Studien zu Verfolgung, Widerstand und Anpassung*, Heidelberg.

Weisert, Hermann, 1974, *Die Verfassung der Universität Heidelberg*, Heidelberg.

Weisert, Hermann, 1983, *Geschichte der Universität Heidelberg: Kurzer Überblick 1386–1980*, Heidelberg.

Winau, Rolf, 1994, »Ärztliche Vereinigungen in Berlin im 19. Jahrhundert«, in: Andreas Ebert/Hans Karl Weitzel (Hg.), *Die Berliner Gesellschaft für Geburtshilfe und Gynäkologie 1844–1944*, Berlin-New York.

Winau, Rolf, 2000, »Die Familie Strassmann«, in: Markus A. Rothschild (Hg.), *Das neue Jahrtausend: Herausforderungen an die Rechtsmedizin. Festsymposium zum 60. Geburtstag von Volkmar Schneider*, Berlin.

Winters, Peter Jochen, 1992, »Die Gemeinde der Toten. In Berlin zerfällt das Archiv des grössten jüdischen Friedhofs in Europa«, in: *Frankfurter Allgemeine Zeitung* vom 31. März.

Winterstein, Eduard von, 1947, *Mein Leben und Meine Zeit: Ein halbes Jahrhundert deutscher Theatergeschichte*, Berlin.

Witkop, Philipp (Hg.), 1929, *Kriegsbriefe gefallener Studenten*, München.

Zegenhagen, Evelyn, 2004, »Vom Aufwind in den Sturzflug: Rollenbild, Chancen und Beschränkungen deutscher Sportfliegerinnen der Zwischenkriegszeit«, in: Wolfgang Meighörner (Hg.), *Frau und Flug: Die Schwestern des Ikarus*, Friedrichshafen.

# Danksagung

Die Hilfe von Freunden, Experten und Verwandten war entscheidend, um dieses Buch schreiben zu können. Schon vor Jahrzehnten, nach meinem Dienst in der US-Navy, hatte ich begonnen, die Erinnerungen meiner Eltern, meiner Großmütter, Tanten, Onkel, Vettern und Kusinen aus nah und fern festzuhalten, ohne jedoch unbedingt an eine Veröffentlichung zu denken. Es war vor allem die Neugier, die mich bewegte. Hatten die Ärzte Mayo wirklich unsere Emigration unterstützt? Gab es schwer belastete Nazis auf der mütterlichen Seite meiner Familie? Hat Großvater Strassmann wirklich etwas mit der Naziideologie sympathisiert? Hatte er Selbstmord begangen? Wann wurden die ersten Strassmanns getauft? Gab es Strassmanns, die Helden in Kriegen gewesen waren, und andere Strassmanns in Konzentrationslagern? Wie sah das polnische Rawicz aus? Wenn Großonkel Wolfgang so ein berühmter Revolutionär und städtischer Politiker in Berlin war, warum findet er dann in keinem Geschichtsbuch Erwähnung? Waren die Erzählungen von Antonies Berühmtheit als Schauspielerin und Fliegerin gerechtfertigt, und warum hatte die Gestapo versucht, sie aus New York zu entführen?

Vier Jahrzehnte lang war ich in meinem Beruf als Wirtschaftswissenschaftler mit Unterrichten und Reisen viel zu beschäftigt, um mehr als Fragen stellen und Antworten notieren zu können. Um wenigstens einen Anfang zu machen und die ersten kleinen Bruchstücke der Familiengeschichte auf englisch für Töchter, Nichten und Neffen zu bewahren, übersetzte ich Auszüge aus den Memoiren meines Urgroßvaters Heinrich, in denen er über seine Emigration aus Rawicz erzählte, und Onkel Max Gutzwillers Bericht über sein Leben im Haus der Strassmanns im Berlin der zwanziger Jahre. In den siebziger Jahren bat ich meine Mutter, zehn eng beschriebene, nahezu unlesbare Seiten aus dem Tagebuch meines Großvaters Paul Ferdinand, die die Jahre 1936 bis 1938 umfassten, abzuschreiben. Um dies zu tun, brachte sie sich selbst das Schreiben auf Schreibmaschine bei.

1994 beendete ich meine letzten Projekte in Übersee, die sich mit der Wohnungspolitik auf den Philippinen und in Südafrika befasst hatten. Im selben Jahr bekam ich aus Houston, Texas, eine Unmenge von Kisten mit Briefen, Alben, Memoiren und anderen Dokumenten geschickt. Meine Mutter war gestorben, und meine Schwestern hatten keine Zeit, sich mit all diesem Papierkram zu befassen. Was würde daraus werden, wenn ich es nicht durchsehen und die bedeutendsten Ereignisse zusammenfassen würde? Ich war der Meinung, dass unsere deutsche Vergangenheit ein kostbarer, aber fragiler Schatz war, wert, entdeckt zu werden, wenn man sich ihm ehrlich zuwandte. Angehörige der Familie, jüdisch oder nicht, die nach Australien und Großbritannien emigriert waren, hatten ihre Namen geändert und versucht, ihre deutsche Vergangenheit auszulöschen. Mir hatte das nie gefallen.

Die Briefe und Berichte von Hellmuth, dem älteren Bruder meines Vaters, der im Alter von 22 Jahren in der Schlacht an der Somme 1916 gefallen war, waren die ersten Familiendokumente, die ich zu lesen und zu ordnen begann. Da es sich nicht um allzu viele Schriftstücke handelte, war diese traurige Aufgabe schnell bewältigt, und das ermutigte mich, mich den weiteren Unterlagen zuzuwenden – zunächst den Dokumenten meiner Eltern, Erwin und Ilse, dann denen von Tante Gisela Gutzwiller aus Heidelberg und von »Tony« (Antonie). Darauf folgte die Geschichte der Emigranten aus Rawicz und danach die meines Großvaters Paul Ferdinand, der quasi der Mittelpunkt unserer Familie gewesen war. Großvaters langes Leben begann 1866 in Berlin unter Rawiczer Emigranten und endete in der Nazizeit, wo er in die gesellschaftliche Isolation und Einsamkeit getrieben worden war, hatten wir doch ihn und Großmutter allein zurücklassen müssen. Wir sahen in der Emigration unsere einzige Zukunft und waren nach Amerika, Australien, Lateinamerika, England und in die Schweiz ausgewandert. Ganz zum Schluss befasste ich mich mit den weiter entfernten Strassmanns – mit Fritz, Walter, Georg, Reinhold, Fred, Elisabeth, Annemarie und Ernst.

Da so viele Strassmanns Ärzte waren, brauchte ich professionelle Hilfe, um die fachlichen Leistungen meiner Vorfahren zu verstehen. In den neunziger Jahre hatte ich in Berlin das große Glück, drei Medizinhistoriker kennen zu lernen: Dr. Matthias David vom Universitätsklinikum »Rudolf Virchow« der Freien Universität Berlin, Dr. Andreas Ebert vom Universitätsklinikum Steglitz der Freien Universität und Dr. Manfred Stürzbecher, der sowohl in Medizin als auch in Geschichte promoviert hatte und als wohl bedeutendster unter den deutschen Medizinhistorikern angesehen werden kann. Allen dreien bin ich dankbar dafür, dass sie mein Verständnis der medizinischen Aspekte meiner Familiengeschichte wesentlich erweitert haben und mir die inneren und äußeren politischen Verflechtungen des Berufsstandes darlegen konnten.

Herrn Dr. Reinhard Rürup, Professor für Neuere Geschichte, Emeritus der Technischen Universität Berlin und langjähriger Direktor der Stiftung »Topographie des Terrors«, bin ich zu besonderem Dank verpflichtet. Sein fachliches Wissen um die Geschichte der Juden in Preußen – Migration, Assimilation und Konflikte – war unschätzbar. Wann immer ich Hilfe benötigte, zum Beispiel, um die Ursprünge meines Ururgroßvaters Joseph Bender Levy aufzuspüren, Nachweise für die Arbeit Wolfgangs in der Stadtverordnetenversammlung zu finden oder Belege für die SS-Verflechtung eines Cousins nach 1930 zu erhalten, konnte ich mich auf das herausragende archivarische Fachwissen von Frau Dagmar Giesecke, Stadtarchiv und Landesgeschichtliche Bibliothek Bielefeld, verlassen. Meine ältesten Freunde in Berlin, Hans und Eva Reis, gewährten mir aufopfernde Gastfreundschaft und beständigen juristischen Beistand. Sie hatten auch die wundervolle Idee, Rawicz zu besuchen, um den Spuren der Familie unmittelbar nachzugehen.

Antonie hat Hunderte von Zeitungsausschnitten und Briefen hinterlassen, die ihr Leben als Schauspielerin, Fliegerin und Geschäftsfrau widerspiegelten. Trotzdem gab es Lücken. Dem Staatstheater Stuttgart schulde ich deshalb Dank für die Zusendung von Archivinformationen über Antonies Rollen dort in den Jahren 1921 und 1922 in *Götz von Berlichingen*, der *Jungfrau von Orleans*, in *Penthesilea* und *Faust* I und II. Zu jener Zeit hieß das Theater noch Württembergisches Landestheater in Stuttgart. Frau Dr. Gertrud Pfister, Professorin für Sportgeschichte an den Universitäten von Berlin und Kopenhagen, sandte mir weitere wertvolle Informationen, darunter Ausschnitte aus brasilianischen Zeitungen von 1932, die von Antonies Flügen in Südamerika berichteten. Im Jahr 2004 organisierte Frau Barbara Waibel, Archivarin und Bibliothekarin am Zeppelin-Museum Friedrichshafen, eine Ausstellung über Frauen und Fliegen, in der auch Antonie repräsentiert war. Im Zuge der Ausstellungsvorbereitung fand Frau Waibel bedeutende Fotografien, Briefe und Dokumente sowie eine Radioaufzeichnung aus dem Jahr 1932, die sie mir zukommen ließ.

Im Briefwechsel mit Dr. Horst Sassin erfuhr ich erstmals Details über den Widerstand und die geheimen Pläne von Ernst Strassmann. Horst Sassin brachte mich auch in Kontakt mit der Leiterin der Ernst-Strassmann-Stiftung, Dr. Jutta Lange-Quassowski, die mir zahlreiche Unterlagen zu Leben und Werk von Ernst Strassmann zur Verfügung stellen konnte. Frau Dr. Lange-Quassowski gab mir äußerst wertvolle Vorschläge zum Aufbau des Manuskripts und seiner Veröffentlichung. Ihre großzügige Hilfe war außerordentlich wichtig. Weitere Schriftstücke und Fotografien erhielt ich von Frau Gisela Strassmann aus Berlin, einer Ururenkelin von Chune Strassmann aus Rawicz über die Linie Ephraim, Arnold und Reinhard, also einer Nichte von Ernst. Auch ihr bin ich zu Dank verpflichtet.

Eine Nichte und ein Enkel von Fritz Strassmann, dem bedeutendsten Verfechter der Gerichtsmedizin vor 100 Jahren, leben in den USA: Annemarie Springer in Bloomington, Indiana, und Fred Strassmann in Belmont, Massachusetts. Beide haben auf höchst großzügige Weise Anekdoten, Briefe, Tagebücher und Fotografien mit mir, ihrem Verwandten dritten Grades, geteilt. Unsere gegenseitigen Besuche nach all diesen Jahren waren eine große Freude für mich.

Und das gleiche gilt für meine europäischen Verwandten ersten, zweiten und dritten Grades, von denen nur zwei oder drei es vorzogen, nicht mit mir zusammenzuarbeiten.

Viel habe ich auch gelernt im United States Holocaust Memorial Museum, Washington, besonders von Benton Arnovitz, Director of Publications, und Dieter Kuntz, Herausgeber des Buches *Deadly Medicine: Creating the Master Race* (2004), das die gleichnamige Ausstellung im Jahr 2005 begleitete.

Freunde in Michigan und Texas erwiesen mir die Freundlichkeit, das eine oder andere Kapitel zu lesen, sich zu erinnern und meine Worte eifrig zu kommentieren. Besonders hilfsbereit waren Lisa Moellering, Curator of Collections des Holocaust Museum Houston, Mary Schiflett, Vice President des Texas Medical Center, und Elizabeth Borst White, Curator des Centers John P. McGovern Historical Collection.

Probleme verschiedenster Art wurden durch Evelyn Zegenhagen, meine findige Übersetzerin, gelöst, deren Interesse an meinem Buch zunächst durch ihre Beschäftigung mit Antonie ausgelöst worden war und die sich dann sehr schnell dem ganzen Projekt verschrieb. Wertvolle Vorschläge von Tanja Hommen vom Campus Verlag verbesserten wesentlich die sprachliche Ausgestaltung der Strassmanngeschichte. Meine Frau Elizabeth (Betty) und unsere Töchter Joan, Diana und Beverly waren mein eifrigster, aber auch sehr geduldiger Beistand. Sie lasen Version um Version, korrigierten Proportionen und Länge meines Buches, vermittelten mir psychologische und philosophische Einsichten und nahmen meinen Stil Wort für Wort auseinander. Dafür kann ich ihnen gar nicht genug danken.

Last but not least freue ich mich über die von Frau Dr. Lange-Quassowski initiierte und organisierte finanzielle Unterstützung durch die Institutionen, in denen meine Vorfahren einst gewirkt haben. Ihre Bereitschaft zur Förderung dieses Buches weiß ich sehr zu schätzen.

# Familienstammbäume

# Heinrichs Linie

Schmuhl Molower Strassmann ꝏ ?
ca. 1760 – ca. 1825

- Heiman 1818 ꝏ Judith Guhrauer
  1797–1881 | 1795–1875
  - Wolfgang 1821–1885 1862 ꝏ Louise Cohen 1835–1889
    - Henrietta ꝏ Karl Lehmann
    - Wolf
  - Bertha 1824–1906? 1842 ꝏ Louis Meyer ?–?
  - Samuel 1826–1879 1857 ꝏ Flora Levy 1840–1910
    - 5 Kinder siehe Samuels Familien-stammbaum
  - Bernhard 1831–1897 1860 ꝏ Agnes Sobernheim ?–?
    - Wally
    - Hans
  - **Heinrich** 1834–1905 1865 ꝏ Louise Levy 1844–1915
    - Paul Ferdinand 1866–1938 1893 ꝏ Hedwig Rosenberg 1869–1959
      - Hellmuth 1894–1916
      - Erwin Otto 1895–1972 1923 ꝏ Ilse Wens 1896–1993
        - Renata 1924– 1948 ꝏ Alfred Emile Lauden
        - Wolfgang Paul 1926– 1952 ꝏ Elizabeth Marsh Fanck
        - Angelica 1930– 1956 ꝏ Donald Trahan
      - Gisela 1896–1942 1921 ꝏ Max Gutzwiller 1889–1989
        - Hellmuth 1922–
        - Ursula 1923–1984
        - Martin 1925–
        - Marianne 1925–1992
        - Ruth 1928–
      - Antonie 1901–1952 1923–1926 ꝏ Willy Joseph 1893–1968; 1939–1941 ꝏ Silas Newton ?–?
        - keine Kinder
    - Ernst 1868–1923 ? ꝏ Helene ? ?–?
      - keine Kinder
    - Frieda 1869–1945 1893 ꝏ Emil Masur 1861–1933
      - Paula 1894–?
      - Heinrich 1895–?
      - Charlotte 1896–1956
      - Gerhard 1901–1975
      - Elisabeth 1903–1923
    - Helene 1872–1942 ? ꝏ Max Keiler 1861–1924
      - keine Kinder
  - Ferdinand 1838–1931 1869 ꝏ Margarethe Rosenthal 1846–1919
    - keine Kinder
- Chune ꝏ ?
  (siehe Chunes Familienstammbaum)

## Samuels Linie

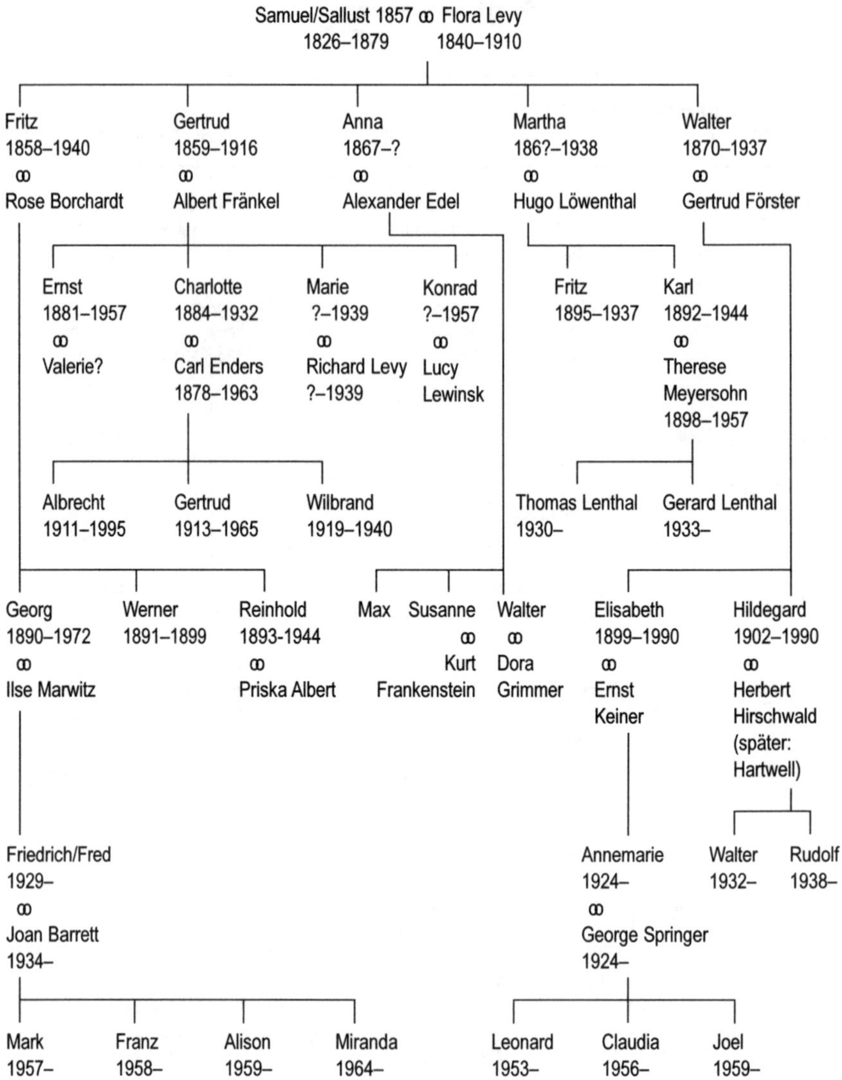

# Editorische Hinweise

## Straßmann oder Strassmann?

Ursprünglich schrieb sich der Name der Familie Straßmann mit »ß«. Nach der Emigration änderten viele Familienmitglieder ihren Namen in »Strassmann«. Um Verwirrungen zu vermeiden, wird im gesamten Buch die veränderte Schreibweise angewendet.

## Abbildungsnachweise

Fast alle Abbildungen stammen aus dem Privatbesitz des Verfassers.

## Chunes Linie

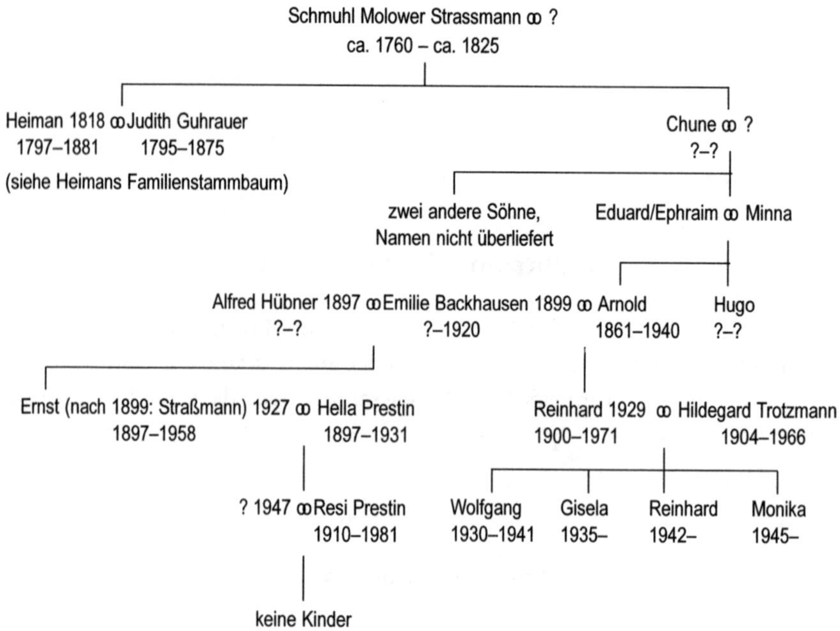